HISTOIRE
DU
SECOND EMPIRE
(1848-1869)

PAR

TAXILE DELORD

TOME PREMIER

PARIS
GERMER BAILLIÈRE, LIBRAIRE-ÉDITEUR
RUE DE L'ÉCOLE DE MÉDECINE, 17

Londres   New-York
      Baillière brothers, 440, Broadway.

MADRID, C. BAILLY-BAILLIÈRE, PLAZA DEL PRINCIPE, 16.

1869

Deuxième édition.

HISTOIRE

DU

SECOND EMPIRE

1848 — 1869.

Paris. — Imprimerie de E. Martinet, rue Mignon, 2.

HISTOIRE

DU

SECOND EMPIRE

(1848-1869)

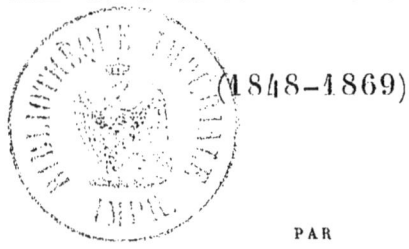

PAR

TAXILE DELORD

TOME PREMIER

PARIS

GERMER BAILLIÈRE, LIBRAIRE-ÉDITEUR

RUE DE L'ÉCOLE-DE-MÉDECINE, 17

Londres	**New-York**
Hipp. Baillière, 219, Regent street.	Baillière brothers, 440, Broadway.

MADRID, C. BAILLY-BAILLIÈRE, PLAZA DE TOPETE, 16.

1869

Tous droits réservés.

HISTOIRE
DU
SECOND EMPIRE
1848 — 1869.

INTRODUCTION
COMMENT L'EMPIRE S'EST FAIT.

CHAPITRE PREMIER
LA FAMILLE BONAPARTE ET LA MONARCHIE DE JUILLET.
1814 — 1848.

SOMMAIRE. — Les membres de la famille Bonaparte ont-ils jamais cru au rétablissement de l'Empire? — La famille Bonaparte. — Madame Mère. — Joseph Bonaparte. — Lucien Bonaparte. — Louis Bonaparte. — Jérôme Bonaparte. — Napoléon-Jérôme Bonaparte. — Le prince Eugène. — Le roi de Rome. — Les sœurs de l'Empereur. — Caroline Bonaparte et ses fils. — Élisa Bonaparte. — Pauline Bonaparte. — Hortense de Beauharnais. — Louis-Napoléon Bonaparte. — Sa foi dans sa destinée. — M. Fialin, secrétaire de Louis-Napoléon Bonaparte. — Conspiration de Strasbourg. — Elle échoue. — M. Louis Bonaparte est transporté sur l'*Andromède* aux États-Unis. — M. Louis Bonaparte s'est-il engagé à rester dix ans en Amérique? — Retour en Europe de M. Louis Bonaparte. — Il est obligé de quitter la Suisse. — Il se rend en Angleterre. — Menées du parti bonapartiste en France. — M. de Crouy-Chanel et ses acolytes. — M. Mocquart. — Fondation d'une presse bonapartiste. — Le *Capitole*. — Le *Journal du Commerce*. — La *Propagande bonapartiste*. — Le *Club des Culottes de peau*. — Le *Club des Cotillons*. — La conspiration de Boulogne. — Barbès et M. Louis Bonaparte. — Les deux tentatives ont le même but. — La bourgeoisie les envisage d'une façon différente. — L'impérialisme renié par lui-même. — M. Louis Bonaparte dans la forteresse de Ham. — Ses rapports avec les divers partis. — Évasion de M. Louis Bonaparte. — Le bonapartisme et la monarchie de Juillet.

J'essaye d'écrire l'histoire du second Empire français. Cette entreprise, difficile surtout pour un homme appartenant au parti qui a lutté le plus vigoureusement

TAXILE DELORD.

contre la restauration des institutions du premier Empire, est rendue plus difficile encore par le régime politique sous lequel la France a vécu jusqu'à ce jour.

Les documents dans lesquels puise l'historien, toujours très-nombreux et très-intéressants dans un pays libre, sont rares et insignifiants dans un pays où la liberté n'existe pas. Les documents publiés à l'étranger ne doivent, pour bien des causes, être employés qu'avec une extrême réserve.

Je n'ai pas la prétention de tracer l'histoire complète et définitive du second Empire français. Le moment actuel ne se prête sur ce sujet qu'à des tentatives. L'essai que j'offre au public est du moins écrit par quelqu'un qui, de près ou de loin, a vu tous les événements, et qui a connu la plupart des hommes dont il parle.

Mon but principal en publiant cet ouvrage est de donner l'exemple, et d'ouvrir la carrière. J'y marche avec l'assurance d'un homme qui pense n'avoir rien à redouter de lui-même ni des autres; la ferme croyance dans mes principes me défend contre toute exagération, la volonté d'être impartial me préserve de toute rancune.

Avant d'entamer l'histoire du second Empire français, je remonte à son origine. Je tâche d'expliquer les événements d'où il est sorti, de faire la part de ce qu'il doit aux événements et aux hommes. Cette introduction n'est donc que le récit de la lutte engagée par l'impérialisme d'abord contre la monarchie constitutionnelle, ensuite contre la République, et terminée par sa victoire en 1852.

S'il est vrai que Napoléon Ier ait cru sérieusement à la

restauration de sa dynastie, les membres de sa famille n'ont pas toujours partagé sa croyance. La mère de l'Empereur disait à ceux qui lui reprochaient ses habitudes de parcimonie : « Qui sait si je ne serai pas obligée un jour de donner du pain à tous ces rois ? » Le jour vint, en effet, où le produit de ses épargnes ne fut pas inutile à ses enfants ; Madame Mère, comme on disait sous l'Empire, retirée à Rome, priait les saints de rendre la santé à l'Empereur et consultait les cartes pour savoir s'il se portait bien plutôt que pour se faire révéler l'époque à laquelle il remonterait sur le trône. «Madame Lætitia passait la plus grande partie de ses journées avec son frère le cardinal Fesh. Petite, maigre, avec des yeux noirs pleins de feu, vrai type de race corse, comme on en rencontre encore dans les montagnes de l'île chez les familles pures de tout mélange étranger. Une robe de mérinos noir, un turban à la mode de l'Empire, composaient sa sévère et unique toilette. Elle ne franchissait jamais le seuil de son palais qu'en voiture et en voiture fermée ; tous les jours, de une heure à trois, elle sortait ainsi, se faisait conduire dans la campagne de Rome, et là, dans ces solitudes où tout semble mort, excepté les souvenirs du passé, elle se promenait seule et à pied. Un jour, elle rencontra la voiture de Pie VII. Le pape s'arrêta, salua la mère de celui avec qui il avait agité les destinées du monde chrétien, et avec cette bonhomie italienne qui s'allie souvent à des sentiments d'une véritable grandeur, il lui demanda des nouvelles *del povero imperatore* (1). »

---

(1) *Mémoires et correspondance du roi Jérôme et de la reine Catherine.*

Les frères de l'Empereur, résignés à la perte de leur couronne, affectaient de regretter seulement que Napoléon ne leur eût pas permis de rendre heureux les peuples placés sous leurs lois ! L'Empereur, en effet, les avait promptement désabusés de l'illusion de croire qu'on peut déposséder les anciennes dynasties, et régner au nom des mêmes intérêts ; accepter le sceptre des mains d'un conquérant, et s'en servir comme d'une arme pour le frapper. Napoléon voulait être obéi de tous, et principalement de ses frères ; ces derniers, résignés de mauvaise grâce à l'obéissance, vécurent dans des rapports toujours agités avec l'Empereur ; après sa chute, ils se dispersèrent.

Joseph, ancien roi de Naples et d'Espagne, vivait en Amérique, dans les environs de Philadelphie, cultivant les terres qu'il avait pu acquérir par un privilége spécial sans perdre sa qualité de Français : le frère aîné de l'Empereur, roturier en Amérique, comte de Survilliers en Europe, homme aimable, instruit, n'avait nullement l'air de chercher à renverser aucune des branches de la maison de Bourbon. Cependant, « lorsque la nouvelle des événements de juillet parvint en Amérique, le roi Joseph crut devoir faire paraître un manifeste au nom de son neveu Napoléon II. La protestation du frère aîné de l'Empereur, publiée dans tous les journaux de l'Europe sous la forme d'une lettre à la chambre des députés, contestait non pas à la nation régulièrement consultée, mais à une assemblée qui ne la représentait qu'incomplétement, le droit de disposer d'une couronne conférée par la Chambre de 1815 à Napoléon II, conformément au pacte constitutionnel. Il y avait dans la lettre de Joseph, à côté du grand principe de la souveraineté nationale, un appel contradictoire à l'imprescriptibilité du droit monarchique, et un retour vers le passé propre à froisser les susceptibilités d'une nation qui avait la prétention d'être rentrée en pleine possession d'elle-même et d'avoir inauguré une ère nouvelle. Le roi Joseph faisait d'ailleurs allusion à de prétendues sympathies de l'Autriche, de la Russie et de l'Angleterre pour la cause de Napoléon II, allusions qui prouvaient combien l'éloignement nuisait, dans l'esprit du comte de Survilliers, à une saine appréciation de l'état de l'Europe (1). »

Le cri de *vive Napoléon II* n'avait pas trouvé d'écho au milieu des barricades de Juillet. Ce cri proféré par un ancien aide de camp de l'Empereur faillit lui coûter la vie (2). Joseph Bonaparte conçut alors l'idée d'une alliance entre le bonapartisme et la république :

« En 1832, le roi Joseph s'étant rendu en Angleterre, son frère Jérôme vint l'y trouver. Le comte de Survilliers eut pendant son séjour à Londres plusieurs entrevues avec les chefs du parti républicain, MM. Guinard, Godefroy Cavaignac, Bastide, entrevues auxquelles le prince Jérôme, étranger par caractère et par principe à tout ce qui ressemblait à une conspiration, ne prit pas part, mais dont il connut les résultats par son frère. Nous regrettons de ne pas pouvoir donner les curieux détails consignés à ce sujet dans nos notes, nous dirons seulement qu'une entente sérieuse ne put s'établir entre le chef de la famille Bonaparte et les représentants de

---

(1) *Mémoires et correspondance du roi Jérôme et de la reine Catherine.*
(2) Achille de Vaulabelle, *Histoire des deux Restaurations.*

la jeune école républicaine, telle qu'elle venait de se former après 1830. . . . .

..... Le roi Joseph parlait un langage tout différent de celui de ses jeunes et ardents interlocuteurs; on ne put le comprendre. Le comte de Survilliers reconnut ce que lui avait dit son frère Jérôme, que l'idée bonapartiste telle qu'elle pouvait s'adapter aux besoins de la société moderne n'était pas encore dégagée du travail de fermentation qui agitait les esprits, et qu'il fallait de la patience et attendre (1). »

Joseph Bonaparte, mort en 1844, s'était pénétré des conseils de son frère Jérôme au point de ne plus compter du tout sur l'avenir de l'idée bonapartiste. Les tentatives de son neveu Louis-Napoléon à Strasbourg et à Boulogne pour relever l'Empire n'inspiraient à Joseph Bonaparte pas plus de confiance dans l'intelligence de leur principal acteur que dans son étoile. Un écrivain (2) connu par de nombreux et d'intéressants travaux sur notre histoire contemporaine, raconte qu'il lui est arrivé plus d'une fois de se trouver dans le cabinet de M. Joseph Bonaparte, à Londres, au moment où M. Louis Bonaparte se présentait chez son oncle; se levant alors pour prendre congé, il était instamment prié de rester par le maître de la maison, afin de lui épargner l'embarras d'un tête-à-tête que les chimères, dont l'esprit du nouveau visiteur était plein, rendaient très-fatigant, disait-il, et très-ennuyeux.

Napoléon et Lucien, les deux complices du 18 brumaire brouillés à la suite du refus de Lucien de rompre

---

(1) *Mémoires et correspondance du roi Jérôme et de la reine Catherine.*
(2) M. Sarrans jeune.

son second mariage avec la veuve d'un agent de change de Paris, s'étaient réconciliés en 1815, et séparés assez froidement après Waterloo ; Lucien, accueilli amicalement une première fois en Angleterre, se préparait à s'y rendre de nouveau ; la captivité de son frère sur le *Bellérophon* lui fit chercher une autre retraite ; il la trouva dans les environs de Rome, à Tusculum, où il passait son temps à faire des fouilles, absorbé dans les occupations et dans les émotions de l'archéologie, à l'abri des orages politiques mais non des coups de main des brigands, qui, un jour, furent sur le point de l'enlever dans sa villa même. Lucien, lorsqu'il mourut en 1840 à Sinigaglia, presque ruiné par de fausses spéculations, comptait si peu sur la restauration de l'Empire pour rétablir la fortune de ses enfants, qu'il les avait tous fait naturaliser Romains.

Louis Bonaparte, uni, malgré lui, à Hortense de Beauharnais, ressentit, disent ses amis, de cette contrainte une de ces tristesses et un de ces découragements profonds que causent les douleurs domestiques, les plus terribles de toutes les douleurs parce qu'elles se font sentir à chaque instant ; Louis Bonaparte, caractère indécis et soupçonneux, en proie à une méfiance incurable de soi-même et des autres, vivait dans la solitude en Italie, cultivant pour se distraire les lettres et la poésie, ne montrant aucun penchant à croire que le trône de Napoléon Ier pût être relevé, surtout par le second de ses fils.

Jérôme Bonaparte, le plus jeune des frères de l'Empereur, léger, aimant les plaisirs, s'était exposé plus d'une fois aux réprimandes du chef de la famille. Visitant l'Amérique en qualité d'officier de marine, il avait épousé à Baltimore mademoiselle Patterson, jeune et belle Américaine; un ordre de l'Empereur rompit bientôt ce mariage. Jérôme devint roi de Westphalie ; ce roi que son frère mettait parfois aux arrêts comme un sous-lieutenant, et qui avait pour secrétaire de ses commandements le facétieux romancier Pigault-Lebrun, menait la vie assez lestement, quoique uni à la fille du roi de Wurtemberg.

Jérôme Bonaparte, obligé de quitter Paris après la chute définitive de son frère, errait d'asile en asile et de ville en ville. Le voisinage de Rochefort, distant à peine de quelques lieues de Niort, où il s'était réfugié, lui permit de fréter un navire pour passer en Amérique. Fouché, au milieu de ces préparatifs, le fit prévenir que sa retraite était découverte. Jérôme Bonaparte revint à Paris, où M. Abbatucci, ancien consul de Naples à Trieste, lui offrit une retraite pendant que des amis négociaient, auprès du roi de Wurtemberg, beau-père de Jérôme Bonaparte, pour obtenir la permission de vivre désormais dans ses États. Le roi de Wurtemberg, après bien des hésitations, voulut bien assigner à son gendre le château de Gæppingen comme résidence. Jérôme Bonaparte partit pour le Wurtemberg sous un déguisement. « Arrivé sur le pont de Kehl, quand il eut fait un pas au delà de la frontière, Jérôme, se retournant, aperçut un officier de gendarmerie français. Cet officier, en se découvrant, lui dit : « J'avais ordre d'arrêter Votre Majesté. Je rendrai compte au ministre de la police que j'allais le faire au moment où elle a mis le pied sur le territoire allemand. » Il a été reconnu depuis que Fouché avait organisé cette poursuite simulée pour se mettre à couvert vis-à-vis du gouvernement royal et pour se soustraire à l'odieuse obligation d'arrêter le roi (1)...

Jérôme Bonaparte aurait désiré se fixer en Italie ; il sollicita vainement cette autorisation pendant près de quatre ans. « Enfin, au congrès de Vérone, l'empereur Alexandre emporta de haute lutte, auprès de ses alliés ou de leurs représentants réunis autour de lui, l'autorisation qui permettait au roi Jérôme et à la reine Catherine de s'établir à Rome (2). »

Les membres de la famille Bonaparte s'attendaient à être rappelés en France après l'expulsion des Bourbons de la branche aînée. Louis-Philippe s'appuyait sur les généraux de l'empire, Soult, Mortier, Gérard, Lobau, Reille, d'Erlon ; il prenait Gourgaud et Heymès pour aides de camp, mais il ne parlait pas d'abroger la loi de 1816 ; aussi les bonapartistes, mécontents du maintien de cette loi, ne furent-ils pas étrangers aux agitations qui marquèrent les premiers jours de la monarchie nouvelle. Jérôme Bonaparte ne contribua point à les exciter. « Il sut s'élever à une appréciation impartiale de la révolution nouvelle, et reconnut la légitimité d'un régime auquel il était décidé à demander la jouissance du droit commun par les voies légales (3). »

La loi de 1816 bannissait les Bonapartes du territoire sous peine de mort, tandis que les Bourbons se trouvaient exilés de fait seulement. M. de Bricqueville, ancien colonel de l'Empire, député de la Manche, déposa, le 14 septembre 1831, sur le bureau de la Chambre, une

(1) *Mémoires et correspondance du roi Jérôme et de la reine Catherine.*
(2) *Idem.*
(3) *Idem.*

proposition de bannissement sous peine de mort contre Charles X et sa famille Les récentes tentatives pour ranimer la guerre civile en Vendée expliquaient cette proposition cruelle sans l'excuser. La commission nommée pour l'examiner crut utile de prononcer par une seule loi toutes les exclusions et toutes les incapacités nationales. Elle engloba donc la famille Bonaparte dans la proscription qui frappait la maison de Bourbon. La loi votée, sauf l'application de la peine de mort en cas de rentrée sur le territoire, ne fut promulguée que le 10 avril 1832.

Après la promulgation de cette loi, l'espoir de rentrer en France abandonna les membres de la famille Bonaparte. « Le roi Jérôme, seul de tous les siens, persista dans la foi qu'il ne mourrait pas dans l'exil. Les événements de Strasbourg auraient été de nature à porter un dernier coup à cette foi inébranlable. Elle se ranima par la rencontre qu'il fit d'un personnage illustre déjà, et dont nous avons vu la longue carrière se prolonger jusqu'à nos jours, au delà du cercle d'action, d'idées, d'événements, auxquels sa remarquable personnalité était attachée. M. Thiers, dans un voyage qu'il fit en 1837, rencontra le roi Jérôme à Florence. Reçu par le prince dans sa modeste retraite de Quarto, il se passionna vivement pour ce représentant d'une époque héroïque (1)...

« M. Thiers alla lui-même au-devant des confidences de M. Jérôme Bonaparte sur son ardent désir de revoir sa patrie, et s'y associa avec chaleur. Il promit de tout cœur d'employer son influence non pas pour obtenir le rappel de la loi de 1832, ce qui lui semblait impossible, mais

(1) *Mémoires et correspondance du roi Jérôme et de la reine Catherine.*

une exception personnelle qui permît à M. Jérôme Bonaparte de rentrer en France (1). » La lettre suivante, adressée de Florence, le 21 juillet 1857, par M. Thiers au roi Jérôme, témoigne, en effet, d'un grand zèle à le servir.

« Mon prince, j'ai reçu hier votre lettre et l'envoi qui l'accompagnait. Je garderai l'un et l'autre comme un des plus précieux restes de Napoléon. Je suis, vous le savez, l'un des Français de ce temps les plus attachés à sa glorieuse mémoire, et je serai heureux quand je verrai le retour des parents qui lui appartiennent se concilier avec le repos de notre pays et le maintien de son gouvernement. Je suis particulièrement heureux de vous devoir ce souvenir de Napoléon, car vous êtes l'un des princes de sa famille qui ont le mieux compris et soutenu avec le plus de dignité le rôle qui leur convenait. Je n'avais que des liens de sympathie avec votre personne, la connaissance que j'ai faite de vous et de vos dignes enfants m'unit à vous d'une amitié dont je vous prie de me permettre ici l'expression respectueuse et sincère.

» Recevez, mon prince, mes hommages et mes vœux, et veuillez transmettre mes respects et ceux de ma famille, à la princesse votre fille. »

Deux ans plus tard, M. Thiers écrivait au même personnage une lettre qui se termine ainsi :

« J'ai entrepris une immense tâche (sans renoncer à Florence), c'est l'histoire de l'Empereur. J'avais laissé l'histoire de la Révolution au 18 brumaire; j'avais amassé beaucoup de matériaux pour la suite, et j'aurais voulu remettre cette vaste besogne, lorsqu'on est venu me persécuter pour en finir. Je me suis laissé séduire, et me voilà à l'ouvrage. Je vous fais cette ennuyeuse relation pour vous prier de venir à mon aide avec les matériaux que vous pouvez posséder. Je vous serais bien obligé si vous vouliez m'écrire et me dire quelle serait la nature des documents que vous seriez assez bon pour me fournir. Plus j'étudie les immenses et gigantesques conceptions de votre glorieux frère, plus je me sens saisi d'admiration.

» Je suis chargé par ma famille de nous mettre tous aux pieds de la princesse Mathilde. Elle sait quelle respectueuse amitié nous lui portons tous, et avec quel bonheur nous contribuerions à l'adoucissement de ses peines et des vôtres. Le temps viendra, je l'espère, où notre gouvernement sentira ce qu'il doit de soins à la famille de Napoléon. Pour moi, c'est, à mes yeux, une dette sacrée que je serais heureux de voir acquitter par la France. »

(1) *Mémoires et correspondance du roi Jérôme et de la reine Catherine.*

M. Thiers était d'avis que M. Jérôme Bonaparte s'adressât directement à Louis-Philippe pour obtenir l'autorisation de rentrer en France. M. Jérôme Bonaparte répugnait à cette démarche, non pas qu'il refusât de reconnaître la royauté de Louis-Philippe : « il n'admettait pas, dans sa loyauté, qu'on le crût capable de rentrer en France avec une sorte de restriction mentale, et en protestant secrètement contre les lois sous la protection desquelles il demandait à vivre. Mais sa fierté de Bonaparte, le vieil esprit révolutionnaire qui vivait en lui, tradition mystérieuse dont le fil s'est perdu de nos jours, lui rendaient fort pénible un rapprochement, sous forme de soumission, avec un Bourbon, fût-il de la branche cadette (1). »

En 1840, au moment où l'on croyait à une guerre générale, M. Thiers, président du conseil des ministres, reçut une lettre dans laquelle, en lui offrant le concours de son épée, il lui rappelait ses promesses. M. Thiers répondit... « J'ai reçu du roi et de M. le duc d'Orléans la mission de vous répondre et de vous témoigner combien ils étaient sensibles aux sentiments que vous leur exprimiez. Le roi a vu dans vos lettres la preuve du sens élevé qui a dirigé votre conduite, et il saisira volontiers les occasions qui s'offriront de vous témoigner sa haute estime. Il me charge de vous féliciter du mariage de la princesse Mathilde avec M. le comte Demidoff. Elle sera reçue en France, après son mariage, avec tout l'intérêt qu'elle mérite. Le roi sera heureux de diminuer le nombre des exilés; il n'y en aurait plus un

---

(1) *Mémoires et correspondance du roi Jérôme et de la reine Catherine.*

seul s'il dépendait de lui, et si tous les membres de votre famille imitaient la sagesse dont vous leur donnez l'exemple. »

Le 22 mars 1844, la chambre des députés repousse une pétition demandant le rétablissement de l'effigie de l'Empereur sur la croix de la Légion d'honneur, l'élargissement du prince Louis, et le rappel de la loi de 1832; l'année suivante, la Chambre, plus favorable aux exilés, prononce à l'unanimité, après un discours de M. Crémieux, le renvoi au président du conseil de plusieurs pétitions signées par des membres des conseils généraux, des conseils d'arrondissement et par un grand nombre de citoyens de la Corse, sollicitant le rappel de la loi de bannissement des Bonaparte. M. Jérôme Bonaparte adresse à son tour à la chambre des députés, le 18 avril 1847, une pétition pour provoquer, par la prise en considération de sa demande, le rapport de la loi qui l'exile lui et sa famille : « Le roi Jérôme avait choisi, pour être son représentant et son agent, dans les négociations difficiles qui allaient s'entamer, un jeune Corse de beaucoup d'intelligence, d'une rare activité et d'un dévouement à toute épreuve, M. Pietri, nom destiné à une célébrité populaire sous le second Empire. Nous ne raconterons pas les infatigables démarches auxquelles cet homme né pour les entreprises compliquées se livra pendant deux mois (1). »

M. Marie, M. Odilon-Barrot, M. Crémieux, M. de Lamartine lui-même promirent leur appui à la pétition; M. Thiers déclara qu'il ne donnerait le sien que sous cer-

(1) *Mémoires et correspondance du roi Jérôme et de la reine Catherine.*

taines réserves; M. Pietri comptait aussi sur le concours du général Thiard, de M. Larabit, de Malleville, Oudinot, Dupont (de l'Eure), duc d'Albuféra, Boulay (de la Meurthe), Émile de Girardin, Daru, Beugnot, etc. Le général Lawoëstine pleura en lisant la pétition; le maréchal Sebastiani montra moins de sensibilité; il fallut même lui rappeler l'engagement pris par lui en 1831, devant les électeurs de la Corse, de travailler à la rentrée de la famille Bonaparte. Le jeune Pietri, non content de frapper à la porte des ministres qui ne s'ouvrait pas toujours devant lui, rendait visites sur visites aux députés, aux pairs, aux journalistes; il se multipliait en quelque sorte pour suffire aux démarches que M. Jérôme Bonaparte demandait à son zèle.

« Tâchez de voir M. Molé et M. Billault ; comme ils sont en position de devenir ministres, leur avis m'est très-important à connaître... Le conseil municipal d'Ajaccio va prendre une décision pour appuyer une pétition, faites connaître cette démarche surtout à Sebastiani... Allez encore, avant la discussion, chez M. de Girardin, pour le remercier personnellement de son appui, c'est un homme qui bientôt, s'il y a un changement de ministère, pourra vous être utile ; menacez-le et flattez-le; demandez à voir Madame et rappelez-moi à son souvenir (1). »

M. Jérôme Bonaparte demandait-il seulement pour lui, non par voie d'abrogation législative, mais à titre de tolérance personnelle, la faculté de venir résider en France lorsque le gouvernement jugerait convenable d'y autoriser sa présence, ou bien sollicitait-il un acte légal qui le remit sous l'empire de la loi commune en France? Dans le premier cas, le gouvernement acceptait le renvoi

(1) *Mémoires et correspondance du roi Jérôme et de la reine Catherine.*

de la pétition. M. Odilon-Barrot soutint à la tribune que M. Jérôme Bonaparte exigeait formellement sa rentrée dans le droit commun de tous les Français, et que c'était avec ce caractère et ses conséquences que la pétition devait être renvoyée aux conseils de la couronne ; mais en quittant la séance, il écrivait au pétitionnaire : « Il m'a semblé que l'opinion de tous était que vous prissiez le ministre au *mot*, et que vous le pressiez de réaliser l'engagement qu'il vient de prendre, avant qu'il soit refroidi ou rassuré, avant surtout que la Chambre se sépare. » M. Jérôme Bonaparte suit ces conseils, et par l'intermédiaire de M. Pietri il fait communiquer à Odilon-Barrot la lettre qu'il écrit au conseil des ministres. La demande sous cette forme est jugée insuffisante, une pétition au roi est nécessaire. M. Jérôme Bonaparte charge M. Pietri de la rédiger, et M. Odilon-Barrot de l'approuver. Enfin, deux mois après l'envoi de cette lettre, M. Jérôme Bonaparte reçoit à Bruxelles, le 22 décembre 1847, l'autorisation de résider en France pendant trois mois.

Trente ans d'exil, les ennemis et les embarras de la vie à l'étranger, avaient singulièrement usé la foi de M. Jérôme Bonaparte dans le rétablissement de l'Empire ; il éprouvait le besoin de rentrer dans sa patrie, et de s'y ménager une retraite assurée ; l'exilé, pour réaliser ces vœux, s'était adressé à Louis-Philippe, à un ancien exilé comme lui. Le lendemain de la révolution de février, on trouva parmi les papiers qui attendaient la signature royale, deux ordonnances, l'une portant allocation d'une pension de cent mille francs, accordée au prince Jérôme, et réversible par moitié sur la tête de son fils, l'autre élevant le dernier frère de l'Empereur à la dignité de pair de France.

Les longues négociations que le lecteur vient de suivre ne sont pas sans intérêt pour l'histoire; elles prouvent, par le nombre et l'importance des personnages qui s'y trouvent mêlés, par l'intérêt que le gouvernement y attache, la grande place que le bonapartisme occupait encore dans les esprits.

Le second fils de M. Jérôme Bonaparte, Napoléon, était en pension à Genève lorsque sa mère mourut en 1835. Son père l'envoya chez la reine Hortense, à Arenenberg. Napoléon Bonaparte resta un an auprès de sa tante, « n'ayant d'autre précepteur que son cousin Louis Napoléon (1) ». M. Jérôme Bonaparte, au commencement de 1836, allant chercher sa fille Mathilde à Stuttgard, passa quelques mois avec elle dans la résidence de sa belle-sœur. « C'est pendant cette réunion des deux familles que Jérôme et sa belle-sœur formèrent le projet de mariage entre la princesse Mathilde et le prince Louis » (2). Cette union allait se conclure lorsque la conspiration de Strasbourg éclata. L'histoire trouverait aisément dans des lettres rendues publiques sur la rupture de ce mariage, des détails capables de piquer la curiosité et de fournir pâture à la malignité publique; mais elle ne doit lever le voile qui protége l'intérieur des familles que lorsqu'elle espère jeter un jour inattendu sur quelque grand événement, ou une leçon à tous ; elle laisse donc à la chronique le soin de réunir et de publier les

---

(1) *Mémoires et correspondance du roi Jérôme et de la reine Catherine.*
(2) *Idem.*

documents qui renferment les vraies causes de la rupture du mariage entre M. Louis Bonaparte et Mlle Mathilde Bonaparte, sa cousine.

Le fils aîné de M. Jérôme Bonaparte faisait déjà partie de l'armée wurtembergeoise ; le roi Guillaume offrit à son beau-frère de faire entrer son second fils à l'École militaire de Louisburg. Napoléon en sortit avec le numéro 1, et servit deux ans avec le grade de lieutenant. Le général Négrier, le capitaine d'état-major Lebrun, le duc d'Elchingen, le capitaine d'artillerie Beuret, avaient été envoyés en Allemagne pour étudier la situation militaire de la confédération. L'année 1839 touchait à sa fin : on chantait *ils n'auront pas le Rhin libre* à Cologne, et la *Marseillaise* à Paris ; la fréquentation de ces officiers pendant les manœuvres du 8me corps de la confédération, la vue de la cocarde tricolore, excitèrent chez le jeune Napoléon de patriotiques remords, et le décidèrent à envoyer sa démission au ministre de la guerre.

En 1845, lors de la petite agitation bonapartiste, provoquée par la discussion de deux pétitions demandant le rappel de la loi de bannissement des Bonaparte, M. Jérôme Bonaparte obtint pour son fils Napoléon l'autorisation de traverser la France en se rendant en Angleterre. M. Napoléon Bonaparte passa un mois à Paris : « à Paris, le jeune prince renoua la chaîne des souvenirs impériaux brisée depuis tant d'années. Ce fut, il faut le dire, dans les rangs de l'opposition, plutôt que dans les rangs du parti ministériel qu'il trouva des encouragements et des marques de sympathie » (1). Une

---

(1) *Mémoires et correspondance du roi Jérôme et de la reine Catherine.*

lettre de M. *Thiers au roi Jérôme, le 13 juillet 1845,* contient un détail intéressant sur le séjour de M. Bonaparte à Paris.

« Prince, je prie le prince Napoléon, votre fils, de vouloir bien faire arriver la réponse suivante à votre lettre de Florence du mois de mai dernier. J'ai été fort honoré et fort heureux de voir le fils, objet de vos justes prédilections. Tout le monde a été frappé de ses traits, de sa ressemblance avec la figure la plus populaire des temps modernes, et ce qui vaut encore mieux, de son esprit, de son tact, de sa parfaite attitude. Je ne me suis pas permis de lui donner des conseils dont il n'a pas besoin ; mais, dans une circonstance, je lui ai dit ce que je pensais parce qu'il a bien voulu connaître mon sentiment. C'est relativement à la visite qu'il a faite au Roi. Je crois qu'il aurait commis une faute véritable en ne remerciant pas le Roi, auquel il devait la faculté qui lui a été accordée de visiter la France. Du reste, le Prince était incapable de se tromper à cet égard. Il a fait la visite qu'il devait, et il est maintenant à Paris après avoir satisfait à toutes les convenances. »

M. Napoléon Bonaparte passa un mois à Paris et plusieurs mois en Angleterre, à deux reprises différentes ; il y retrouva son cousin évadé de Ham. La société anglaise se tenait, à l'égard de M. Louis Bonaparte, dans une réserve voisine de la froideur ; elle montra plus de cordialité et de bienveillance à M. Napoléon Bonaparte. La diplomatie française affectait, comme la société anglaise, de marquer par sa conduite la différence qu'elle faisait entre les deux cousins. Les membres de l'ambassade française menacèrent de se retirer d'un club où il était, question d'admettre M. Louis Bonaparte, et où la présence de M. Napoléon Bonaparte était parfaitement acceptée par eux. Ce dernier envoya immédiatement sa démission de membre du club, « n'admettant pas qu'on pût faire une pareille distinction entre lui et son cousin » (1).

(1) *Mémoires et correspondance du roi Jérôme et de la reine Catherine.*

L'histoire doit laisser encore ici à la chronique, la tâche de recueillir dans les lettres particulières, dans les journaux, dans les souvenirs des gens du monde, les faits nombreux qui prêtent aux relations entre les deux cousins un caractère moins cordial.

Un duel de M. Napoléon Bonaparte avec un officier général au service de Toscane servit pendant quelques semaines de texte aux conversations des salons. Les deux adversaires, très-surveillés sans doute par les polices de France et d'Italie, se cherchèrent en vain pendant plusieurs mois. Enfin ils se rencontrèrent. Il était temps; les propos des journaux, l'intervention un peu bruyante des deux témoins de M. Napoléon Bonaparte (1), faisaient souhaiter à ses amis la fin de ces préliminaires. Le duel se termina d'une façon heureuse : personne ne fut blessé.

Les personnes qui approchaient, à cette époque, M. Napoléon Bonaparte, ne voyaient en lui qu'un jeune homme plus satisfait de rappeler les traits de l'Empereur, qu'empressé de raviver les traditions politiques de l'Empire; réconcilié avec le titre de citoyen, il paraissait regretter de n'en pouvoir exercer les droits, et borner son ambition à figurer un jour parmi les aides de camp de M. Odilon-Barrot sur les bancs de la gauche.

Le prince Eugène, fils adoptif de Napoléon Ier, abjurant son passé, s'était fait présenter à Louis XVIII sous le nom de général de Beauharnais; il prit plus tard le titre de duc de Leuchtenberg, au grand scandale de

---

(1) MM. Alexandre Dumas et Méry.

la famille Bonaparte qui lui reprochait de s'être fait prince allemand. La conspiration organisée pour remplacer les Bourbons par le prince d'Orange ayant échoué, le parti bonapartiste essaya d'en renouer les fils au profit du prince Eugène. Le colonel Gourgaud se rendit auprès de lui à Munich. Le compagnon de l'Empereur à Sainte-Hélène reçu à grand'peine, parvint plus difficilement encore à faire comprendre à l'ancien vice-roi d'Italie qu'il avait quelque chose d'important à lui communiquer de la part de ses amis de France. Le colonel Gourgaud parvint enfin, dans une partie de chasse, à révéler au prince Eugène le secret de l'insurrection qui se préparait, et lui proposer de se mettre à sa tête. Le prince, après un moment de réflexion, répondit que si le *Sénat* l'appelait, il n'hésiterait pas à se rendre à son appel ; le colonel Gourgaud dissimula mal un sourire, et l'entretien en resta là.

Les hommes énergiques qui travaillaient à relever le trône de Napoléon pourraient-ils, du moins, compter un jour sur son fils?

<blockquote>Quid puer Ascanius? superatne et vescitur aurâ?</blockquote>

Quand un vieux serviteur, ou un poëte fidèle au culte de l'Empire, se rendait à Vienne, et demandait à présenter ses hommages au duc de Reichstadt, le gouverneur du prince lui répondait d'un ton à demi railleur : « Ascagne respire, mais il faut éloigner de lui les émotions ; il ne lit, il ne voit, il n'entend que ce que nous voulons qu'il lise, qu'il voie, qu'il entende ; s'il recevait par hasard une lettre qui eût trompé notre surveillance, il nous la remettrait avant de l'ouvrir. » Le prince Metternich oubliait que le jour approchait où cette séquestration morale deviendrait impossible. Le duc de Reichstadt, en entrant dans l'armée et dans le monde, ne devait-il pas se trouver tout de suite en rapport avec une foule de personnages ayant connu son père, et joué un rôle de son temps? Le maréchal Marmont, exilé à la suite de la révolution de 1830, arrivait précisément à Vienne au moment où le duc de Reichstadt allait faire ses premières armes. Le prince Metternich reconnaissant désormais l'inutilité de tant de précautions, fit au maréchal la proposition d'être en quelque sorte l'instituteur du fils de son ancien maître, et de lui apprendre l'histoire d'une époque où il tenait lui-même une place importante. Le duc de Raguse accepta cette offre à la condition de ne rien cacher à son élève. Marmont a légué au musée de Châtillon-sur-Seine un portrait du duc de Reichstadt au bas duquel le prince a tracé de sa main ces vers de Racine :

> Arrivé près de moi, par un zèle sincère,
> Tu me contais alors l'histoire de mon père,
> Tu sais combien mon âme attentive à ta voix
> S'échauffait au récit de ses nobles exploits.

Quels sentiments, quelles idées la voix de Marmont évoquait-elle dans le cœur et dans l'esprit du duc de Reichstadt? La mort a emporté ce secret. La fin prématurée de l'héritier de l'empereur servit peut-être mieux la cause de l'empire qu'une vie plus longue ; la captivité du fils devint, pour les esprits romanesques, le complément obligé de la captivité du père, elle forma la suite d'une légende dans laquelle ils se confondent tous les deux.

Il faut maintenant, pour achever ce tableau de la famille Bonaparte, dire quelques mots des femmes qui la composent.

Caroline Bonaparte, femme de Joachim Murat, roi de Naples, seule des trois sœurs de Napoléon, mourut en laissant une postérité mâle. Son frère disait d'elle à Sainte-Hélène : « Avec une figure fort belle, Caroline n'avait pas moins été considérée, dans son enfance, comme la sotte, la cendrillon de la famille ; mais elle en a bien appelé. Elle a été une très-belle femme, et est devenue très-capable. Les événements l'avaient formée, et il y avait chez elle de l'étoffe, beaucoup de caractère, et une ambition désordonnée. »

La veuve de Murat, Caroline Bonaparte, reparut à Paris en 1838. Les chambres, sur la proposition du gouvernement, lui avaient voté une pension de 100,000 fr. Cette libéralité reposait non sur les droits de l'ex-reine de Naples, qui n'existaient pas d'après l'exposé des motifs présenté par le ministre à la chambre, mais sur les singulières considérations que voici : « Le gouvernement du roi voit les malheurs de madame la comtesse de Lipona ; il considère que les armes françaises l'avaient portée au rang des têtes couronnées et qu'elle est la sœur de l'empereur Napoléon. Ces motifs justifient auprès de nous le projet de loi que nous avons l'honneur de vous présenter. »

Le ferme profil de l'ex-reine de Naples, entrevu dans l'ombre de la baignoire du théâtre italien, où elle aimait à se cacher, évoquait le souvenir des scènes dramatiques de sa vie, en même temps que ses yeux éteints, ses traits vieillis, trahissaient la fatigue et le découragement d'une âme désillusionnée. Ses deux fils habitaient l'Amérique du Nord ; ils semblaient avoir complétement oublié que la destinée leur promettait des couronnes de roi et de prince. L'aîné, Achille, auteur d'un livre remarquable sur les États-Unis, ne survécut que quelques années à sa mère et mourut en Amérique sans laisser de postérité. Lucien, son frère, l'avait rejoint en 1824 ; marié en 1827, à miss Caroline-Georgina Fraser, des faillites, peu de temps après ce mariage, ne lui laissèrent d'autres ressources pour subsister, que le produit d'une école de jeunes filles tenue par sa femme (1).

Les deux filles de Murat vivaient mariées en Italie, l'aînée au comte Pepoli, la seconde au comte Rasponi.

Élisa Bonaparte, élevée à Saint-Cyr, aimait la société des hommes de lettres : Boufflers, La Harpe, Fontanes, Chateaubriand, etc., formèrent longtemps sa cour à Paris ; les poëtes lui avaient donné le surnom de Sémiramis de Lucques, qu'elle justifiait, du moins par ses traits, si l'on en juge par les pièces de monnaie où l'effigie de Bacciocchi, ex-capitaine dans Royal-Corse, a l'air de se glisser timidement à côté de la figure de sa femme. Sémiramis descendue du trône en 1814, n'était plus qu'une aimable Italienne, la comtesse Campignano, lorsqu'elle mourut, en 1821, des suites d'une fièvre nerveuse. Sa fille unique avait épousé l'un des plus riches propriétaires de la Marche d'Ancône.

(1) *Histoire de la dynastie napoléonienne,* par A. S. de Darcourt.

Pauline, la plus jeune des sœurs de l'empereur, celle qu'il avait toujours préférée, ne manquait pas de cœur. On peut s'en convaincre quand on lit sa correspondance avec Fréron, et quand on la voit, en 1814, dans le salon du château du Luc, les yeux en pleurs, pâle, indignée, refusant de reconnaître l'empereur sous son uniforme d'officier autrichien. Pauline, veuve du général Leclerc, et trop pressée de devenir princesse, perdit, en épousant le prince Borghèse, la possibilité de devenir reine plus tard. Si ce mariage fut, comme on l'assure, un mariage d'inclination, il eut le sort de beaucoup de ces mariages ; les deux époux ne tardèrent pas à se séparer. La princesse vivait dans sa résidence de Neuilly, près de Paris ; le prince Borghèse habitait Rome ; la princesse Pauline, quelque temps après la chute définitive de l'Empire, manifesta l'intention de se réunir à son mari, qui refusa de la recevoir. Le pape, à qui les Bonaparte causaient souvent bien des embarras, chargea les cardinaux Consalvi, Spada et Della Somaglia, presque un conclave, de terminer ce différend. Les cardinaux décidèrent que le palais Borghèse serait divisé en deux parties, l'une destinée uniquement au prince, l'autre à la princesse ; ils réglèrent en même temps les arrangements pécuniaires entre les deux époux. Pauline, souvent rebelle aux ordres de l'empereur, avait pour son frère autant d'affection que de dévouement ; elle lui porta ses diamants à l'île d'Elbe ; elle écrivait souvent à ses amis de France, mais plutôt pour leur demander des femmes de chambre, des cuisiniers et des pommades, que pour s'entretenir avec eux des affaires publiques. Pauline, entourée d'étrangers, d'Anglais surtout, ne songeait guère à transformer son boudoir en foyer de conspiration contre les Bourbons.

Élisa, Caroline, Pauline, ces belles italiennes étaient restées italiennes d'esprit et de cœur autant que de physionomie; les sœurs de Napoléon, dans leur beauté païenne, représentaient le côté classique de l'Empire. Hortense de Beauharnais, Corinne de boudoir, chantant les ménestrels et les paladins, musicienne, peintre, poëte, en personnifiait le romantisme ; les dénicheurs de difficultés historiques ont pu contester à Rouget de l'Isle la paternité de *la Marseillaise*, mais comment disputer à la reine Hortense la sentimentale romance du *Beau Dunois*, ces vers et cette mélodie qui semblent dictés par la muse de l'Empire elle-même à celle qui fut, jusqu'à son dernier soupir, le vivant symbole des traditions, des arts, de la littérature, des plaisirs de ce temps? La reine Hortense, un moment réconciliée, comme son frère, le prince Eugène, avec la légitimité, duchesse de Saint-Leu par la grâce de S. M. Louis XVIII, autorisée à fixer sa résidence dans cette terre, voisine de Paris, en fut chassée par le roi, devenu plus méfiant après les Cent-Jours ; Napoléon Ier avait régné sur une grande partie de l'Europe ; des membres de toutes les aristocraties s'étaient associés à son gouvernement ; la reine Hortense, dans tous les lieux où elle plantait sa tente, se voyait entourée d'hommes importants qui s'imaginaient, en sa présence, voir renaître leurs belles années ; à Rome, où il lui fut permis de séjourner pendant quelque temps, « son salon, fort recherché, était devenu le centre du bonapartisme, non de celui qui pleurait des larmes de sang sur les malheurs de la cause commune et rêvait la vengeance, mais d'un bonapartisme plus confiant dans l'avenir qu'assombri par les regrets du passé (1). »

Cette fée du bonapartisme, qui n'avait pas dans les veines une goutte de sang des Bonaparte, touchait de sa baguette magique tous les cœurs en faveur de l'Empire ; le second de ses fils surtout éprouva la puissance de l'enchantement. Charles-Louis-Napoléon Bonaparte, seul parmi les parents de l'empereur, crut à la restauration de l'Empire.

Augsbourg d'abord et ensuite le château d'Arenenberg, sur les bords du lac de Constance, servirent de retraite à la reine Hortense et à ses deux fils dont elle dirigeait l'éducation : « L'étude des anciens classiques, les sciences exactes et les exercices gymnastiques firent les bases de cette éducation. Le prince Louis fut admis au camp de Thun, dans le canton de Berne, où les Suisses s'assemblent chaque année pour s'exercer, sous l'habile direction d'un des plus savants officiers de l'Empire, aux manœuvres de l'artillerie et du génie (2). » La révolution de juillet éclata. Les princes Bonaparte furent appelés par les patriotes italiens, et ne pouvaient pas rester sourds à leur appel. C'était leur devoir d'apporter à cette cause, l'appui de leur nom et de leurs talents; ils n'hésitèrent pas; au moment où le prince Louis allait partir avec son frère pour rejoindre à Bologne les amis de la liberté, et marcher contre les Autrichiens, il écrivit à sa mère : « Votre affection comprendra nos sentiments ; nous avons contracté des engagements que nous ne pouvons

---

(1) *Mémoires et correspondance du roi Jérôme et de la reine Catherine.*
(2) *Le prisonnier de Ham,* ouvrage attribué au docteur Conneau.

manquer de remplir, et le nom que nous portons, nous oblige à secourir les malheureux qui nous appellent (1). »
La reine Hortense, après la malheureuse issue de l'insurrection des Romagnes, se mit en route pour Ancône. « A la première poste, après avoir quitté Foligno, une voiture s'arrêta près de la sienne, et un étranger lui dit que son fils aîné était malade et désirait la voir. A Pesaro elle rencontra son fils Louis; il avait perdu son frère subitement emporté par une inflammation de poitrine ; les Autrichiens venaient de prendre Ancône, où le prince Louis était malade sous l'accablement de ses chagrins de frère et de patriote (2). » Sa mère, malgré le voisinage du quartier général autrichien, réussit à le cacher, et grâce au bruit répandu par elle que le jeune insurgé était allé chercher un refuge en Grèce, elle le conduisit, sous la protection d'un passe-port anglais, à travers l'Italie, jusqu'à Paris.

Le roi Louis-Philippe reçut la reine Hortense et l'accueillit en homme qui sait compatir à des infortunes qu'il a lui-même éprouvées. Bientôt les imprudences de M. Louis-Napoléon Bonaparte amenèrent un changement dans les dispositions du gouvernement français; la reine Hortense et son fils reçurent l'ordre de quitter Paris. Ils passèrent quelque temps en Angleterre avant de retourner au château d'Arenenberg.

La chambre des députés ayant renouvelé la loi de bannissement contre la famille Bonaparte, il ne restait plus au fils de la reine Hortense qu'à confondre ses destinées avec celles de la Suisse, sa nouvelle patrie ; M. Louis

---

(1) *Le prisonnier de Ham*, ouvrage attribué au docteur Conneau.
(2) *Idem*.

Bonaparte paraissait résigné en apparence à cette nécessité, mais en réalité le bourgeois de la commune de Salenstein, le volontaire de l'école d'artillerie de Thun, le citoyen de Thurgovie, le président de la Société fédérale des carabiniers thurgoviens, le capitaine d'artillerie du régiment de Berne, le membre du grand conseil se croyait toujours l'héritier du trône impérial, et cherchait les moyens de le relever. La reine Hortense mêlait aux prétentions de son fils, à ses appels à la destinée, les superstitions de la femme ; croyant comme sa mère Joséphine aux présages, à l'influence des astres, à la puissance des incantations, elle consultait les tireuses d'horoscopes et les somnambules de village. Le jeune prétendant dut entendre plus d'une fois au fond des bosquets d'Arenenberg des voix qui lui disaient : « Tu régneras ! »

M. Louis Bonaparte, après sa malheureuse campagne en Italie, prit la plume, et publia dans le mois de mai 1832 ses *Rêveries politiques*, suivies d'un projet de constitution. Mélange d'inspirations saint-simoniennes et de pensées impérialistes, cette constitution d'une république commence par un article déclarant que la république aura un empereur, et finit par un autre article portant que la garde impériale sera rétablie.

L'homme placé sous l'obsession d'une idée fixe a quelquefois besoin qu'un autre le pousse à la réaliser ; un ancien boursier du collège de Limoges, sorti de l'école de Saumur avec les galons de maréchal des logis, roulait dans sa tête divers projets de restauration, parmi lesquels figurait une restauration de l'Empire. Ce maréchal des logis nommé Fialin, gémissant de la défaite du vieux principe de légitimité, se demandait s'il ne serait pas possible de fonder une légitimité nouvelle sur la souveraineté du peuple. M. Fialin changeant de garnison avec son régiment, ne voyant dans les cabarets, dans les auberges, dans les casernes, dans tous les lieux publics, que l'image de l'Empereur; n'entendant sortir du sein des masses que des reproches adressés à la Restauration et à la monarchie de juillet pour n'avoir été : l'une, que le règne des prêtres et des nobles, l'autre, que celui des journalistes et des avocats, conclut de ces observations que dans la famille Bonaparte seule il trouverait l'homme capable de personnifier la légitimité future.

Le maréchal des logis Fialin, la tête pleine de cette idée, quitta l'armée et vint à Paris; une modeste place dans l'administration des douanes paraissait alors suffire à son ambition; un protecteur zélé la sollicitait pour lui; M. Fialin essayait en attendant d'écrire quelques entre-filets dans le *Temps*; il fournissait sa part modeste de collaboration à une correspondance établie à l'usage des journaux légitimistes; il fondait presque en même temps l'*Occident français*, revue destinée à développer cette théorie: que le régime impérial contient la formule et la synthèse de la politique au xixᵉ siècle.

« Il n'est pas en Europe un seul homme instruit des affaires de son temps qui n'attende une complète rénovation de ce continent. Il semble que la voix, partie autrefois des régions orientales pour annoncer un Messie, proclame à cette heure la vaste synthèse politique vers laquelle nous avançons chaque jour davantage. A nous donc l'idée napoléonienne suppliciée au rocher de Sainte-Hélène dans la personne de son glorieux représentant !

En cette impériale idée résident la tradition tant cherchée du xviiiᵉ siècle, la vraie loi du monde moderne, et tout le symbole des nationalités occidentales... Le temps est venu d'annoncer par toute la terre cet évangile impérial qui n'a point encore eu d'apostolat. Le temps est venu de relever le vieux drapeau de l'Empereur, non-seulement l'étendard de Marengo et d'Austerlitz, mais celui de Burgos et de la Moskowa. L'Empereur, tout l'Empereur (1)!

L'*Occident français* n'eut qu'un numéro ; les amis de M. Fialin lui firent-ils obtenir du ministre de la guerre une mission en Allemagne pour étudier l'élève et l'amélioration de la race chevaline, comme l'affirme un de ses biographes, ou bien se rendit-il, d'après un autre, dans ce pays pour y rechercher les titres d'un de ses parents morts pendant l'émigration? Ce qu'il y a de certain, c'est que M. Fialin ayant déjà entretenu quelques relations avec Joseph Bonaparte par l'intermédiaire du capitaine de navire qui ramena l'Empereur de l'île d'Elbe, se présenta, en traversant la Suisse, à Arenenberg muni d'une lettre de recommandation de M. Belmontet ; il reçut des maîtres de ce château l'accueil que méritait le fondateur de l'*Occident français*, et devint bientôt en quelque sorte le secrétaire des commandements de M. Louis Bonaparte. Ce dernier venait précisément de publier son *Manuel d'artillerie*. La remise de ce livre, au nom de l'auteur, à certains officiers de l'armée française, à quelques personnages importants, et aux principaux journalistes, fournissait un excellent prétexte

---

(1) *L'Occident français*. Paris, Paul Dupont, Préface.

pour s'assurer des sentiments et des dispositions d'une partie de l'armée et de la société françaises. M. Fialin, au moment de se transformer en commis-voyageur des idées napoléoniennes, emprunta le nom de Persigny à une ancienne propriété de la famille de sa mère, située dans la commune de Crémeaux, en Forez. Il partit pour la France aussi confiant dans sa mission que désireux de justifier la devise qu'il venait d'inscrire au bas de son écusson de vicomte : *Je sers!*

M. de Persigny revint à Arenenberg, apportant à M. Louis Napoléon Bonaparte des complicités morales, préférables peut-être à toutes les complicités matérielles ; quel plus grand encouragement pour le prétendant que ces paroles de Carrel à M. de Persigny, après une conversation où ce dernier venait de lui expliquer les idées du neveu de l'Empereur ? « Le nom qu'il porte est le seul qui puisse exciter fortement les sympathies populaires ; s'il sait oublier ses droits de légitimité impériale, pour ne se rappeler que la souveraineté du peuple, il peut être appelé à jouer un grand rôle. »

Louis Napoléon tenta bientôt de réaliser cette prédiction. La conspiration de Strasbourg échoua, mais la facilité avec laquelle des officiers français avaient trahi leur serment à la voix d'un jeune homme connu seulement par son origine, l'indécision des soldats en sa présence, les acclamations de la population sur son passage, la puissance des souvenirs impérialistes, le prestige du nom de l'Empereur donnaient matière à de graves réflexions. Le gouvernement dissimula ses alarmes ; ce qu'il savait sur la conspiration était de nature à les rendre sérieuses quoiqu'il n'eût pas pu mettre la main sur les papiers du principal conspirateur. Une femme les sauva. Éléonore Archer allait de ville en ville, donnant des concerts publics, et chantant dans les salons; sir Gordon, colonel de la légion étrangère au service d'Isabelle II, vit mademoiselle Archer à Londres, l'épousa, et mourut peu de temps après son mariage, laissant sa femme sans fortune. Éléonore Gordon, recommençant ses pérégrinations lyriques, rencontra M. Louis Napoléon Bonaparte en Suisse ; sa vocation bonapartiste se révéla tout de suite; les femmes s'entendent souvent mieux que les hommes à nouer les fils d'une trame politique; l'histoire des conspirations est là pour le prouver. Madame Gordon se montra le plus habile et le plus dévoué des aides de camp de M. Louis Bonaparte dans les préparatifs du complot de Strasbourg ; elle en attendait le résultat dans sa chambre de la rue de la Nuée-Bleue, lorsque M. de Persigny accourt sans se douter qu'il est serré de près par un agent de police; le coup est manqué; au moment où le fugitif entame le récit du désastre, une voix se fait entendre : ouvrez au nom de la loi! madame Gordon pousse le verrou, et se barricade avec ses meubles; le commissaire de police est suivi de la force armée et d'un serrurier ; la porte cède bientôt à leurs efforts ; au moment où l'air extérieur pénètre dans la chambre : lettres, décrets, proclamations, nominations, listes de noms disparaissent dans un dernier jet de flamme qui s'élance de la cheminée.

Louis-Philippe cependant en sut assez pour juger prudent de faire semblant de ne rien savoir; après l'audience sollicitée par le général Exelmans pour protester contre la complicité qu'on lui imputait dans l'affaire de

Strasbourg, le roi se contenta de dire : « Exelmans se mouche bien vite. » D'autres se mouchèrent plus tard ; Louis-Philippe reçut avec empressement les déclarations de dévouement que les généraux lui prodiguèrent, et s'obstina dans la mise en pratique de ce système dangereux qui consistait à détruire le bonapartisme en l'absorbant et en confondant en quelque sorte la monarchie constitutionnelle avec l'Empire.

Bien que la presse ministérielle affectât de se moquer de l'auteur de l'*échauffourée* et de la *misérable équipée* de Strasbourg, le gouvernement n'osa pas cependant le traduire devant un jury ; il aima mieux violer le grand principe de l'égalité devant la loi. Soustraire le principal coupable à la justice, c'était assurer l'acquittement de ses complices. Un historien du règne de Louis-Philippe explique ainsi cette imprudente décision :

« Les auteurs de cette rébellion appartenaient à la justice du pays, mais que devait-il faire du prince ?.... A ceux qui, sous un Bourbon, auraient prétendu couvrir le nom de l'Empereur d'un privilége de naissance, il aurait suffi de montrer le fossé où tomba le cadavre sanglant du duc d'Enghien. Mais les procédés du Consulat n'étaient pas ceux du règne de Louis-Philippe, et le prisonnier de Strasbourg n'avait pas à redouter le sort du prisonnier d'Ettenheim. Aussi la reine Hortense étant accourue à Paris pour prier le roi d'être indulgent pour son fils, coupable seulement, disait-elle, d'une étourderie de jeunesse, reçut-elle immédiatement l'assurance que la vie de ce fils ne courait aucun danger... Le 9 novembre, le préfet du Bas-Rhin et le général Voirol vinrent ouvrir au prince les portes de sa prison, et le firent monter dans une chaise de poste... A Paris, le prince apprit la faveur dont il était l'objet. Il en exprima aussitôt sa reconnaissance par une lettre au roi, dont il appelait avec instance la bonté sur ses amis. A Lorient, comme il allait monter sur la frégate *l'Andromède*, le sous-préfet, M. Villemain, lui demanda par ordre du gouvernement s'il avait assez d'argent pour faire face à ses premiers besoins au lieu de débarquement, et, sur sa réponse négative, lui remit de la part du roi une somme de seize mille francs en or. Le 21 novembre, l'*Andromède* l'emportait loin de la France (1). »

M. Louis Bonaparte s'est-il engagé après sa capture à rester dix ans en Amérique ? Un historien le dit formellement :

« On se rappelle qu'après l'arrestation des conjurés de Strasbourg, une décision souveraine avait été prise à l'égard de Louis Bonaparte, qui consentait à un exil aux États-Unis, en échange d'un jugement et d'une longue captivité. Louis Bonaparte avait donné sa parole d'honneur de ne plus revoir l'Europe (2). » Une lettre de M. Louis Bonaparte adressée de Londres à cet historien, le 10 novembre 1846, dément cette assertion : « La grave accusation formulée contre moi dans le deuxième volume de votre histoire me force à m'adresser à vous pour réfuter une calomnie déjà vieille, que je ne m'attendais pas à voir remettre en lumière par l'historien de Charlemagne, à qui je devais le souvenir de quelques mots flatteurs.

» Vous croyez que, en 1836, expulsé de France malgré mes protestations, j'ai donné ma parole de rester perpétuellement exilé en Amérique, et que cette parole a été violée par mon retour en Europe. Je donne ici le démenti formel que j'ai si souvent donné à cette fausse allégation. . . . .

» En 1840, veuillez vous en souvenir, M. Frank-Carré, remplissant les fonctions de procureur général près la Cour des pairs, fut forcé de déclarer lui-même que j'avais été mis en liberté *sans conditions*. Vous trouverez ces paroles dans le *Moniteur* du mois de septembre. ». . .

---

(1) Victor de Nouvion, *Histoire du règne de Louis-Philippe.*
(2) Capefigue, *Extraits de l'histoire de l'Europe depuis l'avénement du roi Louis-Philippe.*

Voici le passage du réquisitoire de M. Frank-Carré invoqué par M. Louis Bonaparte. Le procureur général, après avoir résumé les faits principaux qui se rattachent à la conspiration de Boulogne, ajoute : « Quelle avait été l'issue ? Combien de temps avait-il fallu pour que celui qui rêvait un trône se réveillât dans les murs d'une prison dont une clémence aussi libre que généreuse lui a ouvert les portes. Comment se fait-il qu'il n'ait pas été alors désabusé ? Vaincu sans combats, pardonné sans conditions, ne devait-il pas comprendre qu'on ne redoutait ses entreprises ni comme un péril, ni comme une menace ? »

Louis-Philippe s'est donc, dans cette circonstance, montré généreux jusqu'au bout; M. Louis Bonaparte le reconnaît du reste dans une lettre lue devant le jury de Strasbourg, par M⁰ Parquin, défenseur de son frère, l'un des accusés. « J'étais coupable contre le gouvernement; or le gouvernement a été généreux envers moi. » M⁰ Parquin, en terminant sa lecture, s'écria : « Parmi les défauts de Louis Napoléon il ne faut pas du moins compter l'ingratitude. »

La frégate *l'Andromède* conduisit M. Louis Bonaparte à New-York. Le 3 avril 1837, ayant reçu dans cette ville une lettre de la reine Hortense lui annonçant qu'elle allait subir une grave opération, M. Louis Bonaparte s'embarque immédiatement; il arrive en Europe à temps pour assister aux derniers moments de sa mère. Le gouvernement français, ému par la présence du conspirateur de Strasbourg sur le territoire suisse, demande son expulsion, dans une note appuyée par l'Autriche et par la Prusse ; les troupes françaises, sur le refus du Vorort de donner satisfaction à cette note, s'avancent vers la frontière ; la Suisse arme son contingent ; Louis Napoléon ne voulant, dit-il, ni réclamer ni renier son droit de citoyen suisse, part pour l'Angleterre.

L'opinion publique, qui n'aurait pas approuvé une guerre entreprise pour chasser un proscrit de son asile, prenait assez bien les railleries que les journaux faisaient pleuvoir sur le neveu de l'Empereur, renouvelant au tournoi d'Eglington les prouesses des anciens chevaliers. Le gouvernement avait eu l'imprudence de traduire devant la cour des pairs un des accusés de Strasbourg, M. Armand Laity, auteur d'une brochure intitulée : *Le prince Napoléon à Strasbourg, relation historique des événements du 30 octobre* 1836 ; la condamnation de l'auteur de cette brochure à cinq ans de prison rendit un peu d'intérêt au bonapartisme, qui, depuis la retraite de son représentant en Angleterre, n'était pas en veine, quoiqu'il eût fait une récente et importante recrue dans la personne de M. de Crouy-Chanel, descendant d'Arpad, et prétendant lui aussi à une couronne, celle de Hongrie. M. de Crouy-Chanel, entrepreneur de restaurations, travaillait à celle des autres en attendant d'accomplir la sienne ; il venait d'échouer dans son projet de relever au Mexique le trône d'Iturbide au profit de l'infant don François, et il espérait se dédommager en rétablissant le trône de Napoléon Ier avec l'aide de M. Saint-Edme, homme de lettres, connu par de nombreuses compilations, de M. Charles Durand, rédacteur du *Journal de Francfort*, feuille dévouée à la Russie, et de M. Barginet, de Grenoble, grand maître des Templiers, auteur de *La Cotte rouge*, de *La Chemise sanglante*, surnommé le Walter Scott dauphinois. Les prétendants, dans ce temps-ci, ne peuvent se passer du concours de la presse. M. de Crouy-Chanel travaillait donc à la fondation du *Capitole*; M. Mocquard, de son côté, négociait l'achat du journal *le Commerce*, de compte à demi avec M. Mauguin.

M. Mocquard, dans les dernières années de l'empire, brillait parmi les illustrations élégantes de la capitale; avocat distingué, homme instruit, aimable, spirituel, nul ne portait avec plus d'élégance la botte à revers, le pantalon collant et la chaîne à breloques; M. Mocquard, ruiné par de fausses spéculations, retiré en Suisse, fut présenté à la reine Hortense, devint son secrétaire, et, après sa mort, ne cessa de veiller sur les intérêts de son fils.

Les journaux n'étaient pas seuls à faire de la propagande en faveur du bonapartisme; le *club des culottes de peau*, dans lequel figuraient MM. de Montholon, de Vaudoncourt, de Mesonan, de Laborde, Voisin, Piat, Dumoulin, Bouffet de Montauban, et d'autres vieux officiers de l'empire ne pouvant vivre en bonne intelligence avec les journalistes; d'incessantes querelles entre les culottes de peau et les rédacteurs du *Capitole* et du *Commerce* portaient le trouble dans le parti. Les dames travaillaient de leur côté à la restauration impériale; le *club des cotillons*, composé de mesdames Salvage de Faverolles, Regnault Saint-Jean-d'Angely, Hamelin, etc., excitait les esprits au lieu de les calmer. Journalistes, culottes de peau et cotillons mettaient le public dans la confidence de leurs rivalités bruyantes, et les rieurs du côté du gouvernement. Louis-Philippe croyait le bonapartisme tué par le ridicule et s'apprêtait à lui faire de magnifiques funérailles en ramenant le corps de l'Empereur à Paris. Personne ne songeait plus à M. Louis Bonaparte ; le prétendant livré en apparence tout entier aux plaisirs de la vie aristocratique en Angleterre, semblait même chercher à se faire oublier, lorsque, le 4 août 1840, le télégraphe apprit au gouvernement le débarquement des bonapartistes sur les côtes de Vimeux, près de Boulogne-sur-mer ; cette nouvelle tentative n'eut pas un résultat plus heureux que la première ; le petit chapeau, l'épée d'Austerlitz, l'aigle apprivoisé servirent de point de mire aux plaisanteries des journaux ; mais un général à demi gagné, un régiment presque embauché, une maison militaire réunie autour de M. Louis Bonaparte attestaient que la mise en scène burlesque de cette conspiration cachait un fond sérieux. D'ailleurs le ridicule rôle joué par M. Louis Bonaparte à Boulogne, l'embarras de sa tenue devant la cour des pairs, allaient être effacés par sa longue captivité.

L'année précédente, le 12 mai 1839, Barbès appelant le peuple aux armes, s'était jeté sur le poste de la Conciergerie ; la tentative républicaine et la tentative bonapartiste tendaient au même but, le renversement du gouvernement ; dans toutes les deux, le sang des défenseurs de l'autorité avait coulé ; la déclaration de M. de Persigny devant M. Petit, président de chambre à la cour royale de Douai, démontre qu'à Boulogne ce ne fut pas la faute des conspirateurs s'il ne coula pas avec plus d'abondance qu'à Paris. « Au moment où les troupes proclamaient le prince et reconnaissaient le drapeau, » dit M. de Persigny, « un officier du 42°, qui m'a paru animé d'intentions hostiles, est entré au quartier. J'étais alors habillé en sous-officier d'infanterie, et j'avais un fusil à la main ; je me suis élancé sur lui, et, au moment où j'allais le tuer, le lieutenant Aladenize s'est élancé sur moi et a détourné le coup que j'allais porter. Telle a été l'énergie de son action que ma baïonnette a été ployée en deux. Un moment plus tard, le capitaine des grenadiers du 42ᵉ est arrivé, et un nouveau conflit est survenu. Dans ce conflit, déterminé par les mêmes considérations, j'aurais infailliblement tué le capitaine, si M. Aladenize ne s'était jeté de nouveau entre le capitaine et moi, et ne m'avait retenu de la manière la plus énergique. »

La réprobation du parti de l'ordre n'atteignit pourtant que les insurgés de Paris; les royalistes trouvèrent très-naturel que la cour des Pairs, après avoir frappé Barbès d'un arrêt de mort, créât pour Louis Bonaparte une peine spéciale qui n'existait pas dans le code, et qui n'emportait avec elle aucune flétrissure, l'*emprisonnement perpétuel.* La duchesse d'Orléans, après d'actives démarches faites à l'insu de Barbès, parvint à l'arracher au dernier supplice malgré l'opposition des ministres, vivement encouragée par un grand nombre de conservateurs; mais pendant que le condamné du 12 mai, soumis au dur régime des prisonniers ordinaires, subissait sa peine dans la maison centrale de Doullens, le condamné du 30 octobre 1836 et du 6 octobre 1840 recevait ses amis dans son appartement particulier de la forteresse de Ham, écrivait librement dans les journaux, et publiait des livres.

M. de Persigny avait cherché, il est vrai, à atténuer l'odieuse violence de sa déposition devant le magistrat chargé de l'instruction, mais la vanité puérile qui déborde dans ses réponses au chancelier Pasquier paraissait peu faite pour exciter l'intérêt en sa faveur :

— Vous ne vous appelez pas Persigny, vous vous appelez Fialin.

— Je m'appelle Fialin sur mon acte de naissance, mais mon grand-père s'appelait Persigny.

— Votre grand-père joignait-il à son nom le titre de vicomte?

— Mon bisaïeul était comte.

M. de Persigny, malgré sa tentative de meurtre sur la personne de deux officiers, malgré son usurpation de titre, ne tarda pas à être transféré de la citadelle de Doullens à l'hôpital de Versailles, et bientôt il n'eut plus que la ville pour prison.

Cette différence de traitement entre les républicains et les bonapartistes choquait à peine quelques esprits droits. Les conservateurs qui, au nom seul de Barbès, entraient presque en fureur, ne prononçaient celui de M. Louis Bonaparte qu'avec un reste involontaire de respect. L'arrêt de la cour des Pairs fut cependant accepté, comme une garantie contre l'impérialisme, par Louis-Philippe. La liste suivante des pairs de France qui ont signé l'arrêt de la Cour explique l'illusion du Roi.

M. le comte Portalis, vice-président (comte et conseiller d'État de l'Empire).

Le duc de Broglie, auditeur au Conseil d'État sous l'Empire.

Le duc de Reggio (duc et maréchal d'Empire. Il a reçu plusieurs millions de l'Empereur).

Le marquis de la Guiche.

Le comte d'Haussonville (fils du sénateur de l'Empire).

Le marquis de Louvois.

Le comte Molé (comte et ministre de l'Empire. Pair des Cent Jours. Il a reconnu Napoléon II).

Le comte de la Roche-Aymon.

Le duc Decazes (secrétaire des commandements de Madame Mère, attaché ensuite au roi de Hollande).

Le comte d'Argout (auditeur au conseil d'État sous l'Empire).

Le comte Heymon de Béranger (auditeur au conseil d'État sous l'Empire),

Le comte Claparède (comte de l'Empire, lieutenant-général, grand-officier. Fortes dotations).
Le marquis de Dampierre.
Le vicomte d'Houdetot (comte de l'Empire et préfet).
Le baron Mounier (comte de l'Empire, secrétaire du cabinet de l'Empereur, auditeur au conseil d'État).
Le comte de Pontécoulant (comte de l'Empire, sénateur, ayant voté le Sénatus-Consulte du 18 mai 1804).
Le comte Reille (comte de l'Empire, lieutenant-général, aide de camp de l'Empereur, gendre de Masséna. Pair des Cent Jours. Il a reconnu Napoléon II. Fortes dotations).
Le comte Germiny (préfet impérial).
Le baron Dubreton (lieutenant-général de l'Empire).
Le comte de Bastard (baron, conseiller à la Cour impériale).
Le marquis de Pange (comte de l'Empire et chambellan).
Le duc de Praslin (chambellan, pair des Cent Jours, ayant reconnu Napoléon II, propriétaire d'immenses propriétés rendues par l'Empereur).
Le duc de Crillon.
Le duc de Coigny (colonel sous l'Empire. L'Empereur rendit à sa famille ses biens non vendus, à cause du mariage de mademoiselle de Coigny avec le général Sébastiani).
Le comte Siméon.
Le comte Saint-Priest.
Le maréchal Molitor (pair des Cent Jours. Il a reconnu Napoléon II. Fortes dotations).
Le comte Bourke (comte et lieutenant-général de l'Empire).
Le comte d'Haubersaert (fils du comte de l'Empire).
Le comte de Breteuil (préfet de l'Empire).
Le comte de Richebourg (fils du comte et sénateur de l'Empire).
Le comte de Montalivet (fils du ministre de l'Empire, lui devant une grande fortune).
Le comte Cholet (comte et sénateur de l'Empire).
Le comte Lanjuinais (fils du comte de l'Empire).

Le marquis de Laplace (fils du comte et sénateur de l'Empire).
Le vicomte Ségur-Lamoignon (petit-fils du grand maître des cérémonies).
Le comte Abrial (fils du sénateur).
Le comte Ségur (petit-fils du grand maître des cérémonies).
Le comte de Bondy (conseiller d'État, préfet et chambellan).
Le baron Davillier (l'Empereur lui prêta 1 500 000 francs, pair des Cent Jours, il a reconnu Napoléon II).
Le comte Gilbert Desvoisins (comte de l'Empire, maître des Requêtes, premier président de la Cour impériale de Paris, pair des Cent Jours, il a reconnu Napoléon II).
Le comte d'Anthouard (comte et lieutenant-général de l'Empire).
Le comte Exelmans (comte de l'Empire, lieutenant-général, grand-officier. Sa femme, dame du palais de la reine de Naples, fut dotée par elle. Pair des Cent Jours, il a reconnu Napoléon II.
Le vice-amiral comte Jacob (contre-amiral de l'Empire).
Le comte Pajol (lieutenant-général, grand'croix. Il a reconnu Napoléon II. Fortes dotations).
Le comte Perregaux (fils du comte de l'Empire).
Le comte Roguet (comte de l'Empire, avec dotation, général dans la garde impériale).
Le comte de la Rochefoucauld.
Le baron Girod, de l'Ain (procureur impérial à Paris).
Le baron Athalin (officier d'ordonnance de l'Empereur).
Aubernon (baron, préfet de l'Empire).
Bertin de Vaux.
Besson (secrétaire de la préfecture de la Seine).
Le président Boyer (conseiller à la Cour de cassation sous l'Empire).
Le vicomte de Caux (colonel, chef de bureau du génie sous l'Empire).
Le comte Desroys.
Le comte Dutaillis (général et comte de l'Empire, avec dotation).
Le duc de Fezensac (colonel de l'Empire).

Le baron de Fréville (baron de l'Empire, maître des Requêtes).
Gaulia.
Le comte Heudelet (général, comte de l'Empire, avec dotation).
Le baron Malhouet (préfet et baron de l'Empire).
Le comte de Montguyon (comte de l'Empire et chambellan).
Le baron Thénard.
Le comte Turgot.
Villemain.
Le baron Zangiacomi (baron de l'Empire, maître des Requêtes, membre de la Cour impériale de cassation).
Le comte de Ham.
Le comte Béranger (conseiller d'État sous l'Empire, directeur de la caisse d'amortissement).
Le baron Berthézène (baron et général de l'Empire, dotations).
Le comte Colbert (comte de l'Empire, général de la garde. Il doit son avancement au souvenir de son frère tué en Espagne. Doté).
Le comte de Lagrange (général et comte de l'Empire, avec dotation).
Le comte Daru (fils du comte et ministre de l'Empire).
Le comte Baudraud (général de l'Empire).
Le baron Neigre (baron et général de l'Empire, doté).
Le baron Duval (baron de l'Empire et préfet).
Le comte de Baumont (fils du sénateur).
Le baron Reinach.
Le marquis de Rumigny (secrétaire d'ambassade sous l'Empire).
Barthe.
Le comte D'astorg (colonel sous l'Empire).
Le comte de Gasparin (l'Empereur lui légua 100 000 francs comme fils du commissaire de la Convention à Toulon, baron de l'Empire).
Le comte de Hédouville (sénateur sous l'Empire).
De Cambacérès (neveu et héritier de Cambacérès. Grande fortune).
Le vicomte de Chabot.
Le baron Foucher.
Le baron Freteau de Peny (baron de l'Empire, avocat général).

Le vicomte de Pernety (baron et général de l'Empire. Doté).
De Ricard (auditeur au conseil d'État).
Le marquis de Rochambeau (aide de camp du roi Joachim, doté par lui).
Le comte de Saint-Aignan (baron de l'Empire, ambassadeur, écuyer de l'Empereur).
Le vicomte Siméon (ambassadeur sous l'Empire).
Le comte de Rambuteau (comte de l'Empire, chambellan et préfet).
Le comte d'Alton-Shee.
De Bellemare.
Le marquis d'Andigné de la Blanchaye.
Le comte de Monthion (général de l'Empire, avec dotation).
Le marquis de Belbœuf (conseiller à la Cour impériale).
Chevandier.
Le baron Darriule (baron et général de l'Empire).
Le baron Delort (baron et général de l'Empire).
Le baron Dupin (ingénieur en chef aux îles Ioniennes).
Le comte Durosnel (comte de l'Empire, général, gouverneur des pages, pair des Cent Jours. Il a reconnu Napoléon II. Fortement doté).
Le vicomte d'Harcourt.
Le vicomte d'Abaucourt (auditeur au conseil d'État sous l'Empire).
Humann.
Le baron Jacquinot (baron et général de l'Empire).
Kératry (conseiller de préfecture sous l'Empire).
Le comte d'Audenarde (baron de l'Empire, colonel et écuyer de l'Empereur).
Le vice-amiral Halgan (capitaine de vaisseau de l'Empire).
Mérilhou (conseiller auditeur à la Cour impériale de Paris).
Odier (conseiller de préfecture sous l'Empire).
Paturle.
Le baron de Vandeuvre (baron de l'Empire et commissaire général de police à Marseille).
Le baron Pelet (général de la garde impériale. Doté).
C. Périer (préfet sous l'Empire).

Le baron Petit (général de la garde. Doté).
Le vicomte de Préval (baron de l'Empire, avec dotation, lieutenant-général, maître des Requêtes).
Le baron de Schonen (avocat général sous l'Empire).
Le chevalier Tarbé de Vauclairs (ingénieur en chef sous l'Empire).
Le vicomte Tirlet (baron de l'Empire, doté et général).
Le vicomte Villers du Terrage (commissaire général de police, préfet sous l'Empire).
Le baron Villaumez (baron et vice-amiral de l'Empire).
Bourdeau.
Le baron de Gérando (baron de l'Empire, maître des Requêtes au conseil d'État du gouvernement provisoire à Rome).
Rouillé de Fontaine.
Le baron de Daunant (maire de Nîmes, conseiller à la Cour de cette ville sous l'Empire).
Le marquis de Cambis d'Orsan.
Le vicomte de Jessaint (baron et préfet de l'Empire).
Le baron de Saint-Didier.
Le baron Voirol (colonel de l'Empire).
Maillard.
Le duc de la Force (préfet de l'Empire).
Le baron Dupont Delporte (baron et préfet de l'Empire).
Le baron Nau de Champlouis (baron et préfet de l'Empire).
Gay-Lussac.
Le marquis de Boissy (pair des Cent Jours. Il a reconnu Napoléon II).
Le vicomte Borelli (baron et général de l'Empire).
Le vicomte Cavaignac (baron et général de l'Empire. Il doit sa fortune au roi Murat, ami de son frère le Conventionnel).
Cordier.
Etienne (censeur impérial).
Le comte Jules de la Rochefoucauld.
Lebrun.
Le marquis de Lusignan (colonel de l'Empire).
Le comte Merlin (comte et général de l'Empire).
Persil.
Le comte de Sainte-Hermine.
Le baron Teste (baron et général de l'Empire. Doté).
De Vandeul (ambassadeur sous l'Empire).
Viennet (officier d'artillerie de marine de l'Empire).
Rossi.
Le comte Serrurier (chargé d'affaires sous l'Empire) (1).

Les anciens serviteurs de la dynastie napoléonienne semblaient donner, par cet arrêt, un gage certain de dévouement à la dynastie régnante. Jamais, en effet, l'Empire n'avait été plus ouvertement renié. Les orléanistes ravis partageaient la satisfaction et la sécurité de Louis-Philippe. Qui leur eût dit que dans quatre ans la plupart des noms inscrits au bas de la condamnation de M. Louis Bonaparte, figureraient sur la liste des séna-

(1) Procès du prince Louis Bonaparte et de ses co-accusés devant la Cour des pairs. Bohaire, libraire-éditeur, 1840.

teurs, des conseillers d'État, des préfets et des chambellans de Napoléon III !

Le 6 octobre 1840, à quatre heures de l'après-midi, la sentence de la Cour des pairs fut lue à M. Louis Bonaparte; Un seul pair de France, M. Alton-Shee, avait opiné en faveur de l'application de la peine de mort au principal accusé. A minuit, le condamné monta en voiture, avec un colonel de la garde municipale chargé de l'accompagner jusqu'à Ham : le général Montholon et le docteur Conneau avaient obtenu l'autorisation de partager sa prison.

M. Louis Bonaparte aime à écrire ; depuis la publication des *Idées napoléoniennes* remontant à son séjour en Angleterre après l'affaire de Suisse, il n'avait plus rien donné au public. Il s'essaya en prison au métier de journaliste en envoyant des articles à deux ou trois journaux des départements. Une brochure intitulée : *Extinction du paupérisme*, est le fruit le plus important des loisirs de sa captivité. Cette brochure, dont le titre seul contient le résumé des doctrines socialistes, et le plan même de la révolution sociale, aurait fort bien pu porter la signature de M. Louis Blanc. Le prisonnier de Ham, signataire de la liste de souscription pour la publication d'un journal fouriériste, ne négligeait pas les occasions de flatter les espérances ou les illusions de ces groupes épars d'utopistes qui devaient former plus tard le parti socialiste.

M. Louis Bonaparte, en devenant collaborateur de journaux républicains, évitait pourtant de s'engager avec les représentants de cette opinion : « La république, » disait-il, « serait mon idéal, mais j'ignore si la

France est républicaine. Je vois dans son histoire les deux éléments monarchique et républicain exister, se développer simultanément. Si le pays m'appelle un jour, je lui obéirai; je réunirai autour de mon nom plébéien tous ceux qui veulent la liberté et la gloire; j'aiderai le peuple à rentrer dans ses droits, à trouver la formule gouvernementale des principes de la révolution. » Liberté, gloire, droits du peuple, formule du principe de la révolution, ces mots vagues pouvaient charmer la foule par leur vague même : comment des hommes intelligents étaient-ils assez aveugles pour les prendre au sérieux, et pour les considérer comme des engagements envers la République?

Avec quel étonnement ne relit-on pas aujourd'hui des articles comme celui-ci, publié dans le *Progrès du Pas-de-Calais* le 28 octobre 1843 :

« Ce n'est plus un secret et nous n'en avons fait non plus à personne un mystère en annonçant que, depuis plus d'un an et trois mois, le prince Napoléon Louis Bonaparte nous envoie des articles de sa prison de Ham.

» Notre numéro du 26 en renfermait un semblable concernant le vœu émis par le conseil général de la Corse en vue d'obtenir que la famille Napoléon fût rappelée de l'exil, et que le prisonnier de Ham, après avoir été mis en liberté, pût jouir de ses droits de citoyen français.

» Quoique cet article contînt la réclamation suivante : « La famille
» Bonaparte étant issue de la Révolution ne peut et ne doit reconnaître
» qu'un principe, celui de la souveraineté du peuple; elle ne peut
» revendiquer que les droits de citoyen français, mais il y aurait injus-
» tice et petitesse à ne pas les lui concéder dorénavant; » — malgré cette déclaration, le *Journal du Loiret* crut devoir demander au prince quelles seraient ses prétentions en rentrant dans la grande famille française. Le prince fit la réponse suivante :

» A monsieur le rédacteur du *Journal du Loiret*.

» Fort de Ham, 21 octobre 1843.

» Monsieur,

» Je réponds sans hésiter à la bienveillante interpellation que vous m'adressez dans votre numéro du 8.

» Je n'ai jamais cru, je ne croirai jamais que la France soit l'apanage d'un homme ou d'une famille ; je n'ai jamais revendiqué d'autres droits que ceux de citoyen français, et je n'aurais jamais d'autre désir que celui de voir le peuple entier réuni dans ses comices choisir en toute liberté la forme de gouvernement qui lui convient.

» Issu d'une famille qui doit son élévation à la volonté nationale, je mentirais à mon original, à ma nature, et jusqu'au bon sens, si je ne reconnaissais la souveraineté du peuple comme la base de tout organisme politique.

» Jusqu'ici mes actions et mes prétentions s'accordent avec cette manière de voir. Si l'on ne m'a pas compris, c'est qu'on ne cherche pas à expliquer les défaites, mais plutôt à les condamner.

» C'est vrai, j'ai recherché une haute position, mais publiquement. J'avais une haute ambition, mais je la pouvais avouer. L'ambition de réunir autour de mon nom populaire tous les partisans de la souveraineté du peuple, tous ceux qui voulaient la gloire et la liberté. Si je me suis trompé, l'opinion publique doit-elle m'en vouloir ? La France peut-elle m'en punir ? Croyez bien, monsieur, que, quel que soit le sort que me réserve la destinée, on ne pourra jamais dire de moi que dans l'exil ou dans ma prison, je n'ai rien appris et rien oublié.

» Agréez l'assurance de ma considération,

» NAPOLÉON LOUIS BONAPARTE. »

« Le *Journal du Loiret*, en publiant cette lettre, ajoute qu'il n'hésite pas à y voir un éclatant témoignage de la toute-puissance du principe démocratique, un exemple de la plus haute signification, « il félicite le prince des sentiments généreux exprimés dans sa lettre ». Ils annoncent un homme de cœur et d'esprit. »

L'article se termine ainsi : « Nous ne sommes qu'un faible écho de l'opposition nationale ; mais, au nom des idées dont nous sommes les organes, nous annonçons publiquement que notre sympathie est acquise au prince Louis Napoléon. Il n'est plus à nos yeux un prétendant, mais un membre de notre parti, un soldat de notre drapeau. »

Le *Progrès du Pas-de-Calais* n'avait pas attendu l'exemple du *Journal du Loiret* pour témoigner sa sympathie au prisonnier de Ham : Le *Progrès*, en rendant compte de la brochure de M. Louis Bonaparte sur la question des sucres, adresse à l'auteur ces encouragements :

« Que le Prince continue dans sa prison à donner l'exemple du courage et de la résignation ; qu'il continue à s'occuper de questions matérielles qui peuvent augmenter le bien-être du peuple ; qu'il continue à étudier les publicistes qui reconnaissent aux peuples le droit de choisir eux-mêmes leurs gouvernements ; qu'il se range sans arrière-pensée sous la célèbre devise de son oncle : « Si depuis le 21 janvier, de sau-
» glante mémoire, un roi de France ne sait pas gouverner par l'autorité
» de ses propres actions, il restera seul et abandonné, et même il de-
» viendra un personnage complétement inutile ; » que le prince Napoléon reste toujours fidèle à son origine, qu'il soit toujours l'homme du peuple, et sa popularité s'étendra bien au delà des limites de son cachot. »

De pareils articles, mieux encore que toutes les brochures sur les sucres, étaient capables de rendre un homme populaire ; ils donnent une idée des illusions d'un grand nombre de républicains honnêtes et sincères dans leur opinion, assez aveugles pour confondre les doctrines du pur impérialisme avec les principes de la vraie démocratie.

Une correspondance soigneusement entretenue avec la plupart des hommes célèbres de l'époque, Béranger, Chateaubriand, Thiers, George Sand, etc., les visites de MM. Louis Blanc, Frédéric Degeorges, Peauger et de plusieurs autres écrivains républicains ouvraient au prisonnier de Ham des perspectives sur le monde extérieur qui faisaient de la forteresse de Ham plutôt une retraite qu'une prison. Il a protesté contre les traitements auxquels il était soumis : « Le gouvernement qui a reconnu la légitimité du droit de ma famille est forcé de me reconnaître comme prince, et de me traiter comme tel. La politique a des droits que je ne prétends pas contester. Que le gouvernement agisse à mon égard comme un ennemi, qu'il me prive des moyens de lui nuire, je n'aurai pas à me plaindre; mais en même temps sa conduite sera inconséquente s'il me traite comme un prisonnier ordinaire, moi, fils d'un roi, neveu d'un empereur et allié à tous les souverains de l'Europe (1). » M. de Montholon va plus loin ; il affirme que M. Louis Bonaparte a trouvé à Ham une captivité plus dure que celle de Sainte-Hélène : « Ce qui m'afflige le plus pour mon pays, c'est de penser que l'Empereur n'était pas si mal traité par les Anglais, que ne l'est son neveu par des Français, dans une prison française (2). »

Ces plaintes qui font sourire n'empêchaient pas M. Louis Bonaparte d'avoir un manége pour monter à cheval dans l'intérieur de la citadelle, de recevoir des visites, de joindre les exercices du corps à ceux de l'esprit, et de former le plan de nouveaux ouvrages. Il songeait à écrire la vie de Charlemagne et il venait de s'adresser à M. Sismondi pour le prier de l'aider dans ses recherches, lorsque son père malade fit auprès de Louis-Philippe des démarches pour obtenir la liberté de

---

(1) *Le Prisonnier de Ham.*
(2) *Le Prisonnier de Ham.*

son fils. Ces démarches ayant échoué, M. Louis Bonaparte écrivit au roi :

« Sire,

» Ce n'est pas sans une vive émotion que je viens m'adresser à Votre Majesté pour lui demander comme une faveur la permission de quitter la France même pour un temps très-court. Depuis cinq ans, le bonheur de respirer l'air de la patrie a compensé pour moi les tourments de la captivité; mais l'âge et les infirmités de mon père réclament impérieusement mes soins. Il a fait appel au concours de personnes bien connues par leur attachement à Votre Majesté, et, il est de mon devoir, de joindre mes efforts aux siens.

» Le Conseil des ministres n'a pas pensé que la question fût de sa compétence. Je m'adresse donc à Votre Majesté, plein de confiance dans l'humanité de ses sentiments, et je soumets ma requête à sa haute et généreuse appréciation.

» Votre Majesté, j'en suis convaincu, comprendra une demande qui, d'avance, engage ma gratitude, et touchée de l'isolement d'un proscrit qui a su gagner sur le trône l'estime de toute l'Europe, elle exaucera les vœux de mon père et les miens.

» Je prie Votre Majesté d'agréer l'expression de mon profond respect. »

Louis-Philippe aurait, sur cette seule lettre, accordé la grâce demandée : le Conseil des ministres exigea des garanties plus positives, sur lesquelles il ne fut pas possible de s'entendre. M. Louis Bonaparte résolut de recourir à la fuite.

Le gouverneur de Ham, convaincu qu'une évasion ne pouvait s'effectuer que par un secours extérieur, surveillait seulement l'approche de la forteresse; la sortie en était à peu près libre. Le valet de chambre de M. Louis Bonaparte demanda la permission de se rendre à Saint-Quentin. « Au moment où il devait sortir comme pour louer un cabriolet, le prince sortirait aussi lui-même sous un déguisement d'ouvrier. Le château était, en ce moment, l'objet de diverses réparations. On choisit

le matin pour l'exécution de ce projet, parce que les précautions du commandant se concentraient sur la soirée, et parce que l'évadé se donnait la possibilité de gagner Valenciennes assez à temps pour prendre le convoi de quatre heures au chemin de fer de Belgique (1). »
Le 25 mai, les ouvriers arrivent et subissent l'inspection accoutumée. Le prisonnier coupe ses moustaches, prend un poignard, passe une blouse et un gros pantalon sur ses vêtements ordinaires ; un vieux tablier de toile bleue, une perruque noire à cheveux longs, une casquette, complètent son déguisement ; il chausse des sabots, met une pipe de terre à sa bouche, et l'épaule chargée d'une planche, il se dirige vers la porte ; il la franchit heureusement et bientôt le voilà sur la grande route, où son valet de chambre l'attend avec un cabriolet ; deux jours après, M. Louis Bonaparte était en Angleterre.

Six mois avant la révolution de février, le 29 septembre 1847, les cercueils du père de M. Louis Bonaparte et de son frère, mort dans l'insurrection des Romagnes, ramenés d'Italie, reposaient sur un catafalque au milieu de l'église de Saint-Leu-Taverny, ornée des armoiries, des attributs, des symboles de la monarchie impériale : couronne, croix d'honneur, aigle, abeilles. Le gouvernement de Louis-Philippe croit prouver sa force en donnant ainsi le plus grand éclat aux cérémonies de l'impérialisme ; les hommes d'État de l'époque déclarent que l'Empire n'est plus qu'un souvenir à demi effacé ; cependant la monarchie constitutionnelle, victo-

---

(1) *Le Prisonnier de Ham.*

rieuse en apparence de l'impérialisme, a été obligée de transiger en quelque sorte avec lui, d'abord en ne livrant pas le conspirateur de Strasbourg à la justice, ensuite en faisant un *casus belli* de sa présence sur le territoire suisse, enfin en traduisant le conspirateur de Boulogne devant la Cour des pairs, au lieu de le faire comparaître devant un jury. Non, l'impérialisme n'a pas succombé dans sa lutte avec la monarchie de Juillet ; les chapitres suivants le montreront aux prises avec la République.

CHAPITRE II.

LE BONAPARTISME ET LA RÉVOLUTION DE FÉVRIER.

M. Louis Bonaparte, réfugié en Angleterre, reçoit l'avis de se tenir prêt à rentrer en France. — La révolution de Février éclate. — Arrivée de M. Louis Bonaparte à Paris. — Sa lettre au gouvernement provisoire. — Il est invité à quitter immédiatement le territoire français. — M. Louis Bonaparte repart pour l'Angleterre. — Il tombe dans le découragement. — Les premiers bonapartistes en 1848. — La propagande bonapartiste. — M. de Persigny républicain. — M. Louis Bonaparte candidat malgré lui. — La soupente du bottier Devaux. — M. Louis Bonaparte entre dans la lice. — La presse bonapartiste. — Élection de M. Louis Bonaparte. — Les rassemblements bonapartistes. — Effet de l'élection de M. Louis Bonaparte. — Opinion de Proudhon. — Les ouvriers à la Villette signent une pétition pour demander que Louis Bonaparte soit proclamé Consul. — Attroupements bonapartistes sur les boulevards et autour de l'Assemblée. — Discussion sur la validité de l'élection de M. Louis Bonaparte. — M. Jules Favre se prononce pour la validité, et M. Buchez contre. — M. de Lamartine fait de vains efforts pour obtenir la prorogation de la loi de bannissement. — M. Ledru-Rollin. — Il appuie M. de Lamartine. — La validité de l'élection de M. Louis Bonaparte est prononcée aux deux tiers des voix. — Les rassemblements formés autour du Palais-Bourbon se retirent aux cris de : Vive Napoléon ! — Le représentant du bonapartisme a forcé les portes de l'Assemblée. — Lettres de M. Louis Bonaparte au président de l'Assemblée. — Il donne sa démission de représentant. — Il ne veut retourner en France que lorsque le calme aura reparu. — Fallait-il maintenir la loi de bannissement contre les Bonaparte ?

« Depuis plusieurs semaines, sous le titre de comité démocratique de la gauche, le parti du *National*, réuni tantôt chez M. Marie, tantôt chez M. Goudchaux, s'était préoccupé de la formation d'un gouvernement provisoire. Le parti républicain dont nous parlons appelait de ses vœux la république, mais il était convaincu qu'on ne l'obtiendrait point sans de rudes combats. A ses yeux, l'inconnu le plus grave était la conduite de l'armée.

L'armée était mécontente du rôle qu'on lui faisait jouer; était-elle républicaine?... Les officiers et les sous-officiers que la propagande avait entraînés pensaient, que le nom d'un Bonaparte entraînerait plus facilement que tout autre.

» Une vive discussion eut lieu à ce sujet; personne ne voulait du rétablissement de l'Empire. Mais tout le monde reconnaissait que, la première nécessité étant le renversement de la dynastie régnante, il était utile d'avoir sous la main un en cas propre à surmonter les obstacles qu'on pouvait redouter du côté de l'armée. Auquel des membres de la famille Bonaparte fallait-il recourir?

» M. Napoléon Bonaparte, fils de l'ancien roi de Westphalie, avait protesté de ses sentiments républicains et offrait de servir la révolution comme simple citoyen. Les partisans de ce jeune homme faisaient aussi valoir qu'il n'avait figuré ni à Strasbourg, ni à Boulogne, et ne s'était fait connaître par aucune velléité monarchique.

» Les amis de M. Louis Bonaparte reconnaissaient ce qu'il y avait de vrai dans ces considérations, mais ils ajoutaient que le fils adoptif de l'empereur avait plus de chances auprès de l'armée.

» Cette opinion prévalut et M. Louis Bonaparte qui, le 20 février, avait reçu l'avis de se tenir prêt à partir, reçut, le 22, l'invitation de passer en France et de s'y soustraire aux regards de la police.

» M. Louis Bonaparte arriva le 25 février à Paris, et, à peine installé rue du Sentier, chez son ancien précepteur, M. Viellard, il fit prévenir secrètement de sa présence à Paris le seul des membres du gouvernement provisoire qui fût au fait de ce qui se passait. Pourquoi ne pas l'avoir amené? dit Marrast, j'aurais été bien aise de le voir avant d'entretenir le conseil de cet incident. Il faut qu'il nous écrive pour nous offrir ses services (1). »

M. Louis Bonaparte devait-il se rendre à l'Hôtel de Ville pour présenter ses hommages au gouvernement provisoire ou se borner à lui écrire? Le conseil intime de la rue du Sentier jugea que, dans ces premiers moments de trouble et d'émotion, le nouveau débarqué courait grand risque d'être reçu avec indifférence ou même de n'être pas reçu du tout. Le gouvernement provisoire reçut donc, entre minuit et une heure, la lettre suivante, apportée à l'Hôtel de Ville par M. de Persigny :

« Messieurs,

» Le peuple de Paris ayant détruit par son héroïsme les derniers vestiges de l'invasion étrangère, j'accours pour me ranger sous le drapeau de la République qu'on vient de proclamer.
» Sans autre ambition que celle de servir mon pays, je viens annoncer mon arrivée aux membres du gouvernement provisoire, et les assurer de mon dévouement à la cause qu'ils représentent, comme de ma sympathie pour leurs personnes.
» Recevez, Messieurs, l'assurance de ces sentiments,

» Napoléon Louis Bonaparte. »

« Quelques instants avant la réception de cette lettre qui n'était pas inattendue pour tout le monde, la nouvelle de l'arrivée de M. Louis Bonaparte avait été jetée dans la conversation; le conseil décida sans hésitation que le prétendant serait prié de rentrer immédiatement en

(1) Sarrans jeune, *Histoire de la Révolution de Février*.

Angleterre. En effet, à quatre heures du matin, un convoi spécial ramenait à Boulogne, en compagnie d'un ancien aide de camp du roi Murat, qui se trouva là par hasard, celui, qui, dix mois plus tard, devait être président de la République (1). »

Le gouvernement provisoire avait pris le meilleur moyen pour donner de l'importance à M. Louis Bonaparte, pour l'empêcher de commettre des fautes, et de s'user dans ces premiers moments, où rien encore ne présageait le réveil du bonapartisme.

M. Napoléon Bonaparte, que sa ressemblance avec l'empereur Napoléon faisait aisément reconnaître, s'était montré le 23 et le 24 février, dans tous les groupes sans produire une grande impression sur les masses; il désirait vivement être présenté au gouvernement provisoire ; après plusieurs refus essuyés de la part de divers membres importants du parti républicain, M. Napoléon Bonaparte finit par trouver un ancien député de la gauche qui consentit à lui servir de parrain, mais à l'Hôtel de Ville on ne crut pas avoir besoin de son concours. M. Pierre Bonaparte, fils de Lucien Bonaparte, plus heureux que son cousin, offrit son épée à la République, qui s'empressa de le nommer chef de bataillon dans la légion étrangère.

M. Louis Bonaparte vivait à Londres et personne ne paraissait songer à lui à Paris. Aux élections d'avril, pas une voix ne s'était portée sur son nom. Comment, deux mois après, sa candidature a-t-elle été posée, par qui a-t-elle été soutenue, par quels moyens est-on parvenu

---

(1) Sarrans jeune, *Histoire de la Révolution de Février*.

à en assurer le succès? L'histoire, pour répondre à ces questions et pour débrouiller les origines de l'impérialisme, est obligée de consulter les souvenirs des contemporains, les documents publiés dans les journaux, les placards affichés dans les rues, les proclamations, les billets électoraux distribués sur les murs de la main à la main, dont on ne retrouve plus les traces que dans les collections particulières, et, enfin, les révélations publiées par quelques-uns des hommes qui, ayant pris part à cette propagande, ont voulu faire connaître leur dévouement, et se plaindre qu'il n'ait pas été récompensé.

L'avénement de la République, salué par l'enthousiasme général, l'unanimité et l'empressement des chefs militaires à s'y rallier, avaient jeté le découragement dans l'âme de M. Louis Bonaparte. L'unique force capable à ses yeux de l'aider à rétablir l'empire, l'armée, lui manquant, il avait cru devoir lui aussi, dans sa lettre au gouvernement provisoire, faire acte d'adhésion à la République. M. de Persigny et ses autres complices de Strasbourg et de Boulogne, rendus à la liberté par la révolution de Février et devenus de chauds républicains, se moquaient eux-mêmes de leurs anciens projets de restauration impériale; quelques-uns cependant, plutôt par habitude que par conviction, essayaient d'organiser un semblant de propagande à laquelle ils ne croyaient pas plus que l'homme appelé à en recueillir les fruits; des conférences avaient lieu de temps en temps entre les amis de l'ex-prétendant; elles se traînaient ordinairement dans des généralités : les affiliés déclaraient pour la centième fois que le nom de Napoléon Ier était toujours au fond du cœur du peuple, qu'on pouvait faire tourner ce souvenir au profit de son neveu, et qu'il convenait de dire et d'écrire en toute occasion que le prince Louis-Napoléon aimait et voulait la paix, qu'il serait le conciliateur entre les partis, la main ferme et puissante qui mettrait fin à l'anarchie. La conclusion ordinaire de ces conférences était l'envoi d'une lettre à M. Louis Bonaparte pour lui soumettre quelque plan nouveau de société ou de journal bonapartiste, et pour lui demander l'argent nécessaire à l'exécution de ces plans. L'approbation arrivait tout de suite, mais l'argent se faisait plus longtemps attendre. M. Louis Bonaparte était toujours dans la phase du découragement.

Les familles riches à cette époque quittaient Paris ou diminuaient leurs dépenses : le mécontentement du petit commerce pouvait être exploité dans l'intérêt du bonapartisme. L'un des affiliés de la première heure, banquier de profession, raconte qu'il manda tour à tour chez lui tous ses fournisseurs de corps et de bouche : tailleur, chapelier, chemisier, bottier, épicier, boulanger, boucher, fruitier, marchand de volailles ; ni le charbonnier, ni le porteur d'eau lui-même ne furent oubliés. « Voulez-vous, dit le banquier à chacun de ces mécontents, en finir avec une situation qui nous ruine tous? Rien de plus facile. Il ne s'agit ni de faire des émeutes, ni de prendre le fusil, mais tout simplement de mettre dans l'urne électorale le nom du prince Louis-Napoléon, fils de la reine Hortense et petit-fils de l'impératrice Joséphine qu'on a tant aimée en France. Le Prince possède une fortune de plus de cinquante millions, l'armée est pour lui; l'élection sera le signal du mouvement militaire ; nommez le Prince ; le lendemain on proclame l'Empire, et je vous fais nommer fournisseurs de la maison de l'Empereur (1). »

Un ancien valet de chambre figurait à la tête de petits spéculateurs à la Bourse ; des domestiques en très-grand nombre lui confiaient la gestion de leurs fonds ; il s'enrôla sous les ordres du banquier bonapartiste en même temps qu'un courtier en fonds publics connu dans la *coulisse* depuis vingt ans. La liste des premiers bonapartistes de 1848 publiée par le banquier contient, outre les noms de cet ancien valet de chambre et de ce coulissier, ceux d'un capitaine et d'un lieutenant de la garde nationale, de deux ex-agents de change, d'un propriétaire, de M. Aguado, marquis de Las Marismas, et de M. Ligier, de la Comédie française. En tout, huit bonapartistes militants, sans compter les fournisseurs (2).

M. de Persigny, vers la même époque, dressait de son côté une liste des personnes sur lesquelles l'idée napoléonienne pouvait compter à Paris. Cette curiosité historique mérite d'être reproduite :

« M. *Besuchet de Saunois*, 14, rue Grange-Batelière ; M. le général *Sourd*, 14, rue d'Alger ; le colonel *Laborde*, 4, rue Vintimille ; madame *Gordon*, 57, rue de Provence ; M. le général *Montholon*, 12, rue Castellane ; M. *Pietri*, 319, rue Saint-Honoré ; M. *Pierre Bonaparte*, 9, rue de Verneuil ; M. *Napoléon Bonaparte*, rue d'Alger ; M. *Chabot*, 76, rue Saint-Antoine ; M. *Dupont*, marchand de tabac, rue du Faubourg-Saint-Honoré ; M. *Thelin*, débit de tabac, rue Geoffroy-Marie ; M. *Cla-*

---

(1) Aristide Ferrer, *Révélations sur la propagande napoléonienne faite en 1848 et 1849*. Turin, 1863.

(2) *Idem.*

pier, tapissier, 59, rue Hauteville; M. *Forestier*, 52, rue Louis-le-Grand; M. *Ornano*, 57, rue Truffaud-Batignoles; M. *Labrugal*, charbonnier, 4, rue Braque; M. *Archambaud*, 12, rue du Rond-Point de l'École; M. *Broulle*, tailleur de pierre, 96, avenue des Champs-Élysées; M. *Holtier*, marchand de bois à Montmartre, près le cimetière; M. *Devaux*, bottier, passage des Panoramas; M. *Coffier*, fabricant de pianos, rue Saint-Antoine; *Lecomte*, commandant des Vieux de la Vieille, rue Michodière; X....., marchand de bois à Belleville (1).

La liste exacte des amis de M. Louis Bonaparte n'était ni nombreuse ni brillante. M. de Persigny répondait cependant à ceux qui lui proposaient de rallier à sa cause des hommes importants, tels que le prince de la Moskowa et le comte de Morny, que « le Prince » n'apprendrait pas sans déplaisir qu'on eût fait des ouvertures à ces messieurs. Les deux cousins de M. Louis Bonaparte eux-mêmes devaient ignorer pour le moment des tentatives auxquelles on verrait dans quelle mesure il serait possible de les associer plus tard.

Ceci se passait dans les premiers jours d'avril. A cette date, la froideur la plus complète régnait entre M. Louis Bonaparte et les personnages qui portaient les plus grands noms de l'Empire. Le bonapartisme s'agitait dans les bas-fonds de la société; on ne se doutait pas même ailleurs de son existence, lorsque, le 16 avril, le parti conservateur eut l'idée de faire ce qu'on appelait alors une manifestation pour obtenir du gouvernement provisoire le maintien des bonnets à poil de la garde nationale.

(1) Aristide Ferrer, *Révélations sur la propagande napoléonienne faite en 1848 et 1849*. Turin, 1863.

Les partisans de cette coiffure formés en légion et revêtus de l'uniforme civique, s'étaient dirigés vers l'Hôtel de Ville dont ils trouvèrent les approches barrées. Les débris de la garde impériale, soit par suite d'une sympathie naturelle pour les bonnets à poil, soit qu'ils jugeassent l'occasion favorable pour montrer leurs uniformes, et pour faire eux aussi une manifestation, avaient pris le même chemin. Des cris de : *Vive la garde!* retentissaient sur leur passsage ; cependant les abords de la place restent interdits aux grenadiers de l'Empire, comme aux grenadiers de la garde nationale. Le tambour des grognards bat la charge ; ils font mine de forcer la ligne ennemie. Passeront-ils ou ne passeront-ils pas ? Le peuple semble prendre le plus vif intérêt à ce spectacle des derniers survivants de la garde impériale prêts à s'élancer sur les montagnards de la garde républicaine ; les rangs de ceux-ci finissent par s'ouvrir : les « vieux de la vieille » pénètrent enfin sur la place, au milieu des applaudissements de la foule. Les femmes surtout montrent un véritable enthousiasme en voyant la victoire de ces vieux soldats : la garde, en effet, ne s'était pas rendue.

Ce jour-là, on entendit à Paris, pour la première fois depuis la proclamation de la République, le cri de : Vive l'Empereur !

Des agents de la propagande bonapartiste s'étaient glissés dans les masses populaires ; l'un d'eux raconte qu'il allait de groupe en groupe, se mêlant aux conversations, prenant parti pour la garde nationale, répétant que la République ne pouvait durer, que les Bourbons étaient impossibles, qu'un Napoléon seul pouvait rétablir l'ordre, ramener la paix et le travail : « Jusque-là, » dit-il, « on écoutait mes discours, et l'on y répondait par ces mots : Oui, c'est vrai, mais il n'y a plus de Napoléon ! — Mais son neveu, disais-je. — Lequel? — Le prince Louis qui est à Londres ! — Je confesse qu'arrivé à ce point, la conversation finissait souvent brusquement ; d'autres fois, elle se poursuivait avec avantage, et il me suffisait d'avoir quelques auditeurs attentionnés pour exprimer hautement mon opinion sur les facultés et le cœur du prince qu'on dénigrait, parce qu'on ne le connaissait pas. — On m'écoutait en silence, je m'éloignais, mais la semence était jetée dans un fond excellent et qui ne pouvait produire que de bons résultats (1). »

Malheureusement, la propagande manquait du nerf indispensable, l'argent. M. Louis Bonaparte engagé, disait-il, dans une opération financière qui promettait les plus heureux résultats, priait ses amis d'en attendre l'issue. Les bonapartistes comptaient déjà dans leurs rangs plusieurs hommes de finance dont l'imagination féconde enfantait chaque jour un nouveau projet destiné à fournir à la propagande les fonds dont M. Louis Bonaparte ne pouvait disposer en ce moment. Parmi ces projets figurait la création d'une grande banque d'escompte au capital de neuf millions de francs, dont six millions versés par M. Louis Bonaparte, et trois millions par le gouvernement, conformément au décret du ministre des finances. La somme de six millions formant l'apport de M. Louis Bonaparte serait avancée par le gouvernement russe qu'on se chargeait de convertir à la cause napoléo-

---

(1) Aristide Ferrer, *Révélations sur la propagande napoléonienne en 1848 et 1849*, Turin, 1863.

nicnne, et acceptée par la banque napoléonienne en rentes 5 pour 100 français au cours de cent quatorze francs, prix auquel la Banque de France les avait vendues au czar. Une lettre de M. Louis Bonaparte a été imprimée comme preuve à l'appui de l'approbation donnée par lui à ce projet, mais les termes dans lesquels cette lettre est conçue ne permettent pas de lui donner le sens et la portée d'un acquiescement formel.

Depuis la révolution de Février, l'apôtre Persigny montrait moins de zèle à répandre l'évangile napoléonien ; l'heure approchait même où il allait le renier. L'apostasie est formulée dans ce passage de la profession de foi du fondateur de l'*Occident français* aux électeurs de la Loire :

« ..... Quant à mes opinions, je vais vous les exposer avec franchise. Hier, je croyais sincèrement que, entre des habitudes monarchiques et la forme républicaine, but naturel de tous les perfectionnements politiques, il fallait encore une phase intermédiaire : et je pensais que le sang de Napoléon inoculé aux veines de la France, pouvait mieux que tout autre la préparer au régime des libertés publiques ; mais après les grands événements qui viennent de s'accomplir, je déclare que la République régulièrement constituée pourra compter sur mon dévouement le plus absolu. Je serai donc loyalement et franchement républicain..... Je termine par une dernière et solennelle déclaration. Délivré par le peuple, je dois ma vie au service du peuple. Tout ce que Dieu voudra m'accorder de courage, d'intelligence et de résolution sera désormais consacré à l'affranchissement de la seule servitude qui pèse encore sur lui, de la servitude de la misère.

» Signé : Fialin-Persigny. »

Une lettre adressée aux divers comités électoraux du département de la Loire accompagnait cette profession de foi. La lettre se termine ainsi :

« J'espère que personne n'opposera à ma candidature des préventions basées sur l'amitié dont m'honore le prince Louis-Napoléon.

Ainsi que j'ai eu l'honneur de le dire à M. de Lamartine, lorsque j'ai été chargé d'annoncer au gouvernement provisoire l'arrivée du Prince à Paris, le neveu de l'Empereur ayant reconnu le gouvernement provisoire de la République n'est plus qu'un *simple* citoyen. Il est prêt non-seulement à servir son pays, à quelque titre que ce soit, mais même à rester volontairement en exil, si son nom peut être un embarras dans les circonstances présentes. Et quant à ses amis, ils feront toujours passer le dévouement au pays avant le dévouement à un homme. »

Les électeurs de la Loire n'ayant pas répondu à son appel, M. de Persigny revint à la religion napoléonienne. Après la journée du 15 mai, les royalistes se croyaient assez forts pour mettre en avant la candidature du prince de Joinville dans les élections partielles qui allaient avoir lieu à Paris. Cette candidature, dans l'état actuel des esprits, n'était pas sans offrir des chances. Quelques-uns des amis de M. Louis Bonaparte le pressaient de tenter à son tour les hasards du scrutin ; l'ex-prétendant, soit apathie naturelle, soit crainte d'éprouver un échec, répondait par des refus aux instances de ceux de ses partisans qui le poussaient à l'action ; M. Louis Bonaparte gardait ses doutes sur la sympathie du suffrage universel, et persistait à croire que le bonapartisme ne pouvait triompher que par le concours de l'armée.

A peine l'affiche de la candidature du prince de Joinville était-elle placardée sur les murs de Paris, que les passants pouvaient lire à côté la proclamation suivante :

CANDIDATURE DE LOUIS NAPOLÉON BONAPARTE AUX ÉLECTEURS DE PARIS.

« Citoyens,

» La réaction ne se cache plus ; elle vous propose de nommer à l'Assemblée nationale le prince de Joinville, le fils de Louis-Philippe, chassé par vous, il y a trois mois :

» Deux fois ramenés par les baïonnettes étrangères, les Bourbons ont été deux fois expulsés de France. La nation n'en veut plus.

» Il est un autre nom qui fut toujours associé à nos triomphes et à nos malheurs. Quand nos drapeaux victorieux flottaient à Vienne, à Berlin, à Moscou, l'Empereur était à notre tête, les Bourbons maudissaient nos victoires. Quand les gardes étrangères inondaient notre territoire, les Bourbons triomphaient; l'Empereur allait mourir à Sainte Hélène!

» Prononcez et jugez.

» Nous vous proposons de nommer à l'Assemblée notre concitoyen Napoléon Louis Bonaparte, enfant de Paris. Il s'est formé à la rude école de l'exil et de la captivité. Soldat de l'indépendance italienne en 1831, il voulut plus tard, à Strasbourg et à Boulogne, arracher la France au joug de la honte en proclamant la souveraineté du peuple. Il a payé de sept ans de captivité l'honneur d'avoir précédé l'héroïque population de Paris.

» On l'a rangé parmi les prétendants. Il repousse loin de lui cette qualification; car il sait que le général Bonaparte était le plus grand citoyen de la France, avant d'en être le premier magistrat, et qu'aujourd'hui, comme alors, le pouvoir doit être au plus digne.

» Envoyez Napoléon Louis à l'Assemblée, c'est un des nobles enfants de la France. Nous vous en répondons.

» Vive la République!

» UN VIEUX RÉPUBLICAIN DE 92, soldat de Zurich et de Waterloo.

» UN OUVRIER, combattant des barricades de Février. »

Ce vieux républicain de 92, ce combattant des barricades de Février n'étaient que le double pseudonyme de M. Armand Laity, qui, bravant la défense formelle de M. Louis Bonaparte, lui ouvrait le chemin de l'Empire.

Une seconde affiche, annonçant la candidature de M. Louis Bonaparte, suivit bientôt celle qu'on vient de lire :

CANDIDATURE DE LOUIS-NAPOLÉON BONAPARTE.

« Citoyens,

» Nous avons encore un membre de la famille Napoléon éloigné de France. Souvenez-vous, Citoyens, que ce ne sont pas les Français qui ont exilé le glorieux martyr de Sainte-Hélène, mais les baïonnettes étrangères qui sont venues nous imposer une famille odieuse, qui a constamment travaillé à la ruine de notre patrie.

» Rappelons-nous tous les bienfaits de Napoléon et sa grandeur infinie.

» Rappelons-nous aussi les bienfaits et la grandeur d'âme de Joséphine la bien-aimée de la France.

» Nommons tous Napoléon-Louis Bonaparte, petit-fils de Joséphine, neveu du grand Napoléon ; il est digne de son oncle par son courage et par ses idées démocratiques.

» Lisez l'*Extinction du paupérisme* qu'il a écrit à la prison de Ham. Je suis sûr que vous saurez apprécier son cœur, ses talents et son amour du peuple.

» Vive la République !
» Salut et fraternité.

» Signé : DAMERVAL, ancien militaire, aujourd'hui ouvrier vannier, 17, à la Halle aux Blés. »

Les murs se couvrent en quelques jours d'affiches semblables aux précédentes signées tantôt de noms véritables, tantôt de pseudonymes. Pas une de ces affiches qui ne présente le candidat comme un ardent républicain. « Le Prince, » dit M. de Montholon aux électeurs, « est un bon patriote, un républicain sincère qui fera tout ce qui dépendra de lui pour que la France soit et reste républicaine. » Un autre ami du candidat déclare que « le citoyen Napoléon Bonaparte a donné depuis longtemps des preuves incontestables de la vérité de ses opinions républicaines, en déclarant qu'il n'avait jamais cru et qu'il ne croirait jamais que la France fût l'apanage d'un homme ou d'une famille. — Le peuple a parlé, il a proclamé la république démocratique, Louis Napoléon la défendra avec nous. » Un troisième parrain de M. Louis Bonaparte affirme que « la république grande, fraternelle, est dans le cœur, dans la pensée de Louis Napoléon Bonaparte ; comme nous, il veut le développement le plus complet du principe démocratique. » Enfin, pour ne pas trop multiplier ces citations, un quatrième s'écrie : « Cet enfant de Paris, notre frère à tous, une fois assis au sein de l'assemblée où nous l'aurons envoyé, sa voix se réunira, messieurs, à celles qui demanderont l'application franche et loyale de notre immortelle devise :

« *Liberté, Égalité, Fraternité.* »

Les partisans du régime impérial qui passent devant la boutique de bottier, située passage des Panoramas, galerie des Variétés, doivent se sentir saisis d'une religieuse émotion ; c'est dans la soupente de cette boutique obscure que se réunissaient M. de Persigny, M. Laity et les principaux promoteurs de la candidature de M. Louis Bonaparte : les agents électoraux venaient là recevoir leurs instructions, de là partaient les hommes chargés de la pose des affiches, véritable mission de dévouement dans certains quartiers. A la place Maubert, par exemple, le colleur, menacé par les ouvriers, est obligé de se réfugier dans une maison où les femmes lui donnent asile : même scène sur la place de l'Hôtel de Ville ; les cris : Vive l'Empereur ! accueillent au contraire, sur la route d'Allemagne, la pose de la première affiche bonapartiste ; une femme à Belleville demande une affiche au colleur qui vient de poser la dernière, elle l'arrache et s'enfuit en disant : « Mon mari est malade, et de savoir qu'on vote pour Napoléon, ça le guérira. »

M. Louis Bonaparte, qui jusque-là s'était tenu dans une complète abstention, prit enfin la résolution d'entrer personnellement dans la lice en adressant des billets autographes aux personnes que M. de Persigny lui désignait comme les plus dévouées à son élection. Le charbonnier Labregal, le cordonnier Devaux, et presque tous les fidèles inscrits sur la liste insérée plus haut en reçurent : les subsides indispensables à la propagande arrivèrent en même temps de Londres.

Une lithographie représentant l'Empereur montrant du doigt Louis-Napoléon à la France, des biographies, des portraits, des médailles, sont répandues à foison ; une avalanche d'amulettes bonapartistes tombe sur Paris. La musique se met de la partie ; la candidature du citoyen Louis Bonaparte proposée aux prolétaires par M. Émile Thomas, directeur des ateliers nationaux, en attendant de devenir rédacteur en chef du journal bonapartiste *Le 10 Décembre*, et régisseur des biens du prince-président dans la Sologne, est chantée par des centaines de ténors nomades dans tous les carrefours à grand renfort d'orgue de Barbarie.

<blockquote>
Napoléon, rentre dans ta patrie !
Napoléon, sois bon républicain !
</blockquote>

La presse vient en aide à la peinture, à la musique et à la poésie. Les anciens journaux bonapartistes, *le Capitole*, *la Colonne*, *l'Idée Napoléonienne*, *la Revue de l'Empire*, ont pour remplaçants : *l'Aigle républicain*, *le Petit Caporal*, *la Redingote grise*, *la Constitution*, journal de la République napoléonienne, *le Napoléonien*, *le Bonapartiste*, etc. Quelques-uns de ces journaux sont rédigés par des gens qui paraissent naïfs et sincères dans leur admiration pour Napoléon Ier ; le plus grand nombre se sert de l'Empereur et de l'Empire comme d'une arme à double tranchant pour attaquer la République et les hommes du gouvernement républicain. Les journalistes bonapartistes, s'ils n'ont pas toujours du talent, ne manquent jamais d'habileté ; les articles suivants le prouvent, le premier emprunté au *Napoléon républicain* et intitulé : *Mes proclamations*.

« Dans le silence du sépulcre où m'a cloué la mort, le bruit de neuf voix qui jasent m'a réveillé. J'ai levé la tête, et j'ai regardé la France.

» Elle attendait encore cent jours après l'écroulement d'un trône, les bras croisés, qu'un signal énergique organisât ses travaux.

» Je me suis laissé dire qu'à cet effet, le pays avait convoqué son élite.

» Ses chantiers étaient froids et déserts ; l'enclume semblait morte ; les bobines des filatures sommeillaient à leurs tiges rouillées.

» L'artiste pleurait sur ses pinceaux.

» On se demandait à la Bourse des nouvelles du crédit.

» Et je compris à ce dernier symptôme que ce repos universel n'était pas d'un jour de fête.

» Les neuf cents voix jasaient toujours.

» Est-il vraiment possible qu'après quelques mille années d'histoire, l'organisation du travail n'est pas l'alphabet de la civilisation ?

» Est-ce que nos aïeux n'ont pas lancé des flottes, colonisé des landes, défriché des déserts, bâti des villes, construit des ponts, élevé des palais, des citadelles et des cathédrales ?

» J'ai vu, moi, le Simplon s'abaisser devant mes regards, des rivières se répandre à travers d'immenses campagnes, d'impraticables marais s'assainir, des arcs-de-triomphe s'élever comme par enchantement ?

» Ai-je épuisé notre pays par ma gloire ? La tête n'a-t-elle plus d'idées, le cœur plus de dévouement, le bras plus de muscles ? La République aurait-elle oublié l'Empire ?

» Dans l'intervalle des défis sanglants que m'adressait coup sur coup l'Europe, je me suis bien gardé de jeter ma parole au vent. Concevoir des plans en silence, mettre en un clin d'œil des masses en mouvement pour les exécuter, tout cela n'était qu'un éclair de ma pensée. Je ne parlais que par proclamations, et la série de mes proclamations atteste celle de mes initiatives.

» Plus d'une fois la nuit, le panorama du pays s'est développé dans ma tête. Comme le père de famille, je ne songeais qu'à vous, sachant que je pouvais compter sur vous. Mon cœur était fécond de votre bon vouloir. Mon vocabulaire était riche parce qu'il était l'expression de mes actes. Le plus ridicule de tous les métiers, c'est de mâcher la phrase à vide.

» Fermez votre oreille à tous ces propagateurs de plans gigantesques, tout disposés à bâtir l'édifice de votre bonheur quand vous aurez eu la complaisance de leur donner des milliards. Vous devriez bien être las de leurs flagorneries et de leurs romans : « La France est un pays qui s'ennuye ! » disait, il n'y a pas longtemps, l'un de vos splendides orateurs.

» Dites-lui de ma part de faire son *mea culpa*.

» Napoléon. »

Le *Petit Caporal* explique ainsi son titre :

» Le petit caporal n'est pas cet empereur de théâtre, habillé sur les dessins de David, mais le général avec sa redingote grise; c'est le bourgeois de Paris qui se mêle aux groupes populaires les jours de fête, et qui apprend par les conversations particulières, les abus à réformer, les injustices à réparer; c'est le chef d'armée qui n'oublie ni le nom ni la figure d'aucun de ses soldats, et qui, à défaut d'un grade quand l'instruction élémentaire manquait, savait récompenser le grognard ou le conscrit

» En lui faisant jaillir une étoile du cœur.

» Non! le petit caporal n'est pas mort, c'est le Christ de la gloire, et quand il reposait là bas dans l'Atlantique, sous les mimosas brûlés de Sainte-Hélène, il n'eût fallu qu'un Pierre l'Ermite pour entraîner des millions de croisés à la conquête de son tombeau.

» Qu'avez-vous à lui reprocher au petit caporal? d'avoir égorgé la République sa mère; mais elle-même lui avait dit : Frappe le ventre! (*feri ventrem*) tant elle rougissait de sa dégradation. Ce n'était plus la femme forte et courageuse, mais une Messaline dans le boudoir du directeur Barras. Et puis il chassait les avocats, ce choléra du monde politique, et le peuple aujourd'hui ne désire-t-il pas mélanger la tribune parlementaire encombrée de rhéteurs!

» Mais le petit caporal ne mourra pas; comme le Christ présent dans l'hostie, il est présent, lui, dans toute idée de gloire et de grandeur, et le peuple communie avec lui, car le peuple qui lui doit le rétablissement du culte, n'oublie pas ses principes religieux; il comprend trop qu'un État périt quand il s'étaye sur des mœurs provisoires. Encore une fois non, le petit caporal ne mourra pas. »

L'association secondait l'action de la presse : la société des débris de l'armée impériale, formée à l'occasion du retour des cendres de l'Empereur, n'avait pas cessé d'exister, quoique non autorisée; un homme hardi jetait les fondements de la fameuse société *Société du* 10 *décembre*; elle comptait dans son comité : MM. Abbattuci, Louis-Lucien Bonaparte, Antoine Bonaparte, général de Bar, Ferdinand Barrot, Bataille, Belmontet, Besuchet de Saunois, Bonjean, Briffaut, Caulaincourt, Clary, Conneau, l'abbé Coquereau, Benjamin Delessert, le maréchal Exelmans, le général Husson, Hyrvoix jeune, le général Hulot-d'Osery, Kœnigswarter, le colonel Laborde, le colonel Langlois, le comte Lepic, le prince de la Moskowa, de Montour, Nogens-Saint-Laurent, d'Ornano, l'abbé Orsini, Peauger, le général Piat, le colonel de Tocqueville, Villemain, intendant militaire, Wolowski, etc. Le *Club des cotillons*, loin de se dissoudre redoublait d'efforts : Femmes, hommes, gens d'intrigue et gens de conviction, soldats, journalistes, s'étaient mis en campagne ; cependant dans la presse, dans la magistrature, dans le commerce, dans l'industrie, dans le clergé, l'opinion refusait de prendre au sérieux la candidature de M. Louis Bonaparte. M. de Persigny, présenté par un de ses amis aux directeurs de divers journaux pour leur demander l'insertion d'une note destinée à rectifier une assertion inexacte se rattachant à la prochaine élection, eût l'occasion de se convaincre qu'ils croyaient peu au succès de son ami. M. Armand Bertin, plus généreux que tous ses collègues, donnait d'avance 40 000 voix à M. Louis Bonaparte; M. de Girardin lui en accordait tout au plus 10 000.

Le dimanche matin, jour de l'ouverture du scrutin, il devint facile de s'apercevoir que le calcul de M. Armand Bertin lui-même resterait infiniment au-dessous de la vérité ; les ouvriers arborent à leur casquette le bulletin portant le nom de M. Louis Bonaparte en se rendant au siége électoral de leur circonscription ; la foule, à Saint-Denis, porte le colleur des placards bonapartistes en triomphe jusque dans la salle du vote, renverse l'urne dans laquelle on avait déjà déposé des bulletins, et force le bureau de recommencer l'opération aux cris de : Vive Napoléon !

Le lendemain, M. Louis Bonaparte figurait le cinquième sur la liste des six représentants nommés par le département de la Seine ; elle était ainsi composée :

Caussidière................	157 000 voix.
Changarnier..............	105 539
Thiers.....................	97 394
Victor Hugo..............	86 960
L. Napoléon..............	84 420
P. Leroux.................	67 000

M. Louis Bonaparte est nommé dans trois autres départements : l'Yonne, la Charente-Inférieure, la Corse. MM. de Persigny et Laity partent immédiatement pour lui porter la nouvelle de son succès.

Le *Napoléonien*, dès le lendemain, sans attendre la proclamation officielle de l'élection de M. Louis Bonaparte, posait nettement sa candidature à la présidence de la République : « Disons-le bien haut, nous avons vu dans ce fait (l'élection de M. Louis Bonaparte) rapproché des circonstances où nous sommes, autre chose que l'élection d'un simple représentant. Nous y avons vu le vœu qu'une autre candidature fût portée devant le pays.

« C'est ce vœu qui nous semble général, qui est le nôtre, que nous venons proclamer. »

C'était aller un peu vite ; au moins fallait-il savoir auparavant si le nouvel élu acceptait le titre de représentant. Or, ce titre, M. Louis Bonaparte le refusait ; M. d Persigny, de retour à Paris, avait fait connaître à se affidés cette décision ; M. Louis Bonaparte s'apprêtait à la confirmer par une lettre adressée au président de l'Assemblée nationale.

L'élection de M. Louis Bonaparte remplissait d'agitation toutes les classes de la société, surtout la classe populaire. Napoléon, du haut de son rocher, a jeté aux quatre vents la semence du bonapartisme : égalité démocratique, gloire militaire, sentiments humanitaires, vagues idées de socialisme, que de germes de fermentation dans ces dictées fiévreuses de Sainte-Hélène ! Le vent chaud d'une révolution en favorisait le développement : ils venaient de produire l'élection du neveu de l'Empereur. « Le peuple a voulu se passer cette fantaisie princière, qui n'est pas la première du genre, et Dieu veuille que ce soit la dernière ! Il y a huit jours, le citoyen Bonaparte n'était qu'un point noir dans un ciel en feu ; avant-hier ce n'était qu'un ballon gonflé de fumée ; aujourd'hui c'est un nuage qui porte dans ses flancs la foudre et la tempête (1). »

Les délégués du Luxembourg avaient inscrit le nom de M. Louis Bonaparte sur leurs bulletins, les ouvriers de la Villette demandent déjà ce que l'Assemblée nationale attend pour proclamer Louis Bonaparte consul ; une pétition dans ce sens circule et se couvre de signatures ; le rappel de la loi sur les attroupements n'intimide pas

---

(1) *Le Représentant du Peuple*, journal de M. Proudhon.

les masses réunies autour du Palais-Bourbon, où siége l'Assemblé nationale ; qu'y viennent-elles faire ? Attendre Louis Bonaparte ; s'il est vrai, disent les orateurs de ces rassemblements, que l'Assemblée nationale ferme à l'élu de Paris les portes de la patrie, le peuple saura bien les lui ouvrir..

Le gouvernement sentait la nécessité d'agir, mais la commission exécutive, avec ses éléments opposés, ses divergences, ses antipathies, ses luttes intestines, n'était que le Gouvernement provisoire, moins l'élan de Février ; par quels moyens allait-elle combattre l'ennemi ?

M. de Lamartine, membre de la commission, s'était élevé, en 1840, contre le projet de translation des cendres de l'empereur, et contre « ce culte de la force que l'on veut substituer, dans l'esprit de la nation, au culte sérieux de la liberté, ces spectacles, ces récits, ces publications populaires, ces bills d'indemnité donnés au despotisme heureux. » M. de Lamartine avait sous les yeux les résultats de cette politique, il crut à la possibilité de les combattre en cherchant des auxiliaires dans le peuple ; il prodigua vainement dans de nombreuses conférences avec les délégués du Luxembourg et avec les meneurs des clubs, l'éloquence, le raisonnement, les promesses de subvention pour fonder des sociétés ; rien ne put décider les ouvriers à organiser une manifestation populaire contre la rentrée du prétendant ; le gouvernement ne pouvait plus compter sur lui-même.

Les orateurs bonapartistes répandaient les bruits les plus propres à enflammer les esprits dans les rassemblements formés chaque soir à la porte Saint-Denis et à la porte Saint-Martin : le gouvernement, disaient-ils, veut faire annuler l'élection de Louis Bonaparte, sur ce motif qu'ayant accepté le titre de citoyen suisse, il a perdu sa qualité de Français. Un coup aussi hardi était peu dans les allures du faible gouvernement qui siégeait au Luxembourg. Ce bruit rendait les rassemblements plus nombreux et plus animés ; ils se formaient en plein jour, et en si grand nombre, que la garde nationale ne suffisant plus pour les dissiper, on fut obligé de recourir à la garde mobile. Ces rassemblements s'avançaient quelquefois dans la rue de Rivoli jusqu'à la rue du Luxembourg, et menaçaient de forcer l'entrée de la place de la Concorde gardée par la garde nationale ; la garde républicaine les chargeait de temps en temps pour les refouler jusqu'à la place Vendôme et jusqu'à l'église Saint-Roch.

Ces troubles de la rue nuisaient à la cause bonapartiste en mécontentant le commerce. Les amis de M. Louis Bonaparte appelaient de tous leurs vœux l'arrivée de la lettre qui devait mettre un terme au désordre en faisant connaître à tous la résolution prise par le neveu de l'Empereur de refuser le mandat de représentant. Cette lettre n'était point parvenue à Paris le 11 juin, veille du jour fixé pour la discussion sur la validité de son élection.

Le 12 juin, les rassemblements commencent à se former dès dix heures du matin ; bientôt ils entourent le palais de l'Assemblée, et refluent dans la rue Royale, jusque sur les boulevards. Un coup de feu retentit vers trois heures à l'entrée de la rue Royale, et le bruit se répand dans la foule qu'on vient de tirer sur le général Clément Thomas, commandant la garde nationale ; au même instant, l'attroupement de la place de la Concorde, refoulé par une charge de cavalerie, se disperse de tous côtés, avec une telle rapidité, que M. de Persigny qui en fait partie est obligé, pour échapper aux sergents de ville, de se réfugier sous la porte cochère de la maison n° 3, place de la Madeleine, dont il a le temps de fermer la grille sur lui (1).

L'assemblée, pendant ce temps-là, discute cette question : le citoyen Louis Bonaparte est-il éligible ; la loi de 1832, qui prononce le bannissement de tous les membres de la famille Bonaparte, est-elle abrogée ?

Cette question s'était déjà posée à l'occasion de la loi de bannissement contre les membres de la famille d'Orléans. Le représentant Vignerte l'avait tranchée par ces paroles : « Les deux branches de la maison de Bourbon sont venues toutes les deux dans les fourgons des Cosaques, qu'elles s'en aillent ensemble ! Quant à la famille Bonaparte, nous l'adoptons provisoirement *parce qu'elle n'est pas dangereuse.* » Le représentant Ducoux s'était empressé d'ajouter : « La famille Bonaparte n'a plus qu'une valeur intrinsèque, elle n'est plus que la tradition glorieuse d'une époque que personne ne peut avoir la folie de recommencer. » Lorsque M. Piétri proposa l'abrogation formelle de l'article 6 de la loi du 10 avril 1832, relatif au bannissement des Bonaparte, M. Crémieux, ministre de la justice, déclara qu'il était virtuellement aboli par la révolution de Février. Les républicains s'armant, contre les prétentions du comte de Chambord et du prince de Joinville, des lois les plus contraires à l'esprit d'une révolution généreuse, les laissaient tomber devant M. Louis Bonaparte, non par sym-

---

(1) Aristide Ferrer, *Révélations sur la propagande napoléonienne.*

pathie, mais par un dédain qu'ils croyaient habile; ils continuaient la politique qui avait si mal réussi au gouvernement de Louis-Philippe; ils croyaient que pour supprimer un danger, il suffit de déclarer que ce danger n'existe pas.

L'Assemblée, émue par l'attitude d'une partie du peuple, semblait disposée à sanctionner les mesures les plus rigoureuses; le sentiment républicain, vivement surexcité en elle, choisissait toutes les occasions pour faire explosion; le bruit courait qu'un régiment, en entrant à Troyes, avait répondu par le cri de : Vive l'Empereur ! aux cris poussés par la garde nationale de : Vive la République! le représentant Heeckeren, sans doute pour sonder le terrain, ayant interpellé le gouvernement sur ce fait, le général Cavaignac, ministre de la guerre, non content de le démentir, et de protester contre les sentiments qu'on prêtait à l'armée, et contre les tentatives pour la détourner de ses devoirs, ajouta d'une voix vibrante : « Loin de ma pensée de porter une accusation aussi terrible contre un de mes concitoyens. Oui, je veux croire, je dois croire innocent l'homme dont le nom est si malheureusement mis en avant. Mais je le déclare aussi, je voue à l'exécration publique quiconque osera porter sa main sacrilége sur la liberté du pays. » L'Assemblée se leva tout entière en criant : Vive la République! cette séance avait lieu le 11 juin. La commission exécutive, se croyant sûre d'obtenir la majorité, décida qu'elle présenterait le lendemain un décret destiné à mettre fin aux troubles suscités par les bonapartistes.

M. de Lamartine chargé de soutenir ce décret monte donc le lendemain à la tribune.

Les modérés ne lui ont pas pardonné d'avoir refusé de se faire l'exécuteur de leurs rancunes, en excluant M. Ledru-Rollin du pouvoir; un froid silence accueille sa présence à la tribune; une atmosphère d'hostilité enveloppe l'orateur habitué à commander à son auditoire la bienveillance et l'admiration. M. de Lamartine cherche en vain à reconquérir son ascendant : monotone, verbeux, diffus, revenant sans cesse sur le passé, il semble plaider pour lui plutôt que contre le bonapartisme; l'attention de l'auditoire l'abandonne; il s'arrête pour prendre un moment de repos. Pendant cette interruption, l'Assemblée prête l'oreille aux bruits du dehors; des représentants annoncent que du péristyle du palais Bourbon, on entend les cris de : Vive l'Empereur! D'autres ajoutent que des coups de feu sont partis des rassemblements; M. de Lamartine remonte à la tribune, et au milieu de l'émotion générale il apprend à l'Assemblée que le gouvernement vient de recevoir les nouvelles les plus graves : le commandant en chef de la garde nationale et un officier de l'armée ont été blessés; l'orateur continue : « C'est le premier sang versé depuis la Révolution éternellement pure et glorieuse de février, et la Révolution n'en est pas coupable ; gloire à la population, gloire aux différents partis de la République, du moins ce sang n'a pas été versé par leurs mains, il a coulé, non pas au nom de la liberté, mais du fanatisme des souvenirs militaires et d'une opinion naturellement, quoique involontairement peut-être, ennemie invétérée de toute République. »

La froideur de l'auditoire avertit M. de Lamartine qu'il s'est fait l'écho trop empressé de ces bruits qui circulent si facilement pendant les troubles publics; il poursuit : « Citoyens, en déplorant avec vous le malheur qui vient d'arriver, le gouvernement s'est armé contre les éventualités. Ce matin avant la séance, nous avons signé d'une main unanime une déclaration que nous nous proposions de lire à la fin de la séance, et que la circonstance me force à lire à l'instant même. Lorsque l'audace des factieux est prise en flagrant délit la main dans le sang français, la loi doit être votée d'acclamation. »

M. de Lamartine, au milieu des interruptions et des protestations, lit ce décret :

« La commission du pouvoir exécutif, vu l'article 3 de la loi du 13 janvier 1816, déclare qu'elle fera exécuter en ce qui concerne Louis Bonaparte, la loi de 1832 jusqu'au jour où l'Assemblée nationale en aura décidé autrement. »

De nouveaux renseignements ont succédé aux premiers; le coup de feu a été tiré par un garde national maladroit. M. de Lamartine, sommé de s'expliquer, se rejette dans le passé, au lieu de s'occuper des faits actuels ; les murmures de l'Assemblée augmentent son embarras ; l'orateur se perdant au milieu de vaines digressions, revenant à chaque instant sur ses pas, s'étendant longuement et inutilement sur les événements du 15 mai, croit se défendre d'y avoir participé en jetant cette phrase à l'Assemblée : « J'ai conspiré avec Blanqui, Cabet, Sobrier, Barbès, Raspail! oui, j'ai conspiré, mais comme le paratonnerre conspire avec le nuage qui porte la foudre. » Cette métaphore tue le décret, et par contrecoup, la commission exécutive.

Pendant la nuit qui suit cette séance, la police arrête M. de Persigny à son domicile, rue Saint-Georges ; le matin du 13, l'aspect de Paris n'est pas plus calme ; l'assemblée doit entendre la suite des rapports des bureaux chargés d'examiner la validité de l'élection de M. Louis Bonaparte.

M. Jules Favre prend le premier la parole au nom du septième bureau ; le défenseur du lieutenant Aladenise a conservé des relations avec les bonapartistes ; de récentes mésintelligences avec M. Ledru-Rollin augmentent son hostilité contre la commission exécutive. Le rapport lu par lui est un mémoire en faveur de l'admission : « Le nouvel élu, dit-il, n'a justifié ici ni son âge, ni sa nationalité, cela est vrai ; mais s'arrêter à de telles chicanes serait indigne d'une grande Assemblée. Le gouvernement d'ailleurs n'a pas jugé sans doute que Louis Napoléon Bonaparte ne fût pas éligible, puisqu'il n'a averti personne avant l'élection, ni l'électeur, ni le citoyen Bonaparte. Loin de là, il a ici, par la bouche de son ministre de la justice, déclaré que la loi de 1832 est virtuellement abolie par la révolution de février. » M. Jules Favre fait en outre remarquer que l'admission de trois Bonaparte a déjà tranché la question politique, et qu'il « faut prendre garde de grandir le représentant dont on contestait l'élection. » M. Jules Favre, après avoir déclaré impossible le retour d'entreprises *folles* et *misérables* comme celles de Strasbourg et de Boulogne, ajoute : « Si le citoyen Bonaparte tentait une misérable parodie du manteau impérial qui ne va plus à sa taille, il serait à l'instant mis hors la loi et traîné sur la claie. »

M. Buchez, rapporteur du dixième bureau, ne partage

point l'opinion de M. Jules Favre ; il refuse de valider l'élection du prétendant venu deux fois sur le sol français réclamer à main armée ses droits héréditaires, et salué maintenant des cris de Vive l'Empereur ! Il fait remarquer que son silence depuis le commencement des troubles permet de douter de la sincérité de sa conduite et de la pureté de ses intentions. A ces mots, M. Viellard, ancien précepteur de M. Louis Bonaparte, court à la tribune ; il y vient, dit-il, défendre un ami, un homme dont on veut faire un prétendant malgré lui, après l'avoir nommé représentant sans son consentement ; son élection n'est point une conspiration, mais une protestation contre les traités de 1815. L'orateur invoque comme un argument en faveur du désintéressement patriotique de son élève, une lettre dans laquelle ce dernier se condamne à un exil volontaire ; il en lit quelques passages : « Ma position aurait été très-embarrassante à l'Assemblée, les regards de tous les mécontents attachés à moi, je me tiens à l'écart jusqu'au jour où la Constitution sera fixée..... Si la France avait besoin de moi, si mon rôle était tout tracé, si je pouvais croire être utile à mon pays, je n'hésiterais pas à passer sur toutes les considérations secondaires pour remplir mon devoir; mais, dans les circonstances actuelles, je ne puis être bon à rien, je ne serais tout au plus qu'un embarras ; j'attendrai donc encore quelques mois ici que les affaires prennent en France une tournure plus calme et plus dessinée. »

Le citoyen Napoléon Bonaparte prend également la parole pour défendre son cousin : « Je veux parler, dit-il, du citoyen Napoléon Louis. Je ne suis nullement l'apologiste de son passé politique. Je suis étranger totalement à ses actes. Mais je crois qu'il est de toute justice, de toute loyauté, d'exercer vis-à-vis de lui comme vis-à-vis des autres (*lesquels autres?*) certaines lois de justice et de loyauté.

» Il y a des partis opposés à la République, je crois et j'espère qu'ils sont en bien petite minorité, et que cette minorité est composée de ce qu'il y a de moins bon et de moins généreux dans la nation ; si le citoyen Bonaparte était coupable, je serais le premier à le blâmer, mais il n'est pas coupable, je le jure ! » L'orateur, parlant ensuite au nom de sa famille, ajoute : « L'Empire est un souvenir que personne de nous n'entend invoquer ni pour le présent, ni pour l'avenir ! »

La lecture de la lettre adressée à M. Viellard et l'allocution du citoyen Napoléon Bonaparte n'étaient point de nature à produire un grand effet sur l'Assemblée ; mais les membres de la droite ont reporté sur la Commission exécutive leur vieille haine contre le Gouvernement provisoire; rejeter le décret, c'est frapper d'un coup dangereux le pouvoir existant ; ils n'hésitent donc pas à traiter la conspiration bonapartiste de chimère ; les représentants sur les bancs de la gauche parlent de confiance, de magnanimité ; M. Louis Blanc est de ce nombre ; l'élection de M. Louis Bonaparte ne cache à ses yeux aucun danger pour la République ; il y a, d'ailleurs, selon lui, un moyen bien simple d'empêcher M. Louis Bonaparte de devenir président de la République, c'est de supprimer la présidence.

Il est temps qu'un orateur intervienne dans la discussion pour y faire entendre le langage de la politique. M. Ledru-Rollin monte à la tribune.

TAXILE DELORD.

M. Ledru-Rollin est sans contredit, de tous les membres du gouvernement, le moins agréable à la droite; seul des cinq députés portés au pouvoir dans la nuit du 24 au 25 février, il pouvait se dire nettement républicain de la veille. M. Ledru-Rollin, d'abord avocat à la cour de cassation, comme MM. Odilon Barrot et Crémieux, fut nommé député par le département de la Sarthe, en remplacement de Garnier-Pagès, que la mort venait d'enlever aux espérances du parti démocratique; deux mémoires : l'un sur l'état de siége en 1832, l'autre sur les massacres de la rue Transnonain, l'avaient désigné à l'attention des électeurs. La mort du duc d'Orléans fournit au jeune député l'occasion d'appliquer à la loi de régence la théorie de la souveraineté du peuple; M. Ledru-Rollin soutint qu'à la mort du roi le pouvoir passe non point au pouvoir législatif qui est incapable de faire acte de pouvoir constituant, mais à la nation tout entière. Le radicalisme d'opinion du député de la Sarthe traversait l'atmosphère paisible de la Chambre des députés comme un orage qui ne laisse pas de traces. La voix de M. Ledru-Rollin trouvait plus d'écho dans les banquets de 1847; l'éloge de la Convention prononcé par lui au banquet de Châlons; le toast « aux classes laborieuses »! par lequel il fit remplacer au banquet de Lille le toast proposé par M. Odilon Barrot « à la sincérité des institutions conquises en juillet »; la revendication du suffrage universel au banquet de Dijon, et plusieurs autres discours pleins d'un sentiment démocratique peu commun alors, contribuèrent puissamment à l'agitation de cette époque; l'éloquence de M. Ledru-Rollin, sa taille élevée, ses traits ouverts et réguliers, la noble simplicité de son geste élégant et familier, sa voix sonore, sa parole nourrie de la science du jurisconsulte et animée de l'ardeur du tribun, promettait un grand orateur aux futures Assemblées du suffrage universel.

La République serait depuis longtemps le gouvernement de la société française sans les divisions intestines qui ont rendu jusqu'ici la démocratie incapable de discipline, et qui transforment son gouvernement en luttes d'homme à homme et de coterie à coterie, on ne peut pas dire de parti à parti, car le jour où la démocratie sera parvenue à se constituer véritablement en parti, les destinées de la France et de l'Europe changeront.

L'opinion démocratique n'a jamais été plus divisée qu'à la veille de la Révolution de Février ; les hommes du *National* et les hommes de la *Réforme*, comme on disait alors, se faisaient une guerre acharnée ; M. Ledru-Rollin prit une part très-active aux querelles entre les deux journaux républicains ; un duel était même décidé entre lui et M. Armand Marrast; la révolution de Février l'arrêta ; les adversaires, en se retrouvant à la tête du gouvernement, n'avaient pu oublier entièrement leurs anciennes querelles; les partisans de la réaction ne perdaient aucune occasion de les exciter et de les grossir ; ils étaient parvenus à faire à M. Ledru-Rollin une réputation d'intraitable révolutionnaire qui, en le grandissant peut-être pour l'avenir, lui ôtait quelque chose de son influence dans le présent; la droite abandonnait par dépit M. de Lamartine; elle repoussait M. Ledru-Rollin par crainte; la gauche modérée restait soupçonneuse et méfiante devant lui ; voilà l'homme sur lequel retombait la lourde tâche d'obtenir, d'une minorité hostile et d'une majorité prévenue, ce qu'elles avaient refusé à M. de Lamartine.

M. Ledru-Rollin prit la parole avec une fermeté calme qui ne se démentit pas pendant tout son discours; il signala les menées du parti bonapartiste, les distributions de vin et d'argent, les embauchages pour une nouvelle garde impériale; il supplia l'Assemblée de consentir à l'exécution temporaire d'une loi nécessaire pour prévenir le *sang versé*. Les membres de la droite, en écoutant ce langage élevé, sobre, politique, comprenant qu'ils étaient en présence d'une grande force démocratique, ne voulurent pas l'augmenter par leurs votes; l'Assemblée, cependant, parut hésitante un moment; M. Bonjean, pour conjurer le danger, s'empressa de lire à son tour une lettre que lui avait écrite, il y a quelques jours, M. Louis Bonaparte.

« Londres, 23 mai.

» J'apprends par les journaux du 22 qu'on a proposé, dans les bureaux de l'assemblée, de maintenir contre moi seul la loi d'exil qui frappe ma famille depuis 1816. Je viens demander aux représentants du peuple pourquoi je mériterais une semblable peine? Serait-ce pour avoir toujours publiquement déclaré que dans mes opinions la France n'était l'apanage ni d'un homme, ni d'une famille, ni d'un parti? Serait-ce parce que désirant faire triompher, sans anarchie ni licence, le principe de la souveraineté nationale qui, seule, pouvait mettre un terme à nos dissentiments, j'ai deux fois été victime de mon hostilité contre le gouvernement que vous venez de renverser? Serait-ce pour avoir consenti par déférence pour le Gouvernement provisoire, à retourner à l'étranger après être accouru à Paris au premier bruit de l'insurrection? Serait-ce pour avoir refusé par désintéressement les candidatures à l'Assemblée qui m'étaient proposées, résolu de ne retourner en France que lorsque la nouvelle Constitution serait établie et la République affermie?

Les mêmes raisons qui m'ont fait prendre les armes contre le gouvernement de Louis-Philippe me porteraient, si on réclamait mes services, à me dévouer à la défense de l'Assemblée, résultat du suffrage universel. En présence d'un roi élu par deux cents députés, je pouvais me rappeler que j'étais l'héritier d'un empire fondé par l'assentiment de quatre millions de Français. En présence de la souveraineté nationale, je ne peux et ne veux que revendiquer mes droits de citoyen français ; mais ceux-là, je les réclamerai sans cesse, avec l'énergie que donne à mon cœur honnête le sentiment de n'avoir jamais démérité de la patrie.

» Votre concitoyen,

» NAPOLÉON-LOUIS BONAPARTE. »

Cette lettre redouble l'ardeur des partisans de l'admission ; M. Jules Favre l'appuie de nouveau avec force ; M. Degousée propose en vain au décret un amendement que la lettre précédente vient, dit-il, de lui inspirer, et qui maintient le bannissement jusqu'à l'exécution de la Constitution seulement ; le parti conservateur éclairé par le peu de succès de la candidature projetée du prince de Joinville, songeait dès lors à se ranger derrière M. Louis Bonaparte, pour attaquer la République ; il ne pouvait manquer de voter pour la validation de l'élection contestée. Elle est prononcée aux deux tiers des voix. Les rassemblements formés autour de l'Assemblée se retirent aux cris de : Vive Napoléon !

La lettre attendue avec tant d'impatience par les amis de M. Louis Bonaparte était enfin arrivée : le président de l'Assemblée nationale ouvrit, le lendemain, la séance par ces mots : « Je donne lecture à l'Assemblée de la lettre du citoyen Louis Bonaparte :

« Monsieur le Président,

» Je partais pour me rendre à mon poste, quand j'apprends que mon nom sert de prétexte à des troubles déplorables, à des erreurs funestes. Je n'ai pas cherché l'honneur d'être représentant du peuple, parce que je savais les soupçons injurieux dont j'étais l'objet. Je re chercherais encore moins le pouvoir.

» Si le peuple m'imposait des devoirs, je saurais les remplir (mouvement ; vive agitation ; — oh ! oh !) ; mais je désavoue tous ceux qui me prêtent des intentions que je n'ai pas.

» Mon nom est un symptôme d'ordre, de nationalité, de gloire, et ce serait avec la plus vive douleur que je le verrais servir à augmenter les troubles et les déchirements de la patrie.

» Pour éviter un tel malheur, je resterais plutôt en exil. Je suis prêt à tout sacrifier pour le bonheur de la France. (Bruit.) Ayez la bonté, Monsieur le Président, de donner communication de ma lettre à l'Assemblée. Je vous envoie une copie de mes remerciements aux électeurs.

» Recevez l'expression de mes sentiments distingués.

» Signé : LOUIS-NAPOLÉON BONAPARTE. »

Les exclamations et les murmures qui succèdent à la lecture du président indiquent combien cette lettre, dans le fond et dans la forme, blesse les sentiments de l'Assemblée ; la phrase : « Si le peuple m'imposait des devoirs, je saurais les remplir », excite sa colère ; cette phrase se retrouve cependant, sous une forme ou sous une autre, dans toutes les lettres de M. Louis Bonaparte communiquées jusqu'ici à l'Assemblée. Le silence à peine rétabli, le général Cavaignac, ministre de la guerre, fait entendre ces paroles d'une voix émue :

« L'émotion qui m'agite ne me permet pas d'exprimer, comme je le voudrais, toute ma pensée. Mais je remarque dans cette pièce, qui devient un document historique, que le mot de République n'est pas une seule fois prononcé. Je me borne à signaler cette pièce à l'attention de l'Assemblée, et à l'attention et au souvenir de la nation. » (Très-bien ! Très-bien !)

Plusieurs représentants sont debout et demandent qu'on déclare à l'instant le citoyen Louis Bonaparte déchu de ses droits. Le général Cavaignac demande le renvoi de la discussion au lendemain.

M. Jules Favre, faisant en quelque sorte amende honorable de son discours de la veille, prend à son tour la parole.

« Dans cette assemblée, il n'y a qu'un seul sentiment ; c'est le sentiment de l'indignation si bien exprimée par le général Cavaignac (oui,

oui, de toutes parts), lorsque le septième bureau a proposé de valider l'élection de M. Louis Bonaparte... (Une voix : Il n'est plus citoyen.)

» J'entends dire « qu'il n'est plus citoyen ». J'engage l'Assemblée à ne pas substituer la passion à la raison dans ce débat. — Le citoyen Louis Bonaparte a été admis, dans des conditions qui ne nous semblent pas laisser de doute, mais quand il arrive que le lendemain du jour où nous avons prononcé son admission, non pour lui, mais par respect pour le principe de la souveraineté nationale, quand il arrive qu'il porte atteinte à cette souveraineté, nous devons lui répondre, et c'est dans notre cœur que nous trouverons l'expression de notre indignation.

» L'Assemblée est unanime contre les tentatives insensées d'un citoyen qui voudrait la braver.

» J'ai dit qu'il devait être poursuivi si l'on a trouvé la trace de sa main dans les troubles qui ont éclaté ; quant à nous, nous devons être unanimes pour renvoyer la lettre et le document qui l'accompagne au ministre de la justice. »

Un procès ! quand autour du Palais-Bourbon des milliers de voix crient : Vive l'Empereur ! quand M. Clément Thomas, commandant en chef de la garde nationale, répond à M. Duclerc, ministre des finances, qui veut envoyer au lendemain les mesures à prendre contre les menées bonapartistes : « Demain ! mais la bataille commence. » En effet, déjà des compagnies de la garde nationale menacent de désobéir à leurs chefs ; dans les groupes populaires, on renouvelle la proposition de nommer Louis Bonaparte consul ; les représentants, M. Thiers surtout, sont accueillis par des huées à leur sortie de l'Assemblée ; l'émeute gronde, elle est sur le point d'éclater.

L'Assemblée nationale hésitante la veille, non dans ses sentiments contre M. Louis Bonaparte, mais dans les mesures à prendre pour les traduire, pouvait le lendemain prononcer sa déchéance civique. Les bonapartistes sentant le danger firent partir un émissaire pour Londres immédiatement après la séance. Le lendemain matin, cet envoyé se présente chez M. Louis Bonaparte qui le reçoit en présence du docteur Conneau et de M. Briffaut; le prétendant apprend en même temps l'arrestation de M. de Persigny, l'irritation causée par la lettre et les suites que cette irritation peut avoir ; ces nouvelles produisent sur lui une impression d'autant plus vive qu'elles sont plus inattendues. L'arrestation de M. de Persigny, et les intentions non douteuses de l'Assemblée, le jettent dans une profonde méditation. Il en sort pour demander ce qu'il convient de faire. « Écrire tout de suite au président de l'Assemblée une seconde lettre, répond l'envoyé. » M. Louis Bonaparte l'écrit séance tenante et en lit le brouillon à haute voix. « Prince, dit M. Conneau, écrivez-la de votre plus belle main. »

M. Briffaut, chargé de porter cette lettre, part le soir de Londres à huit heures pour Douvres; à Douvres, il s'embarque pour Boulogne, où il arrive à deux heures et demie ; il en repart à trois heures cinquante minutes ; à huit heures et demie il descend de wagon à Paris ; à midi et demi la lettre est entre les mains du président de l'Assemblée.

La séance commence; le président prend place au fauteuil : « J'invite, dit-il, l'Assemblée au silence. J'ai à lui faire une communication. Une nouvelle lettre (ah! ah!) du citoyen Louis Bonaparte m'a été apportée ce matin. »

« Monsieur le Président,

» J'étais fier d'avoir été élu représentant du peuple à Paris, et dans trois autres départements ; c'était à mes yeux une ample réparation pour trente ans d'exil, et six ans de captivité : mais les soupçons injurieux qu'a fait naître mon élection, mais les troubles dont elle a été le prétexte, mais l'hostilité du pouvoir exécutif, m'imposent le devoir de refuser un honneur qu'on croit avoir été obtenu par l'intrigue.

» Je désire l'ordre et le maintien d'une politique sage, grande, intelligente, et puisque, involontairement, je favorise le désordre, je dépose, non sans de vifs regrets, ma démission entre vos mains.

» Bientôt, je l'espère, le calme renaîtra et me permettra de retourner en France comme le plus simple des citoyens, mais aussi comme un des plus dévoués au repos et à la prospérité de mon pays.

» Louis-Napoléon Bonaparte. »

Le président ajoute : « J'ai une simple observation à soumettre à l'Assemblée, c'est que l'admission du citoyen Bonaparte n'avait pas été prononcée d'une manière définitive, en ce sens que l'élection n'avait été que validée, et l'admission définitive ajournée jusqu'à production de pièces constatant l'âge et la nationalité.

» Mais, néanmoins, je crois devoir maintenant transmettre cette lettre, qui contient une démission pure et simple, à M. le ministre de l'intérieur, afin qu'il avise conformément au décret de l'Assemblée. »

Le débat était clos : le bonapartisme et son représentant en sortaient fortifiés et grandis. Rien n'est fatal dans l'histoire : la loi de bannissement appliquée aux Bonapartes, les événements pouvaient suivre un autre cours ; le prétendant de Strasbourg et de Boulogne n'aurait peut-être point abandonné la partie, mais la bourgeoisie se rattachait insensiblement au principe républicain ; le gouvernement de la République ralliait l'armée par ses chefs les plus éminents ; le bonapartisme, s'il eût osé livrer bataille, aurait été frappé d'un coup mortel ; les tergiversations du gouvernement et de l'Assemblée donnaient, au contraire, une force nouvelle à l'idée de la dictature populaire qui est le fond des aspirations bonapartistes.

Cette idée incarnée désormais dans un homme va gagnant chaque jour des prosélytes ; le gouvernement s'est borné à de stériles menaces contre les distributions d'argent et de vin, contre les cris séditieux, contre l'embauchage signalés à la tribune par M. Ledru-Rollin ; M. de Persigny et M. Laity, arrêtés un moment, ont été promptement remis en liberté ; la propagande bonapartiste redouble d'activité et d'audace. Paris est à la veille des journées de juin.

CHAPITRE III.

LE BONAPARTISME PENDANT LES JOURNÉES DE JUIN.

1848.

Les ateliers nationaux. — M. de Falloux, nommé rapporteur du projet de loi sur la dissolution des ateliers nationaux, conclut à la dissolution immédiate. — Proposition du représentant Corbon repoussée. — Les journées de juin. — Ce qu'il y a derrière les barricades. — L'idée française. — La dictature. — Caractère particulier de la guerre civile. — Effet qu'elle produit sur les imaginations. — Direction incertaine des opérations militaires. — Causes de cette incertitude. — L'Assemblée cherche une épée. — Réunion particulière présidée par M. Martin (de Strasbourg). — Il propose de nommer M. François Arago chef du pouvoir exécutif. — M. Achille de Vaulabelle prononce le nom du général Cavaignac. — Ce nom est accepté. — La réunion envoie une députation auprès du général Cavaignac. — Le général Cavaignac est nommé chef du pouvoir exécutif. — Défaite complète de l'insurrection. — Rôle des divers partis dans les journées de Juin. — Comment l'Assemblée aurait pu sauver la République. — L'amendement Grévy. — Les candidats à la présidence de la République. — MM. Thiers, Bugeaud, Changarnier. — Le général Cavaignac. — M. Louis Bonaparte. — L'impérialisme. — Hésitation des catholiques. — L'*alea jacta est* des partis conservateurs. — L'élection du 10 décembre. — Le général Cavaignac quitte le pouvoir.

La Révolution de Février avait mis sur le pavé un certain nombre d'ouvriers. Le gouvernement provisoire, pour leur donner du travail, créa des ateliers de terrassement. La fraction modérée de ce gouvernement, cherchant un appui contre l'autre fraction, crut l'avoir trouvé dans la transformation des ateliers de terrassement en ateliers nationaux. Ces ateliers, organisés militairement par le ministre des travaux publics, représentaient une sorte d'armée destinée à neutraliser les forces populaires placées sous la direction des délégués du Luxembourg, obéissant au mot d'ordre de M. Louis Blanc. Les graves inconvénients de cette création sautaient aux yeux. Le gouvernement, l'Assemblée nationale, l'opinion publique, se trouvèrent bientôt d'accord pour la supprimer. Le principe de la suppression admis, restait à trouver les moyens de la réaliser sans secousse violente. L'Assemblée nomma une commission chargée d'examiner cette question. La Commission exécutive décréta, sans même attendre le rapport, que les ouvriers des ateliers nationaux, âgés de dix-huit à vingt ans, seraient tenus d'opter entre leur départ de Paris pour aller dans les départements exécuter des travaux de terrassement, et leur incorporation dans l'armée.

Le 2 mars, d'après un état approximatif dressé à l'hôtel de ville, on ne comptait pas plus de 17 000 ouvriers sans travail à Paris; au 15 mars ce chiffre s'élève à 49 000; le 20 juin, il dépasse 107 000. Dans ce nombre sont compris 15 000 individus entrés par fraude dans les ateliers nationaux, et 2000 forçats ou réclusionnaires libérés. Plus de cent mille hommes passent donc toute leur journée à gratter la terre, et à la transporter d'un point à un autre. Quatre millions ont été dépensés à cet exercice. Une espèce d'esprit de corps s'est formée dans ce camp de l'inutilité; les prétoriens de la brouette forment une armée qui, sous un chef intelligent, peut mettre en péril le gouvernement. La propagande bonapartiste porte donc ses efforts de ce côté; les nouveaux journaux bonapartistes fomentent avec audace l'esprit de révolte dans les ateliers nationaux (1). Les représentants du peuple, selon ces feuilles, ne sont que des commis

---

(1) On lit, par exemple, dans le numéro du 11 juin du *Napoléon républicain* : « Peuple, lorsque tes commis violent leur mandat, souviens-toi du drapeau rouge du Champ de Mars, et du courage de tes frères en 93. »

Le 16 juin, la même feuille s'adresse aux gardes mobiles, afin qu'ils éclairent

oisifs à raison de 25 francs par jour, qui, *lorsque le peuple demande du pain, lui donnent une pierre ;* elles transforment les membres de la Commission exécutive en Sardanapales gorgés d'or et repus de festins. La presse bonapartiste excite le prolétariat contre la bourgeoisie, les pauvres contre les riches : elle en vient jusqu'à publier des listes de banquiers, de notaires, et d'autres capitalistes, en donnant l'indication de leur fortune.

La mesure prise par la commission exécutive blessait à la fois la justice et la politique. De quel droit le gouvernement chassait-il de Paris des milliers de citoyens, et les forçait-il d'opter entre l'exil et le régiment? Une mesure aussi grave pouvait-elle s'exécuter sans recourir à la force, et le gouvernement disposait-il d'une force suffisante pour venir à bout d'une résistance inévitable et immédiate? Le lendemain même, en effet, du jour où le décret de la commission exécutive avait été placardé dans les ateliers nationaux, c'est-à-dire le 22 juin, les ouvriers, parcourant les rues par bandes nombreuses au chant de la *Marseillaise*, entremêlé du cri : « Vive Napoléon ! » se rendent sur la place du Panthéon pour protester contre le décret d'expulsion. Ces bandes ren-

---

les soldats de la ligne que la *terreur bourgeoise* voudrait transformer en bourreaux de leurs frères.

Cherchant à dépopulariser, l'un après l'autre, tous les républicains connus du peuple, le *Napoléon* appelle les membres du pouvoir exécutif les *cinq invalides à 20 000 francs par mois*. En parlant de M. de Lamartine, il dit : « L'aigle de la République en est devenu la chouette. » A propos des rassemblements dissipés par M. Clément Thomas : « Pour n'être général que de la veille, on n'est pas tenu de faire sabrer le peuple de Paris. Ce sont de mauvais états de service que ceux que l'on écrit sur le pavé d'une capitale avec le sang de ses concitoyens (18 juin) »? A l'occasion des troubles réprimés à Guéret, la feuille bonapartiste parle avec horreur des Français tués par des fusils français, et s'écrie : « Quand vos frères malheureux se trompent, vous ne savez que les tuer ou les emprisonner. »

contrent un des lieutenants des ateliers nationaux qui les entraîne au Luxembourg, où siége la Commission exécutive. M. Marie, chargé de recevoir les délégués des ouvriers, engage avec eux une longue conversation. Les ouvriers déclarent qu'ils ne partiront pas. M. Marie répond : « Si les ouvriers ne veulent pas partir pour la province, nous les y contraindrons par la force ; par la force, entendez-vous ? — Par la force, c'est bien ; nous savons maintenant ce que nous voulions savoir ? — Et que vouliez-vous savoir ? — Que la commission exécutive n'a jamais voulu sincèrement l'organisation du travail (1). »

Les ouvriers présents interrompent ce dialogue par des sorties contre M. de Lamartine, contre M. Thiers, contre l'Assemblée, et mêlent le nom de Napoléon à leurs plaintes. Les mots : *il faut en finir* sortent à chaque instant de ces lèvres frémissantes de colère. Le lendemain l'insurrection commence.

Le rapporteur de la commission de l'Assemblée nationale chargée d'examiner la question des ateliers nationaux était M. de Falloux, représentant de Maine-et-Loire, légitimiste comme M. Berryer, catholique comme M. de Montalembert, parleur facile, écrivain médiocre, historien, agriculteur, taillé sur le patron d'un aristocrate anglais, vicomte, et élève des jésuites. M. de Falloux, nommé député en 1846, avait prononcé un discours sur le mandat impératif, auquel M. Guizot s'était cru obligé de répondre ; voilà tout ce qu'on savait de son passé parlementaire ; le lendemain de la

---

(1) Daniel Stern, *Histoire de la Révolution de* 1848.

révolution de février, il se hâtait de rendre hommage aux vainqueurs : « Les instincts du peuple de Paris sont d'une générosité, d'une délicatesse qui surpasse celles de beaucoup de corps politiques qui ont dominé la France depuis soixante ans. On peut dire que les combattants, les armes à la main, dans la double ivresse du danger et du triomphe, ont donné tous les exemples sur lesquels n'ont plus qu'à se régler aujourd'hui les hommes de sang-froid ; ils ont donné à leur victoire un caractère sacré. » Le même M. de Falloux, dans sa profession de foi, ajoutait : « Désormais, c'est le gouvernement de tous par tous qu'il s'agit d'organiser. C'est la société dans sa plus haute acception qu'il importe de défendre..... Travaillez à faire comprendre au clergé des campagnes toute l'importance de son attitude dans le mouvement actuel. La religion fleurit dans les républiques américaines ; elle a fait, au moyen âge, la splendeur des républiques italiennes... Il n'y a plus, à cette heure, qu'un mot de l'unité française qui soit debout : la patrie. Rallions-nous tous à ce glorieux et saint nom... » Les électeurs de Maine-et-Loire envoyèrent M. de Falloux à l'Assemblée nationale, le dernier, il est vrai, sur la liste de leurs représentants. Les royalistes de la Constituante, en voyant cet élève des jésuites, si confit en douceur, si tendre, si souriant à la république, se dirent : voilà notre homme, le vengeur d'Israël ! Le parti catholique avait eu son agitateur dans M. de Montalembert ; M. de Falloux lui promettait un chef ; la maigreur ascétique de M. de Falloux, sa pâleur d'homme du Nord, sa calvitie précoce, lui donnaient la physionomie d'un inquisiteur. La lecture de l'*Histoire de saint Pie V*, et de l'*Histoire de*

Louis XVI, les deux plus importants ouvrages de M. de Falloux, ajoutait la ressemblance morale à la ressemblance physique ; le premier de ces deux ouvrages contient sur la tolérance cette singulière théorie : « La tolérance n'était pas connue dans les siècles de foi, et le sentiment que ce mot nouveau représente ne peut être rangé parmi les vertus que dans un siècle de doute. Autrefois il y avait, en immolant l'homme endurci dans son erreur, des chances pour que cette erreur pérît avec lui, et que les populations demeurassent dans l'orthodoxie. Aujourd'hui le pouvoir qui continuerait à immoler de pareils coupables commettrait des actes de rigueur sans cause, parce qu'ils seraient sans bénéfice pour la société et pour l'orthodoxie. Soyez tranquille et rassurez-vous, le sang répandu ne l'était qu'avec la plus vigilante sollicitude pour l'âme des coupables que l'Église s'efforçait jusqu'au bout d'éclairer et de reconquérir. »

M. de Falloux ne saurait cependant être confondu sans injustice avec les catholiques qui demandent le rétablissement immédiat de l'inquisition et de la main morte, la suppression de la liberté de la presse, la restitution de la dîme aux curés, la mise au pilori de ceux qui travaillent le dimanche ; ces diverses restaurations ne peuvent s'accomplir que lorsque la société elle-même sera restaurée. M. de Falloux cherche donc avant tout à renverser les pouvoirs athées qui la dirigent. La liberté, détestable en elle-même, peut devenir, aux mains des gens honnêtes et habiles, un moyen de rendre à la société les institutions des âges de la foi. Le parti légitimiste, qui défendait ouvertement l'ancien régime, et qui en réclamait naïvement les priviléges, est mort en 1830 ; un nouveau parti légitimiste s'est formé d'après le système de M. de Falloux. Ce parti n'abandonne pas les priviléges de l'ancien régime, il les transforme en garanties pour la liberté; le droit d'aînesse devient la liberté de tester, la propriété de main-morte représente la grande culture, et la sanctification forcée du dimanche la liberté des âmes. M. de Falloux apparaissait déjà comme l'un des chefs les plus influents du parti de la néo-légitimité à l'Assemblée constituante.

Les ennemis de M. de Falloux ont contesté à tort sa noblesse; M. de Falloux père a réellement reçu le titre de comte de Charles X; le brevet allait être signé la veille du départ des Bourbons pour l'exil; une main amie glissa ce brevet au milieu des papiers qui encombraient la table du premier garde des sceaux du roi Louis-Philippe; M. Dupont (de l'Eure) y mit son nom sans se douter qu'un de ses premiers actes, comme ministre de la révolution, était de faire un noble. Le parti légitimiste, malgré l'origine récente de sa noblesse, accordait toute sa confiance à M. de Falloux; bien des gens dans ce parti s'imaginent qu'il suffit de pousser le cri de : Vive le Roi! pour que la Vendée se lève; les partisans d'une tentative d'insurrection royaliste ne manquaient pas en 1848. M. de Falloux, après deux séances présidées par M. Berryer, parvint à faire comprendre aux successeurs de Bonchamp et de Charrette que la guerre civile, au nom du droit divin, ne servirait qu'à donner des forces à la République. Le meilleur système à employer contre elle était d'attendre ses fautes, de la pousser à en commettre et d'en profiter.

Tel est l'homme que les représentants républicains,

trop occupés dans les clubs et dans les ministères ou trop indifférents pour suivre assidûment les opérations souvent si importantes des bureaux, ont laissé nommer à une grande majorité rapporteur de la loi sur les ateliers nat onaux.

La bataille est engagée dans la rue ; M. de Falloux lit à la tribune son rapport, qui se termine par un décret ordonnant sous trois jours la suppression des ateliers nationaux. M. Corbon essaye vainement de faire adopter un projet de décret plus conforme aux garanties que les ouvriers sont en droit de demander ; l'Assemblée lui répond par le vote de la question préalable. Les représentants Considérant et Caussidière proposent alors d'adresser aux ouvriers une proclamation qui les rassure et qui prépare les voies à la conciliation ; MM. Baze, Bérard et Ducler repoussent cette motion comme contraire à la dignité de la représentation nationale ; l'Assemblée ne songe qu'à exciter le zèle de la garde nationale, qu'à l'exhorter à faire son devoir, à protéger la cité contre *l'incendie qui déjà la désole,* contre *les excitations au pillage* qui se produisent sur les barricades, contre *les formules de communisme* invoquées par les insurgés ; M. Degousée demande l'arrestation de tous les rédacteurs de journaux socialistes. L'Assemblée, qui s'est déclarée en permanence, conserve encore assez de sang-froid pour repousser ces mesures extra-légales ; elle écoute dans un morne silence le général Cavaignac, ministre de la guerre, qui monte à la tribune à dix heures du soir pour donner des détails sur les résultats de la lutte pendant la journée : les barricades sont toujours debout : des renforts de troupes arrivent, ainsi que les gardes nationales des départements; pendant la nuit, des régiments resteront massés autour de l'Assemblée.

Quels sont ceux qui se tiennent derrière les barricades? les meneurs des rassemblements de la porte Saint-Denis et du Palais-Bourbon, les lecteurs des feuilles bonapartistes, les partisans et les propagateurs de la proposition de proclamer Louis Bonaparte consul, les orateurs et les auditeurs de ces clubs, où se débattent les questions de l'égalité des salaires, de la communauté des biens, de la suppression de l'intérêt du capital; on y trouverait aussi d'anciens combattants de la rue Transnonain, du cloître Saint-Méry et de la place du Châtelet, des membres des sociétés secrètes, des combattants de février, purs républicains qui, ne comprenant pas les ménagements de la République pour ses ennemis, déchirent la cartouche de prairial; bonapartisme, socialisme, jacobinisme, ce qu'il y a surtout derrière les barricades, c'est l'idée française, la fatale utopie du progrès par la dictature.

Les insurgés invoquent le dictateur pendant le combat, les royalistes comptent bien le choisir après la bataille; les uns se battent pour détruire ce qu'ils auraient voulu sauver, les autres pour défendre ce qu'ils voudraient détruire; de là quelque chose de faux et de théâtral dans cette guerre civile de juin qui troubla si étrangement les imaginations, et laissa dans tous les cœurs de si profondes traces. La peur qui devait produire de si funestes effets, cette peur fatale qui troubla la vue ordinairement si nette de la France au point de lui cacher l'abîme où elle courait, entra dans son esprit pendant les journées de juin 1848. Chaque genre de guerre a son caractère spécial, et exerce une influence particulière sur le moral des combattants et des spectateurs du combat. La guerre civile exalte surtout l'imagination ; les deux partis s'injurient et se calomnient pendant la bataille ; les soldats surexcités par la crainte des embûches, sont plus timides et plus cruels à la fois ; il semble toujours que l'ennemi leur fasse une guerre déloyale. Le nombre des généraux morts dans les journées de juin, si hors de proportion avec celui des soldats, atteste que les chefs supérieurs étaient obligés de se mettre comme de simples sous-lieutenants à la tête de leurs hommes, et de les enlever. Rien d'ailleurs ne fut épargné pour exciter les passions de la guerre civile et redoubler leurs déplorables effets ; il ne suffisait pas aux royalistes de triompher de l'insurrection, ils voulaient encore la déshonorer : gardes nationaux sciés entre deux planches, balles mâchées, armes empoisonnées, la presse royaliste inventait à chaque instant contre les insurgés une nouvelle calomnie, la peur se hâtait de transformer la calomnie en légende, et la légende s'emparant des esprits avec sa rapidité ordinaire, en défendait pour longtemps l'accès à la vérité. Que de fois, depuis cette époque, il a suffi, pour que la France fermât les yeux sur quelque nouveau coup porté à la liberté, de raviver la légende de juin.

Une armée bien commandée, maîtresse de ses communications et de ses approvisionnements, doit triompher aisément d'une insurrection ; il faut, pour que les chances entre la population et l'armée deviennent égales, que les chefs de l'armée sentent fléchir en eux le sentiment de la responsabilité morale, en se voyant isolés du reste de la nation; la garde nationale, l'Assemblée constituante, dans les trois jours de juin, marchaient à côté des généraux; cependant la lutte traînait en longueur; les mesures militaires manquaient d'ensemble; les chefs, en gardant le courage qui fait risquer la vie, semblaient avoir perdu le coup d'œil qui permet de juger la force réelle des obstacles et qui aide à en triompher; le Gouvernement, non moins menacé par le triomphe des insurgés que par celui des royalistes, hésitait et communiquait ses hésitations à tous ceux qui attendaient de lui l'impulsion. La bataille continuait au hasard dans les rues de Paris, pendant que la Commission exécutive cherchait une épée autant pour réduire l'insurrection que pour se défendre elle-même; les épées ne manquaient pas, mais l'Assemblée constituante et le gouvernement voulaient une épée de pure trempe républicaine; elle n'était pas facile à trouver.

Le 24 juin, un représentant du peuple, membre influent de la réunion du Palais-Royal (1), revenait d'accompagner au cimetière du Mont-Parnasse le corps de son neveu, officier de la garde mobile; les périls de la chose publique ne laissaient à personne le temps de songer à ses douleurs particulières; ce représentant se rendait à l'Assemblée nationale : il traversait la salle des Pas-Perdus, lorsqu'un de ses collègues l'arrête, et l'engage à se joindre à quelques amis, assemblés dans le local du septième bureau, pour traiter une question d'où peut dépendre le salut de la République; il se rend à cette invitation, et bientôt il se trouve au milieu d'une réunion de seize représentants; M. Martin (de Strasbourg), qui

(1) M. Achille de Vaulabelle.

la préside, expose les périls du moment; il ajoute que la situation de la République exige la concentration du pouvoir dans une seule main ; la commission exécutive prise dans le sein du Gouvernement provisoire en continuait la tradition; M. Martin (de Strasbourg) souhaitant que le chef élu du pouvoir exécutif fût choisi parmi les membres de la commission exécutive, proposait de confier les fonctions de chef du pouvoir exécutif à François Arago. Le représentant amené par hasard à la réunion demande si l'on ne craint pas d'imposer un trop lourd fardeau à un homme déjà vieux et récemment atteint d'une grave maladie; le collègue qui lui a servi d'introducteur (1) lui répond par ces mots prononcés d'un ton de mauvaise humeur : « Avez-vous une autre personne à nous proposer? » L'auteur de l'observation ayant fait un signe de tête négatif, son interlocuteur reprend : « En ce cas, vous auriez mieux fait de ne rien dire. »

L'intimité de la réunion, l'amitié et la familiarité existant depuis longtemps entre ses membres, le besoin de prendre une décision prompte, expliquent suffisamment cette observation un peu brusque. Celui à qui elle s'adressait en ressentit une légère piqûre : « Messieurs, dit-il, je crois, après y avoir réfléchi pendant quelques instants, qu'on pourrait proposer à votre choix un homme doublement lié à la République par le nom qu'il porte et par les engagements qu'il a pris, c'est le général Eugène Cavaignac, ministre de la guerre. »

Ce nom frappa les assistants; celui de François Arago

---

(1) Dupont (de Bussac).

réunit cependant encore sept voix dans un scrutin improvisé; trois membres de la réunion furent chargés de se rendre auprès du général Cavaignac et de lui demander si, dans le cas où la commission exécutive se dissoudrait, il accepterait le pouvoir exécutif. Celui qui, le premier, avait prononcé le nom du général Cavaignac, refusa de faire partie de cette députation; il connaissait, disait-il, trop bien les révolutions pour oublier quel sort est réservé à ceux qu'elles placent à leur tête : scrupule tardif de la part d'un homme qui venait de vouer, pour ainsi dire, Cavaignac à la Révolution et de prendre une si grande part de responsabilité dans sa destinée.

La Commission exécutive, impuissante à dompter la guerre civile, fut obligée de donner sa démission le 24 juin; l'Assemblée, en permanence depuis la veille, mit Paris en état de siége, et décerna la dictature au général Cavaignac. Le lendemain, l'insurrection était vaincue.

Quelle part le bonapartisme a-t-il prise à la longue bataille de juin? Le tableau des arrestations opérées à Paris du 15 mai au 22 juin peut fournir quelques renseignements en réponse à cette question.

Pour le complot du 15 mai...................	130
Pour diverses manifestations des amis de Barbès..	45
Pour le parti d'Henri V....................	36
Pour le parti bonapartiste..................	58
Pour le parti orléaniste...................	1

Les partis ont dû se présenter dans les mêmes proportions numériques sur les barricades; les partisans d'Henri V sont entrés dans la lutte presque aussi nombreux que les bonapartistes et les républicains : « Durant l'insurrection, quelques positions furent occupées par les légitimistes. Au Marais, on les trouve dans la rue Saint-Louis, la rue d'Angoulême, et les rues adjacentes. M. de Fouchécourt y fut pris. » Voici la déposition du témoin Isambert, lieutenant d'artillerie : « M. de Fouchécourt a répondu qu'il avait commandé aux barricades, et qu'il se battait pour la République démocratique et sociale. » Pendant ce temps, M. Bérard, représentant du peuple, interrogeait M. de Fouchécourt fils, qui disait, lui, qu'il se battait pour la même cause que son père, que c'était en apparence pour la République rouge, mais qu'en réalité c'était pour la légitimité. M. de Fouchécourt, malgré les efforts des hommes influents de son parti, fut condamné à vingt ans de travaux forcés. Dans le quartier Saint-Jacques, près de Saint-Séverin, les légitimistes avaient établi une sorte d'état-major, d'où partaient leurs opérations. Ils distribuaient des médailles à l'effigie d'Henri V.... (1).

Le bonapartisme a aussi laissé des preuves de sa présence sur le champ de bataille.

« Un autre élément que l'insurrection de juin mit un moment en relief, ce fut l'élément bonapartiste.... Au faubourg Saint-Marcel, au faubourg Saint-Jacques, à Montmartre, à Belleville, il y eut des bonapartistes parmi les combattants. Toujours est-il qu'on en compta surtout à Gentilly, aux Deux-Moulins, à la barrière de Fontainebleau et dans la zone enfin qui fut le théâtre de la mort du général Bréa.

» Un des principaux inculpés, un des plus sévère-

---

(1) Louis Blanc, *Le Nouveau Monde*.

ment punis dans cette affaire du général de Bréa, ce fut un conducteur des ponts et chaussées nommé Luc. Or, voici ce que raconte dans sa déposition le témoin Renaud, caporal de la garde nationale : « J'allai au logement de Luc, j'y trouvai un fusil et une baïonnette, et une lettre adressée par lui à Napoléon qui était à Auteuil....

» Nous avons reproduit un témoignage qui dit quelles étaient les relations épistolaires du condamné Luc. Longtemps avant les événements de juin, un de ceux qui furent exécutés, Lahr proclamait hautement son dévouement à la cause de Louis-Napoléon. Il racontait à ses voisins que, soldat dans un régiment d'artillerie en garnison au fort de Ham, M. Louis-Napoléon lui avait remis une fois 20 francs pour acheter des pipes et du tabac, et que, la commission faite, le neveu de l'Empereur avait généreusement refusé de prendre la monnaie.... (1) »

L'Assemblée nationale, en déclarant que le général Cavaignac, avait bien mérité de la patrie, lui rendit, en le nommant chef du pouvoir exécutif, l'autorité qu'il s'était empressé de résigner entre ses mains : terrible responsabilité que celle qui pèse sur le chef d'un gouvernement sorti de la guerre civile, et obligé de subir les conséquences de son origine : transportations sans jugement, arrestations arbitraires, suspension de la liberté de la presse, de la liberté de réunion. Ce n'est pas impunément qu'un gouvernement républicain donne l'exemple de la violation des libertés publiques ; la République avait triomphé, en apparence, dans les journées de juin, en

---

(1) Louis Blanc, *Le Nouveau Monde*.

réalité c'était la réaction ; la victoire dans les guerres civiles ne profite pas à l'avenir, mais au passé ; les royalistes le savaient bien : la République, par l'enquête sur les journées de juin, allait se livrer elle-même à leurs coups. Au moment même où le général Cavaignac recevait de l'Assemblée la confirmation de ses pouvoirs pour un temps indéterminé, les royalistes lui cherchaient un successeur, et se rapprochaient de M. Louis Bonaparte.

L'Assemblée nationale pouvait encore sauver la République, en déclarant dans la constitution qu'à la place du suffrage universel encore sans expérience, et agité par toutes les passions du moment, elle se réservait le droit de nommer le président de la République. L'élection du chef du pouvoir exécutif par l'Assemblée législative avait jusqu'à ce jour formé pour le parti républicain comme un dogme confirmé par toutes les constitutions qu'il s'était données. La majorité de la Commission de constitution, en rompant avec cette tradition, appuyait sa résolution sur des raisons de sentiment plutôt que sur des raisons politiques. L'Assemblée parut hésiter un moment ; plusieurs représentants, pour trancher la difficulté, trouvaient plus simple de ne pas nommer de président. L'un d'eux, M. Félix Pyat essaya de montrer le danger pour la liberté de créer un pouvoir égal par son origine au pouvoir de l'Assemblée, et d'établir une lutte qui ne pouvait se terminer qu'à l'avantage du pouvoir représenté par un homme. M. de Tocqueville, au nom de la commission, réfuta les arguments de M. Félix Pyat, et conjura l'Assemblée de ne pas se méfier du peuple, de s'en rapporter pleinement à lui pour l'élection du président de la République. Un homme d'une haute intelligence et d'un ferme dévouement à la République, le représentant Grévy résuma les idées émises par M. Félix Pyat dans l'amendement suivant : « L'Assemblée nationale délègue le pouvoir exécutif à un citoyen qui prend le titre de président du conseil des ministres, élu pour un temps limité et qui est toujours révocable. »

Cet amendement, en définitive, ne faisait que consacrer la forme de gouvernement que l'Assemblée venait de mettre à l'épreuve, et qui avait surmonté les plus terribles obstacles. L'homme en qui s'incarne le suffrage universel devient bientôt plus puissant qu'une Assemblée. Les élections de l'an X firent Bonaparte Empereur. « Êtes-vous bien sûrs, demandait M. Grévy, que dans cette série de personnages qui se succédera tous les quatre ans au trône de la présidence, il n'y aura que de purs républicains empressés d'en descendre? Êtes-vous sûrs qu'il ne se trouvera jamais un ambitieux tenté de s'y perpétuer? Et si cet ambitieux est le rejeton d'une de ces familles qui ont régné en France, s'il n'a jamais expressément renoncé à ce qu'il appelle ses droits ; si le commerce languit, si le peuple souffre, s'il est dans un de ces moments de crise, où la misère et la déception le livrent à ceux qui masquent sous leurs promesses leurs projets contre sa liberté, répondez-vous que cet ambitieux ne parviendra pas à renverser la République ? »

Ces avertissements restèrent sans effet sur une Assemblée composée de républicains classiques, honnêtes gens avant tout, trop fidèles à la religion du serment pour croire les autres capables de la trahir ; l'amendement de M. Grévy fut rejeté ; celui de M. Leblond, moins radical, méritait un meilleur sort ; M. Leblond proposait de confier à l'Assemblée le soin de choisir pour la première fois le Président de la République. Le suffrage universel reprendrait ses droits aux élections suivantes. L'éloquence de M. de Lamartine l'emporta sur le bon sens de M. Grévy et de M. Leblond.

Boissy-d'Anglas, deux mois avant la chute de Robespierre, l'appelait l'*Orphée de la France ;* M. de Lamartine méritait mieux ce surnom; exposé pendant deux mois à la violence des passions populaires, il les avait charmées par son éloquence mélodieuse. L'Assemblée nationale avait accueilli l'Orphée de février à son entrée dans la salle des séances, le 4 mai, comme un un demi-dieu ; mais M. de Lamartine ayant couvert M. Ledru-Rollin de sa lyre divine, fut brusquement réduit par la majorité à son rang de simple mortel. L'ex-demi-dieu, nommé le quatrième sur les cinq membres appelés à former la commission exécutive, n'avait rien à espérer de l'Assemblée dans le cas où elle serait investie, par la constitution, du droit d'élire le chef du pouvoir exécutif; le choix de l'Assemblée ne pouvait se porter que sur le vainqueur de l'insurrection de juin sur l'heureux soldat à qui elle avait décerné la récompense des grands jours : « L'Assemblée nationale déclare que le général Cavaignac a bien mérité de la patrie. » M. de Lamartine comptait sur le suffrage universel pour le venger de l'ingratitude des représentants du peuple. Le clergé pouvait-il oublier l'auteur des *Méditations ;* la jeunesse, le chantre d'Elvire ; la bourgeoisie, le vainqueur du drapeau rouge; le peuple, l'historien des Girondins? M. de Lamartine ne croyait pas à cet oubli ; confiant dans sa popularité, César de l'illusion, il fit passer le Rubicon à ses chimères, en prononçant ces mots fameux qu'il rattachait à la destinée de la République et à sa propre destinée : *Alea jacta est!*

Son discours en faveur de la nomination du président de la République, par le suffrage universel, subjugua les plus fermes esprits. M. Dupont (de l'Eure) vota contre l'élection par l'Assemblée. Un de ses amis lui reprochait plus tard cette faute: « C'est vrai, répondit-il, je me suis trompé, Lamartine m'a entraîné. »

L'auteur de *Jocelyn* ne s'attendait pas seul à recevoir du suffrage universel la magistrature suprême de la République : M. Thiers, le maréchal Bugeaud, le général Changarnier nourrissaient la même espérance et comptaient sur le même appui.

M. Thiers, après la chute de la monarchie, s'était vu tout à coup l'objet des préoccupations et des avances de divers membres du Gouvernement provisoire ; M. de Lamartine et M. Armand Marrast, fort attentifs au parti qu'il prendrait dans les événements prochains, lui firent demander au nom du pouvoir nouveau une adhésion morale et même un concours direct, qui pouvaient très-bien se concilier, d'après eux, avec son attachement pour la dernière monarchie : « Que me parlez-vous de mes affections pour la dynastie qui vient de périr, » répondit M. Thiers à leur envoyé ; « sans doute, il eût peut-être mieux valu la redresser que la renverser, mais elle s'est précipitée elle-même dans un abîme d'où rien désormais ne saurait la tirer. Du reste, c'en est fait de la monarchie en France ; elle a devancé, il est vrai, l'heure de sa chute, mais enfin elle a fait son temps ; elle est finie, et j'adhère volontiers à la République qui n'a rien à redouter de ma part (1). » M. de Lamartine et M. Marrast s'abusaient sur l'effet que pouvait produire l'adhésion de M. Thiers, au milieu du déluge d'adhésions qui pleuvait alors sur l'hôtel de ville ; l'insistance de deux des membres les plus distingués du gouvernement n'en était pas moins faite pour accroître, chez M. Thiers, le sentiment légitime, qu'il a toujours eu de son importance. Les événements, loin de la diminuer, allaient encore l'accroître. L'*Histoire de la Révolution*, de M. Thiers, l'avait mis en bonne odeur auprès des Jacobins ; sa grande admiration pour le Consulat lui assurait d'avance la sympathie des bonapartistes ; les amis modérés de la Révolution se souvenaient de ce passage d'un de ses discours, dans la discussion de la dernière adresse : « Entendez mon sentiment, je suis du parti de la Révolution, tant en France qu'en Europe ; je souhaite que le gouvernement de la révolution reste dans les mains des hommes modérés. Je ferai tout ce que je pourrai pour qu'il continue d'y être. Mais quand le gouvernement passera dans les mains des hommes qui sont moins modérés que moi, et que mes amis, fût-ce les *radicaux*, je n'abandonnerai jamais ma cause pour cela ; je serai toujours du parti de la révolution. » L'avénement de la République offrait à M. Thiers une belle occasion de tenir cet engagement.

M. Thiers s'était présenté aux élections pour la Constituante ; sa candidature ayant échoué devant l'opposition du clergé, il comprit dès lors la puissance nouvelle que le suffrage universel donnait aux prêtres, et il se con-

(1) **Sarrans jeune**, *Histoire du 24 février*.

vertit non pas à la religion, mais à l'Église. La formation du parti clérical en France date véritablement de 1848 ; il se composait alors, comme aujourd'hui, de deux catégories : les cléricaux croyants, et les cléricaux politiques ; les uns, dévoués à l'Église, parce qu'elle est l'Église, et disposés à lui obéir aveuglément ; les autres, alliés de l'Église parce qu'elle est une grande puissance avec laquelle il faut compter ; ces derniers confondent leurs intérêts avec ceux de l'Église, sans lui sacrifier, — à ce qu'ils disent, — leurs convictions philosophiques. M. Thiers devint bientôt l'un des chefs de ces catholiques qui défendent le pouvoir temporel, et qui nient la divinité de Jésus-Christ. L'Église dans certains moments n'est pas exigeante : elle se contente de ce qu'on peut lui donner : « Je ne suis pas obligé de me mettre à la place de Dieu et de sonder les consciences, mais apparemment, visiblement, M. Thiers est tout à fait revenu à nous. » Cette attestation de M. Fayet, évêque d'Orléans, représentant du peuple, ouvrit les portes de l'Assemblée constituante à M. Thiers.

Le nouvel élu fit une rentrée modeste dans la politique ; il se donnait comme un homme qui renonce désormais à conduire une armée, mais qui peut encore rendre quelques services en communiquant les fruits de son expérience aux jeunes officiers. Les partis monarchiques comptaient sur les bancs de la Constituante un assez grand nombre de représentants qui, dans les commencements, dissimulaient leur opinion sous une grande ferveur républicaine : légitimistes et orléanistes éprouvaient cependant le besoin de se rapprocher, et de se réunir sous un chef commun ; M. Thiers a l'instinct du commandement; il apprit aux soldats de la réaction, vétérans et conscrits, à marcher ensemble, à suivre un même plan qui consistait à prêter en apparence, à la république, l'appui du parti conservateur, en démolissant peu à peu tout ce que le gouvernement républicain avait fait depuis le 24 février.

M. Thiers, avant d'en venir à une hostilité ouverte et systématique contre la République, songea un moment à la confisquer à son profit. Si la présidence de la République avait pu échoir à un homme d'État du dernier règne, l'auteur de l'*Histoire de la Révolution* était seul en mesure d'y prétendre : M. Molé se promenant dans l'Assemblée, son chapeau sous le bras, comme dans un salon, semblait faire de la politique en homme du monde, et en simple amateur; le pays le connaissait peu, bien qu'il eût été président du conseil des ministres; M. de Broglie était encore moins connu que M. Molé; ce dernier avait eu du moins sa campagne de la coalition, et une répartie heureuse; M. Berryer, personnification éclatante du passé, jouissait d'une de ces gloires incontestées qui donnent la popularité à un homme sans le rapprocher du pouvoir. La candidature du prince de Joinville, présentée comme une conquête du droit républicain, n'avait rien de sérieux; M. Thiers comptait des amis dans tous les camps; un rapprochement avec M. Marrast, qui, par la part active qu'il prenait à la rédaction et au vote de la Constitution, acquérait de jour en jour plus d'influence sur l'Assemblée, dont il était réélu président, paraissait à M. Thiers le plus sûr moyen d'atteindre son but; il s'efforça donc par l'entremise de quelques amis communs, de renouer l'alliance électorale de

1845 et de 1848, offrant à M. Marrast, dans le cas où celui-ci l'aiderait à devenir président, la vice-présidence de la République. M. Thiers, en même temps, resserrait ses liens avec le parti clérical et légitimiste, et, sans se prononcer personnellement contre le général Cavaignac, il le faisait attaquer par son journal *le Constitutionnel* (1). »

La monarchie de Louis-Philippe s'enorgueillissait de plusieurs illustres épées ; après sa chute, ces illustres épées n'avaient pas tardé à se mettre au service du gouvernement provisoire. Le maréchal Bugeaud, le lendemain même du triomphe de la révolution, qu'il s'était chargé de dompter, écrivait au ministre de la guerre :

« Les événements qui viennent de s'accomplir, le besoin d'union générale pour assurer l'ordre à l'intérieur, et l'indépendance à l'extérieur, me font un devoir de mettre mon épée au service du gouvernement qui vient d'être institué.

» J'ai toujours considéré comme le plus saint des devoirs la défense du territoire de la patrie.

» Je vous prie de m'accuser réception de cette déclaration, et de recevoir l'assurance de ma haute considération.

» Signé : DUC D'ISLY. »

Le maréchal Bugeaud, quelques jours plus tard, offrait de nouveau son épée à M. de Lamartine et écrivait à François Arago pour demander une enquête sur les événements de juin 1832. « Le moment, disait-il, est venu de confondre la calomnie et de désabuser le peuple sur mon compte, car, pour le servir utilement, la première condition est d'avoir sa confiance et son estime. »

Le maréchal Bugeaud avait des qualités de soldat,

---

(1) Daniel Stern, *Histoire de la Révolution de* 1848.

exagérées par le besoin qu'éprouvent souvent les partis, en France, de grandir les hommes de guerre afin de s'en servir pendant la paix. Sa mission de geôlier de la duchesse de Berry, une affaire de boudjoux en Algérie, dans laquelle, il en convint lui-même, il avait manqué à la dignité du commandement, ne l'avaient point dépopularisé auprès du parti conservateur ; la presse officieuse de l'époque se plaisait à faire de lui un sage des camps, un Catinat sans la disgrâce. Le maréchal Bugeaud aimait à parler, à pérorer, à discourir sur l'agriculture, sur la politique, sur la philosophie même ; les convives d'un banquet fouriériste l'entendirent un jour porter un toast à l'abolition de la guerre : *Ense et aratro,* telle était la devise de ce maréchal-laboureur, qui colportait dans les comices agricoles sa politique de corps de garde, et son agronomie d'almanach. Le prestige du maréchal Bugeaud ne fascinait plus que lui ; il se croyait porté par tous les partis à la présidence de la République. « On me fait, écrit-il, de tous côtés des ouvertures : des hommes de toutes les nuances politiques, des journalistes de l'Ouest et du Midi offrent leur concours à ma candidature ; les légitimistes s'y rallient en même temps que les orléanistes ; les uns écrivent à Rome pour obtenir du pape des instructions propres à me donner l'appui du clergé ; les autres à Londres, pour engager de hauts personnages à joindre leurs efforts à ceux du parti conservateur en faveur de ma candidature (1). »

Les illusions du maréchal Bugeaud, en se dissipant,

---

(1) Lettre du maréchal Bugeaud à M. Léonce de Lavergne, reproduite en partie dans le *Journal des Débats.*

firent bientôt place à une violente rancune contre celui de ses concurrents qui, dans la lutte pour la présidence, représentait la République avec le plus de chances d'être élu ; le maire de Saint-Brieuc, la veille de l'ouverture du scrutin, lui demandait dans une lettre : « Pour qui devons-nous voter, pour le général Cavaignac, ou pour le prince Louis ? » Le sage Bugeaud répondit : « Le général Cavaignac, c'est la république ; Louis Bonaparte, c'est l'inconnu, je vote pour l'inconnu. »

Le général Changarnier, autre candidat, portait la parole au nom des officiers généraux chargés d'offrir au prince de Joinville et au duc d'Aumale de les ramener d'Alger à Paris à la tête de l'armée. Les deux Princes eurent la sagesse et le patriotisme de refuser cette offre. Ils étaient encore dans le port d'Alger le 3 mars. Ce jour-là même, à midi, le ministre de la guerre du gouvernement provisoire recevait cette lettre :

« Je prie le gouvernement républicain d'utiliser mon dévouement à la France.

» Je sollicite le commandement de la frontière la plus menacée ; l'habitude de manier des troupes, la confiance qu'elles m'accordent, une expérience éclairée par des études sérieuses, l'amour passionné de la gloire, la volonté et l'habitude de vaincre, me permettront sans doute de remplir avec succès tous les devoirs qui pourront m'être imposés.

» Dans ce que j'ose dire de moi, ne cherchez pas l'expression d'une vanité puérile, mais le désir ardent de vouer toutes mes forces au salut de la République.

» Changarnier. »

Le général Changarnier, placé à la tête de la garde nationale de Paris, ne trouvait pas ce commandement à la hauteur de son mérite; le parti légitimiste se faisait l'écho de ses plaintes, avec un zèle et une unanimité qui ne permettaient guère de douter de l'existence d'une entente entre le commandant de la garde nationale et les partisans de la branche aînée de la maison de Bourbon. Le général Changarnier comptait sur les légitimistes pour assurer son élection à la présidence ; les légitimistes, en revanche, espéraient que ses efforts et son influence ne tarderaient pas à ramener Henri V. M. de la Rochejaquelein, en s'offrant aussi aux suffrages des amis de la monarchie légitime, ne faisait que grossir la liste des candidats excentriques dont se moquaient les petits journaux.

Le général Cavaignac et M. Louis Bonaparte étaient les seuls candidats sérieux. Jamais occasion plus belle ne s'était offerte de fonder enfin un gouvernement libre en France. L'homme honnête et désintéressé chargé par l'Assemblée du pouvoir exécutif n'avait d'autre ambition que celle de s'associer à cette généreuse entreprise. Joindrait-il au courage et au dévouement l'habileté nécessaire pour la mener à bonne fin ?

Les membres républicains du ministère, les amis de Cavaignac lui conseillaient de faire, pour le salut de la liberté, ce que d'autres gouvernements ont fait si souvent pour leur salut personnel, d'arracher la France aux troubles civils par la guerre. La République française pouvait alors faire une grande chose ; elle pouvait faire l'Italie. Manin appelait la France au secours de Venise menacée par l'Autriche. La France se rendrait-elle à son appel ? Lord Normamby, ambassadeur d'Angleterre, consulté sur la pensée de son gouvernement au sujet d'une expédition française en Italie, répondit qu'elle ne serait pas vue par lui d'un bon œil ; lord Normamby proposait, au lieu de l'expédition, la réunion d'un congrès européen à Bruxelles, pour régler la question italienne.

M. de Beaumont, ambassadeur de la République française, était convaincu que lord Normamby exagérait les objections du gouvernement anglais contre l'expédition dont il ne cessait de recommander l'envoi dans toutes ses dépêches. Quatre bâtiments étaient prêts, à Marseille, pour porter une brigade, commandée par le général Mollière, dans l'Adriatique; Manin avait reçu l'avis de tenir bon jusqu'à l'arrivée des Français, lorsque M. de Beaumont, en revenant de la campagne à Londres, apprend que la brigade Mollière a reçu contre-ordre, à la grande surprise du gouvernement anglais, et qu'elle va se rendre à Rome pour protéger la fuite du pape et le ramener en France.

Lord Normamby, comme on vient de le voir, avait fait briller aux yeux du général Cavaignac la prochaine réunion, à Bruxelles, d'un congrès européen; M. de Tocqueville et M. Vivien étaient déjà désignés comme plénipotentiaires de la France à ce congrès fantastique; M. Freslon, ministre de l'instruction publique, attendait Pie IX à Marseille; mais le pape, au lieu de s'embarquer pour cette ville, se réfugie à Naples, d'où il annule tous les actes de son gouvernement à partir du 16 novembre.

La politique du gouvernement français devenait ridicule; le général Cavaignac expiait la faute de s'être livré à M. Dufaure et au tiers-parti.

La salle de l'Assemblée, le jour de la discussion de la loi de bannissement des membres de la famille d'Orléans, avait été partagée dans le but de faciliter les opérations du scrutin, en deux couloirs assez larges pour donner passage à deux représentants de front. Ces couloirs conduisaient aux urnes disposées pour recevoir les bulletins. Quel étonnement, quand du haut de leur tribune, les journalistes virent MM. Dufaure et Vivien, ministres de Louis-Philippe, montrer leur tête à l'extrémité du couloir de gauche, et déposer ensemble dans l'urne un vote de bannissement! Quelle force de pareils hommes peuvent-ils apporter à un gouvernement? La France, dit-on, est *centre gauche*; ce qu'il y a de certain, c'est qu'elle ne l'est pas dans tous les temps. Le général Cavaignac le comprenait instinctivement; il résista longtemps aux instances de M. de Lamoricière qui lui demandait pour M. Dufaure « un petit ministère », celui de l'Algérie, par exemple. Le chef du pouvoir exécutif s'étant enfin décidé à l'accorder aux instances de son ministre de la guerre, M. Dufaure, devenu tout à coup plus exigeant, demanda le ministère de l'intérieur; le général Cavaignac, toujours poussé par le général Lamoricière, se décida enfin à confier, au moment de l'élection pour la présidence, le plus important de tous les portefeuilles à M. Dufaure, c'est-à-dire à remettre en quelque sorte sa destinée et celle de la République entre ses mains; le protégé du général Lamoricière montra de nouvelles exigences; il ne consentait à entrer dans le cabinet qu'à la condition que M. Vivien en ferait partie. L'alliance du général Cavaignac avec M. Dufaure eut pour résultat de fortifier la candidature de M. Ledru-Rollin, d'éloigner M. Molé, et d'aider M. Thiers à mettre fin à ses incertitudes : M. Thiers, dans une entrevue qui eut lieu comme par hasard, entre lui et le général Cavaignac, dans un des bureaux de la Chambre, s'était répandu en éloges sur la politique du gouvernement ; la réserve froide et polie avec laquelle ces éloges furent reçus par le chef du pouvoir exécutif, son rapprochement avec le tiers-parti, décidèrent M. Thiers à passer dans le camp bonapartiste, où MM. de Falloux et de Montalembert, ses nouveaux alliés, s'efforçaient de l'attirer depuis longtemps. M. Thiers s'est vanté d'avoir donné plus de deux cent mille voix à M. Louis Bonaparte ; il ne se mit pourtant en campagne que fort tard. « L'indécision de M. Thiers fut extrême, elle dura presque jusqu'au moment de l'élection. Tantôt il lançait des épigrammes contre M. Louis Bonaparte, et disait que son élection serait une honte pour la France ; tantôt il promettait aux amis du prince une neutralité bienveillante. Mais dans les derniers jours, il se décida pour Louis Bonaparte, et s'efforça de faire voter ses amis politiques en sa faveur (1). »

La France n'était pas dans ses moments de centre-gauche ; la candidature du général Cavaignac, patronnée par M. Dufaure, perdait tous les jours du terrain ; la majorité républicaine de l'Assemblée se fractionnait en coteries, dont l'hostilité allait jusqu'à reprocher au général Cavaignac d'avoir trahi la commission exécutive et favorisé l'insurrection de juin dans un but d'ambition personnelle. Le général Cavaignac obligé de répondre à de pareilles accusations ! dans quel désarroi l'Assemblée était-elle tombée ?

M. Louis Bonaparte, conseillé par des gens habiles, manœuvrait plus adroitement ; il vivait à Auteuil, dans

---

(1) Daniel Stern, *Histoire de la Révolution de* 1848.

la retraite, pour éviter, disaient ses amis, les ovations populaires : il avait vu Cabet, Proudhon et M. Louis Blanc avant son départ pour Londres ; Proudhon devait le revoir à son retour ; l'entrevue n'eut pas lieu ; Proudhon avait rompu avec lui, mais le bonapartisme, sûr de la majorité des votes socialistes, cherchait des appuis dans les classes élevées de la société. Quiconque avait un nom, une influence petite ou grande, était sûr d'être bien accueilli par M. Louis Bonaparte et de trouver en « lui un interlocuteur poli, modeste, interrogeant peu, écoutant beaucoup ; à l'Assemblée nationale, il affectait, dans ses rares conversations avec ses collègues », l'attitude d'un homme décidé à laisser faire la destinée sans la contraindre, et à obéir au vœu national sans le provoquer (1). »

L'idée napoléonienne se compose de deux éléments : le bonapartisme et l'impérialisme ; l'un, représentant la dictature exercée au profit du peuple ; l'autre, l'ensemble des institutions civiles et politiques fondées par l'Empereur Napoléon Ier ; le bonapartisme n'a jamais existé qu'à l'état d'aspiration chez les classes ignorantes ; aspiration étrange ! Bonaparte n'a rien fait pour le peuple ; le peuple l'effrayait quand il ne portait pas l'uniforme : toutes les lois industrielles de l'Empire sont des armes données au patron contre l'ouvrier ; la révolution avait aboli le remplacement militaire, les offices de chicane, les droits scolaires, la gabelle ; Bonaparte les rétablit, sous d'autres noms. La révolution s'était faite contre une monarchie avide et prodigue,

---

(1) *Le parti catholique, ce qu'il a été, ce qu'il est devenu*, par le comte de Falloux.

contre une noblesse corrompue, contre un clergé intolérant, contre la censure, les lettres de cachet, la corvée, l'ignorance, la misère; Bonaparte restaura tout cela; le peuple croyait que Bonaparte avait détruit réellement les institutions de l'ancien régime, tandis qu'il n'en avait changé que le nom; il ignorait que la révolution était précédée dans l'histoire par la renaissance, par la réforme, par le xviii° siècle; les noms des auteurs de la révolution elle-même s'effaçaient peu à peu de son esprit sous l'effort habile et persévérant d'une réaction qui appelait à la fois à son aide le silence et la calomnie; le peuple ne savait, en définitive, de la révolution que ce qu'il en apprenait dans les écoles, et dans les camps, ces vraies écoles de l'Empire; il croyait en Napoléon, rédempteur de la France et du peuple, crucifié par les rois sur le calvaire de Sainte-Hélène. L'histoire, la poésie, la peinture complices de cette légende l'avaient profondément gravée au fond de son cœur.

L'impérialisme ne s'était jamais complétement éteint dans la haute bourgeoisie. Quelques âmes fières protestaient sous l'Empire contre le despotisme, et souffraient du mal de la liberté perdue, mais les classes riche général ne reprochaient au gouvernement impérial que ses guerres trop prolongées; ce gouvernement était pour elles la garantie de la tranquille possession des biens nationaux; le blocus continental n'avait point eu de conséquences fâcheuses pour ses intérêts, au contraire, des fabriques nombreuses de nouvelles industries s'étaient créées et prospéraient; la haute bourgeoisie ne se plaignit que lorsqu'elle ne trouva plus de remplaçants pour ses fils; le mot de liberté reparut alors sur ses lèvres, invoqué non comme un besoin, mais comme un remède.

Napoléon Iᵉʳ, malgré les effroyables désastres de la fin de son règne, gardait d'ailleurs sa popularité dans les masses et dans les classes moyennes, parce qu'il était tombé enveloppé du drapeau tricolore, parce qu'en présence de l'étranger, on faisait acte de patriotisme en vantant sa gloire et son génie. La Restauration, mal conseillée par l'esprit de vengeance, frappa des guerriers vaincus, et ressuscita l'Empire par la pitié; la presse libérale de la Restauration et la presse démocratique de la monarchie de juillet le ressuscitèrent par le sentiment de la gloire; les partis allaient le restaurer par haine contre la République. Les orléanistes et les légitimistes étaient d'accord pour voter en sa faveur. Les catholiques hésitaient :

« Que promettait aux catholiques la candidature du prince Louis-Napoléon Bonaparte? Que lui apportait-elle de nouveau, une force ou un obstacle?

» Cette candidature posée, des hommes politiques, en assez grand nombre, voulurent avant de se prononcer pour ou contre elle, entrer en relation avec le prince. La plupart le firent isolément, à chacun son heure, selon sa préférence ou son hésitation. M. Molé, M. Thiers, n'entrèrent en pourparlers que dans des rencontres rares et concertées. Des dissidences très-vives se firent jour entre le prince et eux, à l'occasion du manifeste électoral sur lequel il avait voulu appeler leurs conseils, et l'accord politique sembla plus d'une fois des deux parts près de se rompre. M. Berryer, dont les rapports avec le prince Louis dataient de la Conciergerie du Luxembourg, garda la réserve que lui imposait une vie tout entière vouée à la défense d'un seul principe qu'il revendiquait pour le salut des libertés du pays, et qu'il sentait menacé. Le prince n'eut qu'un entretien avec lui avant son élection. Cet entretien eut lieu dans une des salles intérieures de l'Assemblée, où tous deux marchèrent côte à côte, sous les yeux de leurs collègues attentifs à cet incident. M. de Montalembert eut plusieurs entretiens avec le prince. Il stipulait là, comme ailleurs, pour la liberté religieuse (1). »

M. Louis Bonaparte ayant pris les engagements que M. de Montalembert était chargé de lui demander, les trois grandes fractions du parti conservateur, légitimistes, orléanistes, cléricaux, s'écrièrent *Alea jacta est* à leur tour; la bourgeoisie, effrayée à la vue des fantômes évoqués par quelques journaux, se rappela le 18 brumaire; le peuple tourmenté par ses aspirations et par la crainte de vagues dangers pour la révolution, appela le héros de la légende à son aide ; il est mort, qu'importe! L'héritage d'un héros n'est qu'une incarnation ; le peuple nomma le neveu de Napoléon, comme il aurait nommé Napoléon lui-même.

Voici le résultat du scrutin ouvert le 10 décembre 1849 pour la nomination du président de la République :

Louis-Napoléon obtint.......	5 434 226 voix.
Cavaignac................	1 448 107
Ledru-Rollin.............	370 719
Raspail..................	36 329
Lamartine................	7 910

Les départements les plus socialistes : Saône-et-Loire, la Creuse, la Haute-Vienne, l'Isère et la Drôme, don-

---

(1) *Le parti catholique, ce qu'il a été, ce qu'il est devenu*, par le comte de Falloux.

nèrent le plus grand nombre de voix à M. Louis Bonaparte. Le général Cavaignac eut la majorité des suffrages dans quatre départements : le Var, les Bouches-du-Rhône, le Morbihan, le Finistère.

Les légitimistes et les orléanistes, croyant avoir fait la contre-révolution à leur profit, applaudissaient à ce résultat; ils oubliaient que lorsqu'un principe succombe, la tendance irrésistible des esprits est d'aller tout de suite à l'extrémité du principe opposé. On ne s'arrête pas dans la réaction ; la société menacée, disait-on, par la révolution et par l'anarchie, devait nécessairement recourir au système qui, dans des circonstances analogues, avait triomphé de ces deux dangers; la véritable contre-révolution, c'était l'Empire.

Les Parisiens, forcés de se rendre le 20 décembre, d'une rive de la Seine à l'autre, trouvent le jardin des Tuileries fermé ; les piquets d'infanterie et de cavalerie gardent les environs de l'Assemblée ; une forte colonne de cavalerie et un bataillon d'infanterie légère occupent les Champs-Élysées ; les troupes sont consignées dans les casernes. Les représentants, en entrant dans l'Assemblée, voient la salle des Pas-Perdus pleine de militaires en grand uniforme ; les huissiers courent dans les couloirs ; les conversations bruyantes empêchent d'entendre l'orateur qui parle à la tribune de la réimpression des œuvres de Laplace, et de l'impression du *Moniteur* ; la discussion se traîne au milieu de l'inattention générale ; il est quatre heures, la nuit arrive ; les garçons de salle allument les lampes et les lustres ; un cortége formé d'une quarantaine de représentants se présente à l'entrée du couloir de droite ; le général Lebreton, questeur de l'Assemblée, en grande tenue militaire, marche à la tête de ce cortége composé des membres de la commission chargée de vérifier les procès-verbaux des départements pour l'élection du président de la république. L'Assemblée prête à peine l'oreille au rapport de M. Waldeck-Rousseau, elle est impatiente de voir l'élu du suffrage universel. M. Louis Bonaparte entre enfin dans la salle ; il est en habit noir, cravate blanche et gants blancs ; la rosette de représentant et la plaque de grand'croix de la Légion d'honneur brillent sur son habit. M. Waldeck-Rousseau termine son rapport par des remercîments au chef du pouvoir exécutif. Le général Cavaignac monte à la tribune et prononce ces quelques mots au milieu d'un profond silence :

« Citoyens représentants, les ministres m'ont tous envoyé ce matin leur démission ; je viens, à mon tour, remettre entre vos mains les pouvoirs que vous m'avez confiés. Je n'ai pas besoin d'exprimer la reconnaissance que j'éprouve pour les bontés que l'Assemblée a toujours eues pour moi. »

L'Assemblée accueille ces paroles, prononcées d'une voix ferme, par des applaudissements qui durent encore au moment où le général Cavaignac se rasseoit à côté de M. Sénard.

M. Armand Marrast préside la séance ; il se lève pour proclamer le résultat du scrutin :

« Au nom du peuple français,
» Attendu que le citoyen Louis Bonaparte, né à Paris, remplit les conditions d'éligibilité voulues par l'article 44 de la Constitution ;
» Attendu que, dans le scrutin ouvert sur toute l'étendue du territoire de la République, il a réuni la majorité absolue, en vertu des articles 47 et 48 de la Constitution, l'Assemblée nationale le proclame président de la République française depuis ce jour jusqu'au deuxième décembre de mai 1852.
» Aux termes du décret, j'invite le Président à monter à la tribune pour prêter le serment. »

Le silence et l'émotion redoublent pendant que M. Louis Bonaparte se lève ; il monte à la tribune avec lenteur. Le président lit la formule du serment. La lueur des lampes à abat-jour redouble la gravité mélancolique répandue sur la physionomie ordinairement si vive et si enjouée d'Armand Marrast :

« En présence de Dieu et devant le peuple français, je jure de rester fidèle à la République démocratique et de défendre la Constitution. »

Un silence profond règne dans la salle, M. Louis Bonaparte pâle, l'œil baissé, étend le bras, et répond d'une voix légèrement voilée : « Je le jure. »

Une émotion profonde règne dans tous les cœurs, lorsque le président de l'Assemblée nationale ajoute d'une voix plus solennelle :

« Je prends Dieu à témoin du serment qui vient d'être prêté..... Il sera inséré au procès-verbal, au *Moniteur* et publié dans les formes prescrites pour les actes publics. »

M. Louis Bonaparte est désormais président de la République : l'Assemblée attend ses premières paroles ; il tire un papier de sa poche, et lit cette déclaration :

« Citoyens représentants, le suffrage de la nation, le serment que je viens de prêter, commandent ma conduite future, et me tracent mes devoirs.
» Je regarderai comme ennemis de la patrie tous ceux qui tenteraient par des voies illégales de changer la forme du gouvernement que vous avez établi.
» Entre vous et moi il ne peut y avoir de dissentiments ; je veux comme vous asseoir la société sur ses véritables bases ; je veux le bien-être de ce peuple intelligent et généreux qui m'a donné une si grande marque de confiance.

» La politique de la France doit être la paix à l'extérieur, et l'esprit de conciliation à l'intérieur.

» J'ai appelé près de moi des hommes honnêtes qui, partis d'origines diverses, sont une garantie de conciliation.

» Je dois remercier le pouvoir qui se retire des efforts qu'il a faits pour maintenir l'ordre. La conduite du général Cavaignac a été digne de son caractère et du mandat que l'Assemblée lui avait confié.

» Notre gouvernement ne sera ni utopiste ni réactionnaire ; nous ferons le bonheur du pays et nous espérons que, Dieu aidant, si nous ne faisons pas de grandes choses, nous tâcherons d'en faire de bonnes. »

La voix du président de la République avait paru s'animer en lisant le second paragraphe de son allocution ; on eût dit que les applaudissements allaient éclater; un sentiment de doute indéfinissable les retint. La lecture de l'allocution se termina comme elle avait commencé, dans un profond silence. Le président de la république, en descendant de la tribune, prit place à côté de M. Odilon-Barrot, au banc inférieur de l'extrême droite. Le Bureau, après un moment d'attente, quitta l'estrade, et s'avança vers M. Louis Bonaparte pour le reconduire jusqu'à l'entrée de la salle des séances. M. Louis Bonaparte, avant de sortir, gravit les marches du centre gauche, tous les représentants debout le suivaient du regard; il s'approcha du général Cavaignac et lui tendit la main ; le général étonné parut l'accepter avec hésitation.

L'homme qui ce jour-là quittait le pouvoir avec tant de simplicité et de noblesse méritait de le conserver; son intelligence n'était au-dessous d'aucune situation, mais son caractère ne se prêtait pas à toutes les situations; il croyait à la religion du serment et de la parole donnée; il accepta le pouvoir avec fermeté dans une heure de crise, il le défendit avec courage; il ne voulut ni le solliciter ni le prendre. Le général Cavaignac demandant, le lendemain des journées de juin, à l'Assemblée nationale, de l'élever pour cinq ans, à la présidence de la république, ou se proclamant lui-même Président, n'avait à craindre ni refus ni résistance. Mais, dans ce soldat, il y avait un citoyen. Le général Cavaignac, avec plus de décision dans sa conduite politique, aurait pu cependant établir sur des bases durables le régime républicain; malheureusement il porta dans le gouvernement non-seulement les défauts de son caractère, mais encore ceux de son éducation : homme de hiérarchie, habitué, dans l'armée, au respect des hautes positions, il ne pouvait s'empêcher de concevoir des doutes sur la force de son parti, en voyant les grandes situations politiques, académiques, financières, industrielles, occupées par les royalistes. Il se sentait isolé au milieu de la foule de ses partisans; il lui fallait l'approbation d'une société qui ne pouvait que lui être hostile; le général Cavaignac avait, en un mot, un grand défaut pour un homme appelé à fonder une république, il ne croyait pas aux républicains.

CHAPITRE IV.

LE BONAPARTISME ET L'ASSEMBLÉE CONSTITUANTE.

1848 — 1849

Sommaire. — Formation du ministère. — M. Odilon Barrot. — M. Léon de Malleville. — M. Léon Faucher. — M. de Tracy. — M. Hippolyte Passy. — M. Drouyn de Lhuys. — M. de Falloux. — La vice-présidence de la République. — M. Boulay (de la Meurthe) ; le général Baraguey d'Hilliers. — M. Vivien. — Les dossiers des procès de Strasbourg et de Boulogne. — La proposition Rateau. — Les accusés du 15 mai. — Le 29 janvier. — Des méfiances s'élèvent entre les deux pouvoirs. — L'Assemblée nationale pouvait reprendre son ascendant. — Elle se voue au suicide. — A Rome ! à Rome ! — Premières discussions sur les affaires de Rome. — Le général Oudinot. — La République romaine. — L'armée française attaque Rome. — Indignation des représentants républicains. — Séance de nuit à l'Assemblée. — Lettre du président de la République au général Oudinot. — Conséquences de l'expédition romaine utiles au bonapartisme. — Fin de l'Assemblée constituante. — M. Armand Marrast. — La propagande de la peur. — Les petits livres de la rue de Poitiers. — Résultats de cette propagande. — Dissidences entre les bonapartistes. — Ouverture de l'Assemblée législative. — La réquisition directe et le général Forey. — M. Ledru-Rollin demande la mise en accusation du président de la République. — Le châtiment de M. Odilon Barrot. — L'appel aux armes. — Le général Changarnier triomphe sans combattre. — Paris en état de siége. — Vieyra, suivi d'une bande de gardes nationaux, ravage deux imprimeries. — La Chambre des mises en accusation déclare qu'il n'y a pas lieu à suivre. — M. Dufaure et la Dictature. — Les bonapartistes républicains se séparent de M. Louis Bonaparte. — M. Ledru-Rollin au Conservatoire des arts et métiers. — La République succombe moralement le 13 juin 1849.

La formation du ministère fut la première occupation du nouveau gouvernement. Les chefs de la coalition qui venait de porter M. Louis Bonaparte à la présidence de la République, ne croyant pas de leur dignité de faire partie du cabinet, s'y étaient fait représenter par leurs lieutenants. Le ministère se trouva donc ainsi composé : M. Odilon Barrot, ministre de la justice et président du

Conseil; M. Léon de Malleville, ministre de l'intérieur ; M. Léon Faucher, ministre des travaux publics; M. de Tracy, ministre de la marine; M. Passy, ministre des finances; M. Drouyn de Lhuys, ministre des affaires étrangères ; M. de Falloux, ministre de l'instruction publique; M. Bixio, ministre du commerce; le général Rulhières, ministre de la guerre.

Le général Changarnier reçut le commandement des troupes de la première division militaire et des gardes nationales de la Seine; le marchal Bugeaud celui de l'armée des Alpes. Le colonel de gendarmerie Rebillot devint préfet de police, et M. Carlier chef de la police municipale ; M. Baroche fut appelé au poste de procureur-général près la Cour d'appel de Paris.

M. Odilon Barrot, chef pendant dix-huit ans de la gauche dynastique, inspirait à la France et à l'opposition elle-même plus d'admiration pour son talent oratoire que de confiance dans sa capacité politique; M. Odilon Barrot, ministre le 23 février, entre l'émeute de la veille et les barricades du lendemain, n'avait pas grandi par son passage aux affaires. La révolution de 1848 l'avait brusquement réveillé au milieu du rêve de popularité qu'il caressait depuis dix-huit ans : sa présence au pouvoir ne suffisant pas à faire cesser les coups de fusil, le peuple persistant à « remettre en discussion les questions résolues par la révolution de 1830 », quels sujets de stupéfaction pour M. Odilon Barrot! Cette stupéfaction durait encore, lorsque M. Louis Bonaparte se présenta comme candidat à la présidence de la république; l'adhésion de l'ancien chef de la gauche dynastique à cette candidature ne fut ni molle ni tardive ; elle lui valait les sceaux et la présidence du conseil. Le public curieux se demandait comment M. Odilon Barrot allait s'y prendre pour appliquer à la situation actuelle la théorie de toute sa vie, et pour faire accepter à M. Louis Bonaparte l'axiome : « Le Président de la République règne et ne gouverne pas. »

M. Léon de Malleville, ministre de l'intérieur, homme d'esprit, d'élocution facile et piquante, grand ennemi des doctrinaires, sous-secrétaire d'État de l'intérieur dans le cabinet du 1er mars présidé par M. Thiers, n'avait rien, à part la particule, qui pût le brouiller avec la république ; il s'enrôla pourtant dans les rangs de la réaction ; M. Louis Bonaparte vint l'y chercher pour le nommer ministre de l'intérieur. M. de Malleville ne garda pas longtemps ce portefeuille.

Quelques jours après la formation du ministère, il reçut la lettre suivante :

« Elysée, le 27 décembre 1848.

» Monsieur le Ministre,

» J'ai demandé à M. le Préfet de police s'il ne recevait pas quelquefois des rapports sur la diplomatie ; il m'a répondu affirmativement, et il a ajouté qu'il vous a remis hier les copies d'une dépêche sur l'Italie. Ces dépêches, vous le comprendrez, doivent m'être remises directement, et je dois vous exprimer tout mon mécontentement du retard que vous mettez à me les communiquer.

» Je vous prie également de m'envoyer les seize cartons que je vous ai demandés ; je veux les avoir jeudi. Je n'entends pas non plus que le Ministre de l'intérieur veuille rédiger les articles qui me sont personnels. Cela ne se faisait pas sous Louis-Philippe, et cela ne doit pas être.

» Depuis quelques jours aussi je n'ai pas de dépêches télégraphiques ; en résumé, je m'aperçois que les ministres que j'ai nommés veulent me traiter comme si la fameuse Constitution de Sieyès était en vigueur, mais je ne le souffrirai pas.

» Recevez, Monsieur le Ministre, l'assurance de mes sentiments de haute distinction.

» Louis-Napoléon Bonaparte. »

M. Louis Bonaparte, poussé par un instinct d'ancien conspirateur ou par un simple motif de curiosité, tenait à savoir si quelques-uns de ses amis intimes n'auraient point par hasard entretenu quelque correspondance avec les ministres de Louis-Philippe ; les dossiers des affaires de Strasbourg et de Boulogne étaient précisément déposés au ministère de l'intérieur. Le président les fit demander à M. de Malleville, qui refusa de les remettre. Ce refus, bien plus encore que la rédaction de certains articles, et que la non-communication des dépêches télégraphiques, rendait désormais les rapports du ministre de l'intérieur avec le chef de l'État difficiles, sinon impossibles ; aussi s'empressa-t-il de répondre à la lettre précédente par l'envoi de sa démission ; M. Bixio, ministre de l'agriculture et du commerce, suivit son exemple. M. Léon Faucher remplaça le premier, il fut lui-même remplacé au ministère des travaux publics par M. Lacrosse, qui eut pour successeur M. Buffet.

M. Léon Faucher, ministre de l'intérieur, journaliste, député de l'opposition, sous le dernier règne, avait le droit de figurer sinon parmi les républicains de la veille, du moins au premier rang des socialistes du lendemain ; les théories suivantes sont, en effet, développées dans un plan de rénovation financière et économique de la France, publié par lui dès le commencement de mars 1848 :

« ...L'État a qualité pour mettre les instruments de travail à la portée du plus grand nombre par un bon système de banques, et par la réforme hypothécaire. Il peut favoriser l'élévation des classes laborieuses par l'éducation et par les institutions d'épargnes ; il peut limiter l'*expansion* des classes supérieures en les appelant à supporter une plus grande part des charges publiques. L'impôt est le levier au moyen duquel il agit sur la répartition de la richesse. La réforme urgente aujourd'hui, la réforme populaire, est celle qui portera sur l'assiette de l'impôt.

» Notre système comporte quelques exceptions fâcheuses, comme les taxes sur les boissons, l'impôt sur le sel, les octrois et les droits de douane établis sur les denrées alimentaires. Il présente aussi quelques lacunes que rempliraient un droit plus élevé sur les successions collatérales, des taxes de luxe, et dans une limite raisonnable, par exemple de la contribution mobilière, l'impôt progressif. Voilà ce que pourrait être un programme pratique d'amélioration.

» L'assiette de l'impôt conserve encore quelques traces du servage qui pesait dans le dernier siècle sur les rangs inférieurs de la société. L'impôt indirect et l'octroi accablent de tout leur poids l'ouvrier et l'artisan dans les villes. Les contributions sont établies, à certains égards, en sens inverse des facultés contributives. On voit trop que les propriétaires ont fait la loi et qu'ils l'ont faite dans leur seul intérêt.

» Je considère ce qui se passe aujourd'hui comme la juste punition des fautes que la bourgeoisie a commises. Je reconnais que les classes laborieuses, jusque dans leurs colères, sont les instruments de la Providence qui veut transférer le pouvoir en d'autres mains. »

Ce réformateur qui, non content d'approuver les colères du peuple, allait jusqu'à les représenter comme des manifestations de la Providence, s'était transformé brusquément en conservateur inexorable. Le gouvernement provisoire n'ayant pas accordé aux écrits et à la personne de M. Léon Faucher l'attention qu'ils méritaient, la république et les républicains n'eurent pas à partir de ce jour d'adversaire plus implacable et plus crédule que lui : purée d'ananas de Louis Blanc, chasses royales de Ledru-Rollin, trône de Marrast au concert de Versailles, il acceptait sans sourciller les calomnies les plus niaises contre les membres du gouvernement provisoire. Dans son indignation burlesque, du haut de la tribune, il appela un jour sur leurs têtes les vengeances non pas d'un Tacite, mais d'un Suétone. Lamartine, Dupont (de l'Eure), Marie, Crémieux, Albert, Louis Blanc, poursuivis dans l'avenir par les révélations d'un historien dans le genre de celui des Césars, menace burlesque ! Mais M. Léon Faucher n'était pas de ceux qui s'effrayent du ridicule; converti à la réaction, il épura l'administration avec l'ardeur d'un néophyte et d'un sectaire; l'ivraie républicaine arrachée, il ne resta que le bon grain qui devait produire les préfets du coup d'État.

M. de Tracy, ministre de la marine, ancien membre de l'extrême-gauche sous la Restauration, signataire du compte rendu en 1832, adversaire de l'hérédité de la pairie, quoique fils de pair, défenseur des réfugiés, promoteur de l'abolition de l'esclavage et de l'abolition de la peine de mort, s'était comme plus d'un de ses collègues, endormi républicain la veille de février, et réveillé réactionnaire le lendemain. Le ministre des finances, M. Passy, entré comme officier dans un régiment de hussards, en sortit économiste ; il fit partie jeune encore de la chambre des députés et joua bientôt dans le tiers parti le rôle d'économiste que M. Duchâtel, remplissait dans le parti conservateur; ministre des finances dans le ministère provisoire formé par M. de Bassano, plus tard, ministre du commerce dans le cabinet du 22 février, il fut un moment sur le point de remplir le premiers rôles de la politique; les journaux continrent deux fois cette note : « Le roi a fait appeler M. Passy. » Cela signifiait que M. Passy était chargé de former un cabinet; le ministère du 13 avril, présidé par lui, n'eut que la durée des premières fleurs; il tomba en entraînant avec lui la dotation du duc de Nemours; M. Passy, trois ans après, entrait à la chambre des pairs. En 1848, il n'était plus, comme bien d'autres, qu'un revenant. M. Drouyn de Lhuys, ancien secrétaire d'ambassade, placé à la tête de la direction commerciale aux affaires étrangères, destitué pour son vote contre l'indemnité Pritchard, collaborateur du *Siècle*, avait fait la campagne des banquets, et signé la mise en accusation de M. Guizot. Le public ne lui connaissait pas d'autre titre à ses nouvelles fonctions.

Le parti légitimiste étroitement uni au parti clérical, après avoir contribué si puissamment à l'élection du 10 décembre, réclamait sa part de pouvoir; le président de la République lui donna le ministère qu'il convoitait, celui de l'instruction publique. Les cléricaux, libres de désigner le titulaire de ce portefeuille, hésitèrent entre M. de Montalembert et M. de Falloux. La fougue du premier, dans ces moments de prise de possession, pouvait créer au parti des dangers que la prudence cauteleuse du second saurait éviter. Le parti clérical avait doublement besoin d'être représenté dans les conseils du gouvernement par un homme prudent et habile : la révolution triomphait à Rome; Pie IX s'était retiré à Gaëte. Le pape hors de Rome, il n'y avait plus de papauté ; le parti clérical voulait ramener à tout prix le saint-père dans sa capitale. La Restauration du pape, voilà ce qu'en réalité les cléricaux cherchaient à obtenir du président de la République, en échange de leur concours ; M. de Falloux fut introduit par eux dans les conseils de M. Louis Bonaparte pour assurer le succès de cette négociation.

La Constitution donnait au président le droit de présenter au choix de l'Assemblée une liste de trois candidats à la vice-présidence de la République. M. Louis Bonaparte désigna MM. Boulay (de la Meurthe), le général Baraguey d'Hilliers et Vivien. M. Boulay père, l'un des fauteurs de la proscription de fructidor, l'un des agents les plus actifs du 18 brumaire, ministre d'État sous l'Empire, avait été proscrit à son tour par les Bourbons ; son fils leur en garda une profonde rancune. Les jeunes gens qui, sous la Restauration, se destinaient à la vie politique, et qui voulaient se former aux luttes de la tribune, se réunissaient dans des conférences désignées sous le nom de *parlottes*. Le jeune Boulay fit partie de la conférence du Prado. Les membres de cette conférence se rappellent les apostrophes de leur confrère à la *Sainte Convention!* M. Boulay (de la Meurthe), calmé par l'âge, s'occupait de salles d'asile, et présidait la Société d'encouragement de l'instruction primaire.

Le général Baraguey d'Hilliers, fils d'un général disgracié par l'Empereur, avait eu un bras emporté à la bataille de Leipsick ; M. Baraguey d'Hilliers, d'abord très-dévoué à la Restauration qui le nomma colonel en 1830, après l'expédition d'Alger, se montra non moins dévoué à la monarchie de juillet ; le zèle avec lequel il réprima un mouvement républicain à l'école de Saint-Cyr, qu'il commandait en second, lui valut le grade de maréchal de camp, puis de lieutenant général ; M. Baraguey d'Hilliers, mis en disponibilité après avoir exercé le commandement supérieur de Constantine, fut placé plus tard sur la liste des inspecteurs généraux d'infanterie, et nommé commandant de la division de Besançon ; le gouvernement de M. Louis Bonaparte comptait à son tour sur son dévouement, puisqu'il lui donnait une preuve si éclatante de sa confiance. Le public, qui ne connaissait guère le général Baraguey d'Hilliers, que par son refus d'accepter le commandement que le ministre de la guerre lui offrait dans les journées de juin, et par son vote contre l'ordre du jour, déclarant que le général Cavaignac avait bien mérité de la patrie, se demandait si ces deux actes étaient des titres bien suffisants pour occuper la seconde place de la République.

M. Vivien, clôturait la liste des candidats ; ministre du général Cavaignac, pur de toute alliance avec le bonapartisme, l'Assemblée nationale aurait dû le choisir ; elle aima mieux désigner M. Boulay (de la Meurthe), entièrement dévoué à la personne et aux idées du président de la République.

Le gouvernement se trouvait complété par ce choix ; les premiers rapports réguliers établis entre le pouvoir législatif et le pouvoir exécutif, permirent de constater la diminution d'influence que le premier venait de subir. Les ennemis de l'Assemblée, au dedans comme au dehors, l'attaquèrent avec un redoublement de vigueur. La réaction victorieuse par l'élection du 10 décembre voulait pousser sa victoire à bout, et faire un 15 mai parlementaire, en obligeant la constituante à se dissoudre elle-même immédiatement. M. Rateau, représentant de la Charente, cédant, d'après les bruits qui circulaient sur les bancs de l'Assemblée, aux suggestions de M. Dufaure, avait déposé sur le bureau une proposition dans ce sens. Les comités de législation et de justice se prononcèrent en vain contre la prise en considération de cette proposition ; elle fut renvoyée à l'examen des bureaux, malgré le discours de M. Billault, adjurant l'Assemblée constituante, au nom de sa dignité et du salut de la république, de ne point abandonner son poste devant les intrigues des partis monarchiques. La majorité n'était que de trois voix, mais le résultat est tout dans une occasion semblable.

Cette discussion, qui portait une première atteinte à la considération de l'Assemblée constituante, fut bientôt suivie d'autres discussions peu faites pour la relever. La Constituante, dix mois après, le 15 mai 1848, discutait encore la question de savoir par quel tribunal les auteurs de l'invasion de l'Assemblée seraient jugés ; le jury semblait la seule juridiction possible, puisqu'il n'en existait pas d'autre lors de l'exécution du crime à punir ; MM. Ledru-Rollin, Crémieux, Dupont (de Bussac), Jules Favre, soutinrent ce principe éternel de morale et de justice, qui veut que l'accusé ne soit jamais puni qu'en vertu des lois existantes au moment où il a commis l'acte qui l'amène devant la justice ; M. Odilon Barrot, qui vingt fois, comme avocat, avait soutenu ce principe, ne craignit pas de le violer comme ministre de la justice ; la haute cour reçut l'ordre de se réunir à Bourges pour juger les accusés du 15 mai.

La journée du 29 janvier vint bientôt donner une nouvelle preuve de la faiblesse de l'Assemblée.

Des bruits de coup d'État circulaient dès le lendemain de l'avénement de M. Louis Bonaparte à la présidence de la République. Le 29 janvier, le rappel battu à sept heures du matin dans plusieurs quartiers de Paris, les mouvements nombreux de troupes; les Champs-Élysées, la place de la Concorde remplis de soldats, le palais de l'Assemblée nationale lui-même investi par un véritable corps d'armée, prêtent à ces bruits un air de réalité. Le représentant Hamard accourt au Palais-Bourbon; il réveille M. Degousée, questeur, qui, en se rendant chez M. Marrast, rencontre M. Goudchaux. Tous les deux sont introduits dans la chambre du président de l'Assemblée.

« M. Marrast ignorait tout. Il fallut, pour le convaincre, ouvrir les rideaux et lui montrer les troupes massées sous ses fenêtres (1) ».

Le bureau de l'Assemblée est réuni d'urgence; le général Changarnier, sommé de venir lui donner des explications, répond deux heures après que, retenu auprès du président de la République, il lui est impossible de se rendre à l'appel du président de l'Assemblée. Les troupes, ajoute-t-il, n'ont été réunies que pour combattre une insurrection; le ministre de l'intérieur est averti.

Cette réponse n'était pas faite pour calmer l'irritation des membres du bureau. M. Émile Péan, l'un des secré-

(1) Rabaud-Laribière, *Histoire de l'Assemblée nationale constituante.*

taires, propose d'investir le général Lamoricière du commandement d'une armée de 50 000 hommes chargée de défendre l'Assemblée ; il veut, en outre, que l'on mande à la barre les ministres et le général Changarnier. MM. Corbon, Goudchaux et Laussedat appuyent cette proposition ; les généraux Lamoricière et Bedeau la trouvent trop radicale ; le bureau s'arrête à un terme moyen : le général Lebreton sera chargé de la défense du palais législatif, et le président informera l'Assemblée de cette décision.

M. Boulay (de la Meurthe), vice-président de la République, et M. Odilon Barrot, président du conseil des ministres, entraient quelques instants après dans le cabinet de M. Marrast. Que se passa-t-il dans cette entrevue ?... On l'ignore. M. Marrast a été accusé de faiblesse et presque de connivence avec le gouvernement pour avoir accepté ses explications ; mais le vrai coupable, c'est l'Assemblée, qui, au lieu de faire comparaître elle-même directement à la barre les ministres et le général Changarnier, au lieu de leur demander compte de l'occupation du palais législatif par la force armée, des mesures prises pour consigner les troupes dans Paris, et pour diriger sur cette ville toutes les forces comprises dans un rayon de quarante lieues, se contente de quelques mots de M. Odilon-Barrot, déclarant solennellement qu'une conspiration formidable, organisée dans la garde-mobile, devait éclater dans la nuit, et que c'était par un simple malentendu que le président de l'Assemblée n'avait pas été prévenu du rassemblement de troupes formé pour réprimer l'émeute.

L'opinion publique, dans ce conflit avorté entre le

pouvoir législatif et le pouvoir exécutif, s'était prononcée énergiquement en faveur du premier. Le président de la République, sorti à midi de l'Élysée pour passer les troupes en revue, fut salué sur son passage par les cris : Vive la République ! L'Assemblée, à ce moment, pouvait reprendre son ascendant. La discussion d'une proposition analogue à celle de M. Rateau lui en offrait l'occasion. La Convention avait décidé fort sagement que les deux tiers de ses membres feraient partie du Corps législatif appelé à lui succéder ; l'Assemblée constituante, si elle reculait devant cet exemple, pouvait du moins déclarer qu'elle ne se retirerait qu'après avoir voté les lois organiques; au lieu de cela, elle adopta la proposition Rateau, déguisée sous un amendement de M. Lanjuinais, portant qu'elle voterait seulement les lois électorales du conseil d'État, de la responsabilité, et le budget des recettes et des dépenses.

L'Assemblée nationale se vouait au suicide au moment où un immense événement s'accomplissait en Italie.

Le peuple romain, imitant l'exemple du peuple français, venait de s'insurger, de reconquérir sa souveraineté, et de faire légaliser sa révolution par le suffrage universel. L'Assemblée sortie de ce vote, avait proclamé le gouvernement républicain. La république française, se donnant un démenti, interviendra-t-elle directement ou indirectement pour imposer un souverain à un peuple libre? Telle est la question qui se pose entre le pouvoir exécutif et l'Assemblée.

Le président de la République, s'entretenant un jour des affaires publiques avec un ancien ministre de la République, lui demanda : « Quelles sont, à votre avis, les fautes commises jusqu'ici par mon gouvernement ? » L'interlocuteur de M. Louis Bonaparte lui répondit : « La plus grande de toutes, c'est l'expédition de Rome ; vous y êtes entré, je vous défie d'en sortir. »

M. Louis Bonaparte reprit en montrant la porte de son cabinet de l'Élysée : « Cette porte ne s'est pas ouverte une seule fois depuis que je suis ici sans livrer passage à quelqu'un qui ne m'ait crié : « A Rome ! » M. de Montalembert, M. Thiers, M. Berryer m'ont répété sans cesse ces deux mots ; le nombre des partisans de l'expédition a grossi de jour en jour, de telle sorte qu'à la fin c'est devenu comme une marée. » Le président levait en même temps ses bras au-dessus de sa tête, comme pour dire : le flot m'a submergé.

Le 24 mai 1848, l'Assemblée nationale résumait ainsi sa pensée sur les affaires extérieures : « Pacte fraternel avec l'Allemagne, reconstitution de la Pologne, affranchissement de l'Italie. » M. Louis Bonaparte, dix mois après le vote, envoyait un agent aux conférences des représentants des puissances catholiques réunis à Gaëte. M. Ledru-Rollin, dans la séance du 8 janvier, avait réclamé contre cette sanction donnée aux traités de 1815. L'Assemblée n'aimait pas l'homme, mais elle écoutait l'orateur ; la cause de la république romaine ne pouvait souhaiter un meilleur défenseur. M. Ledru-Rollin intimida le ministère, qui lui répondit en traitant ses craintes de chimères, et en déclarant que la destruction de la République romaine n'entrait dans la pensée de personne et qu'il ne fallait pas s'inquiéter d'événements impossibles.

Un coup d'œil rapide jeté sur les votes de l'Assemblée

suffit pour démontrer, en effet, combien une intervention en faveur du pape était loin de la pensée de la majorité des représentants du peuple : le gouvernement anglais et le gouvernement français, après l'abdication de Charles-Albert, avaient arraché à Radetski un armistice qui sauvait momentanément le Piémont. L'Assemblée, pensant que de nouveaux efforts en sa faveur pouvaient devenir nécessaires, adopta, sur la proposition de M. Bixio, la déclaration suivante :

« Si pour mieux garantir l'intégrité du territoire piémontais et pour mieux sauvegarder les intérêts et l'honneur de la France, le pouvoir exécutif croit devoir prêter à ses négociations l'appui d'une occupation partielle et temporaire en Italie, il trouvera dans l'Assemblée nationale le plus entier concours. »

Cette déclaration acceptée avec empressement par M. Drouyn de Lhuys est le point de départ de la question. M. Billault, avant de voter la déclaration, exigeait des garanties ; la politique du gouvernement déviait sensiblement, selon lui, de la ligne tracée par la Constituante dans la question romaine; M. Ledru-Rollin ajoutait qu'en présence des engagements volontaires pris par l'Autriche de respecter l'intégrité du territoire piémontais, la proposition de M. Bixio ne signifiait rien ; M. Flocon proposait cet ordre du jour : « L'Assemblée persistant dans son ordre du jour du 24 mai, pour en assurer l'exécution, invite le gouvernement à prendre les mesures nécessaires pour assurer l'affranchissement de l'Italie. » C'était la guerre. Le gouvernement n'en voulait pas ; l'ordre du jour de M. Bixio amendé par M. Garnier Pagès fut enfin adopté le 30 mars. Quinze jours après, M. Odilon Barrot demandait l'allocation d'un crédit extraordinaire de 1 200 000 francs pour subvenir aux frais d'une expédition devenue nécessaire en Italie. La gauche ne consentit à les voter que sur la promesse que les armes françaises ne seraient pas tournées contre la République romaine. M. Odilon Barrot protesta de nouveau devant l'Assemblée et devant la commission que l'expédition n'était faite que pour maintenir notre influence, sauvegarder nos intérêts, et défendre la civilisation ; il ne pouvait donc exister aucune équivoque, aucun malentendu entre l'Assemblée et le gouvernement sur la cause et sur le but de l'intervention française en Italie.

Le général Oudinot, homme instruit, intelligent, ayant longtemps siégé sur les bancs de la Chambre des députés, réunissait toutes les conditions pour remplir convenablement une mission à la fois militaire et politique ; sa nomination au commandement du corps d'armée dirigé sur Rome surprenait néanmoins beaucoup d'officiers siégeant à l'Assemblée ; l'un d'eux, membre de la gauche, demanda, dans une réunion de bureau, à M. Odilon Barrot, quel motif avait déterminé le ministre de la guerre à mettre un général de cavalerie à la tête de l'expédition. — Le président du conseil répondit : « C'est vous qui nous l'avez désigné, en le nommant au commandement en chef de l'armée des Alpes. » M. Odilon Barrot se trompait. M. Oudinot, en sa qualité de plus ancien général de division, exerçant simplement le commandement provisoire de l'armée des Alpes, en attendant l'arrivée du général en chef, avait cru devoir néanmoins lancer une proclamation qui contenait la phrase suivante : « La République française est amie de tous les peuples, elle a surtout de profondes sympathies pour les peuples d'Italie. » Le général Oudinot, en débarquant, semblait n'avoir pas oublié cette déclaration ; sa proclamation, en date du 27 avril, annonçait aux Romains qu'il ne venait point exercer sur eux une influence oppressive, ni leur imposer un gouvernement contraire à leurs vœux.

Les institutions nouvelles du peuple romain, expression libre et spontanée du vœu des populations légalement et librement interrogées, semblaient, en effet, n'avoir rien à redouter de la France républicaine. Le gouvernement romain, d'ailleurs, ne refusait point au gouvernement français le droit de se préoccuper au point de vue du maintien de la paix en Europe, de la situation de Rome. Cette situation témoignait en faveur de la force du nouveau gouvernement ; la République pour se défendre contre les agitations inséparables d'une révolution, contre les menées des partis vaincus, contre leurs intérêts, contre leurs passions, n'avait pas d'armée ; la question religieuse maniée par des mains habiles leur servait de levier pour soulever des populations ignorantes ; cependant, l'ordre régnait à Rome ; pas une seule émeute depuis l'établissement de la République ; l'assassinat de Rossi, condamné par tout le monde, provoqué peut-être par une conduite imprudente, acte d'un homme dont le mobile restait inconnu, n'était qu'un crime isolé ; une crise financière des plus intenses avait signalé le début de la Révolution, le papier romain ne s'escompta bientôt plus qu'à 42 pour 100 ; l'hostilité prévue des gouvernements augmenta la crise, le peuple supporta tout ; si quelques personnes s'étaient abstenues lors du vote de la Constituante, tout le monde aux élections municipales avait voté pour la République ; au milieu de la crise, en présence de l'invasion autrichienne, les finances et le crédit s'améliorèrent ; en face même de l'intervention française, le papier put s'escompter à 12 pour 100. Lors de la réunion de l'Assemblée, quelques membres avaient pensé qu'il était peut-être prématuré de proclamer la République ; mais ils s'étaient prononcés à l'unanimité pour la suppression du pouvoir temporel. Le gouvernement français ne pouvait pas contester aux Romains le droit de se gouverner à leur guise ; mais ce qui revient au même, il les empêchait de se défendre contre leurs ennemis. La République romaine résistait heureusement à Naples et à l'Autriche, lorsque la présence du corps expéditionnaire vint paralyser ses forces, en l'obligeant à concentrer ses troupes dans Rome, mouvement qui laissait sa frontière ouverte à l'invasion ; dix mille fusils achetés en France pour son compte avaient été mis sous le séquestre, ce qui faisait dix mille soldats de moins dans un pays où tout le monde est soldat devant l'étranger. Rien ne justifiait l'intervention française à Rome, si ce n'est les engagements du président de la République avec le parti clérical. L'opinion publique pleine de tristes pressentiments ne songeait qu'avec appréhension à cette fatale expédition romaine, lorsque tout à coup, dans la matinée du 7 mai, de funestes nouvelles commencèrent à circuler ; le sang français, disait-on, coule sous les murs de Rome ; les Romains se battent avec courage derrière les barricades construites à l'approche des Français ; un poteau se dresse dans chaque rue barricadée, devant chaque porte de la ville ; on lit sur ce poteau l'article 5 de la Constitution : « La république française n'attentera jamais à la nationalité d'un peuple. »

Les représentants républicains, indignés à la pensée que les régiments français font la besogne des troupes de Radetski, que le drapeau tricolore flotte à côté de celui de Ferdinand de Naples et que la république française égorge la république romaine sa sœur, s'apprêtent a demander des explications au gouvernement ; vingt orateurs se disputent la parole sur les bancs de la gauche ; M. Odilon Barrot a l'air de mettre autant d'empressement à répondre que ses adversaires à l'interroger ; l'Assemblée, nomme, séance tenante, une commission pour entendre les ministres ; elle tiendra une séance de nuit dans laquelle sera lu le rapport de la Commission.

M. Sénard, soutenu presque à chaque phrase du geste et de la voix par le général Lamoricière, lit à dix heures du soir à la tribune un rapport très-court, mais très-ferme, dans lequel il accuse le ministère d'avoir trompé l'Assemblée, méconnu sa décision souveraine, et violé la Constitution. Une longue discussion succède à la lecture de ce rapport ; le président de l'Assemblée déclare enfin que la résolution suivante est adoptée : « L'Assemblée nationale invite le gouvernement à prendre sans délai les mesures nécessaires pour que l'expédition d'Italie ne soit pas plus longtemps détournée du but qui lui était assigné. » Il est deux heures du matin.

Ce vote venge l'honneur de l'Assemblée et de la république ; il s'agit maintenant de le faire exécuter. L'Assemblée nationale dit à M. Louis Bonaparte de s'arrêter ; la réaction le pousse en avant ; le président de la République ne s'appartient plus ; M. de Montalembert lui dicte en quelque sorte ces lignes au général Oudinot :

« Élysée national, 8 mai 1849.

» Mon cher Général,

» La nouvelle télégraphique qui annonce la résistance imprévue que vous avez rencontrée sous les murs de Rome m'a vivement peiné ; j'espérais, vous le savez, que les habitants de Rome, ouvrant les yeux à l'évidence, recevraient avec empressement une armée qui venait accomplir chez eux une mission bienveillante et désintéressée. Il en est autrement ; nos soldats ont été reçus en ennemis. Votre honneur militaire est engagé, je ne souffrirai pas qu'il reçoive aucune atteinte. Les renforts ne vous manqueront pas. Dites à vos soldats que j'apprécie leur bravoure, que je partage leurs peines, et qu'ils pourront toujours compter sur mon appui et sur ma reconnaissance.

» Recevez, mon cher Général, l'assurance de mes sentiments de haute estime.

» LOUIS-NAPOLÉON BONAPARTE. »

M. Ledru-Rollin monte le lendemain à la tribune, et comme réponse à la lettre précédente qu'il tient à la main, il demande la reconnaissance de la république romaine par l'Assemblée et la mise en accusation du président et de ses ministres, attendu que le pouvoir exécutif viole l'article 5 de la Constitution, qui défend à la république française de s'armer contre la liberté des peuples. M. Jules Favre, au lieu de la mise en accusation du président de la république, se contenterait d'une déclaration de non-confiance à l'égard du ministère. L'Assemblée nationale repousse ces deux propositions et passe à l'ordre du jour. M. Léon Faucher, ministre de l'intérieur, s'empresse d'annoncer ce résultat aux départements :

« 12 mai, onze heures du matin.

» Après une discussion très-animée sur les affaires d'Italie, l'Assemblée nationale a repoussé par l'ordre du jour pur et simple, à la majorité de 329 voix sur 621 votants, la proposition de M. Jules Favre de déclarer que le ministère avait perdu la confiance du pays.

» Ce vote consolide la paix publique. Les agitateurs n'attendaient qu'un vote hostile pour courir aux barricades, et pour renouveler les affaires de Juin.

» Paris est tranquille.

» Parmi les représentants du département ont voté pour l'ordre du jour et pour le gouvernement MM. ....., se sont abstenus ou étaient absents MM. ..... »

Les élections générales allaient commencer; l'Assemblée, soulevée d'indignation à la lecture de cette dénonciation aux électeurs, frappa son auteur d'un ordre du jour que M. Odilon Barrot n'osa pas combattre. M. Léon Faucher, deux heures après ce vote, envoyait sa démission au président de la république.

L'expédition de Rome coïncidait avec la publication d'un manifeste lancé par le czar Nicolas, au moment où son armée allait franchir la frontière pour étouffer l'insurrection hongroise. Ce manifeste, plein d'injures et de menaces contre les révolutions, redoublait l'irritation des républicains et faisait naître celle des bonapartistes qui jugeaient encore utile de confondre les intérêts du bonapartisme avec ceux de la révolution. M. Napoléon Bonaparte se fit l'organe de ces derniers ; il déclara, d'un ton plein de véhémence, du haut de la tribune de l'Assemblée, qu'il ne reconnaissait qu'un seul souverain, le peuple, qu'il détestait la réaction, et que s'il avait cru jusqu'ici « Louis Bonaparte plus capable qu'aucun autre, par son nom, par ses écrits, par sa captivité, d'asseoir d'une façon stable la république, il ne pouvait plus conserver cette opinion en le voyant livré à une politique déplorable, conduite par des hommes inhabiles. »

M. Napoléon Bonaparte était dans l'erreur. L'expédition romaine, gage de l'alliance conclue entre la catholicité et l'impérialisme, pouvait causer quelques embarras au gouvernement de M. Louis Bonaparte, mais elle devait rendre au gouvernement de Napoléon III le service de détourner pendant longtemps les esprits de la politique intérieure, de désunir les partis, de les empêcher de mettre en commun leurs efforts pour reconquérir la liberté ; la question romaine a donné lieu à des équivoques, à des malentendus, à des animosités dont l'Empire a profité ; elle ne lui a pas créé des adversaires nouveaux, et elle lui a donné des auxiliaires inattendus ; elle lui a servi comme de bascule pour se maintenir en équilibre entre les partis.

L'Assemblée constituante termina son existence au milieu de ces discussions le 26 mai 1849 ; croyant racheter ses faiblesses politiques par des largesses fiscales, elle supprima l'impôt sur les boissons quelques jours avant de mourir ; elle eût bien mieux fait de voter l'amnistie. La transportation n'était plus qu'un acte de vengeance ; des juges avaient été donnés aux chefs de l'insurrection de juin devant les conseils de guerre, pourquoi en refuser aux soldats, moins coupables parce qu'ils étaient plus ignorants ? Rien ne justifiait cette violation des formes ordinaires de la justice, « formes sacrées inventées par l'expérience des siècles pour garder la vie des hommes de l'erreur des juges », M. Thiers et ses amis, oubliant cette phrase écrite par lui à propos de l'exécution du duc d'Enghien, se joignirent aux membres du parti légitimiste qui parle sans cesse du *meurtre* de Louis XVI pour consacrer cet oubli des formes tutélaires de la justice, au détriment des transportés de Juin ; les conservateurs de toutes les nuances condamnèrent des milliers d'individus à une peine aussi cruelle que la mort, sans que les condamnés pussent savoir de quel crime ils étaient coupables ; des représentants républicains refusèrent aussi l'amnistie aux vaincus de juin ; victimes de la proscription à leur tour, ils se sont étonnés de l'indifférence du peuple et quelques-uns la lui reprochent encore.

MM. Audry de Puyraveau, Buchez, Marie, Senard, avaient tour à tour occupé le fauteuil présidentiel à l'Assemblée nationale constituante ; elle n'a eu cependant qu'un véritable Président, Armand Marrast ; il ne fut pas réélu à l'Assemblée législative ; plusieurs de ses anciens confrères se réjouirent de sa chute ; quelques légers travers grossis par la malveillance, voilà tout ce qu'ils pouvaient lui reprocher. Armand Marrast, s'il avait quelques-unes des faiblesses de l'homme d'esprit, en possédait aussi toutes les grâces ; il faisait avec beaucoup d'agrément et de dignité aimable les honneurs de fêtes brillantes auxquelles tout le monde souhaitait d'être invité, et dont les invités affectaient de se moquer ensuite ; les républicains l'accusaient d'être un marquis, les marquis ne lui pardonnaient pas de rester républicain ; les gens impartiaux reconnaîtront que ce journaliste poussé par une révolution à la présidence d'une assemblée de neuf cents membres, dans laquelle figuraient les plus grands noms politiques de la France, se trouva tout de suite au niveau de ces hautes fonctions ; les émotions et les fatigues de cette terrible année avaient blanchi les cheveux d'Armand Marrast ; il prononça en quelques mots simples et émus l'oraison funèbre de l'Assemblée nationale. Cette Assemblée menacée dans son berceau par la guerre civile, attaquée par ceux qui l'avaient appelée de tous leurs vœux, regrettée de ceux qui avaient voulu la dissoudre par la force, mourait dans le découragement du présent et dans l'incertitude de l'avenir.

L'Assemblée constituante était républicaine ; l'Assemblée législative qui lui succédait se composait en grande majorité de royalistes. Le bonapartisme avait uni ses efforts à ceux des partis conservateurs pour produire cette majorité ; quelques comités bonapartistes, protestant contre une pareille alliance, repoussèrent pourtant ses candidats. Un de ces comités formé à Paris combattit la candidature de M. de Morny dans le Puy-de-Dôme ; une lettre du président de la République lui-même eut de la peine à mettre fin à ses scrupules et à sa résistance. Les bonapartistes dissidents songèrent même un moment à présenter la candidature de M. Napoléon Bonaparte dans une vingtaine de départements. Le fils de l'ancien roi de Westphalie, nommé par son cousin ambassadeur de la République française à Madrid, avait dit à ses amis en passant à Bordeaux que le président de la République, « dominé par les chefs du mouvement réactionnaire, ne suivait pas librement ses inspirations ; qu'impatient du joug, il était prêt à le secouer, et que, pour lui venir en aide, il fallait aux élections prochaines envoyer à la Chambre des hommes hostiles à son gouvernement plutôt que des hommes du parti modéré » (1).

Ces dissidences, en réalité peu sérieuses, n'empêchèrent pas le parti bonapartiste de se fondre tout entier au moment des élections dans ce qu'on appelait le grand parti de l'ordre représenté par le comité de la rue de

---

(1) *Napoléon III*, par Mansfeld.

Poitiers ; M. Thiers y siégeait à côté de M. de Persigny, M. d'Haussonville à côté du général Piat, M. de Broglie à côté de M. Lucien Murat, M. Duvergier de Hauranne à côté de M. Achille Fould. La légitimité, le bonapartisme et l'orléanisme unis de cœur et d'intelligence, comprirent que leur premier devoir était de combattre les doctrines perverses qu'ils prêtaient à leurs adversaires. Une souscription ouverte le 28 mars parmi les membres du Comité central de la rue de Poitiers produisit cinquante mille francs en quelques heures. Le Comité lançait un mois après dans la circulation 577 000 exemplaires de divers écrits pour la défense de la famille, de la propriété et de la religion.

On démoralise un peuple en lui prêchant des doctrines mauvaises ; on ne le démoralise pas moins en lui prêchant la peur qui est l'aveugle négation de toutes les doctrines. Le parti conservateur, non content de combattre théoriquement le socialisme, prit à tâche d'effrayer les esprits, et de rendre les socialistes odieux. La France, au moment des élections, fut inondée de petits livres pleins des plus odieuses calomnies contre les partisans de la démocratie ; l'histoire doit tirer de l'oubli quelques-uns de ces misérables pamphlets pour le châtiment des partis qui les payèrent.

Dieu le voudra, porte cette épigraphe : « Les républicains de bonne foi sont des idiots. » Ce que Dieu voudra, c'est le retour d'Henri V ; l'auteur parle ainsi au lecteur : « Pour te donner une idée des vertus et des bontés de ce noble prince que tu as si misérablement proscrit en 1830, écoute les paroles sublimes que j'ai eu le bonheur d'entendre sortir de la bouche de ce noble enfant de la

France au mois de décembre 1843, lors de son voyage à Londres ; il venait de répondre à un nombre considérable de Français qui y étaient allés pour le visiter, et la main posée sur son cœur : « Fait pour la France et par la France ! »

Grandeurs et gloires de la maison de Bourbon; — *A bas la folie révolutionnaire et sociale*, sont aussi des pamphlets légitimistes ; le premier exhale un parfum clérical très-prononcé ; l'auteur approuve fort l'expulsion des juifs de l'Espagne, par Philippe II ; le second est spécialement dirigé contre la révolution de juillet, qu'il traite de « folle et sanglante orgie révolutionnaire ». L'auteur de ce pamphlet, grand partisan de la légalité des ordonnances, nous apprend que Jacques Lafitte avait pour complices trois forçats libérés dans sa conspiration contre la Restauration, et que les républicains sont « des croûtes, des crétins politiques, des bastringueurs, des culotteurs de pipes, des spadassins, des ruineurs de famille, des tapageurs, des barricadeurs », et enfin « les bouchers du peuple ».

Un autre pamphlétaire, après avoir exposé les titres des diverses maisons royales, s'écrie : « Eh bien ! peuple, tu as entendu ? quelle famille plus que celle des Bourbons a mérité de la France, de la patrie et de toi ?..... C'est peut-être celle de Ledru-Rollin ? tu rougis ; alors, c'est celle de Proudhon, tu fais le signe de la croix..... J'entends, c'est celle de Flocon..... Flocon,..... nom d'une pipe ! je ne t'en demande pas davantage. Cependant, peuple, cette famille à laquelle tu dois tant, est proscrite..... etc. »

La corde bonapartiste vibre surtout dans *ce qui arriverait si..... la vérité aux ouvriers, aux paysans, aux soldats.*

D'après l'auteur, si la République était maintenue, « on supprimerait le traitement des légionnaires, on renverserait l'hôtel des Invalides, on jetterait au vent les cendres de l'Empereur, on vendrait ses vieux trophées ». Les républicains sont les alliés de l'étranger, ils empêchent qu'on ne fasse du bien aux ouvriers ; comment ont-ils traité la garde municipale en février ? l'auteur répond : « La plume se refuse à l'écrire. Cette garde a été lâchement assassinée et chassée par les démagogues, et leurs amis, les repris de justice ; ses casernes ont été pillées et en partie incendiées. Leurs chevaux leur ont été volés par une horde de véritables brigands sortis on ne sait d'où. »

Le *Petit manuel du paysan électeur*, la *Lettre d'un maire de village à ses administrés*, et les *Partageux*, sont de curieux échantillons de la haine qui animait les orléanistes contre la République ; le premier forme un recueil de dialogues dans le goût du suivant : « M. Hardy : Les montagnards sont des républicains farouches, ou plutôt des espèces de tyrans, ils sont pires que les sauvages de l'Amérique ; les socialistes et les communistes sont des montagnards renforcés ; c'est un ramassis d'aventuriers, d'hommes ruinés, criblés de dettes, échappés des prisons et des galères. — Jean : Mais où veulent-ils donc en venir ? — Augustin : Parbleu, c'est bien clair, à mettre la main dans nos poches. — M. Hardy : Rien de plus vrai. — Augustin : Ils prendront encore ta femme à ton nez, et tu n'auras rien à dire. »

Le second contient une physiologie complète du républicain : « Les républicains sont d'un rouge tendre ou d'un rouge sang ; mais le meilleur des rouges ne vaut pas grand'chose. Vous savez, on dit : tout bon ou tout mauvais; les républicains, c'est tout mauvais. Et puis un rouge n'est pas un homme, c'est un rouge; il ne raisonne pas, il ne pense plus, il n'a ni le sens du vrai, ni le sens du juste, ni celui du beau et du bien. Sans dignité, sans moralité, sans intelligence, il fait le sacrifice de sa liberté, de ses instincts, de ses idées, au triomphe des passions les plus brutales et les plus grossières, c'est un être déchu et dégradé. Il porte bien, du reste, sur sa figure, le signe de cette déchéance : une physionomie abattue, abrutie, sans expression, les yeux ternes, mobiles, n'osant jamais regarder en face, et fuyant comme ceux du cochon. » Il suffit maintenant de donner les titres des chapitres du dernier de ces pamphlets : *Orgies révolutionnaires, — les étrangleurs, — les ravageurs, — les chauffeurs, — les démolisseurs, — les terroristes.*

Ces ignobles petits livres n'étaient pas seulement répandus à la manière des bibles, les curés les lisaient à leurs paroissiens, les maires à leurs administrés, les notables à leurs clients; la conspiration de la calomnie réussit. Le résultat des élections assura une majorité considérable au parti conservateur dans l'Assemblée législative. Les athlètes royalistes du temps de la Restauration et de Louis-Philippe remontèrent sur la scène. M. Guizot seul ne rentra pas dans la carrière; les électeurs refusèrent de la rouvrir devant lui et devant M. Duchâtel. M. Guizot dans sa circulaire avait cependant fait acte complet d'adhésion au bonapartisme : « Le Consulat, l'Empire, la Restauration, et 1830, disait-il aux électeurs du Calvados, ont été des gouvernements sérieux; les partisans de ces trois gouvernements, les hommes formés dans leurs cours, et sous leur influence, sont des hommes d'ordre ; quand l'ordre est en péril, leur alliance est nécessaire. »

Le 28 mai, à midi, eut lieu l'ouverture de l'Assemblée législative, sous la présidence du doyen d'âge, M. de Kératry. L'histoire peut laisser de côté ces premières séances, où les partis montrèrent déjà leur animosité (1), pour arriver tout de suite à la journée du 13 juin.

Les opérations du siège de Rome traînaient en longueur ; le général Vaillant, chargé de la direction du siège, refusait d'accepter une patente de général en chef que M. de Corcelles avait mission de lui remettre ; il disait hautement que le rôle de tuer la République romaine ne convenait pas à la République française ; le résultat des élections mit fin à ses scrupules et aux hésitations du gouvernement.

Le 10 juin, à la nouvelle que l'armée française se bat sous les murs de Rome, une immense émotion s'empare de Paris et de l'Assemblée. M. Bac monte à la tribune pour demander au ministre des affaires étrangères des renseignements ; M. Drouyn de Lhuys est absent ; ses collègues n'ont pas entre leurs mains les dépêches reçues ; la demande d'une séance nocturne est repoussée ; la nuit s'écoule dans une fiévreuse inquiétude. Le len-

(1) M. Ledru-Rollin, dans la séance du 29 mai, témoignant à la tribune la crainte de voir l'Assemblée menacée par les forces rassemblées pour la défendre, sentit tout à coup tomber sur ses épaules quelque chose comme une grêle de coups de poing assenés par la main d'un enfant en colère ; des mots entrecoupés accompagnaient ces violences. L'orateur se retourne pour chercher d'où peut lui venir cette attaque imprévue ; il se trouve en face du doyen d'âge qui continue d'une voix que la colère fait paraître encore plus cassée : « Ce sont vos commissaires qui envahissent les Assemblées, oui, oui, vos commissaires. » M. Ledru-Rollin se contenta de répondre en montrant M. de Kératry : « Il me bat ! »

demain, le comité démocratique-socialiste formé pour les élections adresse à l'Assemblée une proclamation qui se termine ainsi :

« Membres de l'Assemblée nationale, souvenez-vous que vous êtes les mandataires du peuple souverain.
» Article 110 : L'Assemblée nationale confie le dépôt de la Constitution et des droits qu'elle confère à la garde et au patriotisme de tous les Français.
» Élus du département de la Seine, entre le peuple et vous, il a été dit le 13 mai :
» Si la Constitution est violée, les représentants du peuple doivent donner au peuple l'exemple de la résistance. »

La Montagne, obéissant à la tradition, se met également en communication directe avec le peuple ; ses membres lancent cette déclaration :

« En face de la dépêche qui prouve jusqu'à l'évidence la violation audacieuse de la Constitution par Louis Bonaparte et ses ministres, et leur désobéissance à la délibération de l'Assemblée constituante en date du 7 mai dernier, la Montagne ne peut que protester énergiquement.
» Que le peuple reste calme. Il peut compter que la Montagne se montrera digne de la confiance dont il l'honore ; elle fera son devoir. »

L'*Association démocratique des amis de la Constitution* proteste devant les nations contre toute solidarité qu'on voudrait infliger à la France dans un crime que le premier pouvoir de l'État, l'Assemblée constituante, avait voulu prévenir. « Que la responsabilité de ce grand attentat retombe donc tout entière sur ceux qui l'ont encourue! »

De nombreuses protestations circulent dans les rangs de la garde nationale et se couvrent de signatures; l'aspect de Paris est triste; de longues files de convois conduisent vers les cimetières les nombreuses victimes du choléra; un air chaud et lourd communique aux esprits une lassitude mêlée d'irritation ; les nouvelles lugubres se succèdent : la Russie masse ses baïonnettes sur les frontières de la Gallicie ; la Prusse dirige une armée contre les insurgés de Baden-Baden; ces nouvelles, au dehors comme au dedans de l'Assemblée, remplissent les cœurs d'une colère sourde; une attente pleine d'anxiété pèse au début de la séance du 11 sur l'Assemblée.

M. Ledru-Rollin monte le premier à la tribune; sa contenance est assurée, son geste calme, sa voix lente et mesurée ; peu de mots lui suffisent pour démontrer que l'article 5 de la Constitution a été violé et le vote de la Constituante du 7 mars foulé aux pieds; M. Ledru-Rollin ajoute qu'il ne vient pas adresser des interpellations au gouvernement, mais déposer un acte d'accusation contre le président de la République et contre ses ministres ; il termine ainsi en parlant de l'échec de la villa Panfili : « Et maintenant un seul mot et c'est le dernier. Il ne faut pas égarer l'opinion publique ; il ne faut pas faire croire que nous voulions aller contre notre drapeau. Nous sommes plus que personne intéressés à la sauvegarde de notre honneur, mais lors même que nous aurions subi un échec, il ne faut pas que nous aggravions notre position en cherchant à la réparer dans le sang, en rentrant dans Rome de vive force; car ce ne serait pas une victoire, ce serait une honte. Il ne peut y avoir de victoire contre le droit. Il y a quelque chose de supérieur à la question d'honneur, c'est la question de droit, c'est la question de justice immortelle. »

A ces mots, un frémissement courut dans l'Assemblée.

Louis-Philippe avait fait contre l'Autriche l'expédition d'Ancône, expédition timide, insuffisante, au dire du chef de la gauche dynastique, indigne de la grandeur de la France ; M. Odilon Barrot est obligé aujourd'hui de défendre une expédition qui ne peut se comparer qu'à la campagne d'Espagne en 1823. M. Odilon Barrot, plus gourmé, plus boursouflé que jamais, se traîne dans de longues et filandreuses explications sur les origines de l'expédition, sur la part que l'Assemblée constituante y a prise, et sur le but que lui assigne le gouvernement français. Il s'efforce en vain de cacher sous la pompe des mots la honte des choses, et de rassurer l'opinion en déclarant que le Président de la République en restaurant le pape n'entend nullement restaurer les abus de la papauté.

M. Ledru-Rollin descend lentement des bancs élevés de la gauche pour répondre au ministre ; sous son calme apparent, on devine une émotion qu'il a de la peine à contenir ; cette émotion augmente à mesure qu'il parle ; l'orateur, à la fin de son discours, relève la tête, il promène fièrement ses regards autour de lui, et il jette cette menace au gouvernement et à l'Assemblée : « Les faits sont là, les textes de nos décisions sont explicites. Vous avez manqué à votre devoir, vous avez manqué à votre mission, la Constitution a été violée, nous la défendrons par tous les moyens, même par les armes ! »

Les membres de la droite debout, frémissants de colère, rappellent M. Ledru-Rollin à l'ordre ; il répond d'une voix qui domine les clameurs : « La Constitution est confiée au patriotisme de tous les Français ; j'ai dit, et je le répète : la Constitution violée sera défendue par nous, même les armes à la main. »

Les amis de la République entendirent ces paroles généreuses avec un sentiment d'approbation et de douleur à la fois ; l'opinion publique commençait à se rassurer ; les idées démocratiques gagnaient de jour en jour plus de terrain dans le peuple et dans la bourgeoisie ; la politique du parti républicain se résumait par un seul mot : attendre ; il aima mieux en appeler aux armes ! comme si un an après les journées de juin, cet appel pouvait avoir de l'écho. Quelques centaines de gardes nationaux appartenant aux diverses légions répondirent seuls à la voix de M. Ledru-Rollin ; cette troupe, grossie d'une bande d'ouvriers, partit du Château-d'Eau le 13 juin, à onze heures du matin, et se dirigea vers la Madeleine en criant : Vive la Constitution ! Vive la République ! Vive l'Italie ! Le général Changarnier avait pris ses dispositions ; la colonne, parvenue à la hauteur de la rue de la Paix, se trouve en présence de trois régiments de cavalerie et de deux bataillons de gendarmerie, qui débouchent de la place Vendôme au pas de course, et jettent le désordre dans la foule ; ces troupes chargent le peuple sur toute la longueur des boulevards. Aucune résistance ne leur est opposée ; les auteurs de la manifestation se contentent de crier : aux armes ! en se dispersant. Quelques fuyards sont foulés aux pieds des chevaux ou blessés par les baïonnettes des gendarmes, cinq ou six coups de feu partent des rangs des soldats près de la rue Laffitte ; nulle part d'engagement sérieux ; quelques tentatives de barricade dans le quartier Saint-Martin sont bientôt réprimées.

A trois heures, Paris était tranquille et occupé militairement.

A l'Assemblée législative, l'ordre du jour n'annonçait qu'une réunion dans les bureaux. Les représentants convoqués à domicile vers une heure, accourent au Palais législatif; à deux heures et demie, le président Dupin occupe le fauteuil; et M. Odilon Barrot, du haut de la tribune, annonce à l'Assemblée, de sa voix la plus lente et la plus solennelle, que des rassemblements considérables se sont formés, et qu'au besoin le gouvernement n'hésitera pas à demander les pouvoirs nécessaires pour réprimer l'insurrection; une dépêche du ministre de l'intérieur lui est apportée; le président du Conseil, après l'avoir parcourue à la hâte, propose à l'Assemblée de se déclarer en permanence et de nommer une commission chargée de présenter d'urgence un rapport sur la mise en état de siége de Paris. Le rapporteur de la commission, M. Gustave de Beaumont, a terminé son travail à cinq heures. Les conclusions de ce rapport sont adoptées, et pour la seconde fois, depuis le mois de février 1848, la capitale de la France se trouve placée sous l'empire de la loi militaire.

Les journaux la *Réforme*, le *Peuple*, la *Démocratie pacifique*, la *Révolution démocratique et sociale*, la *Tribune des peuples*, la *Vraie République* sont supprimés par décret. Cette mesure ne suffit pas. A l'époque de l'attentat de Fieschi, des enragés de modération avaient formé le projet de briser les presses du *National* le jour du convoi de ses victimes; ils durent l'abandonner devant la réprobation publique; en 1849, M. Dufaure étant ministre de l'intérieur, deux officiers de la garde nationale, les sieurs Vieyra et de Korcy, reçurent la mission de se porter sur les imprimeries des journaux supprimés, et de les mettre « dans un état qui ne leur permît pas de fonctionner pendant longtemps ».

MM. Boulé et Proust, propriétaires de ces imprimeries, prêtaient leurs presses à des journaux d'opinions les plus disparates ; M. Proust, blessé en juin 1848, dans les rangs de la garde nationale, se trouvait encore dans les mêmes rangs le 13 juin, au moment où des gardes nationaux saccageaient son établissement. M. Proust et M. Boulé déposèrent une plainte en justice contre les auteurs de ces attentats ; la chambre des mises en accusation déclara qu'il n'y avait pas lieu à suivre.

La majorité royaliste victorieuse s'empresse de profiter de sa victoire ; les demandes en autorisation de poursuite se succèdent ; trente-trois représentants sont décrétés d'accusation ; le règlement s'enrichit d'une nouvelle peine disciplinaire, l'exclusion temporaire du lieu des séances ; le général Changarnier est rétabli dans le double commandement des gardes nationales de la Seine et de la 1re division militaire ; une loi provisoire suspend les clubs pendant une année, la dissolution de trois légions de la garde nationale est maintenue ; M. Dufaure présente un projet de loi contre la presse qui punit les *offenses* envers la personne du président de la République, privilége royal ! La loi sur l'état de siége confère aux tribunaux militaires le droit de connaître des crimes et des délits contre la sûreté de la République, la Constitution, l'ordre et la paix publique, quelle que soit la qualité des auteurs principaux et des complices ; M. Grévy s'écrie : « C'est la dictature militaire. » M. Dufaure répond : « C'est la dictature parlementaire, l'application de l'antique maxime *Salus populi suprema lex esto.* »

Le bonapartisme comptait parmi ses adeptes un groupe de républicains honnêtes et candides, qui se plaisaient à voir dans M. Louis Bonaparte « le chef, l'initiateur, le modérateur à la fois de la grande démocratie française ». L'expédition romaine leur ouvrit enfin les yeux. M. Peauger, directeur de l'imprimerie nationale, envoya sa démission à son ancien collaborateur du *Journal de Maine-et-Loire*, en y joignant ces mots : « Ceux qui vous ont aimé et qui feraient encore des vœux pour vous si les vœux pouvaient quelque chose, n'ont plus qu'un genre de service à vous rendre, c'est de s'éloigner et de vous rappeler par leur retraite, s'il y a moyen, au vrai sentiment de votre situation et de votre origine. » Les bonapartistes républicains se faisaient illusion sur la situation et sur l'origine de M. Louis Bonaparte. Le président de la République devait le pouvoir non pas aux républicains, mais aux ennemis de la République ; quant à son origine, il était le fils adoptif de l'empereur Napoléon Ier, et comme tel il avait deux fois revendiqué à main armée le trône de France comme sa propriété.

Les vainqueurs ne se contentaient pas de proscrire les vaincus, ils les calomniaient dans leurs journaux : M. Ledru-Rollin, du fond de sa retraite à Londres, prit la plume pour leur répondre.

« Dans cette curée que les royalistes se sont ouverte, comme la liberté, comme le peuple, comme mes amis, j'ai laissé ma part de dépouilles ; mais, ne pouvant assouvir sur ma personne leurs implacables rancunes de février et d'avant février, mes loyaux ennemis se sont jetés sur mon honneur, et, pendant quatre mois, tous ces *braves* m'ont accusé de lâcheté, de désertion à l'heure de la bataille. Je n'ai pas voulu répondre aux *Bayard* si connus de février et de juillet... Que m'importait, d'ailleurs? n'avais-je pas pour me venger la preuve publique imminente au procès, les témoignages à l'audience qu'on ne pouvait supprimer ni travestir : n'étais-je pas certain qu'il serait fait justice, au grand jour, en plein débat, de toutes ces fables burlesques, inventées ou ramassées sous toutes les polices et perfidement enchâssées dans les réquisitions, à cette honnête fin de frapper dans l'un des fondateurs de la République, la République elle-même?

» Aujourd'hui, quoique un arrêt ait supprimé violemment la défense générale de la cause et de ses martyrs, cette preuve que j'attendais s'est faite par le témoignage de mes amis, dont la probité fidèle m'a touché profondément et me console de toutes ces avanies.

» Dans la journée du 13 juin, au Conservatoire, nous avons vu la mort d'assez près, quelques-uns de mes amis et moi. Le long du mur alignés, sans armes et sans défense, sous le feu d'un peloton qui nous tenait ajustés, et qui n'attendait plus que le dernier commandement. L'officier, ivre de fureur et de vin (disent plusieurs témoins), levait son épée pour donner cet ordre de mort, quand un chef supérieur, accourant à toute bride, n'eut que le temps de relever les fusils. « Ils sont prisonniers, dit-il; s'ils bougent, on les fusillera tout à l'heure. » Oui, un instant de plus et nous tombions assassinés, sans provocation, sans combat, sans explication, sans jugement, comme un troupeau qu'on mène à l'abattoir! Eh bien, à ce moment suprême, un seul des hommes rangés le long de ce mur a-t-il baissé la tête, a-t-il, en suppliant, marchandé sa vie et fait prix pour son corps aux dépens de son honneur ? Quels sont les lâches, de ceux qui se tiennent ainsi sous la mort, sans pâlir, ou de ceux qui insultent le lendemain, prudemment abrités derrière les canons de l'état de siége ! Non, non, pendant cette journée de sacrifice, je n'ai point oublié un instant que de tous ses représentants, j'étais celui que la France venait d'honorer du plus grand nombre de ses suffrages !

» Et plus tard, en effet, lorsque j'ai quitté le Conservatoire, y avait-il lutte? Avais-je des amis engagés dans un combat? Il n'y avait ni combat ni lutte. Sans avoir rendu ni le droit, ni les armes, car je n'avais pas d'armes et mon droit restait entier sous la force, j'étais prisonnier de guerre dans une place mal gardée. Je me suis retiré librement, sans laisser derrière moi, ni ma parole que je n'avais pas donnée, ni mes amis ; car, depuis plus d'un quart d'heure, il ne restait que quatre d'entre eux aux Arts-et-Métiers : Martin-Bernard, Considérant, Guinard et moi, ni par conséquent mon honneur. Depuis quand le prisonnier de guerre est-il lui même justiciable de ses fers tombés?... (1) »

M. Ledru-Rollin, candidat à la présidence de la République, élu représentant par cinq départements, joignant à la grandeur de la position celle du talent, eut le tort d'oublier, le 13 juin, que sa place n'était pas dans la rue ; ses amis auraient dû l'en faire souvenir. Un chef comme M. Ledru-Rollin ne se remplace

---

(1) *Le 13 juin*, par Ledru-Rollin. Paris, au bureau du *Nouveau Monde*.

pas aisément, non plus que des soldats comme ceux que la prison et l'exil allaient rendre inutiles à leur parti. Le mot de République est resté sur les monnaies jusqu'en 1853; la seconde République française est morte le 13 juin 1849.

CHAPITRE V.

L'EXPÉDITION DE ROME A L'INTÉRIEUR.
1849 — 1850.

SOMMAIRE. — Le discours de Ham. — Le message du 31 octobre. — La pensée du 10 décembre. — Changement de ministère. — M. de Rayneval. — D'Hautpoul, Ferdinand Barrot, De Parieu, Rouher, Fould et Bineau. — Les deux fauteuils. — Le maréchal Jérôme Bonaparte. — La loi sur l'enseignement. — M. Thiers et M. de Montalembert parrains de la loi ; alliance impossible de la religion et de la philosophie. — Le radeau de la Méduse. — La loi sur l'enseignement et l'épiscopat. — Réorganisation des Écoles militaires. — M. Leverrier appuye la suppression de la gratuité. — M. Carlier fait abattre les arbres de la liberté. — MM. Carnot, de Flotte et Vidal nommés représentants à Paris. — Terreur du Gouvernement à la suite des élections du 10 mars. — Élection de M. Eugène Sue. — La grève des clients. — L'expédition de Rome à l'intérieur. — Moralisation de la presse. — L'assemblée se proroge. — Wiesbaden et Claremont — Voyages et discours du Président de la République. — Revue de Satory. — L'Empire au bâton. — Message du 12 novembre. — Nouveaux conflits. — Préface du coup d'État. — Voyage de M. Fleury à la recherche d'un ministre de la guerre. — L'Empire est fait. — Le général Changarnier est destitué. — Le ministère de transition. — M. de Montalembert témoin de M. Louis Bonaparte. — Rejet de la dotation. — Reprise de l'expédition de Rome à l'intérieur. — Surpension du cours de M. Michelet. — Le discours de Dijon. — Réponse du général Changarnier. — Représentants du Peuple, délibérez en paix !

Les conséquences de la fatale journée du 13 juin ne tardèrent pas à se faire sentir. Des élections nouvelles étaient devenues nécessaires par suite d'option et de décès ; le parti conservateur l'emporta dans les départements et à Paris. L'Assemblée, après ces élections, voudrait se proroger, mais le peut-elle sans péril ? M. Dufaure, ministre de l'intérieur, répond de la tranquillité publique ; qui se permettrait, dit-il, d'accuser le président de la République de projets hostiles au pouvoir législatif, au moment même où il vient de se livrer à Ham à un acte de contrition si honorable pour lui, et si rassurant pour l'Assemblée? M. Dufaure faisait allusion au discours que M. Louis Bonaparte venait de prononcer. Le prisonnier avait voulu revoir sa prison, « non par orgueil, mais par reconnaissance ». Accueilli par des discours pompeux, il avait répondu : « Aujourd'hui, qu'élu par la France entière, je suis devenu le chef légitime de cette grande nation, je ne saurais me glorifier d'une captivité qui avait pour cause l'attaque contre un gouvernement régulier. Quand on a vu combien les révolutions les plus justes entraînent les maux après elles, on comprend à peine l'audace d'avoir voulu assumer sur soi la terrible responsabilité d'un changement. » Le discours du président de la République prononcé dans un banquet se terminait par un toast en l'honneur « des hommes déterminés, malgré leurs convictions, à respecter les institutions de leur pays ».

L'Assemblée, rassurée sur les intentions de l'ancien détenu de Ham par ce repentir platonique auquel les événements du 2 décembre ne devaient pas tarder à donner un si complet démenti, se prorogea du 13 août au 30 septembre.

Le bonapartisme et le parti conservateur vivaient, en apparence, du moins, dans une cordiale intimité. M. Thiers a dit lui-même que pendant un an, à dater du 10 décembre 1848, il avait gouverné la France. M. Odilon-Barrot comptait encore sur une longue durée de son pouvoir ; il était en train de polir l'allocution qu'en sa qualité de garde des sceaux il devait prononcer à la cérémonie de l'institution de la magistrature, lorsque le message du 31 octobre éclata comme la foudre dans un ciel serein.

« J'ai laissé arriver aux affaires les hommes d'opinions les plus diverses, mais sans obtenir les résultats que j'attendais de ce rapprochement. Au lieu d'une fusion de nuances, je n'ai obtenu qu'une neutralisation de forces.

» Au milieu de cette confusion, la France inquiète parce qu'elle ne voit pas de direction, cherche la main, la volonté de l'élu du 10 décembre. Or cette volonté ne peut être sentie que s'il y a communauté entière de vues, d'idées, de convictions entre le président et ses ministres, et si l'Assemblée s'associe elle-même à la pensée nationale dont l'élection du pouvoir exécutif a été l'expression.

» Tout un système a triomphé par mon élection, car le nom de Napoléon est à lui seul un programme; « il veut dire : A l'intérieur, ordre, autorité, religion et bien-être du peuple ; à l'extérieur, dignité nationale. C'est cette politique, que je veux faire triompher avec l'appui du pays, de l'Assemblée et celui du peuple. Je veux être digne de la confiance de la nation en maintenant la Constitution que j'ai jurée. »

Les nouveaux ministres étaient-ils plus capables que les autres de faire sentir la pensée du 10 décembre ? M. de Rayneval, ministre des affaires étrangères, l'un des négociateurs de Gaëte, représentait avant tout la pensée du parti clérical ; M. d'Hautpoul, ministre de la guerre, tour à tour légitimiste, orléaniste, républicain, ne représentait que son intérêt personnel ; M. Ferdinand Barrot, ministre de l'intérieur, devait son portefeuille à son nom et à l'affection de M. Louis Bonaparte ; M. de

Parieu, ministre de l'instruction publique, n'était connu que par ses professions de foi républicaines, et par le discours remarquable qu'il avait prononcé dans la discussion de la Constitution, sur l'article concernant le pouvoir exécutif. M. Rouher, ministre de la justice, avocat du barreau de Riom, présenté par M. de Morny à M. Guizot, repoussé par les électeurs censitaires en 1846, nommé représentant du peuple par le suffrage universel, était un homme de trente-cinq ans, de belle prestance, ambitieux, laborieux, assis sur son banc dès l'ouverture de la séance, en habit noir, en cravate blanche, parleur facile, mais sans autre grâce, sans autre littérature que celle d'un substitut tenant l'audience civile; M. Rouher, avait sollicité du gouvernement républicain une présidence de Cour d'appel, quitte, si ce gouvernement tombait, à traiter la Révolution de Février de catastrophe; le nouveau ministre de la justice, sans préjugé, sans opinion, oublieux de la veille, insoucieux du lendemain, ne voyant que le moment, représentait la pensée du 10 décembre comme il aurait pu représenter la pensée de M. Guizot ou celle du général Cavaignac.

M. Achille Fould, que personne ne se serait attendu à voir transformé en missionnaire de la pensée du 10 décembre, brillait au ministère des finances comme l'arc-en-ciel destiné à rassurer la bourse. Qu'est devenu le temps où M. Fould disait à M. Goudchaux, ministre des finances de la République : « Vous ne pouvez faire honneur aux bons du Trésor ni aux livrets de la Caisse d'épargne; supprimez tout bonnement le payement de la rente (1) ? » Ce radicalisme financier, loin de nuire à

(1) Voyez le discours de M. Goudchaux dans la séance du 21 avril 1849.

M. Fould, le mettait en grande estime auprès des spéculateurs qui fondaient leur fortune sur celle du bonapartisme ; ils n'étaient pas fâchés de voir à la tête des finances un ministre capable de prendre une mesure hardie, si les circonstances l'exigeaient ; M. Fould, prêteur de sommes considérables à M. Louis Bonaparte, représentait sinon la pensée, du moins les besoins pécuniaires du 10 décembre, confondus avec ses propres intérêts ; M. Bineau, ministre des travaux publics, ancien élève de l'École polytechnique, ancien député du centre gauche, ancien commissaire extraordinaire de la République près les chemins du Centre et d'Orléans, n'était qu'une créature de M. Fould ; M. Dumas, ministre de l'agriculture et du commerce, ancien pharmacien, chimiste distingué, commençait à jouer avec moins de science que Cuvier, et moins d'esprit que Thénard, le rôle de savant d'État rempli par ces deux personnages sous la Restauration et sous la monarchie de juillet.

En attendant que le ministère révélât par ses actes la pensée du 10 décembre, le message la laissait entrevoir par l'affectation de son auteur à ne pas prononcer une seule fois le mot de liberté ; la majorité lui pardonnait cet oubli, mais non l'intention évidente de transformer le message en une sorte de manifeste de gouvernement personnel ; la majorité n'attendait qu'une occasion pour faire éclater son indignation.

Le gouvernement de la Restauration avait gardé la magistrature de l'Empire, la Monarchie de juillet conserva la magistrature de la Restauration, la Révolution de février maintint la magistrature de la Monarchie de juillet, le gouvernement présidentiel fit, à son tour, ce qui se comprend plus facilement, un bail avec la magistrature de la République. Les conservateurs prétendent que les serments prêtés par les mêmes magistrats à tant de gouvernements si divers ajoutent beaucoup à la considération de la magistrature et aux garanties auxquelles les justiciables ont droit ; quoi qu'il en soit de cette théorie, les magistrats devaient prêter un nouveau serment à M. Louis Bonaparte ; les grands corps de l'État figurèrent à la cérémonie ; le fauteuil du président de l'Assemblée législative s'étant trouvé placé un peu plus bas que celui du président de la République, M. Desmousseaux de Givré protesta contre cet arrangement et fit décider qu'à l'avenir l'Assemblée législative n'assisterait à aucune cérémonie publique : telle fut la réponse de la majorité au message.

Cet orage passé, la bonne intelligence sembla renaître dans les premiers jours de 1851, entre le pouvoir exécutif et la majorité : cette dernière, toujours un peu taquine, trouve mauvais que le président de la République nomme son oncle maréchal de France ; elle suppute que le traitement de maréchal, ajouté à celui de général en activité et de gouverneur des Invalides, forme un total considérable ; cet acte de népotisme à rebours blesse la conscience sévère des puritains de la droite ; les vieilles susceptibilités se réveillent des deux côtés, envenimées par la presse napoléonienne ; le *Dix décembre*, le *Napoléonien*, traitent les questions politiques avec la franchise de vieux grognards, et la maladresse de conscrits peu habitués au maniement de la plume ; au milieu de ces escarmouches, un projet de loi est présenté à l'Assemblée pour augmenter la solde des sous-officiers. Le ministre de la guerre déclare que l'armée manque de bons sous-officiers, attendu que ceux-ci, dès qu'ils ont perdu l'espoir de passer officiers, s'empressent de quitter le service. Napoléon, ajoutait-il, l'a dit : « Il faut encourager, par tous les moyens, les soldats à rester sous les drapeaux, ce que l'on obtiendra facilement en témoignant une grande estime aux vieux soldats. Il faudrait augmenter la solde en raison des années de service ; car il y a une grande injustice à ne pas mieux payer un vétéran qu'un soldat. »

L'opposition, au lieu de combattre ces théories surannées, présente un projet analogue à celui du gouvernement, avec cette différence que l'augmentation des dépenses résultant de l'augmentation de la solde, sera couverte au moyen d'une diminution de l'effectif de troupes. Le général Subervie et le colonel Charras parlent en faveur des sous-officiers ; M. Lagrange réclame, à son tour, pour les caporaux et pour les brigadiers. La Montagne croit ainsi se populariser dans l'armée. La majorité, ne voulant mécontenter ni l'armée ni le pouvoir exécutif, remplace l'augmentation par une prime allouée au réengagement.

Le projet de loi sur les sous-officiers avait excité les méfiances de l'Assemblée ; le pouvoir exécutif cherchait à gagner l'armée ; le pouvoir législatif devait de son côté pourvoir à sa sûreté ; ces préoccupations donnèrent lieu à la présentation d'une proposition de M. Pradier sur la responsabilité des agents du pouvoir et sur la résistance légale.

Le parti conservateur cherchait, depuis longtemps, à se rendre maître de la direction de l'enseignement ; il réclamait à grands cris la présentation du projet de loi sur l'instruction publique ; la presse réactionnaire redoublait, en attendant, de calomnies contre les instituteurs primaires ; le Conseil d'État ne se pressant pas de terminer l'examen de ce projet, M. de Parieu y suppléa par ce qu'il appelait « le petit projet », lequel consistait à placer, jusqu'à la promulgation de la loi organique sur l'enseignement, l'instruction publique dans les départements sous la surveillance des préfets qui nommeraient, suspendraient, révoqueraient les instituteurs à leur gré. M. de Parieu avait demandé, le 15 décembre 1849, l'urgence pour la discussion ; mais la majorité, naguère si impatiente, cherchait par tous les moyens à la retarder ; le petit projet lui apparaissait comme la dictature du gouvernement en matière d'enseignement. Qui pouvait assurer qu'il s'en servirait uniquement dans l'intérêt des corporations religieuses ? M. de Parieu, pour arracher un vote favorable à l'urgence, fut obligé de promettre que l'article 1ᵉʳ de la loi provisoire fixerait le délai, passé lequel elle cesserait d'être applicable, encore l'urgence ne passé-t-elle, le 11 janvier, qu'à une voix de majorité ; deux jours après, la discussion s'ouvrit.

L'Assemblée législative aurait montré une vive surprise et une grande hilarité si quelque représentant s'était avisé de lui soumettre les deux propositions suivantes :

« Le pouvoir législatif, désirant établir sur des bases solides la liberté de la presse, décide que la rédaction du *Moniteur* est transformée en conseil supérieur de la presse ; ce conseil n'aura pour membres que des collaborateurs des journaux du gouvernement ; des conseils analogues seront formés dans les départements, ils aideront le conseil supérieur à régler la composition de chaque journal, le choix de ses rédacteurs, la politique qu'il doit suivre et à infliger des punitions à ceux qui s'en écartent. »

« Le pouvoir législatif, voulant également assurer aux citoyens les bienfaits de la liberté du commerce, décrète que le conseil supérieur du commerce et les chambres de commerce régleront l'ordre des achats et des ventes, nommeront, surveilleront, suspendront les marchands, et traceront le programme de leurs opérations; ils ne pourront s'écarter de ce programme sous peine d'être interdits, destitués.

L'Assemblée législative organisait pourtant la liberté d'enseignement sur des données analogues.

La liberté de l'enseignement ne diffère pas de la liberté de la presse, ni de la liberté de l'industrie, ni des autres libertés ; l'enseignement doit rester libre de s'organiser comme bon lui semble, de chercher ses livres, ses programmes, ses méthodes ; l'État doit laisser aux maîtres la faculté d'enseigner ce qu'ils croient être la vérité : catholiques, qu'ils enseignent le catholicisme ; protestants, qu'ils prêchent selon Luther et Calvin ; juifs, qu'ils propagent la Bible et le Talmud ; philosophes, qu'ils soient rationalistes, ou éclectiques, peu importe, que chacun enseigne ce qu'il croit et ce qu'il sait ; que toutes les intelligences, toutes les croyances se jettent dans cette grande lutte de la pensée d'où la vérité sort toujours triomphante ; que l'esprit humain soit à lui-même son guide, sa règle et son juge, l'unité doit sortir de cette diversité des opinions; la meilleure loi sur l'enseignement était l'article de la Constitution : « L'enseignement est libre. »

Tout enseignement suppose une doctrine enseignée : l'État a-t-il une doctrine, et s'il en a une peut-elle être autre chose que la mobilité perpétuelle des doctrines? s'il a une doctrine et s'il l'enseigne, il se transforme en église, il y a une papauté universitaire.

Les rédacteurs de la loi nouvelle reconnaissaient parfaitement à l'État le droit d'enseigner, et ils faisaient consister la liberté d'enseignement dans le droit pour tous les citoyens d'enseigner en même temps que l'État, et d'exercer une surveillance et un contrôle sur l'enseignement de l'État.

M. de Montalembert et M. Thiers, dès le commencement de la discussion, s'étaient constitués les parrains de la loi. Ils représentaient pourtant les principes les plus opposés : M. de Montalembert, fils soumis de l'Église dont il reconnaissait la souveraine indépendance, déclarait que l'Église catholique ne connaît pas de transaction avec ceux qui l'ont vaincue ou reniée ici-bas. « On peut confisquer ses biens, la dépouiller de ses droits, lui interdire au nom de la loi la liberté qu'on laisse à l'erreur et au mal; mais nul ne saurait confisquer la sainte indépendance de sa doctrine, ni lui faire abdiquer un atome de sa toute-puissance spirituelle; dépositaire de la seule vraie liberté, de la seule vraie égalité, elle n'acceptera jamais le partage des intelligences dont on lui attribue comme la plèbe en se réservant l'élite. Elle ne dit pas : choisissez dans moi ce qui vous convient. Elle leur dit : croyez, obéissez ou passez-vous de moi. Elle n'est ni l'esclave, ni la cliente, ni l'auxiliaire de personne, elle est reine ou elle n'est rien (1). »

M. Thiers, fils de la révolution, avait proclamé que la révolution était sacrée : « Quand la révolution se sera développée en Europe sans autre complicité de notre part que Montesquieu, Descartes, Pascal, ces sublimes agitateurs de la pensée humaine, sans autre complicité de notre part que la prise de la Bastille et la révolution de Juillet, quand la révolution se sera développée ainsi, elle est sacrée et personne ne doit y toucher ; personne : ce serait un attentat contre la nature et l'humanité (2). »

Le fils de l'Église et le fils de la Révolution se donnent la main, quel est celui des deux qui s'est converti? M. de Montalembert et M. Thiers prétendent qu'il ne s'agit pas d'une apostasie, mais d'une transaction.

« La religion et la philosophie sont, d'après M. Thiers, deux sœurs immortelles placées près de Dieu dès l'origine du monde, la religion dans le cœur de l'homme et la philosophie dans son esprit ; ces deux sœurs se séparent quelquefois, elles se combattent, elles finissent par rentrer dans la paix après avoir tiré de leurs luttes cet avantage que la religion y a gagné quelque chose du savoir humain, et la philosophie plus de respect pour les choses saintes. »

Le journal qui représente réellement le parti catholique, l'*Univers*, nie formellement la théorie de M. Thiers : « Cela est faux : il est faux que la religion et la philosophie sont deux sœurs immortelles ; l'origine et

---

(1) Montalembert, *Du devoir des catholiques*, 1846.
(2) Discours de M. Thiers à la Chambre des députés, séance du 27 mars 1847.

le partage qu'on leur assigne sont faux. Non, il n'est pas vrai que Dieu ait placé la religion dans le cœur de l'homme et la philosophie dans sa tête ; il n'est pas vrai que la religion et la philosophie aient jamais contracté des alliances ; il faut que cette philosophie se révolte contre la religion ou qu'elle consente à être la servante, l'humble servante, *ancilla*, de cette reine. »

Ce langage a toujours été celui de l'Église, et M. de Montalembert, en repoussant l'opinion de l'*Univers*, rejetait la tradition de l'Église ; il ne l'ignorait point, mais il feignait d'accepter la transaction proposée par M. Thiers qui lui sacrifiait en échange l'Université, objet de la vieille et constante haine des catholiques ultramontains. M. Thiers, ministre d'une monarchie qu'on pourrait appeler parlementaire et universitaire ; élevé par l'Université, nourri de son enseignement comme presque tous les membres du parti conservateur, avait découvert depuis la révolution de février que cet enseignement était la cause de tous les périls qui menaçaient la société. M. de Montalembert en tout temps avait professé cette opinion. M. Thiers et M. de Montalembert, d'accord sur ce point, auraient dû, pour se montrer logiques, demander ensemble la suppression de l'Université, et proclamer sur les ruines du monopole la liberté complète de l'enseignement ; mais ils avaient peur de cette liberté comme de toutes les autres ; ils voulaient fortifier l'Église en lui donnant la surveillance de l'enseignement, et modifier l'enseignement, en le confiant à l'Église, seule force capable à leurs yeux de contrebalancer la force du socialisme toujours prêt à détruire la société chrétienne.

Le christianisme menaçait aussi la société païenne; il y a toujours dans l'air une idée qui menace la société ; l'enseignement doit donc être tenu en tutelle permanente. La loi défendue par M. Thiers et par M. de Montalembert consistait, en effet, à confier la tutelle de l'enseignement à l'Église et à l'État. Ce n'était pas une loi de principes, mais une loi de salut public qu'il s'agissait de faire adopter. M. de Montalembert disait à ses collègues : « La majorité a été envoyée pour combattre le socialisme, c'est là son mandat.... Il faut choisir entre le catholicisme et le socialisme... » Il ajoutait que : « Le vaisseau de la monarchie constitutionnelle avait sombré, M. Thiers et lui périssaient si la Providence ne leur avait pas permis de se trouver sur le radeau...... J'appelle le gouvernement actuel un radeau.... Nous serons engloutis si nous n'abordons pas au rivage, et si nous ne remontons pas d'un bras vigoureux le courant du socialisme et de la démagogie. Or vous ne le remonterez qu'avec le secours de l'Église. »

Les catholiques laïques se résignaient bien à faire partie avec les philosophes convertis d'une coalition contre les affreux petits rhéteurs qui mettaient, selon M. de Montalembert, l'ordre social en péril, mais les prêtres résistaient; l'Église n'acceptait pas la part qu'on lui faisait dans la direction de l'enseignement. M. Parisis, évêque de Langres, et l'abbé Cazalès montèrent à la tribune pour dégager la responsabilité de l'Église dans la rédaction de la loi. M. Thiers, qui, en ouvrant l'histoire du monde, y avait toujours vu, disait-il, l'Église et la philosophie se combattre et se réconcilier, n'assista pas cette fois au spectacle de cette réconciliation. M. Parisis « consentait, par dévouement, à prendre en considération une situation politique difficile », mais il protestait contre toute alliance de l'Église avec l'Université ; l'Église, disait-il, n'a besoin de s'associer avec personne pour faire le bien.

L'Assemblée, entre deux délibérations de la loi de l'enseignement, s'était occupée de la réorganisation des écoles militaires; la majorité cherchait à combattre les dangereux effets du décret du 19 juillet 1848, établissant la gratuité de l'admission dans les Écoles polytechnique et militaire. M. Baraguey d'Hilliers demanda la suppression de ce décret, premier jalon de la route qui, selon lui, ne pouvait manquer de mener à la gratuité de l'enseignement à tous les degrés.

M. Leverrier, rapporteur de la commission chargée d'examiner cette proposition, était un ancien élève de l'École polytechnique. Les élèves de cette école ouvrent entre eux, chaque année au commencement des classes, une souscription dont le produit est consacré à payer la pension d'un certain nombre de leurs confrères pauvres. M. Leverrier avait été l'un des boursiers de cette camaraderie. Admis, à la sortie de l'école, à l'Observatoire par la protection de M. Arago, il s'était livré à l'étude de l'astronomie, et ses calculs avaient prouvé l'existence d'une planète. La France qui s'ennuyait beaucoup alors, suivant l'expression de M. de Lamartine, s'empara de cette découverte comme d'un jouet pour se distraire. M. Leverrier, créature de M. Arago, l'un des chefs de l'opposition, devint en quelque sorte l'astronome de l'opposition ; les journaux célébrèrent sa découverte ; des sérénades, des banquets l'accueillirent dans tous les pays où il voyageait; le gouvernement ne crut pas devoir abandonner cette gloire à l'opposition sans lui en disputer quelques rayons. M. de Salvandy, ministre de l'instruction publique, nomma M. Leverrier officier de la Légion d'honneur (1), commanda son buste et créa une chaire pour lui à la Faculté des sciences. L'heureux astronome se laissait faire, chantant la *Marseillaise* avec les uns, criant Vive le roi ! avec les autres, ne sachant pas trop s'il devait rester républicain ou devenir royaliste, il se décida trop tôt ou trop tard à prendre ce dernier parti. M. Leverrier, redevenu républicain à la suite de la révolution de février, se transforma en bonapartiste le lendemain de l'élection du 10 décembre ; il entra, en 1849, à l'Assemblée législative, sous l'influence de la réaction ; épousant aussitôt les passions, les préjugés et les rancunes, de ses nouveaux amis, il alla jusqu'à proposer non-seulement la suppression de la gratuité de l'enseignement à l'École polytechnique, mais encore sa translation à Meudon, sous prétexte d'en fermer l'accès aux passions politiques. La majorité n'osa pas suivre son rapporteur si loin; elle se contenta de supprimer la gratuité.

La réaction ne s'attaquait pas seulement aux lois de la République, elle s'en prenait aussi à ses symboles; le peuple de Paris, le lendemain de la révolution de

(1) « J'ose faire au roi une demande au sujet de M. Leverrier, l'admirable inventeur des planètes dont le cœur fond de joie et de reconnaissance sur cette croix d'officier qui a produit, Sire, le meilleur effet dans le public.

» Votre Majesté a appris l'ambition à ce jeune savant. Il a celle d'être admis à l'honneur de mettre aux pieds du roi la reconnaissance et la confusion de vos bontés.

» Il y a si peu de mathématiciens et de géomètres pensant si bien, que je supplie le roi de consentir à le voir ou le matin ou le soir, ou à présent au plus tard. Votre Majesté s'enchaînera une conquête vraiment digne d'elle. » (Lettre de M. Salvandy, ministre de l'instruction publique, à Louis-Philippe 1er ; *Revue rétrospective*, 2e livraison.)

février, avait planté, au milieu des acclamations de la foule et des bénédictions du clergé, des arbres de la liberté. M. Carlier, préfet de police, agent téméraire et vantard de la réaction, exécuteur de ses basses œuvres, donna tout à coup l'ordre d'abattre ces arbres; l'exécution eut lieu pendant la nuit : les habitants de la Croix-Rouge, de la place du Collége-Rollin, de la rue Furstemberg, de Charenton, de Ménilmontant, de Belleville, en se réveillant le matin, virent les arbres de la liberté couchés par terre; la police peu à peu s'enhardit, et la destruction s'accomplit au grand jour; les arbres de la liberté de la place du Château-d'Eau, des quais Montebello et Napoléon, de la barrière des Deux-Moulins, de la place Maubert, du parvis Notre-Dame, de la place Sorbonne, de la rue Montmartre, de la place de la Concorde, de la place de la Bourse, et de l'Hôtel de Ville, tombèrent malgré les protestations de la population et de la garde nationale. Les ouvriers s'opposèrent, sur plusieurs points, à la destruction du peuplier républicain; au parvis Notre-Dame, la résistance obligea même les agents à se retirer; le peuple crut qu'il préserverait de toute atteinte l'arbre planté devant la cathédrale, en y fixant un écriteau portant ces mots : « A Mgr Affre, » archevêque de Paris, pour son dévouement à l'huma- » nité en 1848. » La police, dans la nuit, le scia sur pied. L'aîné de tous ces arbres avait été planté par le Gouvernement provisoire sur la place de l'Hôtel de Ville, au lieu même où tombèrent les têtes des quatre sergents de la Rochelle; un autre arbre ombrageait aussi l'endroit où le maréchal Ney avait été fusillé; les arbres de la liberté fleurissent mal sur des tombes pareilles; elles auraient dû cependant les protéger contre la cognée bonapartiste.

L'ardeur avec laquelle la majorité applaudit à ces mesures blessantes, la dépopularisait bien plus que le gouvernement qui se cachait et disparaissait derrière l'assemblée ; les terreurs et les rancunes puériles du pouvoir législatif venaient d'ailleurs trop bien en aide aux secrètes intentions du pouvoir exécutif, pour qu'il ne cherchât pas à en profiter ; un décret partage la France en cinq grands commandements militaires ; le clergé se plaint du débordement des mauvaises doctrines, M. Deschanel, professeur de rhétorique dans un collége de Paris, est suspendu pour un article publié dans la *Liberté de penser*, sous le titre : *Le catholicisme et le socialisme*, article « renfermant des attaques contre la religion et le clergé catholique, et contenant une profession de foi de socialisme ». La majorité, depuis les élections partielles faites le 10 mars pour remplacer les représentants condamnés par la haute cour de Versailles, est saisie d'une espèce de terreur panique ; MM. Carnot, de Flotte et Vidal ont été nommées à Paris. Les électeurs de la capitale, en choisissant M. Carnot, ministre de l'instruction publique sous le gouvernement provisoire et M. de Flotte, officier de marine, transporté de juin, n'ont voulu que protester contre la loi sur l'enseignement, et contre la transportation sans jugement. M. de Flotte, afin qu'on ne fît pas de son nom un symbole de haine et de vengeance, avait déclaré qu'il signifiait justice, force invincible du droit, et qu'il le retirerait s'il pouvait signifier colère ou souvenir du passé : « Ma candidature n'est pas un défi, elle veut dire : pour des citoyens non jugés, la liberté ou un débat public et des juges ; protester contre des lois exceptionnelles, c'est repousser à jamais de semblables lois ; protester contre la rétroactivité de la loi, c'est jurer de ne consentir jamais une loi rétroactive ; protester au nom des garanties de la liberté individuelle, c'est s'engager à ne jamais violer ces garanties. » La majorité, au lieu de se rassurer par ces paroles, et de ne voir dans l'élection de M. Vidal, secrétaire de la commission du Luxembourg, qu'une espèce de revanche des circulaires menaçantes de M. Carlier contre le socialisme, est en proie à un paroxysme de répression : prorogation de la loi de suspension du droit de réunion, interdiction des réunions électorales, rétablissement du timbre et fixation du chiffre du cautionnement des journaux, ces mesures lui paraissent à peine suffisantes pour sauver la société au moment où le scrutin va de nouveau s'ouvrir à Paris pour remplacer M. Vidal qui a opté pour Strasbourg. Empêcher les réunions électorales qui ne sont que des clubs déguisés ; supprimer de la liberté de réunion et de la liberté de la presse tout ce qu'il est possible d'en supprimer pour le moment ; le salut de la société est à ce prix ; les orléanistes et légitimistes sont d'accord pour le reconnaître ; seulement les légitimistes voudraient qu'on profitât de l'occasion pour faire l'appel au peuple. M. de Larochejaquelein demande que la nation française, réunie dans ses comices, soit appelée à se prononcer pour ou contre la monarchie. Quelles que soient les mesures auxquelles la majorité est résolue d'avoir recours, il faut se hâter de les prendre ; le socialisme, en prenant Eugène Sue pour candidat, ne vient-il pas de jeter un nouveau défi à la société ?

La bourgeoisie, sous Louis-Philippe, lisait beaucoup

de romans, particulièrement ceux d'Eugène Sue. Les dernières œuvres de ce romancier, empreintes d'une forte couleur socialiste, avaient paru dans le feuilleton des journaux les plus conservateurs. La bourgeoisie, s'imaginant que les fictions qui l'intéressaient tant autrefois, allaient se transformer en réalités, ne sut voir dans la candidature d'un écrivain sorti de ses rangs, d'un homme du monde, qu'une menace de guerre civile, et elle fit tout ce qu'elle put pour lui donner cette signification, en promenant en quelque sorte dans les comices le cadavre d'un jeune homme mort noblement en se battant dans les rangs de la garde nationale pendant les journées de juin : la candidature offerte à M. Leclerc, père de cette jeune victime de nos troubles civils, ne fut pas couronnée de succès ; le nom d'Eugène Sue sortit victorieux de l'urne le 28 avril 1850.

Le journal *l'Assemblée nationale*, à l'époque de l'élection de MM. Carnot, de Flotte et Vidal, avait publié, en la faisant précéder des lignes suivantes, la liste d'un certain nombre de marchands soupçonnés d'avoir voté pour l'opposition : « On sait à quelle brillante clientèle s'adressent les magasins que nous venons de citer. Il y a dans le vote de ces négociants sages d'autant plus de patriotisme qu'en donnant ainsi une leçon au pouvoir et au parti modéré, ils savaient bien qu'ils perdaient leurs riches clientèles et qu'il y aurait peu d'électeurs du parti modéré assez faibles pour mettre désormais leurs pieds dans ces magasins peuplés de révolutionnaires. Nous poursuivrons notre revue socialiste sur les boulevards, dans la rue des Bourdonnais, dans la rue Richelieu, au Palais-Royal et jusque dans le faubourg Saint-Germain. »

Le terrorisme de la clientèle étant resté sans effet, l'électeur ne paraissant pas susceptible d'amendement, la majorité résolut d'amender le système électoral.

M. Baroche était entré au ministère de l'intérieur en remplacement de M. Ferdinand Barrot ; la majorité le trouva tout disposé à se prêter à une modification dans le sens restrictif du suffrage universel. Des écrivains bonapartistes ont prétendu que le président de la République manifesta une très-vive répugnance contre toute mutilation du suffrage universel ; l'histoire ne trouve aucune trace de cette prétendue répugnance de M. Louis Bonaparte, ni dans ses discours, ni dans ses conversations ; M. Baroche y aurait au moins fait allusion dans ses pourparlers avec MM. Benoit d'Azy, Berryer, Beugnot, de Broglie, Buffet, de Chasseloup-Laubat, Daru, Léon Faucher, Jules de Lasteyrie, Molé, de Montalembert, de Montebello, Piscatory, de Sèze, le général Saint-Priest, Thiers, Vatimesnil, membres de la commission chargée de s'entendre avec le gouvernement sur la rédaction de la loi électorale.

L'Assemblée décréta l'urgence. M. Léon Faucher lut, le 18 mai, son rapport; le 31 mai, la loi fut votée.

Le suffrage universel causait de temps en temps d'amers déboires au parti de l'ordre, mais il lui avait permis de se reconstituer peu à peu, et finalement d'avoir la majorité dans l'Assemblée. La loi du 31 mai faisait dépendre le droit d'élection de la constatation du domicile, et cette constatation de l'inscription des citoyens sur le rôle de la taxe personnelle ou de la prestation en nature, et exigeait deux ans de domicile. Près de trois millions de citoyens se trouvaient rayés des listes électorales ; la loi du 31 mai frappait donc non-seulement cette vile multitude dont parlait M. Thiers, mais encore une foule de gens honnêtes, laborieux et peu riches qui, dans les grandes villes et dans les communes où l'octroi remplace la taxe personnelle, ne sont inscrits ni sur le rôle de cette contribution, ni sur celui de la prestation en nature. La loi du 31 mai, première opération de cette guerre que M. de Montalembert appelait une expédition de Rome à l'intérieur, cette loi d'aveuglement et de frayeur, en rétablissant indirectement le sens électoral, violait la Constitution. Les républicains avaient le droit de déclarer que si le suffrage universel n'était pas rétabli avant les élections générales, ils se croiraient autorisés à le revendiquer les armes à la main.

Les chefs de l'expédition de Rome à l'intérieur ne bornaient pas leur plan de campagne à la suppression du suffrage universel; la presse était depuis longtemps l'objet de leurs rancunes et de leurs haines les plus ardentes; ils voulaient en finir avec cette vieille ennemie.

C'est par la liberté des autres que l'on se sent vraiment libre; la bourgeoisie française ne s'est point élevée jusqu'ici à la hauteur de ce sentiment; elle est toujours portée à croire que l'usage que les autres font de la liberté contre elle ne peut être qu'un mauvais usage; la presse n'était donc point en faveur auprès des membres du parti conservateur; l'Assemblée se vantait d'avoir moralisé le suffrage universel, elle voulut aussi moraliser la presse. La loi Tinguy imposa la signature aux journalistes. Cette obligation est-elle favorable ou défavorable aux intérêts particuliers de l'écrivain? On peut discuter là-dessus, mais à coup sûr rien n'était plus funeste à l'honneur des journaux que les arguments employés pour défendre la loi nouvelle ; les orateurs de la droite traitèrent le journal de tribunal wœhmique désignant ses victimes à des exécuteurs masqués, de barricade d'où le journaliste tire à l'abri d'un mur contre le soldat qui s'avance à poitrine découverte ; ils n'épargnèrent aucune injure aux écrivains de la presse : juges du poignard, gens d'embuscade, prenant à leur solde un homme de paille, un gérant pour insulter leurs ennemis ; à ces insultes, ils joignirent les vieux reproches : La presse est un État dans l'État, un club à domicile ; la conclusion de ces discours forcenés était qu'il était temps de corriger la presse, et de fermer cette école de scandale.

La presse méritait-elle tous ces reproches ? Sans doute, la presse contribue aux révolutions, comme le livre et comme la tribune, mais son influence sur l'opinion publique ne résulte que de cette opinion elle-même ; la moralisation de la presse dépend du public et non d'une signature ; Erostrate et Catilina auraient-ils reculé devant la signature de leurs articles ? Les journaux manqueront-ils jamais de signataires de paille ? Les auteurs de la loi du juillet savaient bien que non, mais en imposant la signature au journaliste, leur but était de détruire la personnalité du journal : Cette loi qui frappait d'un timbre non-seulement le journal, mais encore son feuilleton, quand il contenait un roman, reçut le surnom de loi de haine ; elle le méritait bien.

Le 8 août, la prorogation de l'Assemblée interrompit la campagne de Rome à l'intérieur, si brillamment commencée par la majorité, sous les ordres de M. de Montalembert. La commission de vingt-cinq représentants élus au scrutin secret, qui devait, avec le bureau, remplacer l'Assemblée, se composait de MM. O. Barrot, J. de Lasteyrie, Monet, général de Saint-Priest, Changarnier d'Olivier, Berryer, Nettement, Molé, général Lauriston, Lamoricière, Beugnot, de Mornay, Montebello, colonel de Lespinasse, Creton, Rulhière, Varin, Léo de Laborde, Casimir Périer, de Crouseilhes, Druet-Desvaux, Combarel de Leyval, Garnon, Chambolle; pendant que ces représentants veillent sur les destinées de la République, les orléanistes et les légitimistes se rendent en pèlerinage les uns à Clermont, les autres à Wiesbaden. Le Président de la République, profitant de la prorogation, reprit le cours de ses voyages. Déjà, dans les derniers jours de la session législative, au moment où la question des frais de représentation suscitait de si ardents débats dans l'Assemblée, il s'était rendu à Saint-Quentin pour présider à l'inauguration du chemin de fer. « Voyez-vous, dit-il aux ouvriers, en leur remettant des livrets de caisse d'épargne : Mes amis les plus sincères et les plus dévoués ne sont pas dans les palais, ils sont sous le chaume, ils ne sont pas sous les lambris dorés, ils sont dans les ateliers, sur les places publiques, dans les campagnes. Je sais, comme disait l'Empereur, que ma fibre répond à la vôtre, et que nous avons les mêmes intérêts ainsi que les mêmes instincts. »

Le 12 août, le Président de la République se rendit à Lyon en traversant la Bourgogne, pays de bonapartisme et de socialisme à la fois; il traversa Joigny, Auxerre, Dijon, accueilli sur son passage, tantôt par le cri de Vive

Napoléon ! tantôt par celui de Vive la République ! La réception fut la même dans le département de Saône-et-Loire ; dans le Rhône, à Lyon surtout, elle devint plus bienveillante ; le maire de cette grande cité manufacturière et commerciale adressa un discours à M. Louis Bonaparte, qui lui répondit :

« Je ne suis pas le représentant d'un parti, mais le représentant des deux grandes manifestations nationales qui, en 1804, comme en 1848, ont voulu sauver par l'ordre les grands principes de la Révolution française. Fier de mon origine et de mon drapeau, je leur resterai fidèle ; je serai au pays tout entier, quelque chose qu'il exige de moi, abnégation ou persévérance.

» Des bruits de coups d'État sont peut-être venus jusqu'à vous, mais vous n'y aurez pas ajouté foi, je vous en remercie. Les surprises et l'usurpation peuvent être le rêve des partis sans appui dans la nation ; mais l'élu de six millions de suffrages exécute les volontés du peuple, il ne les trahit pas. Le patriotisme, je le répète, peut consister dans l'abnégation comme dans la persévérance. »

M. Louis Bonaparte ne fit que développer ce thème en prenant la parole devant les populations de la Franche-Comté et de l'Alsace ; l'accueil qu'il reçut dans ces contrées varia selon les lieux, mais la curiosité qu'il excita fut partout aussi vive. Le peuple, à Besançon, à Colmar, à Strasbourg, se montra froid et indifférent plutôt qu'hostile. La présence du Président de la République au bal donné à la halle de Besançon devint cependant l'occasion d'une manifestation presque menaçante, le conseil municipal de Strasbourg refusa de voter des fonds pour sa réception ; le discours républicain d'un conseiller municipal remplissant les fonctions de maire, obligea M. Louis Bonaparte à se renfermer dans une courte réponse. Il put se dédommager au banquet que lui offrirent le commerce et l'industrie.

« Avant mon départ, on voulait me détourner de mon voyage en Alsace. On me répétait : Vous y serez mal venu ; cette contrée pervertie par des émissaires étrangers, ne connaît plus ces nobles mots d'honneur et de patrie que son nom rappelle, et qui ont fait vibrer le cœur de ses habitants pendant quarante années. Esclaves, sans s'en douter, d'hommes qui abusent de leur crédulité, les Alsaciens se refuseront à voir dans l'élu de la nation le représentant légitime de tous les droits et de tous les intérêts. Et moi, je me suis dit : je dois aller partout où il y a des illusions dangereuses à dissiper et de bons citoyens à raffermir ; on a calomnié l'Alsace. Dans cette terre des souvenirs glorieux et des sentiments patriotiques, je trouverai, j'en suis assuré, des cœurs qui comprendront ma mission et mon dévouement au pays. Je ne me suis pas trompé ; quelques mois, en effet, ne font pas d'un peuple profondément imbu des vertus solides du soldat et du laboureur un peuple d'ennemis de la religion, de la famille et de la propriété.

» D'ailleurs, Messieurs, pourquoi aurais-je été mal reçu ? Placé par le vote presque unanime de la France à la tête d'un pouvoir légalement restreint, mais immense par l'influence morale de son origine, ai-je été séduit par la pensée, par les conseils d'attaquer une constitution faite pourtant, personne ne l'ignore, en grande partie contre moi ? Non. J'ai respecté, je respecterai la souveraineté du peuple, même dans ce que son expression peut avoir de faux et d'hostile. Si j'en ai agi ainsi, c'est que le titre que j'ambitionne le plus est celui d'honnête homme. Je ne connais rien au-dessus du devoir. »

Ces émissaires étrangers qui ont changé l'Alsace, à ce que dit avec assez peu d'habileté M. Louis Bonaparte, il ne les trouve heureusement plus en Normandie ; son discours à Cherbourg, indique qu'il a repris courage.

« Plus je parcours la France, et plus je m'aperçois qu'on attend beaucoup du gouvernement. Je ne traverse pas un département, une ville, un hameau, sans que les maires, les conseils généraux et même les représentants me demandent ici des voies de communication, telles que canaux, chemins de fer, là l'achèvement de travaux entrepris, partout, enfin, des mesures qui puissent remédier aux souffrances de l'agriculture, donner de la vie à l'industrie et au commerce.

» Rien de plus naturel que la manifestation de ces vœux ; elle ne frappe pas, croyez-le bien, une oreille inattentive ; mais, à mon tour, je dois vous dire : ces résultats tant désirés ne s'obtiendront que si vous me donnez le moyen de les accomplir, et ce moyen est tout entier dans votre concours à fortifier le pouvoir, et à écarter les dangers de l'avenir.

» Pourquoi l'Empereur, malgré la guerre, a-t-il couvert la France de ces travaux impérissables qu'on retrouve à chaque pas et nulle part plus remarqués qu'ici? C'est qu'indépendamment de son génie, il vint à une époque où la nation, fatiguée des révolutions, lui donna le pouvoir nécessaire pour abattre l'anarchie, combattre les factions, et faire triompher à l'extérieur par la gloire, à l'intérieur par une impulsion vigoureuse, les intérêts généraux du pays.

» S'il y a donc une ville en France qui doive être napoléonienne et conservatrice, c'est Cherbourg; napoléonienne par reconnaissance, conservatrice par la saine appréciation de ses véritables intérêts. Qu'est-ce en effet qu'un port comme le vôtre, créé par de si gigantesques efforts, sinon l'éclatant témoignage de cette unité française poursuivie à travers tant de siècles et de révolutions, unité qui fait de nous une grande nation? Mais une grande nation, ne l'oublions pas, ne se maintient à la hauteur de ses destinées que lorsque les institutions elles-mêmes sont d'accord avec les exigences de sa situation politique et de ses intérêts matériels. Les habitants de la Normandie savent apprécier de semblables intérêts, et m'en ont donné la preuve, et c'est avec orgueil que je porte aujourd'hui un toast à la ville de Cherbourg. »

Pendant que le Président de la République soumet indirectement la question de la révision de la Constitution à l'examen de la France, les conseils généraux, réunis le 26 août, font de cette question l'objet de leurs délibérations, et M. Louis Bonaparte, en rentrant à Paris, passe en revue l'armée dans la plaine de Satory, comme pour lui demander d'exprimer à son tour son avis sur la loi de l'État; la cavalerie, à cette demande, précédée de copieuses libations de vin de Champagne, répondit : Vive l'Empereur! L'infanterie reste muette. Le Président de la République s'informe des causes de ce silence : il apprend que le général Neumayer, commandant la première division, a rappelé, à un colonel qui lui demandait s'il devait laisser crier ou faire crier aux soldats : Vive l'Empereur! le règlement qui ordonne le silence le plus rigoureux sous les armes. Le général Neumayer est privé de son commandement le 31 octobre; le 2 novembre, le général Changarnier fait lire aux corps de troupes placés sous son commandement l'ordre du jour suivant :

« Aux termes de la loi, l'armée ne délibère point. Aux termes des règlements militaires, elle doit s'abstenir de toute démonstration, et ne proférer aucun cri sous les armes.

» Le général en chef rappelle ces dispositions aux troupes placées sous son commandement. »

Ce rappel d'une loi juste n'avait qu'un tort, celui de paraître une taquinerie ; les moyens employés par la majorité dans la lutte qui semblait engagée entre elle et le pouvoir exécutif affectaient tous ce caractère ou celui de la puérilité ; la majorité, au lieu de seconder l'opinion publique qui penchait du côté de l'Assemblée plutôt que du côté de M. Louis Bonaparte, la décourageait par des mesures ridicules ; les membres de la *Société du* 10 *décembre* exprimaient leur sentiment sur la révision de la Constitution en rossant, sur la place du Havre, les passants qui refusaient de crier : Vive l'Empereur ! M. de la Guéronnière, rédacteur de la *Presse*, publia dans ce journal un article vigoureux contre les *décembraillards ;* cet article, intitulé : *l'Empire au bâton*, produisit une sensation dont malheureusement la commission de permanence de l'Assemblée législative atténua bientôt l'effet en envoyant chez le ministre de l'intérieur une députation composée de M. Baze et de M. Léon Faucher, chargés de lui révéler que vingt-six des membres les plus exaltés de la Société du 10 décembre venaient de tirer au sort à qui tuerait le général Changarnier et M. Dupin ; le commissaire de police attaché à l'Assemblée et son agent avaient découvert la conspiration ; assassiner M. Dupin! Le public se moqua de cette invention burlesque, et de la commission de permanence qui avait pu y croire; cette crédulité enlevait un peu de leur sérieux aux craintes qu'elle manifestait sur l'imminence d'un coup d'État; cependant le public ne les supposait pas entièrement dénuées de fondement, aussi le message présidentiel du 12 novembre 1850 causa-t-il à tout le monde une vive surprise. Voici la fin de ce document :

« Malgré la difficulté des circonstances, la loi, l'autorité, ont recouvré à tel point leur empire que personne ne croit désormais au succès de la violence ; mais aussi plus les craintes sur le présent disparaissent, plus les esprits se livrent avec entraînement aux préoccupations de l'avenir. Cependant la France veut avant tout le repos; encore émue des dangers que la société a courus, elle reste étrangère aux querelles des partis ou d'hommes si mesquines en présence des grands intérêts qui sont en jeu.

» J'ai souvent déclaré, lorsque l'occasion s'est offerte d'exprimer publiquement ma pensée, que je considérerais comme de grands coupables ceux qui, par ambition personnelle, compromettraient le peu de stabilité que nous garantit la Constitution. C'est ma conviction profonde ; elle n'a jamais été ébranlée. Les ennemis seuls de la tranquillité publique ont pu dénaturer les plus simples démarches qui naissent de ma position.

» Comme premier magistrat de la République j'étais obligé de me mettre en relation avec le clergé, la magistrature, les agriculteurs, les industriels, l'administration, l'armée, et je me suis empressé de saisir toutes les occasions de leur témoigner ma sympathie et ma reconnaissance pour le concours qu'ils me prêtent; et surtout si mon nom comme mes efforts ont concouru à raffermir l'esprit de l'armée, de laquelle je dispose seul d'après les termes de la Constitution, c'est un service, j'ose le dire, que je crois avoir rendu au pays, car toujours j'ai fait tourner au profit de l'ordre mon influence personnelle.

» La règle invariable de ma vie politique sera, dans toutes les circonstances, de faire mon devoir, rien que mon devoir.

» Il est aujourd'hui permis à tout le monde, excepté à moi, de vouloir hâter la révision de notre loi fondamentale. Si la Constitution renferme des vices et des dangers, vous êtes tous libres de les faire ressortir aux yeux du pays. *Moi seul, lié par mon serment;* je me renferme dans les strictes limites qu'elle a tracées.

» Les conseils généraux ont, en grand nombre, émis le vœu de la révision de la Constitution. Ce vœu ne s'adresse qu'au pouvoir législatif. Quant à moi, élu du peuple, ne relevant que de lui, je me conformerai toujours à ses volontés légalement exprimées.

» L'incertitude de l'avenir fait naître, je le sais, bien des appréhensions en réveillant bien des espérances. Sachons tous faire à la patrie le sacrifice de ces espérances, et ne nous occupons que de ses intérêts. Si, dans cette session, vous votez la révision de la Constitution, une Constituante viendra refaire nos lois fondamentales et régler le sort du pouvoir exécutif. Si vous ne la votez pas, le peuple en 1852 manifestera solennellement l'expression de sa volonté nouvelle.

» Mais, quelles que puissent être les solutions de l'avenir, entendons-nous, afin que ce ne soit jamais la passion, la surprise ou la violence qui décident du sort d'une grande nation; inspirons au peuple l'amour du repos en mettant du calme dans nos délibérations, inspirons-lui la religion du droit en ne nous en écartant jamais nous-mêmes, et, alors, croyez-le, le progrès des mœurs politiques compensera le danger d'institutions créées dans des jours de défiance et d'incertitude.

» Ce qui me préoccupe surtout, soyez-en persuadés, ce n'est pas de savoir qui gouvernera la France en 1852, c'est d'employer le temps dont je dispose, de manière à ce que la transition, quelle qu'elle soit, se fasse sans agitation et sans trouble.

» Le but le plus digne et le plus noble d'une âme élevée n'est point de rechercher, quand on est au pouvoir, par quels expédients on s'y perpétuera, mais de veiller sans cesse aux moyens de consolider, à l'avantage de tous, les principes d'autorité et de morale qui défient les passions des hommes et l'instabilité des lois.

» Je vous ai loyalement ouvert mon cœur; vous répondrez à ma franchise par votre confiance, à mes bonnes intentions par votre concours, et Dieu fera le reste. »

Ce message aurait dû mettre fin à toutes les causes de méfiance et de division entre le pouvoir législatif et le pouvoir exécutif; le général d'Hautpoul, ministre de la guerre, nommé gouverneur de l'Algérie, et le général Neumayer promu, par une sorte de transaction, à un commandement plus important, les deux pouvoirs rivaux n'avaient plus, semblait-il, qu'à se tendre la main ; M. Baroche, ministre de l'intérieur, s'étant avisé de destituer le commissaire de police qui avait sauvé les jours de M. Dupin et du général Changarnier, M. Baze questeur, protesta contre cet empiétement sur les attributions du président de l'Assemblée ; M. Mauguin, arrêté pour dettes au milieu de l'effervescence causée par cet incident, ayant excipé vainement de son inviolabilité comme représentant pour obtenir sa mise en liberté, M. Baze, armé d'un vote de l'Assemblée, s'élança vers Clichy, et ramena en triomphe le prisonnier sur son banc.

Le pouvoir législatif se trompait en croyant accroître sa force et son prestige par de tel actes ; il les compromettait au contraire dans des conflits où le vainqueur a souvent plus à perdre que le vaincu.

M. Louis Bonaparte se rendait parfaitement compte des fautes du parti conservateur, et déjà, disent ses historiens, il se mettait en mesure d'en profiter.

« Ou nous nous trompons fort », dit l'un d'eux (1), « où les premiers germes du coup d'État qui devait éclater dix mois plus tard couvèrent dès lors et devinrent une volonté arrêtée, et nous pouvons dire que si les événements dont nous retraçons l'histoire, viennent en fait de se passer sous nos yeux, en principe leur nécessité avait été reconnue, et leur éclosion rêvée, depuis le premier mois de l'année actuelle. »

M. Louis Bonaparte travaillait depuis longtemps à s'assurer le concours de l'armée. « Mais, composé comme il l'était encore, l'état-major général — les généraux seuls étaient à craindre, — n'offrait peut-être pas d'assez complètes garanties, car les plus âgés pouvaient manquer d'audace et la grande majorité des plus jeunes figurait dans le parlement. Une idée

(1) P. Mayer, *Histoire du 2 décembre*.

tout impériale triompha de cette alternative, et M. de Persigny, cet ardent et infatigable chevalier du napoléonisme, se voua avec enthousiasme à la réalisation de ce mot de génie jeté négligemment par le président, et dont l'expédition de Kabylie peut expliquer aujourd'hui la profondeur et la portée : « Si nous faisions des généraux ? »

» La graine n'en manquait pas. Un des plus brillants officiers de notre cavalerie, le brave et sympathique commandant Fleury, fut chargé d'apprécier les courages, d'évoquer les dévouements, de certifier les espérances (1). »

Le mot de *viveur*, servant à désigner une certaine classe de jeunes gens qui ne vivaient que pour le plaisir, date du règne de Louis-Philippe. Il y a eu, sans doute, des viveurs avant et après la monarchie constitutionnelle, il y en a encore aujourd'hui, il y en aura toujours ; mais la physionomie du viveur n'est pas la même à toutes les époques. Les jeunes gens d'aujourd'hui ne peuvent être comparés à ceux qui atteignaient leur vingtième année au moment où le duc d'Orléans partait pour sa première campagne en Algérie ; la jeunesse d'alors, même dans ses excès et dans ses oublis, laissait à la morale des regrets mêlés d'espoir ; il y avait en elle quelque chose qui résistait à la dissipation, et qui pouvait la remplacer un jour. Le *viveur* de l'ère constitutionnelle était presque toujours un homme instruit, se piquant de ne rester étranger ni à la littérature, ni à la politique, demandant à l'une ou

(1) P. Mayer, *Histoire du 2 décembre.*

à l'autre de lui fournir une carrière, quand l'heure de se ranger sonnait. La grâce, l'amabilité, l'aisance, une certaine ouverture d'esprit, une certaine aptitude à tourner les difficultés dans toute entreprise, ces fruits de l'expérience et des vicissitudes mondaines, suivaient le viveur dans sa carrière d'homme sérieux.

L'école des Viveurs avait ce que l'École polytechnique appelle ses *fruits secs*. Le viveur qui, par suite d'une éducation négligée, ne pouvait entrer dans la carrière politique ou littéraire, s'engageait dans l'armée. Les habitués du Gymnase et du Théâtre-Français connaissent bien ce sujet de pièce : Un jeune homme ruiné, sans carrière, sans profession, mais conservant un reste d'énergie, s'engage comme simple soldat; son caractère facile, son habileté, lui font des amis de ses chefs et de ses égaux ; c'est à qui s'intéressera à lui, et à qui lui prêtera son aide pour franchir les échelons de la hiérarchie militaire; les auteurs dramatiques, afin de jeter un intérêt plus vif sur leur héros, en font toujours un gentilhomme de haute lignée. Le jeune Fleury, fils d'un marchand de Paris, sauf le titre de duc, de comte ou de baron, réunissait les traits principaux de ce personnage de vaudeville. Viveur de seconde classe, ruiné, soldat, officier, M. Fleury était revenu d'Afrique avec l'épaulette de chef d'escadrons; un changement de gouvernement, dans lequel il jouerait un rôle, lui ouvrait de nouvelles perspectives d'avancement; M. Louis Bonaparte, bon cavalier et savant amateur de chevaux, ayant eu l'occasion d'apprécier des qualités semblables chez M. Fleury, l'avait rapproché de sa personne en le nommant son officier d'ordonnance. M. Fleury, envoyé en Algérie en remonte de généraux et d'officiers décidés à servir d'instrument aux projets médités contre l'Assemblée législative, n'eut pas de peine à remplir sa mission.

« Les généraux de division ou de brigade, colonels, lieutenants-colonels, aucun de ceux à qui son entraînante parole peignit les dangers du pays, n'avait besoin d'être convaincu. Tous avaient une égale horreur du parlementarisme, du socialisme.

» C'est ainsi que les cadets devinrent les aînés, et que le cadre de l'armée active s'habitua aux noms de Saint-Arnaud, de Cotte, Espinasse, Marulaz, Rochefort, Feray, d'Allonville, Gardarens de Boisse, de Lourmel, Herbillon, Dulac, Forey, Courtigis, Canrobert et quelques autres (1). »

Ces militaires auxquels la journée du 4 décembre 1851 devait assurer une si triste célébrité, se laissèrent aisément convertir par le racoleur ; ils étaient peu connus; l'expédition de Kabylie fut résolue malgré la répugnance de l'Assemblée législative et confiée au général Saint-Arnaud, désigné *in petto* comme ministre de la guerre; afin de donner à ce général l'autorité nécessaire dans un poste si élevé, M. Fleury transmit aux journaux bonapartistes, de la part du Président de la République, le mot d'ordre qui consistait à mettre « en grande et belle lumière les rares mérites et les prochains services de M. le général de Saint-Arnaud dans la Kabylie (2). »

---

(1) P. Mayer, *Histoire du 2 décembre*.
(2) Le docteur Véron, *Nouveaux mémoires d'un bourgeois de Paris*.

Les entrepreneurs du coup d'État, convaincus qu'on peut faire un grand général, comme un grand acteur par la réclame, préparèrent avec ardeur le succès du général Saint-Arnaud ; cependant l'expédition de Kabylie, malgré tous leurs efforts, obtint à peine un succès d'estime. Le coup d'État n'en eut pas moins dès lors son ministre de la guerre, et un nombre suffisant d'officiers prêts à tout faire sous ses ordres ; mais la présence de certains généraux placés à la tête de grands commandements gênait encore le coup d'État dans ses préparatifs. Le général Changarnier figurait en tête de ces généraux ; il devenait urgent d'en finir avec ce surveillant plus incommode cependant que dangereux : la *Patrie*, feuille bonapartiste, publia donc, le 2 janvier 1851, des extraits d'instructions données aux chefs de corps de l'armée de Paris par le commandant en chef. Les plus graves étaient ceux-ci :

« Ne pas écouter les représentants.

» Tout ordre qui ne provient pas du général en chef est nul.

» Toute réquisition, sommation ou demande d'un fonctionnaire civil, judiciaire ou politique, doit être rigoureusement écartée ».

La publication de ces extraits n'avait évidemment qu'un but, celui de brouiller le général Changarnier avec l'Assemblée. Le citoyen Napoléon Bonaparte s'empressa de dénoncer les instructions du commandant en chef de l'armée de Paris, et de proposer un vote de blâme contre lui, mais la majorité ne songeait guère à se mettre en conflit avec le général Changarnier ; le citoyen Napoléon Bonaparte en fut pour ses frais d'éloquence ; le général Changarnier s'était d'ailleurs empressé de déclarer que ces extraits dataient du mois d'octobre 1848, au moment où il avait pris le commandement de l'armée de Paris, et que dans aucune de ses instructions permanentes ou transitoires le droit constitutionnel de l'Assemblée de requérir des troupes n'avait été mis en question, non plus que l'article du règlement qui défère à l'Assemblée l'exercice de ce pouvoir.

Le soin de donner ces explications revenait de droit au général Schramm, ministre de la guerre, supérieur hiérarchique du commandant en chef de l'armée de Paris, mais il demandait trois jours de réflexion pour les fournir ; l'Assemblée, pressée d'accorder un ordre du jour de confiance au général Changarnier, ne voulut pas attendre ; le général Schramm, atteint dans sa prérogative, donna sa démission ; ses collègues l'imitèrent. Le président de la République dut songer à former un nouveau ministère : tâche d'autant plus laborieuse que la destitution du général Changarnier était déjà résolue dans l'esprit de M. Louis Bonaparte et qu'elle faisait partie du programme imposé aux futurs ministres ; une simple modification du cabinet mit fin à la crise ministérielle : MM. Baroche, Fould, Rouher, de Parieu gardèrent leur portefeuille ; M. Drouyn de Lhuys remplaça M. La Hitte aux affaires étrangères ; MM. Bonjean et Magne prirent, l'un le portefeuille de l'agriculture et du commerce, l'autre celui des travaux publics ; le général Regnault de Saint-Jean-d'Angely accepta le ministère de la guerre.

La destitution du général Changarnier et son remplacement par le général Baraguey d'Hilliers à la tête de l'armée de Paris, et par le général Perrot à la tête des gardes nationales de la Seine, suivent de près ces arrangements ministériels; rude coup pour le parti conservateur! M. de Rémusat exprime l'émotion générale de la droite par de vives interpellations au ministère; il demande qu'une commission soit chargée, séance tenante, d'adopter les mesures que la situation peut commander; il n'y en avait qu'une à prendre : la formation d'une force parlementaire placée sous le commandement du général Changarnier; mais la majorité manque de la fermeté nécessaire pour recourir à de semblables moyens ; au lieu d'agir, elle perd son temps à discuter avec le ministère sur la question de savoir qui, de l'Assemblée ou du Président de la République, a sauvé la France, et à demander à M. Baroche quelle est la politique du cabinet. M. Baroche répond qu'il n'en a pas d'autre que celle du message du 12 novembre 1850, « nous sommes dans la Constitution, nous voulons y rester ». Le ministre ajoute qu'avant de juger le cabinet, il faut attendre au moins ses actes : « Attendre, répond M. Dufaure, après l'acte que vous venez de commettre, après les cris proférés à Satory! » Il semble donc qu'il n'y ait plus qu'à mettre le Président de la République en accusation; la majorité garde une trop respectueuse fidélité aux fictions constitutionnelles pour ne pas reculer devant une telle conclusion ; elle continue, comme si le Président de la République était irresponsable, à diriger ses coups sur ses ministres. M. Baroche, un moment effrayé par l'attitude menaçante de la majorité, reprend courage; il riposte à l'accusation portée contre le pouvoir exécutif de vouloir renverser la Constitution par une accusation semblable contre le pouvoir législatif; il oppose les voyages à Wiesbaden et à Claremont aux revues de Satory.

M. Berryer monte à la tribune pour repousser cette accusation : « il est allé à Wiesbaden pour voir un exil qui est étranger à tous les événements accomplis dans son pays, qui n'a jamais démérité de la patrie, qui est exilé parce qu'il porte en lui le principe qui, pendant une longue suite de siècles, a réglé en France la transmission de la souveraineté publique, qui est exilé parce que tout établissement d'un nouveau gouvernement en France est nécessairement contre lui une loi de proscription; qui est exilé parce qu'il ne peut pas poser le pied sur le sol de cette France que les rois ses aïeux ont conquise, agrandie, constituée, sans être le premier des Français, le roi. » M. Berryer ajoute qu'il n'a fait le voyage de Wiesbaden que pour accomplir l'union et la fusion qui seules peuvent sauver la société française. Ah! que cette majorité ne se brise pas, car si elle se brise, s'écrie l'orateur, « je déplore l'avenir qui est réservé à mon pays; je ne sais pas quels seraient vos successeurs, je ne sais pas si vous aurez des successeurs; ces murs resteront debout peut-être, mais ils ne seront habités que par des législateurs muets...; c'est là ce que j'entrevois, et je dis que si la majorité est brisée, nous aurons à subir, en France, ou le mutisme d'une démagogie, la violence comme elle s'imposera, ou le mutisme qu'un absolutisme absurde tentera de placer sur le pays. » Prophétie vraie; mais pour la conjurer, il fallait un autre remède que la fusion.

M. Thiers prend ensuite la parole pour expliquer les causes de son voyage à Claremont; son discours ressemble fort à une confession générale; l'orateur commence par d'amers regrets sur la conduite du gouvernement qui brise le faisceau d'une majorité formée par le sacrifice mutuel de ses préférences; après avoir constaté que le gouvernement s'en sépare le premier, il fait remarquer que c'est pourtant la majorité qui a créé la présidence; lui et ses amis, dit-il, ont longtemps hésité entre M. Louis Bonaparte et le général Cavaignac; ils auraient pu prendre un candidat dans la majorité, ils ne l'ont pas fait, pour ne pas se diviser. « S'ils avaient été des ambitieux capables de spéculer sur le règne d'une femme, l'occasion était bonne pour s'emparer du pouvoir. » Ils se rangèrent autour du nom, vers lequel couraient les masses; le Président de la République ne connaissait pas la France, l'orateur se chargea de la lui révéler; il voulait assurer sa popularité par quelque grande entreprise au dehors, par quelque grande fondation au dedans : c'est encore l'orateur qui le ramena bien vite au sentiment du possible. Lorsque le message du 31 octobre est venu rompre l'accord qui durait depuis deux ans, la majorité a pourtant continué son appui au Président de la République, dont la politique a fini par amener ces élections du 11 mars qui ont terrifié la France. L'orateur, oubliant le passé, crut devoir alors conseiller la loi du 31 mai que le pouvoir trouve bonne, mais dont il décline la responsabilité. L'annonce seule de ce projet de loi, ajoute M. Thiers, rendit à la France sa sérénité; vint la question de la dotation présidentielle; M. Thiers et ses amis craignaient que la dotation ne dénaturât l'institution de la présidence, ils l'ont votée pourtant pour ne pas rompre avec le pouvoir exécutif; la prorogation de l'Assemblée arrive, et avec elle des actes nouveaux que M. Thiers et ses amis ne pouvaient laisser passer; au reproche d'avoir toléré des manifestations inconstitutionnelles, le gouvernement répond en reprochant à la majorité les voyages de Wiesbaden et de Claremont; « pour lui, il n'a pas voulu laisser mourir, sans le voir, un roi dont il a combattu la politique en respectant sa personne; il en a du reste averti le président ; à son retour, il l'a fait prévenir aussi qu'il s'est assis entre une veuve et un enfant qu'il ne connaît que sous le nom de comte de Paris, attendu que la France ne lui en a pas donné d'autre » ; le Président pendant ce temps-là passe des revues où l'on crie vive l'Empereur! comme au temps où les légions faisaient les Césars. On a destitué le général Changarnier pour de simples torts de caractère; sa position, dit-on, est une anomalie; il y a bien d'autres anomalies en France, sans compter celle à laquelle l'orateur a consenti en laissant créer dans la République quelque chose qui n'est pas la République. Aujourd'hui, les deux pouvoirs sont divisés, le pouvoir exécutif empiète sur le pouvoir législatif; il faut, M. Thiers le déclare en finissant, que le premier cède, sinon tout est perdu. « Maintenant, je n'ajoute plus qu'un mot; il n'y a que deux pouvoirs : le pouvoir législatif et le pouvoir exécutif. Si l'Assemblée cède, il n'y en aura plus qu'un, et quand il n'y aura plus qu'un pouvoir, la forme du gouvernement sera changée. Et soyez-en sûrs, les mots viendront plus tard, quand? je ne sais, peu importe; le mot viendra quand il pourra ! *l'Empire est fait.* »

L'impression produite par ce mot fut profonde et générale ; malheureusement la clairvoyance est un don inutile quand elle n'est pas secondée par l'action ; à quoi sert à l'homme d'État de prévoir un danger pour son pays, s'il ne fait rien pour l'y soustraire? c'est le reproche que l'histoire peut adresser, non-seulement à M. Thiers et à ses amis, mais encore à tous ceux qui ont figuré sur le théâtre de la politique contemporaine ; habiles à prévoir les événements et à les juger, ils n'ont jamais su les diriger ; il semble, après le prodigieux développement d'activité auquel a donné lieu la Révolution française, que l'intelligence fatiguée ne soit plus capable que de réflexion et de critique ; les hommes d'État jugent les affaires plutôt qu'ils ne les font ; ils sont spectateurs plutôt qu'acteurs dans les événements qu'ils ont l'air de conduire ; politiques platoniques, ils voient admirablement ce qu'il faudrait faire, mais ils ne le font pas; ainsi M. Thiers avait prononcé le mot de la situation, et il laissait aux événements le soin de la dénouer.

Cette impuissance d'agir éclate aussi chez les hommes dont le métier est l'action, chez les militaires ; pourquoi le général Cavaignac est-il tombé? parce qu'il a perdu son temps en paroles ; le général Changarnier, dont on n'attendait qu'un acte, laisse passer l'heure décisive ; la pompe de son langage à la tribune dissimule mal ce qu'il y a de ridicule pour lui dans cette destitution, que lui-même et ses amis qualifient pompeusement de chute ; l'ancien général en chef de l'armée de Paris, appelé à donner des explications sur les motifs qui ont pu amener sa rupture avec le Président de la République, établit d'abord qu'au moment de son élévation à ce poste cinq partis divisaient la France : républicains modérés, monarchistes traditionnels ou constitutionnels, démagogues et partisans de la dictature impériale, « même sans la gloire, même sans le génie de l'homme immortel dont l'univers s'entretient encore » ; il ajoute :

« Je n'ai voulu être et je n'ai été l'instrument d'aucun de ces partis. J'ai voulu ce que voulaient tous les hommes honnêtes, j'ai voulu l'exécution des lois, le maintien de l'ordre, la reprise des transactions commerciales, la sécurité de la France entière, et j'ai l'orgueilleuse satisfaction d'avoir un peu contribué à vous donner ces biens.

» Malgré d'odieuses insinuations propagées par l'ingratitude, je n'ai favorisé aucune faction, aucun conspirateur, et les deux partis que je vous signalais, les derniers m'ont voué des haines bien méritées, et qui, pour mon honneur, survivent à ma chute.

» J'aurais pu devancer cette chute par ma démission, qui eût été bien accueillie ; mais ceux qui ont cru que j'aurais dû la donner, sont-ils bien sûrs que ma présence aux Tuileries ne leur ait pas été utile ?

» Mon épée est condamnée au repos, au moins momentané, mais elle n'est pas brisée ; et si un jour le pays en a besoin, il la trouvera bien dévouée et n'obéissant qu'aux inspirations d'un cœur patriotique et d'un esprit ferme, très-dédaigneux des oripeaux d'une fausse grandeur. »

Deux ordres du jour sont proposés à la suite de la discussion ; le premier constate que : « L'Assemblée nationale, tout en reconnaissant que le pouvoir exécutif a le droit incontestable de disposer des commandements militaires, blâme l'usage que le ministère a fait de ce droit et déclare que l'ancien général en chef de l'armée de Paris conserve tous ses titres au témoignage de confiance que l'Assemblée lui a donné dans sa séance du 3 janvier. »

Le second est ainsi conçu : « L'Assemblée déclare qu'elle n'a pas confiance dans le ministère, et passe à l'ordre du jour. »

L'Assemblée adopte le dernier amendement dans lequel le nom du général Changarnier n'est pas même prononcé.

Le général Changarnier, bon soldat, plein de décision et de fermeté sur les champs de bataille de l'Afrique, manquait d'une condition essentielle pour jouer un rôle politique; personne ne connaissait au juste son opinion ; était-il orléaniste, ou légitimiste, ou fusionniste? Au milieu de cette incertitude, il apparaissait comme le Monck indécis d'une restauration inconnue. Ce surnom de Monck, dans un temps où les mots prennent aisément la place des choses, flattait l'amour-propre du général Changarnier et de ses amis ; un peu de réflexion les aurait bien vite convaincus de la différence qui sépare les deux hommes et les deux époques. Entre Monck et Changarnier, entre 1660 et 1851, quel abîme ! Monck brillait surtout par la circonspection et par la clairvoyance; le général Changarnier avait les défauts contraires ; Monck cachait sa personne autant que le général Changarnier aimait à étaler la sienne ; Monck sentait toutes les difficultés de son rôle, le général Changarnier se berçait dans le sien ; Monck brisa l'armée pour opérer la restauration des Stuarts; le général Changarnier ne pouvait compter que sur l'armée. L'armée régnait en Angleterre depuis le protectorat, il fallait la détrôner ; rude tâche que celle de se défaire des cinquante mille puritains de Cromwell ! Monck les désunit pour les dissoudre ; l'armée d'Écosse, qu'il commandait, était jalouse de celle d'Angleterre ; il mit la première du côté du Parlement, il isola la seconde et il la licencia partiellement. Monck fit un coup d'État contre l'armée ; le Parlement, héritier de la force militaire, rappela ensuite le prétendant ; le général Changarnier ne pouvait rien faire sans l'armée, et l'armée ne lui appartenait ni à lui ni à personne : ces grands corps n'appartiennent qu'à leurs propres intérêts, et l'armée ne discernait pas bien encore de quel côté étaient les siens. Le général Changarnier, satisfait de son importance, plus épris des oripeaux d'une vaine grandeur qu'il ne le croyait lui-même, se posant en arbitre d'une situation qui n'existait pas, dictateur de l'impossible, représentant de rêves qui se croyaient des prétentions, n'était qu'un simulacre de chef à la tête d'un parti qui n'avait que des velléités de règne.

Le général Changarnier devait encore une fois monter à la tribune, et y prononcer quelques phrases sonores bientôt démenties par les événements, mais son rôle finit dans cette séance. Ainsi disparut de la scène politique le dernier de ces généraux d'Afrique auxquels la France avait témoigné tant de confiance et de sympathie : Cavaignac, fils d'un conventionnel, appartenait à la Révolution par sa naissance ; Lamoricière à la légitimité, qu'il parut abandonner un moment et pour laquelle il est mort noblement ; le général Changarnier voulait, dit-on, unir la légitimité et l'orléanisme : un lien commun rattachait ces soldats divisés d'opinion, la probité. Cavaignac, Lamoricière, Changarnier et leurs camarades Duvivier, Bedeau, Le Flô, après la chute de Louis-Philippe, s'étaient rangés sous des bannières différentes, mais tous avaient la fierté et l'orgueil de servir la France et non un maître; ils étaient inaccessibles aux basses convoitises, ils avaient le mépris de l'argent, et sur le champ de bataille, à la tribune, dans l'exil ou dans la retraite, ils ont honoré l'armée, leur opinion et leur pays.

Le ministère était battu; il fallait le remplacer; M. Louis Bonaparte, profitant avec habileté des difficultés de cette entreprise pour rejeter sur l'Assemblée la responsabilité des inconvénients d'une crise ministérielle, écrivit la lettre suivante à M. Dupin :

« Monsieur le Président,

» L'opinion, confiante dans la sagesse du Gouvernement et de l'Assemblée, ne s'est point émue des derniers incidents. Néanmoins, la France commence à souffrir d'un désaccord qu'elle déplore. Mon devoir est de faire ce qui dépend de moi pour en prévenir les résultats fâcheux.

» L'union des deux pouvoirs est indispensable au repos du pays; mais, comme la Constitution les a rendus indépendants, la seule condition de cette union est une confiance réciproque.

» Pénétré de ces sentiments, je respecterai toujours les droits de l'Assemblée en maintenant les prérogatives du pouvoir que je tiens du peuple.

» Pour ne point prolonger une dissidence pénible, j'ai accepté, après le vote récent de l'Assemblée, la démission d'un ministère qui avait donné au pays, à la cause de l'ordre, des gages éclatants de son dévouement : voulant toutefois reformer un cabinet avec des chances de durée, je ne pouvais prendre ses éléments dans une majorité née de circonstances exceptionnelles, et je me suis vu à regret dans l'impossibilité de trouver une combinaison parmi les membres de la minorité, malgré son importance.

» Dans cette conjoncture, et après de vaines tentatives, je me suis résolu à former un ministère de transition, composé d'hommes spéciaux, n'appartenant à aucune fraction de l'Assemblée, et décidés à se livrer aux affaires sans préoccupation de parti. Les hommes honorables qui acceptent cette tâche auront des droits à la reconnaissance du pays.

» L'administration continue donc comme par le passé. Les préventions se dissiperont au souvenir des déclarations solennelles du message du 12 novembre. La majorité réelle se reconstituera; l'harmonie sera rétablie sans que les deux pouvoirs aient rien sacrifié de la dignité qui fait leur force.

» La France veut avant tout le repos, et elle attend de ceux qu'elle a investis de sa confiance une conciliation sans faiblesse, une fermeté calme, l'impassibilité dans le droit.

» Agréez, Monsieur le Président, l'assurance de mes sentiments de haute estime.

» L.-N. BONAPARTE. »

Ce cabinet transitoire comprenait : MM. le général Randon, à la guerre ; Waïsse, à l'intérieur ; de Germiny, aux finances ; Magne, aux travaux publics ; Brenier, aux affaires étrangères ; Royer, à la justice ; Vaillant, contre-amiral, à la marine ; Charles Giraud, à l'instruction publique et aux cultes ; Schneider, à l'agriculture et au commerce. Le général Randon, engagé volontaire en 1811, fut nommé chef d'escadron en 1830 ; il servait sous son oncle, le général Marchand, lorsque en 1815, Napoléon, après avoir débarqué à Cannes, se mit en marche sur Grenoble ; le capitaine Randon eut le courage de rappeler au colonel du 5e de ligne, vers lequel s'avançait l'empereur, qu'il avait reçu l'ordre de faire feu ; la Restauration cependant ne rendit pas justice à cette conduite ; peut-être la religion de M. Randon en fut-elle cause ; il est né protestant ; M. Randon, devenu colonel en 1838, fit la guerre en Afrique, à la tête du 2e chasseurs ; il quitta ce pays en 1847, avec le grade de lieutenant général ; nommé en 1848 directeur des affaires de l'Algérie, il commanda ensuite la division de Metz, et fit des inspections de cavalerie jusqu'au jour où le vice-président de la République, M. Boulay (de la Meurthe), le proposa comme ministre transitoire de la guerre. M. Vaïsse, avoué à Marseille, libéral fougueux sous la Restauration, vendit son étude pour prendre sa part de la curée de 1830; il obtint une place de sous-préfet, et devint plus tard secrétaire général de la préfecture des Bouches-du-Rhône; le général Damrémont, passant du commandement de la 8ᵉ division militaire au gouvernement de l'Algérie, le transforma en secrétaire général du gouvernement de cette colonie; M. Guizot, après la mort du général Damrémont, tué au siége de Constantine, nomma M. Waïsse préfet des Pyrénées-Orientales; grâce à la recommandation du général Baraguey d'Hilliers, après le 10 décembre, il passa de la préfecture des Pyrénées-Orientales à celle du Nord, où il se fit remarquer par l'ardeur de sa chasse aux mauvais livres; Béranger lui-même ne put trouver grâce devant lui; M. de Germiny était gendre de M. Humann, et receveur général; M. Magne, devenu, d'expéditionnaire, avocat à Périgueux, d'avocat, conseiller de préfecture de la Dordogne, de conseiller de préfecture, député, de député, sous-secrétaire d'État des finances, et de sous-secrétaire d'État des finances, ministre des travaux publics, devait son élévation au maréchal Bugeaud, dont il avait été le protégé, et en quelque sorte l'homme d'affaires; M. Brenier quittait son cabinet de chef de la division de comptabilité au ministère des affaires étrangères pour monter dans celui du ministre; M. de Royer, ancien élève du collége de Marseille, avait appris le latin chez les descendants des Grecs; né poëte, il devint substitut, puis avocat général; dans le procès de la haute Cour de Versailles, il se distingua sous M. Baroche, qui le désigna comme son successeur à la Cour d'appel; M. Charles Giraud enseignait le droit administratif à Aix, sa patrie, lorsque la protection de M. Thiers lui ouvrit les portes de l'administration de l'instruction publique ; le ministre se servit de lui pour présider des concours ; il lut quelques morceaux à l'Académie des sciences morales, si bien qu'il devint peu à peu académicien, vice-recteur à Paris, inspecteur général des Facultés, puis, enfin, ministre transitoire ; M. Schneider dirigeait le Creuzot.

Un pareil ministère ne méritait pas l'honneur d'être interpellé sur sa formation; mais la majorité, piquée dans son amour-propre parlementaire, indignée d'avoir de si minces personnages pour intermédiaires entre elle et le gouvernement, gardant d'ailleurs rancune au président de la République de la leçon qu'il lui donnait dans sa lettre, crut devoir soumettre le cabinet transitoire à un interrogatoire en règle : Êtes-vous pour le message du 12 novembre ou pour le message du 31 décembre? Admettez-vous l'indépendance des deux pouvoirs dont parle la lettre? Consentez-vous ou ne consentez-vous pas à l'application de la loi du 31 mai, à l'élection du Président de la République? Le ministère a beau répondre avec douceur : je ne suis ici que transitoirement, d'autres vous répondront plus tard, attendez, la majorité ne veut pas attendre; elle est convaincue que ses efforts amèneront la formation d'un « grand ministère » dont M. Thiers et M. Molé feront partie. M. Thiers encourage chez ses amis, et partage lui-même ces illusions ; la majorité s'acharne avec d'autant plus d'ardeur sur le ministère transitoire, qu'une occasion va s'offrir bientôt à elle d'imposer sa volonté au pouvoir exécutif.

L'Assemblée avait voté l'année précédente 2160 000 fr. de supplément de traitement au Président de la République ; un supplément de 1 800 000 francs pour l'exercice 1851 était devenu nécessaire : M. de Germiny, ministre des finances, présenta donc, le 3 février, un projet de loi à ce sujet ; la majorité déclara qu'elle voterait le supplément, à la condition que le Président formerait tout de suite un ministère parlementaire : donnant, donnant, suivant l'expression vulgaire ; si le Président refuse, qu'il sache bien que la majorité n'entend pas dénaturer l'institution démocratique de la présidence, et qu'il n'aura pas un sou de plus ; M. de Montalembert cherche à ramener ses collègues à de meilleurs sentiments, mais cet orateur, qui a plus d'une fois exprimé les passions et les rancunes de la majorité, n'est point aimé d'elle ; M. de Montalembert n'a, en effet, aucune de ces qualités extérieures qui appellent la sympathie ; sa voix criarde et presque glapissante, son menton et ses joues sans barbe, ses cheveux longs et tombant en mèches droites sur ses épaules, lui donnent la physionomie d'un dignitaire de l'Église qui a pris l'habit séculier pour plus de commodité dans un voyage ; les membres de la majorité, aux premiers mots de M. de Montalembert : « Je ne suis ni le conseiller, ni le confident, ni l'avocat du Président de la République, je suis son témoin », se regardent avec un étonnement qui ne fait que s'accroître à mesure que l'orateur continue son discours, et qu'il trace le tableau des services rendus à la cause de l'ordre par M. Louis Bonaparte. Rien n'est à reprendre dans sa conduite, si ce n'est la lettre à M. Edgar Ney (1); la destitution du général Changarnier elle-même est justifiée par M. de Montalembert; il proteste d'avance contre l'intention que l'on prête à l'Assemblée de ne pas accorder les dix-huit cent mille francs demandés, contre un refus qui serait « une des ingratitudes les plus aveugles et les moins justifiées de ce temps-ci ». La plus curieuse partie de ce discours est celle où M. de Montalembert, un des chefs de la coalition de la rue de Poitiers, après s'être élevé contre ces coalitions « qui, en détruisant le respect de l'autorité, contribuent bien plus aux révolutions que les émeutes », se sépare de ses anciens alliés les légitimistes, en leur déclarant que « il n'y a de légitime que ce qui est possible », M. de Montalembert, en se ralliant d'a-

---

(1) Voici les passages importants de cette lettre :

« Élysée national, le 18 août 1849.

» La République française n'a point envoyé une armée à Rome pour y étouffer la liberté italienne, mais au contraire pour la régler en la préservant contre ses propres excès et pour lui donner une base solide en remettant sur le trône pontifical le prince qui, le premier, s'était placé hardiment à la tête de toutes les réformes utiles.

» J'apprends avec peine que les intentions bienveillantes du Saint-Père, comme notre propre action, restent stériles en présence de passions et d'influences hostiles. On voudrait donner comme bases à la rentrée du pape la proscription et la tyrannie; dites de ma part au général Rostolan qu'il ne doit pas permettre qu'à l'ombre du drapeau tricolore on commette aucun acte qui puisse dénaturer le caractère de notre intervention.

» Je résume ainsi le rétablissement du pouvoir temporel du pape : amnistie générale, sécularisation de l'administration, Code Napoléon et gouvernement libéral.

» J'ai été personnellement blessé, en lisant la proclamation des trois cardinaux, qu'il n'était pas même fait mention du nom de la France, ni des souffrances de nos braves soldats. . . . .
. . . .

» L.-N. BONAPARTE. »

vance à la doctrine des faits accomplis, prévoyait le coup d'État et cherchait à s'entendre avec lui.

Les discussions sur des questions d'argent répugnent en France au public ; les royalistes, qui refusaient un supplément de traitement au Président de la République, n'avaient d'ailleurs jamais rien marchandé, les uns à la Restauration, les autres à la monarchie de Juillet. Le refus de la dotation, au lieu d'être une affirmation du principe républicain, se changeait en une manifestation légitimiste rendue plus bruyante par l'arrivée d'une lettre de remercîment, adressée à M. Berryer, à la suite de son discours sur le voyage à Wiesbaden, par le comte de Chambord. Ce prince, pour atténuer le mauvais effet d'une circulaire signée par M. de Barthélemy, promettait dans sa lettre au grand orateur l'égalité devant la loi, la liberté de conscience, le libre accès de tous aux fonctions publiques, et il finissait ainsi : « Après tant de vicissitudes et d'essais infructueux, la France, éclairée par sa propre expérience, saura, j'en ai la ferme confiance, connaître elle-même où sont ses meilleures destinées. »

La publication de cette lettre datée de Venise, le 31 janvier 1850, précédait de quelques jours la discussion de la proposition Creton, ajournée à trois mois. M. Creton proposait d'abroger la loi qui interdit le sol français aux membres des deux dernières familles régnantes ; un nouveau tournoi d'éloquence ne pouvait manquer de s'engager sur cette proposition, qui trouva M. Berryer parmi ses plus ardents adversaires : la légitimité, selon M. Berryer, n'a pas besoin que la loi constate ses droits ; ce n'est pas la loi qui l'exile, c'est la force ; la légitimité subit la force, elle repousse la générosité ; la théorie légitimiste évoquait en quelque sorte la théorie jacobine ; M. Marc Dufraisse se chargea de développer ce principe que la loi de proscription politique ne frappe pas seulement l'individu, mais encore la famille et la lignée. Aux orages que soulève cette théorie, qui se croirait dans une assemblée composée en grande partie de légitimistes proscripteurs des Bonaparte, d'orléanistes proscripteurs des Bourbons et de bonapartistes proscripteurs des Bourbons et des Orléans? M. Berryer déclare qu'après le discours de M. Dufraisse les opinions n'étant plus libres, il faut ajourner la proposition à six mois. Les partis, excités par cette discussion, reprennent leurs éternelles querelles, et passent le temps à se faire des niches, s'il est permis, en des matières si graves, d'employer une semblable expression. M. Berryer propose le remboursement de l'impôt des 45 centimes établi par le gouvernement provisoire de Février ; M. Lagrange demande le remboursement du milliard des émigrés; la majorité et l'opposition luttent de propositions absurdes; la majorité reprend avec plus de fureur que jamais l'expédition de Rome à l'intérieur ; les principales étapes peuvent en être marquées ainsi : le suffrage universel, la presse, l'enseignement; il ne s'agit plus que d'atteindre la garde nationale ; un projet de loi a été dirigé contre elle; en attendant la discussion de ce projet, le gouvernement doit-il procéder au renouvellement des officiers de la garde nationale dont le mandat est expiré d'après les prescriptions de l'ancienne loi? la commission de l'Assemblée s'était entendue avec le ministère pour proroger l'ancienne loi par une loi nouvelle, afin de couvrir la responsabilité du Président de la République ; le bruit se répand tout à coup que le gouvernement changeant d'avis va brusquement faire procéder aux élections, le 25 mars, conformément au décret du gouvernement provisoire. Les royalistes s'émeuvent et s'écrient que le gouvernement veut avoir deux suffrages, l'un régularisé pour les représentants du peuple, l'autre illimité pour le Président et pour la garde nationale, et qu'avant d'abroger la loi du 31 mai, il emploie tous les moyens pour diminuer son influence morale. Cependant sans loi spéciale, il était impossible, dans le cas actuel, de recourir à la loi du 31 mai, sous peine de rendre contestable sa première grande application. Le ministère renonce à l'élection du 25 mars en déclarant qu'il n'a pas besoin d'une loi spéciale pour proroger les mandats des officiers ; la commission conteste, et présente le 15 mars une proposition tendant à surseoir jusqu'à la loi nouvelle. Le gouvernement refuse de s'associer à cette proposition. Nouveau thème de discussions rétrospectives entre les partis : Prenez garde, s'écrie le général Lamoricière, la prorogation des pouvoirs des officiers, on peut vous la demander pour d'autres pouvoirs. La proposition est néanmoins votée le 15 mars. La souveraineté législative se substitue à l'élection en étendant la durée des pouvoirs transmis par elle. Qui l'empêcherait de proroger les conseils municipaux, les conseils généraux, la Présidence et elle-même ? La loi nouvelle n'admet pas que tout électeur soit garde national, elle établit le double degré pour l'élection des grades supérieurs. La majorité, après avoir supprimé ce qu'elle appelle le droit au fusil, et moralisé la garde nationale, jette les yeux sur l'enseignement supérieur.

M. de Falloux n'est plus ministre de l'instruction publique, mais M. de Parieu, animé de son esprit, continue ses traditions : lycées, écoles, pensionnats, tous les établissements d'instruction publique ont subi l'épuration, il ne reste plus à réformer que le collége de France. Le gouvernement ne peut pas, il est vrai, destituer un professeur de ce collége, mais il lui est permis de suspendre son cours; on ne le destitue pas, on lui ferme la bouche. M. de Salvandy avait, en 1847, suspendu les cours de M. Michelet et de M. Quinet. Les jésuites trouvaient déjà leur enseignement suspect à cette époque, et ils l'attaquaient avec fureur; pourquoi se montreraient-ils plus tolérants, aujourd'hui qu'ils sont tout-puissants? Le clergé règle l'enseignement; aussi quelle ferveur et quelle orthodoxie dans toutes les chaires ! la Sorbonne, elle-même, n'ose plus parler à haute voix des écrivains du xviii° siècle ; l'enseignement historique garde seul dans la bouche de M. Michelet son franc parler ; dangereux exemple! qui ne s'humilie pas devant le jésuitisme, le brave; il faut fermer tout de suite la chaire rebelle; le moyen âge est de retour, l'enseignement libre devient un crime, le cours de M. Michelet est supprimé et la philosophie ne craint pas de s'associer aux vengeances de la théologie.

M. Barthélemy Saint-Hilaire, le jour où l'on discute à l'Assemblée la pétition des étudiants contre la suspension des cours de M. Michelet, déclare, en qualité d'administrateur du collége de France, que les leçons de l'illustre historien de la Révolution compromettent « la dignité, les plus chers intérêts du Collége de France. » Ses plus chers intérêts ne sont-ils pas de défendre la liberté d'enseignement ? M. Barthélemy Saint-Hilaire ajoute : « Au lieu d'un cours d'histoire et de morale, titre de sa chaire, M. Michelet ne fait que de la politique ». On aurait bien embarrassé M. Barthélemy Saint-Hilaire, philosophe distingué, traducteur d'Aristote, en lui demandant d'indiquer la séparation entre l'histoire et la politique, entre la morale et la politique. Peut-on raconter un fait qui change le monde, la Réforme, par exemple, sans en déduire les conséquences politiques ? Un professeur parle du partage de la Pologne ; faudra-t-il donc suspendre son cours s'il attaque la moralité de cet acte ? M. Barthélemy Saint-Hilaire chassait la philosophie de l'histoire, il n'y laissait que des dates et des faits : il justifiait encore la suspension de M. Michelet par cette triste raison qu'il ne faisait pas le nombre de leçons imposées par le règlement au professeur, en échange de son traitement de 5000 francs par an. La mesure contre laquelle réclamaient les étudiants était un échec pour le collége de France, bien plus que pour le professeur ; les grands établissements scientifiques et littéraires, les corps aristocratiques de l'enseignement, n'ont pas d'autre manière de se défendre que de devenir le centre de la défense commune contre le retour des hommes et des choses du passé.

Le moment de la discussion sur la révision de la Constitution approche : pendant que les royalistes fourbissent leurs armes, le Président de la République inaugure la section du chemin de fer de Dijon ; l'accueil des populations et des autorités municipales de cette partie de la France s'éleva jusqu'à l'enthousiasme ; le maire de Dijon mit « aux pieds du prince héritier du nom qui porta le plus haut la gloire de la France, le dévouement de la nation qui sans doute saurait, dans l'exercice de sa souveraineté, trouver la meilleure expression de sa reconnaissance ».

Voici la réponse du Président de la République :

« Je voudrais que ceux qui doutent de l'avenir m'eussent accompagné à travers les populations de l'Yonne et de la Côte-d'Or. Ils se seraient rassurés, en jugeant par eux-mêmes de la véritable disposition des esprits. Ils eussent vu que ni les intrigues, ni les attaques, ni les discussions passionnées des partis, ne sont en harmonie avec les sentiments ni avec l'état général du pays.

» La France ne veut ni le retour à l'ancien régime, quelle que soit la forme qui le déguise, ni l'essai d'utopies funestes et impraticables. C'est parce que je suis l'adversaire le plus naturel de l'un et de l'autre, qu'elle a placé sa confiance en moi.

» S'il n'en était pas ainsi, comment expliquer cette touchante sympathie du peuple à mon égard, qui résiste à la polémique la plus dissolvante et qui m'absout de ses souffrances.

» En effet, si mon gouvernement n'a pas pu réaliser toutes les améliorations qu'il avait en vue, il faut s'en prendre aux manœuvres des factions... *Depuis trois ans on a pu remarquer que j'ai toujours été secondé par l'Assemblée quand il s'est agi de combattre le désordre par des mesures de compression. Mais, lorsque j'ai voulu faire le bien, améliorer le sort des populations, elle m'a refusé ce concours.*

» *Si la France reconnaît qu'on n'a pas eu le droit de disposer d'elle sans elle, la France n'a qu'à le dire : mon courage et mon énergie ne lui manqueront pas.*

» C'est parce que vous l'avez compris ainsi que j'ai trouvé dans la patriotique Bourgogne un accueil qui est pour moi une approbation et un encouragement.

» Je profite de ce banquet, comme d'une tribune, pour ouvrir à mes concitoyens le fond de mon cœur. D'un bout de la France à l'autre, les pétitions se signent pour demander la révision de la Constitution. J'attends avec confiance les manifestations du pays et les décisions de l'Assemblée qui ne seront inspirées que par la seule pensée du bien public.

» Depuis que je suis au pouvoir, j'ai prouvé combien, en présence des grands intérêts de la société, je faisais abstraction de ce qui me touche. Les attaques les plus injustes et les plus violentes n'ont pu me faire sortir de mon calme.

» Quels que soient les devoirs que le pays m'impose, il me trouvera décidé à suivre sa volonté. Et, croyez-le bien, Messieurs, la France ne périra pas entre mes mains. »

M. Léon Faucher, ministre de l'intérieur, disait, quelques jours avant ce voyage, à un de ses amis : « Je serai probablement le dernier ministre parlementaire de ce gouvernement, mais je tomberai avec le régime constitutionnel auquel je ne veux pas survivre, malgré ma vive affection pour le Président. » Ce discours donnait raison au pressentiment de M. Léon Faucher; il accourt à Paris pour expurger la fatale harangue et pour en retrancher les mots soulignés avant qu'elle soit insérée au *Moniteur*. Le texte officiel parvient cependant à la connaissance de l'Assemblée ; elle est furieuse ; la Bourse baisse ; le coup d'État va-t-il éclater ? Le bruit se répand que l'armée est prête à marcher ; la plus grande agitation règne parmi les représentants. Le général Changarnier monte à la tribune et prononce majestueusement les paroles suivantes :

« L'armée, profondément pénétrée du sentiment de ses devoirs, du sentiment de sa propre dignité, ne désire pas plus que vous de voir les hontes et les misères des gouvernements des Césars, alternativement proclamés ou changés par des prétoriens en débauche.

» Personne n'obligera les soldats à marcher contre le droit, à marcher contre cette Assemblée. L'armée n'obéira qu'aux chefs dont elle est habituée à suivre la voix. Mandataires de la France, délibérez en paix. »

Le général Changarnier regagne solennellement son banc au milieu des applaudissements de la majorité, moins rassurée cependant par les paroles de l'ex-commandant en chef de l'armée de Paris que par cette déclaration du ministre de l'intérieur : « Le discours du Président de la République a été publié ce matin dans le journal officiel ; le gouvernement n'en reconnaît pas d'autre ».

En comparant la situation du pouvoir législatif et du pouvoir exécutif au moment où l'année 1850 se termine au milieu de ces mesquines querelles, il est facile de s'apercevoir que jusqu'ici la majorité de l'Assemblée, soit qu'elle ait confondu sa cause avec celle du bonapartisme, soit qu'elle ait voulu s'en séparer, a merveilleusement servi les intérêts de son adversaire. Le parti conservateur, par la dissolution violente des ateliers nationaux, a provoqué le 24 juin, qui a produit le 10 décembre ; il a fait décréter sous un prétexte hypocrite l'expédition romaine, gage de l'alliance entre l'Église et l'Empire futur ; il a chassé la Constituante par la proposition Rateau ; il a rendu les masses indifférentes ou hostiles au pouvoir législatif en faisant de l'Assemblée un des foyers les plus ardents de la réaction ; il a familiarisé les esprits avec les législations les plus rigoureuses en votant la loi de l'état de siége ; il a, par l'envoi de commissaires extraordinaires et de proconsuls militaires dans les départements, habitué les populations à fléchir sous l'arbitraire et sous l'épée ; il a confisqué le droit d'association et le droit de réunion électorale ; il a porté le dernier coup à la presse par l'interdiction de la vente des journaux dans les rues ; il a édicté la loi de déportation à Nouka-Hiva ; enfin, après avoir demandé le transfèrement du siége du gouvernement à Versailles, l'état de siége permanent, il a consacré son œuvre par la suppression du suffrage universel. Le coup d'État peut venir, sa besogne est à moitié faite ; le parti conservateur a détruit ou énervé toutes les forces qu'on pouvait lui opposer.

CHAPITRE VI.

LA SENTINELLE INVISIBLE.

1851.

M. Napoléon Bonaparte et la garde nationale. — Situation des partis au moment de la révision de la constitution. — M. de Tocqueville est nommé rapporteur de la commission. — Discussion sur la révision. — Résultat de cette discussion. — Tous les partis s'injurient. — Le bonapartisme profite de cette lutte. — La bourgeoisie commence à ne pas se croire suffisamment protégée par le parti conservateur. — Le parti radical fait tout ce qu'il faut pour l'effrayer davantage. — Candidature de Nadaud à la présidence de la République. — La conspiration bonapartiste redouble d'efforts pour exciter l'armée. — Les toasts du banquet de l'École militaire. — Terreur croissante de la bourgeoisie. — Le projet de coup d'État préparé est ajourné et bientôt repris. — Grande réunion militaire chez Magnan. — Le ministère de dévouement. — Saint-Arnaud ministre de la guerre. — Saint-Arnaud dans les journées de Février. — Fortoul ministre de la marine. — M. Louis Bonaparte demande l'abolition de la loi du 31 mai. — Discours aux officiers. — Discours aux exposants. — La proposition des questeurs. — Le bonapartisme et la révolution. — Erreur persistante des démocrates. — La sentinelle invisible. — Rejet de la proposition des questeurs.

L'application de la loi du 31 mai, aux élections communales et aux élections de la garde nationale, soulevait des difficultés considérables, en attendant celles qui ne pouvaient manquer de surgir à l'heure solennelle de la double élection de l'Assemblée et du Président de la République. La nouvelle loi sur la garde nationale avait rencontré dans M. Napoléon Bonaparte un de ses plus ardents adversaires : « Vous voulez, disait-il aux défenseurs de cette loi, organiser la guerre civile, armer une partie de la nation contre l'autre, ériger la misère du peuple en système, et assurer votre domination par l'asservissement et l'oppression du pays »; colonel de la deuxième légion de la garde nationale de la banlieue, il avait donné le signal de la protestation par une lettre dans laquelle, après avoir donné sa démission, parce que ses pouvoirs étaient expirés, il ajoutait : « Nommé par le suffrage de mes concitoyens, je ne veux pas accepter une prorogation de la majorité de l'Assemblée. » L'ordre du jour dans lequel il faisait ses adieux aux gardes nationaux de sa légion, se terminait ainsi : « Soyez les plus fermes soutiens de la République et de la grande cause de la démocratie. »

Ce langage donne une idée du ton auquel les partis sont montés au moment où la révision de la constitution va les mettre aux prises.

Les légitimistes se proclament toujours les représentants du seul principe capable de sauver la société ; le châtelain de Frohsdorf n'attend plus qu'un signe pour rendre à la France le bonheur et la prospérité ; mais ses partisans sont divisés sur les moyens d'assurer ce bonheur et cette prospérité : les uns veulent faire quelques emprunts aux institutions parlementaires, les autres se refusent absolument à toute concession de ce genre; les orléanistes se partagent aussi en deux camps : les uns, sans être complétement désabusés des principes constitutionnels, croient cependant qu'il est impossible de les réaliser sans l'appui des principes opposés ; ils veulent réunir la tradition et la révolution, fondre les deux monarchies du droit divin et du droit populaire en une seule monarchie. Ces divisions se reproduisent dans les réunions particulières où les représentants des diverses nuances du parti conservateur cherchent, à l'avance, à former leurs opinions et à se concerter sur les mesures à prendre.

La première de ces réunions se tenait dans une des salles du Conseil d'État ; les légitimistes y exerçaient, par leur assiduité et par leur esprit de discipline, une prépondérance que le nombre seul n'aurait pas pu leur assurer ; les résolutions prises dans la réunion du Conseil d'État étaient discutées d'abord par eux dans leur cercle de la rue de Rivoli. Les orléanistes avaient à leur tour créé le cercle de la rue Richelieu qui fut bientôt transféré rue des Pyramides ; l'accord régnait peu entre ces deux cercles ; les membres de chaque cercle eux-mêmes se divisaient souvent entre eux. Il avait fallu, pour pacifier les dissidences légitimistes, faire parler l'oracle, c'est-à-dire publier le manifeste de Wiesbaden signé de la main royale d'Henri V ; les légitimistes, dernièrement encore, venaient d'envoyer M. de Falloux en ambassade auprès du chef de la branche aînée de la famille des Bourbons, pour lui demander de ramener la paix parmi eux en leur traçant une ligne de conduite dont il serait interdit de s'écarter.

Les légitimistes avaient beau vanter la force de leur principe, la révision de la constitution ne pouvait évidemment ramener la France aux pieds d'Henri V ; aussi quelques membres de ce parti plus clairvoyants que les autres hésitaient-ils à provoquer le renversement de la constitution républicaine tant qu'ils ne seraient pas sûrs de la remplacer par les institutions de la monarchie de

Saint-Louis. La fraction du parti légitimiste, favorable à la révision, l'emporta cependant, grâce aux efforts de M. de Berryer et de M. de Falloux qui, depuis son retour de Venise, semblait devenu l'interprète de la volonté royale; la question de révision devait donc être posée de façon à mettre la France en demeure d'opter entre l'anarchie ou la République, et la royauté de droit divin.

La réunion de la rue des Pyramides présidée par le duc de Broglie, sans emprisonner sa résolution dans aucune alternative, demandait tout simplement que le peuple fût remis en possession du plein exercice de sa souveraineté et du droit de manifester librement ses sentiments sur la constitution; les membres de cette réunion soumettaient la constitution au vote du peuple français, avec l'arrière-pensée que de ce vote sortirait peut-être une présidence décennale qui satisferait M. Louis Bonaparte et qui mettrait fin aux dangers de la situation.

La commission de révision, d'après des conventions conclues d'avance, fut composée de six membres de l'opposition, adversaires de la révision; de trois membres signataires de la proposition principale; de quatre membres légitimistes; de deux membres qui réservaient leur opinion et leur vote. La discussion au sein de cette commission porta bien moins sur la question elle-même que sur le choix du rapporteur. M. de Tocqueville, après plusieurs scrutins infructueux, fut nommé, grâce à la voix de M. de Corcelles. Son rapport n'est certainement pas un des morceaux les plus remarquables sortis de sa plume. M. de Tocqueville se borne à exposer les raisons pour ou contre la révision ; après avoir signalé les deux points les plus défectueux à ses yeux de la constitution, les formes du suffrage universel, et l'antagonisme nécessaire des deux pouvoirs sortis de la même source avec des forces inégales, il conclut contre la révision.

L'Assemblée se trouvait en présence de cinq propositions :

1° La proposition de M. de Broglie : — « Les représentants soussignés, dans le but de remettre à la nation l'entier exercice de la souveraineté, ont l'honneur de proposer à l'Assemblée nationale que la constitution soit révisée. »

2° La proposition de M. Payer, dont le but est de rectifier quelques points de détail de la constitution, et de développer les autres dans le sens républicain.

3° La proposition de M. Creton qui demande la convocation d'une assemblée munie de pouvoirs illimités pour choisir le gouvernement de la France.

4° Celle de M. Bouhier de l'Écluse consistant à élire une assemblée constituante qui rendrait à la France ses lois fondamentales, ou plutôt qui se bornerait à les déclarer; ces lois, d'après M. Bouhier, n'ayant pu périr, car elles sont éternelles.

5° Celle de M. Larabit sanctionnant le renouvellement de la présidence de la République dans les mains du titulaire actuel.

M. de Broglie, effrayé sans doute d'avoir invoqué le principe de la souveraineté populaire dans sa proposition, la transforma de la façon suivante : « L'Assemblée législative, vu l'article III de la constitution, émet le vœu que la constitution soit révisée en totalité conformément audit article. »

La discussion s'ouvrit le 14 juillet, anniversaire de la prise de la Bastille. Le président Dupin crut devoir l'inaugurer par une allocution solennelle recommandant le calme et la modération aux orateurs. M. Baroche, voulant apporter dans le débat l'opinion du gouvernement, ne tarda pas à faire l'épreuve de l'inutilité de ces conseils. M. Baroche croyait être agréable à l'Assemblée en exposant, peut-être pour la vingtième fois, cette idée passée à l'état de lieu commun dans le parti conservateur, que l'élection du 10 décembre était une protestation contre la constitution de 1848; une tempête de cris formée sur les bancs mêmes de la majorité accueillit ses paroles; M. de Falloux prit ensuite la parole; son discours, panégyrique d'idées et de sentiments qui ont besoin d'être réchauffés et rajeunis par une grande éloquence, laissa l'Assemblée froide et inattentive jusqu'au moment où, pour ajouter à l'impression de terreur qu'il voulait produire, il montra l'invasion étrangère prête à fondre sur la France et à mettre le comble aux maux causés par l'anarchie intérieure. M. de Falloux descendit de la tribune, poursuivi par les ardentes récriminations de la gauche contre une menace si imprudente dans la bouche d'un légitimiste.

Le général Cavaignac défendit le principe républicain par les arguments que M. de Falloux venait d'invoquer pour défendre la monarchie; il fit du principe de l'inviolabilité du gouvernement républicain presque un dogme; Michel (de Bourges) remplaça ces raisonnements mystiques exposés avec plus de conviction que de clarté, par les éclats passionnés de son éloquence méridionale ; son discours, âpre réquisitoire d'un tribun de la révolution contre la monarchie, remplit deux séances. M. Berryer s'était chargé de lui répondre : les deux orateurs se valaient. Le plaidoyer fut aussi éloquent que le réquisitoire ; mais l'éloquence de M. Berryer et de Michel (de Bourges) semblait malgré tout vide et déclamatoire, comme il arrive toutes les fois que le résultat d'une lutte est prévu d'avance.

M. Dufaure, l'un des auteurs de la constitution de 1848, défendit son œuvre, plutôt par acquit de conscience que par conviction : la France, indifférente, selon lui, à la République ou à la monarchie, tenait à la République uniquement pour ne pas se donner la peine de changer de gouvernement ; la crainte d'une candidature inconstitutionnelle poussait quelques personnes à demander la révision, mais la présence de l'Assemblée doit suffire à les rassurer ; M. Dufaure traita la question de révision en avocat, et M. Odilon-Barrot en professeur de droit constitutionnel qui expose à ses élèves les différentes formes de gouvernement et qui leur en montre les avantages et les inconvénients. Toutes ces formes avaient trouvé des défenseurs dans la discussion, hormis une seule, l'empire représentatif. Le théoricien de ce gouvernement siégeait pourtant sur les bancs de l'Assemblée ; M. de Persigny crut devoir garder le silence ; le moment de parler de l'empire n'était pas encore venu.

L'assemblée, rassasiée d'éloquence, clôtura enfin cette

discussion de cinq jours pendant lesquels le parlement s'était transformé en Académie des sciences morales et politiques; le scrutin, ouvert avec toute la solennité convenable sous la double forme du vote à la tribune et de l'appel nominal, donna les résultats suivants : sept cent cinquante représentants avaient répondu à l'appel; quatre cent quarante-six demandaient la révision; deux cent soixante-dix-huit la repoussaient. La majorité n'atteignait pas le chiffre des deux tiers fixé par la constitution pour que la révision fût prononcée. MM. Thiers, de Rémuzat, Creton, Baze, Bedeau s'étaient séparés de la droite et avaient voté contre la révision avec le parti républicain.

Qu'avaient produit ces longs débats? un prétexte à tous les régimes qui se sont succédé en France depuis 89 pour s'injurier mutuellement. Les partis en échange de ce plaisir avaient livré à l'ennemi la constitution leur unique sauvegarde. Les légitimistes et les orléanistes, entraînés par leurs passions et par leurs rancunes, venaient de sacrifier au plaisir d'ébranler la République, l'existence de la liberté.

L'opinion toujours portée en France à rendre la liberté responsable des maux et des dangers du pays sentait redoubler ses alarmes : les partis conservateurs ne lui montraient que leur haine mutuelle, et leur mutuelle impuissance; le parti révolutionnaire ne parlait que de descendre dans la rue; il faisait planer ce qu'il appelait l'échéance de 1852 comme une terrible et mystérieuse menace sur la tête de tous; il avait déjà fait choix, disait-il, d'un candidat pour la présidence de la République, c'était un maçon nommé Nadaud, envoyé par les socialistes du département de la Creuse à l'Assemblée législative, citoyen honnête et intelligent, sans doute, mais peu conforme par ses manières et par son instruction à l'idéal que la bourgeoisie française s'était fait jusqu'ici d'un chef de gouvernement.

Les hommes du coup d'État suivaient attentivement ce mouvement des esprits, et se mettaient en mesure d'en profiter.

Le mois d'octobre est l'époque ordinaire des changements de garnison ; les quatre régiments les plus anciens de la garnison de Paris, et les deux régiments de cavalerie furent remplacés par quatre régiments arrivés récemment d'Afrique, et par deux régiments de lanciers, dont l'un commandé par le colonel de Rochefort, s'était fait remarquer à Satory par la vigueur de ses cris de : Vive l'Empereur ! Des changements avaient eu lieu en même temps parmi les généraux placés à la tête de l'armée de Paris.

Le colonel du 1ᵉʳ régiment de lanciers sollicita l'autorisation, qui lui fut d'abord refusée, d'offrir un punch au corps d'officiers du 7ᵉ lanciers, et de l'escadron des guides. M. de Rochefort revint à la charge et obtint de ses supérieurs, désireux de le dédommager de son attente, la permission de disposer, pour la réunion projetée, des appartements de l'École militaire.

Quelques esprits timorés cherchèrent à détourner le colonel de Rochefort de prononcer « son toast d'ouverture, signal de la charge à fond contre les anarchistes, leurs adhérents et leurs meneurs (1) » ; mais rien ne put

(1) Le capitaine Mauduit, *Révolution militaire du 2 décembre* 1851.

l'arrêter ; « il fallait engager le combat et brûler ses vaisseaux. Voilà donc la harangue qui précéda la charge qui couronna plus tard la victoire du 4 décembre, qui terrassa pour longtemps sans doute l'hydre révolutionnaire (1). »

« Rendons grâces, Messieurs, aux vieilles traditions de l'armée, nous leur devons la satisfaction de fêter aujourd'hui nos camarades du 7ᵉ de lanciers. Rendons grâces à ce véritable esprit de corps qui, sans distinction de numéro ou d'uniforme, sait faire une même famille de l'armée tout entière. Oui, Messieurs, c'est à ce sentiment de fraternité militaire qui nous réunit ici, qui fait de tout soldat, l'ami, le frère d'un autre soldat, que l'armée a dû de pouvoir traverser sans être entamée la période difficile dont le souvenir n'est pas encore effacé. Si l'affection entre les différents corps de l'armée est si sincère, si solide, c'est qu'elle repose sur une estime réciproque, sur l'habitude de dangers affrontés avec le même courage, ou de peines partagées avec le même dévouement. Félicitons-nous donc, Messieurs, de nous trouver tous réunis ici sous l'inspiration de cette généreuse pensée : si elle nous donne la joie et la sécurité dans le présent, c'est à elle que nous devons aussi demander confiance dans l'avenir.

» Je bois au 7ᵉ de lanciers et à son colonel, mais avant ces santés, Messieurs, je vous demanderai de porter celle de l'homme que son courage, sa loyauté, son inébranlable fermeté ont fait, en quelque sorte, la personnification de l'ordre dont nous sommes les défenseurs, nous boirons *à celui qui nous facilite si bien la tâche que nous devons accomplir*, au prince Napoléon, au chef de l'État ! »

Le colonel Ferray prit à son tour la parole :

« Interprète du 7ᵉ lanciers, Messieurs, je remercie nos camarades du 1ᵉʳ et tous les corps de cavalerie de la garnison de Paris de l'accueil si cordial dont il nous a honorés. Le 7ᵉ de lanciers, Messieurs, se félicite d'avoir à partager avec nous la tâche si patriotique, si glorieuse de défendre l'ordre et la société.

» L'armée a été l'ancre de salut de notre pays, dans les mauvais jours que nous avons traversés ; c'est à la discipline, c'est à l'union qui règne dans ses rangs et dont elle renouvelle chaque jour l'exemple si peu suivi, que l'armée a dû de rester à la hauteur de la tâche qui lui était imposée.

» Gardons, Messieurs, ces nobles sentiments, gardons ce précieux

---

(1) Le capitaine Mauduit, *Révolution militaire du 2 décembre* 1851.

dépôt que nous ont légué nos aînés, et qu'il nous soit aussi sacré que notre tâche elle-même, car c'est en lui que nous puiserons non-seulement les sentiments de notre véritable devoir, mais aussi celui de l'accomplir dignement.

» Je bois au 1ᵉʳ lanciers, à son colonel et à tous les corps de cavalerie de la garnison de Paris. »

Ces toasts d'une couleur politique si fortement accentuée tranchent trop avec le ton ordinaire des allocutions échangées dans ces réunions de joyeuse confraternité pour qu'on n'y voie pas l'intention bien arrêtée de stimuler l'ardeur des officiers pour un combat prochain. Les soldats eux-mêmes y étaient préparés. Une augmentation considérable dans l'effectif de la garnison de Paris et de la banlieue avait eu lieu vers cette époque; augmentation si considérable que les logements militaires devenant insuffisants, on caserna des compagnies dans les casemates des forts. Chaque jour jusqu'à midi les garnisons de ces forts étaient consignées, sous prétexte qu'il pouvait survenir de la place des ordres extraordinaires; les théories enseignées aux troupes portaient sur le service en cas de guerre dans la capitale, sur la guerre des rues, des fenêtres, des caves, etc.; les officiers supérieurs assistés des adjudants-majors, avaient reçu l'ordre d'aller en habits bourgeois, reconnaître leur poste de bataille, et les maisons dont l'occupation pouvait servir de point d'appui; l'armée n'attendait plus que le signal; elle était prête.

Les complots, les associations secrètes, les émeutes, les vaines démonstrations d'une politique de parade se succédaient, et augmentaient les craintes de la classe moyenne; l'idée d'en finir par la force avec une situation qui menaçait de la ruiner, pénétrait chaque jour plus profondément dans son esprit ; le gouvernement pouvait désormais sans crainte mettre les départements en état de siége sur un prétexte quelconque ; déjà bien des gens commençaient à trouver que de semblables mesures pouvaient seules sauver la société ; les commerçants, les industriels se demandaient avec effroi si la France était condamnée à une agitation perpétuelle ; le parti révolutionnaire, au lieu de rassurer les caractères timides, redoublait de paroles et de manifestes menaçants ; M. Louis Bonaparte, au contraire, tenait le langage le plus propre à toucher les bourgeois oppressés par un perpétuel cauchemar, ils respiraient en entendant le chef du pouvoir exécutif prononcer ces paroles à l'inauguration des Halles centrales : « En posant la première pierre d'un édifice dont la population est si éminemment populaire, je me livre avec confiance à l'espoir qu'avec l'appui des bons citoyens et avec l'appui du ciel, il nous sera donné de jeter dans le sol de la France quelques fondations sur lesquelles s'élèvera un édifice social assez solide pour fournir un abri contre la violence et la mobilité des passions humaines. »

Les préparatifs du coup d'État n'en continuaient pas moins : le général Magnan venait de succéder au général Baraguey d'Hilliers dans le commandement de l'armée de Paris ; ce général s'était battu en Espagne et à Waterloo ; capitaine dans la garde impériale et dans la garde royale, colonel à la prise d'Alger, général au service belge en 1831, sur le point de passer général au service sarde en 1849, maréchal de camp en France entre ces deux dates, le nom de Magnan n'était guère connu du public, lorsque le procès de Boulogne lui donna une certaine célébrité ; Magnan, signalé à M. Louis Bonaparte, comme un homme capable de céder à l'entraînement de ses souvenirs napoléoniens et d'une forte somme, se défendit avec indignation devant la chambre des pairs de pareils soupçons, il protesta de sa fidélité à la monarchie ; en effet, il accompagnait en grand uniforme la duchesse d'Orléans se rendant le 24 février à la chambre des députés : il assista comme simple témoin à la dernière séance de la chambre de la monarchie, en attendant de mettre fin avec ses soldats aux séances de la dernière assemblée républicaine.

L'assemblée s'était prorogée quelque temps après la discussion sur la révision de la Constitution. Quelques-uns des conseillers intimes de M. Louis Bonaparte auraient voulu mettre à profit la prorogation pour faire le coup d'État.

« Tout était prêt du côté de l'armée pour les éventualités d'un coup d'État. Il fut sur le point d'avoir lieu lors de la dernière prorogation de l'Assemblée. C'eût été une faute, et une faute très-grave.

» La France ne voyait pas encore assez complétement les complots parlementaires. Elle aurait pu croire que le Prince agissait dans un but personnel et d'ambition. Le préfet de police d'alors (1) y poussait fortement. Beaucoup de personnages dévoués au Prince agissaient de même. Ce furent M. de Saint-Arnaud et le général en chef Magnan, principalement, qui firent abandonner ce projet en faisant valoir les raisons qui demandaient qu'on en ajournât l'exécution.

---

(1) Carlier.

» Le Président, ses ministres, quelques hauts fonctionnaires connaissaient les conspirateurs ; mais cela ne suffisait pas. En dissolvant l'Assemblée en pleine paix, on se donnait les apparences de l'illégalité. L'Assemblée pouvait se réunir dans une ville de province, y rendre des décrets, dresser pouvoir contre pouvoir ; que serait-il advenu ? La moindre conséquence eût été une guerre civile acharnée. Le socialisme n'eût pas hésité à prendre provisoirement la Constitution pour drapeau, et les partis de l'Assemblée eussent accepté pour défenseurs les soldats de la Jacquerie. Tels étaient les motifs puissants qu'invoquaient les adversaires du coup d'État pendant la prorogation : « L'Assemblée trahira bien assez ses complots, disait le général Magnan, attendons qu'elle nous donne barre (1). »

Le général Magnan n'était pas le seul à s'opposer à un coup d'État prématuré. Un homme qui a exercé une très-grande influence sur l'esprit de M. Louis Bonaparte, a raconté comment, grâce à lui, l'Assemblée législative avait vécu quelques mois de plus :

« J'habitais alors la Tuilerie à Auteuil, et un ancien préfet de mes amis avait bien voulu y accepter l'hospitalité pendant la belle saison. M. Carlier y venait tous les jours conférer de son projet de coup d'État avec ce préfet (2). Il l'avait même chargé de rédiger les décrets qui devaient, à un jour donné, être insérés au *Moniteur*. Par ces décrets, on supprimait le Ministère de l'instruction publique, l'École polytechnique, les octrois. De toutes les grandes écoles de droit, de médecine, d'Alfort, aucune n'était conservée dans la capitale. Quatre cents personnes étaient arrêtées, et immédiatement déportées. . . . .

» Le Prince Président reçut communication de tout l'ensemble du

---

(1) Belouino, *Histoire d'un coup d'État*.
(2) Romieu. Un de ses amis l'ayant vu tomber dans la rue à la suite de trop copieuses libations, mit sur son corps un de ces lampions qui servent à désigner la nuit les embarras aux voitures. Il figurait parmi les célèbres farceurs de son temps.

coup d'État Carlier. Ce fut dans les premiers jours de septembre que le Prince réunit à ce sujet, au palais de Saint-Cloud, M. le comte de Morny, M. le comte de Persigny, M. Rouher et M. Carlier.

» On chassa dans la journée ; on dîna. Pendant la chasse et pendant le dîner, il ne fut pas le moins du monde question du projet Carlier. On passa bientôt dans un des salons du palais. « Ce salon, dit en s'asseyant » le prince Louis-Napoléon, est celui où le duc de Raguse, après les » journées de juillet, rendit son épée au duc d'Angoulême... Mainte- » nant, Messieurs, parlons de notre affaire. » On discuta le coup d'État Carlier. L'opinion qui prévalut fut celle-ci : la présence des députés dans les départements devait faire craindre que par leur influence, ils ne parvinssent à organiser une résistance sérieuse. La guerre civile pouvait éclater sur plusieurs points. Les esprits les plus impatients, les cœurs les plus résolus reculèrent devant ce danger. L'avis de ceux-là était qu'il fallait attaquer la Chambre présente à Paris, vider la que- relle face à face avec elle, et qu'il serait imprudent d'ouvrir la cam- pagne contre des absents. Le Président de la République combattit surtout la mesure des arrestations. Il voulait qu'on n'arrêtât personne, il soutenait qu'il suffirait de faire un appel pur et simple à la nation. M. de Morny fit observer qu'on n'a plus à sévir contre des gens en prison, et que des arrestations faites avec intelligence et à temps, peuvent prévenir les malheurs de la guerre civile. . . . .

» Pour ma part, j'étais resté complétement étranger à l'élucubration du coup d'État Carlier. On en parlait bien haut comme pour y préparer le public. Ce peu de mystère, et la présence des députés dans les dé- partements me faisaient assister avec inquiétude à cette fiévreuse agi- tation dont j'étais témoin. Pour le succès, le moment me paraissait mal choisi, le projet trop ébruité.

» Ne sachant quel accueil serait fait au projet du coup d'État Carlier, je cherchai le moyen d'en entraver l'exécution. J'annonçai un matin devant tous ceux qui déjeunaient à la *Tuilerie* que j'allais publier dans le *Constitutionnel* un article contre les coups d'État. On en fut vite informé à l'Élysée. Le Prince-Président m'avait fait l'honneur, quelques jours auparavant, de me soumettre une brochure politique pour me demander mon avis sur l'opportunité de sa publication. M. Fleury vint me demander ma réponse : « Est-il vrai, » ajouta-t-il, « qu'il doit pa- » raître demain dans le *Constitutionnel* un article contre les coups » d'État ? — « Tenez, » lui répondis-je, « j'en corrige les épreuves. » Il me témoigna le désir de soumettre cet article au Président, il me fit promettre de ne pas le publier sans son adhésion. Le lendemain à midi, je me rendis à l'Élysée. Le Prince me fit l'honneur de me recevoir avec bienveillance et affabilité. « J'ai lu votre réponse sur cette brochure po- » litique, » me dit-il, « vos conseils seront suivis. Permettez-moi, à mon » tour, de vous donner mon avis sur cet article contre les coups d'État » dont vous avez bien voulu m'envoyer les épreuves, je ne le crois ni » opportun, ni utile, montrerez-vous », ajouta-t-il en riant, « autant » de déférence pour mes conseils que j'en ai pour les vôtres ? » Je m'inclinai respectueusement, et j'avouai que je n'avais voulu que faire naître l'occasion de parler à cœur ouvert du coup d'État Carlier. J'appris que ce dernier projet était abandonné. Mon article ne parut pas (1). »

Un mois plus tard, cependant, le général Magnan réunit dans son salon tous les officiers généraux pourvus d'un commandement à Paris. « Messieurs, leur dit-il, il peut se faire que d'ici à peu de temps votre général en chef juge à propos de s'associer à une détermination de la plus haute importance. Vous obéirez passivement à ses ordres. Toute votre vie, vous avez compris et pratiqué le devoir militaire de cette façon-là. Du reste, si quelqu'un de vous hésite à me suivre dans cette voie, qu'il le dise ; nous nous séparerons et ne cesserons pas de nous estimer. Vous comprenez ce dont il s'agit ; les circonstances sont d'une immense gravité. Nous devons sauver la France ; elle compte sur nous. Mais, quoi qu'il arrive, ma responsabilité vous couvrira. Vous ne recevrez pas un ordre qui ne soit écrit et signé de moi. Par conséquent, en cas d'insuccès, quel que soit le gouvernement qui vous demande compte de vos actes, vous n'aurez qu'à montrer pour vous garantir ces ordres que vous aurez reçus. Seul responsable, c'est moi, Messieurs, qui porterai, s'il y a lieu, ma tête à l'échafaud, ou ma poitrine à la plaine de Grenelle. » La réponse fut digne de ce discours, le général Reible (2), le doyen de tous, prit la parole : « Personne ne m'a chargé de parler, général, pourtant je le fais au nom de tous. Vous pouvez compter que nous vous suivrons, et

(1) Le docteur Véron, *Nouveaux mémoires d'un bourgeois de Paris.*
(2) Il s'agit probablement ici du général Reybell.

que nous voulons engager notre responsabilité à côté de la vôtre (1). »

Un autre historien du coup d'État (2) ajoute : « Une chaleureuse acclamation couvrit les paroles du général Reible. Toutes les mains se cherchèrent, et, dès ce moment on peut dire avec certitude que la France allait sortir de l'abîme. »

L'Assemblée, au moment où le pouvoir exécutif se préparait à la dissoudre par la force, allait reprendre ses travaux ; tout à coup, vers le milieu du mois d'octobre, le bruit se répandit que le Président de la République était décidé à lui proposer le rappel de la loi du 31 mai, et que le ministère, ne voulant pas se prêter à l'abolition de cette loi qu'il avait proposée et défendue, donnait sa démission. Ce bruit ne tarda pas à se vérifier. M. Billault, chargé de composer un cabinet parlementaire, n'ayant pas réussi dans sa mission, M. Louis Bonaparte se contenta de nommer un ministère de dévouement dont quatre membres seulement, M. Fortoul, ministre de la marine, M. Casabianca, ministre du commerce, M. Leuillon de Thorigny, ministre de l'intérieur, M. Turgot, vice-président du Comité général pour la révision de la Constitution, ministre des affaires étrangères, appartenaient à l'Assemblée. M. Giraud, qui avait déjà fait partie du ministère transitoire, redevenait ministre de l'instruction publique ; M. Corbin, procureur général près la Cour d'appel de Bourges, et M. Blondel, inspecteur des finances, persistant à refuser l'un le ministère de la justice, l'autre le ministère des finances, furent remplacés par M. Daviel,

(1) Belouino, *Histoire d'un coup d'État*.
(2) P. Mayer.

procureur général près la Cour d'appel de Rouen, et par
M. Magne. La présence du général Leroy Saint-Arnaud,
au ministère de la guerre, donnait seule à ce cabinet une
signification politique. Le ministre du coup d'État était
à son poste.

M. Leroy, sous-lieutenant dans la garde royale en
1816, quitta l'armée à cette époque pour n'y rentrer
qu'en 1830; son régiment tenait garnison à Blaye; le
général Bugeaud, qui gardait la duchesse de Berry dans
la citadelle de cette ville, trouva dans le sous-lieutenant
Leroy un auxiliaire intelligent et complaisant pour l'aider
dans ses fonctions de geôlier. Pourquoi M. Leroy quitta-
t-il encore une fois l'armée à cette époque? La lecture
de son dossier pourrait seule fournir des renseignements
utiles à ce sujet : l'histoire sera libre de consulter un jour
ce document; ce serait faire la plus grave injure à la
mémoire du général ministre de la guerre Saint-Arnaud,
que de croire à sa disparition.

M. Leroy, rentré sous les drapeaux, servit en 1836
comme lieutenant dans la légion étrangère; pendant
les huit années qui suivent le siége de Constantine, il
franchit tous les grades qui le séparaient du grade de
colonel, et il obtenait en 1845, grâce à son protecteur
Bugeaud, le commandement d'un corps surnommé *la
colonne infernale*, qui opérait dans le Chélif.

Le général Leroy Saint-Arnaud, en attendant qu'il
soit possible d'écrire son histoire, a sa légende qui le
montre exerçant vingt métiers : commis voyageur en
France, comédien à Paris et à Londres, prévôt d'armes à
Brighton, lancé en plein dans les hasards et les expédients de la vie nomade, vrai héros de la Bohême, homme

d'esprit, du reste, goguenard, faiseur de bons mots et de calembours, rimeur de couplets, brave, du reste, devant l'ennemi, peu tendre aux Arabes, grand approbateur et imitateur de l'enfumement des grottes du Dehra. Une troupe d'Arabes s'étant, en effet, renfermée dans la caverne de Shelas, située sur le territoire de son commandement, le colonel Saint-Arnaud s'y rendit et somma les réfugiés de faire leur soumission. Tous obéirent, sauf quelques centaines d'individus ; instruit seul de ce détail, il fit boucher les ouvertures de la caverne et il eut recours au procédé du général Pélissier : « Personne n'entra dans les cavernes, personne ne sut que là-dessous se trouvaient cinq cents brigands qui ne tueront plus de Français. Un rapport confidentiel a tout raconté au maréchal sans étalage terrible, ni figures de rhétorique ; mon frère, personne n'est aussi bon que je le suis par goût et par nature. Du 8 au 12, j'ai été malade ; mais ma conscience ne me reproche rien, j'ai fait mon devoir et j'en agirais de même demain (1). »

Le général Saint-Arnaud, chargé le 24 février de dégager les abords du Carrousel, avait enlevé à la tête de deux bataillons les barricades de la rue Richelieu. « Mais deux coups de fusil partent de la rue Jeannisson, et du haut des fenêtres tombent des bouteilles et autres projectiles peu dangereux d'ailleurs. Aussitôt quelques sapeurs s'avancent vers la rue Jeannisson et font feu. Accident caractéristique de cette lutte étrange ! Comme la veille aux Capucines, comme le

---

(1) Lettre adressée par le général Saint-Arnaud à son frère ; voyez sa correspondance.

matin à la Bastille, les soldats obéissent machinalement à ce signal du hasard : Sans ordre, sans direction, sans but, ils tirent à droite, à gauche, en avant, en arrière, en l'air, sur les fenêtres, sur les murs, partout où la poudre pousse les balles. Malheureusement plusieurs coups avaient atteint des personnes inoffensives : un porteur de pain était frappé à mort ; des hommes, des femmes étaient blessés. La colonne poursuivit sa route, ne trouva plus de résistance, détruisit les barricades, et revint au Carrousel.

» Quand elle y arriva, les barricades étaient relevées.

» Sans utilité réelle au point de vue militaire, ce coup de main produisit un effet moral très-fâcheux. Ni l'agression, ni la résistance n'avaient été sérieuses. Ceux qui n'étaient pas hostiles blâmèrent une fusillade si peu mesurée. Le meurtre du porteur de pain exaspéra les autres, et l'irritation parut tellement vive, que le commissaire de police, M. Vassal, dut en informer le maréchal Bugeaud, qui lui remit une proclamation tracée de sa main (1). »

Le général Saint-Arnaud commandait dans la même journée la colonne qui occupait la préfecture de police, et qui comptait un corps de gardes municipaux dans ses rangs ; cette colonne, obligée de capituler, n'avait dû son salut qu'au courage et au dévouement des gardes nationaux qui se défendaient contre la colère du peuple. La capitulation accordée, cette colère s'était calmée, et la colonne avait pu sans danger quitter la préfecture de police ; elle marchait dans l'ordre suivant :

(1) Garnier Pagès, *Histoire de la Révolution de* 1848.

« Les chasseurs de Vincennes, deux compagnies du 70°, les gardes municipaux à cheval, les gardes à pied. Le général Saint-Arnaud la conduit. Généreux et dévoués jusqu'au bout, les gardes nationaux la couvrent sur toutes ses faces. Le peuple immobile la regarde passer sans insulte ni de voix, ni de visage. Un seul cri retentit : Respect aux vaincus ! La rive gauche était libre, la prudence conseillait ce chemin. Mais le général, auquel les gardes municipaux ont reproché depuis d'avoir plus d'une fois manqué de présence d'esprit dans ce moment terrible, laisse la colonne s'engager vers la rive droite qu'encombrent les barricades et les combattants, la fait tourner à gauche par la rue de la Barillerie, et la dirige sur le pont au Change. Là n'est plus le même peuple qui a reçu la capitulation. Devant le quai aux Fleurs, des insurgés voyant venir à eux cette longue file dont les premiers rangs sont armés, font feu. Cette démonstration hostile est à l'instant comprimée ; le cri protecteur : Respect aux vaincus ! retentit de nouveau. La colonne continue son chemin par le pont au Change et le quai de Gèvres.

» A ce moment arrivait en sens contraire par le quai Pelletier, un attroupement précédé d'un drapeau et commandé par un jeune homme à cheval. A la vue des municipaux, le sang échauffé s'allume : « Voilà les assassins du peuple ! » crient cent voix menaçantes, « il faut les désarmer. » Et, laissant passer les chasseurs de Vincennes et la ligne, ils déchargent leurs fusils sur les municipaux. Aussitôt débandade complète. Les municipaux à pied se dispersent dans toutes les directions ; les cavaliers s'élancent au galop vers l'hôtel de ville, escaladent les pavés roulants de la barricade dressée au coin de la place et du quai, débouchent à fond de train sur la place, culbutent la foule, prise par toutes les issues. A cette apparition subite, le peuple qui occupe l'hôtel de ville, croit à un retour offensif, reçoit les municipaux à coups de fusil. Mais on s'aperçoit que les soldats sont désarmés, le feu cesse, la poursuite s'arrête, les maisons s'ouvrent aux vaincus, et tout le monde s'empresse à les secourir.

« Le général Saint-Arnaud, précipité de son cheval, fut assailli par une foule furieuse. Les gardes nationaux l'arrachèrent au péril. Il se jeta dans l'hôtel de ville, et y trouva près du maire de Paris un refuge assuré (1). »

Un instinct sûr guidait le commandant Fleury, vers le commandant de la colonne qui occupait la préfecture de police, pendant les journées de Février; le projet de renverser la République devait lui sourire; la campagne de Kabylie, entreprise pour le grandir, n'avait pas produit un grand effet au milieu des préoccupations politiques de l'époque; sa figure maigre et pâle portait déjà les traces de la maladie qui devait l'emporter quatre ans plus tard; son œil fatigué, son air insolent plutôt que fier, son attitude qu'il s'efforçait de rendre hautaine, et qui n'était que provocante, décelaient l'homme usé, blasé, qui va tenter la dernière aventure d'une vie d'aventures.

Le ministre de la marine, seul parmi tous les autres

(1) Garnier Pagès, *Histoire de la Révolution de* 1848.

membres du cabinet, méritait d'attirer un peu l'attention du public.

Certains écrivains de l'opposition qui n'avaient ni assez de conscience ni assez de talent pour montrer de la persévérance, voulant, comme on dit vulgairement, faire une fin, s'étaient, vers la fin du règne de Louis-Philippe, insensiblement rapprochés du gouvernement. M. Fortoul figurait dans le nombre ; M. de Salvandy, ministre de l'instruction publique, créait précisément vers ce temps-là, les chaires des Facultés départementales ; M. Fortoul, nommé professeur de littérature étrangère à la Faculté d'Aix, se dit, en prenant la route de l'ancienne capitale du roi Réné, qu'après tout, la Provence est une agréable contrée quand le mistral n'y souffle pas, et qu'il serait bien malheureux si dans Aix, ville lettrée, pourvue de bibliothèques, de collections, il ne parvenait pas à découvrir les papiers laissés par Peiresc, et s'il n'en tirait pas un livre couronné par l'Académie; les amis de M. Fortoul assurent qu'il mettait la dernière main à ce livre, lorsque la Révolution de Février vint l'interrompre au milieu de ses occupations littéraires. Il jouissait déjà des honneurs du décanat de la Faculté d'Aix. M. Fortoul alors se souvint qu'il avait été Saint-Simonien, et démocrate ; sentant se réveiller en lui la fibre républicaine, il sollicita les suffrages des électeurs des Basses-Alpes, et s'empressa d'étaler devant eux ses titres démocratiques : articles nuageux, livres déclamatoires contre la monarchie, rajeunis, il est vrai, corroborés par une profession de foi dont ses anciens amis MM. Carnot, Jean Reynaud et Charton ne pouvaient qu'être très-satisfaits. Le citoyen Fortoul avait pour concurrent le citoyen Châteauneuf, ancien commissaire de la République; la lutte fut vive; le citoyen Fortoul l'emporta, mais son élection, suspecte de manœuvres frauduleuses, courait grand risque de n'être pas validée par l'Assemblée ; MM. Jean Raynaud, Charton, Carnot se mirent en campagne; le citoyen Fortoul, grâce à leurs efforts, devint représentant du peuple. Plus heureux que ses protecteurs, M. Fortoul, réélu à l'Assemblée législative, ne tarda pas à s'affilier au bonapartisme; une brochure sur la révision de la Constitution, consomma l'affiliation. Dans la presse d'hommes d'État qui se fit pour remplacer le cabinet, de transition, on le prit, et on le mit au ministère de la marine. C'est sur son banc de quart que le dictateur du 2 décembre vint le chercher deux mois plus tard, pour lui confier la mission d'approprier l'Université à ses nouvelles destinées.

Le cabinet étant constitué d'une façon définitive, M. Leuillon de Thorigny monta, le 4 novembre, à la tribune pour lire le message qui demandait à la majorité de rétablir le suffrage universel.

Ce message, habilement rédigé, faisait ressortir le malaise général du pays, le ralentissement du travail, la panique des intérêts et, par conséquent, la nécessité de maintenir l'ordre afin que les résolutions qui devaient décider du sort de la France fussent conçues dans le calme et adoptées sans contestation. Ces résolutions ne pouvaient émaner que d'un acte décisif de la souveraineté nationale ; l'auteur du message, après avoir examiné s'il était sage de restreindre la base du suffrage universel, c'est-à-dire du principe qui a relevé l'édifice social en substituant un droit à un fait révolutionnaire, se demandait donc si ce n'était pas d'avance compromettre la stabilité des pouvoirs nouveaux appelés à régir les destinées du pays, que de laisser aux partis un prétexte de discuter leur origine et de nier leur légitimité. La loi du 31 mai était bien plus un acte politique, une loi de salut public qu'une loi électorale ; c'est à ce titre qu'il avait dû l'accepter des mains de la majorité comme un moyen énergique de sauver le pays, mais, ajoutait le Président de la République, les mesures de salut public n'ont qu'un temps limité ; d'ailleurs, cette loi dépasse le but qu'on voulait atteindre ; elle supprime trois millions d'électeurs dont les deux tiers sont des habitants honnêtes et paisibles des campagnes. Cette immense exclusion sert de prétexte au parti anarchique, qui couvre ses mauvais desseins de l'apparence d'un droit ravi à reconquérir ; défectueuse lorsqu'elle est appliquée à l'élection d'une Assemblée, la loi du 31 mai l'est bien davantage s'il s'agit de la nomination d'un président, car, poursuivait M. Louis Bonaparte, si une résidence de trois ans dans la commune peut paraître une garantie de discernement imposée aux électeurs pour connaître les hommes qui doivent les représenter, à quoi bon une résidence si prolongée pour connaître le candidat qui doit gouverner la France? Autre grave objection : la Constitution exige pour la validité de l'élection du Président de la République par le peuple, deux millions au moins de suffrages ; si le candidat ne réunit pas ce nombre, le droit d'élire revient à l'Assemblée. La Constituante a donc décidé que sur dix millions de votants portés alors sur les listes, il suffira du cinquième pour valider l'élection. Aujourd'hui le chiffre des électeurs se trouvant réduit à sept millions, en exiger deux, n'est-ce pas intervertir la proportion, demander presque le tiers au lieu du cinquième, et dans une certaine éventualité ôter l'élection au peuple pour la donner à l'Assemblée?

M. Louis Bonaparte faisait remarquer en finissant que l'argument principal des ennemis de la révision de la Constitution consistait à soutenir que l'œuvre d'une Assemblée issue du suffrage universel ne pouvait pas être modifiée par une Assemblée issue du suffrage restreint.

Le dépôt d'un projet de loi pour le rétablissement du suffrage universel suivit immédiatement la lecture de ce message accueilli par les murmures de la majorité. Le ministre de l'intérieur demanda qu'il fût discuté d'urgence, la majorité se donna le plaisir de faire subir un échec au ministère. Ce vote était-il une déclaration de guerre? L'Assemblée voulait-elle résolûment entamer la lutte avec le pouvoir exécutif? On aurait pu le supposer, si la majorité, après cette première escarmouche, ne s'était pas empressée de parler de conciliation, de concessions : parmi les membres de la droite, les uns, en maintenant la loi du 31 mai, consentaient à en modifier les conditions trop exclusives, les autres adoptaient le nouveau projet en y introduisant tout ce qu'on pourrait conserver de la loi du 31 mai, notamment ses dispositions relatives au domicile ; bref, l'Assemblée perdait son temps dans les subtilités de la tactique parlementaire.

M. Louis Bonaparte agissait; il s'adressait à l'armée et réclamait ouvertement son concours; le 9 novembre, les officiers nouvellement arrivés à Paris étaient venus lui faire une visite officielle; le Président de la République leur adressa une allocution dont l'allusion suivante aux révolutions passées, forme la péroraison : « J'espère que ces épreuves ne reviendront pas ; mais si la gravité des circonstances les ramenait et m'obligeait à faire appel à votre dévouement, il ne me faillirait pas, j'en suis sûr, parce que, vous le savez, je ne vous demanderai rien qui ne soit d'accord avec mon droit, *reconnu par la Constitution* (1), avec l'honneur militaire, avec les intérêts de la patrie, parce que, si jamais le jour du danger arrivait, je ne ferais pas comme les gouvernements qui m'ont précédé, et je ne vous dirais pas : Marchez, je vous suis ; mais je vous dirais : Je marche, suivez-moi ! »

Le général Bonaparte marcha, en effet, au 18 brumaire, quoique sans beaucoup d'entrain, mais, en 1815, il se tint prudemment renfermé dans le palais même de l'Élysée qui venait d'entendre la belliqueuse déclaration de son neveu ; le duc d'Angoulême, fort brave sur le pont de Livron, ne quitta pas le château de Saint-Cloud pendant les trois journées ; Louis-Philippe n'hésita point à se mettre à la tête des troupes et de la garde nationale pour étouffer l'insurrection de 1832, cependant le 24 février 1848 il abdiqua sans résistance ; les hommes placés à la tête des gouvernements ressemblent aux autres hommes ; tant qu'ils sont jeunes, ils jouissent de tous les avantages de la jeunesse : force, santé, décision ; l'opinion publique leur tient compte de ces qualités, lors même qu'elle n'approuve pas complétement l'usage qu'ils en font ; mais les années s'accumulent

---

(1) Le Président ne prononça pas ces quatre mots, que le ministère fit ajouter par un scrupule que tout le monde comprit. Il y avait encore une constitution. (L. Mayer, *Histoire du 2 décembre.*)

sur leur tête, ils changent sans s'en apercevoir, et sans se douter que tout change en même temps autour d'eux ; au moment du danger ils ne retrouvent plus leur énergie ni celle des autres ; auraient-ils encore la force de crier : Suivez-moi ! personne ne les suivrait ; il ne leur reste qu'à se taire et à se résigner. Ce ne sont pas les hommes qui soutiennent les gouvernements, c'est l'opinion publique.

A cette harangue militaire succéda un discours aux industriels français récompensés à l'occasion de l'exposition de Londres :

« Comme elle pourrait être grande la République française, s'il lui était permis de vaquer à ses véritables affaires, et de réformer ses institutions au lieu d'être sans cesse troublée d'un côté par les idées démagogiques, et de l'autre par les hallucinations monarchiques.

» Les idées démagogiques proclament-elles une vérité? Non, elles répandent partout l'erreur et le mensonge ; l'inquiétude les précède, l'inquiétude les suit, et les ressources employées à les réprimer, sont autant de pertes pour les améliorations les plus pressantes, pour le soulagement de la misère.

» Quant aux illusions monarchiques sans faire courir les mêmes dangers, elles entravent également tout progrès, tout travail sérieux, on lutte au lieu de marcher, on voit des hommes, jadis ardents, promoteurs des prérogatives de l'autorité royale, se faire conventionnels afin de désarmer le pouvoir issu du suffrage populaire. On voit ceux qui ont le plus souffert, le plus gémi des révolutions en provoquer une nouvelle, et cela dans l'unique but de se soustraire au vœu national, et d'empêcher le mouvement qui transforme ces sociétés de suivre son paisible cours.

» Ces efforts seront vains. Tout ce qui est dans la nécessité des temps doit s'accomplir. L'inutile seul ne saurait revivre.

» Avant de nous séparer, Messieurs, permettez-moi de vous encourager à vous livrer à de nouveaux travaux ; entreprenez-les sans crainte ; ils empêcheront le chômage de cet hiver. Ne redoutez pas l'avenir ; la tranquillité sera maintenue quoi qu'il arrive. Un gouvernement qui s'appuie sur la masse entière de la nation, qui n'a d'autre mobile que le bien public et qu'anime cette foi ardente qui vous guide sûrement même à travers un espace où il n'y a pas de route tracée ; ce gouvernement, dis-je, saura remplir sa mission, car il a en lui, et le droit qui vient du peuple, et la force qui vient de Dieu ! »

Les royalistes, mis sur le même rang que les démagogues, et accusés de contribuer autant qu'eux aux maux de la France, étaient fort embarrassés pour se tirer de la position difficile où les plaçait le projet de loi pour le rétablissement du suffrage universel. Obligés de sacrifier cette loi du 31 mai, qu'ils considéraient comme une de leurs plus utiles conquêtes, ou de se mettre en hostilité ouverte avec le gouvernement en se refusant à son abrogation, ils hésitaient et ils cherchaient un terme moyen entre le besoin de sauvegarder leur dignité et le désagrément d'obéir à la nécessité. La majorité crut l'avoir trouvé en déclarant qu'elle ne ferait point de loi spéciale pour les élections politiques, et qu'il lui suffirait d'introduire dans la loi communale un article tendant à diminuer la durée du domicile, en ajoutant que cette loi s'appliquerait aux élections politiques ; subterfuge puéril, dont Michel (de Bourges) n'eut pas de peine à démontrer la faiblesse. Rien ne pouvait empêcher désormais le rétablissement du suffrage universel.

Plusieurs membres de l'opposition républicaine voyaient dans cette mesure la preuve certaine du désir de M. Louis Bonaparte de se rapprocher d'eux. Étrange méprise !

M. Louis Bonaparte avait pour lui le clergé, et par le clergé, les hautes classes de la société au sein desquelles seulement il pouvait trouver à un moment donné le personnel d'une administration forte et respectable aux yeux des populations qui, dans leur ignorance, prennent la richesse pour une vertu ; l'élection du 10 décembre avait prouvé à M. Louis Bonaparte qu'il avait pour lui les campagnes; son alliance avec le clergé les rattachait encore plus fortement à sa cause ; la gauche ne lui offrait que l'appui douteux des classes ouvrières, surexcitées par la révolution, rêvant une société chimérique, un ministère d'utopistes et de sectaires, une administration intérieure formée des orateurs des clubs et les écrivains de la presse radicale de Paris et des départements; le choix de M. Louis Bonaparte, placé entre le parti conservateur et le parti révolutionnaire, pouvait-il être douteux un seul instant, lors même que ses tendances et ses projets ne l'auraient pas rapproché des royalistes? Il suffit d'un peu de bon sens pour répondre à cette question ; les représentants qui occupaient les bancs les plus élevés de la gauche n'en persistèrent pas moins jusqu'au dernier moment dans cette idée, que le rétablissement du suffrage universel était une avance de M. Louis Bonaparte au parti démocratique. Illusion funeste, qui n'a pas été étrangère au rejet de la proposition des questeurs qui pouvait changer le cours des événements.

Le général Saint-Arnaud, en prenant possession du ministère de la guerre, avait adressé à l'armée un ordre du jour dans lequel il était impossible de voir autre chose qu'une protestation virulente contre le droit de requérir la force publique attribué par la Constitution au pouvoir législatif. Les questeurs de l'Assemblée, pensant avec raison qu'il était temps de prendre des mesures pour la protéger, rédigèrent une proposition inspirée par l'article 32 de la Constitution : « L'Assemblée nationale détermine le lieu de ses séances. Elle fixe l'importance des forces militaires établies pour sa sûreté, et elle en dispose. » La proposition des questeurs était ainsi conçue :

« Sera promulgué comme loi, mis à l'ordre du jour de l'armée, et affiché dans les casernes, l'article 6 du décret du 11 mai 1848 dans les termes ci-après :
» ARTICLE UNIQUE. — Le Président de l'Assemblée nationale est chargé de veiller à la sûreté intérieure et extérieure de l'Assemblée.
» A cet effet, il a le droit de requérir la force armée et toutes les autorités dont il juge le concours nécessaire.
» Ses réquisitions peuvent être adressées directement à tous les officiers, commandants et fonctionnaires, qui sont tenus d'y obtempérer immédiatement sous les peines portées par la loi. »

La commission exécutive, lors de la réunion de l'Assemblée constituante, ayant réclamé l'honneur de veiller sur elle, les membres de cette Assemblée décidèrent, après un long débat, que si dans les circonstances normales on pouvait s'en rapporter à la vigilance des autorités ordinaires, le seul moyen d'assurer l'indépendance et la sécurité du pouvoir législatif était le droit de réquisition directe; l'Assemblée, avant même le vote de la Constitution, jouissait de ce droit; depuis l'élection du pouvoir exécutif, il n'avait pas cessé de lui appartenir; le gouvernement, sans nier ces faits, soutenait au sein de la commission nommée pour examiner la proposition des questeurs, que c'était à titre d'Assemblée investie des pouvoirs constituants que la première Assemblée de la seconde République avait joui du droit de réquisition; M. Vitet, rapporteur de la commission répondait : l'Assemblée constituante ne s'est-elle pas dépouillée pour la seconde phase de sa vie parlementaire, du privilége constituant en déclarant qu'elle se bornerait à faire certaines lois organiques? A partir du

20 décembre, l'Assemblée constituante n'était plus qu'une Assemblée législative. Son règlement a-t-il été changé? Pas le moins du monde. Un général de brigade, campé aux Invalides, le 29 janvier 1849, n'ayant pas obéi à une réquisition directe du président de l'Assemblée, le président du conseil, M. Odilon Barrot, et le ministre de la guerre, interpellés directement sur cet acte d'insubordination, se sont empressés de répondre que le droit de réquisition directe appartenait incontestablement au président de l'Assemblée, et que ce droit était pour le pouvoir législatif la garantie de son indépendance. Le refus d'obéir n'était, selon M. Odilon Barrot, qu'un malentendu qui ne se reproduirait plus à l'avenir.

Le général Saint-Arnaud et ses collègues répliquaient que si l'article 32 de la Constitution contient vraiment ce qu'on y voit, cet article est complétement en contradiction avec les articles 50 et 64, qui confèrent au pouvoir exécutif le droit de « disposer » de la force militaire. Cette contradiction n'existe qu'en apparence, comme le faisait remarquer M. Vitet, puisque la Constitution limite les cas où le droit de réquisition directe peut être exercé par le pouvoir exécutif. Que devient donc alors, demandait le ministre de l'intérieur, le salutaire principe de la division des pouvoirs? Le rapporteur de la commission, en reconnaissant l'utilité de ce principe, ajoutait que la séparation entre le pouvoir judiciaire et le pouvoir législatif était aussi un grand principe, ce qui n'empêchait pas que, dans certains cas, l'Assemblée ne rendît elle-même la justice sans que tout fût bouleversé dans le domaine juridique.

M. de Thorigny et M. Saint-Arnaud, quittant le terrain des considérations générales, avaient fini par déclarer, sur les interpellations de la commission, que le décret du 11 mai 1848 se trouvait dans toutes les conditions d'existence légale, et ne cessait point d'être en vigueur. Le lendemain de cette discussion, une lettre de M. de Thorigny, contre-signée par son collègue Saint-Arnaud, contenait cette rétractation adressée à la commission : « Je déclare que dans ma conviction le décret du 11 mai 1848 ne peut être considéré comme étant encore en vigueur, et je n'ai pas dit un mot qui puisse établir le contraire ». M. Saint-Arnaud corroborait cette rétractation en donnant l'ordre d'arracher le décret du 11 mai 1848 affiché depuis 1849 dans toutes les casernes de Paris. Le gouvernement refuse à l'Assemblée le droit de se défendre ; à elle maintenant de montrer qu'elle était capable de l'exercer.

La commission se composait de trente membres : vingt-trois membres votèrent pour la prise en considération de la proposition : un membre s'abstient ; six membres se prononcèrent contre, parce qu'il leur semblait inutile de faire une loi pour établir un droit consacré par la constitution. La commission était donc unanime sur le principe : la même unanimité régnait dans l'Assemblée, mais l'application y soulevait de nombreuses divergences. Plus d'un ancien membre de l'Assemblée constituante siégeant sur les bancs de l'Assemblée législative se rappelait le billet écrit le 29 janvier 1849 par le général Changarnier au général Forey : « Si cet affreux petit drôle (M. Armand Marrast, président de la Constituante) vous renouvelle sa proposition (celle d'augmenter de deux bataillons la garde de l'Assemblée), pirouettez sur les talons, et tournez-lui le dos ». D'autres se méfiaient de la droite et craignaient que sa conversion à un principe pour lequel jusqu'ici elle avait témoigné plus que de la froideur, ne cachât une conspiration dirigée à la fois contre M. Louis-Bonaparte et contre la République. Craintes chimériques : la majorité avait la force en main au moment où le général Changarnier réunissait sous son commandement l'armée et la garde nationale : quel usage en a-t-elle fait ? Comment supposer que cette majorité, usée, divisée, va retrouver l'énergie nécessaire pour opérer la contre-révolution ? Quelques-uns de ses membres songeaient peut-être à placer le général Changarnier à la tête de la force armée rassemblée par le pouvoir législatif, mais ce n'était là qu'un rêve ; la proposition des questeurs, adoptée grâce à l'adhésion de la gauche, le général Cavaignac ne devenait-il pas forcément l'homme de l'Assemblée ? n'était-il pas le seul général dont elle pût invoquer l'appui ? n'était-il pas, en effet, le seul capable de rallier l'armée, la bourgeoisie et une partie du peuple ?

Malheureusement une fraction de la gauche seulement partageait cette opinion ; encore avait-il fallu la négation formelle par le gouvernement du droit constitutionnel de l'Assemblée à requérir directement les forces nécessaires à sa défense, pour rallier cette fraction à la proposition des questeurs.

Le 17 novembre, jour fixé pour la discussion de cette proposition, les tribunes du corps diplomatique, de la maison du Président de la République, et des journalistes, étaient déjà surchargées de spectateurs à l'ouverture de la séance ; le général Magnan, l'air grave et soucieux, occupait avec ses aides de camp la tribune de l'état-major ; les rangs de l'Assemblée se garnissent rapidement ; les ministres sont à leur banc avant que le président Dupin ne monte à son fauteuil ; le général Saint-Arnaud, affectant une assurance railleuse, la tête un peu penchée sur l'épaule droite, la main gauche dans l'ouverture de son habit bleu boutonné, traverse lentement l'espace qui sépare le banc des ministres de la place occupée par M. de Morny ; le nom bien connu de la mère de ce personnage qui a choisi pour armoiries une fleur d'hortensia barrée, les événements que tout le monde croyait prochains et auxquels il se disait prêt d'avance à prendre la part la plus directe, attiraient au plus haut degré l'attention publique sur M. de Morny. Né à Paris dans un des plus beaux hôtels de la rue Ceruti (1), emmené le lendemain même de sa naissance à Versailles, confié à un ancien noble qui lui donna son nom et son titre en le reconnaissant pour son fils, il resta toujours l'objet des soins et de la surveillance de son véritable père : madame de Souza, mère de M. de Flahaut, mariée au ministre de Portugal, femme du monde et femme de lettres, joignait aux qualités de la femme du monde quelques-uns des défauts de la femme de lettres ; elle se chargea de veiller sur l'éducation du jeune Morny ; la fréquentation du général Carbonnel, ancien aide de camp du général Flahaut, aurait pu exercer une heureuse influence sur le caractère du jeune homme que son père aimait à lui confier ; le général

---

(1) Aujourd'hui rue Laffitte.

Carbonnel voyait beaucoup le monde honnête et libéral de la monarchie de Juillet; devenu chef d'état-major de la garde nationale de Paris, fort lié avec Lafayette, il conduisait souvent le jeune Morny au château de Lagrange, où le pupille de madame de Souza recevait le plus affectueux accueil de l'hôte illustre dont il devait plus tard faire emprisonner les petits-fils et les gendres.

Le gouvernement de 1830 accorda un certain nombre de brevets d'officiers aux jeunes combattants des trois journées, M. de Morny, héros de juillet sans le savoir, reçut cette récompense nationale, passa deux ans à l'école d'état-major, fit quelques campagnes en Afrique sous l'œil bienveillant du duc d'Orléans, et revint à Paris, où le bruit ne tarda pas à se répandre dans les salons qu'il succédait à son jeune général dans l'intimité d'une femme jolie et riche; d'après le même bruit, M. de Morny et la dame, réunissant leurs cœurs et leurs capitaux, avaient formé ce que dans le monde on appelle une liaison, et dans le commerce une raison sociale. Une fabrique de sucre de betterave était le produit de cette union morganatique; l'usine construite par l'amour ne réussit guère; la maison de commerce, sans se décourager, entreprit de nouvelles affaires; les deux associés, pendant quinze ans fidèles à la société, ne se doutaient guère que les plus hauts personnages de l'État seraient un jour chargés de leur liquidation.

M. de Morny mêlait la politique à l'industrie; il siégeait sur les bancs de la chambre des députés parmi les membres de cette fraction de la majorité composée de vieux jeunes gens qui cherchaient à ramener le courant de l'opinion de la politique aux affaires, et qui voulaient rajeunir le parti conservateur en le plongeant dans le Pactole. M. de Morny touchait à la politique, et il aimait les affaires ; il en avait, on peut dire, la passion et la vocation ; il en a fait dans toutes les positions où il a été placé dans sa vie. Le coup d'État lui-même représentait une affaire à ses yeux ; il ne s'y était rallié qu'assez tardivement, car après avoir constamment affecté avant 1848 à Londres de se retirer lorsqu'on annonçait M. Louis Bonaparte dans un salon, il figurait encore dans les rangs du parti orléaniste à l'époque des élections de 1849 ; le comité bonapartiste combattit sa candidature dans le département du Puy-de-Dôme ; elle eut de la peine à réussir même avec l'appui du comité de la rue de Poitiers. Le général de Flahaut rapprocha M. de Morny de M. Louis Bonaparte.

L'ancien protégé du duc d'Orléans, dont les affaires étaient très-embarrassées, passait pour un des conseillers et un des organisateurs les plus actifs du coup d'État, aussi sa présence à l'Assemblée où il se montrait rarement, et son entretien avec le général Saint-Arnaud étaient-ils l'objet de nombreux commentaires ; les deux interlocuteurs s'animaient, riaient, gesticulaient, mais leur gaîté paraissait forcée, et leur enjouement affecté.

Le président Dupin est sur son siége ; la séance commence. Le moment le plus grave est celui où le colonel Charras se lève pour expliquer comment l'audacieuse négation par le gouvernement d'un droit accordé par la Constitution à l'Assemblée, l'a transformé en défenseur d'une proposition qu'il combattait auparavant, et dont l'opportunité est justifiée par la déclaration du ministre de la guerre. Le compte rendu de la séance constate ici plusieurs interruptions.

Un Membre. — L'ennemi est dans les rangs de la majorité.
M. Charras. — On me dit que l'ennemi est là (la droite). Il est ailleurs aussi.
M. Mathé. — Le plus dangereux est là (la droite).
M. Charras. — Non. Je le dis en terminant, je ne crois pas que la majorité soit un danger plus sérieux pour la Constitution et la République, dans les termes où est posée la question maintenant, que le Président qui siége à l'Élysée ; non, je ne crois pas qu'il vienne de sa part un danger plus immédiat que celui qui peut venir de l'endroit que j'ai indiqué (rires).
Mais la majorité se trouve sur le terrain du principe constitutionnel, sur le terrain de l'indépendance des assemblées. La majorité, à mon sens, est dans le vrai, c'est pour cela que je voterai avec elle.

M. Michel (de Bourges) succède au colonel Charras ; ce puissant orateur disait un jour en montrant à l'un de ses collègues le sommet de la gauche, où il allait s'asseoir : « Qui sait ce qui va descendre aujourd'hui de ce Sinaï de la démence ? » Cette fois, c'est lui-même qui se charge de promulguer ses oracles.

« Il s'agit de périls théoriques. Savez-vous quand vous les avez découverts ? Vous les avez découverts le 4 novembre lorsqu'on a retiré la loi du 31 mai. Voilà le péril. Le péril, c'est que la monarchie est menacée, c'est que la République commence à être inaugurée, voilà le péril. (Bruyants applaudissements à gauche.) Vous avez peur de Napoléon Bonaparte, et vous voulez vous sauver par l'armée. L'armée est à nous, et je vous défie, quoi que vous fassiez, si le pouvoir militaire tombait dans vos mains, de faire un choix qui fasse qu'aucun soldat vienne ici pour vous contre le peuple.
» Non, il n'y a point de danger, et si je me permets d'ajouter que, s'il y avait un danger, il y a aussi une sentinelle invisible qui nous garde, cette sentinelle, c'est le peuple. »

Les applaudissements qui accueillent cette métaphore sur les bancs de l'extrême gauche, présagent le sort qu'elle réserve à la proposition ; M. Vitet, en accusant Michel (de Bourges) et ses amis d'alliance intime avec

M. Louis Bonaparte, rend les opposants plus furieux; M. Thiers essaye en vain de réparer cette maladresse ; le tumulte ne lui permet pas d'achever son discours; M. de Rémusat sera-t-il plus heureux ? Fidèle à la fortune du parti conservateur, supérieur à ses préjugés et à ses rancunes, M. de Rémusat, à qui plus d'une fois un portefeuille fut offert de la part de M. Louis Bonaparte, avait en outre fait preuve de désintéressement politique et de dignité personnelle en refusant d'entrer dans les conseils d'un homme qu'il avait fait arrêter en 1840 comme ministre de l'intérieur. M. de Rémusat, avec la fermeté de l'homme d'honneur et la politesse de l'homme du monde, expose au Président de la République les raisons qui l'empêchaient de se rendre à ses instances et de servir son gouvernement. M. Odilon Barrot lui demanda du moins de lui indiquer quelqu'un qui représenterait plus spécialement sa nuance dans le cabinet; il désigna M. de Tocqueville. M. de Rémusat, trop habitué à étudier les idées pour s'effrayer de celles de ses adversaires, trop libéral pour qu'on pût le supposer capable de préférer le coup d'État à la durée de la République, était, de tous les orateurs de la majorité, le moins antipathique à l'opposition ; cependant, depuis un quart d'heure, il restait debout à la tribune, cherchant à se faire entendre au milieu de la tempête de cris qui couvrait sa voix; impossible de dominer le vacarme ; il regagna tristement son banc.

Le général Bedeau demande au ministre de la guerre si c'est lui qui a ordonné d'arracher le décret du 11 juillet : oui, répond Saint-Arnaud ; les disciples de la convention s'indignent et répondent à l'agent du pouvoir

exécutif par d'énergiques menaces. Il est bien temps !
N'ont-ils pas entendu sans sourciller tout à l'heure, ce
soldat insolent prétendre que le pouvoir exécutif n'obéit
pas plus au pouvoir législatif que la tête n'obéit au bras ?
Le ministre de la guerre n'a-t-il pas déclaré qu'en fait de
réquisition militaire, il ne reconnaissait pas à l'Assemblée d'autre droit que celui de fixer le nombre de troupes
pour sa garde, et de leur donner le mot d'ordre par les
questeurs ? Les protestations de l'extrême gauche viennent trop tard. Le ministre de la guerre en paraît cependant troublé ; il sort en jetant un regard sur la tribune
où se trouvent le général Magnan et M. de Maupas, qui
se lèvent pour le suivre : « On fait trop de bruit dans
cette maison, dit Saint-Arnaud à son voisin le ministre
de l'intérieur, je vais chercher la garde ! » Ce mot plaisant, reproduit dans le récit de tous les panégyristes du
coup d'État, cadre peu avec la contenance de Saint-
Arnaud pendant cette séance ; une secrète anxiété perçait à travers le calme apparent dont il essayait de
s'envelopper. Il était convenu, ajoutent les historiens
officiels du 2 décembre, que, dans le cas où le résultat de la séance paraîtrait favorable à la proposition
des questeurs, Saint-Arnaud et Magnan se réuniraient
pour faire les derniers préparatifs du coup d'État ; Magnan et Maupas auraient donc quitté l'Assemblée sur
un signal de leur complice pour se rendre à cette réunion ; assertion peu probable ; le général Saint-Arnaud,
en abandonnant son banc, paraissait peu disposé à en
appeler si brusquement aux armes : rien, à moins que
ce ne soit sa forfanterie habituelle, ne permet de supposer qu'en apprenant le rejet de la proposition des

questeurs, il se soit écrié : « Nous nous en serions bien passés (1) », il dut plutôt partager l'avis de M. Louis Bonaparte, qui se contenta de dire : « Cela vaut peut-être mieux (2) ».

Le rejet de la proposition des questeurs prouvait jusqu'à quel point l'esprit politique faisait défaut à cette Assemblée, qui vivait bien plus dans le passé que dans le présent.

Quelques représentants donnaient au sommet de la gauche, où ils siégeaient, le nom de *Montagne* adopté avec empressement par les membres de la majorité, fiers de braver tous les jours les fureurs d'un Lacroix ou d'un Legendre ; les montagnards de 1848 avaient-ils du moins les qualités de leurs devanciers ! le grand esprit de discipline des jacobins revivait-il en eux ? Non : nulle entente entre les jacobins modernes ; des soldats n'écoutant pas leurs généraux, des généraux se soumettant aux caprices et aux préjugés de leurs soldats, des orateurs de talent cherchant le plus souvent à cacher de grandes fautes sous de grands mots, voilà ce qu'on appelait la *Montagne*, volcan factice exploité par les journaux conservateurs qui décrivaient la moindre de ses éruptions, avec des couleurs à porter l'émotion et le trouble dans l'âme du bourgeois le plus intrépide.

Les partis, malheureusement, vivent plus longtemps que les idées qu'ils représentent ; qu'est-ce aujourd'hui que le jacobinisme, le girondinisme, l'hébertisme ? des mots ; cependant, sur les bancs de la gauche, on était jacobin, girondin, robespierriste, dantoniste, etc. : Jaco-

---

(1) Belouino, *Histoire d'un coup d'État.*
(2) Granier de Cassagnac, *Histoire de la chute de Louis-Philippe.*

bins, dantonistes, robespierristes, girondins, tous ces partis divisés entre eux avaient les socialistes pour adversaires ; le socialiste traitait le jacobin du haut de sa grandeur ; il le trouvait ridicule, ignorant, arriéré, manquant d'*idées ;* le socialiste, lui, au contraire, en était plein : religion, philosophie, économie politique, il connaissait à fond tous les problèmes ; il en avait la solution ; chaque solution était représentée par un chef d'école : autant d'écoles, autant de partis ; les socialistes, non contents d'injurier les jacobins, s'injuriaient entre eux sans cesse ; âpres à la discussion, noirs d'encre, rouges de haine, rappelant les argumentateurs furieux de la vieille scolastique, ils noyent dans des flots de colère et de prose les quelques idées qu'ils peuvent avoir.

Les clubs de la Révolution de Février ressemblaient à des académies où les ouvriers, avec la bonne foi naïve de gens dont l'intelligence vient de s'ouvrir, donnaient comme des découvertes les bribes de livres et de journaux restées dans leurs mémoires ; ces ouvriers, envoyés en assez grand nombre à l'Assemblée, ne contribuaient pas médiocrement à augmenter la confusion parmi les membres de l'opposition ; si les jacobins de 1848 rappelaient fort peu les jacobins de 1793, les socialistes de février rappelaient encore moins ceux de la première république. Quelle différence entre un puissant organisateur de conspirations, un intrépide sectaire comme Babœuf, et celui qu'on appelait le père Cabet ? entre la secte des *Égaux* et l'*Icarie ?* A l'époque où le communisme était représenté par des hommes aussi dangereux par la force de leur intelligence que par l'énergie de leur caractère, il ne faisait peur à personne ; cinquante ans après, la société, bien plus forte et bien mieux organisée, tremblait au seul mot de socialisme.

Pour comble d'anarchie dans les esprits, le Napoléon, messie de la révolution, cette hallucination de l'histoire, hantait encore comme un fantôme les imaginations. Voyez plutôt l'idée qu'un des jacobins les plus éloquents de 1848 se faisait encore à ce moment du vote du 10 décembre :

« Il y avait de tout un peu dans son vote ; il y avait pour l'insurgé de Strasbourg, pour l'auteur socialiste, mais surtout pour le neveu de l'Empereur. Le peuple voulait surtout que le neveu continuât l'oncle, c'est-à-dire la Révolution. Ici, entendons-nous bien, je vous prie : l'Empire avait hérité de la République, mais sous bénéfice d'inventaire. Des trois grands principes de la Révolution française : Liberté, Égalité, Fraternité, il n'en avait gardé qu'un seul, l'Égalité, qui lui suffit. Ces principes sont si forts qu'un seul appliqué à peu près a fait l'Empire. Jugez de ce que feraient les trois. Donc l'Empire, c'était une partie de la Révolution ; c'était tant bien que mal l'égalité en pratique, la hiérarchie selon les facultés ; oui, c'était le principe d'égalité contre le principe d'hérédité, l'idée de progression contre l'idée de conservation, le droit personnel, individuel, contre le privilége de race et de caste. L'Empereur lui-même était un parvenu ; chacun pouvait, à l'exemple du chef, s'affirmer suivant sa valeur, atteindre à son grade suivant son mérite, avoir son rang selon son droit. Il y avait, dit le proverbe, un bâton de maréchal dans la giberne de chaque soldat. L'Empire répondait plus ou moins au besoin de justice et d'élévation des masses. . . . . . .

» L'Empire exaltant le peuple, bouleversant le vieux monde, déplaçant nobles et rois, mettant la France sens dessus dessous pour introniser les plus braves, ce n'était donc pas tout à fait l'ordre, la conservation, la stabilité; c'était tout le contraire; c'était la révolution, la révolution personnifiée, couronnée, si vous voulez, mais enfin la révolution.

» Le vieil idéal de la révolution accomplie par un Bonaparte subsistait encore au fond des cœurs.

» Ce n'est pas sans raison que six millions de voix vous avaient appelé! six millions de voix! quel bonheur! mais aussi quel devoir et quelle force! une force proportionnée à la tâche! vous auriez pu faire ce que vous auriez voulu avec l'aide du peuple! vous auriez pu même lui enlever son droit! oui, si vous aviez bien compris votre élection, avec un peu de logique et de volonté à défaut de génie, il n'appartient pas à tous, vous auriez pu faire des miracles plus grands que ceux de votre oncle. Vous pouviez combattre, abattre comme lui, papes et rois, et deux autres tyrannies plus difficiles, plus glorieuses à vaincre, l'ignorance et la misère. Vous pouviez ainsi servir la France et délivrer le monde, oui, monsieur, si vous vous fussiez mis à la tête de la révolution chez nous et chez les autres, si vous eussiez par deux ou trois bonnes lois réduit l'impôt et constitué le crédit, si vous eussiez pris en main la cause des peuples, si vous eussiez soutenu le droit contre le privilége et la force, si vous eussiez réclamé la liberté de l'Italie, de la Hongrie et de la Pologne, de toutes nos sœurs opprimées, la France vous aurait encore suivi au bout du monde contre les rois oppresseurs, non sans doute pour distribuer leurs trônes, mais pour affranchir leurs peuples, et alors aucune sorte de gloire n'eût manqué à votre nom, et peut-être alors la France éblouie..... J'ai eu peur un moment, je l'avoue : je sais mon pays si reconnaissant; mais j'ai été bien vite rassuré (1). »

M. Louis Bonaparte avait-il renoncé définitivement à ce rôle d'initiateur de la démocratie? La plupart des montagnards ne pouvaient se résigner à le croire; le rappel de la loi du 31 leur semblait un pas du président de la République pour se rapprocher d'eux; étrange illusion, produite par des préjugés que l'instruction n'avait pu détruire chez les uns et que le manque d'instruction fortifiait chez les autres.

Les membres du côté droit de l'Assemblée législative, de même que les membres du côté gauche, regardaient constamment derrière eux au lieu de regarder en avant.

La majorité, en reprochant à l'opposition son vote sur la proposition des questeurs, oubliait qu'en offrant une sorte d'entente à l'opposition, elle n'avait rien négligé pour la rendre impossible : la campagne de Rome à l'intérieur entretenait dans l'âme des vaincus du 13 juin une sourde colère; les prétentions royalistes irritaient les républicains; les membres de la droite, pour la plupart, hommes de gouvernement, n'ignoraient pas que la politique n'est que la science de ce qui est possible; or, il était bien possible de détruire la République, mais non de la remplacer par la monarchie. D'ailleurs, de quelle monarchie s'agissait-il ? Il y avait sur les bancs de la droite des monarchies pour tous les goûts, mo-

---

(1) Lettre de Félix Pyat à M. Louis-Napoléon Bonaparte. Paris, Ch. Banel, libraire, 7, rue Chapon, 1851.

narchie de saint Louis, monarchie de Louis XIV, monarchie des États, monarchie des Assemblées provinciales, monarchie des deux Chambres, monarchie avec charte, monarchie sans charte, monarchie de la branche aînée, monarchie de la branche cadette, monarchie gallicane, monarchie ultramontaine. La légitimité a été certainement une grande idée qui a pu communiquer, dans certains moments qui ne sont pas encore bien éloignés de nous, une force irrésistible à ceux qui l'ont représentée ; en 1814, par exemple, après les désastres militaires de la France, quand la couronne était aux mains des vainqueurs étrangers incertains à qui leur intérêt commandait de la remettre, quand la voix du peuple laissé pour mort sur le champ de bataille semblait éteinte, Louis XVIII pouvait imposer le droit divin aux souverains alliés comme un principe et à la France comme une transaction ; mais quel motif avait-elle en 1851 pour se jeter dans les bras de la légitimité ? une subite conversion aux idées du manifeste de Wiesbaden, ou la crainte de l'épée du général Changarnier ? Le parti légitimiste, en engageant la lutte, devait nécessairement trouver en face de lui les républicains, les bonapartistes et les orléanistes; la restauration des Bourbons de la branche cadette n'était pas moins impossible que celle des Bourbons de la branche aînée : le prince de Joinville ou le duc d'Aumale apportait à la France, quoi ? la perspective d'une régence, ce mot seul avait contribué pour une grande part au succès de la Révolution de Février; l'exil des Orléans datait d'ailleurs de deux ans à peine ; il faut laisser aux dynasties le temps de faire oublier leur chute ; Napoléon, en 1815, était revenu trop tôt. Les partisans des deux dynasties bourbonniennes pouvaient bien renverser la République, mais au profit du bonapartisme seulement ; leurs chefs le sentaient, mais entre le triomphe de M. Louis Bonaparte et la défaite de la République, ils choisirent la dernière comme une vengeance, car il n'est pas permis de croire que des hommes comme ceux qui dirigeaient le parti conservateur fussent en proie réellement à la peur du socialisme.

La montagne crut que le rejet de la proposition des questeurs ne frappait que la monarchie ; la République était atteinte. Quelques représentants républicains cherchèrent à réparer la faute commise, en essayant d'introduire le droit de réquisition dans le projet de loi sur la responsabilité des agents du pouvoir ; il était trop tard.

Les affiches judiciaires annonçaient la vente prochaine de l'hôtel de M. de Morny aux Champs-Élysées. Le coup d'État ne pouvait pas tarder.

La majorité conspirait-elle contre le pouvoir exécutif? Les panégyristes du coup d'État s'appuient pour l'affirmer sur des documents qui ne justifient nullement cette accusation. Des projets de décrets préparés dans le cas où l'Assemblée serait obligée de requérir la force publique, ne sont pas des actes de conspiration. Un homme dont la parole ne peut être suspectée, M. de Tocqueville, a écrit :

« Les amis de M. Louis Napoléon, pour excuser l'acte qu'il vient de commettre, répètent qu'il n'a fait que prendre les devants sur les mesures hostiles que l'Assemblée allait adopter contre lui. Cette manière de se défendre n'est point nouvelle en France. Tous nos révolutionnaires en ont usé pendant ces soixante dernières années. Aujourd'hui l'accusation intentée à l'Assemblée ne peut avoir cours que parmi des étrangers peu au courant de nos affaires.

» L'histoire a sans doute plus d'un reproche à faire à l'Assemblée qui vient d'être violemment dissoute ; les partis qui la composaient n'ayant pu s'entendre, elle est devenue incapable de défendre la liberté des autres ni sa propre existence, mais l'histoire ne ratifiera certainement pas l'accusation portée par Louis Bonaparte. Le *Moniteur* l'atteste d'avance.

» L'Assemblée, au mois d'août dernier, a voté à une immense majorité la révision de la Constitution. Pourquoi désirait-elle cette révision ? Uniquement pour légaliser la réélection du Président. Est-ce là conspirer contre Louis Napoléon ?

» L'Assemblée a voté le 31 mai la loi électorale, loi impopulaire dont Louis Napoléon, pour capter la faveur du peuple, demande le retrait dans un message injurieux à l'Assemblée, après l'avoir lui-même proposée. Une majorité, mais de trois voix seulement, repousse la nouvelle loi présentée ; immédiatement, pour se conformer à la politique du Président, l'Assemblée insère dans une loi rédigée par elle les réformes demandées par lui. Est-ce là conspirer contre Louis-Napoléon ?

» La proposition des questeurs, dans le but de mettre le parlement en état de défense, ne peut être taxée de tendance inconstitutionnelle ; elle se bornait à réglementer le droit de réquisition directe qui appartient à toutes les assemblées. Cependant, pour éviter tout conflit avec le pouvoir exécutif, le pouvoir législatif n'a pas cru devoir insister sur ce droit incontestable. Est-ce là conspirer contre Louis-Napoléon ?

» Enfin, le conseil d'État était depuis longtemps saisi d'une loi sur la responsabilité du Président et des agents du pouvoir exécutif. Cette proposition n'émanait pas de l'Assemblée ; le comité, pour montrer ses sentiments de conciliation, modifie le projet de façon à lui enlever tout ce qui peut déplaire au pouvoir exécutif. Est-ce là conspirer contre Louis-Napoléon ?

» Que dans une assemblée de 750 membres, il ait pu y avoir un certain nombre de conspirateurs, il serait absurde de le nier, mais la vérité prouvée par les actes, est que l'Assemblée, loin de conspirer contre Louis-Napoléon et de lui chercher querelle, a poussé la modération et le désir de vivre avec lui en bonne intelligence presque à un degré voisin de la pusillanimité (1). »

Une fraction notable de l'Assemblée, s'il faut en croire un écrivain dévoué au coup d'État (2), loin de conspirer contre M. Louis Bonaparte, aurait conspiré en sa faveur.

« Tout le monde, dit cet écrivain, avait jusqu'alors plus ou moins rêvé son coup d'État.

» Le 29 janvier 1849, le général Changarnier laissa voir au Président qu'il était disposé à profiter de l'émo-

---

(1) Lettre adressée par M. de Tocqueville au rédacteur en chef du *Times*, et insérée dans ce journal le 11 décembre 1852 sous ce titre : *A Narrative by a Member of the National Assembly*.
(2) Granier de Cassagnac, *Récit des événements du 2 décembre*, nouvelle édition. INTRODUCTION.

tion du moment pour rétablir militairement l'Empire.

» Pendant le ministère parlementaire, qui dura du 20 décembre 1848 au 30 octobre 1849, M. Thiers exprima l'avis de proroger jusqu'au terme de dix ans les pouvoirs du Président.

» Après les élections socialistes de Paris du 10 mars 1850, M. Molé déclara hautement, en s'appuyant de l'opinion de lord Lyndhurst, que le rétablissement de l'Empire pouvait seul sauver la société.

» Au mois de novembre 1851, dans une réunion qui eut lieu chez M. Daru et à laquelle assistaient M. de Montalembert, M. Buffet, M. Chassaigne-Goyon, M. Quentin-Bauchart, M. Baroche et M. Fould, M. Rouher lut et appuya un projet de décret ayant pour objet de réviser la Constitution, à la simple majorité, et d'imposer le vote à la minorité par la force, si elle résistait. M. de Montalembert soutint le projet avec la plus grande énergie ; il alla même jusqu'à requérir l'emploi de la force, et à proposer de faire un appel au pays quand bien même le décret n'obtiendrait pas la majorité.

» Le 30 novembre, MM. de Mouchy, de Mortemart et de Montalembert portèrent au président, revêtue des signatures de cent soixante députés, la proposition d'un appel au peuple, qui devait être exécuté sur son adoption à une majorité simple.

» Le 1er décembre au matin, une pareille proposition fut délibérée et adoptée dans une réunion qui eut lieu chez M. Dariste, et à laquelle assistaient M. Ferdinand Barrot, M. Bérard, M. Dabaux, M. Ducos, M. Dumas, M. Augustin Giraud, M. Le Verrier, M.Mimerel, M. de Rancé (1), M. Vayse et M. Lebœuf. »

M. de Heeckeren, représentant du peuple, aujourd'hui sénateur, se serait présenté, s'il faut en croire l'écrivain que nous venons de citer, au palais de l'Élysée, le 1ᵉʳ décembre 1851, à six heures du soir, demandant à entretenir le Président de la République d'une affaire de la plus haute importance; admis aussitôt en présence de M. Louis Bonaparte, M. de Heeckeren lui aurait déclaré qu'il venait, au nom de M. de Falloux et d'un grand nombre de membres du parti légitimiste, lui proposer de faire ensemble un coup d'État : demander à l'Assemblée de voter à la simple majorité la révision de la

---

(1) M. de Rancé a écrit à ce sujet la lettre suivante au rédacteur en chef du *Pays :*

« Monchy-Humières (Oise), 16 décembre 1868.

» Monsieur,

» En lisant aujourd'hui, dans le journal *l'Etendard*, votre remarquable introduction au récit des événements du 2 décembre, j'y remarque le paragraphe suivant :

« Une pareille proposition fut délibérée et adoptée dans une réunion qui eut
» lieu chez M. *Dariste*, et à laquelle assistaient M. Ferdinand Barrot, M. Bé-
» rard, M. Dabaux, M. Ducos, M. Dumas, M. Augustin Giraud, M. Le Verrier,
» M. Mimerel, M. de Rancé, M. Vayse et M. Lebœuf. »

» Permettez-moi, Monsieur, de vous demander à ce propos une rectification à laquelle vous comprendrez que j'attache de l'importance.

» Ce n'est pas chez M. *Dariste*, mais bien CHEZ MOI, rue Tronchet, n° 30, qu'eut lieu, le 1ᵉʳ décembre, la réunion dont vous parlez.

» Ce n'est pas non plus seulement le 1ᵉʳ décembre que les honorables représentants que vous dénommez avec exactitude (à cela près de M. Bérard qu'il faut remplacer par M. André) se réunissaient *chez moi*.

» Ils y délibéraient entre eux, plusieurs fois par semaine, depuis plus d'un mois, avant le 2 décembre.

» L'esprit qui les animait et le but qu'ils poursuivaient étaient d'ailleurs parfaitement conformes à ceux que vous indiquez.

» Veuillez agréer, Monsieur, l'expression de mes sentiments les plus distingués.

» DE RANCÉ,

» Ancien député de l'Eure, ancien représentant à la Constituante et à l'Assemblée législative. »

Constitution et la rééligibilité du Président de la République, et la dissoudre par la force dans le cas où ce vote réunirait la majorité absolue, mais non les trois quarts des voix exigés par la Constitution ; telle était la motion que M. de Falloux se déclarait prêt à porter à la tribune.

M. Louis Bonaparte, se montrant d'ailleurs très-touché de cette offre de concours, répondit que la communication méritait réflexion : « Restez à dîner, dit-il à M. de Heeckeren, nous reprendrons la conversation dans la soirée. » Après le dîner, M. de Heeckeren s'approchant du Président lui demanda : « Que répondrai-je à M. de Falloux ? » — Venez me voir demain à dix heures, nous causerons de cela. » La réponse de M. Louis Bonaparte précédait de quelques heures seulement l'exécution des premières mesures du coup d'État, depuis longtemps préparé par lui.

M. Thiers et M. de Falloux (1) ont énergiquement protesté contre les projets qu'on leur prête ; d'autres les avouent ; l'appel au peuple était une violation de la Constitution ; le châtiment de ceux qui l'invoquaient eût été d'être obligés de recourir aux mesures violentes qu'un

---

(1) Voici la protestation adressée par M. de Falloux au rédacteur en chef du *Pays* :

« Monsieur,

» Le *Pays* juge à propos de réimprimer une fable qui avait déjà paru dans le *Constitutionnel*, quelques jours après le 2 décembre, et contre laquelle je me hâtai de protester.

» Je renouvelle aujourd'hui cette protestation, bien qu'elle soit superflue pour tout lecteur impartial. Me prêter le 1er décembre 1851, la provocation à un coup d'État, appuyé *sur la tribune et sur un ministère pris parmi les chefs de la majorité*, c'est très-gratuitement supposer l'absurde. Qui peut avoir oublié que, le 1er décembre 1851, les chefs de la majorité étaient MM. Molé, Thiers, Dufaure, Odilon Barrot, Tocqueville, et celui que tous nomment d'avance, celui qui, sur son lit de mort, vous a laissé pour suprême adieu sa lettre sur la souscription Baudin ? Qui pouvait exprimer, au nom de tels hommes, les senti-

semblable projet entraînait; ils ne les prévoyaient pas d'avance, car si leur pensée s'y était arrêtée un seul instant, ils auraient probablement reculé devant l'exécution.

La conspiration du pouvoir exécutif contre le pouvoir législatif éclate dans mille preuves : M. de Persigny, dès les premiers jours d'avril 1851, avait eu une entrevue secrète avec le général Changarnier : « Quelle douleur pour moi », s'était écrié le confident du Président de la République, en entrant dans le modeste appartement du général, « de voir dans un si petit réduit un homme qui tient une si grande place dans le pays ! » Le général avait répondu : « C'est que j'ai besoin d'un petit cadre pour paraître grand. » La conversation engagée, M. de Persigny, parlant du triomphe assuré de M. Louis Bonaparte, ajoutait que tout était prêt pour l'accélérer, que déjà pendant la dernière crise ministérielle, en présence de la difficulté de former un ministère parlementaire, un cabinet extra-parlementaire dont lui, Persigny, faisait partie, se disposait à opérer immédiatement la *solution;* un manifeste rédigé par le Président aurait rendu d'avance toute résistance impossible ; le Président, cependant, avait renoncé à son manifeste, préférant agir de

---

ments que vous m'attribuez, et qui pouvait parler, en dehors d'eux, au nom des chefs de la majorité?

» Vous reprenez donc là, Monsieur, une thèse que l'approche des élections explique, mais que le bon sens et l'histoire ne ratifieront jamais.

» Je vous demande, Monsieur, de vouloir bien insérer cette persévérante rectification dans votre plus prochain numéro, et j'ai l'honneur d'être

» Votre très-humble serviteur.

» A. DE FALLOUX.

» 16 décembre 1868, Bourg-d'Iré. »

Le *Pays* faisait suivre cette lettre de ces lignes :

« M. de Falloux parle d'une rectification dont il ne donne ni la date, ni les termes. Qu'il en adresse une nouvelle à M. de Heeckeren. Nous verrons ce qui sortira de ce débat. »

concert avec l'Assemblée ; un mot du général Changarnier, lors de la discussion sur la révision de la Constitution, pouvait amener cet accord ; le général en se prononçant était sûr d'être récompensé dignement plus tard d'un acte si utile au pays.

Le général Changarnier, d'après le journal *l'Ordre*, cachant avec peine son indignation en présence d'avances si étranges, s'était contenté d'y opposer une froide et dédaigneuse politesse. M. de Persigny répondit à ce journal : « Je déclare que la visite que j'ai eu l'honneur de faire au général Changarnier ne m'a été inspirée que par des communications que j'ai dû croire émanées du général lui-même. J'ajoute que, loin d'avoir reçu une mission du Président de la République, je lui ai laissé ignorer cette démarche. » L'entrevue elle-même et les propositions faites au général Changarnier restent donc un fait acquis à l'histoire.

M. Louis Bonaparte était soigneusement et exactement informé de tout ce qui se disait dans le sein de la commission de permanence ; celle-ci, de son côté, n'ignorait rien de ce qui se passait dans les conseils du Président de la République ; ses amis ne dissimulaient nullement leur projet de tenter une contre-révolution bonapartiste ; ils en discutaient les moyens et les chances avec les membres mêmes de la commission de permanence et du bureau de l'Assemblée, qui plus d'une fois se crurent à la veille d'engager la lutte ; mais au moment d'agir, le pouvoir législatif reculait : « J'étais tranquillement chez moi à faire des cochons, disait dans son langage soldatesque le général Lamoricière à un de ses amis, mes collègues de la commission m'écrivent qu'on n'attend plus que moi pour marcher, j'accours, et l'on ne veut plus rien faire; je retourne à mes cochons! »

Cette incertitude, ces délais, servaient admirablement les intérêts du coup d'État; l'armée en ce moment gardait encore des scrupules; elle n'était pas complétement ralliée à la pensée de porter la main sur la Constitution; des généraux qui devaient quelques jours plus tard exécuter les principaux actes de la conspiration déclaraient au général Le Flo, l'un des questeurs de l'Assemblée, que si elle rendait un décret d'accusation contre le Président de la République, ils obéiraient au décret : les chances entre les deux adversaires étaient encore égales, l'avantage semblait assuré à celui qui porterait le premier coup : l'Assemblée, qui avait le droit pour elle, n'eut pas la décision. Parmi tant de généraux, tant d'hommes politiques qui composaient la majorité, il n'y eut pas un homme d'action. C'est ici le cas de le répéter : après les prodigieux efforts du commencement du siècle, on eût dit que la nature se reposait; de l'action le monde passait à la critique; dans l'histoire, dans la philosophie tout était à la critique; les hommes d'État s'écoutaient parler et se regardaient agir, mais ils n'agissaient pas réellement, tous s'étudiaient, se contemplaient; les uns croyaient que faire un discours en faveur de la monarchie, c'était ressusciter la monarchie; les autres s'imaginaient que commenter sans cesse les formules républicaines, c'était fonder la République. Les conservateurs auraient dû comprendre que ce qui allait périr, ce n'était pas la République, mais la liberté : les révolutionnaires auraient dû se dire : ce n'est pas la monarchie que nous allons détruire, mais la république ; au lieu de s'unir au dernier moment, ils se divisèrent plus que jamais : indécis, hésitants, ne sachant ni ce qu'ils voulaient, ni ce qu'ils pouvaient, ils laissèrent le champ libre à quelques individus dont la grande force était d'avoir un but précis et les moyens de l'atteindre. Le 17 novembre, l'Assemblée législative tint, en réalité, sa dernière séance.

CHAPITRE VII.

LE COUP D'ÉTAT.

1ᵉʳ AU 5 DÉCEMBRE 1851.

Sommaire. — La nuit du 1ᵉʳ au 2 décembre. — Occupation de l'imprimerie nationale. — Les arrestations. — Morny s'installe au ministère de l'intérieur. — Maupas triomphe « sur toute la ligne ». — Reproche qu'on lui adresse. — Journée du 2 décembre. — Les représentants cherchent à se réunir. — M. Dupin abandonne ses collègues. — Réunion des représentants à la mairie du Xᵉ arrondissement. — Formation de la haute Cour de justice. — La haute Cour ne veut pas juger M. Louis Bonaparte sans l'entendre. — La réunion du Xᵉ arrondissement prononce la déchéance du Président de la République. — Elle refuse de faire appel à la population. — Où en est la discipline de l'armée. — La réunion est sommée de se disperser. — Les représentants sont conduits à la caserne du quai d'Orsay. — La nuit au quai d'Orsay. — Les représentants en voitures cellulaires. — Cause de leur impuissance. — Journée du 3 décembre. — Tentatives de résistance. — Les représentants de la Montagne au faubourg Saint-Antoine. — Le peuple refuse de se joindre à eux. — Mort héroïque du représentant Baudin. — Réunion des représentants de la gauche chez M. Marie. — Situation de Paris. — Journée du 4 décembre. — Distribution d'argent aux troupes. — Les barricades dans la matinée du 4 décembre. — Tentative sur la mairie du IIᵉ arrondissement. — La barricade du faubourg Poissonnière. — Les troupes prennent position sur les boulevards. — La situation stratégique. — La fusillade du boulevard. — État moral de l'armée. — Les premières victimes. — Le coup d'État. — Les vingt millions enlevés à la Banque de France. — La fusillade sur la rive gauche. — La délation. — Mort héroïque de Denis Dussoubs. — Les arrestations du Divan. — La bourgeoisie se déclare sauvée. — Pourquoi les détails du coup d'État ne peuvent encore être bien connus. — Le chiffre des morts. — La campagne de Paris.

Le temps était loin où madame Salvage, l'ancienne amie de la reine Hortense, faisait les honneurs de la résidence présidentielle à quelques habits noirs perdus dans deux salons à peine meublés; l'attente d'événements graves et prochains rendait les réceptions du palais de l'Élysée très-suivies et très-animées. Celle du 1ᵉʳ décembre semblait cependant plus languissante et moins nombreuse que de coutume ; les appartements et la galerie du rez-de-chaussée se dégarnissaient peu à peu ; la dernière pièce de cette galerie, servant ordinairement de salle de conseil, restait fermée.

Les traits du Président de la République montraient une pâleur (1) et une fatigue attribuées à une légère indisposition ; ses yeux, pendant qu'il causait, adossé à une cheminée avec les personnes qui l'entouraient, se promenaient de temps en temps sur le salon comme par distraction, et peut-être aussi pour chercher quelqu'un ; vers les dix heures, un colonel de la garde nationale entra ; le Président de la République et cet officier échangèrent rapidement un regard.

Le nouvel arrivant s'appelait Vieyra, homme d'affaires et de spéculations, qui s'était fait une espèce de nom comme homme de coup de main en dévastant l'imprimerie Boulé après la journée du 13 juin ; le Président de la République s'était empressé d'en faire un chef d'état-major de la garde nationale ; craignant que cette garde ne devînt un obstacle à ses projets, il en avait confié le commandement au général de Lawœstine, filleul de Madame Adélaïde, sœur du roi Louis-Philippe, nommé successivement par lui maréchal de camp et lieutenant général, inscrit chaque année sur la liste des inspecteurs généraux, membre du comité de cavalerie, comblé de toutes les faveurs dont le ministère de la guerre pouvait disposer, et malgré tout zélé bonapartiste ; le colonel de

---

(1) Baumont-Vassy, *Préface d'un coup d'État*.

Lawœstine avait figuré parmi les principaux acteurs des scènes dont le café Tortoni devint le théâtre après le premier retour des Bourbons, scènes burlesques dans lesquelles des officiers de l'armée impériale, costumés en marquis de l'ancien régime, provoquaient les officiers émigrés qui se promenaient sur le boulevard avec leur brette, leur tricorne et leur uniforme démodé; M. de Lawœstine, bon officier de cavalerie, avait besoin d'un acolyte ou d'un tuteur dans un poste politique, on lui donna M. Vieyra.

M. Louis Bonaparte et Vieyra étaient parvenus à se rapprocher. Le premier ouvrit l'entretien.

« Colonel, êtes-vous assez fort pour ne rien laisser apercevoir d'une vive émotion sur votre visage?

— Mon prince, je le crois.

— Eh bien, ajouta-t-il en souriant, c'est pour cette nuit!... Vous être maître de vous, votre visage n'a rien dit... pouvez-vous m'affirmer que demain on ne battra pas le rappel?

— Oui, prince, si j'ai assez de monde pour porter mes ordres.

— Voyez pour cela Saint-Arnaud. Allez... non pas encore... vous auriez l'air d'exécuter un ordre (1). »

M. Louis Bonaparte, dans un autre récit de la même conversation, débute ainsi en s'adressant à Vieyra :

« Vous couchez à l'état-major de la garde nationale aux Tuileries?

— Prince, mon prédécesseur y étant encore installé, je loge chez moi.

---

(1) Le docteur Véron, *Mémoires d'un bourgeois de Paris*.

— Il faut que vous couchiez ce soir à l'état-major (le prince baisse la voix), c'est pour cette nuit.

— Raison de plus pour que je couche chez moi; si l'on me voyait passer la nuit dans un fauteuil à l'état-major, cela paraîtrait extraordinaire.

— Vous avez raison, mais songez-y, à six heures du matin, je vous enverrai mes ordres. Qu'aucun garde national ne sorte en uniforme (1). »

Ce rapide entretien entre le Président de la République et le chef de l'état-major Vieyra que l'on savait prêt à tout, n'avait cependant point éveillé l'attention ; l'absence de MM. de Morny, de Persigny, Fleury et de la plupart de ceux que l'opinion publique désignait comme les futurs exécuteurs du coup d'État, faisait d'ailleurs croire à son ajournement; les invités voyaient donc avec plaisir approcher la fin d'une des soirées les plus languissantes et les plus monotones à laquelle ils eussent depuis longtemps assisté.

M. de Morny, dont l'absence paraissait si rassurante aux hôtes du Président, attendait au théâtre de l'Opéra-Comique, où l'on donnait la première représentation d'un ouvrage nouveau, l'heure de se rendre à l'Élysée ; là devait avoir lieu la dernière réunion des chefs du complot. Les généraux Cavaignac et Lamoricière occupaient une stalle à l'orchestre ; M. de Morny, avec son front chauve et sa physionomie blafarde, se montrait sur tous les points de la salle ; on eût dit qu'il mettait une certaine affectation à multiplier ses visites dans les loges ; la dernière dans laquelle il se laissa voir était occupée

---

(1) Belouino, *Histoire d'un coup d'État*.

par la femme d'un ancien officier d'ordonnance de Louis-Philippe (1) : « On assure, lui dit-elle avec quelque ironie, que l'on va balayer la chambre, de quel côté vous mettrez-vous ? — Madame, s'il y a un coup de balai, je tâcherai de me mettre du côté du manche. » M. de Morny, après cette réponse plus cynique que spirituelle, se rendit vers le lieu où l'on préparait le balai. MM. Mocquard, de Persigny, de Maupas, préfet de police, le lieutenant-colonel de Béville, officier d'ordonnance du Président de la République, de Saint-Arnaud, ministre de la guerre, l'attendaient dans le cabinet de M. Louis Bonaparte; M. Magnan avait promis son concours au coup d'État, à la seule condition qu'il n'apprendrait l'heure de son exécution qu'en recevant l'ordre même d'agir ; M. Fleury surveillait une mesure délicate, la mise en mouvement du corps de troupes destiné à exécuter la première opération du plan du coup d'État, l'occupation de l'imprimerie nationale : « Personne ne se doute de rien, » dit M. Louis Bonaparte aux conjurés en entrant, et en ouvrant le tiroir secret de son secrétaire avec la petite clef qu'il porte ordinairement attachée à la chaîne de sa montre (2); il en tire un paquet cacheté formé par M. Mocquard, de tous les papiers relatifs à l'exécution du coup d'État; M. Louis Bonaparte prend dans ce dossier, sur lequel est inscrit le mot *Rubicon* (3), un décret qu'il remet à M. de Morny, et qui nomme ce dernier ministre de l'intérieur; M. de Béville reçoit, pour les porter à l'imprimerie

---

(1) M. Liadières.
(2) Baumont-Vassy, *Préface d'un coup d'État*.
(3) Le docteur Véron, *Mémoires d'un bourgeois de Paris*.

nationale, les décrets et proclamations qui doivent être affichés le lendemain matin ; M. de Persigny remplira les fonctions de commissaire spécial auprès du colonel Espinasse chargé de s'emparer du palais législatif ; la nuit s'avance, les conjurés se retirent ; M. Louis Bonaparte, dit un de ses historiens, reste avec M. Mocquard « à se promener de long en large dans l'appartement, et surtout à rire de la figure que feraient le lendemain les deux plus petits hommes de l'Assemblée législative, M. Thiers et M. Baze, lorsqu'ils se verraient prisonniers et en chemise ».

M. de Saint-Georges, directeur de l'imprimerie nationale, initié au complot depuis longtemps, ignorait cependant le jour et l'heure de l'exécution ; ce fonctionnaire, invité à se trouver à onze heures à son poste, attendait avec impatience dans la cour de l'imprimerie, déjà occupée par une compagnie de gendarmes mobiles, l'arrivée du messager de l'Élysée chargé de lui donner l'explication de cette invitation ; un fiacre arrive, M. de Béville met pied à terre ; la voiture remisée et le cocher en lieu de sûreté, M. de Saint-Georges reçoit des mains de l'aide de camp de M. Louis Bonaparte les papiers qu'il doit livrer à l'impression. Des ouvriers ont été consignés sous prétexte d'un travail d'urgence ; M. de Béville donne des ordres aux officiers de la gendarmerie mobile ; les armes sont chargées, et des sentinelles placées aux portes et aux fenêtres ; la consigne est de faire feu sur tout ouvrier qui essayerait de sortir ou qui s'approcherait d'une fenêtre ; les manuscrits livrés par fragments aux typographes échappent à toute tentative pour en deviner le sens ; deux gendarmes, postés entre chaque ouvrier, rendent en même temps tout refus de travail impossible : les gendarmes au moindre signe de rébellion ont l'ordre de faire usage de leurs armes : « Un de ces soldats, disait en visitant la batterie de son fusil, nous aussi, mon vieux, nous allons causer politique. »

Toutes les pièces sont imprimées à trois heures et demie ; le fiacre qui a conduit M. de Béville à l'imprimerie nationale, le transporte ainsi que M. de Saint-Georges à la préfecture de police : ils remettent eux-mêmes à M. de Maupas les exemplaires encore humides des proclamations que ce dernier est chargé de faire afficher. Ces proclamations ont été lues aux soldats de l'imprimerie nationale. C'est la gendarmerie qui, la première, les a couvertes d'acclamations.

Des bureaux de police existent dans tous les quartiers de Paris ; les agents de service pendant le jour, s'y réunissent pour répondre à un dernier appel avant de rentrer chez eux ; le lundi, 1er décembre, les agents consignés dès onze heures du soir dans ces bureaux avaient reçu l'ordre d'y attendre l'arrivée d'un commissaire de police ou d'un officier de paix chargé de leur donner des instructions. Les agents réunis à la préfecture devaient obéir à des ordres semblables ; les huit cents sergents de ville s'y trouvaient rassemblés à minuit... l'arrivée prétendue des principaux réfugiés de Londres servait de prétexte à ces mesures.

M. Carlier, en se livrant aux études préliminaires de son plan de coup d'État, n'avait point négligé le choix des commissaires de police. Ces magistrats, complices de tous les actes réactionnaires du gouvernement, n'envisageaient pas sans terreur le maintien de la République ; le triomphe du bonapartisme ouvrait, au contraire, devant eux une agréable perspective de récompenses et d'avancement ; M. Carlier comptait donc sur le concours des quarante commissaires de police qui déjà sous sa direction avaient à leur tour, soigneusement étudié et approfondi les parties du coup d'État dont l'exécution devait leur être confiée; ils connaissaient par eux-mêmes ou par leurs agents le genre de vie, les habitudes des personnes dont l'arrestation était résolue ; pas un de ces agents ne savait le but de sa mission réelle, tous avaient reçu des missions diverses et imaginaires ; M. de Maupas était donc sûr d'avance de trouver dans les commissaires de police des auxiliaires discrets et préparés de longue date à leur besogne.

Les quarante commissaires de police et les officiers de paix convoqués à domicile à trois heures et demie du matin sont réunis tous une heure après à la préfecture de police, par petits groupes, dans des appartements séparés pour éviter les questions. Mandés à cinq heures du matin par M. de Maupas, et admis l'un après l'autre dans son cabinet, ils reçoivent de sa bouche les indications, les instruments et les ordres nécessaires. « Les hommes avaient été appropriés avec un soin spécial au genre d'opération qui leur était confié ; tous partirent pleins de zèle et d'ardeur, résolus d'accomplir leur devoir à tout prix. Aucun d'eux n'a failli à sa promesse (1). »

Les commissaires trouvent dans les cours de la pré-

(1) *Récit complet et authentique des événements de décembre*, par A. Granier de Cassagnac.

fecture des voitures prêtes à les emporter sur le théâtre de l'action ; d'autres voitures sont destinées aux agents et aux sergents de ville chargés de les seconder ; quelques commissaires s'arrêtent en passant devant les postes de police pour y prendre les hommes consignés. Les seize mandats contre les représentants du peuple sont décernés sous prévention de complot contre la sûreté de l'État.

Au moment même où les commissaires de police entraient dans le cabinet de M. de Maupas, le chef d'état-major Vieyra recevait la visite de M. de Menneval, officier d'ordonnance du Président de la République chargé de lui donner communication d'une lettre autographe adressée au général Lawœstine. Cette lettre contenait injonction de s'opposer à toute prise d'armes de la garde nationale. M. Louis Bonaparte ajoutait que s'il avait besoin des légions dévouées, il donnerait des ordres ultérieurs pour les convoquer. Vieyra se rendit à l'état-major, et fit signer au général commandant en chef des lettres adressées à tous les colonels, et leur ordonnant de ne laisser, sous aucun prétexte, battre le rappel, sans un ordre exprès de l'état-major général. Les colonels devaient remettre un reçu au porteur de la lettre. Tous les tambours déposés à l'état-major furent crevés sous les yeux de Vieyra ; il donna ensuite avis au ministre de l'intérieur, et au ministre de la guerre que sept mille fusils environ et plus de cent mille cartouches étaient déposés dans les diverses mairies ; ces armes et ces munitions prirent dans la journée la route de Vincennes.

Les représentants inscrits sur la liste d'arrestation

étaient les généraux Cavaignac, Lamoricière, Changarnier, Bedeau, Leflo, le lieutenant-colonel Charras, le capitaine Cholat, le lieutenant Valentin, MM. Thiers, Baze, Roger (du Nord), Greppo, Lagrange, Miot, Beaune. Une autre liste contenait les noms des citoyens Crignon, Stevenot, Michel, Artaud, Geniller, Vasbenter, Philippe, Breguet, Delpech, Gabriel, Schmidt, Beaune, frère du représentant, Houl, Cellier, Jacotier, Kuch, Six, Brun, Lemerie, Malapert, Hibach, Lecomte, Meunier, Buisson, Musson, Bonvallet, Guiterie, Choquin, Bilotte, Voinier, Thomas, Curnel, Boireau, Crousse, Baillet, Noguez, Lucas, Lasserre, Cahaigne, Magen, Polino, Deluc. Ce dernier put échapper aux agents, combattit vaillamment dans les journées suivantes, et parvint, après la défaite, à gagner la Belgique (1).

Il est six heures du matin ; les sergents de ville se promènent silencieusement par pelotons dans chaque rue où doit s'opérer une arrestation, tandis que leurs patrouilles circulent dans tout le quartier, prêtes à agir au premier signal.

Le général Cavaignac descendu du pouvoir sans autre fortune que sa retraite de général de division, occupait un modeste appartement à l'entre-sol de la maison n° 12, de la rue du Helder. Le concierge est réveillé à six heures cinq minutes par le commissaire de police Colin, qui monte directement à l'appartement de l'ancien chef du pouvoir exécutif.

La gouvernante du général, depuis longtemps attachée au service de sa famille, se lève au premier coup de

(1) Eugène Ténot, *Paris en décembre* 1851.

sonnette; elle répond à la sommation d'ouvrir au nom de la loi, que le général va être averti. Ce dernier s'attendant à une arrestation prochaine, n'ouvrait sa porte qu'à des gens dont son concierge lui attestait l'identité. Le concierge ayant certifié que la personne qui se présente sous ce nom est bien réellement le commissaire de police, le général Cavaignac, qui s'habille pendant ces pourparlers, introduit chez lui l'agent du coup d'État.
— Vous venez m'arrêter, lui dit-il, je suis prêt à vous suivre; m'autorisez-vous, en attendant, à écrire deux lettres? — Le général, sur la réponse affirmative du commissaire, entre dans son cabinet dont la porte reste ouverte.

Le général Cavaignac touchait au moment de se marier; les deux lettres qu'il écrit sont adressées : la première, à sa future belle-mère; la seconde, à sa fiancée; l'honneur, dans la position où les événements viennent de le placer, lui commande, dit-il, de rendre à l'une et à l'autre la parole qu'il en a reçue; ce pénible devoir accompli, il se lève, et déclare qu'il est prêt à marcher.

Un individu de haute taille, la main droite passée dans l'ouverture de sa redingote boutonnée, n'a pas un seul instant perdu de vue le général; cet individu sombre, silencieux, toujours à côté du prisonnier, le suit pas à pas jusqu'à la porte, descend avec lui l'escalier, monte dans son fiacre, et s'asseoit en face de lui, la main toujours à la même place où elle semble serrer une arme.

Le général Cavaignac jette un regard calme sur cet homme : « Je devine, lui dit-il, quelle est votre mission, mais je ne vous fournirai pas de prétexte pour la remplir. »

Il ne prononça pas d'autres paroles jusqu'à la prison de Mazas (1).

Le commissaire de police Lerat (2), et le capitaine de la garde municipale Baudinet, chargés d'opérer l'arrestation du général Changarnier, commandent un véritable corps d'armée composé, outre les sergents de ville et les agents en nombre ordinaire, de quinze agents d'élite et de quarante-cinq gardes municipaux ; l'expédition est dirigée sur la maison n° 3, de la rue Saint-Honoré, dans laquelle le général Changarnier occupe un petit logement à l'entre-sol; des agents de police se sont emparés d'avance de la boutique d'un marchand de vin, située en face du n° 3; plusieurs membres du parti bonapartiste, parmi lesquels on cite le général Flahaut, attendent dans cette boutique le résultat de l'expédition.

L'ancien commandant en chef de l'armée de Paris tenait de la bouche même de M. Carlier la nouvelle de l'ajournement du coup d'État; mais M. Carlier, suspect de relations avec les orléanistes, n'était plus dans le secret de M. Louis Bonaparte. Le général Changarnier dormait tranquillement, lorsque tout à coup le bruit de la sonnette qui, de la loge du concierge, communique à sa chambre, le réveille ; c'est le signal d'alarme depuis longtemps convenu; le général se lève, et cherche ses armes; le concierge fait tous ses efforts pour retenir le

---

(1) *Récit recueilli de la bouche du général Cavaignac.*
(2) Aujourd'hui receveur des finances à Bordeaux, pensionné sur la cassette de l'Empereur, et chevalier de la Légion d'honneur.

commissaire de police et ses agents à la porte de la maison ; l'un de ces derniers découvre un passage qui, de la boutique d'un épicier qui vient de s'ouvrir, conduit dans la cour ; Lerat l'y suit ; il se trouve au premier étage en présence d'un domestique, tenant à la main la clef de l'appartement du général ; les agents s'en emparent ; la porte est ouverte, ils se précipitent dans la chambre à coucher ; le général s'avance un pistolet à la main ; Lerat, homme très-vigoureux, le saisit par les deux bras ; toute résistance est inutile ; le général déclare qu'il est prêt à marcher ; il achève de s'habiller, et bientôt il monte dans une voiture qui prend le chemin de Mazas, entre une double haie de gardes municipaux à cheval, lancés au grand trot, sabre en main.

Le commissaire de police Blanchet, chargé de l'arrestation du général Lamoricière, moins heureux que ses collègues, n'avait pu se procurer un plan des lieux ; il savait seulement que le général Lamoricière habitait, rue Lascazes, la maison n° 11, mais il ignorait à quel étage ; le courageux concierge refusait de lui donner les indications nécessaires, et même de la lumière pour pénétrer dans la maison. Blanchet et ses agents montent cependant, et parvenus au premier étage, ils se trouvent en présence du domestique du général Lamoricière, qui souffle rapidement sur la lampe dont il est porteur, et se jette dans l'escalier de service en criant : Au voleur ! Les sergents de ville l'arrêtent à la porte de la maison ; il se débat, et reçoit dans la bagarre un coup d'épée à la cuisse.

Cet homme, menacé par les agents, finit par les conduire à l'appartement de son maître. Le général se laisse

emmener sans résistance, mais à peine dans le fiacre
qui le conduit à Mazas, il met la tête à la portière, et,
en passant devant les soldats qui occupent le poste de la
Légion d'honneur, il fait un appel à leur patriotisme;
Blanchet ramène violemment le prisonnier en arrière;
s'il ne se tait pas, il a, dit-il, un moyen infaillible pour
le réduire au silence ; il sort en même temps de sa
poche, un mécanisme d'une forme étrange. Parmi les
instruments distribués aux commissaires, il y avait des
bâillons.

Hubault jeune, le commissaire de police à qui est
confiée la tâche d'arrêter le général Bedeau, est d'abord
singulièrement favorisé par le hasard ; il sonne à la porte
du vice-président de l'Assemblée, qui demeurait rue de
l'Université, n° 70. Le domestique, en lui ouvrant, le
prend pour M. Valette, secrétaire de la présidence de
l'Assemblée, et se dirige vers la chambre à coucher pour
l'annoncer; le général Bedeau, au lieu du secrétaire de
la présidence, trouve devant lui un commissaire de police, qui le déclare en état d'arrestation. Le général proteste contre cette violation de la Constitution, il menace
Hubault jeune d'une mise hors la loi. L'agent de M. de
Maupas force le général Bedeau à se lever. Celui-ci
s'habille lentement; au moment de partir, il s'adosse
contre la cheminée, et déclare qu'il ne sortira pas à
moins qu'on ne l'arrache de chez lui comme un mal-
faiteur. Hubault jeune lui met la main au collet, ses
agents le saisissent par les bras et par les jambes, et
l'emportent dans la voiture qui l'attend à la porte; les
cris : **A la trahison ! aux armes !** poussés par le général
Bedeau, se font entendre jusqu'à l'entrée de la rue du

Bac ; là, des centaines de sergents de ville, l'épée à la main, entourent la voiture ; d'autres dispersent les petits groupes, formés à l'appel du prisonnier. Les chevaux prennent le galop au tournant du Pont-Royal. Le général Bedeau, en arrivant à Mazas, retrouva encore assez d'énergie pour haranguer les soldats chargés de la garde de cette prison ; ils l'écoutèrent, mais il est évident qu'ils ne comprenaient rien à ce qu'il leur disait.

Le commissaire de police Courteille put s'emparer sans coup férir du lieutenant-colonel Charras. La double arrestation du capitaine d'artillerie Cholat et du lieutenant de chasseurs Valentin compléta la série des arrestations militaires. La trahison d'un domestique permit aux agents du commissaire Dourlens d'envahir brusquement la chambre à coucher du lieutenant Valentin et de le prendre au moment où il sautait à bas de son lit.

Le chroniqueur officieux de ces arrestations (1) raconte que M. Thiers dormait profondément lorsque le commissaire de police Hubault aîné pénétra dans son hôtel, situé place Saint-Georges, n° 1. Hubault aîné, introduit dans la chambre à coucher, écarte les rideaux « en damas cramoisi doublé de mousseline blanche », et réveilla M. Thiers en lui signifiant sa qualité et son mandat. Le chroniqueur de la préfecture de police, qui est prodigue de détails, ajoute que M. Thiers se mit vivement sur son séant, et porta la main à ses yeux « sur lesquels s'abaissait un bonnet de coton blanc ». Une longue conversation s'engagea ensuite, d'après le même chroniqueur, entre M. Thiers et Hubault aîné,

---

(1) Granier de Cassagnac.

sur la légalité constitutionnelle de la mission que ce dernier était en train de remplir. Cette conversation, si elle a eu lieu, témoigne de la parfaite liberté d'esprit dans laquelle se trouvait M. Thiers au moment où la police armée l'arrachait à son foyer, et où il ignorait quelle destinée lui était réservée. Le prisonnier, mis en fiacre, s'efforça toujours, si l'on s'en rapporte au chroniqueur, « par toute sorte de raisonnements comminatoires et captieux, de détourner les agents de l'accomplissement de leurs devoirs ». M. Thiers était trop expérimenté pour s'imaginer que le raisonnement pût avoir quelque prise sur les hommes chargés de l'arrêter ; il en est de ces tentatives, comme de l'attitude, craintive et pleine d'hésitation dans ses mouvements, que lui attribue le metteur en œuvre des notes de la police ; cette crainte et cette hésitation n'ont existé que dans l'imagination de ceux qui essaient de dissimuler l'odieux de leur rôle, derrière le ridicule du rôle prêté à leurs adversaires. « Une perquisition faite dans le cabinet de M. Thiers n'amena la découverte d'aucune correspondance politique (1). »

Le représentant Greppo, l'un des membres les plus actifs de la *Petite Montagne*, entretenait de nombreuses correspondances avec les démocrates des départements, et tenait les fils d'une organisation destinée à s'opposer au coup d'État : M. de Maupas attachait la plus grande importance à son arrestation ; M. Greppo dormait lorsque, vers quatre heures du matin, le commissaire de police et les agents, munis de lanternes, se ruèrent dans

---

(1) Granier de Cassagnac.

son logement; l'un de ces derniers brandissait un merlin; M. Greppo protesta contre cette invasion en invoquant son titre de membre de l'Assemblée nationale. Le commissaire de police lui répondit que cette Assemblée elle-même venait, dans une séance de nuit, d'ordonner son arrestation; M. Greppo avait dans la poche de son paletot un paquet de lettres destinées à partir le jour même pour les départements; feignant d'être pressé par un besoin, et ayant obtenu à grand'peine l'autorisation de passer dans un cabinet voisin, il se débarrassa de ses lettres : il lui en restait deux ou trois qu'il parvint à cacher dans les manches de sa femme, que les agents ne purent empêcher de monter en fiacre avec lui. Le commissaire de police se retira en emportant deux pistolets, un petit poignard, une hache marine et un de ces longs bonnets rouges que portent les pêcheurs catalans, saisis dans un des tiroirs de la bibliothèque.

M. de Morny avait tenu à ce qu'on arrêtât l'un de ses plus intimes amis, M. Roger (du Nord), dont il connaissait la fermeté et le courage : « Il lui eût été pénible d'avoir à sévir plus sévèrement contre lui (1). » Nous n'avons rien dit encore de l'arrestation des deux questeurs de l'Assemblée, le général Leflo et M. Baze; cette arrestation forme un épisode qui se rattache à l'occupation du palais législatif par la force armée.

M. de Persigny, désigné pour remplir les fonctions de ministre de l'intérieur, au moment du coup d'État, avait déjà rédigé et signé la circulaire destinée à faire con-

(1) Le docteur Véron, *Mémoires d'un bourgeois de Paris*.

naître l'événement aux départements ; les opinions de l'ancien rédacteur de l'*Occident français* firent craindre au dernier moment que sa présence au ministère ne donnât une couleur dangereuse à l'acte qui se préparait. M. de Morny prit la place de M. de Persigny : « Il paraissait plus politique de choisir comme ministre du coup d'État un homme également dévoué et résolu, mais dont les affinités avec les classes moyennes, et les relations amicales avec les représentants de tous les partis, étaient de nature à rassurer les intérêts effrayés en maintenant à la mesure le caractère exclusivement social qui la justifiait (1). »

Le nom de M. de Morny était singulièrement choisi pour obtenir ce résultat.

M. de Persigny, au lieu de diriger le ministère de l'intérieur, fut tout simplement « chargé de surveiller, à la tête d'un piquet d'infanterie, la prise de possession du palais législatif » (2) ; arrivé à quatre heures du matin à l'École militaire, il remettait les ordres du ministre de la guerre au général Renaud, chargé de toutes les opérations sur la rive gauche de la Seine.

Les troupes sont sur pied à cinq heures ; quatre compagnies d'élite du 42ᵉ, précédées des sapeurs, et formant l'avant-garde de deux bataillons de ce régiment, se mettent en marche sous les ordres du colonel Espinasse un des officiers d'Afrique ralliés au coup d'État par le commandant Fleury ; le colonel Espinasse est monté à l'assaut de Rome à la tête de son régiment ;

---

(1) Joseph Delaroa, *Le duc de Persigny et les doctrines de l'Empire*, précédé d'une notice. Ce livre est dédié : AU FOREZ.
(2) *Idem.*

avant de monter à l'assaut du palais législatif, il en a étudié soigneusement les approches, et la veille même il s'est livré à un dernier examen (1).

Chaque régiment de la garnison de Paris fournissait à son tour les troupes nécessaires à la garde de l'Assemblée ; le tour du 42°, dont Espinasse était colonel, arrivait le 1ᵉʳ décembre ; un bataillon de ce régiment occupait donc le Palais-Bourbon. Le commandant de ce bataillon, M. Meunier, prenait les ordres du lieutenant-colonel Niel du 44° de ligne désigné par les questeurs comme gouverneur du Palais-Bourbon.

L'avant-garde du colonel Espinasse marchant silencieusement le long des quais, fit halte à quelque distance de la grille placée devant la façade du Palais-Bourbon ; le bruit pouvait donner l'éveil ; Espinasse s'avança seul avec ses sapeurs : « Je vais frapper à cette porte, leur dit-il, à voix basse, si on l'ouvre, vous entrerez derrière moi, si on ne l'ouvre pas, vous l'enfoncerez. »

La plupart des officiers du bataillon de garde à l'Assemblée, mandés individuellement pendant la nuit au quartier général de l'École militaire, étaient dans le complot. L'adjudant-major ouvre la porte ; les grenadiers accourent à la voix des sapeurs ; le palais législatif est envahi.

Le chef de bataillon de garde, sortant de chez le lieutenant-colonel Niel, rencontre le colonel Espinasse qui, à la tête de ses soldats, se dirige à grands pas vers l'hôtel de la présidence.

(1) Paul Belouino, *Histoire d'un coup d'État*.

— Que venez-vous faire ici ? lui dit-il d'une voix émue ?

— Exécuter les ordres du prince, répond Espinasse.

— Vous me déshonorez.

Le commandant Meunier arrache en même temps ses épaulettes, brise son épée et les jette aux pieds d'Espinasse (1).

Les commissaires de police, Bertoglio et Primorin, à qui revenait la tâche d'arrêter les questeurs, s'étaient de leur côté ménagé des intelligences parmi les agents de police attachés à l'Assemblée; le colonel Espinasse, guidé par un de ces agents, se porte rapidement sur le logement du commandant militaire du palais. Le lieutenant-colonel Niel achevait de s'habiller; Espinasse saute sur son épée : « Prenez-la, vous faites bien, lui dit cet officier, car je vous l'aurais passée au travers du corps (2). »

Pendant que l'on met le lieutenant-colonel Niel en état d'arrestation, les deux bataillons du 42°, partis de l'École militaire une demi-heure après l'avant-garde, arrivent devant le Palais-Bourbon, relèvent les postes, et s'emparent de toutes les issues. M. de Persigny quitte son piquet d'infanterie, et porte à l'Élysée la nouvelle de l'heureux coup de main auquel il vient de prendre part.

Bertoglio et Primorin avaient pénétré dans le palais en même temps qu'Espinasse; l'un, devait procéder à l'arrestation du général Leflo, l'autre, à celle de M. Baze. Le général Leflo ne se couchait pas depuis quelque

(1) Le lendemain, ce loyal et brave officier donnait sa démission.
(2) Eugène Tenot, *Paris en décembre* 1851.

temps sans avoir passé une revue des postes et des factionnaires ; ce jour-là le général, après son inspection, était rentré chez lui à minuit. Rien ne lui avait paru suspect ; cependant le chef de bataillon de garde en apprenant que l'adjudant-major avait été mandé à l'École militaire sous un prétexte futile, attacha plus d'importance à certains indices qui l'avaient frappé ; malheureusement, il ne put, faute de connaître l'endroit où était situé le logement du commandant du palais, lui faire tout de suite part de ses observations. Le commandant Meunier et le lieutenant-colonel Niel ne se rejoignirent que vers six heures du matin ; il était trop tard : Bertoglio, suivi de ses agents, s'était introduit déjà dans l'appartement du général Leflo, dont le fils, âgé de sept ou huit ans, en s'éveillant, commençait à crier ; Bertoglio parvint à le rassurer en lui disant qu'il s'agissait seulement d'un important message à remettre au général ; l'enfant, sans méfiance, le guida vers la chambre de son père. Le général Leflo, au bruit des pas, avait sauté à bas de son lit ; Bertoglio et ses hommes se précipitent sur lui, il résiste ; une lutte s'engage ; le général, s'adressant aux soldats entrés en même temps que les agents, invoque en vain l'appui de ceux qu'il appelle ses compagnons d'armes ; les cris de madame Leflo, enceinte de cinq mois, les pleurs, le désespoir de son fils, qui se reproche d'avoir, en quelque sorte, livré son père, triomphent de sa résistance ; il consent à suivre Bertoglio.

Espinasse surveille l'arrestation au bas de l'escalier ; le général Leflo, en descendant, se trouve face à face avec le colonel du 42e. Les paroles adressées par le prisonnier à son geôlier ont été recueillies ; elles seront publiées un jour. Les soldats reçoivent l'ordre de croiser la baïonnette sur le général ; ils le poussent ainsi jusqu'au fiacre ; sa voix ne cesse de protester jusqu'au moment où les chevaux fouettés par une main vigoureuse l'emportent vers la prison de Mazas.

La résistance de M. Baze ne fut pas moins énergique. Le commissaire Primorin, accompagné d'agents nombreux, soutenu par une compagnie du 42ᵉ, surprit le questeur au moment où, réveillé en sursaut, il passait une robe de chambre ; les hommes de la police vont se jeter sur lui ; madame Baze, à demi-vêtue, court à la fenêtre et appelle au secours ! les agents veulent l'arracher de là ; elle se cramponne à l'espagnolette pendant que M. Baze, bientôt vaincu dans la lutte inégale qu'il soutient, est traîné jusqu'au poste de la rue de Bourgogne ; là, seulement, il peut achever de s'habiller avant de partir pour sa destination, qui est aussi la prison de Mazas.

Les arrestations terminées, le palais législatif occupé, M. de Morny se rend au ministère de l'intérieur, accompagné du général de Flahaut, son conseiller intime, de M. Léopold Lehon et de M. Achille Boucher, homme de bourse, ses deux secrétaires. M. de Thorigny, ministre de l'intérieur, brusquement réveillé, apprend qu'il a un successeur ; M. de Morny s'asseoit à son bureau en face de la petite machine qui fait mouvoir les fils du télégraphe ; le coup d'État a la main sur la France.

Le général Magnan a exécuté les ordres du ministre de la guerre, qui lui ont été portés à trois heures du matin par M. de Persigny; la brigade Ripert occupe le palais législatif, et la brigade Forey, le quai d'Orsay ; la brigade Dulac est massée dans le jardin des Tuileries ; la brigade de Cotte, sur la place de la Concorde ; la brigade Canrobert entoure l'Élysée ; la brigade de lanciers du général Reybell et la division de cuirassiers du général Korte tiennent les Champs-Élysées. Ces troupes, infanterie, cavalerie, artillerie, forment un corps de plus de trente mille hommes qui peut, dans cette position, soutenir les opérations du coup d'État, et au besoin protéger ses auteurs dans leur fuite.

Il est six heures du matin, M. Louis Bonaparte reçoit de la préfecture de police une dépêche qui, dans sa forme vulgaire, résume la situation : « Nous triomphons sur toute la ligne. »

Si le coup d'État du 18 brumaire s'était accompli sans le concours de la police et par l'intervention personnelle du général Bonaparte, il ne paraissait pas devoir en être de même du coup d'État du 2 décembre, la police avait tout fait jusqu'ici ; M. de Maupas méritait les éloges de l'auteur et des complices du coup d'État ; ces derniers, cependant, lui ont reproché plus tard d'avoir omis dans les visites domiciliaires de faire saisir les papiers (1). »

Une pluie fine et froide tombait sur les rares passants arrêtés pour lire, aux lueurs douteuses de la matinée du 2 décembre, les proclamations suivantes :

---

(1) Docteur Véron, *Mémoires d'un bourgeois de Paris.*

PROCLAMATION DU PRÉSIDENT DE LA RÉPUBLIQUE.

Appel au Peuple.

« Français !

» La situation actuelle ne peut durer plus longtemps. Chaque jour qui s'écoule aggrave les dangers du pays. L'Assemblée qui devait être le plus ferme appui de l'ordre est devenue un foyer de complots ; le patriotisme de trois cents de ses membres n'a pu arrêter ses fatales tendances ; au lieu de faire des lois dans l'intérêt général, elle forge des armes pour la guerre civile ; elle attente au pouvoir que je tiens directement du peuple ; elle encourage toutes les mauvaises passions ; elle compromet le repos de la France : je l'ai dissoute, et je rends le peuple entier juge entre elle et moi.

» La Constitution avait été faite, vous le savez, dans le but d'affaiblir d'avance le pouvoir que vous alliez me confier. Six millions de suffrages furent une éclatante protestation contre elle, et cependant je l'ai fidèlement observée. Les provocations, les calomnies, les outrages, m'ont trouvé impassible. Mais aujourd'hui que le pacte fondamental n'est plus respecté de ceux-là mêmes qui l'invoquent sans cesse, et que les hommes qui ont perdu déjà deux monarchies veulent me lier les mains afin de renverser la République, mon devoir est de déjouer leurs perfides projets, de maintenir la République et de sauver le pays en invoquant le jugement solennel du seul souverain que je reconnaisse en France, le Peuple.

» Je fais donc un appel à la nation tout entière, et je vous dis : si vous voulez continuer cet état de malaise qui nous dégrade et compromet notre avenir, choisissez un autre à ma place, car je ne veux plus d'un pouvoir qui est impuissant à faire le bien, me rend responsable d'actes que je ne puis empêcher, et m'enchaîne au gouvernail quand je vois le vaisseau courir vers l'abîme.

» Si, au contraire, vous avez encore confiance en moi, donnez-moi les moyens d'accomplir la grande mission que je tiens de vous.

» Cette mission consiste à fermer l'ère des révolutions en satisfaisant les besoins légitimes du peuple et en le protégeant contre les passions subversives ; elle consiste surtout à créer des institutions qui survivent aux hommes et qui soient enfin des fondations sur lesquelles on puisse asseoir quelque chose de durable.

» Persuadé que l'instabilité du pouvoir, que la prépondérance d'une seule assemblée sont des causes permanentes de trouble et de discorde, je soumets à vos suffrages les bases suivantes d'une constitution que les Assemblées développeront plus tard :

» 1° Un chef responsable nommé pour dix ans ;
» 2° Des ministres dépendant du pouvoir exécutif seul ;

» 3° Un conseil d'État formé par les hommes les plus distingués, préparant les lois et en soutenant la discussion devant le Corps législatif ;

» 4° Un Corps législatif discutant et votant des lois, nommé par le suffrage universel sans scrutin de liste qui fausse l'élection ;

» 5° Une seconde Assemblée formée de toutes les illustrations du pays, pouvoir pondérateur, gardien du pacte fondamental et des libertés publiques.

» Ce système créé par le premier Consul au commencement du siècle a déjà donné à la France le repos et la prospérité, il les lui garantirait encore.

» Telle est ma conviction profonde. Si vous la partagez, déclarez-le par vos suffrages ; si, au contraire, vous préférez un gouvernement sans force, monarchique ou républicain, emprunté à je ne sais quel passé ou à quel avenir chimérique, répondez négativement.

» Ainsi donc, pour la première fois depuis 1804, vous voterez en connaissance de cause, en sachant bien pour qui et pour quoi.

» Si je n'obtiens pas la majorité de vos suffrages, alors je provoquerai la réunion d'une nouvelle Assemblée, et je lui remettrai le mandat que j'ai reçu de vous.

» Mais si vous croyez que la cause dont mon nom est le symbole, c'est-à-dire la France régénérée par la Révolution de 89 et organisée par l'Empereur, est toujours la vôtre, proclamez-le en consacrant les pouvoirs que je vous demande.

» Alors la France et l'Europe seront préservées de l'anarchie, les obstacles s'aplaniront, les difficultés auront disparu, car tous respecteront, dans l'arrêt du peuple, le décret de la Providence. »

Ce document rappelle la proclamation adressée le 18 brumaire par le général Bonaparte à la nation française ; c'était aussi pour sauver la République qu'il renversait la Constitution. Après l'appel au peuple, l'appel à l'armée :

« Soldats,

» Soyez fiers de votre mission, vous sauverez la patrie car je compte sur vous, non pour violer les lois, mais pour faire respecter la première loi du pays, la souveraineté nationale, dont je suis le légitime représentant.

» Depuis longtemps vous souffriez comme moi des obstacles qui s'opposaient au bien que je voulais vous faire, et aux démonstrations de votre sympathie en ma faveur.

» Ces obstacles sont brisés, l'Assemblée a essayé d'attenter à l'autorité que je tiens de la nation, elle a cessé d'exister.

» Je fais un loyal appel au peuple et à l'armée, et je lui dis : ou donnez-moi les moyens d'assurer votre prospérité ou choisissez un autre à ma place.

» En 1830 comme en 1848, on vous a traités en vaincus. Après avoir flétri votre désintéressement héroïque, on a dédaigné de consulter vos sympathies et vos vœux, et cependant vous êtes l'élite de la nation. Aujourd'hui, en ce moment solennel, je veux que l'armée fasse entendre sa voix.

» Votez donc librement comme citoyens ; mais comme soldats n'oubliez pas que l'obéissance passive aux ordres du chef du gouvernement est le devoir rigoureux de l'armée depuis le général jusqu'au soldat. C'est à moi, responsable de mes actions devant le peuple et devant la postérité, de prendre les mesures qui me semblent indispensables pour le bien public.

» Quant à vous, restez inébranlables dans les règles de la discipline et de l'honneur, aidez par votre attitude imposante le pays à manifester sa volonté dans le calme et dans la réflexion, soyez prêts à réprimer toute tentative contre le libre exercice de la volonté du peuple.

» Soldats, je ne vous parle pas des souvenirs que mon nom rappelle. Ils sont gravés dans vos cœurs. Nous sommes unis par des liens indissolubles. Votre histoire est la mienne. Il y a entre nous dans le passé communauté de gloire et de malheur ; il y aura dans l'avenir communauté de sentiments et de résolutions pour le repos et la grandeur de la France.

» Louis-Napoléon Bonaparte. »

Le général Bonaparte, dans sa proclamation du 18 brumaire, ne craignit pas, au moment même où la République venait d'être sauvée à Zurich par Masséna, de montrer « l'ennemi passant les frontières, les arsenaux vides, les ressources de l'État épuisées, les soldats livrés sans défense...., » son neveu imitait sa tactique en parlant des *malheurs* de l'armée française, de cette armée que Paris tout entier avait couverte de fleurs et d'applaudissements à sa rentrée après les journées de Février, qu'il saluait comme sa libératrice après les journées de Juin ? N'y avait-il pas de l'ingratitude à signaler comme des outrages à l'armée la victoire de 1830, accueillie avec tant d'enthousiasme par les membres de la famille Bonaparte, qu'elle vengeait des Bourbons, et celle de Février qui leur ouvrait la patrie?

Les proclamations qu'on vient de lire étaient conçues, d'ailleurs, de façon à ne point jeter une trop vive alarme dans la masse de la population. M. Louis Bonaparte protestait de sa ferme intention de maintenir la République; M. de Maupas lui-même déclarait aux Parisiens que les mesures nocturnes dont il avait été l'exécuteur s'étaient accomplies « au nom du peuple, dans son intérêt, et pour le maintien de la République ». L'Assemblée dissoute était très-impopulaire auprès des ouvriers animés depuis quelque temps d'une violente hostilité contre elle par les propos des agents soudoyés, et par les suggestions de la société de Saint-Vincent-de-Paul, de Saint-Régis, et des nombreuses associations catholiques dévouées d'avance au coup d'État; le peuple aurait eu besoin, dans ces premiers moments, pour s'éclairer sur la portée réelle de l'acte de M. Louis Bonaparte, de lire les journaux, mais les scellés étaient mis sur les presses du *National*, de la *République*, de la *Révolution* et de l'*Avénement du Peuple ;* l'*Union*, l'*Ordre*, l'*Assemblée nationale*, l'*Opinion publique*, le *Messager*, le *Corsaire*, le *Siècle*, le *Charivari*, avaient d'eux-mêmes interrompu leur publication ; un bureau de censure, institué au ministère de l'intérieur, veillait sur les journaux autorisés à paraître, la *Presse*, le *Constitutionnel*, la *Patrie*, le *Journal des Débats*.

Un décret de M. Louis Bonaparte convoquait le peuple français le 14 décembre pour accepter ou rejeter le plébiscite suivant : « Le peuple français veut le maintien de l'autorité de Louis-Napoléon Bonaparte, et lui délègue les pouvoirs nécessaires pour établir une Constitution sur les bases proposées dans sa proclamation du 2 décembre.

» Dans toutes les mairies s'ouvriront des registres sur papier libre : l'un d'acceptation, l'autre de rejet, conformément au mode de l'appel au peuple de l'an VIII. Les citoyens consigneront ou feront consigner dans le cas où ils ne sauraient pas écrire leur vote sur l'un de ces registres avec leur nom et prénom. »

Les représentants du peuple restés libres, en apprenant à leur réveil l'arrestation de leurs collègues, cherchent tout de suite à se concerter et à opposer une résistance commune au coup d'État ; les uns se réunissent chez M. Yvan, l'un des secrétaires de l'Assemblée ; parmi eux figurèrent MM. Michel (de Bourges), Pierre Lefranc, Versigny, Dupont (de Bussac), Théodore Bac, etc. ; les autres chez M. Odilon-Barrot, où ils signent cette protestation :

« Vu l'article 68 de la Constitution, considérant que, violant ses serments et la Constitution, Louis-Napoléon Bonaparte a dissous l'Assemblée, et employé la force publique pour consommer cet attentat.

» Les membres de l'Assemblée soussignés, après avoir constaté la violence qui est apportée par les ordres du Président à la réunion légale de l'Assemblée et l'arrestation de son bureau et de plusieurs de ses membres ;

» Déclarent que l'article 68 de la Constitution trace à chaque citoyen le devoir qu'il a à remplir ;

» En conséquence, le Président est déclaré déchu de ses fonctions ;

» La Haute Cour de justice est convoquée. Défense est faite à tout citoyen d'obéir aux ordres du pouvoir déchu, sous peine de complicité ;

» Les Conseils généraux sont convoqués et se réuniront immédiatement ; ils nommeront une commission dans leur sein, chargés de pourvoir à l'administration du département et de correspondre avec l'Assemblée dans le lieu qu'elle aura choisi pour se réunir ;

» Tout receveur général, ou percepteur, ou détenteur quelconque de deniers publics qui se dessaisirait des fonds qui sont dans ses caisses sur un autre ordre que celui émané du pouvoir régulier constitué par l'Assemblée, sera responsable sur sa propre fortune, et, au besoin, puni des peines de la complicité.

» Fait et arrêté le 2 décembre 1851.

> » Signé : Odilon Barrot, Chambolle, de Tocqueville, Gustave de Beaumont, Dufaure, Étienne, Mispoulet, Oscar Lafayette, Lanjuinais, Hippolyte Passy, Piscatory, de Broglie, Duvergier de Hauranne, de Corcelles, d'Hespel, de Luppé, de Sèze, Guillier de la Touche, Vaudoré, Chaper, Sainte-Beuve, Bocher, de Laboulie, Vitet, de Montigny, de Montebello, Thuriot de la Rosière, Mathieu de la Redorte, Victor Lefranc, Benjamin Delessert, etc. »

Une troisième réunion, la plus nombreuse de toutes, siége dans la maison de M. Daru, vice-président de l'Assemblée nationale. Pendant que des tentatives ont lieu pour former un faisceau de ces efforts épars, pendant que des messages s'échangent entre ces divers centres de résistance, une porte secrète du palais législatif, qu'on a oubliée de fermer à clef, livre passage à une quarantaine de représentants ; cette porte réservée à l'usage particulier du président de l'Assemblée mène aux appartements de M. Dupin. Les représentants Canet et Favreau vont le chercher.

M. de Morny, informé immédiatement de cette reprise de possession du local de ses séances par une partie de l'Assemblée, ordonne au colonel Espinasse d'expulser sans retard les représentants ; le commandant de la gendarmerie mobile Saucerotte pénètre dans la salle, suivi de ses soldats ; M. Monet vainement l'avertit du crime qu'il commet, vainement il lui lit l'article 68 de la Constitution (1), le commandant Saucerotte déclare qu'il n'obéit qu'aux ordres de ses chefs; les gendarmes mobiles marchent la baïonnette en avant, les représentants reculent en criant : *Vive la République! Vive la Constitution!* Le général Leydet, vieillard de soixante-quinze ans, pris au collet, lutte contre les soldats avec l'énergie de son vieux dévouement à la liberté. Le président Dupin, au lieu de venir à son aide, le rappelle au respect dû à la discipline, surtout par un ancien militaire. La consigne! Voilà le premier mot que prononce M. Dupin en entrant dans la salle Casimir Périer, où MM. Canet et Favreau sont parvenus à le pousser de vive force; il se débat contre M. Desmousseaux de Givré, qui réussit enfin à lui passer son écharpe; M. Dupin, comme un homme qui brûle d'en finir avec un devoir imposé, balbutie quelques mots à la troupe, et montrant les gendarmes à ses collègues, il ajoute : « Nous avons le droit, c'est évident; mais ces messieurs ont la force, partons (2). » Il part, en effet.

Le colonel Espinasse n'ayant point reçu l'ordre d'arrêter les représentants expulsés, ceux-ci se partagent en groupes; les uns se rendent chez M. Crémieux, les autres, parmi lesquels MM. Fayolle, Treillard-Laterisse,

---

(1) Voici cet article :

« Toute mesure par laquelle le Président de la République dissout l'Assemblée nationale, la proroge ou met obstacle à l'exercice de son mandat, est un crime de haute trahison.

» Par ce seul fait, le Président est déchu de ses fonctions; les citoyens sont tenus de lui refuser obéissance ; le pouvoir exécutif passe de plein droit à l'Assemblée nationale. Les juges de la haute cour de justice se réunissent immédiatement, à peine de forfaiture : ils convoquent les jurés dans le lieu qu'ils désignent pour procéder au jugement du Président et de ses complices ; ils nomment eux-mêmes les magistrats chargés de remplir les fonctions du ministère public. »

(2) On cite une autre version : « Ces messieurs ont la force, *filons* ».

312 INTRODUCTION.

Paulin-Durrieu, se dirigent vers la place de Bourgogne, où ils trouvent les représentants Arbey, Toupet-Desvignes, le général Radoult-Lefosse entre les mains des soldats qu'ils cherchent vainement à ramener au respect de la Constitution; le colonel du 6° de ligne, Gardarens de Boisse, les fait arrêter et conduire au ministère des affaires étrangères, où MM. Eugène Sue, Benoit (du Rhône), Chanay et d'autres représentants prisonniers ne tardent pas à les rejoindre. Les représentants réunis chez M. Crémieux éprouvent bientôt le même sort; arrêtés par un détachement d'agents de police et de troupes, conduits à la Conciergerie, entre deux rangs de baïonnettes, ils sont entourés à la hauteur du Pont-Neuf par des groupes qui ont reconnu M. Crémieux. Le représentant Malardier (de la Nièvre), qui se trouve par hasard sur le passage des prisonniers, met son écharpe, et excite le peuple à leur délivrance ; l'attitude énergique du chef d'escorte contient la foule désarmée (1).

Les membres de la réunion, ayant à leur tête M. Daru, l'un des vice-présidents de l'Assemblée législative, reçus à la pointe des baïonnettes par les chasseurs de Vincennes, qui défendent l'entrée de l'Assemblée, sont obligés de rebrousser chemin, non sans que quelques-uns d'entre eux aient été l'objet d'actes de violence de la part de ces soldats, revenus hier d'Afrique, et gratifiés le matin d'une pièce de cinq francs par homme (2); l'habit de plusieurs représentants est percé par les baïonnet-

(1) Eugène Ténot, *Paris en décembre* 1851.
(2) Alexis de Tocqueville. Lettre adressée par lui à l'éditeur du *Times* et insérée dans le numéro de ce journal du 11 décembre 1851.

tes, quatre d'entre eux, MM. Daru, de Talhouët, Étienne et Duparc, sont même blessés légèrement.

La mairie du 10ᵉ arrondissement était située rue Grenelle-Saint-Germain, près du carrefour de la Croix-Rouge. Le général Lauriston, colonel de la légion de la garde nationale de cet arrondissement, et représentant du peuple, avait convoqué, malgré les injonctions du chef d'état-major Vieyra, les officiers de sa légion à la mairie, en costume bourgeois d'abord, puis en uniforme ; le rappel allait être battu, lorsqu'un envoyé de Vieyra, nommé Albert Courpon, vint signifier à la mairie que tous les gardes nationaux qui descendraient en armes dans la rue seraient fusillés ; les tambours furent consignés ; cependant les représentants réunis d'abord chez M. Daru se rendirent à la mairie du 10ᵉ arrondissement, afin de se placer sous la protection de leur collègue le général Lauriston.

M. Daru, arrêté dans sa propre maison, le général Bedeau, en prison depuis le matin, la présidence de la réunion revenait à M. Vitet ou à M. Benoist d'Azy ; ce dernier précédait ses collègues, lorsque la réunion, suivie de ses secrétaires, de ses huissiers et de ses sténographes, prit place dans la grande salle de la mairie ; les représentants s'attendaient à en être expulsés avant un quart d'heure ; aussi M. Berryer fit-il tout de suite voter, aux termes de l'art. 68 de la Constitution, et vu les obstacles mis à l'exécution du mandat de l'Assemblée, le décret suivant : « L'Assemblée décrète que Louis-Napoléon Bonaparte est déchu de la présidence de la République, et le pouvoir exécutif passe de plein droit à l'Assemblée nationale ».

Ce décret, adopté à l'unanimité, porte les signatures suivantes :

« Signé : Benoist d'Azy, *président*, Vitet, *vice-président*, Moulin et Chapot, *secrétaires*. Albert de Luynes, d'Audigné, de la Chasse, Antony Thouret, Audren de Kerdrel (Ille-et-Vilaine), Audren de Kerdrel (du Morbihan), de Balzac, Barrillon, Odilon Barrot, Barth. Saint-Hilaire, Bauchard, Gustave de Beaumont, Béchard, Behaghel, de Belvèze, Bernady, Berryer, de Berset, Besse, Bixio, Blavoyer, Bochard, Bocher, Boissie, Botmiliau, Bouvatier, de Broglie, de la Broise, de Bryas, Buffet, Caillet du Tertre, Callet, Camus de la Guibourgère, Canet, Castillon, Cécile (l'amiral), Chambolle, Champanhet, Chaper, Chapot, de Charencey, Chassaigne, Chauvin, Chazaud, Chazelles, Chegaray, Coislin, Colfavru, Collas de la Motte, Coquerel, de Corcelles, Cordier, Corne, Creton, Daguilhon, Dahirel, Dambray, de Dampierre, de Bretonne, de Fontaine, de Fontenay, de Sèze, Desmars, de la Devansaye, Didier, Dieuleveult, Druet-Desvaux, Amable Dubois, Dufaure, Dufougerais, Dufour, Dufournel, Marc Dufraise, Pascal Duprat, Duvergier (de Hauranne), Etienne, de Falloux, de Faultrier, Faure (du Rhône), Favreau, Ferré des Ferris, Flavigny, Foblant, Frichon, Gain, Gasselin, Germonière, de Gicqueau, de Goulard, Gozet de Bignon, de Goyon, de Granville, de Grasset, Grelier-Defourgeroux, Grévy, Grillon, Grimaud, Gros, Guillier de la Touche, Hascouet de Saint-Georges, d'Havrincourt, Hennecart, Hennequin, d'Hespel, Houel, Hovyn-Tranchère, Huot, Joret, Jouannet, de Keranflech, Kératry, de Keradec, de Kermarec, de Kersauson, Léo Delaborde, Laboulie, Lacaze, Oscar Lafayette, de Lafosse, Lagarde, Lagrenée, Laine, Lanjuinais, Larabit, Larcy, Jules de Lasteyrie, Latrade, Laureau, Laurenceau, de Lauriston (général), de Laussat, Lefebvre de Gros-riez, Legrand, Legros-Desvaux, Lemaire, Émile Leroux, Lespérut, de l'Espinay, Leret, de Limayrac, Lherbette, de Luppé, Maréchal, Martin de Villers, Maze-Launay, Mège, de Melun (Ille-et-Vilaine), de Melun (du Nord), Mérentie, Michaut, Mispoulet, Monet, de Montebello, de Montigny, Moulin, Murat-Sistrières, Nettement, d'Olivier, Oudinot de Reggio (général), Paillet, Duparc, Passy, Emile Péan, Pécoul, Casimir Périer, Pidoux, Pigeon, Pioger, Piscatory, Poujoulat,

Proa, Prudhomme, Querhoent, Randoing, Randot, Raulin, de Ravinel, de Rémusat, Renaud, Rigal, Resseguier, de Riancey, de la Rochette, Rodat, de Roquefenil, des Rotours de Chaulieu, Rouget-Lafosse, Rouillé, Roux-Carbonnel, Sainte-Beuve, Hervé de Saint-Germain, de Saint-Priest (général), Salmon (de la Meuse), Sauvaire Barthelémy, de Serre, de Sesmaisons, Simonot, de Staplande, de Surville, de Talhouet, Talon, Tamisier, Thuriot de la Rozière, de Tinguy, de Tocqueville, de la Tourette, de Treveneuc, de Vatimesnil, de Vaujuas, Vaudrey, Vavin, de Vendœuvre, Vernhette (de l'Hérault), Vernhette (de l'Aveyron), Vesin, Vitet, Voguë, Aubry, Toupet des Vignes, Victor Lefranc, Radoült de la Fosse (général), Benoît (du Rhône), Paulin Durieu, Teilhard-Laterisse, Fayolle, Chanay, Valette, d'Adelswaerd, Eugène Sue » (1).

Cette réunion contenait malheureusement des germes de dissidence qui commencèrent à se faire jour au mo-

---

(1) Plusieurs représentants ne purent pénétrer à la mairie comme le prouve la lettre suivante adressée au rédacteur de l'*Union* :

« Monsieur et ancien Collègue,

» En donnant dans l'*Union* la liste des représentants du peuple qui se rendaient le 2 décembre à la mairie du X⁰ arrondissement, vous invitez ceux qui auraient été oubliés à se faire connaître.

» A chacun sa part en cette journée :

» Je ne me suis pas trouvé, prévenu trop tard, dans la salle de la mairie du X⁰ arrondissement, dans laquelle mes collègues délibéraient ; mais je suis allé à cette mairie le 2 décembre à une heure pour me réunir à eux.

» Je venais du palais de l'Assemblée, où j'avais écrit mon nom à côté de celui de l'honorable M. Creton et de quinze autres représentants, et, très-énergiquement protesté contre le coup d'État, en la personne d'un lieutenant-colonel d'infanterie et de plusieurs officiers qui, indécis, jusqu'à l'arrivée d'un capitaine d'état-major, m'en interdisaient l'entrée tout en repoussant toute responsabilité.

» En arrivant à la partie de la rue des Saints-Pères joignant la rue Taranne, je la trouvai remplie par une foule immense ; un ancien sergent de la garde royale, aujourd'hui gérant du journal *la France centrale*, M. Blazy, que je connaissais depuis longtemps, et qui se trouvait là, m'apprit que la mairie et les membres de l'Assemblée législative étaient cernés par la troupe de ligne.

» Il m'engagea à ne pas avancer... Je continuai ma route cependant vers la mairie... A trente pas de là, et comme j'allais essayer d'y entrer, M. Janne, papetier, passage Choiseul, me signala tout à la fois l'impossibilité où j'étais de me réunir à mes collègues et l'inutilité de cette démarche, tout en me propo-

ment de discuter les mesures pour assurer l'exécution du décret.

M. Benoist-d'Azy. — Soyez calmes, Messieurs. Notre devoir est de rester en séance et d'attendre.

M. Pascal Duprat. — Vous ne vous défendrez que par la révolution.

M. Berryer. — Nous nous défendrons par le droit.

Voix diverses. — Et la loi, la loi; pas de révolution.

M. Pascal Duprat. — Il faut envoyer dans toutes les parties de Paris, et principalement dans les faubourgs, et dire à la population que l'Assemblée nationale est debout, que l'Assemblée a dans la main toute la puissance du droit, et qu'au nom du droit, elle fait un appel au peuple; c'est votre seul moyen de salut. (Agitation et rumeurs.).

M. Pascal Duprat avait raison ; la loi, le droit, sont de faibles moyens à opposer à la force immédiate ; le sergent qui monte suivi d'une escouade de chasseurs de Vincennes comprendra-t-il les raisons tirées du droit qui, selon MM. Vitet et Chapot, doivent l'empêcher de franchir le seuil de la salle où les représentants sont réunis? cela n'est guère probable ; cependant les mem-

sant de les délivrer afin qu'ils pussent agir efficacement en se mettant à la tête du peuple.

» Je compris l'importance de cette proposition, je fis appel à la foule qui m'entourait, et au milieu de laquelle se trouvaient beaucoup d'autres représentants : cet appel fut accueilli avec enthousiasme aux cris de : *Vive la Constitution, liberté aux représentants!*...

» On allait se ruer sur les soldats qui avaient envahi la mairie, lorsqu'une cinquantaine de personnes, habillées en gardes nationaux et en armes, semblant faire patrouille, arrivèrent près de nous... Je réclamai leur concours ; en silence, ils firent demi-tour et s'éloignèrent.

» A ce refus tacite d'agir, toute la foule cria : Aux armes! Aux armes! et chacun s'éloigna pour en aller chercher.

» A quelques instants de là, lorsque je revins, j'appris que tous mes collègues avaient été enlevés de la mairie, et conduits à la caserne du quai d'Orsay. Je m'y rendis avec deux autres représentants. Là, il n'y avait aucun moyen d'agir,

» Agréez, Monsieur et cher collègue, l'assurance de mes meilleurs sentiments.

» A. BOUHIER DE L'ÉCLUSE,
» Ancien représentant de la Vendée.

» Château d'Unvoire, 26 novembre 1868. »

(*L'Union* du 29 novembre 1868.)

bres du bureau marchent au devant de la troupe, suivis de MM. Grévy, de Charencey, de plusieurs autres de leurs collègues, et de quelques personnes étrangères à la réunion, entre autres, M. Beslay, ancien membre de l'Assemblée constituante. La conversation s'engage entre les représentants et les soldats.

M. le président Vitet, s'adressant au sergent. — Que voulez-vous ? Nous sommes réunis en vertu de la Constitution.

Le Sergent. — J'exécute les ordres que j'ai reçus.

M. le président Vitet. — Allez parler à votre chef.

M. Chapot. — Dites à votre chef de bataillon de monter ici.

Au bout d'un instant, un capitaine faisant les fonctions de chef de bataillon se présente au haut de l'escalier.

M. le Président, s'adressant à cet officier. — L'Assemblée nationale est ici réunie. C'est au nom de la loi, au nom de la Constitution que nous vous sommons de vous retirer.

Le Commandant. — J'ai des ordres.

M. Vitet. — Un décret vient d'être rendu par l'Assemblée, qui déclare qu'en vertu de l'article 68 de la Constitution, attendu que le Président de la République porte obstacle à l'exercice du droit de l'Assemblée, le Président est déchu de ses fonctions, que tous les fonctionnaires et dépositaires de la force et de l'autorité publique sont tenus d'obéir à l'Assemblée nationale. Je vous somme de vous retirer.

Le Commandant. — Je ne puis pas me retirer.

M. Chapot. — A peine de forfaiture et de trahison à la loi, vous êtes tenus d'obéir sous votre responsabilité personnelle.

Le Commandant. — Vous connaissez ce que c'est qu'un instrument ; j'obéis. Du reste, je vais rendre compte immédiatement.

M. Grévy. — N'oubliez pas que vous devez obéissance à la Constitution et à l'article 68.

Le Commandant. — L'article 68 n'est pas fait pour moi.

M. Beslay. — Il est fait pour tout le monde ; vous devez lui obéir.

M. le président Vitet et M. Chapot rentrent dans la salle.

M. Vitet rend compte à l'Assemblée de ce qui vient de se passer entre lui et le chef de bataillon.

M. Berryer. — Je demande que ce ne soit pas seulement par un acte du bureau, mais par un décret de l'Assemblée, qu'il soit immédiatement déclaré que l'armée de Paris est chargée de veiller à la défense de l'Assemblée nationale, et qu'il soit enjoint au général Magnan, sous peine de forfaiture, de mettre des troupes à la disposition de l'Assemblée. (Très-bien.)

Ce décret est adopté à l'unanimité ; des représentants

proposent d'ordonner au directeur de l'Imprimerie nationale d'imprimer tous les documents émanés de l'Assemblée ; de mettre le télégraphe en réquisition, de défendre à tout détenteur des deniers publics de les livrer sur les ordres des fonctionnaires actuels, d'ordonner à tous les directeurs de maison de force ou d'arrêt de délivrer, sous peine de forfaiture, les représentants arrêtés.

Qui nommera-t-on au commandement des forces du pouvoir législatif ? La réunion s'en remet pour ce choix à son président, qui désigne le général Oudinot.

Un membre de l'Assemblée déclarait tout à l'heure qu'il n'y avait plus de côté gauche ni de côté droit dans la réunion ; le nom de M. Oudinot semble cependant retentir assez désagréablement à l'oreille de plusieurs représentants.

M. *Tamisier*. — Sans doute, le général Oudinot comme tous nos collègues fera son devoir, mais vous devez vous rappeler l'expédition romaine qu'il a commandée. (Vives rumeurs, — réclamations nombreuses.)
M. *de Rességuier*. — Vous désarmez l'opinion une seconde fois.
M. *de Dampierre*. — Taisez-vous, vous nous tuez.
M. *Tamisier*. — Laissez-moi achever, vous ne me comprenez pas.
M. *le président Benoist-d'Azy*. — S'il y a des divisions parmi nous, nous sommes tous perdus.
M. *Tamisier*. — Ce n'est pas une division, mais quelle autorité aura-t-il sur le peuple?

L'observation de M. Tamisier ne manquait pas de justesse, le général Oudinot est nommé cependant à l'unanimité ; il s'empresse d'offrir au capitaine Tamisier de lui servir de chef d'état-major ; l'offre est acceptée, au milieu des bravos enthousiastes ; il désigne en même temps M. Mathieu de la Redorte, comme chef d'état-major de la garde nationale. Le général Oudinot vient à peine de choisir ses deux lieutenants, qu'un officier du 6ᵉ bataillon de chasseurs d'Afrique, muni de nouvelles instructions, se présente ; le général Oudinot et le capitaine Tamisier s'avancent. Ce dernier lit à l'officier de chasseurs le décret qui investit le général Oudinot du commandement en chef de l'armée de Paris et des gardes nationales de la Seine.

Le général Oudinot, à l'officier. — Nous sommes ici en vertu de la Constitution. Vous voyez que l'Assemblée vient de me nommer commandant en chef ; je suis le général Oudinot, vous devez reconnaître mon autorité ; si vous résistiez à mes ordres, vous encourriez les punitions les plus rigoureuses, immédiatement vous seriez traduits devant les tribunaux ; je vous donne l'ordre de vous retirer.

L'Officier (un sous-lieutenant du 6ᵉ chasseurs de Vincennes). — Mon général, vous savez notre position, j'ai reçu des ordres.

Deux sergents qui sont à côté de l'officier prononcent quelques mots, et semblent l'encourager à la résistance.

Le général Oudinot. — Taisez-vous, laissez parler votre chef, vous n'avez pas le droit de parler.

L'un des Sergents. — Si, j'en ai le droit (1).

Le général Oudinot. — Taisez-vous, laissez parler votre chef.

Le Sous-Lieutenant. — Je ne suis que le commandant en second. Si vous voulez, faites monter le commandant en premier.

Le général Oudinot. — Ainsi vous résistez ?

L'Officier, après un instant d'hésitation. — Formellement.

Le général Oudinot. — Il va vous être donné un ordre écrit. Si vous y désobéissez, vous en subirez les conséquences. (Un certain mouvement a lieu parmi les soldats.)

Le général Oudinot. — Chasseurs, vous avez un chef, vous lui devez respect et obéissance. Laissez-le parler.

Un Sergent. — Nous le connaissons ; c'est un brave.

Le général Oudinot. — Je lui ai dit qui j'étais ; je lui demande son nom.

Un autre sous-officier veut parler.

Le général Oudinot. — Taisez-vous, ou vous seriez de mauvais soldats.

L'Officier. — Je m'appelle Charles Guédon, sous-lieutenant au 6ᵉ bataillon de chasseurs.

(1) Il se nommait Gros, natif de Valence (Drôme). Retraité peu de temps après avec le grade d'adjudant sous-officier, la médaille militaire et la croix d'honneur.

Le général Oudinot, à l'officier. — Vous déclarez donc que vous avez reçu des ordres et que vous attendez les instructions du chef qui vous a donné la consigne ?

Le Sous-Lieutenant. — Oui, mon général.

Le général Oudinot. — C'est la seule chose que vous ayez à faire.

(M. le général Oudinot et M. Tamisier rentrent dans la salle. Il est une heure un quart.)

L'intervention des sous-officiers dans ce débat, leur ton arrogant, font voir à quel point de relâchement en est la discipline dans l'armée ; les inférieurs imposent à leurs supérieurs les passions allumées en eux ; l'obéissance des soldats est au prix de celle des chefs.

M. Berryer, pendant ce colloque, ouvrant l'une des fenêtres de la salle voisine, apprend aux citoyens groupés devant la mairie, que l'Assemblée réunie en nombre plus que suffisant pour la validité de ses décrets, a prononcé la déchéance du Président de la République, et nommé le général Oudinot commandant de l'armée et de la garde nationale ; quelques applaudissements et quelques cris : Vive la République ! Vive la loi ! lui répondent. M. Berryer revient annoncer ces bonnes nouvelles à l'Assemblée ; M. Guilbot, chef du 3ᵉ bataillon de la 10ᵉ légion de la garde nationale, se présente au même instant en uniforme à la porte de la salle, et déclare au général Oudinot qu'il vient se mettre à la disposition de l'Assemblée ; M. Balot, chef de bataillon de la même légion, fait une déclaration semblable ; pendant que le général Oudinot les félicite de leur patriotique conduite, deux commissaires de police entrent, et, sur l'ordre du président, s'avancent près du bureau ; l'un d'eux, Lemoine-Bécherel, prend la parole : « Nous avons reçu l'ordre de faire évacuer les salles de la mairie; êtes-vous disposés à obtempérer à cet ordre? Nous sommes les mandataires du préfet de police. » Le président, M. Benoist d'Azy, en réponse à cette question, fait lire aux commissaires l'article 68 de la Constitution, et le décret de déchéance du Président de la République; il ordonne en même temps qu'il leur en soit remis une copie.

Lemoine-Bécherel réplique qu'il remplit avec son collègue Marlet une mission officieuse; le préfet de police les a chargés d'inviter les représentants à se retirer; ils se bornent à cette invitation; l'autorité militaire donne seule des ordres; un détachement considérable de chasseurs de Vincennes, ajoute-t-il, est en marche pour les faire exécuter. Le président, M. Benoist d'Azy, est d'avis qu'une telle invitation ne suffit pas : les représentants ne céderont qu'à la force. La conversation, assez calme jusque-là, change brusquement de caractère; Marlet, montrant l'ordre dont il est porteur, s'écrie : « Que ce soit à tort ou à raison, nous vous sommons de vous disperser sur-le-champ ! » Des murmures violents accueillent cette sommation. Un autre officier arrive : « Je reçois, dit-il, du général en chef Magnan, l'ordre suivant : « Commandant, en consé-
» quence des ordres du ministre de la guerre, faites
» occuper immédiatement la mairie du 10° arrondisse-
» ment, et faites arrêter les représentants qui n'obéi-
» raient pas à l'injonction de se disperser. » Je suis militaire, je reçois un ordre, je l'exécuterai. »

Les murmures de l'Assemblée redoublent au nom de Magnan; un troisième officier donne aussi lecture au président de l'ordre qu'il vient de recevoir : « Le général en chef prescrit de laisser sortir de la mairie du 10° arrondissement tous les représentants qui s'y trouvent, et qui n'opposeraient aucune résistance. Quant à ceux qui ne voudraient pas obtempérer à cette injonction, ils seront arrêtés immédiatement et conduits avec tous les égards possibles à la prison de Mazas. »

La réunion avait hâte d'en finir ; de toutes parts le même cri se fait entendre : « Tous à Mazas ! » M. Émile Leroux (1) propose que l'Assemblée s'y rende à pied. Le président Benoist d'Azy, sans perdre cette fois son temps à lire l'article 68 de la Constitution, et le décret qui confère le commandement des forces publiques au général Oudinot, se contente de demander à l'officier s'il en a connaissance ; M. de Larcy fait appel à son patriotisme comme Français ; le général Oudinot ajoute en lui ordonnant de faire évacuer la mairie par ses troupes : « Allez-vous obéir ? »

L'Officier. — Non, j'ai reçu de mes chefs des ordres, et je les exécute.
De toutes parts. — A Mazas ! à Mazas !
L'Officier. — Au nom du pouvoir exécutif, nous vous sommons de vous dissoudre à l'instant même.
Voix diverses. — Non ! non ! il n'y a pas de pouvoir exécutif, faites-nous sortir de force, employez la force !

La salle est envahie par des soldats et par des agents de police ; le commissaire qui les conduit, et ses deux collègues Lemoine-Bécherel et Marlet, mettent la main sur les membres du bureau, sur le général Oudinot et sur le capitaine Tamisier ; le palier est encombré de re-

(1) Aujourd'hui l'un des vice-présidents du Corps législatif.

présentants gardés par les nombreux soldats qui garnissent l'escalier; leurs rangs s'ouvrent pour livrer passage aux derniers représentants arrêtés; le général Forey attend dans la cour l'évacuation complète de la salle; le général Oudinot échange quelques paroles avec lui, puis se tournant vers ses collègues qui semblent espérer quelque chose de ce colloque, il leur transmet les paroles de son interlocuteur : « Nous sommes militaires, nous ne connaissons que nos ordres, et nous ne devons obéissance qu'au pouvoir exécutif. »

La porte de la cour de la mairie s'ouvre enfin; les agents ordonnent aux membres de la réunion de se mettre en marche; les présidents Benoist d'Azy et Vitet déclarent qu'ils n'obéiront qu'à la force; les agents de police les prennent par le bras; les secrétaires, le général Oudinot, le capitaine Tamisier sont amenés de la même façon dans la rue; l'Assemblée se met en marche entre deux haies de soldats; un agent de police tient M. Vitet au collet.

Quelques gardes nationaux, réunis dans la cour de la mairie, saluent le départ des représentants du cri : « Vive la République! Vive la Constitution! Vive l'Assemblée! » Les mêmes cris retentissent de temps en temps sur le passage de la colonne précédée par le général Forey à cheval; elle suit les rues de Grenelle, Saint-Guillaume, Neuve-de-l'Université, de l'Université, de Beaune, le quai Voltaire et le quai d'Orsay, jusqu'à la caserne de cavalerie, en face du Pont-Royal; les prisonniers entrent dans cette caserne, dont la porte se referme sur eux. Il est trois heures vingt minutes.

Le peuple français avait délégué le pouvoir législatif

à une assemblée unique ; les agents du pouvoir exécutif occupaient militairement le lieu des séances de cette Assemblée.

Le peuple français avait délégué le pouvoir exécutif à un citoyen recevant le titre de président de la République ; ce citoyen se servait de son pouvoir pour détruire la République.

L'auteur du coup d'État était d'accord avec le conseil d'État et avec son président ; de ce côté, aucune résistance n'était à craindre. Quant à l'administration intérieure du pays, il l'avait dans la main, et dès longtemps s'était assuré de son concours.

Mais en suspendant l'action des pouvoirs politiques, en brisant tous les rouages de la machine du gouvernement, il avait oublié un de ses ressorts, celui de la justice ; il ne s'était pas donné la peine de relire les dispositions de l'article 68 de la Constitution :

« Le Président de la République, les ministres, les agents et dépositaires de l'autorité publique, sont responsables, chacun en ce qui le concerne, de tous les actes du gouvernement et de l'administration.

» Toute mesure par laquelle le Président de la République dissout l'Assemblée nationale, la proroge ou met obstacle à l'exercice de son mandat, est un crime de haute trahison.

» Par ce seul fait, le Président est déchu de ses fonctions ; les citoyens sont tenus de lui refuser obéissance ; le pouvoir exécutif passe de plein droit à l'Assemblée nationale. Les juges de la haute Cour de justice se réunissent immédiatement, à peine de forfaiture ; ils convoquent les jurés dans le lieu qu'ils désignent pour procéder au jugement du Président et de ses complices ; ils nomment eux-mêmes les magistrats chargés de remplir les fonctions du ministère public.

» Une loi déterminera les autres cas de responsabilité, ainsi que les formes et les conditions de la poursuite. »

Les préoccupations si nombreuses du coup d'État avaient fait négliger le mode de procéder édicté par la

Constitution, dans le chapitre VIII, qui traite du *Pouvoir judiciaire.*

« Art. 91. — Une haute Cour de justice juge, sans appel ni recours en cassation, les accusations portées par l'Assemblée nationale contre le Président de la République ou les ministres.

» Elle juge également toutes personnes prévenues de crimes, attentats ou complots contre la sûreté intérieure ou extérieure de l'État, que l'Assemblée nationale aura renvoyées devant elle.

» Sauf le cas prévu par l'article 68, elle ne peut être saisie qu'en vertu d'un décret de l'Assemblée nationale qui désigne la ville où la Cour tiendra ses séances. »

La procédure, aux termes de ces deux articles 68 et 91, était très-explicite, très-impérieuse, et ne pouvait permettre aucune équivoque.

« Par le seul fait du « crime de haute trahison » commis par le Président de la République (art. 68), « les juges de la haute Cour de jus-
» tice se réunissent immédiatement à peine de forfaiture : ils convoquent
» les jurés dans le lieu qu'ils désignent, pour procéder au jugement du
» Président et de ses complices ; ils nomment eux-mêmes les magistrats
» chargés de remplir les fonctions du ministère public... »

La violation de la Constitution était flagrante, le pouvoir exécutif passait donc de plein droit à l'Assemblée nationale, et les citoyens étaient tenus de refuser obéissance au Président.

La haute Cour de justice avait des devoirs encore plus étroits ; non-seulement elle devait, dans la personne des citoyens qui la composaient, refuser obéissance au Président de la République, mais elle était obligée de prendre l'initiative de la poursuite, et se réunir sans réquisition, sans mise en demeure, sans avertissement, de son propre mouvement, sur la simple convocation de son président ; à leurs devoirs de citoyens s'ajoutaient, pour les juges de la haute Cour, ceux de magistrats.

Ils étaient saisis, *ipso jure*, par la Constitution elle-même, ils étaient liés par le serment d'obéissance qu'ils lui avaient prêté. La haute Cour formait dans la machine gouvernementale un petit rouage fonctionnant avec son ressort spécial indépendamment de toutes les autres forces motrices ; ses juges étaient nominativement désignés; ils faisaient partie de la Cour suprême, de la Cour de cassation. Voici leurs noms : MM. Ardouin, président; Pataille, Delapalme, A. Moreau, Cauchy, Renouard, juges; Quenault, Grandet, Hardouin, Rocher, de Boissieu, Hello, juges suppléants ; Bernard, greffier en chef.

Tous ces magistrats, ou presque tous, avaient voté pour la présidence de Louis-Napoléon Bonaparte, en haine de Cavaignac, du gouvernement provisoire et de la République; tous avaient peur du spectre rouge et considéraient que le Président, en devançant les éventualités de l'élection présidentielle, en déjouant ce qu'on appelait alors la conspiration de l'Assemblée nationale, sauvait à la fois la France et la société.

Ils ne pouvaient donc pas s'empêcher d'approuver, comme hommes, les actes de M. Louis Bonaparte. Mais comme magistrats, ils se considéraient comme forcés par leur serment de s'y opposer.

La situation de ces juges, en mettant de côté le sentiment de la conscience et la voix du devoir, ne laissait pas que d'être perplexe; la victoire du Président n'était rien moins que certaine; l'Assemblée s'agitait, prenait des délibérations, promulguait des décrets comme un pouvoir constitué ; si le coup d'État avortait, la haute Cour s'exposait à être poursuivie comme n'ayant pas obéi à la Constitution, et si la victoire était douteuse, un arrêt rendu contre le Président de la République pouvait arrêter l'effusion du sang.

L'arrestation des membres de la haute Cour aurait mis fin à l'embarras de leur position ; leur mission entravée *manu militari*, ils n'encouraient plus aucune responsabilité ; malheureusement on ne songeait pas à eux : ils étaient obligés d'agir et de se réunir immédiatement à peine de forfaiture.

Pendant que les représentants délibéraient à la mairie du 10° arrondissement, sept magistrats de la plus haute juridiction ayant parcouru tous les grades de la magistrature, ayant successivement occupé toutes les fonctions judiciaires, la plupart dans le parquet, sept hommes aux habitudes sévères, se réunissaient donc pour rendre la justice sans appareil, sans avocats à la barre, sans public dans le prétoire, comme une sorte de haut conseil, exécutant un mandat sans réquisition.

La délibération ne pouvait être longue en présence du flagrant délit ; le Président violant la Constitution, les pouvoirs passaient entre les mains de l'Assemblée, et la haute Cour devait immédiatement prononcer la déchéance de M. Louis Bonaparte.

Mais la France est un pays habitué à la lenteur des formes de procédure, il répugne à la justice française de condamner un accusé sans l'entendre, et jamais un arrêt n'est rendu par un tribunal régulier et honnête sans que l'accusé soit mis en demeure de choisir un avocat et sans qu'à son refus le tribunal lui nomme d'office un défenseur.

La haute Cour, dans la première délibération, se préoccupa donc : 1° de constater le flagrant délit ; 2° de désigner un magistrat représentant le ministère public, chargé de requérir la peine ; 3° de mander à la barre de la Cour le Président de la République, sous l'inculpation du crime de haute trahison.

L'arrêt ainsi rendu, M. Renouard, aujourd'hui encore conseiller à la Cour de cassation, fut nommé procureur général près la haute Cour, chargé de soutenir l'accusation ; la Cour se réservait de faire comparaître le lendemain le Président de la République ; au lieu de prendre tout de suite des mesures à ce sujet, elle s'ajourna donc purement et simplement au lendemain pour entendre le réquisitoire du ministère public qui devait, avant tout, dresser l'acte d'accusation ; ainsi l'exigeaient les règles immuables de la procédure.

Le Conseil d'État ne pouvait exercer aucune action directe sur les événements ; il s'associa néanmoins à la résistance légale par une protestation signée des conseillers d'État : Bethmont, de Cormenin, Vivien, Bureaux, de Puzy, Édouard Charton, Cuvier, de Renneville, Horace Say, Boulatignier, Gauthier de Rumilly, de Jouvencel, Dunoyer, Carteret, de Fresne, Boucherie-Lefer, Rivet, Boudet, Pons (de l'Hérault).

La presse ne pouvait pas rester en dehors du mouvement de résistance légale ; les journalistes de 1851, se rappelant la protestation des journalistes de 1830, prirent, vers midi, sans mot d'ordre, et comme d'instinct, le chemin de l'ancien hôtel Colbert, situé rue du Croissant, n° 16, où tous les journaux républicains fondés depuis la révolution de 1830, le *National*, le *Bon-Sens*, le *Charivari*, la *Réforme*, ont été imprimés ; Flocon, la veille de Février, y avait présidé le conseil des rédacteurs de la *Réforme ;* le *Siècle* occupait seul cet hôtel dans lequel il laissait un petit coin au *Charivari.* Les ateliers sont déserts, la cour est silencieuse ; les fenêtres de la salle de rédaction du *Charivari*, qui servait autrefois de cabinet de travail à Carrel, sont fermées ; la clef est sur la porte du cabinet du rédacteur en chef du *Siècle,* tout le monde y entre ; c'est une grande pièce dans laquelle cinquante personnes peuvent tenir à l'aise ; elle se remplit peu à peu de journalistes de toutes les opinions, orléanistes, légitimistes, républicains, réunis par le malheur commun. La polémique des journaux conservateurs contre la Révolution de Février s'était trop souvent inspirée de ces petits livres dont les fragments ont été publiés dans les chapitres précédents ; ces outrages saignaient encore comme des blessures au cœur des républicains ; leur conscience s'indignait à l'idée de mettre leurs noms à côté de ceux de leurs insulteurs, à protester contre le coup d'État avec les représentants des partis qu'ils accusaient d'en être la cause ; cependant on leur demandait d'oublier le passé ; ils s'y résignèrent, la protestation fut bientôt rédigée, et couverte de signatures.

Les journalistes de 1830 jouaient-ils leur vie en protestant contre les ordonnances de Juillet? Nul ne peut le dire ; mais ils jouaient certainement leur fortune, sacrifice qui touche les esprits presque autant que celui de la vie. Cette consécration manquait à la protestation des journalistes de 1851 ; ils n'étaient pas propriétaires des journaux où ils écrivaient ; ils mettaient leur nom au bas de la protestation sans grande illusion sur l'effet de leur signature, lorsque tout à coup la porte s'ouvre, M. Émile de Girardin tombe au milieu de la réunion, et demande à quoi l'on songe? il s'agit bien, ajoute-t-il, de perdre son temps en protestations inutiles ; il n'y a qu'une chose à faire : marcher sur la Bourse et la fermer.

Les confrères de M. de Girardin gardant un silence plein d'étonnement, le rédacteur en chef de la *Presse* promène un regard méprisant sur eux et disparaît sans ajouter un mot.

La protestation des journalistes signée, restait à l'imprimer; les ateliers du *Siècle* chômaient; on pouvait cependant y pénétrer : qu'importe aux agents de police en surveillance dans l'intérieur de l'hôtel Colbert, que des hommes que l'habitude constante de voir pratiquer l'art typographique aurait dû avertir de l'impossibilité de réaliser leurs projets, s'imaginent qu'il suffit de quelques brosses et de quelques cornets de papier remplis de caractères enlevés aux casses des compositeurs pour improviser une imprimerie? Les journalistes qui avaient compté sur ces moyens en comprirent bien vite l'inutilité : la protestation des journalistes n'a jamais été imprimée.

Le Palais-Royal n'est plus le forum de Paris ; le boulevard des Italiens l'a remplacé ; le nouveau forum léger, bruyant, un peu sceptique, semblait pourtant vouloir s'associer à la résistance légale, et lancer lui aussi sa protestation contre le coup d'État, protestation du bon mot, de la plaisanterie, du sarcasme, conspiration du ridicule organisée en plein vent. Le perron de Tortoni, la tribune de ce forum, ne voyait pas s'agiter la foule des prolétaires; peu de vestes, encore moins de blouses devant les rostres ; les orateurs en habit noir montent à la tribune pour y apprendre aux auditeurs les nouvelles qui circulent, ou pour y lire le décret de déchéance prononcé par l'assemblée du 10ᵉ arrondissement, l'arrêt de mise en accusation de M. Louis Bonaparte par la haute Cour de justice (1); tous les bruits de la ville viennent aboutir au boulevard ; gens du monde, bourgeois, écrivains, artistes, transportent dans la rue l'opposition des salons ; ils font des plaisanteries et des bons mots ; ils crient : « Vive la Constitution ! Vive la Liberté ! » et surtout : « A bas Soulouque ! » Ce dernier cri retentit sans cesse à l'oreille des troupes, qui ne le comprennent pas.

Quelques représentants reconnus dans la foule sont pourtant suivis par une centaine de personnes : le représentant Alphonse Esquiros leur adresse deux ou trois fois la parole ; mais ces groupes, quoique fort animés, ne semblent pas disposés à l'action ; ils attendent, disent-ils, une proclamation de l'Assemblée ; la foule commence à bouillonner.

D'autres représentants continuant leur marche le long des boulevards, s'étaient aventurés dans la rue Saint-Martin ; un groupe formé par une centaine d'hommes auxquels se mêlaient des gamins, se pressait autour d'eux. Un sergent de ville, l'épée nue, s'élança sur l'un de ces petits rassemblements, et renversa deux personnes ; les autres se dissipèrent. Les ouvriers se prome-

(1) Ces pièces ont été imprimées par M. Émile de Girardin, à l'impiimerie de la *Presse*, au nombre d'un millier d'exemplaires : une partie de ces exemplaires existe encore. Les autres documents révolutionnaires remis par les représentants eux-mêmes entre les mains de compositeurs d'autres imprimeries qui leur faisaient les plus belles promesses de les tirer et de les répandre, étaient portés à la préfecture de police, qui les a communiqués à ses historiens.

naient de long en large au carré Saint-Martin ; quelques-uns parlaient d'élever des barricades, mais la plus grande défiance régnait parmi eux.

Indécision dans la bourgeoisie, incertitude chez le peuple, voilà comment on peut résumer l'état moral de Paris dans la matinée et jusque vers le milieu de l'après-midi du 2 décembre. Quel était l'état moral des auteurs du coup d'État ?

Aux bonnes nouvelles reçues de la préfecture par M. Louis Bonaparte, commencèrent vers neuf heures à succéder des nouvelles propres à faire naître une certaine appréhension. L'emplacement que la cavalerie de Saint-Germain et de Versailles devait occuper à l'entrée de l'avenue conduisant à la résidence de M. Louis Bonaparte, restait vide; les dragons parurent enfin à neuf heures un quart ; les états-majors de Saint-Germain et de Versailles n'avaient été prévenus qu'à sept heures et demie du coup d'État; les carabiniers et les cuirassiers n'arrivèrent de Versailles qu'à midi.

Le maréchal Jérôme Bonaparte, sa fille, madame Mathilde Demidoff-Bonaparte, M. de Flahaut, M. de Persigny et plusieurs généraux, se trouvaient depuis le matin à l'Élysée; quelques-uns de ces personnages, réunis en conseil privé, décidèrent, après l'arrivée des dragons, qu'il était indispensable que M. Louis Bonaparte se montrât à la population; la scène de l'orangerie de Saint-Cloud, dans laquelle le général Bonaparte avait fait une si triste figure, attestait le danger de l'intervention personnelle de l'organisateur d'un coup d'État sur le théâtre de l'action, mais il était habile de s'y montrer dans les entr'actes pour encourager les acteurs.

M. Louis Bonaparte, docile à ces conseils, sortit à cheval de l'Élysée par la grille du jardin, suivi d'un cortége assez nombreux. Le maréchal Jérôme Bonaparte se tenait à sa droite, le maréchal Narvaez, en uniforme couvert de broderies d'or, à sa gauche ; derrière s'avançaient le maréchal Exelmans, les généraux Saint-Arnaud, Magnan, de Flahaut, Roguet, Wast-Vimeux, Daumas, Lawœstine, Le Pays de Bourjolly, le colonel Murat, les officiers d'ordonnance Fleury, de Béville, Edgar Ney et Lepic. Le cortége avait fait à peine quelques pas hors du jardin, qu'une alerte assez vive se répandit dans ses rangs ; heureusement, il ne s'agissait que d'une erreur des vedettes du 12° régiment de dragons qui, trop fidèles à leur consigne, donnaient mal à propos l'alarme aux avant-postes ; le cortége, un moment arrêté, reprit sa marche et se dirigea vers les Tuileries, en suivant la place de la Concorde et la rue Rivoli. Vieyra, qui attendait M. Louis Bonaparte à l'entrée du guichet de la cour du Carrousel, et qui l'accompagna jusqu'à sa sortie, reçut de nouveau l'ordre d'empêcher à tout prix qu'aucun garde national ne sortît en uniforme.

L'historien éloquent, exact, impartial, qui, le premier, a donné un récit complet et détaillé des journées de décembre 1851 (1), assure que M. Louis Bonaparte, en se montrant au peuple de Paris, s'attendait à une de ces ovations qui poussent un homme au trône comme par un flot d'enthousiasme ; M. Louis Bonaparte fut bien vite désabusé par l'attitude plus qu'indifférente des masses

(1) Kinglake, *Invasion de la Crimée.*

sur son passage; il mit fin à sa promenade, et revint à l'Élysée ; son ministre de l'intérieur l'y attendait; M. Louis Bonaparte et M. de Morny s'étaient séparés la veille à minuit; ils s'embrassèrent en se revoyant.

Les rares visiteurs qui se présentèrent dans la matinée à l'Élysée étaient reçus dans la salle des aides de camp; M. de Persigny, M. de Maupas et le docteur Véron, rédacteur en chef du *Constitutionnel*, étaient à peu près les seules personnes qu'on y vît ; M. Louis Bonaparte, averti qu'il était bon qu'il se montrât aux troupes avant la fin de la journée, quitta son palais sur les quatre heures, entouré seulement de ses aides de camp et d'un grand nombre d'officiers d'état-major de la garde nationale commandés pour ce service ; M. Louis Bonaparte, cette fois, revint plus content ; les acclamations avaient été nombreuses.

M. Louis Bonaparte rentrait à la tombée de la nuit, au moment même où l'une des brigades de la division de cavalerie du général Korte exécutait une promenade ou plutôt une reconnaissance militaire de la Madeleine à la Bastille, « sans trouver d'autre résistance que les menaces contenues de la bourgeoisie des quartiers riches, et les injures vaines de la jeunesse dorée (1). » Les boulevards le soir avaient repris leur physionomie habituelle; les cafés, les restaurants, les magasins, les théâtres étaient ouverts ; la même tranquillité régnait dans les faubourgs du Temple, Saint-Marceau, Saint-Antoine, à la barrière du Trône, quoique le préfet de police eût

---

(1) Granier de Cassagnac, *Récit complet et authentique*.

signalé ces quartiers au général Magnan, comme devant donner le signal de la formation des barricades.

« Les sections sont convoquées pour dix heures ; à dix heures quarante-cinq minutes chacun sera à son poste.

» Les munitions sont des bombes portatives à la main. Le 44ᵉ serait avec eux : trois cents hommes le suivent en criant : Vive la République sociale, et pas de prétendant !

» Ils ont l'intention de faire sonner le tocsin dans plusieurs églises, on fait couper les cordes.

» La nuit sera très-grave et décisive. On a le projet de se porter sur la préfecture de police. Tenez du canon à ma disposition. Je vous le demanderai quand il faudra (1). »

Les membres de l'Assemblée du 10ᵉ arrondissement avaient constaté par un dernier appel nominal, en arrivant à la caserne du quai d'Orsay, la présence de 218 représentants, auxquels vinrent s'adjoindre dans la soirée vingt représentants, qui s'étaient fait arrêter volontairement ; entre autres, MM. Bixio, Victor Lefranc et Valette ; ce dernier avait un double titre à être emprisonné ce jour-là : il était représentant et professeur de droit (2). M. Molé n'avait pu pénétrer dans la salle de la mairie ; il s'associait, dans une lettre adressée au *Journal des Débats* (3), à la conduite de ses collègues.

Les pièces des étages supérieurs de la caserne, rapidement transformées en cellules, grâce à un lit de camp et à une chaise de paille, servirent de logement provisoire aux représentants qu'il était impossible de transférer le soir même à Mazas ou au Mont-Valérien.

---

(1) Lettre adressée par le préfet de police au général Magnan dans la journée du 2 décembre, et publiée par le docteur Véron dans les *Mémoires d'un bourgeois de Paris*.
(2) La remarque est de M. Valette lui-même.
(3) Le *Journal des Débats* ne fut pas autorisé à publier cette lettre.

Ils furent conduits vers cinq heures du soir dans leur réduit par un sous-officier, escorté d'un peloton d'infanterie; plusieurs de ces représentants, faute de lit, passèrent la nuit étendus sur les planches et presque sans nourriture (1); les voitures cellulaires rangées dans la cour attendaient les autres : douze ministres, dont neuf ayant servi M. Louis Bonaparte, et huit membres de l'Institut, figuraient parmi ceux qui durent y prendre place : « Voilà le gendre du maréchal Bugeaud qui met dans la voiture des voleurs le petit-fils du maréchal Lannes », dit M. de Montebello en reconnaissant le colonel Feray qui présidait en personne aux préparatifs du départ.

Les membres de l'assemblée du 10ᵉ arrondissement s'étaient conduits en gens honorables, corrects, qui font strictement leur devoir, jusqu'au point où le devoir se confond avec le sacrifice. Ils étaient restés sur leur chaise curule pour y attendre, non pas la mort, mais la main d'un commissaire de police; leur résistance emprisonnée dans les formes de la légalité, se réduisait aux proportions d'une simple procédure ; que serait-il arrivé cependant si, obéissant aux conseils de M. Pascal Duprat, ils s'étaient décidés à faire un appel au peuple, et à descendre dans la rue? Le peuple de Paris voyait sans doute avec un certain plaisir la défaite d'une majorité constamment hostile à ses instincts, à ses sentiments, à ses aspirations, mais ce peuple a de surprenants et prompts retours ; il aime les grands noms, les grandes scènes, les grands effets; le drame l'émeut; la véritable tribune

---

(1) Lettre de M. de Tocqueville.

du moment, c'était la borne; M. Berryer, parlant aux masses du haut de ce piédestal, les aurait tirées de leur apathie. Ces généraux, ces amiraux, ces ministres, ces académiciens, ces orateurs, ces écrivains qui formaient la réunion du 10ᵉ arrondissement, se mêlant au peuple en plein jour au lieu de rester enfouis, pour ainsi dire, dans une salle de mairie, ne se seraient point adressés vainement aux instincts généreux de la population parisienne; la voix de tant d'hommes illustres réveillant les classes élevées de la société aurait pu consommer entre le peuple et la bourgeoisie cette alliance devant laquelle l'armée cède toujours, et qui a jusqu'ici amené tous les grands changements qui ont eu lieu en France. Malheureusement les membres de la réunion du 10ᵉ arrondissement n'étaient en réalité que les membres de l'ancienne majorité qui croyait à la nécessité de prendre des mesures de salut public pour défendre la société menacée; englobés dans ces mesures prises par un autre, ils s'étaient conduits, sinon tout à fait en citoyens, du moins en gens d'honneur; leur honneur sauf, ils se sentirent soulagés comme d'un grand poids : « Je l'avoue tout bas à cause de mes collègues », disait M. de Falloux, quelques jours plus tard à M. de Persigny, qui était venu le visiter dans sa prison, « mais au fond je pense que vous avez bien fait » (1).

M. de Falloux pouvait parler à haute voix. Aucun de ses collègues, en consultant sa conscience, ne l'aurait démenti.

(1) Daniel Stern, *Histoire de la Révolution de Février*.

La majorité de la gauche républicaine n'attendant rien que de la résistance les armes à la main, cherchait les moyens de l'organiser; M. Victor Hugo, dans une réunion tenue le 2, à midi, chez M. Coppens, rue Blanche, proposa de donner immédiatement le signal du combat. C'était trop tôt; la signification du coup d'État échappait aux masses; elles n'y voyaient que le rétablissement du suffrage universel, et le châtiment des réactionnaires; il fallait les éclairer; M. Victor Hugo rédigea cet appel au peuple :

« Louis-Napoléon est un traître !
» Il a violé la Constitution !
» Il s'est lui-même mis hors la loi !
» Les représentants républicains rappellent au peuple et à l'armée les articles 68 et 110 de la Constitution, ainsi conçus :
» Article 68. — Toute mesure par laquelle le Président de la République dissout l'Assemblée, la proroge, ou met obstacle à l'exercice de son mandat, est un crime de haute trahison. Par ce seul fait, le Président est déchu de ses fonctions, les citoyens sont tenus de lui refuser obéissance.
» Article 110. — L'Assemblée constituante confie la défense de la présente Constitution, et les droits qu'elle consacre, à la garde nationale et au patriotisme de tous les Français.
» Le peuple désormais et à jamais en possession du suffrage universel, le peuple qui n'a besoin d'aucun prince pour le lui rendre, saura châtier le rebelle.
» Que le peuple fasse son devoir, les représentants républicains marchent à sa tête.
» Vive la République ! Vive la Constitution ! Aux armes !

» Signé : Michel (de Bourges), Schœlcher, général Leydet, Mathieu (de la Drôme), Lasteyras, Brives, Breymand, Joigneaux, Chauffour, Cassal, Gilland, Jules Favre, Victor Hugo, Emmanuel Arago, Madier de Montjau, Mathé, Signard, Ronat (de l'Isère), Viguier, Eugène Sue, de Flotte (1). »

M. Michel (de Bourges), suivi de plusieurs membres

(1) P. Mayer, *Histoire du 2 décembre*.

de la réunion Coppens, haranguait deux heures après la foule réunie sur le boulevard du Temple, du haut du balcon de la maison du restaurant Bonvallet; la police envahit cet établissement sans pouvoir mettre la main sur aucun des représentants. M. Beslay, ancien constituant, que l'on a déjà vu dans la matinée à la séance du 10° arrondissement, ouvrit sa maison aux membres d'une nombreuse réunion, présidée par le représentant Joly; M. Forestier, colonel de la 6° légion de la garde nationale, y assistait; la demeure du représentant Lafond (du Lot), quai Jemmapes, devint vers le soir le siége de la réunion dans laquelle le comité de résistance fut nommé; il se composait de MM. Victor Hugo, Carnot, Jules Favre, Michel (de Bourges), Madier de Montjau, Schœlcher, de Flotte.

L'agitation qui régnait sur le quai Jemmapes, malgré toutes les précautions prises par les représentants, les journalistes et les gardes nationaux pour s'introduire sans bruit chez le représentant Lafond, avait fait juger prudent de tenir chez M. Frédéric Cournet la réunion dans laquelle devaient être prises les dernières mesures avant d'engager le combat. La police fut prévenue de cette réunion, mais trompée par une similitude de nom, elle fit cerner la maison voisine par un bataillon de la ligne; elle s'y livrait encore à d'inutiles perquisitions, pendant que les républicains, la délibération finie, regagnaient isolément leur domicile au moment où le douzième coup de minuit annonçait la fin de la journée du 2 décembre, anniversaire de la bataille d'Austerlitz.

La journée du 3 décembre s'annonçait froide et pluvieuse; les marchands du boulevard, quelques passants lisaient, au milieu de la brume du matin, la proclamation suivante, écrite à la main et fixée par quatre pains à cacheter sur le tronc mince d'un des arbres nouvellement plantés devant le passage Jouffroy :

AU PEUPLE.

« Article 3. — La Constitution est confiée à la garde et au patriotisme de tous les Français.
» Louis-Napoléon est mis hors la loi.
» L'état de siége est aboli.
» Le suffrage universel est rétabli.
» Vive la République !
» Aux armes !
» Pour la Montagne réunie,

» *Le délégué* : VICTOR HUGO. »

Le faubourg Montmartre et la rue des Martyrs jusqu'à Montmartre étaient tranquilles; les passants moins nombreux que d'habitude à cette heure matinale, où cependant tout le monde se rend à ses travaux et à ses affaires, formaient de loin en loin des petits cercles devant des affiches semblables à celles qu'on vient de lire; l'une de ces affiches, collée sur les planches qui défendaient, au coin de la rue Richer et du faubourg Montmartre, le rez-de-chaussée d'une maison en réparation, était imprimée sur papier bleu. D'autres placards annonçaient au peuple le soulèvement de Lyon et de Strasbourg. Les ouvriers lisaient rapidement ces affiches, et s'éloignaient sans échanger la moindre réflexion entre eux, le plus souvent sans même attendre la sommation des sergents de ville. L'angle de la rue Ollivier et de la place de l'église Notre-Dame de Lorette présentait alors un pan de mur sur lequel, depuis le 24 février, avaient été apposés tous les arrêts, décrets et proclamations du gouvernement provisoire, de la commission exécutive, et de la présidence de la République, jusqu'à l'époque du 13 juin. Ce mur, oublié par les agents de M. de Maupas, ne portait aucun des documents relatifs aux actes du 2 décembre, si abondants sur tous les points de Paris, mais la pluie, la neige, les enfants, en faisant disparaître les couches successives de papier collé sur le plâtre, avaient ramené à la clarté du jour le numéro du *Moniteur* renfermant le compte rendu de la séance dans laquelle M. Louis Bonaparte avait pris possession de la présidence de la République ; la page maculée, noircie, déchirée en plusieurs endroits, ne conservait plus de lisible que le titre du discours prononcé à cette occasion par le chef de l'État, et dans ce discours que le passage suivant :

« Les suffrages de la nation, et le serment que je viens de prêter, commandent ma conduite future. Mon devoir est tracé ; je le remplirai en homme d'honneur.

» Je verrai des ennemis de la patrie dans tous ceux qui essayeraient de changer par des voies illégales ce que la France entière a établi. »

Les yeux de quelque passant s'étaient sans doute portés par hasard sur ces lambeaux ; son attention éveillant celle des autres, un rassemblement nombreux se formait peu à peu, et déjà refluait presque sur la place. Les sergents de ville avertis accoururent pour le dissiper. Ces débris d'affiches et les autres placards avaient disparu avant neuf heures ; la police s'était mise à l'œuvre en arrachant ceux des boulevards. Au moment où la proclamation de Victor Hugo disparaissait de l'arbre du passage Jouffroy, on entendit les tambours de la brigade du général Marulaz, qui suivait le boulevard pour se rendre à la place de la Bastille ; quelques voix criaient : Vive la Constitution ! Vive la ligne !

Les autres quartiers de Paris, d'après des rapports recueillis le jour même, n'offraient pas une physionomie bien différente de celle que présentaient le boulevard entre la Chaussée-d'Antin et le faubourg Montmartre, et les rues auxquelles il sert de débouché ; le *Moniteur*, distribué de bonne heure, apprenait aux habitués des cafés la formation d'une *commission consultative*, composée de :

MM. Abatucci, d'Argout (gouverneur de la Banque), le général Achard, le général de Bar, le général Baraguey-d'Hilliers, Barbaroux, Baroche, Barthe (premier président de la Cour des comptes), Ferdinand Barrot, de Beaumont, Benoît-Champy, Bérard, Bineau, Boinvilliers, J. Boulay (de la Meurthe), de Cambacérès, de Casabianca, l'amiral Cécile, Chadenet, Chassaigne, Goyon, Chasseloup-Laubat, Charlemagne, Collas, Dariste, Denjoy, Desjobert, Drouyn de Lhuys, Théodore Ducos, Dumas (de l'Institut), Maurice Duval, le maréchal Exelmans, le général d'Hautpoul, Léon Faucher, le général de Flahaut, Achille Fould, H. Fortoul, Fremy, de Gaslonde, de Greslan, de Lagrange, de Lagrené, Garnier, Augustin Giraud, Charles Giraud (de l'Institut), Godelle, de Goulard, de Heeckeren, Lacaze, Ladoucette, Lacrosse, de Lariboisière, Lebœuf, Lefebvre-Duruflé, Lemarrois, Le Verrier, Magne, Maynard (président de chambre à la Cour de cassation), de Mérode, de Montalembert, de Morny, de Mortemart, de Mouchy, de Moustier, Lucien Murat, le général d'Ornano, Pépin Lehalleur, Joseph Périer (régent de la Banque), de Persigny, le général Randon, Rouher, le général de Saint-Arnaud, Ségur d'Aguesseau, Seydoux, Suchet d'Albufera, de Turgot, de Thorigny, Troplong (premier président de la Cour d'appel), Viellard, Vuillefroy, de Wagram.

Le Président de la République, disait le préambule du décret, a voulu, jusqu'à la réunion du Sénat et du Corps législatif, s'entourer d'hommes qui jouissent à juste titre de l'estime et de la confiance du pays.

Le *Moniteur* du 3 contenait un décret bien plus important, dont voici les principales dispositions :

« Le peuple français est solennellement convoqué dans ses comices le 14 décembre, présent mois, pour accepter ou rejeter le plébiscite suivant : Le peuple français veut le maintien de l'autorité de Louis-Napoléon Bonaparte, et lui délègue les pouvoirs nécessaires pour établir une Constitution sur les bases proposées dans sa proclamation du 2 décembre... A la réception du présent décret, les maires de chaque commune ouvriront des registres sur papier libre, l'un d'acceptation, l'autre de non-acceptation du plébiscite. Dans les quarante-huit heures de l'acceptation du présent décret, les juges de paix se transporteront dans les communes de leurs cantons pour surveiller et assurer l'ouverture et l'établissement de ces registres... Les citoyens consigneront ou feront consigner, dans le cas où ils ne sauraient pas écrire, leur vote sur l'un de ces registres, avec mention de leurs nom et prénoms... Le recensement des votes exprimés par le peuple français aura lieu à Paris, au sein d'une commission qui sera instituée par un décret ultérieur. Le résultat sera promulgué par le pouvoir exécutif. »

Ce décret changeait la nature du suffrage universel, au moment même où M. Louis Bonaparte se vantait de l'avoir rétabli dans toute sa pureté. Le suffrage universel, ainsi organisé, joignait à l'inconvénient d'être public, celui de n'être ni libre ni sincère.

La liste du nouveau ministère ne se trouvait pas dans le journal officiel, mais un placard officiel apprenait au public que le cabinet était ainsi composé : MM. *de Morny*, ministre de l'intérieur ; *Fould*, ministre des finances ; *Rouher*, ministre de la justice ; *Magne*, ministre des travaux publics ; *Lacrosse*, ministre de la marine ; *de Casabianca*, ministre du commerce ; *de Saint-Arnaud*, ministre de la guerre ; *Fortoul*, ministre de l'instruction publique ; *Turgot*, ministre des affaires étrangères. M. de Persigny, désigné d'abord pour le ministère des travaux publics, en fut écarté, comme il l'avait été du ministère de l'intérieur.

Le général Magnan avait donné l'ordre, la veille, de débarrasser le plus tôt possible la caserne du quai d'Orsay des membres de la réunion du X° arrondissement qui en occupaient encore les combles. Des omnibus stationnaient donc dès le matin dans la cour de cette caserne, attendant les représentants pour les conduire à Vincennes. Ces derniers, escortés par un escadron de lanciers du colonel Feray, suivaient le faubourg Saint-Antoine au trot assez peu rapide de leurs chevaux d'attelage, lorsque tout à coup des voix s'écrient : « Ce sont des représentants du peuple. Sauvons-les ! » Le premier omnibus s'arrête au même instant ; des mains vigoureuses tiennent ses chevaux en bride ; la portière s'ouvre, mais les prisonniers, au lieu de descendre, supplient leurs libérateurs étonnés de ne pas les arracher à la prison qui les attend ; M. Malardier, représentant du peuple, et M. Frédéric Cournet s'étaient jetés les premiers à la tête des chevaux ; ils se retirent, et les captifs volontaires reprennent joyeux le chemin de leur prison.

Les ouvriers rient de cette scène à laquelle ils n'ont pris part que comme spectateurs ; ils semblent vouloir garder ce rôle dans les scènes qui se préparent et dont la présence de plusieurs représentants, qu'ils aiment et qu'ils estiment, dans le faubourg à cette heure matinale, leur révèle la gravité ; les ouvriers ont lu plus d'une fois les écrits de M. Victor Schœlcher, le publiciste populaire de la *Revue républicaine*, de la *Revue du progrès*, de la *Revue indépendante* et de la *Réforme*, l'administrateur hardi et éclairé qui, en qualité de sous-secrétaire d'État de la marine en 1848, et de président de la commission formée pour préparer l'affranchissement des noirs, avait

eu l'honneur d'attacher son nom à cette grande mesure ;
M. Madier de Montjau ne s'était-il pas formé sous leurs
yeux au rôle d'orateur politique? M. Alphonse Esquiros
ne figurait-il pas au premier rang parmi les écrivains
les plus aimés du peuple ? Les ouvriers savaient depuis
juin 1848 quel courage, quelle fermeté calme et froide
animaient l'âme de de Flotte ; le docteur Baudin, président du club *l'Avenir*, était plus connu des ouvriers et
des pauvres du faubourg Poissonnière, que de ceux du
faubourg Saint-Antoine ; il exerçait une grande influence sur la population des environs de la place du
Caire où *l'Avenir* tenait ses séances, quartier plein de
typographes, de lithographes, de cartonniers ; ces ouvriers raisonneurs et éclairés aimaient la parole de Baudin, parce qu'elle ne manquait pas d'éloquence, et parce
qu'ils la savaient honnête.

M. Charamaule, représentant du peuple, vieux lutteur
des Chambres de la monarchie de juillet, marchait à
côté de ses collègues, les représentants Bourzat, Brillier,
Bruckner, Maigne, Dulac, Madier de Montjau, Malardier,
dont il avait plus d'une fois à la Constituante et à la Législative combattu les opinions; M. Alphonse Brives, membre de la Constituante, était là ; M. Jules Bastide, ancien
ministre des affaires étrangères de la République, ancien
constituant, apportait à ses collègues son ferme courage
excité par le sentiment du devoir. De toutes ces nobles
poitrines sortit le cri : « Aux armes ! aux barricades !
Vive la République ! » Quelques ouvriers à peine le
répétèrent, et vinrent se joindre à la petite phalange républicaine en tête de laquelle marchaient
les représentants du peuple, quelques journalistes, et

quelques écrivains (1), en tout cinquante ou soixante hommes !

Tous les endroits étaient bons pour la barricade à construire ; il ne s'agissait pas de stratégie, mais de morale et de droit ; les représentants s'arrêtèrent au premier coin de rue, à celui que forment les rues Cotte et Sainte-Marguerite ; une charrette, deux voitures, un omnibus qui passent sont renversés ; la barricade est faite ; où sont les fusils ? Deux postes, l'un dans la rue Montreuil, l'autre au Marché-Noir, désarmés par la petite troupe républicaine, en fournissent quelques-uns. Maintenant, il faut barrer le faubourg Saint-Antoine, afin de n'être pas pris à revers par les troupes qui occupent l'avenue de Vincennes ; les représentants Madier de Montjau et Alphonse Esquiros vont tenter de remplir cette mission ; les ouvriers sont toujours là qui regardent élever la barricade ; le représentant Baudin tend un fusil à l'un d'eux, qui lui répond dans son langage trivial :

« — Plus souvent que nous nous ferons tuer pour vous conserver vos vingt-cinq francs !

» — Citoyen, tu vas voir comment on meurt pour vingt-cinq francs ! »

Le représentant Baudin vient à peine de prononcer ces paroles que trois compagnies du 19ᵉ régiment de ligne se montrent à l'entrée du faubourg ; les citoyens, partis, il y a une heure, de la salle Roysin, les ouvriers, les curieux, les passants se retirent, il ne reste

---

(1) MM. Xavier Durrieu, Frédéric Cournet, Kesler, Lejeune, Amable Lemaître, Maillard, Ruin, Léon Watripon.

plus sur la barricade que les huit représentants : Baudin, Brillier, Bruckner, Dulac, de Flotte, Maigne, Malardier, Schœlcher, et derrière la barricade une dizaine de citoyens armés de fusils ; il est convenu entre eux qu'on laissera les soldats tirer les premiers.

Les trois compagnies qui s'avancent sont commandées par un chef de bataillon (1) ; le capitaine qui marche à la tête de la première compagnie répond par un refus au signe de s'arrêter que lui fait le représentant Schœlcher ; les représentants Baudin, Brillier, Bruckner, de Flotte, Dulac, Maigne et Malardier descendent de la barricade et s'avancent de front vers les soldats ; ceux-ci s'arrêtent instinctivement : « Au nom de la Constitution, s'écrie M. Schœlcher du haut de la barricade, écoutez notre appel. Venez avec nous défendre la loi, ce sera votre gloire ! — Retirez-vous, répond le capitaine ; j'ai des ordres, je vais faire tirer ! — Vive la République ! Vive la Constitution ! » Le commandement : apprêtez armes ! répond à ce cri ; les représentants agitent leur chapeau au-dessus de leur tête, mais l'ordre de faire feu n'est point donné, les soldats franchissent la barricade par rangs successifs ; les représentants sont respectés ; un sergent-fourrier, après avoir couché en joue M. Bruckner, sans le faire pâlir, décharge son arme en l'air ; un soldat dirige sur M. Schœlcher la pointe de sa baïonnette, plutôt pour l'écarter que pour le blesser ; malheureusement un républicain a vu ce geste ; croyant M. Schœlcher menacé, il fait feu ; un soldat est mortel-

(1) M. Pujol.
(2) M. Petit.

lement blessé; la tête de la colonne qui n'est plus qu'à trois ou quatre pas de la barricade, répond par une décharge générale. Le représentant Baudin tombe foudroyé, le crâne brisé par trois balles; un ouvrier de dix-huit ans tombe à ses côtés; il vivait encore; le citoyen Ruin, l'un des combattants de la barricade, le sauva (1); deux cadavres gisaient sur le sol, celui du soldat du 19° et celui du représentant Baudin; ils furent enlevés et transportés, l'un à l'hôpital Sainte-Marguerite, l'autre à la Morgue.

La barricade prise, les représentants divisés en deux groupes parcoururent le faubourg en appelant le peuple aux armes; vaine tentative! « On nous saluait des portes et des fenêtres, on agitait les casquettes et les chapeaux, on répétait avec nous, vive la République! Mais rien de plus. Il fallut bien nous avouer que le peuple ne voulait pas remuer; son parti était pris (2). »

La mort héroïque de Baudin ne fut connue dans Paris que vers deux heures; la bourgeoisie l'apprit avec froideur; mourir sur une barricade, il y avait là quelque chose de suspect à ses yeux; d'un autre côté, la bourgeoisie, craignant la victoire de ceux qu'elle appelait les républicains rouges, se serait rangée sans hésitation dans le camp du coup d'État fait par les siens et renfermé dans certaines limites, mais la formation du ministère et de la commission exécutive excitait en elle de graves inquiétudes. Le général Bonaparte, au

---

(1) M. Auguste Barbier, l'auteur des *Iambes*, notre poëte national, a écrit l'histoire idéale du jeune martyr de la liberté dans la dernière nouvelle de son livre intitulé : *Trois passions*.

(2) Victor Schœlcher.

18 brumaire, avait Sieyès à ses côtés; l'homme du tiers état rassurait la bourgeoisie ; le Sieyès de la situation, où est-il en 1851 ? Aucun des noms que la bourgeoisie est habituée à respecter ne figure dans les conseils de M. Louis Bonaparte; M. Fould, seul de tous les membres du ministère composé entièrement de noms nouveaux et inconnus, lui inspire une certaine confiance fondée sur le bruit répandu depuis longtemps que ce banquier est en avance de sommes considérables avec Louis Bonaparte, et qu'il n'est entré au pouvoir que pour surveiller ses propres affaires en même temps que celles de l'État. La commission exécutive compte, il est vrai, quelques noms capables de rassurer la bourgeoisie : M. Joseph Périer, régent de la Banque, M. Léon Faucher, M. de Montalembert; mais M. Joseph Périer s'était empressé d'adresser sa démission au *Moniteur*, et, furieux de ne pas la voir paraître dans le journal officiel, il arracha lui-même l'affiche sur laquelle son nom (1) figurait à côté de ceux des autres membres de la commission consultative. M. Faucher, s'avisant un peu tard que le bonapartisme détruisait non-seulement la République, mais encore le régime parlementaire, et ne se résignant pas à rester au pouvoir pendant que ses amis étaient en prison, avait adressé directement sa démission à M. Louis Bonaparte :

« Monsieur le Président,

» C'est avec un étonnement douloureux que je vois mon nom figurer parmi ceux des membres d'une commission consultative que vous venez d'instituer; je ne pensais pas vous avoir donné le droit de me faire

(1) Lettre de M. de Tocqueville au *Times*.

cette injure; les services que je vous ai rendus en croyant les rendre au pays, m'autorisaient peut-être à attendre de vous une autre reconnaissance. Mon caractère en tous les cas méritait plus de respect. Vous savez que dans une carrière déjà longue, je n'ai pas plus démenti mes principes de liberté que mon dévouement à l'ordre. Je n'ai jamais participé ni directement ni indirectement à la violation des lois, et pour décliner le mandat que vous me conférez sans mon aveu, je n'ai qu'à me rappeler celui que j'ai reçu du peuple, que je conserve.

» LÉON FAUCHER. »

M. de Montalembert montra quelque irritation de l'incarcération des représentants, sans rompre cependant ni avec le coup d'État, ni avec le gouvernement qui allait en sortir, et dont il peut se vanter d'être l'un des parrains (1). L'irritation de l'orateur catholique ne fut pas

(1) La lettre suivante, publiée dans l'*Univers* du 14 décembre 1851, confirme cette assertion.

« Paris, 12 décembre 1851.

» Monsieur le Rédacteur,

» Je reçois chaque jour des lettres qui ont pour but de me consulter sur la conduite qu'il convient de tenir dans les circonstances présentes, et spécialement dans le scrutin qui va s'ouvrir le 20 de ce mois, pour répondre à l'appel que le Président de la République a adressé au peuple français. Il m'est matériellement impossible d'écrire à chacune des personnes qui me font l'honneur de m'interroger. Cependant, je serais désolé de ne répondre que par le silence et une apparente indifférence à la confiance qui m'est témoignée, et qu'ont pu me valoir vingt ans de luttes publiques pour la cause de l'Église et de la société.

» Permettez-moi donc, Monsieur le Rédacteur, d'user de la publicité de votre journal pour exprimer l'avis qui m'est demandé.

» Je commence par constater que l'acte du 2 décembre a mis en déroute *tous les révolutionnaires, tous les socialistes, tous les* BANDITS *de la France et de l'Europe*. C'est, à mon gré, une raison plus que suffisante pour que tous les honnêtes gens s'en réjouissent et que les plus froissés d'entre eux s'y résignent.

» Je me dispense d'examiner si le coup d'État, que chacun prévoyait, pouvait être exécuté dans un autre moment et par un autre mode. Il me faudrait pour cela remonter aux causes qui l'ont amené, et juger des personnes qui ne peuvent aujourd'hui me répondre.

» Je ne prétends pas plus garantir l'avenir que juger le passé. Je ne m'occupe que du présent, c'est-à-dire du vote à émettre dimanche en huit. Il y a trois partis à prendre : le vote négatif, l'abstention, le vote affirmatif.

» Voter *contre* Louis-Napoléon, c'est donner raison à la révolution socialiste, seule héritière possible, quant à présent, du gouvernement actuel. C'est appeler

d'ailleurs de longue durée, car son nom figurait quelques jours plus tard parmi ceux des membres supplémentaires de la commission consultative.

Le contraste entre les membres de cette commission formée des amis du bonapartisme et les personnages emprisonnés comme ses ennemis, les noms les plus obscurs au pouvoir, les plus grands noms de la France politique en prison, une armée battant les rues de Paris et ne trouvant pas d'adversaires, l'agitation d'une partie de la bourgeoisie, menaçant de se communiquer au peuple jusque-là indifférent, il y avait là de quoi donner à ré-

la dictature des rouges à remplacer la dictature d'un prince qui a rendu depuis trois ans d'incomparables services à la cause de l'ordre et du catholicisme. C'est, *en admettant l'hypothèse la plus favorable et la moins probable, rétablir cette tour de Babel qu'on appelait l'Assemblée nationale*, et qui, malgré tous les hommes distingués et honnêtes qu'elle comptait en si grand nombre, s'était si profondément divisée au milieu de la paix et de l'ordre légal, et serait à coup sûr impuissante devant la crise formidable qui nous domine.

» *S'abstenir*, c'est renier tous nos antécédents : c'est manquer au devoir que nous avons toujours recommandé et accompli sous la monarchie de Juillet comme sous la République ; c'est abdiquer la mission des honnêtes gens au moment même où cette mission est la plus impérieuse et la plus féconde.....

....

» Du reste, pour les hommes qui déclarent hardiment qu'il n'y a en politique qu'un seul droit, et que la France ne peut être sauvée que par un seul principe, je conçois à la rigueur la possibilité de l'abstention, pourvu toutefois qu'ils se soient également abstenus en 1848. *Mais, pour nous, catholiques avant tout, qui avons toujours professé que la religion et la société pouvaient s'accommoder de toutes les formes de gouvernement que n'excluent pas la raison et la foi catholique*, je cherche en vain un motif qui puisse justifier ou excuser notre anéantissement volontaire.

» Reste donc le troisième parti, le vote affirmatif. Or, voter *pour* Louis-Napoléon, ce n'est pas approuver tout ce qu'il a fait ; *c'est choisir entre lui et la ruine totale de la France*. Ce n'est pas dire que son gouvernement est celui que nous préférons à tout ; c'est dire simplement que nous préférons un prince qui a fait ses preuves de résolution et d'habileté, à ceux qui font aujourd'hui les leurs *par le meurtre et le pillage*.

» Ce n'est pas confondre la cause catholique avec celle d'un parti ou d'une famille, *c'est armer le pouvoir temporel*, le seul pouvoir possible aujourd'hui, de la force nécessaire pour dompter l'armée du crime, pour défendre nos églises, nos foyers, nos femmes contre ceux dont les convoitises ne respectent rien, qui *tirent à l'habit*, qui visent aux propriétaires, et dont les balles n'épargnent pas les curés.

fléchir aux partisans du coup d'État; les plus grands événements sont souvent suspendus à un fil; dans les opérations les mieux combinées, il y a une minute de laquelle tout dépend. Le 3 décembre, un acte de résolution et d'énergie émané d'un pouvoir public pouvait tout changer.

La classe moyenne en France est plus habituée à respecter la magistrature que le parlement; la délibération prise la veille par la haute Cour, imprimée et répandue dans Paris, avait donné le signal et une sorte de sanction à la résistance; le coup d'État condamné par la haute Cour semblait plus condamnable que le coup d'État con-

» Ce n'est pas sanctionner d'avance les erreurs ou les fautes que pourra commettre un gouvernement faillible comme toutes les puissances d'ici-bas ; c'est déléguer au chef que la nation s'est déjà une fois choisi le droit de préparer une *Constitution qui ne sera certes pas plus dangereuse et plus absurde que celles dont les neuf cents représentants élus en 1848 ont doté la France*, et contre laquelle j'ai eu le bonheur de voter..
....

» J'ajouterai qu'en revenant à l'unité de pouvoir sans exclure les tempéraments et les freins, qui sont le premier besoin de tout gouvernement, on franchit l'étape la plus difficile dans la route de la véritable restauration sociale, celle des idées et des mœurs.

» Si Louis-Napoléon était inconnu, j'hésiterais, certes, à lui conférer une telle force et une telle responsabilité.

» Mais, sans entrer ici dans l'appréciation de sa politique depuis trois ans, je me souviens des grands faits religieux qui ont signalé son gouvernement, tant que l'accord entre les deux pouvoirs a duré : la liberté de l'enseignement garantie ; le Pape rétabli par les armes françaises ; l'Église remise en possession de ses conciles, de ses synodes, de la plénitude de sa dignité, et voyant graduellement s'accroître le nombre de ses colléges, de ses communautés, de ses œuvres de salut et de charité !

» Je cherche en vain hors de lui un système, une force qui puisse nous garantir la conservation et le développement de semblables bienfaits. Je ne vois que le *gouffre béant du socialisme vainqueur*. Mon choix est fait. Je suis pour l'autorité contre la révolte, pour la conservation contre la destruction, pour la société contre le socialisme, pour la liberté *possible* du bien contre la liberté *certaine* du mal ; et dans la grande lutte entre les deux forces qui se partagent le monde, je crois, en agissant ainsi, être encore, aujourd'hui comme toujours, pour le catholicisme contre la révolution.

» Agréez, Monsieur, l'assurance de toute ma sympathie.

» CH. DE MONTALEMBERT. »

damné par l'Assemblée seulement. La foule devenait à chaque instant plus nombreuse et plus animée au forum du boulevard ; elle criait moins : A bas Soulouque ! et un peu plus : Vive la liberté ! Vive la République ! Des escouades de sergents de ville, l'épée à la main, des bandes d'agents de police en bourgeois précédées de mouchards faisant le moulinet avec un bâton ou un casse-tête, essayaient de disperser les rassemblements sans oser cependant pénétrer au centre tumultueux de l'agitation ; la cavalerie seule s'y hasardait ; la foule s'ouvrait, laissait passer les chevaux, et se reformait derrière eux en criant : Vive la République !

Les nouvelles favorables à la résistance affluaient de tous les points de la ville au boulevard : M. Jules Bastide et M. Madier de Montjau soulèvent, disait-on, le peuple aux Batignolles ; de Flotte construit des barricades dans le faubourg Saint-Marceau. Les hauts employés n'étaient pas tous tellement dévoués au coup d'État qu'ils ne laissassent transpirer quelque chose des nouvelles reçues à la préfecture de police ; les rapports des agents secrets de Maupas lui annonçaient que les sections s'étaient donné rendez-vous au faubourg Saint-Antoine, que Ledru-Rollin, Caussidière, Charras, Victor Hugo et Mazzini étaient attendus à Paris, et que le prince de Joinville allait débarquer à Cherbourg pendant que ses frères chercheraient à s'introduire en France par la frontière de terre ; chose plus sérieuse ! les mêmes rapports constataient que le coup d'État perdait d'heure en heure les sympathies populaires, qu'il ne rencontrait partout que des approbateurs tièdes et des adversaires acharnés ; « la troupe seule, chefs et soldats, paraît décidée à agir avec intrépidité, elle l'a prouvé ce matin. C'est là qu'est notre force et notre salut (1). »

La haute Cour était désormais le seul pouvoir public dont l'intervention pût assurer le succès définitif de la résistance qui commençait à se former contre le coup d'État. La fermeté de ce grand tribunal aurait certainement réveillé les consciences endormies. La haute Cour de justice ouvrit le matin du 3 sa seconde audience; le président venait de donner la parole au ministère public; M. Renouard allait commencer son réquisitoire ; un huissier entre dans la salle. « Que venez-vous faire ici? lui dit le président, vous n'avez point été appelé. Retirez-vous. » L'huissier répond : « M. le président, un commissaire de police demande à être introduit. — Retirez-vous, la Cour va en délibérer. » — L'huissier se retire, puis, après une courte délibération, il est rappelé et la Cour déclare que le commissaire de police peut être introduit.

« Monsieur le président, Messieurs de la haute Cour, dit respectueusement le commissaire de police, je suis chargé de vous prier de vous séparer.

— Au nom de quelle autorité vous présentez-vous? demande le président avec majesté.

— J'exécute l'ordre de mes chefs.

— Lesquels ?

— M. le préfet de police.

— Le préfet de police n'a pas autorité sur la haute Cour. Ne troublez pas ses délibérations, elle agit en vertu des pouvoirs que lui donne la Constitution.

(1) Rapports et dépêches publiés par le docteur Véron dans les *Mémoires d'un bourgeois de Paris*.

—Je suis obligé d'insister, monsieur le président, répond le commissaire avec l'humilité convenable, j'ai mission d'exécuter les ordres que j'ai reçus, fût-ce par la force. »

Le président, par un geste majestueux, ordonne au commissaire de s'éloigner, puis, le rappelant pour se faire remettre l'ordre écrit, il ajoute, après avoir délibéré pendant quelques instants avec ses collègues :

« La Cour est décidée à accomplir son mandat et ne se séparera que si elle y est contrainte par la force.

— J'en demande pardon à la Cour, mais je vais exécuter les ordres que j'ai reçus. »

Le commissaire de police sort et rentre avec un piquet de soldats, à la tête desquels est M. Montour, aide de camp du ministre de la marine; le président de la haute Cour se lève, fait signe à la force armée de s'arrêter, et, suivi de tous ses collègues, abandonne le sanctuaire de la justice.

Les membres de la haute Cour avaient fait leur devoir de même que les membres de l'assemblée du X° arrondissement; la résistance ne pouvait plus désormais prendre conseil que d'elle-même; les corps constitués l'abandonnaient.

Cette résistance, où était son centre ?

La rue du Temple et la rue Montmartre sont les deux côtés d'un carré dont les boulevards et les quais forment les deux autres côtés. Les émeutes et les insurrections du temps de Louis-Philippe se formaient et se réfugiaient dans ce quadrilatère de rues étroites, de ruelles, de passages bordés de maisons noires habitées par des ouvriers.

L'appel aux armes de Victor Hugo, le récit de la mort de Baudin, affichés dans ce quartier, y avaient excité une assez vive émotion ; des barricades s'élevaient dans la rue Rambuteau à la hauteur des rues Saint-Denis et Saint-Martin ; mais l'insurrection s'y révélait à l'œil de l'observateur exercé autant comme tradition de la localité que comme effet de la situation présente ; les comités de résistance qui fonctionnaient sur presque tous les points de Paris — certains quartiers en comptaient plusieurs — trouvaient les bourgeois indécis entre la haine du coup d'État et la peur du socialisme, et par conséquent peu désireux de pousser à la lutte ; les ouvriers typographes, qui donnent ordinairement l'exemple aux autres ouvriers, refusaient d'y prendre part ; cependant, après la mort de Baudin et après la lecture plus attentive du décret sur le rétablissement du suffrage universel, véritable confiscation de ce suffrage, un commencement de colère contrebalança la satisfaction éprouvée par les ouvriers à la vue de l'Assemblée dispersée. Une crise grave s'annonçait.

Le préfet de police fit afficher à trois heures de l'après-midi que tout rassemblement serait immédiatement dispersé par la force ; tout cri séditieux, toute lecture en public, tout affichage d'écrit politique n'émanant pas d'une autorité, régulièrement constituée, furent interdits en même temps.

Le ministre de la guerre, à la même heure, publia ce *bando* féroce qui rappelle les guerres civiles de l'Amérique du Sud :

« Habitants de Paris,

» Les ennemis de l'ordre et de la société ont engagé la lutte. Ce n'est pas contre le gouvernement, contre l'élu de la nation qu'ils combattent, mais ils veulent le pillage et la destruction.

» Que les bons citoyens s'unissent au nom de la société et des familles menacées.

» Restez calmes, habitants de Paris ! pas de curieux inutiles dans les rues : ils gênent les mouvements des braves soldats qui vous protégent de leurs baïonnettes.

» Pour moi, vous me trouverez toujours inébranlable dans la volonté de défendre et de maintenir l'ordre. »

« Le ministre de la guerre,
» Vu la loi sur l'état de siége,
» Décrète :
» Tout individu pris construisant ou défendant une barricade, ou les armes à la main, sera fusillé.
» Le général de division, ministre de la guerre,

» DE SAINT-ARNAUD. »

M. de Morny, de son côté, donna l'ordre d'occuper militairement les réunions de représentants légitimistes de la rue de Rivoli et de la rue de l'Université, et de faire fermer avec *douceur* la réunion bonapartiste de la rue des Pyramides; les réunions secrètes de représentants républicains restèrent presque aussi nombreuses que les comités de résistance. L'un de ces comités, constitué en gouvernement provisoire, convoqua même les électeurs pour nommer une nouvelle assemblée, et décerna les honneurs bien mérités du Panthéon à Baudin.

La plus importante des réunions républicaines eut lieu chez M. Marie; les représentants de la montagne y signèrent la déclaration suivante :

DÉCLARATION.

Les représentants du peuple restés libres,
Vu l'article 68 de la Constitution ainsi conçu :
« Toute mesure par laquelle le Président de la République dissout l'Assemblée nationale est un crime de haute trahison.
» Par ce seul fait, le Président est déchu de ses fonctions ; les citoyens sont tenus de lui refuser obéissance ; le pouvoir exécutif passe

de plein droit à l'Assemblée nationale ; les juges de la haute Cour de justice se réunissent immédiatement, à peine de forfaiture ; ils convoquent les jurés dans le lieu qu'ils désignent pour procéder au jugement du Président et de ses complices. »

Décrètent :

I

Louis Bonaparte est déchu de ses fonctions de Président de la République.

II

Tous citoyens et fonctionnaires publics sont tenus de lui refuser obéissance, sous peine de complicité.

III

L'arrêt rendu le 2 décembre par la haute Cour de justice, et qui déclare Louis Bonaparte prévenu de crime de haute trahison, sera publié et exécuté.

En conséquence, les autorités civiles et militaires sont requises, sous peine de forfaiture, de prêter main-forte à l'exécution dudit arrêt.

Fait en séance de permanence, le 3 décembre 1851.

Anglade, Bancel, Bard (Antoine), Brives, Bruys (Amédée), Charamaule, Combier, Delavallade, Detours, Duputz, Dussoubs (Gaston), Faure (Rhône), Gambon, Gindriez, Girardin (Émile de), Greppo, Joigneaux, Joly, Laboulaye, Laclaudure, Lafon, Laidet (le général), Lamarque, Lamennais, Madier-Montjau aîné, Malardier, Martin (Alexandre), Mathé (Félix), Michel (de Bourges), Michot-Boutet, Miot, Muhlenbeck, Perdiguier, Pierre Leroux, Racouchot, Rey (le général), Reymond, Richardet, Rochut, Rouët, Saint-Ferréol, Arago (Emmanuel), Arnaud (Ariége), Arnaud (Var), Aubry (Nord), Auguste Mie, Bac (Théodore), Bajard, Bandsept, Barrault (Émile), Barthélemy (Eure-et-Loir), Belin, Benoît (Rhône), Bertholon, Besse, Bourzat, Bravard-Verrieyres, Brehier, Breymand, Brillier, Bruckner, Burgard, Canet, Carboneau, Carnot, Cassal, Ceyras, Chabert, Chaix, Chamiot, Chanay, Charassin, Chauffour (Victor), Chavassieu, Chouvy, Chovelon, Clavier, Constans-Tournier, Crépu, Crestin (Léon), Curnier, Dain, Delbetz, Delbrel, Delebecque, Denayrouse, Derriey, Didier (Henri), Doutre, Duché, Ducoux, Dufraisse, Dulac, Dupont (de Bussac), Duprat (Pascal), Durand-Savoyat, Durieu (Paulin), Ennery, d'Etchegoyen, Eugène Sue, Farconnet, Favand, Favre (Jules), Fawtier, Fayolle (Creuse), de Flotte, Fond, Forel, Frichon (aîné), Gastier, Gavarret, Guilgot, Guiter, Hennequin, Hochstuhl, Huguenin, Jehl, Jolivet, Juery, Jusseraud, Kestner, Labrousse, Lagarde, Lasteyras, Latrade, Laurent (Ardèche), Lavergne, Lefranc (Pierre), Leroux (Jules), Loiset, Madesclaire, Madet (Charles), Maigne (Francisque), Mathieu, Millotte, Montagut, Moreau (Creuse), Morellet, Noël Parfait, Pelletier, Penières, Perrinon, Pons-Tande, Pradié, Quinet (Edgar), Rantian, Raspail (Rhône), Renaud, Repellin, Rey (Drôme), Richard (Cantal), Rigal, Rollinat, Ronat, Rouaix, Roussel (Lozère), Roussel (Yonne), Sage, Sain, Saint-Marc Rigaudie, Saint-Romme, Salvat, Sartin, Sautayra, Savatier-Laroche, Savoye, Schœlcher, Signard, Sommier, Soubies, le général Subervic, Testelin, Vacheresse, Vendois, Versigny, Victor Hugo, Vidal, Vignes, Viguier, Westercamp, Yvan.

Une autre réunion s'était tenue vers la fin de la journée chez M. Landrin, avocat distingué du barreau de Paris, républicain avant la révolution de Février, procureur de la République à Paris le lendemain de cette révolution, et destitué par le gouvernement de la Présidence.

Quarante représentants se trouvaient réunis chez lui le 3 décembre, à cinq heures du soir, rue des Moulins, n° 10. La séance venait de commencer, lorsque, tout à coup, M. Emile de Girardin ouvrit la porte. Ses collègues l'accueillirent, sinon avec une cordialité fraternelle, du moins avec l'empressement naturel qu'excite la présence de tout homme de quelque influence qui s'offre à vous dans un moment de péril.

M. Napoléon Bonaparte, pendant ce temps-là, cherchant à découvrir le lieu du rendez-vous des représentants, eut l'idée d'aller aux informations chez M. Jules Favre. Ce dernier avait donné l'ordre de ne rien répondre aux questionneurs; M. Napoléon Bonaparte mit une telle insistance à répéter au valet de chambre qu'il était attendu par son maître, que le domestique consentit à monter dans la voiture de M. Napoléon Bonaparte, et à le conduire au lieu de la réunion.

M°™ Landrin, noble et énergique femme, mêlée à tous les actes politiques de son mari, avait jugé prudent d'éloigner les domestiques; elle ouvrait elle-même la porte de son appartement aux représentants; lorsque M. Napoléon Bonaparte se présenta, elle lui en refusa nettement l'entrée.

« Madame, dit le nouvel arrivant, ces messieurs sont ici, je le sais, je suis convoqué par eux...

— Il se peut, répondit madame Landrin avec fermeté,

que quelques amis soient réunis en ce moment chez moi, mais je ne puis pas vous recevoir.

— Et moi, je veux entrer. »

M. Napoléon Bonaparte, repoussant madame Landrin d'un geste assez violent pour la jeter sur une chaise, ouvrit lui-même la porte du salon, où sa présence fut accueillie par les représentants présents avec un étonnement mêlé de froideur et de méfiance.

M. Émile de Girardin parlait en ce moment avec chaleur contre la résistance armée : faire le vide autour du coup d'État; voilà son système. M. Napoléon Bonaparte s'éleva non moins énergiquement que M. Michel (de Bourges) contre ce plan, combattu, d'ailleurs, par tous les membres de la réunion. Madame Landrin, rentrée dans son salon et assise sur son canapé, prêtait l'oreille à la discussion.

« Quelle est cette femme? demande M. Napoléon Bonaparte avec son lorgnon dans l'œil.

— C'est la mienne, monsieur, » répond M. Landrin.

Un silence glacial suivit ces paroles. M. Napoléon Bonaparte partit avant la fin de la réunion, qui continua jusqu'à cinq heures; la police ne fit une descente chez M. Landrin que longtemps après le départ des représentants; il en fut de même pour la réunion tenue dans la soirée chez M. Marie.

La nuit approchant, une colonne formée de deux bataillons de chasseurs, de deux bataillons de ligne, et d'une section d'artillerie avec un canon, était partie de l'Hôtel de ville sous les ordres du général Herbillon : cette colonne, longeant les rues du Temple et Rambuteau, et fouillant les rues voisines, parvint à la pointe

Saint-Eustache, après avoir détruit quelques barricades dont les défenseurs s'enfuyaient à la vue des troupes en tirant parfois quelques coups de fusil, comme à la barricade de la rue Aumaire et à celle de l'imprimerie nationale.

Le colonel de Rochefort du 1er lanciers maintenait la circulation sur les boulevards, depuis la rue de la Paix jusqu'à la rue du Temple. « Il lui avait été interdit de repousser de force d'autres cris que ceux de : Vive la République démocratique et sociale (1) ! » Les escadrons de lanciers allaient et venaient de la Madeleine à la Bastille, suivis sur les trottoirs d'une foule considérable criant seulement : Vive la République ! ce qui ne faisait pas tout à fait le compte de M. de Rochefort. Ce militaire voulant à tout prix se servir de son sabre, eut recours à ce stratagème : « Le colonel ayant reçu l'ordre de charger tous les groupes qu'il rencontrerait sur la chaussée, il se servit d'une ruse de guerre pour châtier tous ces vociférateurs *en paletots*. Il masqua ses escadrons pendant quelques instants dans un pli de terrain, près du Château-d'Eau, pour leur laisser croire qu'il était occupé du côté de la Bastille, mais, faisant brusquement un demi-tour sans être aperçu, et prescrivant aux trompettes de l'avant-garde de rentrer dans les rangs, il se remit en marche jusqu'au moment où il se trouva à l'endroit le plus épais de cette foule compacte et incalculable, *avec l'intention de piquer* tout ce qui s'opposerait à son passage. Les plus audacieux, enhardis par la démonstration pacifique de ces deux escadrons, se placèrent en avant du colonel, et

---

(1) Le capitaine Mauduit, *Révolution militaire du 2 décembre.*

firent entendre les cris insultants de : Vive l'Assemblée ! à bas les traîtres ! Reconnaissant à ce cri une provocation, le colonel de Rochefort s'élance comme un lion furieux au milieu du groupe d'où elle était partie en frappant d'estoc, de taille et de lance. Il resta sur le carreau plusieurs cadavres (1). »

L'écrivain militaire à qui ce récit est emprunté, et qui appelle ce guet-apens une ruse de guerre, constate que : « Dans ces groupes, ne se trouvaient que peu d'individus en blouse » ; il ne parle pas d'une seconde prouesse du même colonel; M. de Rochefort, en ramenant ses escadrons du Château-d'Eau à la rue de la Paix, entendit sans doute proférer quelque cri blessant pour son oreille, car on vit tout à coup les lanciers s'élancer eux aussi comme des lions sur la foule agglomérée sur le boulevard, et la poursuivre dans les rues Taitbout et de la Chaussée-d'Antin ; en vain cherche-t-elle un abri sur les trottoirs; les cavaliers s'y lancent au grand trot; les fuyards, par un mouvement instinctif, se jettent à plat ventre, les chevaux les foulent aux pieds; pendant qu'une partie des lanciers exécute cette charge folle, l'autre partie s'amuse soit à mettre la lance sous le nez des passants, soit à faire voler en éclats les vitres des boutiques. Ce carrousel fini, on put ramasser les blessés et les transporter chez eux ou dans les pharmacies voisines.

Des coups de fusil retentissaient encore à neuf heures dans le quartier des Halles; les barricades des rues Transnonain, Beaubourg, Greneta, etc., étaient réoccupées, d'après les dépêches de Maupas, par les sociétés secrètes;

(1) Le capitaine Mauduit, *Révolution militaire du 2 décembre*.

mais les confidences de son prédécesseur Carlier ont révélé au public comment se recrutait depuis quelque temps le personnel des sociétés secrètes. Combien d'individus, parmi ceux qui se trouvaient sur ces obscures barricades du 3 décembre, auraient-ils pu dire où ils avaient pris le fusil qu'ils tenaient à la main? De nombreux prisonniers furent faits dans ces quartiers; les soldats en passèrent quatre-vingts par les armes (1), les vrais combattants; les autres purent rentrer chez eux, et attendre les ordres pour les barricades du lendemain.

Paris à minuit semblait tranquille; on n'entendait dans les rues que les pas de quelques patrouilles. Les généraux Bedeau, Cavaignac, Changarnier, Lamoricière, Leflo, MM. Baze, Charras et Roger (du Nord), montaient à cette heure dans un convoi cellulaire dirigé sur la forteresse de Ham. M. Léopold Lehon, secrétaire de M. de Morny, commandait le convoi; ses ordres portaient qu'en cas de tentative d'enlèvement ou d'évasion, les prisonniers seraient fusillés.

De nouvelles arrestations avaient été opérées dans cette journée; quelques personnes arrêtées, parmi lesquelles M. Ducoux, ancien préfet de police, furent cependant remises en liberté. La série des dépêches adressées ce jour-là par M. de Morny au préfet de police contient la dépêche suivante :

« Le ministre a de graves raisons pour que l'on n'inquiète pas Émile de Girardin (2). »

Où en est le coup d'État à la fin du 3 décembre? ses

(1) Rapport du général Magnan.
(2) Dépêches publiées par le docteur Véron dans les *Mémoires d'un bourgeois de Paris*.

partisans doivent-ils se féliciter du résultat de cette journée ou s'en alarmer?

Des doutes sur la certitude du succès commençaient à se faire jour même parmi les partisans du coup d'État accourus pour chercher des nouvelles au ministère de l'intérieur, et parmi les ministres réunis avec plusieurs généraux en conseil de guerre. La question de transporter la résidence de M. Louis Bonaparte aux Invalides, avait été agitée dans ce conseil. Les fanfarons de Bonapartisme qui demandaient la veille des barricades, trouvaient moins de leur goût cette réponse faite par M. de Morny aux alarmés et aux alarmistes : « Vous vouliez hier des barricades, *on vous en fait*, et vous vous plaignez. » Une réflexion aurait dû rassurer les Bonapartistes :

La défection de la garde nationale pendant les journées de février 1848 avait donné à l'insurrection l'adhésion ou la neutralité de la bourgeoisie parisienne. Les révolutions ne se font en France que par l'accord de cette classe de la société et le peuple ; pendant que le le peuple se bat contre les soldats, l'hostilité de la bourgeoisie, représentant les richesses et les lumières du pays, paralyse l'action des chefs.

Or le coup d'État de décembre 1851 n'avait point à redouter cette alliance entre le peuple et la bourgeoisie ; jamais les divisions entre ces deux classes ne s'étaient plus nettement accusées ; le peuple et la bourgeoisie approuvaient, d'ailleurs, le coup d'État par certains motifs : le peuple, parce qu'il semblait devoir porter un coup sensible à l'influence de la bourgeoisie ; la bourgeoisie, parce qu'il la rassurait contre les excès de la domination populaire ; l'un y trouvait la satisfaction de ses rancunes; l'autre, la cessation de ses terreurs; le premier craignait, en s'opposant au coup d'État, de relever les affaires de la bourgeoisie; la seconde redoutait de voir de sa défaite sortir le triomphe de la révolution; ni la bourgeoisie ni le peuple ne se ralliaient donc franchement au coup d'État; il n'avait personne contre lui, ni personne pour lui.

Là était le vrai danger pour lui; s'il n'y a point eu d'insurrection la veille, sur quel prétexte le coup d'État établira-t-il le despotisme le lendemain?

Un autre péril le menaçait; le peuple et la bourgeoisie, divisés aujourd'hui, ne pouvaient-ils pas se réunir demain? De tels revirements ne sont pas rares, les événements mieux encore que les hommes se chargent d'en aplanir les difficultés; le coup d'État ne serait plus alors qu'un coup de main manqué. C'est ce qu'il fallait empêcher à tout prix.

« Lorsque le Prince se décida, le 1er décembre au soir, à sauver la société par une mesure décisive, il lui restait de toute sa fortune personnelle, de tout son patrimoine, une somme de cinquante mille francs. Il savait qu'en certaines circonstances mémorables, les troupes avaient faibli devant l'émeute, faute de vivres, et plus affamées que vaincues. Il prit donc jusqu'au dernier écu tout ce qui lui restait, et il chargea M. le colonel Fleury d'aller de brigade en brigade, et homme par homme, distribuer cette dernière obole aux soldats vainqueurs de la démagogie (1). »

Les troupes, d'après le plan adopté par le général

---

(1) Granier de Cassagnac, *Histoire de la chute de Louis-Philippe.*

Magnan, ne devant agir que par masses, il était peu probable que les vivres vinssent à leur manquer; cet argent distribué aux soldats devait servir à un autre usage; il ne fut pas difficile, en voyant la tenue des troupes pendant cette journée du 4 décembre, de savoir comment elles l'avaient dépensé.

Le plan du général Magnan laissait une singulière liberté aux faiseurs de barricades; aussi les rues comprises entre les boulevards, les quais, la rue Montmartre et la rue du Temple, en étaient-elles couvertes dès le matin du 4, ainsi que le faubourg Saint-Martin jusqu'aux approches du canal; la plus considérable de ces barricades s'élevait à l'entrée de la rue Saint-Denis du côté du boulevard. Une autre barricade sur le boulevard Bonne-Nouvelle vint bientôt faire face à celle-ci. Les barricades détruites la veille par les troupes dans le cloître Saint-Merri, avaient été, comme on l'a vu, relevées immédiatement; derrière ces barricades n'y avait-il que des ennemis du coup d'État? Ce peuple qui avait vu d'un œil indifférent la mort de Baudin, avait-il changé en une nuit? Quoi qu'il en soit, ces barricades allaient du moins prouver encore une fois que le parti républicain a toujours une noble et généreuse élite prête à donner sa vie pour ses principes. Les dépêches de M. de Maupas à M. de Morny témoignent des craintes sérieuses du premier sur le résultat de la lutte sur le point de s'engager; mais M. de Maupas, en exagérant le danger, restait dans son caractère et dans son rôle; d'ailleurs, il ne savait pas tout; la préfecture de police renfermait des agents supérieurs qui obéissaient à d'autres ordres que les siens, et qui auraient pu lui donner des renseignements rassurants sur la formation de plus d'une barricade.

Le boulevard, pendant la matinée du 4, était libre et livré à la circulation. La physionomie de ce quartier de la Madeleine à la Bastille n'avait pas changé depuis la veille; des groupes, et dans ces groupes, des redingotes principalement, peu, très-peu de blouses; de l'étonnement sur les figures, partout les événements tournés en dérision, et la pensée que le coup d'État allait finir dans les huées; d'ailleurs, point de fort rassemblement, ni de grande animation; un groupe formé vers dix ou onze heures, fit une démonstration sur la mairie du IIe arrondissement, rue Grange-Batelière; les gardiens fermèrent la porte, les assaillants se retirèrent sans autre résultat qu'un certain brouhaha, et une certaine émotion à cet endroit du boulevard. — Un officier d'ordonnance de la garde nationale qui arrivait au galop du bas de la rue Richelieu, voulant tourner bride à la hauteur du café Cardinal, s'y prit si mal que le poitrail de son cheval heurta le brancard d'une charrette; le cheval et l'homme tombèrent; l'officier entouré, menacé par la bande revenant de la mairie, aurait couru quelque danger, si des citoyens ne l'avaient arraché à l'exaspération croissante de ceux qui le serraient de plus près; toutes les portes s'étaient fermées; l'officier, poussé par deux journalistes (1) dans une boutique qui, par une fenêtre d'arrière-pièce, communiquait avec la cour de la maison Frascati, alors occupée par un cercle, se trouva bientôt entre les mains de personnes

(1) MM. A. Lireux et F. Ducuing.

qui lui prodiguèrent tous les soins réclamés par son état. Il s'était légèrement blessé en tombant de cheval.

L'officier, porté au troisième chez un médecin, venait d'être saigné, lorsque les deux journalistes, membres du cercle, purent entrer eux-mêmes par la grande porte. L'officier les remerciant de *lui avoir sauvé la vie*, ils lui répondirent, qu'au cas où sa vie aurait été sauvée par eux, ce qui leur semblait un peu excessif, elle l'aurait été par des républicains. — Et moi, ajouta l'officier, je suis légitimiste.... Une demi-heure après, il rentrait chez lui à pied (1).

Cet incident n'avait eu d'autre résultat que celui d'augmenter le nombre des curieux sur le boulevard, qui se couvrait peu à peu d'une foule bruyante, gouailleuse comme celle de la veille, et surtout très-intriguée de savoir ce que signifiait une grande barricade élevée pendant la nuit, en travers du boulevard Poissonnière, et qui se trouvait plantée là toute seule depuis le matin, sans qu'aucune personne armée s'en fût approchée ; chacun se regardait, comme si l'on avait une énigme à deviner. — Ébahissement, gorges chaudes, mais nulle part la moindre idée ou apparence de résistance et de lutte ; cela dura jusques après midi.

Les premiers roulements de tambour se firent entendre vers une heure du côté du boulevard de la Madeleine ; les promeneurs s'apprêtaient à faire la haie comme d'habitude sur le passage de la promenade militaire,

---

(1) Un mois après, en récompense de *son héroïsme*, après avoir déposé, nous dit-on, devant un conseil de guerre, « qu'on l'avait fait entrer dans une cour sur la rue Richelieu pour l'y égorger », cet officier fut décoré et envoyé en Italie chargé d'une mission qui le dispensa d'être utilement appelé en témoignage à Paris, et confronté avec les *égorgeurs*.

lorsqu'ils virent la foule chassée par la troupe qui balayait le boulevard, et supprimait toute circulation refluer et se jeter dans les rues voisines.

Les membres du cercle Frascati, surpris dans le voisinage de cet établissement, se hâtèrent de s'y réfugier, MM. de Pixerécourt, Latour Saint-Ybars, Ponsard, A. Lireux, et quelques autres hommes de lettres, au nombre d'une douzaine environ, se trouvèrent claquemurés ; défense de la police d'ouvrir la porte des maisons sur toute cette partie du boulevard, y compris les portes des maisons d'encoignure.

Le cercle Frascati avait ouverture sur le boulevard Montmartre par une seule fenêtre d'entre-sol. Les réfugiés virent de cette fenêtre les régiments défiler, puis prendre position sur les deux allées du boulevard, laissant la chaussée libre.

Les fenêtres s'ouvraient de tous côtés : — Fermez !... fermez !... criaient les soldats avec des gestes menaçants, les officiers en brandissant les sabres.

Les gendarmes étaient rangés en bataille en face de la fenêtre de l'entre-sol du cercle, sur l'allée gauche du boulevard (côté de la rue Grange-Batelière) ; sous la fenêtre même, sur l'allée droite du boulevard (côté de la rue Richelieu), l'infanterie de ligne.

La division Carrelet, composée des brigades des généraux de Bourgon, de Cotte et Canrobert, suivies de quinze canons et de deux régiments de lanciers de la brigade de cavalerie du général Reybell, formait la colonne destinée à opérer sur les boulevards ; le général Dulac, avec une brigade de cette division, appuyée par une batterie d'artillerie, prenait position à la pointe

Saint-Eustache. Les brigades Herbillon et Marulaz, formées en colonnes par le général de division Levasseur, gardaient les débouchés des rues du Temple, Saint-Martin et Saint-Denis; la brigade Courtigis s'avançait de la barrière du Trône sur le faubourg Saint-Antoine; le général Renault occupait avec sa division le Luxembourg, la place Saint-Sulpice, l'Odéon, le Panthéon, la place Maubert, et maintenait le quartier des Écoles, et le faubourg Saint-Marceau. Des forces imposantes gardaient la préfecture de police. Trente mille hommes dans de fortes positions, contre un millier d'individus disséminés sur des barricades menacées par un mouvement convergent des troupes, telle était la situation stratégique à Paris, le 4 décembre, à deux heures de l'après-midi.

Les soldats jusqu'à cette heure restèrent immobiles devant le cercle Frascati; les membres du cercle, ne sachant rien du dehors que ce qu'ils voyaient à travers les vitres, ne prenaient pas la démonstration militaire au sérieux; ils se demandaient ce que voulait dire cette nouvelle mise en scène; un grand brouhaha vint tout à coup, vers deux heures, de la partie haute du boulevard, du côté du faubourg Poissonnière; les soldats qui faisaient face au cercle et ceux qui étaient au-dessous de la fenêtre reprirent précipitamment leur alignement; des coups de fusil, puis une fusillade générale, des feux de peloton, des coups de canon éclatent à l'endroit d'où le tumulte est parti, à deux cents pas environ du cercle; tout s'allume alors comme une traînée de poudre; les soldats qui sont sous la fenêtre et les gendarmes de l'autre allée se mettent à tirer sur les maisons qui leur font face; *cette petite guerre* se prolonge pendant un quart d'heure environ. Les membres du cercle, par excès de prudence (ils croyaient faire excès de prudence), quittent la petite pièce d'entre-sol donnant sur le boulevard, et rentrent dans les salons intérieurs, en se demandant à quoi bon cette *pétarade du Cirque*, et bien convaincus que les soldats avaient tiré à poudre, pour l'effet moral. Comment penser autrement? La troupe était seule sur le boulevard, les maisons closes, muettes, ne donnaient pas signe de vie. M. Ponsard, seul des membres du cercle, secouait la tête, et par intuition ne voulait pas admettre l'innocence des coups de fusil.

Les membres du cercle restèrent jusqu'à trois heures et demie sans rien apprendre de ce qui se passait; la porte de la maison Frascati s'ouvrit hors de chez eux par l'ordre de la troupe; des soldats de la ligne, commandés par un lieutenant et par un sergent-major, firent brusquement irruption dans les salons du cercle pour visiter la maison et trouver les *insurgés*. Ces hommes étaient fort animés par la boisson. Le sergent-major ébranlait le parquet à coups de crosse; il s'enflammait en frappant, au point que le lieutenant sur lequel la figure et l'attitude pleines d'étonnement des assistants, avait produit un effet calmant, essaya de s'interposer; le sergent repoussa brusquement son officier, en lui disant: *Cela ne vous regarde pas!*...

M. Latour Saint-Ybars réussit cependant à se faire entendre des soldats et du sergent; il leur servit de guide du haut en bas de la maison, dans les cuisines, dans les caves, partout où il leur plut d'aller; les soldats se retirèrent ; l'invasion militaire cessa, et la porte de la maison Frascati se referma hermétiquement.

Racontons maintenant les événements dont le boulevard a été le théâtre depuis une heure de l'après-midi.

Le 1er de lanciers, commandé par le colonel de Rochefort, signalant son apparition par un nouvel exploit, avait fait les premières victimes de cette journée : des négociants, des artistes, des journalistes, des femmes, tenant leurs enfants à la main, formaient un groupe sur le trottoir du boulevard, à l'entrée de la rue Taitbout ; les hommes criaient : Vive la République ! Vive la Constitution ! Le colonel de Rochefort, suivi de ses lanciers, se rue à cheval au milieu des gens qui forment le groupe. « Bon nombre d'entre eux restèrent sur la place ; ce fut l'affaire d'un instant (1). »

Le colonel de Rochefort prétend, au milieu du bruit des pas de cinq cents chevaux au grand trot, avoir entendu la détonation d'un coup de pistolet, tiré du coin de la rue Taitbout. Quel insensé eût pu commettre un acte semblable ? Les soldats le tiennent cependant pour accompli : « A la suite de la cavalerie, la troupe de ligne s'élance, fouille les maisons suspectes, et fusille ceux qu'elle arrête les armes à la main ou qu'elle suppose avoir pris part à l'action. Là se passèrent des scènes regrettables, là eurent lieu de sanglantes méprises (2). »

---

(1) Le capitaine Mauduit, *Révolution militaire du 2 décembre*.
(2) Lesur, *Annuaire historique universel*.
Ce recueil est le seul qui parle d'une *action* engagée et d'individus pris les armes à la main sur le boulevard ; mais l'*Annuaire*, rédigé dans un sens entièrement favorable au coup d'État, n'est pas suspect quand il raconte que des citoyens ont été fusillés par la troupe.

Les membres du *Cercle du commerce*, situé alors vis-à-vis le café Riche, au premier étage de la maison formant l'angle de la rue Lepelletier et du boulevard, gens paisibles, formant peut-être des vœux pour le succès du coup d'État, se virent sur le point de devenir eux-mêmes les victimes d'une de ces sanglantes méprises dont nous parlions tout à l'heure : les lanciers et les soldats de la ligne, faisant irruption dans le cercle, avaient empoigné les premiers individus qui leur étaient tombés sous la main, et menaçaient de les fusiller. Le général Lafontaine se trouvait dans un des salons du cercle fort heureusement ; il parvint enfin, avec la plus grande peine, à se faire reconnaître des officiers et des soldats, et à sauver la vie aux malheureux négociants tremblants et consternés.

Le boulevard, de midi à une heure, resta libre de la Madeleine au faubourg Poissonnière : des barricades interceptaient le passage entre le théâtre du Gymnase et le théâtre de la Porte-Saint-Martin, ainsi que dans toutes les rues aboutissant à la porte Saint-Denis et à la porte Saint-Martin ; la porte Saint-Denis formait le centre d'un quadrilatère de barricades ; la plus considérable, faite d'omnibus, de voitures de déménagement, du pavillon de bois de l'inspecteur des fiacres, de colonnes vespasiennes démolies et d'autres matériaux empruntés aux dalles et à la rampe de l'escalier de la rue de la Lune, fermait à peine le boulevard, qui resta ouvert du côté de la rue Mazagran jusqu'à ce qu'un jeune homme ayant coupé les cordes qui retenaient l'échafaudage suspendu à une maison en construction, toute issue se trouva fermée. Une centaine de combattants, parmi lesquels un vieillard à cheveux blancs et deux femmes avec des sabres au côté, occupaient cette barricade, et lisaient l'appel au peuple des représentants de la gauche.

Quelques individus pénétrèrent pendant ce temps-là dans le magasin d'*accessoires* du Gymnase et en sortirent avec des armes et un tambour empruntés à cet arsenal ; ces individus parvinrent à construire une espèce de barricade de carton en face du poste Bonne-Nouvelle, et s'y installèrent avec des fusils, mais point de munitions. Aucune lutte n'étant engagée, les curieux se demandaient pourquoi l'on voyait passer tant de civières portées par des infirmiers précédés de soldats tenant à la main un bâton surmonté de cet écriteau : *Service des hôpitaux militaires.*

Il était près de deux heures lorsque la charge du colonel Rochefort eut lieu ; vers deux heures, deux obusiers furent braqués à quelques pas de la petite barricade du poste Bonne-Nouvelle ; une demi-heure après, la batterie ouvrit le feu ; son premier boulet passant par dessus toutes les barricades, alla tuer un enfant qui s'amusait sur le bord du bassin du Château-d'Eau.

Les boutiques et les fenêtres se fermèrent partout, sauf au cinquième étage de la maison à l'angle de la rue du Sentier ; les historiographes du coup d'État prétendent qu'un coup de fusil a été tiré soit de cette maison, soit du toit de la maison faisant le coin de la rue Notre-Dame de Recouvrance et de la rue Poissonnière, soit de la maison formant la pointe de l'hôtel Mazagran ; toujours est-il qu'à ce moment les curieux couvraient les trottoirs, et la cavalerie, l'artillerie, l'infanterie, faisant volte-face en même temps, tournèrent leurs armes du côté de la foule. Le boulevard des Italiens s'était, comme on l'a vu, garni peu à peu de régiments, séparés par des batteries d'artillerie. Le peuple, refoulé par les troupes, se réfugia dans la rue Richelieu et dans les rues adjacentes, en criant : Sauve qui peut! Toutes les boutiques se fermèrent; quelques coups de fusil se firent entendre dans la direction de la porte Saint-Denis. Tout à coup, on vit les curieux lever les bras au ciel avec terreur, prendre la fuite ou se jeter à plat ventre sur le sol; en même temps une fusillade des mieux nourries et dirigée sur les rangs serrés de la foule, partit de la tête de colonne des troupes, depuis le boulevard Poissonnière jusqu'à la Chaussée-d'Antin; la régularité et la vivacité du feu auraient pu faire croire à des salves pour célébrer la prise de quelque barricade, si l'explosion sèche et stridente de la cartouche n'eût révélé la présence de la balle. Un capitaine de l'armée anglaise (1) se trouvait avec sa femme sur le balcon d'une maison garnie, en face du restaurant Bonnefoy; il regardait pour tâcher de découvrir l'ennemi contre lequel un feu si vif était dirigé. Un conscrit l'ajuste, ses camarades en font autant; il se retire, entraînant sa femme, qui se jette sur le parquet; il était temps : vingt balles percent les volets, s'aplatissent sur le balcon, et brisent le miroir et la pendule, placés au-dessus de la cheminée.

En une minute, les maisons sont labourées de balles et de biscaïens; les trottoirs se jonchent de morts et de

---

(1) Le capitaine Jesse, qui, dans sa lettre publiée dans le *Times* le 6 décembre 1851, et reproduite dans l'*Annual Register* de la même année, a fourni à l'Europe les premiers renseignements sur l'exécution du 4 décembre.

mourants : hommes, vieillards, jeunes filles, mères tenant leurs enfants à la main, tombent foudroyés ; les soldats tirent dans les boutiques et dans les soupiraux des caves ; le bazar Montmartre est troué d'obus et de boulets ; encore un coup de canon, et l'hôtel Sallandrouze va s'effondrer et écraser les maisons voisines de sa chute ; le restaurant de la Maison d'Or, le café Tortoni sont pris d'assaut par les troupiers ; le café Leblond, à l'entrée du passage de l'Opéra, est plein de soldats qui font sauter le goulot des bouteilles de liqueur et de vin de Champagne. Cette espèce de mise à sac du boulevard dura pendant près de vingt minutes : un libraire à côté de la maison Sallandrouze fermait sa devanture ; des fuyards cherchent un asile dans sa boutique ; les soldats s'y ruent, prétendant qu'on a tiré sur eux ; l'honnête libraire essaye de défendre ses hôtes inconnus, les soldats l'arrachent à sa femme et à sa fille, et le tuent sur le seuil de sa demeure. Un libraire voisin subit le même sort.

La boutique du marchand de vin à côté du bazar de l'Industrie renfermait une cinquantaine de fuyards, parmi lesquels des femmes et des enfants ; trois blessés étaient étendus sur le sol, l'un d'eux râlait ; un malheureux jeune homme ébranlait la porte, voulant à toute force sortir pour aller chercher sa femme dont la foule l'avait séparé ; il fallut employer la force pour le retenir.

La Bourse finit à trois heures ; les habitués de ce lieu, qu'on désigne sous le nom de coulissiers, reviennent ordinairement à cette heure au passage de l'Opéra en suivant la rue Montmartre, la rue Vivienne et la rue

Richelieu ; plusieurs groupes de ces coulissiers causant des péripéties de leur partie de jeu quotidienne, n'étaient plus qu'à une faible distance du boulevard, lorsqu'ils se virent tout à coup en présence de gens qui les couchaient en joue ; ceux qui n'eurent pas le temps ou la présence d'esprit de se jeter dans l'embrasure des portes furent atteints par les balles. Un marchand de coco bien connu de tous les ouvriers typographes du quartier Montmartre, espérant à la vue de la foule remplissant le boulevard faire une bonne journée, regagnait sa demeure en faisant entendre son tintement habituel ; les soldats se retournent à ce bruit, et prennent le pauvre homme pour cible ; il tombe sous une vingtaine de coups de feu la face contre terre.

La fureur des troupes, si elle eût été réellement causée par un coup de pistolet ou de fusil tiré sur elles d'une fenêtre, aurait dû se calmer à la première décharge ; les soldats n'avaient point de combattants devant eux, la maison Sallandrouze n'était pas une barricade, cependant cet ancien hôtel d'un aspect monumental étançonné sur de puissants madriers, montrait plusieurs mois après les trous, les lézardes et les crevasses des boulets dont il avait été criblé. L'ivresse seule peut expliquer cet accès de sauvagerie des soldats ; le lecteur n'a pas oublié non plus les largesses faites l'avant-veille aux troupes par le commandant Fleury : comment ne pas attribuer à la fascination de l'or sa part d'influence dans le coup terrible que l'armée venait de frapper ? Aussi le bruit courut-il, dans la soirée même, que M. Louis Bonaparte avait fait enlever 20 millions à la Banque de France pour les distribuer aux chefs de l'armée et aux soldats (1). Les troupes de la rive gauche entendirent-elles aussi un coup de fusil parti d'une fenêtre? Il est certain que la fusillade commença dans leurs rangs à la même heure que dans les rangs des troupes du boulevard. Le représentant Alphonse Esquiros n'avait pas quitté le faubourg Saint-Antoine depuis la veille; bien que les membres des associations ouvrières persistassent à ne point se mêler à la lutte, il était parvenu à recruter çà et là quelques ouvriers qu'il avait connus autrefois dans les clubs; il se trouvait avec eux, à deux heures, derrière une faible barricade, bientôt enlevée par la troupe qui occupait le

---

(1) Deux jours après, le ministre des finances, pour démentir ce bruit, écrivait au gouverneur de la Banque :

« Monsieur le gouverneur de la Banque,

» On a répandu le bruit que j'aurais, à l'occasion des derniers événements, retiré de la Banque, comme ministre des finances, une somme de 25 millions.
» Vous savez que ce bruit ne repose sur aucun fondement; que je me suis borné, par une dépêche du 27 novembre, de vous faire part de l'intention du gouvernement de disposer de cette somme en vertu du traité du 30 juin 1848, et que j'ai quitté le ministère sans avoir retiré ces 25 millions, que je voulais tenir en réserve pour les besoins du service.
» Veuillez, je vous prie, m'autoriser à rendre publique la réponse que vous me ferez l'honneur de m'adresser.
» Recevez, etc. H. DE CASABIANCA. »

M. d'Argout répondit que les bruits dont parle M. de Casabianca ayant été démentis par la *Patrie* et par le *Constitutionnel*, il n'en restait plus de trace, mais qu'il s'empressait de déclarer, puisqu'on le lui demandait, que « le 27 novembre le ministre lui a fait l'honneur de lui adresser une dépêche portant qu'il avait l'intention de réclamer pour le Trésor une somme de 25 millions formant le complément d'un prêt de 150 millions que la Banque s'était engagée à effectuer en vertu du traité du 19 juin. Le Conseil de la Banque, délibérant le même jour sur cette demande, a reconnu qu'elle était conforme aux termes du traité dont les dernières époques d'exigibilité ont été successivement prorogées, d'abord jusqu'au 30 décembre 1850, ensuite jusqu'au 31 décembre 1851. Le Trésor, jusqu'à ce jour, 6 décembre, ne s'est point encore prévalu de cette exigibilité, et son compte n'a encore été crédité d'aucune portion de ces 25 millions ».

faubourg, et gardait l'entrée de chaque rue. M. Alphonse Esquiros parvint pourtant à s'échapper, et à gagner le faubourg Saint-Jacques en traversant le pont d'Austerlitz ; il était environ quatre heures et demie lorsqu'il se trouva de l'autre côté de l'eau sur la montagne Sainte-Geneviève : des soldats adossés contre une maison de la place du Panthéon tiraient encore à droite et à gauche sur les passants.

La fusillade ayant cessé, les habitants du boulevard et des rues adjacentes ouvrirent timidement les portes de leurs maisons et de leurs boutiques et ramassèrent les blessés que personne n'avait osé secourir jusqu'alors ; les cadavres restaient étendus dans la boue ; quelque chose de blanc et d'éclatant se détachait du milieu de l'ombre à l'endroit où la rue Notre-Dame-des-Victoires débouche dans la rue Montmartre : c'était le pauvre marchand de coco que des passants avaient relevé dans la rue et adossé au mur de la boutique Ganneron ; son tablier blanc était relevé sur ses yeux, une lanterne vénitienne jetait sa lueur tremblante sur le zinc poli de sa fontaine.

Les scènes terribles de l'après-midi produisaient sur l'imagination ébranlée de beaucoup de ceux qui en avaient été les témoins une impression de terreur voisine de l'hallucination ; plusieurs d'entre eux avaient fini non-seulement par croire à la réalité d'une insurrection attestée par une si sanglante répression, mais encore par voir surgir à chaque pas des insurgés devant eux. M. Auguste Lireux, cet écrivain que nous avons vu le matin accourir au secours d'un officier blessé, rentrait chez lui entre six et sept heures du soir, boulevard

Montmartre, 19. La porte lui est à peine ouverte qu'il voit l'abord de la loge obstrué par un groupe de locataires en proie à la plus vive émotion. La fusillade n'avait point été une plaisanterie, on ne le savait que trop dans la maison. Un des locataires, un tapissier, avait été tué par une balle dans son lit, où il était malade; les projectiles avaient brisé des fenêtres, criblé les murs et les toitures, faussé les barreaux du balcon au sixième étage et troué la corniche : toute la maison se trouvait encore sous le coup de l'épouvante; un locataire, un de ces hallucinés dont nous parlions tout à l'heure, fou de peur, en voyant M. Lireux entrer sous la porte cochère, court aux chasseurs de Vincennes qui défilaient, rentre avec quatre ou cinq d'entre eux et leur désigne M. Lireux en criant : — Prenez-le, prenez-le!... — Sans autre explication, M. Lireux est empoigné et mis au milieu des rangs

S'expliquer? impossible ! les soldats sont ivres... quelques-uns tiennent encore à la main des bouteilles de vin de Champagne, qu'ils boivent à la *régalade*... ils n'ont pas le vin méchant : « Deux heures plus tôt, dit un caporal au prisonnier, nous vous aurions fusillé sur place; marchez..; si vous bougez, gare les baïonnettes. »

Pas un mot de plus à en tirer, pas d'explications à faire écouter. Un officier vient demander d'un air indifférent : Qu'est-ce? — on lui répond : Un homme qui a tiré sur la troupe; — Bon, marchez!... »

M. Lireux suit les soldats dont l'ivresse augmente à chaque instant. Qui sait si tout à l'heure il ne leur prendra pas fantaisie de tourner sur sa poitrine ces carabines dont il a le canon béant sous les yeux? Inutile de songer à la fuite, d'appeler au secours, M. Lireux essaye en vain de se faire entendre des chasseurs avinés : Marche! c'est leur seule réponse; le prisonnier marche en effet, songeant à sa famille, à ses amis, car un miracle seul peut le soustraire à son sort; c'est l'agonie au pas accéléré.

Le détachement qui entraîne M. Lireux est parvenu vis-à-vis de l'hôtel du ministère des affaires étrangères, situé alors sur le boulevard des Capucines; le commandant dit à un caporal en montrant le prisonnier : Donnez-le aux gendarmes du poste, ils en feront leur affaire.

Trois hommes se détachent, conduisent M. Lireux au poste des affaires étrangères, l'y laissent avec un petit papier, un chiffon sale, sur lequel il est écrit : « Arrêté pour avoir tiré. »

Tiré, avec quoi? sur qui? où? Le brigadier, commandant du poste, un gendarme alsacien, sans s'embarrasser des réclamations du prisonnier, se contente de dire à ses gendarmes : « Allumez le falot! »

L'un d'eux prend la lanterne, les autres s'approchent du ratelier d'armes, le brigadier ouvre une petite porte qui donne sur la cour de l'hôtel : le prisonnier, faisant un dernier appel à son énergie, proteste de toute sa voix et de toutes ses forces contre l'assassinat dont il craint de devenir la victime; ses cris sont heureusement entendus par le secrétaire du ministre, M. Turgot, installé depuis le matin seulement; il accourt au poste, et reconnaît M. Lireux, son ami.

Le secrétaire, à peine parti pour chercher les ordres

nécessaires à la délivrance de M. Lireux, le brigadier, voulant se débarrasser de la responsabilité, puisqu'on ne peut pas en finir tout de suite, donne l'ordre à trois de ses hommes de conduire le prisonnier à la caserne de gendarmerie de la rue du Luxembourg : — Tirez dessus s'il crie, ou s'il veut s'échapper. — Bon, bon! répondent les gendarmes. Après ce monosyllabe prononcé d'un ton d'indifférence sinistre, il n'y avait qu'à marcher sans rien dire; d'ailleurs, pas une âme dans les rues. M. Lireux, arrivé à la caserne, est déposé entre les mains d'un maréchal-des-logis, qui en donne reçu ainsi que du petit papier remis par le détachement de chasseurs.

Le prisonnier est introduit dans une pièce meublée de bancs et d'une grande table sur laquelle une chandelle brûle; on en allume une autre; le brigadier et les gendarmes s'asseoient autour de la table.

Le brigadier lit le papier « Arrêté pour avoir tiré », et le communique à ses camarades; pendant que les gendarmes chuchotent entre eux, M. Lireux recommence ses explications, que personne n'écoute; le secrétaire de M. Turgot ne revient pas : le maréchal-des-logis est plus expéditif que le brigadier; le prisonnier, cette fois, se croit perdu, lorsqu'un chef de bataillon de la gendarmerie mobile, M. Saucerotte, qui l'avant-veille avait arrêté plusieurs représentants au Palais législatif, entre dans le poste; M. Lireux trouve enfin un homme en état de l'écouter : il lui raconte sa journée, il lui indique des témoins; le secrétaire de M. Turgot arrive porteur de l'ordre suivant, signé Maupas : « Remettre M. Lireux en liberté partout où on le trouvera, *s'il est encore en vie* (1). »

Les combattants pris sur les barricades étaient fusillés avec une rigueur que ne diminua point la cessation de la lutte ; les prisonniers suspects de républicanisme furent traités sans miséricorde ; des fouilles pratiquées chez les marchands de vin de la rue Montorgueil amenèrent dans la soirée l'arrestation d'une centaine d'individus, dénoncés comme républicains ; ouvriers pour la plupart, ils avaient les mains noires ; les soldats prétendirent qu'elles étaient noires de poudre ; ces malheureux furent fusillés (2) ; le général Herbillon faisait donner le fouet aux prisonniers âgés de moins de vingt ans qu'on lui amenait comme insurgés ; les simples officiers rendaient la justice : des soldats découvrent un enfant caché dans le caisson d'un omnibus qui a servi à la construction d'une barricade à la pointe Saint-Eustache ; un capitaine condamne cet enfant à passer la nuit dans une morgue improvisée où trois cadavres sont enfermés. D'autres prisonniers durent, contraints de se mettre à genoux, demander pardon à des cadavres qu'ils étaient censés avoir tués (3).

Vingt-cinq ou trente républicains, résolus à ne pas survivre à la perte de la liberté, se tenaient encore, fusil en main, à la tombée de la nuit, sur les barricades, martyrs inconnus, parmi lesquels l'histoire a recueilli le nom seul de Denis Dussoubs, frère du représentant Gaston Dussoubs ; les barricades du faubourg Saint-Martin emportées,

---

(1) M. Lireux, arrêté un mois plus tard, jeté en prison, condamné sans être entendu par le conseil de guerre à la déportation, fut remis en liberté grâce aux démarches et à l'intervention des gens de lettres.
(2) Le capitaine Mauduit, *Révolution militaire du 2 décembre*.
(3) *Idem*.

Dussoubs était venu se mêler aux combattants de la rue Montorgueil; debout sur la barricade, il haranguait les soldats lorsqu'il tomba percé de vingt balles, en criant une dernière fois : Vive la République!

Le comité de résistance, réuni dans une maison du boulevard, se dispersa en apprenant la mort de Denis Dussoubs; il avait cru toute la journée au succès de l'insurrection.

Les troupes défilèrent au son de la musique sur le boulevard, où les cadavres étaient encore amoncelés, et où en bien des endroits les pieds glissaient dans le sang; les cafés se rouvrirent; le Divan, situé à l'entrée de la rue Lepelletier, à côté des bureaux du *National*, servait de lieu de réunion à un certain nombre d'artistes, de gens de lettres, et de journalistes. Armand Marrast s'y montrait très-assidu, dans les dernières années du règne de Louis-Philippe; il faisait sa partie de dominos sur ces tables, d'où il fallait bien souvent l'arracher pour le forcer à écrire son article sur la séance de la Chambre. La révolution de Février dispersa ces écrivains; plusieurs d'entre eux, cependant, fidèles à ce lieu de rendez-vous, s'y trouvaient ce soir-là, remplis d'anxiété et d'impatience de connaître le sort de leurs amis et les résultats de la journée. La porte du Divan s'ouvre tout à coup, deux hommes entrent brusquement suivis par une escouade de chasseurs de Vincennes, la baïonnette en avant; le premier de ces hommes ouvre son habit et laisse voir une écharpe de commissaire de police; le second, c'est Delahode, le célèbre mouchard du dernier préfet de police de Louis-Philippe, Delahode, secrétaire de la préfecture de police après la révolution de 1848, Delahode qu'on avait vu marcher en grand deuil derrière les cercueils des morts de Février, qu'il trahissait vivants; voici comment cette trahison avait été découverte : Delahode, profitant de la confusion du moment, et de la position qu'il occupait sous Caussidière, cherchait à s'introduire sous divers prétextes dans la salle de la préfecture de police qui contient les dossiers; il inspirait déjà des soupçons; ces tentatives réitérées les confirmèrent; Caussidière fit ouvrir le dossier de Delahode en sa présence et en présence de plusieurs personnes convoquées exprès; il était plein des preuves de son crime. Un pistolet chargé fut mis entre les mains du traître; il le repoussa et partit; il vécut de quelques pamphlets misérables contre les républicains, jusqu'au moment où la police bonapartiste lui donna un rôle dans le coup d'État. Delahode avait servi comme caporal; mis en prison par son colonel comme auteur de diverses chansons patriotiques, plusieurs journalistes s'étaient intéressés en sa faveur; il put, grâce à eux, à sa sortie de l'armée, insérer des chansons et quelques articles dans les journaux de l'opposition radicale; il connaissait donc la plupart des écrivains du parti démocratique; M. de Maupas lui confia le soin de les désigner au commissaire de police chargé de les arrêter. Ce commissaire, nommé Boudrot, parcourait les salles du Divan sa feuille à la main, et Delahode lui indiquait du doigt ceux qui s'y trouvaient portés; ces écrivains, conduits dans le petit jardin du Divan, gardé par une compagnie de chasseurs de Vincennes, formèrent bientôt un convoi destiné à peupler les casemates du fort d'Ivry.

Le convoi, escorté par les chasseurs de Vincennes,

suivit les boulevards; les soldats faisaient ripaille. Les tables étaient dressées depuis la Chaussée-d'Antin presque jusqu'à la Bastille; les habitants de ces quartiers, convaincus par la fusillade de l'après-midi, n'hésitaient plus à se déclarer bien et dûment sauvés de l'anarchie : ils témoignaient leur reconnaissance à leurs sauveurs par l'envoi de provisions de bouche, de vins et de liqueurs; les soldats qui ne mangeaient pas, buvaient; la flamme des punchs se mêlait aux feux des bivouacs; la journée du 4 décembre était finie; le coup d'État avait réussi.

Les complices de Bonaparte qui avaient trempé dans l'exécution du duc d'Enghien, gardèrent le silence sur cet événement tant que dura l'Empire; au retour des Bourbons, des accusateurs se levèrent de toutes parts contre eux. Les instigateurs et les exécuteurs du coup d'État de Vincennes, — car la mort du duc d'Enghien est un coup d'État contre un seul homme — publièrent tous leur justification, c'est-à-dire l'acte d'accusation de leurs complices. Un jour éclatant se fit sur cet assassinat juridique.

Les exécuteurs du coup d'État, dont la vraie date est le 4 décembre, n'ont pas encore eu l'occasion de fournir de semblables moyens d'information à l'histoire; ils n'ont publié ni mémoires contemporains ou posthumes, ni correspondances particulières; l'accès des dépôts où sont renfermées les correspondances officielles est interdit au public; l'historien ne peut raconter que ce qu'il a vu lui-même ou recueilli de la bouche de témoins dignes de foi; encore ces récits ne doivent-ils être utilisés qu'avec réserve, car il serait souvent difficile d'appeler les narrateurs en témoignage; les uns sont morts (1), les autres ont parlé sous l'influence d'une émotion que le temps ou l'intérêt personnel a effacée.

« Allumez le falot ! » A l'oreille de combien de victimes innocentes ces mots ont-ils retenti pendant cette nuit du 4 au 5 décembre ? Des exécutions en masse ont-elles eu lieu dans les prisons, à la préfecture de police, et au Champ de Mars ? C'est ce qu'il est impossible de dire aujourd'hui. Le *Moniteur* du 30 août 1852 accuse un chiffre de 380 personnes tuées. Le relevé des morts enterrés dans les divers cimetières de Paris dans la journée du 5, pourrait seul nous apprendre si le chiffre du *Moniteur* est exact ; le conservateur du cimetière Montmartre en 1851 (2) a souvent raconté qu'il avait reçu le 5 décembre plus de 350 cadavres avec ordre de les enterrer immédiatement, sans même les laisser reconnaître. Ce fonctionnaire, par intérêt pour les familles, n'hésita point à enfreindre cet ordre. Les vêtements, soigneusement explorés, afin de mettre de côté les objets qui pouvaient servir à les désigner, ne contenaient ni bourse, ni montre, ni bijou ; toutes les poches avaient été retournées par les soldats ; un peu de terre et de paille recouvrit les corps ; les parents écartaient cette paille pour voir leurs traits ; tous furent reconnus.

Le général Magnan parle dans son rapport d'une centaine d'individus fusillés par les soldats. Est-ce le chiffre exact ? C'est le secret des généraux qui ont inscrit sur leurs états de service : *Campagne de Paris*.

---

(1) Au nombre de ces morts regrettables, il faut placer celle de M. Blavier, chef de la police municipale, démissionnaire le 4 décembre.
(2) M. de Vaulabelle, frère de l'historien.

CHAPITRE VIII.

LA DICTATURE.

1851 — 1852.

Sommaire. — M. Émile de Girardin et M. Napoléon Bonaparte. — Ils veulent prolonger la résistance. — Ils sont obligés de renoncer à cette idée. — *Te Deum* à Notre-Dame. — Le prince Napoléon et son fauteuil. — Les prisonniers de Ham conduits hors de France. — Quatre-vingts représentants sont bannis ou expulsés momentanément du territoire français. — Le premier convoi de transportés part du fort de Bicêtre pour le Havre. — La Constitution de 1852 et la Constitution de l'an VIII. — La Constitution de 1852, c'est l'Empire. — Décrets de confiscation des biens de la famille d'Orléans. — M. de Morny donne sa démission et quitte le ministère. — MM. Fould, Rouher et Magne imitent son exemple. — M. de Persigny ministre de l'intérieur. — Lettre des princes d'Orléans. — Le gouvernement cherche quelqu'un pour défendre les décrets du 22 janvier. — Il trouve M. Granier de Cassagnac. — Indifférence de la majorité de la société française sur ces décrets. — Causes de cette indifférence. — Fin de la dictature.

Le 5 décembre, M. Louis Bonaparte, sur un rapport du ministre de la guerre, décrète que : « Afin de récompenser les services rendus à l'intérieur, comme ceux des armées au dehors, lorsqu'une troupe organisée aura contribué par des combats, à rétablir l'ordre sur un point quelconque du territoire, ce service sera compté comme service de campagne. »

Le même jour, le préfet de police Maupas, cherchant un prétexte pour traquer les vaincus, déclare, dans une proclamation aux Parisiens, que les ex-représentants montagnards, mettant à profit les derniers restes de leur ancien prestige, cherchent à entraîner le peuple à leur suite dans une folle résistance; les agents de M. de Maupas auraient pu, il est vrai, le 5 au matin, surprendre le rédacteur en chef de la *Presse*, corrigeant les épreuves d'un nouvel appel à l'insurrection; mais l'impossibilité de porter cet appel à la connaissance du peuple en présence des deux dragons qui montaient la garde le pistolet au poing à l'entrée de l'imprimerie, l'avait bientôt porté à renoncer au projet de recommencer la lutte; M. Napoléon Bonaparte, en ce moment dans les bureaux de la *Presse*, se résignait moins aisément à cette nécessité. Pendant que M. de Girardin prêtait l'oreille aux observations de ses collaborateurs, M. Napoléon Bonaparte, ouvrant tout à coup la porte d'une salle attenante au bureau de rédaction, s'écriait : — « Vous acceptez donc ce qui se fait? — Et vous, lui demanda une des personnes présentes, en montrant la proclamation, signerez-vous cette pièce? — Ma position ne me le permet pas, répondit M. Napoléon Bonaparte. — Ne conseillez pas alors aux autres ce que vous ne voudriez pas faire vous-même. »

M. de Girardin jeta ses épreuves au panier.

Le clergé de Paris avait gardé le silence pendant ces trois lugubres journées; le 6 décembre parut le décret qui rendait au culte l'ancienne église Sainte-Geneviève. Ce jour-là, sur le boulevard Poissonnière, on voyait encore « sur les marches du grand dépôt d'Aubusson, une mare de sang que l'on eût bien dû faire disparaître en enlevant les vingt-cinq ou trente cadavres que l'on y avait rangés et laissés exposés pendant vingt-quatre heures aux regards d'un public consterné (1). » Des couches de sable jaune s'étendaient de distance en distance dans les rues voisines du boulevard ; le sang avait disparu en se mêlant à la boue. » Les charges du 1ᵉʳ régiment de lanciers formaient encore le sujet des entretiens sur les boulevards (2) : « La population habituelle de ce séjour de la flânerie en conservera longtemps le souvenir, et saura que s'il y a du courage à se battre sur une barricade, *on ne tire pas toujours impunément du fond d'un salon brillant, et même masqué par la poitrine d'une jolie femme, contre une troupe armée uniquement de lances et de pistolets.*

» Plus d'un brave de cette espèce ont payé cher leurs *injures* et leur *fusillade à la Jarnac....* plus d'une amazone du boulevard a payé cher également son imprudente complicité à ce *nouveau genre de barricade....* puissent-elles en profiter pour l'avenir (3) ! »

M. Louis Bonaparte avait récompensé les braves, M. de Morny se chargea de punir les gens sans cœur. « Dans plusieurs quartiers de Paris, écrit-il au général Lawœstine, plusieurs propriétaires ont eu l'*impudence* (4) de mettre sur leur porte : « Armes données », on concevrait qu'un garde national écrivît : « Armes arrachées de force, » afin de mettre à couvert sa responsabilité vis-à-vis de l'État, et son honneur vis-à-vis de ses concitoyens, mais inscrire sa *honte* sur le front de sa propre maison révolte le caractère français. » M. de Morny, pour éviter

---

(1) Le capitaine Mauduit, *Révolution militaire du 2 décembre* 1851.
(2) *Idem.*
(3) *Idem.*
(4) Lettre de M. de Morny au commandant en chef de la garde nationale. Paris, 7 décembre.

cette honte, se serait sans doute fait tuer en 1848, plutôt que de livrer sa panoplie. Le rigide ministre du coup d'État ajouta : « J'ai donné l'ordre au préfet de police de faire effacer ces inscriptions, et je vous prie de me désigner les légions où ces faits se sont produits, afin que je propose à M. le Président de la République de décréter leur dissolution (1). »

M. Louis-Napoléon Bonaparte déclare, dans sa proclamation du 8 décembre au peuple français, qu'il se conformera toujours à son arrêt et qu'en attendant il ne reculera devant aucun sacrifice pour déjouer les projets des factieux; dévouement inutile, puisque, d'après la proclamation, « la capitale a montré partout une attitude calme », puisque « dans ces quartiers populeux, où naguère l'insurrection se recrutait si vite, l'anarchie, cette fois, n'a pu rencontrer qu'une répugnance profonde pour ses détestables excitations », et puisque enfin : « L'appel à la nation pour terminer la lutte des partis ne faisait courir aucun danger sérieux à la tranquillité publique. »

Un décret de la veille, malgré ces paroles rassurantes, déférait à la juridiction militaire la connaissance de tous les faits se rattachant à ce que le gouvernement appelle l'insurrection du 3 décembre et jours suivants, et le jugement des affaires des individus poursuivis à raison de ces faits; quatre commissions militaires, composées chacune de trois membres, présidées par un officier supérieur, se livreront aux opérations de l'instruction sous la présidence du général Bertrand, qui a déjà pré-

(1) Le capitaine Mauduit, *Révolution militaire du 2 décembre* 1851.

sidé aux transportations de juin. Le 8 décembre, un autre décret porte que tout individu qui aura fait partie d'une société secrète ou qui, placé sous la surveillance de la haute police, rompra son ban, pourra être transporté, par mesure de sûreté générale, dans une colonie pénitentiaire à Cayenne ou en Algérie. Le renvoi sous la surveillance de la haute police donnera dorénavant au gouvernement le droit de déterminer le lieu où le condamné devra résider à l'expiration de sa peine ; le séjour de Paris et de la banlieue est interdit à tous les individus placés sous la surveillance de la police ; en cas de contravention, ils pourront être transportés à Cayenne et en Algérie. Ce décret rétroactif menaçait des milliers de Français.

Trente-deux départements sont mis en état de siége ; les arrestations sont sur le point d'atteindre presque au chiffre de cent mille ; loin de cesser à Paris, elles augmentent chaque jour (1) : les représentants Chauffour et Kestner sont arrêtés le 7 ; David, le statuaire, va rejoindre, deux jours après, dans un cabanon de la préfecture, Buchez, l'ex-président de l'Assemblée nationale, et son ami le docteur Cerise ; seize personnes, imprimeurs, compositeurs, employés, sont jetées en prison pour avoir appartenu au *National;* M. Hetzel, éditeur, ancien secrétaire du pouvoir exécutif, reçoit « l'ordre de quitter la France, et de n'y plus rentrer ». Les détenus ne font pas un long séjour dans les prisons de Paris devenues trop étroites ; ils sont transférés au bout de

---

(1) Le chiffre des arrestations, à Paris seulement, dépasse 26 000, d'après M. Granier de Cassagnac.

deux ou trois jours dans les forts; les transfèrements s'opèrent entre minuit et une heure du matin; les soldats composant l'escorte ont le fusil chargé et l'ordre de fusiller quiconque tenterait de s'échapper ; chaque casemate reçoit un nombre réglementaire, mais souvent dépassé de cinquante prisonniers; le jour ne pénètre sous ces voûtes sombres et humides que par deux meurtrières qu'il faut boucher pour intercepter le vent glacial de décembre; une couverture, de la paille, quelquefois un matelas, forment le mobilier de chaque prisonnier. Une casemate longue de 20 mètres, large de 6, contenait souvent cent personnes : promenade d'un quart d'heure par jour dans un étroit préau; défense absolue de sortir sous aucun prétexte, voilà le règlement des casemates; les détenus se plaignent vainement ; les directeurs de ces geôles leur répondent qu'ils ne sont pas jugés, et que par conséquent, ne sachant point s'ils ont réellement affaire à des détenus politiques, ils les mettent au régime et à l'ordinaire des voleurs.

Le règlement des prisons contient des prescriptions qui, appliquées à certains détenus, deviennent des actes de véritable barbarie. M. Deville, docteur en médecine, renfermé dans la prison des conseils de guerre, rue du Cherche-Midi, demande, pour apprendre l'anglais, le *Vicaire de Wakefield;* c'est un roman; l'aumônier s'oppose à son introduction. Les prisonniers des casemates, soumis à la fois à l'administration militaire et à l'administration civile, relevaient du commandant du fort et d'un directeur, double contrainte.

Le pouvoir jusqu'à ce jour a, selon l'expression consacrée, agi *administrativement,* le moment de procéder *judiciairement* est arrivé. Les juges d'instruction se présentent donc dans les forts, et soumettent les détenus à l'interrogatoire suivant : « — Vous avez pris part aux événements? — Vous faites partie d'une société secrète ? — Comment avez-vous passé votre temps dans les journées des 2, 3 et 4 décembre? » Le prisonnier répond quelques mots, et le juge prononce ! Pas de témoins à charge ou à décharge, pas de confrontation. Des détenus en grand nombre ne sont pas interrogés. Les membres des commissions militaires consultent sur chaque personne amenée devant eux les dossiers de la préfecture de police, et l'opinion du juge d'instruction sèchement formulée à la suite du dossier. Le prisonnier, après cet examen, se trouve classé dans l'une de ces trois catégories : 1° individus pris les armes à la main ou contre lesquels il existe des charges graves ; 2° individus contre lesquels il existe des charges moins graves, mais de nature pourtant à motiver un jugement; 3° individus *dangereux*. Les conseils de guerre jugeant sommairement attendent les premiers; les seconds comparaîtront devant divers tribunaux ; la déportation est réservée aux derniers.

Heureux encore les détenus de ce semblant d'instruction, à la suite de laquelle ils furent en assez grand nombre rendus à leur famille.

Les attributions de la commission consultative furent enfin réglées le 11 décembre. Cette commission, après tant de vicissitudes, se trouva constituée d'une façon définitive sous la présidence de M. Baroche. Ce jour-là, cessèrent les missions confiées à M. Maurice Duval dans les départements des Côtes-du-Nord, du Finistère, d'Ille-et-Vilaine, de Maine-et-Loire, de la Mayenne, du Morbihan, de la Loire-Inférieure, de la Vendée ; à M. Carlier dans les départements de l'Allier, du Cher, de la Nièvre et de l'Yonne, et à M. Bérard dans le département de la Somme.

Un crédit de deux millions est ouvert pour distribuer des secours aux anciens militaires; le cadre d'activité des officiers généraux et le cadre de l'état-major sont rétablis sur leurs anciennes bases, ainsi que le chiffre des divisions militaires réduit le 3 mai 1848 ; aucun cabaret, café ou autre débit de boissons à consommer sur place, ne pourra s'établir désormais sans l'autorisation de l'administration.

Le mode d'organisation du suffrage universel emprunté à la législation du Consulat et de l'Empire avait été remplacé le 5 décembre par le mode employé en 1848. L'opinion publique demandait d'autres satisfactions; elle eût voulu que la question formulée dans le plébiscite fût autrement posée au peuple, et qu'il ne se trouvât pas réduit à répondre par oui ou par non sur des faits accomplis, ni à ratifier le coup d'État ou à tomber dans l'anarchie; comment ne pas souhaiter surtout que le peuple pût demander des conseils sur son vote aux journaux et aux réunions publiques? Mais les préfets, loin de répondre à ces vœux légitimes, assimilent les réunions politiques aux sociétés secrètes ; le général d'Alphonse fait placarder dans le département du Cher que « tout individu cherchant à troubler le vote, ou en critiquant le résultat, sera immédiatement traduit devant un conseil de guerre. » Le préfet du Bas-Rhin arrête que « la distribution de bulletins de vote ou d'écrits est formellement interdite ». Le préfet de Toulouse fera poursuivre « tout distributeur ou colporteur d'écrits ou de bulletins imprimés ou manuscrits, s'il n'est muni d'une autorisation spéciale du maire ou du juge de paix. » La gendarmerie arrête des gens sous la prévention d'avoir excité des citoyens à voter contre le Président de la République, d'autres pour avoir influencé l'élection ou distribué simplement des bulletins négatifs.

La commission consultative chargée de dépouiller les votes du scrutin des 20 et 21 décembre en présenta, quelques jours après, le résultat au Prince-Président, titre que tous les fonctionnaires donnent maintenant à M. Louis Bonaparte. Le chiffre officiel des bulletins portant *oui* était de 7 439 216 ; celui des bulletins portant *non* de 646 737 ; celui des bulletins nuls de 36 880 seulement. M. Baroche, organe de la commission consultative, prononça les paroles suivantes, après avoir constaté ce résultat :

« Prenez possession, Prince, du pouvoir qui vous est si glorieusement déféré ; servez-vous-en pour développer, par de sages institutions, les bases fondamentales que le peuple lui-même a consacrées par ses votes. Rétablissez en France le principe d'autorité trop ébranlé depuis cinquante ans par nos continuelles agitations, combattez sans relâche ces passions anarchiques qui attaquent la société jusque dans ses fondements. Ce ne sont plus seulement des théories odieuses que vous avez à poursuivre et à réprimer ; elles se sont traduites en faits et en horribles attentats. Que la France soit enfin délivrée de ces hommes toujours prêts pour le meurtre et pour le pillage, de ces hommes qui, au XIXe siècle, font horreur à la civilisation, et semblent, en réveillant les plus tristes souvenirs, nous reporter à deux cents ans en arrière. »

. Le Prince-Président répondit :

« Je comprends toute la grandeur de ma mission nouvelle ; je ne m'abuse pas sur ses graves difficultés ; mais avec un cœur droit, avec le concours de tous les hommes de bien qui, ainsi que vous, m'éclaireront de leurs lumières, et me soutiendront de leur patriotisme, avec le dévouement éprouvé de notre vaillante armée, enfin avec cette protection que demain je prierai solennellement le ciel de m'accorder encore, j'espère me rendre digne de la confiance que le peuple continue de mettre en moi. J'espère assurer les destinées de la France en fondant des institutions qui répondent à la fois aux instincts démocratiques de la nation, et au désir exprimé universellement d'avoir désormais un pouvoir fort et respecté. En effet, donner satisfaction aux exigences du moment en créant un système qui reconstitue l'autorité sans blesser l'égalité, sans fermer aucune voie d'amélioration, c'est jeter les véritables bases du seul édifice capable de supporter plus tard une liberté sage et bienfaisante. »

Le corps diplomatique et le clergé de Paris, à la suite de la commission consultative, offrirent leurs félicitations au Prince-Président; le nonce en lui présentant ses collègues, garda le silence; l'archevêque de Paris prononça ces paroles :

« Nous prierons Dieu avec ferveur pour le succès de la haute mission qui vous est confiée, pour la paix et la prospérité de la République, pour l'union et pour la concorde de tous les citoyens. »

Le lendemain 1ᵉʳ janvier 1852, le Prince-Président entendit pour la première fois son nom mêlé aux prières du clergé sous les voûtes de Notre-Dame. Le chœur, après le *Te Deum*, entonna le *Domine salvam fac Rempublicam*, et *Salvum fac Ludovicum Napoleonem*. Tous les regards, pendant la cérémonie, se portaient sur le prince Napoléon Bonaparte, assis dans un fauteuil sur l'estrade, non loin du dais du dictateur, derrière lequel le prince Murat étalait le grand cordon de l'Ordre de Naples. Le *Moniteur,* sous prétexte qu'avec la forme nouvelle de gouvernement sanctionnée par le peuple, la France peut adopter sans ombrage les souvenirs de l'Empire et les symboles qui rappellent sa gloire, publiait le matin même un décret remplaçant sur le drapeau français le coq gaulois par l'aigle romaine ; un autre décret apprenait au pays que le palais des Tuileries allait redevenir la résidence officielle du chef de l'État.

Les femmes et les sœurs des prisonniers de Ham attendaient dans cette ville le moment de connaître le sort réservé à leurs maris et à leurs frères. Le 8 janvier, vers une heure du matin, la porte de l'auberge habitée par elles retentit de coups redoublés ; c'est un messager accouru de la citadelle pour leur apprendre l'arrivée de M. Léopold Lehon, qui a déjà présidé au transfert des généraux de Paris à Ham ; les prisonniers ne tarderont pas à être enlevés ; madame Lamoricière, madame Leflo, la sœur du général Bedeau se rendent au château ; impossible d'y pénétrer ; l'émissaire de M. de Morny, qui sort de la prison, passe au milieu de ces femmes, les pieds dans la neige, grelottantes, éplorées ; le père de madame Leflo, vieillard aux cheveux blancs, soutenait sa fille ; les deux autres dames se précipitèrent à la portière de la voiture qui ramenait le secrétaire du ministre de l'intérieur : « De grâce, s'écrient-elles, laissez-nous voir nos maris et nos frères, dites-nous ce qu'on en va faire ? » M. Lehon entra sans répondre dans la cour de la citadelle. Un bruit de roues se fit bientôt entendre : une voiture passa sous la voûte au galop ; l'une de ces dames, malgré la rapidité des chevaux, reconnut le général Changarnier, qu'on entraînait : « Général, où vous mène-t-on ? » La voix du général Changarnier se perdit dans le bruit du vent, des coups de fouet et des roues. Le colonel Charras passa ensuite avec la même rapidité. Ces courageuses femmes attendaient encore à la porte du fort à cinq heures du matin ; un employé du greffe, touché de pitié, leur apprit que les prisonniers de Ham étaient conduits hors de France. Ce bannissement fut suivi le lendemain, 9 janvier, d'un décret expulsant du territoire français, pour cause de sûreté générale, les anciens représentants : Valentin, Racouchot, Perdiguier, Cholat, Latrade, Renaud, Benoît (du Rhône), Burgard, Colfavru, Faure (du Rhône), Gambon, Lagrange, Nadaud, Terrier, Victor Hugo, Cassal, Signard, Viguier, Charassin, Bandsept, Savoye, Joly, Combier, Boysset, Duché, Ennery, Guilgot, Hochstuhl, Michel Boutet, Baune, Bertholon, Schœlcher, De Flotte, Joigneaux, Laboulaye, Bruis, Esquiros, Madier de Montjau, Noël Parfait, Émile Pean, Pelletier, Raspail, Bac, Bancel, Belin, Bisse, Bourzat, Brives, Chavoix, Dulac, Dupont (de Bussac), Dussoubs, Guiter, Lafon, Lamarque, Lefranc, Leroux, Maigne, Malardier, Mathieu (de la Drôme), Milotte, Roselli-Mollet, Charras, Saint-Ferréol, Sommier, Testelin (du Nord). Un autre décret du même jour éloignait momentanément : le général Leflo, le général Bedeau, le général Lamoricière, le général Changarnier, Baze, Thiers, Chambolle, de Rémuzat, Jules de Lasteyrie, Émile de Girardin, le général Laidet, Pascal Duprat, Edgar Quinet, Antony Thouret, Chauffour, Versigny.

Le premier convoi de transportés partit ce jour-là même de Bicêtre. Les prisonniers de ce fort entendirent les geôliers, à neuf heures du soir, répéter ce cri dans les couloirs des casemates : « Faites vos paquets, préparez-vous à partir. » Quatre cent vingt détenus se trouvèrent bientôt réunis dans une seule casemate ; l'appel nominal fait à minuit, les prisonniers sortirent par couples, les mains attachées par des menottes, et à la fin par des ficelles, les menottes manquant ; les malheureux devaient bien se garder de témoigner la moindre indignation d'un pareil traitement ; les geôliers serraient plus fort à la plus légère plainte. Cette opération terminée, les soldats chargent leurs armes ; les détenus sont prévenus que toute tentative de fuite sera réprimée par des coups de fusil : « Vous voyez, dit le commandant de l'escorte, que les fusils ne sont pas chargés à blanc. Tenez-vous donc pour avertis que la moindre velléité d'évasion sera punie de la façon la plus rigoureuse. »

Les transportés, placés au centre d'une escorte formidable, entrèrent dans Paris par le pont d'Austerlitz ; ils saluèrent en passant du regard la colonne de la Bastille, et suivirent les boulevards ; beaucoup d'entre eux, chaussés de sabots et peu habitués à cette chaussure, avaient de la peine à suivre la marche des soldats ; ceux qui perdaient leurs sabots étaient obligés d'achever la route à pieds nus ; des vieillards, des malades, des enfants de treize à quatorze ans, chétifs, malingres, fatiguaient en vain leurs jambes à emboîter le pas ; le convoi déboucha sur la place du Havre à minuit ; les malheureux n'en pouvaient plus douter : Cayenne les attendait.

Le sifflement de la locomotive donne le signal du départ à trois heures du matin ; des wagons dont les quatre coins sont occupés par des gendarmes mobiles reçoivent les condamnés, tourmentés, après une si longue marche, par la faim et surtout par la soif ; défense absolue de leur laisser rien prendre sur la route ; les gendarmes, touchés de compassion, approchent un morceau de pain et leur gourde des lèvres des malheureux prêts à s'évanouir. Le convoi entre en gare du Havre à midi. Les transportés, une demi-heure après, étaient entassés dans la cale de la frégate française *le Canada*.

Les bourgeois de Paris, pendant les nuits de ce mois de janvier consacré aux plaisirs du carnaval, entendirent plus d'une fois le bruit lugubre et confus de ces longs convois passant sous leurs fenêtres. Les journaux officieux avaient averti précisément le public à diverses reprises que le gouvernement supprimait les bagnes, et qu'il envoyait tous les forçats à Cayenne ; les Parisiens répétaient donc, prêtant l'oreille au pas des transportés : « Ce sont des forçats qui partent! » et ils se remettaient à la danse et au jeu.

Le 14 janvier, la nouvelle Constitution est promulguée. Cette Constitution remet tous les pouvoirs entre les mains du Président de la République nommé pour dix ans ; le chef de l'État commande les forces de terre et de mer ; il fait les traités de paix, d'alliance et de commerce, et les règlements nécessaires pour l'exécution des lois dont il a seul l'initiative, la sanction, et la promulgation ; la justice se rend en son nom ; il a seul le droit de faire grâce ; les fonctionnaires lui prêtent serment, il peut ouvrir par simple décret des crédits extraordinaires en dehors du budget voté par le pouvoir législatif.

Le pouvoir législatif est déchu du droit d'initiative et du droit d'interpellation ; le Corps législatif ne pourra discuter que les questions qu'il plaît au pouvoir exécutif de lui soumettre. La Constitution stipule même qu'aucun amendement ne peut être soumis à la discussion, s'il n'est préalablement adopté par le conseil d'État ; le Corps législatif est obligé de voter le budget par ministère, et non plus par chapitres et par articles. Le Sénat, sur la proposition du Président de la République, pourvoit par des mesures d'urgence à tout ce qui est nécessaire à la marche du gouvernement, en cas de dissolution du Corps législatif, et jusqu'à sa convocation.

La Constitution, pour contrebalancer l'immense pouvoir du chef de l'État, lui impose la responsabilité. L'article 5, en effet, est ainsi conçu : « Le Président de la République est responsable devant le peuple français; » mais pour que cette responsabilité soit mise en jeu, il faut que le Président soumette lui-même au peuple les actes sur lesquels il appelle son jugement. Le peuple, s'il veut manifester son opinion sur les affaires de l'État, est obligé d'attendre le renouvellement du Corps législatif qui a lieu tous les six ans, encore le pouvoir exécutif se réserve-t-il de désigner des candidats au suffrage universel et de les faire soutenir par ses préfets, par ses maires qu'il nomme, par ses conseils municipaux qu'il peut dissoudre et remplacer par des commissions, par ses juges de paix, par ses commissaires de police, par ses directeurs, procureurs généraux, ingénieurs, recteurs, inspecteurs, contrôleurs, vérificateurs, percepteurs, conducteurs, gendarmes, gardes champêtres.

La seconde République française avait fait preuve d'une grande naïveté, en croyant qu'il lui serait possible de vivre avec une armée permanente, une administration centralisée, une magistrature fonctionnaire, un clergé salarié par l'État. Le coup d'État devait en grande partie son succès au maintien de ces grandes institutions. La nouvelle Constitution remettait l'armée, l'administration, la magistrature et le clergé entre les mains du pouvoir exécutif le plus concentré, le plus étendu qu'il y eût jamais, puisqu'il se continue après la mort du titulaire; l'article 17, dit en effet : « Le chef de l'État a le droit, par un acte secret, de désigner au peuple le nom du citoyen qu'il recommande, dans l'intérêt de la France, à la confiance du peuple et à ses suffrages. »

La Constitution met en face du pouvoir exécutif un Sénat conservateur nommé par lui. Ce Sénat, gardien des libertés publiques, peut s'opposer à la promulgation des lois votées par le Corps législatif, et recevoir les pétitions des citoyens.

L'article 1ᵉʳ de la Constitution « reconnaît, confirme et garantit les grands principes proclamés en 1789, et qui sont la base du droit public français ». Ces grands principes sont la liberté individuelle, l'inviolabilité du domicile, le secret des correspondances, la liberté des cultes, l'égalité civile, le droit de réunion, la liberté de la presse. L'application actuelle de ces principes étonnerait beaucoup les législateurs de la première Assemblée de la révolution de 89 ; ils se demanderaient si les mots de liberté individuelle, d'inviolabilité du domicile, de secret des correspondances ont la même signification en 1852 qu'en 1789 : « Vous parlez, diraient-ils au législateur de 1852, d'égalité civile et vous créez des nobles ; de liberté des cultes, et il faut une autorisation de l'État pour établir une chapelle ou un oratoire ; du droit de réunion, et il n'existe même pas pendant les vingt jours qui précèdent les élections au Corps législatif ! »

La liberté de la presse aurait pu seule servir de contrepoids à l'omnipotence du pouvoir exécutif, mais ce dernier tenait entre ses mains les journaux comme toutes les autres forces du pays. La loi organique de la presse, promulguée le 17 du mois de février, n'était que la consécration du régime dictatorial auquel le journalisme se trouvait soumis depuis le 2 décembre ; le bon plaisir de l'administration pouvait s'adjoindre désormais aux rigueurs de la police correctionnelle.

Le décret de promulgation de la Constitution cherchait à la rattacher aux institutions politiques du Consulat et de l'Empire : « Puisque nous reprenons les symboles de l'Empire, pourquoi n'adopterions-nous pas aussi les institutions politiques de cette époque ? Créées par la même pensée », ajoutait l'auteur de la Constitution, « elles doivent porter en elles le même caractère de nationalité et d'utilité publique. En effet, ainsi que je l'ai rappelé dans ma proclamation, notre société actuelle, il est essentiel de le constater, n'est pas autre chose que la France régénérée par 89, et organisée par l'Empereur. »

Le système administratif de l'Empire avait en effet survécu à l'Empire ; la France, sous la Restauration et sous la monarchie de Juillet, se croyait libre, mais elle ne l'était qu'en apparence ; elle jouissait d'une certaine liberté, sans comprendre les conditions de la liberté elle-même ; le maintien des institutions administratives de l'Empire préparait le retour de ses institutions politiques ; ce retour venait de s'accomplir, car la Constitution de 1852 établissait l'Empire ; la Constitution de l'an VIII à laquelle on essayait de la comparer, n'accordait au premier consul ni le titre de chef de l'État, ni le droit de déclarer la guerre et de signer des traités de paix sans la sanction législative ; le premier consul ne nommait ni les juges de cassation, ni les juges de paix ; il ne pouvait révoquer les magistrats civils ou criminels, dont la nomination lui était cependant conférée ; privé du droit de faire grâce et de sanctionner les lois, il lui était impossible d'en arrêter l'application ; la mise en état de siége d'une partie du territoire ne pouvait résulter que d'une loi, ou, en l'absence du Corps législatif, d'un décret provisoire fixant dans un de ses articles la date de la convocation de cette Assemblée, que le premier consul n'avait pas le pouvoir de dissoudre ou de proroger.

La Constitution de 1852, attribuant tous ces droits au chef de l'État, avait donc fait un Empereur. Cette Constitution ne devant entrer en vigueur que le jour où les corps qu'elle constitue seraient organisés, la dictature continuait ; elle fit, le 22 janvier, un nouvel emprunt à l'organisation impériale, en ressuscitant le ministère d'État ; le Directoire avait légué le ministère de la police à l'Empire ; la dictature accepta la succession. M. Casabianca, ministre des finances pendant le coup d'État, obtint le premier de ces deux ministères ; le second échut à M. de Maupas.

Le *Moniteur* du 22 janvier publiait, en même temps que ces nominations, des décrets appelés à produire une plus vive impression sur l'opinion publique.

Les membres de la famille d'Orléans, ainsi que leurs épouses et leurs descendants, étaient privés par ces décrets de posséder aucuns meubles et immeubles en France, et obligés de vendre d'une manière définitive tous les biens qui leur appartenaient dans l'étendue du territoire de la République. Cette vente devrait s'effectuer dans le délai d'un an pour les biens libres, et pour les biens susceptibles de liquidation ou de discussion, un an après que la propriété en aurait été vérifiée ; à défaut, l'administration des domaines devait procéder à la vente. Les biens de la famille faisant retour à l'État étaient répartis ainsi : Dix millions aux sociétés de secours mutuels, dix millions pour améliorer les logements des ouvriers, dix millions à l'établissement d'institutions de crédit foncier, cinq millions pour une caisse de retraite au profit des desservants pauvres ; le surplus, réuni à la dotation de la Légion d'honneur, devait servir à payer divers traitements aux officiers et soldats de terre et de mer, promus aux divers grades de la Légion d'honneur, et 100 francs de rente viagère aux porteurs de la médaille militaire qui venait d'être créée ; le château de Saverne, restauré et achevé, était destiné à servir d'asile aux veuves des hauts fonctionnaires, civils et militaires, morts au service de l'État, et un château national de maison d'éducation aux filles ou orphelines indigentes des familles dont les chefs auraient obtenu la médaille militaire.

Deux cents officiers ministériels environ, notaires, avoués, huissiers avaient été obligés, à la suite d'un arrêt de révocation, ou sur une simple injonction administrative, de se défaire de leurs charges immédiatement. Une vente dans de telles conditions équivalait, pour tant de familles, la ruine complète. Ces attentats à la propriété, commis sur de simples particuliers et sur des républicains, avaient passé presque inaperçus ; les décrets ordonnant la vente des biens de la famille d'Orléans soulevèrent des plaintes énergiques dans la haute bourgeoisie, et une assez vive opposition au sein même du conseil d'État. M. Vuitry, membre de cette assemblée, combattit les décrets, et donna sa démission (1) ; il fut remplacé par M. Persil, ancien ministre de Louis-Philippe. M. de Morny tint à prouver qu'il se souvenait de ses relations avec la famille d'Orléans, et quitta le ministère ; sa retraite entraîna celle de MM. Magne, Fould et Rouher ; les instances du chef de l'État réussirent seules à empêcher le général Saint-Arnaud, ministre de la guerre, de suivre l'exemple de ses collègues. Un parasite disait en parlant de son amphitryon habituel dont il avait à se plaindre : « Je ne dînerai pas chez lui de huit jours. » Les ministres démissionnaires se contentaient de sortir du gouvernement par la porte du conseil pour y rentrer par la porte du Sénat ou du conseil d'État.

M. de Persigny put enfin utiliser la circulaire préparée par lui au moment du coup d'État ; il remplaça M. de Morny au ministère de l'intérieur ; M. Abbatucci, Corse mélangé de Parisien, ancien député de la gauche, président de chambre à la cour d'Orléans, conseiller à la cour de cassation, reçut les sceaux abandonnés par M. Rouher. M. Bineau, proposé par M. Fould, devint ministre des finances.

M. Dupin surprit tout le monde en quittant le siège de procureur général à la Cour de cassation, pour se joindre à MM. Laplagne-Barris, au duc de Montmorency, au comte de Montalivet et à M. Scribe, comme lui exécuteurs testamentaires de Louis-Philippe, qui protestaient et demandaient des juges. MM. Berryer, Vatisménil, Dufaure, Paillet, s'offrirent pour combattre les

(1) M. Vuitry est aujourd'hui ministre président du conseil d'État.

décrets du 22 janvier devant les tribunaux. Les princes d'Orléans, Nemours et Joinville défendirent la mémoire de leur père dans la lettre suivante :

A MESSIEURS LES EXÉCUTEURS TESTAMENTAIRES DU ROI LOUIS-PHILIPPE.

« Messieurs,

» Nous avons reçu la protestation que vous avez rédigée contre les décrets de confiscation rendus contre nous, et nous vous remercions bien sincèrement de vos efforts pour résister à l'injustice et à la violence.

» Nous avons trouvé tout simple que vous vous soyez occupés spécialement de droit sans faire ressortir ce que les considérants de ces décrets ont d'injurieux pour la mémoire du Roi notre père.

» Un moment, nous avons songé à sortir de cette réserve que l'exil nous impose, et à repousser nous-mêmes les attaques si indignement dirigées contre le meilleur des pères...

» Mais en y pensant plus mûrement, il nous a paru qu'à de semblables imputations, le silence du dédain était la meilleure réponse.

» Nous ne nous abaisserons donc pas à relever ce que ces calomnies ont de plus particulièrement odieux à être reproduites par celui qui a pu deux fois apprécier la magnanimité du roi Louis-Philippe et dont la famille n'a reçu de lui que des bienfaits.

» Nous laissons à l'opinion publique le soin de faire justice des paroles aussi bien que de l'acte qu'elles accompagnent.

» Nous sommes heureux de constater que ces honteux décrets et leurs considérants plus honteux encore, n'ont osé se produire que sous l'état de siége et après la suppression de toutes les garanties protectrices des libertés de la nation.

» Signé : LOUIS D'ORLÉANS, duc de Nemours,
FRANÇOIS D'ORLÉANS, prince de Joinville. »

Une brochure rédigée dans les bureaux du ministère de l'intérieur n'était pas une réponse suffisante au mémoire et à la protestation des exécuteurs testamentaires de Louis-Philippe. Le gouvernement chercha de tous côtés un journal qui consentît à défendre les décrets du 22 janvier. Le bureau de l'esprit public organisé au ministère de l'intérieur sous Louis-Philippe, était une sorte de salle d'armes où le gouvernement entretenait des maîtres et des prévôts d'escrime, toujours prêts à ferrailler contre l'opposition. La caisse des fonds secrets fournissait la haute paye de ces employés d'un genre particulier. M. Granier de Cassagnac, l'un des plus célèbres parmi ces ferrailleurs politiques, se trouva le lendemain du 24 février sur le pavé avec sa brette et son plumet; le docteur Véron le recueillit au *Constitutionnel*, et fit cadeau de cette recrue au bonapartisme. Le gouvernement offrit au *Constitutionnel* et à M. Granier de Cassagnac de se charger de plaider en faveur de la confiscation des biens de la famille d'Orléans; ils ne reculèrent ni l'un ni l'autre devant cette tâche. Les articles de M. Granier de Cassagnac soulevèrent de vives répliques. Une partie des classes élevées prêta une attention suivie à ce débat, la majeure partie y resta étrangère ou indifférente; l'égoïsme eut plus de part que l'amour de la justice dans les critiques soulevées par ces décrets qui, aux yeux de bien des gens, ouvraient dans le droit de propriété une brèche menaçante pour l'avenir; mais la logique des événements, plus forte que toutes les plaintes, en diminuait l'importance en attendant de leur imposer silence complétement; les classes riches sentaient bien qu'après avoir sacrifié, en acceptant le coup d'État, le droit éternel à ce qu'elles appelaient le salut de la société, elles auraient mauvaise grâce à refuser de lui faire le sacrifice des biens de la famille d'Orléans

La dictature touchait à sa fin; elle avait bien mis le temps à profit; aux institutions remaniées par elle, il faut ajouter la garde nationale; une nouvelle loi enlève aux citoyens le droit de nommer leurs officiers reconnu par l'ancien régime aux gardes bourgeoises ; les professeurs de l'Université privés de l'inamovibilité dont ils jouissaient et livrés à l'arbitraire ministériel ; l'inamovibilité de la magistrature menacée par la limite d'âge pour la retraite ; les attributions des préfets augmentées sous prétexte de décentralisation ; la presse placée sous la main du pouvoir, par la nécessité d'obtenir l'autorisation et de se conformer aux décisions de l'arbitraire administratif ; la rente 5 pour 100 convertie en 4 1/2 pour 100 ; le crédit foncier et le crédit mobilier fondés ; le budget de 1852 que l'Assemblée législative n'a pas pu discuter réglé par un décret, la dictature a fini sa tâche ; le dictateur abdique en levant partout l'état de siége, le 28 mars 1852, veille du jour où les corps constitués doivent se réunir pour la première fois.

CHAPITRE IX.

LES CORPS CONSTITUÉS.

1852.

Le Sénat. — L'ancien et le nouveau Sénat. — Les consuls nomment le Sénat. — Le premier consul augmente les attributions du Sénat. — Les Sénatoreries. — Le Sénat sous l'Empire. — Le nouveau Sénat. — Son rôle dans l'État. — Les dignitaires du Sénat. — Composition du Sénat. — Sa première session. — Le Conseil d'État. — Les *missi dominici*. — M. Baroche vice-président du Conseil d'État. — Les présidents de section. — M. de Parieu. — M. Rouher. — Le Corps législatif. — Les ministres en sont exclus. — Faiblesse du pouvoir législatif. — La responsabilité ministérielle. — Une question qui se pose. — Les élections de 1852. — L'action et l'abstention. — La mission des députés. — Les candidatures officielles. — Les élections de Paris et de Lyon. — Le général Cavaignac et M. Carnot nommés à Paris. — M. Hénon élu à Lyon. — Composition du Corps législatif. — Discours du Prince-Président aux grands corps de l'État. — Les députés républicains refusent le serment. — Ils sont déclarés démissionnaires. — M. Billault président du Corps législatif. — Discussion sur la réhabilitation des condamnés. — Le Corps législatif est rappelé au respect de la Constitution. — Clôture de la première session du Corps législatif.

Le conseil des Cinq-Cents et le conseil des Anciens ne furent point dissous par Bonaparte; ces assemblées se dispersèrent; vingt et un membres du conseil des Cinq-Cents et vingt et un membres du conseil des Anciens, réunis à la commission consulaire exécutive, discutèrent le projet de constitution de Siéyès. Le Sénat, d'après cette constitution, nommait le grand électeur placé à la tête du pouvoir exécutif et chargé de désigner le consul de la paix et le consul de la guerre; le Sénat avait encore d'autres priviléges : un magistrat lui déplaisait-il, il l'absorbait en le nommant sénateur malgré lui ; le Sénat pouvait en faire autant de tout citoyen portant ombrage à la république par son importance et par ses talents. Bonaparte mit le projet de Siéyès au feu et il se contenta de composer le Sénat conservateur de membres inamovibles et à vie, âgés de quarante ans, choisis par lui-même, sur une liste de trois candidats, présentés l'un par le Corps législatif, l'autre par le tribunat, le troisième par le premier consul.

Le premier consul cessant ses fonctions devenait nécessairement sénateur ; les deux autres consuls déposant le glaive consulaire par démission entraient ou n'entraient pas au Sénat selon leur volonté ; le Sénat nommait les législateurs, les tribuns, les consuls, les juges de cassation et les commissaires à la comptabilité ; il maintenait ou annulait les actes qui lui étaient déférés par le gouvernement ou par le tribunat comme inconstitutionnels, y compris les listes d'éligibles ; il se nommait lui-même ainsi que tous les autres pouvoirs de l'État et se trouvait constitué gardien de la Constitution. Les membres du conseil des Anciens recevaient par an, comme indemnité, 3000 myriagrammes de froment ; il fallait pour faire partie de ce conseil être marié ou veuf ; le Sénat, qui remplaçait en quelque sorte le conseil des Anciens, fut doté des revenus d'un certain nombre de domaines nationaux dont le montant était affecté à ses dépenses ; le traitement annuel de chacun de ses membres, pris sur ces revenus, et perçu non en froment, mais en espèces métalliques, était égal au vingtième du traitement du premier consul, lequel étant de 500 000 francs, donnait un chiffre de 25 000 par sénateur. Les sénateurs n'étaient point, comme les Anciens, forcés de renoncer au célibat ; le Luxembourg était destiné à la résidence du Sénat ; la Constitution de l'an XIII lui accordait des huissiers et une garde d'honneur. Siéyès, Roger Ducos, consul sortant, Cambacérès et Lebrun, second et troisième consuls, réunis au palais du Luxembourg pour former cette assemblée, nommèrent vingt-neuf sénateurs qui en nommèrent vingt-neuf autres qui, tous réunis, élurent Siéyès président, Roger Ducos et Lacépède secrétaires.

Tel était le premier Sénat qui précéda le Sénat de l'Empire.

Le premier consul se fit décerner, plus tard, le droit de prendre en dehors de la liste des candidats désignés par les collèges électoraux, des citoyens distingués par leurs services et par leurs talents pour les faire entrer au Sénat ; les membres du grand conseil de la Légion d'honneur devinrent sénateurs de droit, quel que fût leur âge ; le nombre des sénateurs resta fixé à cent vingt et un, et le Sénat cessa de nommer son président ; il devait être présidé dorénavant par l'un des consuls. Les attributions du Sénat augmentèrent en même temps que le pouvoir exécutif étendit sur lui son influence ; le Sénat de l'an XIII réglait, par un sénatus-consulte organique, tout ce qui n'avait pas été prévu par la Constitution et qui était nécessaire à sa marche ; il expliquait les articles de la Constitution donnant lieu à différentes interprétations, il nommait le second et le troisième consuls sur la présentation du premier ; il suspendait pour cinq ans les jurés dans les départements où cette mesure était nécessaire ; il déclarait, quand les circonstances l'exigeaient, les départements hors la Constitution, c'est-à-dire en état de siége ; il déterminait le temps dans lequel les individus arrêtés en vertu de l'article 46 de la Constitution devaient être traduits devant les tribunaux lorsqu'ils ne l'avaient pas été dans les dix jours de leur arrestation ; il annulait les jugements des tribunaux attentoires à la sûreté de l'État ; il jouissait du droit régalien de dissoudre le Corps législatif et le tribunat ; le Sénat était donc le maître de l'État ? Non, car le pouvoir exécutif exerçait en réalité toutes les attributions précédentes par son intermédiaire.

Les consuls convoquaient seuls le Sénat et indiquaient les jours et les heures de ses séances ; le premier consul désignait celui des deux autres consuls qui devait présider à sa place. Il pouvait désigner un sénateur, quand il s'agissait d'élire des membres du Sénat, du Corps législatif, du tribunat, du tribunal de cassation, des commissaires de la comptabilité ; ce sénateur ne prenait que le titre de vice-président, et la durée de ses fonctions restait limitée aux séances pour lesquelles il était désigné ; il siégeait à un bureau placé au-dessous de l'estrade, entre le bureau des deux sénateurs-secrétaires.

Le sénatus-consulte du 9 nivôse an XI avait créé des sénatoreries rappelant les starosties de la Pologne, avec cette différence que les sénatoreries étaient viagères et constituées non sur une famille, mais sur un homme. Chaque arrondissement de tribunal d'appel comptait une sénatorerie dotée d'un palais et d'un revenu annuel en domaines nationaux de 20 à 25 000 francs ; les sénatoreries étaient à vie, les sénateurs devaient y résider au moins trois mois chaque année, remplir les missions extraordinaires que le premier consul jugeait à propos de leur donner dans leur arrondissement et lui en rendre compte directement.

Le Sénat, sous l'Empire, subit de nouvelles modifications ; les princes français ayant atteint leur dix-huitième année, les grands dignitaires de la couronne, augmentèrent la liste de ses membres dont le nombre devint illimité ; la commission sénatoriale de la liberté individuelle et la commission sénatoriale de la liberté de la presse furent instituées ; les personnes arrêtées et non mises en jugement après les dix jours de leur arrestation, les auteurs, imprimeurs ou libraires qui se croyaient fondés à se plaindre d'empêchement mis à l'impression ou à la circulation d'un ouvrage, pouvaient recourir directement par eux, leurs parents ou leurs représentants et par voie de pétition à ces deux commissions. Si la commission pensait que la prolongation de l'arrestation n'était pas justifiée par l'intérêt de l'État, elle invitait le ministre à remettre le détenu en liberté ou à lui donner des juges ; la commission, après trois invitations successives dans l'espace d'un mois, si le détenu restait en prison, demandait une assemblée générale du Sénat, et, s'il y avait lieu, votait la déclaration suivante : « Il y a de fortes présomptions que X. est détenu arbitrairement. » S'il s'agissait d'un auteur ou d'un imprimeur, lorsque la commission estimait que les empêchements n'étaient pas justifiés par l'intérêt de l'État et que le ministre, après les trois sommations, maintenait sa décision, le Sénat déclarait que : « Il y a de fortes présomptions que la liberté de la presse a été violée. »

Toute loi adoptée par le Corps législatif pouvait être dénoncée au Sénat par un sénateur, comme tendant au rétablissement du régime féodal, comme contraire à l'irrévocabilité des ventes des biens nationaux, comme n'ayant pas été délibérée dans les formes prescrites par les constitutions de l'Empire, les règlements et les lois, comme portant atteinte aux prérogatives de la dignité impériale et à celles du Sénat. Si le Sénat, saisi d'une dénonciation de ce genre, la trouvait fondée, il exprimait l'opinion qu'il n'y avait pas lieu à promulguer la loi ; l'Empereur, après avoir entendu le conseil d'État, adhérait par un décret à la délibération du Sénat, ou faisait passer outre à la promulgation ; le Sénat pouvait, pour cause d'inconstitutionnalité, annuler les opérations d'un collége électoral ; il nommait le régent, si, à la mort de l'Empereur, personne ne se trouvait désigné par lui pour remplir ces fonctions, et si aucun des princes français n'était âgé de vingt-cinq ans accomplis. Le Sénat était obligé de prendre le régent parmi les titulaires des grandes dignités de l'Empire. La fixation du nombre et de l'époque des levées extraordinaires des conscrits figurait au nombre de ses prérogatives.

Telles étaient les attributions du Sénat sous le premier Empire. Voici comment l'auteur de la Constitution du 14 janvier 1852 fixe celles du nouveau Sénat :

Article 25. — Le Sénat est le gardien du pacte fondamental et des libertés publiques. Aucune loi ne peut être promulguée avant de lui avoir été soumise.

Article 26. — Le Sénat s'oppose à la promulgation : 1° des lois qui seraient contraires ou qui porteraient atteinte à la Constitution, à la religion, à la morale, à la liberté des cultes, à la liberté individuelle, à l'égalité des citoyens devant la loi, à l'inviolabilité de la propriété et au principe de l'inamovibilité de la magistrature ; 2° de celles qui pourraient compromettre la défense du territoire ;

Article 27. — Le Sénat règle par un sénatus-consulte : 1° la constitution des colonies et de l'Algérie ; 2° tout ce qui n'a pas été prévu par la Constitution et qui est nécessaire à sa marche ; 3° le sens des articles de la Constitution qui donnent lieu à différentes interprétations ;

Article 29. — Le Sénat maintient ou annule tous les actes qui lui sont déférés comme inconstitutionnels par le gouvernement ou dénoncés, pour la même cause, par les pétitions des citoyens ;

Article 30. — Le Sénat peut, dans un rapport adressé à l'Empereur, poser les bases des projets de loi d'un grand intérêt national ;

Article 31. — Il peut également proposer des modifications à la Constitution ; si la proposition est adoptée par le pouvoir exécutif, il y est statué par un sénatus-consulte ;

Article 33. — En cas de dissolution du Corps législatif, et jusqu'à nouvelle convocation, le Sénat, sur la proposition du Président de la République, pourvoit par des mesures d'urgence à tout ce qui est nécessaire à la marche du gouvernement.

Le Sénat est donc redevenu, comme sous le premier Empire, le gardien de la Constitution ; car il maintient ou annule tous les actes qui lui sont déférés comme inconstitutionnels par le gouvernement ; les actes du pouvoir législatif lui sont soumis, pour qu'il les juge à ce point de vue ; il peut de lui-même s'opposer à la promulgation de toutes les lois contraires, ou portant atteinte aux grands principes dont il a la garde ; il est seul investi du droit de recevoir les pétitions des citoyens. On concevait que le Sénat pût dissoudre le Corps législatif, quand c'était lui qui le nommait, mais ce droit et celui de casser les jugements des tribunaux, motivé par certaines décisions judiciaires en matière de biens nationaux, n'avaient plus leur raison d'être ; le Sénat du premier Empire, considéré comme en état de permanence, était présidé par l'Empereur, ou par celui des titulaires des grandes dignités de l'Empire qu'il désignait, ou par un sénateur nommé président pour un an ; le nouveau Sénat avait pour président un sénateur choisi par le chef de l'État pour chaque session, et assisté de vice-présidents; deux sénateurs, choisis par l'Empereur, veillaient, sous le titre de Préteurs, aux détails de l'administration intérieure de l'ancien Sénat; les Préteurs étaient remplacés par un sénateur portant le titre de Grand Référendaire, moins romain, et plus conforme aux traditions de l'ancien régime.

La Constitution de l'an VIII avait déclaré tout sénateur à jamais inéligible à toute autre fonction publique ; le sénatus-consulte organique du 16 thermidor an X permit aux sénateurs d'être consuls, ministres, inspecteurs de l'instruction publique, employés dans des missions extraordinaires et temporaires ; les grands dignitaires de l'Empire étaient de droit membres du Sénat; la Constitution de 1852 accorde également ce privilége aux princes de la famille impériale, aux cardinaux, aux maréchaux, aux amiraux ; elle ne crée ni incompatibilité ni catégorie ; liberté illimitée de choix pour le souverain. L'armée fournit le contingent le plus élevé au nouveau Sénat, presque le tiers des siéges. Des magistrats, des administrateurs, d'anciens ministres occupèrent les deux autres tiers. Le nouveau Sénat ne comptait à sa création que deux préfets en activité de service, nombre encore trop considérable aux yeux de plusieurs sénateurs, humiliés de siéger à côté de collègues amovibles comme préfets, inamovibles comme sénateurs, exposés comme fonctionnaires à recevoir les réprimandes d'un ministre, inférieur à eux en dignité.

La dignité de sénateur, d'après la Constitution, ne

donnait droit en principe à aucun traitement, mais en fait le Président de la République s'était réservé d'accorder à des sénateurs une dotation personnelle ne pouvant excéder 30 000 francs ; trois catégories de dotations à 30 000, à 20 000 et à 15 000 furent donc établies. Les nouveaux sénateurs ne portaient pas de droit, comme les anciens, le titre de comte, transmissible à leur descendance directe et légitime, naturelle ou adoptive de mâle en mâle par ordre de primogéniture en se présentant devant le prince archi-chancelier de l'Empire et en constituant un majorat d'une valeur de 30 000 francs ; ils ne pouvaient pas non plus instituer de leur vivant, en faveur de leur fils aîné ou puîné, un majorat auquel était attaché le titre de baron. Plus d'un sénateur souhaitait le rétablissement des majorats et regrettait le titre de comte; aucun d'eux, probablement, ne réclamait le privilége d'être enterré avec la pompe sénatoriale dans un caveau spécial de l'église de Sainte-Geneviève.

Le 29 mars 1852, le prince Jérôme Bonaparte, ancien roi de Westphalie, président du Sénat, ouvrit la session de cette Assemblée par un discours reproduisant les théories exposées par son neveu toutes les fois qu'il avait eu à s'expliquer publiquement sur la situation du pays. La philosophie de l'histoire pour les écrivains comme pour les orateurs de l'école bonapartiste se résume en ceci : « Rien ne peut être fondé en dehors du suffrage universel; les seules institutions que n'ait pas renversées le peuple sont celles que le suffrage universel a consacrées en l'an XIII; elles se sont même perpétuées sous les autres gouvernements; tous se les sont plus ou moins appropriées. Le peuple, en 1848, a proclamé la République, mais pour l'organiser, il fallait revenir nettement à ces institutions qui réalisent seules l'union de l'ordre avec la liberté ; le peuple a rappelé un prince du nom de Napoléon, pour relever ces institutions et pour se donner à lui-même une revanche des malheurs et des trahisons de Waterloo. »

Le président du Sénat, après avoir développé ce vieux thème, traçait à l'Assemblée ses devoirs ainsi que ses droits.

La Constitution nouvelle avait réorganisé le conseil d'État.

Le deuxième grand corps de l'État était redevenu, comme sous le Consulat et sous l'Empire, la cheville ouvrière du gouvernement : rédiger les projets de loi et en soutenir la discussion devant le Corps législatif ; proposer des décrets qui statuent sur les affaires administratives, dont l'examen lui est déféré par les dispositions législatives ou réglementaires, sur le contentieux administratif, sur les conflits d'attributions entre l'autorité administrative et l'autorité judiciaire ; donner son avis sur tous les décrets d'administration publique ou qui doivent être rendus dans la forme de ces règlements ; connaître des affaires de haute police administrative à l'égard des fonctionnaires, dont les actes sont déférés à sa connaissance par l'Empereur ; enfin donner son avis sur toutes les questions qui lui sont soumises par l'Empereur et par les ministres, telles étaient ses nombreuses attributions.

Le conseil d'État, chargé de rédiger les lois et d'en soutenir la discussion devant le Corps législatif, avait indirectement une part plus grande de la puissance législative, que l'Assemblée élective réduite à n'exercer le droit de discussion et d'amendement que sous les restrictions les plus sévères. Le *veto*, borné à certains cas fixés par la Constitution, ne donnait pas au Sénat, sur la confection des lois, une influence inférieure à celle du conseil d'État.

Le conseil d'État, aux attributions que nous venons d'énumérer, joignait le contrôle administratif direct par la création des inspections de préfecture confiées à ses membres. Les journaux du gouvernement vantèrent cette création comme une réminiscence des institutions de Charlemagne. Cette admiration aurait pu se comprendre si la France eût ressemblé à ces immenses possessions formant à peine une agrégation, que des historiens ont décorées du nom d'Empire, vastes territoires sans liens politiques, presque sans communications matérielles les uns avec les autres, qu'il fallait gouverner plutôt qu'administrer. Les *missi dominici* de Charlemagne, souverains voyageurs, avaient tous les droits de la royauté. MM. Vaisse, Carlier, Stourm, Dariste, J. Boulay (de la Meurthe), Boulatignier, Frémy, conseillers d'État en mission dans les départements, jouissaient de prérogatives moins étendues. Ces *missi dominici* devaient, dans une tournée de quelques mois, inspecter douze ou quinze départements, et constater spécialement les effets du décret relatif à la décentralisation administrative. On appelait ainsi le décret de 1852, qui conférait aux préfets le droit de nommer certains fonctionnaires, et d'étendre leur juridiction sur un plus grand nombre d'intérêts. Singulière décentralisation qui ne donnait pas une attribution de plus aux conseils représentant la commune, l'arrondissement, et le département.

Le conseil d'État se divisait en six sections : section de législation, justice et affaires étrangères; section du contentieux; section de l'intérieur, de l'instruction publique et des cultes; section de l'agriculture, du commerce et des travaux publics; section de la guerre et de la marine; section des finances ; une septième section fut formée, celle des conseillers en service ordinaire hors section pouvant assister avec voix délibérative aux assemblées générales du conseil d'État.

Le 21 juillet 1852, on lisait dans le *Moniteur* : « Le Prince-Président a décidé que M. Baroche, vice-président du conseil d'État, prendrait part aux travaux du conseil des ministres, » expression presque inconstitutionnelle, puisque la Constitution déclarait que les ministres ne formaient plus un conseil responsable, composé de ministres solidaires; il est vrai qu'un conseil peut exister sans être responsable.

Le président du conseil d'État assistait donc aux séances du conseil des ministres sans être lui-même ministre, et il fallait qu'il en fût ainsi, car autrement la Constitution lui aurait interdit l'entrée des chambres. Le rôle du vice-président du conseil d'État, placé entre le souverain et les corps délibérants, pouvant servir d'intermédiaire entre eux, ne manquait pas d'importance; M. Baroche, ancien avocat, deux fois bâtonnier de l'ordre, entré dans la vie politique sous les auspices de M. Odilon Barrot, en était chargé ; M. Baroche, candidat de l'opposition au collége de Nantes, échoua trois fois ; le colonel Dumas, aide de camp de Louis-Philippe, nommé général en 1847, se trouvait soumis à la réélection ; les électeurs de Rochefort lui demandaient des explications sur ses votes, il ne voulut pas en donner ; M. Baroche fut nommé, grâce à l'appui de M. Bethmont. Le député de Rochefort vint à la Chambre juste à temps pour signer l'acte d'accusation, rédigé contre les ministres de Louis-Philippe par M. Odilon Barrot ; il put donc, avec raison, se vanter en 1848 d'avoir devancé la justice du peuple ; M. Baroche, le 24 février au matin, était aux Tuileries avec MM. Thiers et Barrot ; plus tard, il accompagnait ce dernier dans sa promenade équestre sur le boulevard ; M. Baroche croyait sans doute qu'un ministère de gauche serait le dénouement du drame de février ; bientôt détrompé, il prit son parti de la chute de la monarchie ; son ancien ami, M. Odilon Barrot, président du conseil des ministres, le nomma procureur général près la Cour d'appel de Paris ; les procès ordinaires et extraordinaires ne manquaient pas en ce temps-là : haute Cour à Bourges, haute Cour à Versailles, M. Baroche soutint devant la première de ces Cours l'accusation contre Barbès, Albert, Blanqui, Sobrier, Flottes et tous les accusés du 15 mai ; il porta la parole devant la seconde contre les accusés du 13 juin, Ledru-Rollin, Considérant, Boichot, Félix Pyat et autres ; M. Baroche, actif, agressif, violent, sans élévation de pensée ni de langage, avocat plutôt que magistrat, quitta la direction du parquet de Paris en 1850, pour passer au ministère de l'intérieur ; il hésita d'abord à recevoir ce portefeuille des mains du Président de la République. M. Thiers, pour le décider, et pour faire taire ses scrupules royalistes, dut lui adresser ce petit billet :

« J'apprends que vous devenez ministre de l'intérieur, je me hâte de vous dire que cette nouvelle nous cause à tous le plus grand plaisir. Vous êtes un homme d'esprit et de cœur que nous appuyerons de toutes nos forces; comptez sur moi en particulier. Dans des temps comme ceux-ci, on doit son concours aux hommes qui savent se dévouer. »

M. Louis Bonaparte eut lieu de s'applaudir de son choix ; M. Baroche, bientôt converti au bonapartisme, fut pour lui un ministre précieux et dévoué. Lors de la rupture définitive entre les royalistes de la majorité et le Président de la République, à l'occasion de la loi du 31 mai, le gouvernement ne pouvait décemment charger M. Baroche de demander le retrait de la loi du 15 mai, qu'il avait votée ; M. Louis Bonaparte fut donc obligé de se séparer de lui; tour à tour procureur général, ministre de l'intérieur, ministre des affaires étrangères ; laborieux, souple, habile à se mettre au niveau de toutes les questions en les rabaissant, prêt à parler sur tout et partout, inépuisable, vulgaire, très-propre en un mot à agir sur une Assemblée ayant les mêmes instincts, composée d'esprits de sa trempe, dont l'histoire intellectuelle et les transformations morales étaient les mêmes que les siennes, M. Baroche était le meilleur intermédiaire que le gouvernement pût choisir entre lui et le Corps législatif.

M. Rouher avait donné sa démission de ministre de la justice à l'occasion des décrets sur les biens de la famille d'Orléans, on ne sait pas trop pourquoi, à moins que ce ne soit parce qu'il avait dit un jour à la tribune que la Révolution de Février était une catastrophe ; la mode en France se mêle même aux questions de droit et de justice, il est de bon goût et de bon ton d'avoir telle ou telle opinion ; on a une morale selon la mode, et une fois la mode de protester contre une mauvaise action passée, on oublie l'action elle-même ; blâmer la spoliation de la famille d'Orléans à la suite de M. de Morny, c'était se poser en gentilhomme, cette mode dura quinze jours. M. Rouher, cependant, après s'être séparé avec un certain éclat du gouvernement comme ministre, pouvait-il, quinze jours plus tard, accepter au Conseil d'État la direction de la section de législation, justice et affaires intérieures? S'il y avait là une difficulté, l'agile Auvergnat la franchit ou ne la vit pas.

M. de Parieu, président de la section des finances, était un des membres les plus notables du nouveau conseil d'État; sa famille comptait de nombreux conseillers au présidial d'Aurillac où il avait vu le jour; élève du collége de Lyon et de la maison de Juilly, très-versé dans la science du droit, il commençait à compter au barreau de Riom, lorsque la Révolution de Février fit de lui un représentant du peuple ; son discours sur la Constitution, où il se prononçait pour la nomination d'un président par l'Assemblée, ne fut pas d'un avocat, mais d'un homme politique; il connaissait fort bien les questions de finance, comme le prouvent ses rapports sur l'impôt progressif, et sur l'impôt du revenu mobilier ; ministre de l'instruction publique dans le cabinet du 11 octobre 1849, il s'y montra comme un second Falloux, et supprima, pour ainsi dire, le rectorat par la loi qui créait quatre-vingt-six recteurs, minces personnages incapables de tenir devant un évêque ; son discours contre la proposition Pradié, sur la responsabilité des ministres du Président de la République, avait été fort prisé à l'Élysée ; cependant le moment était aux hommes d'action, on ne songeait pas à lui ; M. de Parieu, le matin du 2 décembre, s'était rendu à la bibliothèque de l'Assemblée ; la trouvant fermée pour cause de coup d'État, il rentra tranquillement chez lui, où l'on ne tarda pas à venir lui offrir la place de président de section du conseil d'État ; il accepta philosophiquement en attendant la vice-présidence de ce corps, qui lui fut conférée en 1855.

Le Corps législatif venait après le conseil d'État dans la hiérarchie des corps constitués.

Le Prince-Président, suivi d'un aide de camp, descendait de sa voiture, le 16 janvier 1852, devant la petite porte du palais Bourbon, donnant sur la rue de Bourgogne ; la nuit tombait sur les décombres de la salle où il avait siégé comme représentant du peuple ; il entra dans l'ancienne chambre des députés en traversant le salon d'attente de Louis-Philippe, et la salle où se dressent les statues de Mirabeau, de Foy, de Bailly ; après un rapide coup d'œil jeté sur cette enceinte, où avaient retenti tant de voix éloquentes, il décida que les deux rangs de tribunes seraient réduits à un seul. Les séances du Corps législatif étaient publiques sous le premier Empire, mais il n'y avait place dans la salle que pour deux cents personnes ; une publicité de ce genre semblait réservée au Corps législatif nouveau ; plus de tribune spéciale pour les journalistes ; la tribune des orateurs était supprimée, désormais ils parleraient de leur place.

La nouvelle Constitution portait que tout Français âgé de vingt et un ans était électeur à la condition de jouir de ses droits civils et politiques, d'habiter la commune depuis six mois ; chaque département comptait un député par 35 000 électeurs ; à chacun des départements dans lequel le nombre excédant des électeurs dépassait le chiffre de 25 000, un député de plus était accordé. Le nombre des électeurs fournissait 201 députés élus pour six ans ; ni les colonies ni l'Algérie n'étaient représentées au Corps législatif ; dans chaque commune, le maire dressait seul la liste électorale.

Le Corps législatif choisi par le Sénat sous le premier Empire, n'était en réalité qu'une émanation de l'Empereur comme le Sénat lui-même ; sous la nouvelle Constitution, il émanait à la vérité du suffrage universel, mais le gouvernement, en désignant lui-même les candidats aux électeurs, et en pratiquant le système des candidatures officielles, substituait en quelque sorte au choix du Sénat celui de l'administration.

La Constituante de 89, croyant assurer le salut de la liberté en séparant aussi nettement que possible le pouvoir exécutif et le pouvoir législatif, décida malgré Mirabeau que les ministres ne seraient point membres de l'Assemblée ; l'ambition qu'on lui supposait le rendait suspect dans cette question. La nouvelle Constitution reprit sur ce point les traditions de la Constituante, mais pour assurer la prépondérance du pouvoir exécutif sur le pouvoir législatif ; les ministres ne pouvaient donc point paraître devant le Corps législatif ; toutes les affaires entre cette assemblée et le gouvernement devaient se traiter par l'intermédiaire de commissaires pris dans le conseil d'État.

Napoléon Ier demandait qu'on lui fît un Corps législatif trop faible pour pouvoir rien exiger de lui, et pourtant assez fort pour lui être utile ; il voulait réduire le pouvoir législatif à n'être plus à craindre, et se soustraire à l'alternative de le supprimer ou d'être renversé par lui. Pendant dix ans, il crut avoir réussi; la campagne de Russie lui prouva qu'il se trompait. L'auteur de la Constitution de 1852 s'était évidemment posé le même problème que l'auteur de la Constitution de l'an VIII. Serait-il plus heureux ? Ne viendrait-il pas un jour où, moins préoccupé d'éviter l'apparence même de l'opposition contre le pouvoir exécutif, le pouvoir législatif éprouverait le besoin de sortir de sa réserve, et de faire valoir ses droits? L'avenir seul pouvait répondre à cette question, que s'adressaient les rares personnes qui, en 1852, s'intéressaient encore aux questions politiques.

Le scrutin pour l'élection des députés au Corps législatif donna presque l'unanimité des suffrages aux candidats officiels.

Les partis vaincus, pour justifier leur faiblesse, inventent des systèmes qui ne sont que la théorie de cette faiblesse elle-même. Le système d'abstention en vertu duquel la meilleure opposition à faire au gouvernement est de n'en pas faire du tout, berçait le découragement d'une partie de ceux qui avaient le plus profondément ressenti la chute de la République, et qui, attristés, abattus, ne se sentaient point encore en état de se reprendre à l'activité politique ; l'homme le plus ferme, quand il éprouve un grand mécompte, se laisse aller quelquefois au découragement et au doute : les partis ressemblent aux hommes ; ce découragement qui privait les masses de leurs chefs, ne tarissait pas le fond d'activité et d'ardeur qui est en elles ; abstention et abdication sont pour le peuple un seul et même mot, le peuple refusa d'abdiquer ; le parti républicain dressa une liste de candidats que le *Siècle* inscrivit en tête de ses colonnes. Trois de ces candidats, MM. Cavaignac, Carnot et Hénon, furent nommés.

Les autres partis n'engagèrent pas la lutte ; M. de Larochejacquelein, dans une lettre adressée à la *Gazette de France*, crut devoir prévenir le public qu'il refusait la candidature qu'on lui offrait, disait-il, de tous côtés, ne voulant point, par des raisons personnelles, faire partie d'aucune assemblée parlementaire ; il avait été question de la candidature de M. de Morny à Paris, mais l'échec de ce nom eût été grave ; le gouvernement aima mieux mettre en avant des noms inconnus ou n'ayant qu'une notoriété de cité et même de quartier ; des hommes modestes pouvaient seuls, en effet, accepter la candidature au moment où le *Constitutionnel* traçait ainsi aux futurs députés la mission qu'ils auraient à remplir : « Renoncez à chercher l'influence que vous aviez sous le régime parlementaire, acceptez une situation modeste et occupée, renoncez au fracas de ces séances théâtrales où l'on parlait pour des femmes oisives ; pour des clubs, pour des cafés, pour des journaux, pour son ambition, pour sa vanité, pour sa rancune, pour sa haine, pour sa vengeance. » Le *Constitutionnel* disait ensuite aux électeurs qui se plaignaient de l'intervention du pouvoir : « Vous avez besoin d'être dirigés ; félicitez-vous que les préfets vous désignent les candidats les plus disposés à seconder le Président, puisqu'ils vous fournissent comme une occasion naturelle de voter une seconde fois pour lui. » Le préfet de la Seine annonçait également aux électeurs de son département, qu'après avoir remis aux mains du Prince les destinées de la France, il ne leur restait plus qu'à compléter leur œuvre en choisissant pour députés : MM. Guyard-Delalain, propriétaire, capitaine de la garde nationale ; — Devinck, ancien président du tribunal de commerce; — Moreaux (de la Seine), ancien représentant; — Perret, maire du VIII° arrondissement ; — Fouche-Lepelletier, vice-président du conseil des prud'hommes ; — Réné Dubail, ancien adjoint au maire du V° arrondissement; — Lanquetin, président de la commission municipale ; — Maximilien Kœnigswarter, ancien banquier ; — Véron, directeur du *Constitutionnel.*

Lyon et quelques grands centres démocratiques, à l'exemple de Paris, ne se résignèrent pas à l'abstention ; le parti républicain fit passer à Lyon un de ses candidats, M. Hénon; le gouvernement, en somme, eut le Corps législatif qu'il voulait avoir, c'est-à-dire une sorte de conseil général de la France, composé de grands industriels, de grands manufacturiers, et surtout de grands propriétaires; plus d'un tiers des députés figurait dans la catégorie des maires urbains et ruraux; douze députés étaient attachés à la maison du prince; le Corps législatif comptait quatre hommes de lettres : MM. Granier de Cassagnac, Achille Jubinal, Arthur de la Guéronnière et Belmontet; M. de Montalembert représentait sur ses bancs les orateurs des anciennes Assemblées.

L'installation des grands corps de l'État eut lieu, le 29 mars, dans la salle des maréchaux; le Prince-Président, salué par une salve de 121 coups de canon et par les acclamations des sénateurs, des députés, des conseillers d'État, prononça un discours écouté avec l'attention et la curiosité les plus vives. L'Empire semblait à tout le monde l'inévitable conséquence de la Constitution ; l'opinion s'attendait à trouver dans le discours quelques indications sur la façon dont le Prince-Président comptait opérer la transition ; elle fut désappointée. Le chef de l'État se contenta de dire que s'il avait désiré rétablir l'Empire, cette transformation serait accomplie depuis longtemps : « Ni les moyens, ni les occasions, ajouta-t-il, ne m'ont manqué. Ainsi, en 1848, lorsque six millions de suffrages me nommèrent en dépit de la Constituante, le simple refus d'acquiescer à la Constitution pouvait me donner un trône. Mais une élévation qui devait entraîner de graves désordres ne me séduisait pas. Au 13 juin 1849, il m'était également facile de changer la forme du gouvernement : je ne le voulus pas. Enfin, au 2 décembre, si les considérations personnelles l'eussent emporté sur les graves intérêts du pays, j'eusse d'abord demandé au peuple, qui ne me l'eût pas refusé, un titre pompeux. Je me suis contenté de celui que j'avais. »

Ces appréciations historiques, qui soulevaient d'assez graves objections, étaient suivies d'une menace aux partis ; le Prince-Président rejetait d'avance sur eux la responsabilité du changement qu'il serait obligé de faire subir à la forme de l'État, « si, par leurs sourdes menées, ils cherchaient à saper les bases de mon gouvernement ; si, dans leur aveuglement, ils niaient la légitimité de l'élection populaire ; si, enfin, ils venaient sans cesse, par leurs attaques, mettre en question l'avenir du pays ». Le discours se terminait ainsi : « Conservons la République, elle ne menace personne, elle peut rassurer tout le monde. » L'existence de la République dépendait, aux yeux de l'orateur, de trop de conditions, pour que son vœu pût être exaucé.

Le nom seul de République importune le pouvoir absolu; Napoléon ne put se résigner à vivre à côté de la République, même sur une pièce de monnaie. La monarchie permet, d'ailleurs, les grands traitements, les grandes dotations, les grandes munificences avec lesquels on récompense les grands dévouements. Ces dévouements, fort nombreux autour du Prince-Président, attendaient leur salaire depuis le 2 décembre ; Louis-Napoléon devait devenir Empereur pour ne pas être ingrat.

Le ministre d'État, après le discours du Président, lut la formule du serment des sénateurs et des députés : « Je jure obéissance à la Constitution et fidélité au Président. » Ce serment ne pouvait être prêté que dans les termes précédents; toute addition, modification, restriction ou réserve devait être considérée comme un refus. Le prince Jérôme jura le premier en qualité de président du Sénat.

Le général Cavaignac, M. Carnot, nommés à Paris, M. Hénon, élu à Lyon, ne répondirent pas à l'appel de leurs noms; M. Billault, président du Corps législatif, avait reçu d'eux cette lettre collective : « Les électeurs de Paris et de Lyon sont venus nous chercher dans notre retraite ou dans notre exil; nous les remercions d'avoir pensé que nos noms protestaient d'eux-mêmes contre la destruction des libertés publiques et les rigueurs de l'arbitraire, mais ils n'ont pas voulu nous envoyer siéger dans un Corps législatif dont les pouvoirs ne vont pas jusqu'à réparer les violations du droit; nous repoussons la théorie immorale des réticences et des arrière-pensées. » Ces trois citoyens furent donc déclarés démissionnaires le lendemain dans la première séance du Corps législatif dont M. Billault inaugura la session par un discours contenant l'éloge des institutions consulaires, et la critique du régime parlementaire, critique un peu usée, mais à laquelle le passé de M. Billault rendait un certain piquant : « Nous n'aurons, dit-il, plus autour de l'urne législative les évolutions des partis tenant sans cesse le ministère en échec, le forçant de s'absorber en un soin unique, celui de sa défense, et n'aboutissant trop souvent qu'à énerver le pouvoir. » M. Billault, ancien parlementaire converti au pouvoir absolu après avoir passé par le socialisme, et par le droit au travail, esprit médiocre, mécontent, sans s'en douter peut-être lui-même, des démentis qu'il donnait à son passé, semblait gêné au fauteuil de la présidence; ni sa physionomie ni son caractère ne se prêtaient à ses nouvelles fonctions.

La réforme des monnaies, question politique au fond, sacre du visage, prise de possession de l'esprit par le regard, occupa les premières séances du Corps législatif; un tournoi d'éloquence entre M. Granier de Cassagnac et le docteur Véron, fournit un épisode amusant à la loi sur la réhabilitation des condamnés. Le premier voulait assimiler le droit de réhabilitation au droit de grâce, et le second repoussait cette augmentation d'attributions accordée au chef de l'État : une modification au Code d'instruction criminelle sur les crimes commis à l'étranger, la loi relative aux interdictions de séjour dans le département de la Seine, et dans les communes de l'agglomération lyonnaise, la prorogation du monopole des tabacs jusqu'en 1863, furent l'objet des délibérations des députés jusqu'à la discussion du budget; le gouvernement ne trouvant pas sans doute que l'impôt du timbre fût une assez lourde charge pour la presse avait déposé un projet de loi établissant un impôt sur le papier. Ce projet fut retiré.

Le rapporteur du budget proposait une diminution de 18 millions prise sur l'armée, et sur les gros traitements; le conseil d'État consentait à la moitié de cette réduction seulement; la commission répondait que la rapidité de son travail ne lui permettant pas de pénétrer dans l'examen du budget soumis à ses études à une époque trop avancée de la session, ni même d'user des moyens que la Constitution donne aux députés de faire connaître leur opinion par le renvoi au conseil d'État des articles qu'ils n'adoptent point, elle était restée au-dessous de ses vœux d'économie. Il y avait là une interprétation de la Constitution contre laquelle le ministre d'État crut devoir protester dans une lettre adressée à M. Billault, et donnant le vrai sens de l'article 14 de la Constitution, relatif aux amendements déposés par les députés et rejetés par le conseil d'État; le ministre d'État reprochait à la commission de méconnaître les dispositions formelles de l'article 40 de la Constitution, et de l'article 51 du décret du 22 mars aux termes desquels les amendements doivent être considérés comme non avenus, lorsque le conseil d'État ne les adopte pas. Dans ce cas, le Corps législatif n'a pas le droit de les reproduire; mais il peut rejeter le chapitre tout entier auquel ils se rapportent. Le ministre d'État terminait ainsi sa lettre : « Le Président de la République est convaincu que le Corps législatif, qui a déjà donné tant de preuves de sagesse, ne s'engagera pas dans une voie qui aboutirait à la violation du pacte constitutionnel.

« Il importe à l'affermissement de nos institutions nouvelles, surtout la première fois où elles fonctionnent, que les grands pouvoirs de l'État se renferment religieusement dans les limites qu'elles ont posées. C'est ainsi qu'ils se conformeront au mandat que la France leur a confié. »

Ce rappel sévère à la Constitution fut entendu. Les membres de la commission, pas plus que le rapporteur, n'avaient certes pas l'intention de porter atteinte au pacte constitutionnel ; la discussion générale du budget se termina en une séance. M. Audren de Kerdrel, député légitimiste, et M. de Montalembert, qui se sentait de moins en moins affamé de repos et de silence, prononcèrent deux discours politiques ; M. de Montalembert parla de tyrannie, d'institutions faussées, etc. La vivacité de son langage s'accrut encore pendant la discussion du budget des dépenses, à propos des décrets relatifs aux propriétés de la famille d'Orléans. Le budget n'en fut pas moins adopté à l'unanimité moins une voix.

Le Prince-Président annonça le 28 juin, par un message au Corps législatif, la clôture de la session de 1852 ; il déclarait dans ce document que « l'épreuve qu'on venait de faire d'une Constitution d'origine française, démontrait que la France possédait toutes les conditions d'un gouvernement fort et libre. »

CHAPITRE X.

AVE CÆSAR!

1852 — 1853.

Sommaire. — La France s'attend à la proclamation de l'Empire. — Voyage du Prince-Président. — L'Empire, c'est la paix. — Rentrée triomphale du Prince-Président à Paris. — M. Berger, préfet de la Seine, demande le rétablissement de l'Empire au nom de la ville de Paris. — Marche du cortége sur les boulevards. — Les arcs-de-triomphe. — *Ave Cæsar!* — L'élection du 20 décembre. — Le Sénat est chargé de modifier la Constitution. — Rapport de M. Troplong. — Le droit de succession au trône. — La famille impériale. — Les grands corps de l'État à Saint-Cloud. — Discours du président du Corps législatif et du premier vice-président du Sénat. — Réponses de l'Empereur. — Le maire de Sèvres a déjà proclamé l'Empire. — Causes de la résurrection de l'Empire. — La bourgeoisie et l'Empire. — La Restauration amène une alliance entre les libéraux et les bonapartistes. — Les partis et les sectes sous Louis-Philippe. — Pourquoi la République est tombée. — La France manque des outils nécessaires pour se façonner un gouvernement libre. — Le catholicisme. — L'éclectisme. — Le Code civil crée une fausse égalité. — La littérature, le théâtre, les arts en France sont monarchiques. — Proclamation de l'Empire. — Entrée de l'Empereur aux Tuileries. — L'Empire proclamé à l'hôtel de ville. — La famille impériale et la famille de l'Empereur. — Le prince Jérôme. — Le prince Napoléon. — La princesse Mathilde. — Les dignitaires de la Cour. — La fête se termine sans amnistie.

L'Empire existait, on n'attendait plus que la proclamation de l'Empereur ; le bruit se répandit qu'elle aurait lieu le 10 mai, à la suite de la distribution des aigles à l'armée. Une estrade était dressée ce jour-là au milieu du Champ de Mars; le Prince-Président y monta, entouré de son état-major, après avoir passé devant le front des troupes ; l'archevêque de Paris et son clergé bénirent l'aigle latine comme ils avaient déjà béni le coq gaulois et le bonnet phrygien. Les représentants de l'armée s'avancèrent au-devant du chef de l'État, qui ayant à ses côtés le maréchal Jérôme Bonaparte, son oncle, descendit quelques marches pour prononcer la harangue suivante :

« Soldats,

» L'histoire des peuples est en grande partie l'histoire des armées ; de leur succès ou de leurs revers dépend le sort de la civilisation et de la patrie : vaincues, c'est l'invasion ou l'anarchie; victorieuses, c'est la gloire et l'ordre.
» Aussi les nations, comme les armées, portent-elles une vénération religieuse à ces emblèmes de l'honneur militaire qui résument pour elles tout un passé de gloire et de triomphe.
» L'aigle romaine adoptée par l'empereur Napoléon au commencement de ce siècle, fut la signification la plus éclatante de la régénération et de la grandeur de la France. Elle disparut dans nos malheurs. Elle devait revenir lorsque la France, relevée de ses défaites, maîtresse d'elle-même, ne semblerait plus répudier ses propres gloires.
» Soldats, reprenez donc ces aigles, non comme une menace contre les étrangers, mais comme le symbole de notre indépendance, comme le souvenir d'une époque héroïque, comme le signe de noblesse de chaque régiment.
» Reprenez ces aigles qui ont si souvent conduit nos pères à la victoire, et jurez de mourir pour les défendre. »

Ce langage si contraire à la vraie philosophie de l'histoire, mais si bien approprié à l'auditoire auquel il s'adressait, ce chauvinisme suranné, mais encore vivace au cœur des soldats, fut couvert d'acclamations ; le Prince-Président quitta cependant le Champ de Mars sans être empereur ; l'acclamation prétorienne ne vaut pas le suffrage civil, et le Prince-Président savait bien que désormais ce suffrage n'avait plus rien à lui refuser. L'aigle impériale blessée à mort sur le champ de bataille de Waterloo, et guérie par la liberté, enfonçait ses serres dans les flancs de sa bienfaitrice ; les oreilles françaises s'accoutumaient à ces termes de sénatus-consultes, de plébiscites, de comices, vieux mots de la liberté ressuscités pour en cacher la perte ; l'esprit monarchique, si voisin en France du césarisme, commençait à renaître. Les journaux, en parlant des préparatifs d'un bal donné au chef de l'État par les officiers de l'armée, avaient ajouté : « Il n'y aura pas de quadrilles dans ce bal, parce que l'on veut placer les danseuses en galerie, sous les yeux du Président, qui les contemplera du haut de sa tribune (1). » Les femmes rangées en espalier ! Cela ne s'était fait ni pour Louis XIV ni pour Napoléon Ier.

Lorsque Napoléon Ier monta sur le trône, la France sortait d'une révolution qui avait armé la société tout entière ; comme garde national, sectionnaire, réquisitionnaire, volontaire, insurgé, émigré, tout Français avait porté le fusil ; des provinces levaient des armées ; des villes soutenaient des siéges, partout la guerre civile. La nation sans commerce, sans industrie, était toute préparée à la guerre ; elle la fit avec d'autant plus de bonheur qu'elle ne tarda pas à placer à sa tête un des plus grands guerriers de tous les temps ; les intérêts industriels et commerciaux devenus plus puissants exigeaient des garanties sérieuses : la bourgeoisie de ce temps-ci, cherchant dans le despotisme un refuge contre les orages de la liberté, ne lui demandait plus la gloire, mais la paix ; le Prince la lui promit sur tous les tons dans sa visite aux principales villes de l'Alsace, du Centre.

---

(1) Le *Constitutionnel*, 2 mars 1852.

du Midi et du Sud. Les discours de Lyon, de Saint-Étienne, de Marseille avancèrent l'œuvre de la fondation de l'Empire, celui de Bordeaux l'acheva : « l'Empire c'est la Paix. : » Cette phrase relevait une dynastie.

Les officiers de l'armée de Paris ont tenu à honneur d'entourer la voiture et de galoper à la portière du Prince-Président, partant pour sa tournée dans les départements, le 16 octobre; le Sénat, le Corps législatif, le conseil d'État, le Corps diplomatique français, la maison militaire et civile du Prince, les cours, les tribunaux, les états-majors de l'armée, l'attendent à son retour, au chemin de fer d'Orléans, dans la salle des voyageurs transformée en salle du trône; les grands corps de l'État occupent la place que M. Feuillet de Conches, maître des cérémonies, leur a marquée; les écoles d'état-major, des mines, de Saint-Cyr, polytechnique, l'archevêque de Paris et son clergé, les consistoires protestant et israélite, les juges de paix, rien ne manque à ce champ de mai dans une gare, depuis l'Institut jusqu'à la chambre des notaires et des avoués, depuis le syndicat des agents de change jusqu'à celui des commissaires priseurs. Le canon, les musiques militaires, les cloches saluent à la fois le Prince-Président à sa descente de wagon; le prince Jérôme, précédé de M. Feuillet de Conches et suivi d'un brillant cortége, se rend au-devant de son neveu qui l'embrasse; ils rentrent dans la salle et passent devant les grands corps de l'État poussant le cri : Vive l'Empereur! Le Prince-Président, arrivé devant le Corps législatif, s'arrête, et semble chercher quelqu'un dans la foule des députés; il le découvre: c'est M. de Morny. Non content de tendre la main au ministre du 2 décembre, il l'attire dans ses bras. Les acclamations officielles sont si éclatantes au moment où le Prince-Président monte sur le trône, qu'elles empêchent d'entendre les chœurs du Conservatoire qui entonnent une cantate.

La foule circule au dehors sous des arcs de triomphe qui forment presque voûte d'une extrémité à l'autre des boulevards ; le premier occupe la place du Jardin-des-Plantes ; là sont réunis le président du conseil municipal, M. Delangle et le doyen des maires de Paris, M. Monin-Jappy, ayant à leur tête le préfet de la Seine, M. Berger, ancien héros de Février. Une colonne formée des compatriotes du préfet de la Seine, Auvergnats, marchands de charbon et forts de la Halle, armés de fusils, descendant le 24 février, à dix heures du matin, de la place de la Bastille au pas accéléré, tambours en tête, serrée, résolue, marchait sur les Tuileries ; M. Berger, notaire, député, maire des barricades, battait avec sa grosse tête la mesure à la *Marseillaise*, au milieu des bourgeois formant le premier rang de cette colonne ; l'ancien conquérant des Tuileries offrait trois ans après la couronne à Louis-Napoléon : « Cédez, Monseigneur, aux vœux d'un peuple tout entier ; la Providence emprunte sa voix pour vous dire de terminer la mission qu'elle vous a confiée, en reprenant la couronne de l'immortel fondateur de votre dynastie. Ce n'est qu'avec le titre d'Empereur que vous pouvez accomplir les magnifiques promesses du magnifique programme que, de Bordeaux, vous venez d'adresser à l'Europe attentive. » M. Delangle et M. Monnin-Jappy adressèrent les mêmes supplications au Prince-Président ; le directeur des arènes impériales, au moment où le futur Empereur passa sous l'arc de triomphe, lança un ballon en forme d'aigle aux ailes éployées et tenant la couronne dans ses serres.

L'architecture des fêtes publiques, art ancien et routinier, s'était rajeunie et renouvelée depuis l'avénement de M. Louis Bonaparte à la présidence de la République ; les architectes à prix fixe, avec de la toile, du carton, et quelques châssis improvisaient de vrais monuments : arcs de triomphe, dais, trônes, sceptres, couronnes, clefs de ville, d'honorables maisons de commerce fournissaient à l'instant le principal et les accessoires de toute cérémonie royale ou princière, à Paris, dans les départements et à l'étranger. Cette fois, les Perrault à la détrempe s'étaient véritablement surpassés; le cortége du Prince-Président, en défilant sur les boulevards, traversa plusieurs arrondissements et passa devant une foule de théâtres; arrondissements et théâtres, tous avaient leur arc de triomphe ; celui de l'Ambigu-Comique portait au fronton ces vers de Virgile :

> Di Patrii indigetes et Romule Vestaque mater
> Quæ Tuscum Tiberim et Romana palatia servas
> Hunc saltem everso juvenem succurrere sœclo
> Ne prohibete.....

L'arc de la porte Saint-Martin n'avait point d'inscription, non plus que celui du Gymnase ; le triomphateur, à partir de ce dernier théâtre, dut se contenter des simples faisceaux de drapeaux des cafetiers et des restaurateurs jusqu'à l'entrée de la rue Lepelletier, où s'élevait sous un *velum* le magnifique monument dressé en commun à la gloire du futur Empereur, par les directeurs de l'Opéra et de l'Opéra-Comique. Le Prince-Président seul à cheval, en avant de son cortége, s'avançait lentement entre une haie de troupes et de corporations ouvrières, non moins bien disciplinées que les régiments. Parti à midi de l'embarcadère du chemin de fer d'Orléans, à trois heures seulement, il arriva devant l'église de la Madeleine ; le curé, revêtu de ses plus riches habits sacerdotaux, les cheveux au vent, debout sur les marches de l'ancien temple de la Gloire, s'inclina devant le triomphateur pendant que les lévites faisaient fumer l'encens en son honneur. Sur la place de la Concorde, au milieu d'une forêt de mâts à banderoles, s'élevait un arc de triomphe : « *A Napoléon III sauveur de la civilisation moderne.* » C'était le dernier; quelques pas séparaient à peine le Prince-Président des Tuileries, où l'attendaient les princesses de sa famille ; va-t-il enfin, après un dernier salut aux troupes qui viennent de défiler, se reposer de ses fatigues ? Non ; les traditions monarchiques, réveillées comme par enchantement dans cette journée, l'obligent à prêter l'oreille au discours d'une jeune commère chargée au nom des dames de la Halle de demander le rétablissement de l'Empire.

La journée est finie ; les troupes regagnent leurs casernes, où les tables du festin sont dressées ; les sons de la musique militaire se perdent peu à peu dans le lointain ; les bannières des orphéons et des corporations se perdent dans la brume, les ouvriers regagnent lentement leurs faubourgs, en causant entre eux à voix basse, préoccupés et fatigués ; pas de gaieté, pas de chants, pas d'éclats de rire dans la foule. Quelque chose semble avoir déjà changé dans l'esprit français ; on dirait que ce peuple n'est plus le peuple de Paris, mais celui de la Rome impériale livré au vieux instinct de la race latine, amoureuses de fêtes et de spectacles alors même qu'elle se plaît à les railler.

Les boulevards eux-mêmes n'ont plus la même physionomie ; les innombrables cafés, les restaurants qui se succèdent presque sans interruption, indiquent qu'une ère nouvelle a commencé, et qu'on ne songe plus qu'à l'argent et au plaisir. Quelques promeneurs perdus dans leurs réflexions suivent mélancoliquement les masses qui s'écoulent avec lenteur sur ces trottoirs d'où ils virent passer les cercueils du général Foy, de Lafayette et la pompe funèbre des morts de Juillet 1830 et de Février 1848 ; pendant que ces philosophes remontent dans leur pensée jusqu'à ces premières années de la Restauration où l'on créait la légende impériale croyant qu'elle n'aurait de vertu magique que contre l'ancien régime, le gaz officiel s'allume au fronton des monuments, les lanternes vénitiennes aux fenêtres des maisons, les transparents à la façade des théâtres et de tous les établissements publics : magasins, boutiques, échoppes, tout est illuminé. On lit sur le transparent d'un coiffeur de la rue Montmartre ces deux mots, qui résument la journée et le moment :

AVE CÆSAR !

Le *Moniteur* le lendemain contenait la note suivante :
« La manifestation éclatante qui se produit dans toute la France en faveur du rétablissement de l'Empire im-

pose le devoir au Président de consulter à ce sujet le Sénat. »

Un décret convoque donc cette Assemblée pour le 4 novembre; s'il résulte de ses délibérations un changement dans la forme du gouvernement, le sénatus-consulte adopté à ce sujet sera soumis à l'approbation du peuple français; le même décret réunit le Corps législatif appelé à constater la régularité des votes, à en faire le recensement, et à en déclarer le résultat. Le Sénat et le peuple ont seuls, il est vrai, le droit de modifier la Constitution, mais « le Prince entend que le Corps politique, issu comme lui du suffrage universel, vienne attester au monde la spontanéité du mouvement national qui le porte à l'Empire, et qu'en constatant la liberté du vote et le nombre des suffrages, il fasse sortir de sa déclaration toute la légitimité de son pouvoir. »

Le *Moniteur* a parlé d'efforts considérables, de manœuvres de toutes sortes employés par les partis pour entraver le vote de l'Empire; le journal officiel, en publiant la protestation du comte de Chambord et les manifestes de quelques exilés de Londres, prouva cependant que le gouvernement ne croyait pas avoir grand'chose à redouter de ces manœuvres et de ces efforts; en effet, sans liberté de la presse et sans liberté de réunion, toute opposition est impossible; l'élection du 21 décembre se fit sans discussion, avec le concours de toutes les forces d'un État puissant et centralisé. Le recensement général des suffrages donna 7 824 129 bulletins portant le mot *oui;* 253 149 portant le mot *non;* 63 126 bulletins nuls. Les procès-verbaux de quelques localités éloignées manquaient encore, mais le Corps législatif se crut autorisé par l'immense majorité acquise au plébiscite, à proclamer sans délai le résultat du scrutin ; M. Chapuis-Montlaville, préfet de la Haute-Garonne, avait déjà donné l'ordre de le graver sur le bronze pour tout le département; le simple marbre devait suffire à constater le vote de chaque commune. Le Corps législatif se contenta de déclarer que le peuple français réuni dans ses comices avait accepté le plébiscite suivant :

« Le peuple français veut le rétablissement de la dignité impériale dans la personne de Louis-Napoléon Bonaparte, avec hérédité dans sa descendance directe légitime ou adoptive, et lui donne le droit de régler l'ordre de succession ainsi qu'il est dit dans le sénatus-consulte du 7 novembre 1852. »

Le Prince-Président du Sénat, Jérôme-Napoléon Bonaparte, « obéissant à des scrupules personnels, jaloux d'écarter jusqu'aux apparences d'une participation qui n'aurait pas exclusivement en vue les grands intérêts de l'État, » crut devoir laisser à un autre le soin de diriger la discussion. Le ministre d'État lut ensuite au Sénat un message dans lequel le Prince-Président disait à cette Assemblée : « La nation vient de manifester hautement sa volonté de rétablir l'Empire ; si le Sénat adopte ce changement, il sera sans doute d'avis que la Constitution de 1852 doit être maintenue, sauf quelques modifications qui ne toucheront pas ses bases fondamentales. » Le Sénat, pour répondre à cette invitation, s'empressa de nommer une commission chargée de proposer ces modifications; le rapporteur de cette commission M. Troplong, membre de l'Académie des sciences morales, pair de France de la monarchie constitutionnelle, nommé, le 22 février 1848, président de la Cour royale, par Louis-Philippe, avait fait comme presque tous ses collègues de l'Académie, en 1848, son petit livre contre le socialisme, et contribué au triomphe de Cicéron sur Catilina. Mais comment supposer que ce vieux libéral passerait si vite au parti de César?

M. Troplong, devenu le Cambacérès du règne, son Portalis, moins le Code civil, lut son rapport au Sénat, dans la séance du 6 décembre. Ce morceau abondait en lieux communs. M. Troplong, en déclarant que le Prince Louis-Napoléon était le représentant de deux siècles et de deux esprits, du passé et du présent, de la royauté et du peuple, en un mot l'incarnation de la démocratie organisée, ne renouvelait-il pas un paradoxe usé, et n'appliquait-il pas au neveu ce que l'oncle avait répété à satiété de lui-même? Le rapporteur du Sénat, en ajoutant que la France est monarchique par ses habitudes, ses instincts, et démocratique par ses mœurs, que l'Empire contenant la monarchie et la république est la synthèse du pouvoir, et qu'enfin la France est trop vaste pour former une République, ne rééditait-il pas tout simplement les banalités et les non-sens qui faisaient le fond de la polémique des journaux royalistes? Comment, en effet, des habitudes et des instincts monarchiques pouvaient-ils produire des mœurs démocratiques, et comment des mœurs démocratiques favorisaient-elles à leur tour les habitudes et les instincts monarchiques? Par quel mystère non moins étonnant que le dogme de la Trinité, la Monarchie, la République, l'Empire se trouvaient-ils ne plus former qu'un seul et même gouvernement? Le rapporteur, au lieu de répondre à ces questions, invoquait dévotement la théorie des hommes providentiels, et chantait la gloire du vainqueur d'Actium et du vainqueur de Marengo. M. Troplong, descendant des hauteurs de la philosophie de l'histoire, était d'avis que le futur Empereur des Français, pour rattacher son règne à celui de Napoléon le Grand et à celui de son fils proclamé constitutionnellement sans avoir cependant occupé le trône, prît le nom de Napoléon III; le rapporteur établissait ensuite l'hérédité d'après la loi salique : le droit d'adoption, à défaut d'enfant mâle, s'exercerait dans la descendance légitime et masculine des frères de Napoléon Ier; ce droit interdit aux successeurs de Louis-Napoléon ne pouvait préjudicier aux enfants mâles de ce Prince nés après l'adoption; dans le cas où l'Empereur ne laisserait aucun héritier direct légitime ou adoptif, l'Empereur devait régler par un décret organique adressé au Sénat et déposé dans les archives, l'ordre de succession au trône; enfin, à défaut de tout héritier légitime de Louis-Napoléon et de ses successeurs en ligne collatérale qui prendraient leur droit dans le décret organique, un sénatus-consulte proposé au Sénat par les ministres formés en conseil avec l'adjonction des présidents en exercice du Sénat, du Corps législatif et du Conseil d'Etat, nommerait l'Empereur et réglerait dans sa famille l'ordre héréditaire de mâle en mâle à l'exclusion des femmes et de leur descendance. Ce sénatus-consulte devait être soumis à l'acceptation du peuple.

Les membres de la famille de Louis-Napoléon éventuellement appelés à l'hérédité et leur descendance des deux sexes feront partie de la famille impériale; un sénatus-consulte règle leur position ; ils ne pourront se marier sans l'autorisation de l'Empereur, sous peine de perdre ainsi que leur descendance tout droit à l'hérédité ; si toutefois il n'existe point d'enfant d'un tel mariage, en cas de dissolution, pour cause de décès, le prince qui l'aura contracté retrouve ses droits d'hérédité ; le rapporteur, en stipulant avec soin les conditions de l'hérédité, dans le cas où l'Empereur n'aurait pas d'enfant, exprima le vœu de la commission, que « dans un avenir non éloigné, une épouse vînt s'asseoir sur le trône, et qu'elle donnât à l'Empereur des rejetons dignes de ce grand nom et de ce grand pays, car, puisque l'Empire était fait en vue de l'avenir, il devait porter en lui toutes les conséquences légitimes qui préservent cet avenir des incertitudes et des secousses ». Le sénatus-consulte confirmait toutes les dispositions de la Constitution qu'il n'abrogeait pas, et déclarait qu'il n'y pourrait être apporté de changement que dans les formes voulues par la Constitution elle-même. L'Assemblée vota le sénatus-consulte rétablissant l'Empire à l'unanimité, moins une voix, celle de M. Vieillard, ancien précepteur du prince Louis-Napoléon.

Le 1er décembre 1852, à huit heures du soir, au milieu d'un brouillard épais, deux cents voitures éclairées par des porte-torches à cheval, traversèrent le pont de Boulogne et se dirigèrent vers le palais de Saint-Cloud, dont on voyait de loin luire les fenêtres ; les membres du Sénat occupaient ces voitures, conduits par MM. Mesnard, Troplong, Baraguey-d'Hilliers, leurs vice-présidents, et par M. d'Hautpoul, leur grand référendaire; ils portaient au Prince-Président le sénatus-consulte qui le nommait Empereur. Le Sénat prit place sur les bancs préparés dans la galerie d'Apollon, à la droite du trône, qui en occupait le fond ; en face du Sénat, le Corps législatif ; le conseil d'État entra le dernier, précédé par ses présidents de section, MM. Rouher, de Parieu, Bonjean, Boudet, le général Allard, et le vice-amiral Leblanc; M. Baroche, vice-président, siégeait au banc des ministres; M. Delangle, procureur général à la Cour de cassation, et M. de Royer, procureur général près la Cour impériale, avaient voulu figurer parmi leurs collègues du conseil d'État.

M. Bacciocchi, un des futurs dignitaires de la future cour, dont le nom encore inconnu était destiné à une assez grande célébrité, assistait M. Feuillet de Conches dans les fonctions de maître des cérémonies ; ses traits effacés, ses cheveux blonds, son teint pâle, n'indiquaient guère son origine italienne; les grands corps de l'État étaient réunis à neuf heures ; ils n'attendaient plus que le Prince-Président, resté dans son appartement avec les ministres; M. Bacciocchi, l'ayant averti, revint bientôt, précédant le cortége qui s'avançait dans l'ordre suivant : Le maître des cérémonies, M. Bacciocchi ; le sous-maître des cérémonies, M. Feuillet de Conches; les officiers d'ordonnance; le secrétaire des commandements, M. Mocquard; le bibliothécaire, M. Lefèvre-Deumier; l'intendant général de la maison du Prince, M. Charles Bure. Le Prince-Président portait l'uniforme de général de division, le prince Jérôme celui de maréchal de France, le prince Napoléon un habit noir; la galerie, au moment où le Prince-Président s'assit sur le trône, retentit d'acclamations; M. Billault, président du Corps législatif, en remettant à Louis Bonaparte la déclaration adoptée dans la séance du jour, le salua le premier du titre impérial :

« Sire,

» Abritant dans un immense souvenir de gloire ce qu'elle a de plus précieux, son honneur au dehors, sa sécurité au dedans, et ses immortels principes de 89, bases désormais inébranlables de la nouvelle société française si puissamment organisée par votre oncle, notre nation relève avec un orgueilleux amour cette dynastie des Bonaparte sortie de son sein, et qui ne fut point renversée par les mains françaises. »

M. Mesnard prit la parole à son tour au nom du Sénat, dont il était le premier vice-président :

« En rétablissant la dignité impériale dans la famille de Votre Majesté, en vous donnant la couronne qu'elle avait placée, il y a un demi-siècle, sur la tête du vainqueur de Marengo, la France dit assez haut quels sont ses vœux, et comment, rattachant le présent au passé, elle confond ses espérances avec ses souvenirs. »

L'Empereur répondit :

« Lorsqu'il y a quarante-huit ans, dans ce même palais, dans cette même salle et dans des circonstances analogues, le Sénat vint offrir la couronne au chef de ma famille, l'Empereur répondit : « Mon esprit ne serait plus avec ma postérité le jour où elle cesserait de mériter l'amour de la grande nation. » Eh bien ! aujourd'hui ce qui touche le plus mon cœur, c'est de penser que l'esprit de l'Empereur est avec moi, que sa pensée me guide, que son ombre me protége, puisque par une démarche solennelle vous venez au nom du peuple français me prouver que j'ai mérité la confiance du pays. Je n'ai pas besoin de vous dire que ma préoccupation la plus constante sera de travailler avec vous à la grandeur et à la prospérité de la France. »

Les cris de : Vive l'Empereur ! répondent à cette allocution. Sénateurs, députés, conseillers d'État, ministres unissent leurs voix pour saluer Napoléon III ; il quitte la galerie avec son cortége ; les torches se rallument dans la cour du palais, les voitures se succèdent sur le pont de

Saint-Cloud ; peu à peu les dernières lueurs des lanternes et des flambeaux s'éteignent sur la Seine ; le bourg et le château reprennent leur tranquillité (1).

L'Empire avait débuté dans ce château de Saint-Cloud, théâtre des exploits du général Bonaparte au 18 brumaire ; Wellington et Blucher y avaient succédé en 1814 à l'Empereur Napoléon, lorsque l'Empire succomba la première fois sous la lassitude de la nation autant que sous les coups de l'étranger ; l'Empire vient de ressusciter ; quelles sont les causes de sa résurrection ?

Religion, presse, organisation des communes et des départements, représentation électorale, délégation du pouvoir, la Constitution de l'an III réglait tous ces points de manière à satisfaire ceux que ne séparent pas le triomphe de la Révolution de celui de la liberté.

L'avenir du principe libéral reposait à cette époque sur la vigilance de la classe bourgeoise ; la liberté est périlleuse à fonder et plus difficile à conserver ; il faut sans cesse veiller sur ce trésor si menacé. La bourgeoisie aima mieux se débarrasser de son trésor que de le défendre ; les théoriciens de la liberté la trahirent ; Sieyès donna la main à Bonaparte, une partie de la représentation nationale s'unit à l'armée, l'intelligence abdiqua devant la force, et le 18 brumaire eut lieu.

(1) L'histoire doit constater que dès le mois de septembre, M. Mesnager, maire de Sèvres, avait pris l'initiative de l'acte que venaient d'accomplir les grands corps de l'État en faisant placarder l'affiche suivante sur les murs de ville de Sèvres :

« La ville de Sèvres, obéissant à la puissance de ses souvenirs d'affection et de reconnaissance pour le prince Louis-Napoléon, l'envoyé de Dieu, l'élu de la France, son sauveur, le proclame Empereur des Français sous le nom de Napoléon III, et lui confère et à ses descendants l'hérédité.

» Fait à Sèvres l'an de grâce et de résurrection 1852, le 7 septembre. »
Suit la signature de M. Mesnager.

Les Français nés au moment de la chute définitive du premier Empire ont pu connaître les auteurs et les complices du 18 brumaire; ces derniers n'invoquaient pour leur défense que la loi suprême du salut public; plagiaires des Jacobins, ils se flattaient de ne pas leur ressembler, parce qu'ils n'avaient, disaient-ils, décrété la terreur que contre les idées; mais celle-ci ne va pas sans la terreur contre les personnes. Les auteurs du 18 brumaire essayeraient en vain de faire prendre le change à l'histoire; la terreur de ce temps-là paraît moins terrible parce que la France fut plus docile; elle accepta tout d'un pouvoir régulier en apparence, et se crut libre parce qu'elle était obéissante; la bourgeoisie avait fait le 18 brumaire avec l'armée; quand elle s'aperçut des conséquences de cet acte, il était trop tard pour protester; elle chercha donc à se persuader que la gloire remplace la liberté; il lui fallut pourtant bien un jour convenir que malgré l'éclat qu'ils jetaient sur ses armes, les succès de Napoléon Ier mettaient en péril la fortune de la nation et la paix des familles; mais, privée de toute énergie, elle ne put qu'assister en silence à sa ruine, et attendre du hasard et des événements la fin d'une tyrannie dont elle était à la fois la complice et la victime. La Restauration, sans aimer la liberté, donna cependant un gouvernement libre à la France; mais qui donne la liberté se croit toujours maître de la reprendre. Aussi la Restauration, menaçant sans cesse de retirer la liberté comme une simple concession faite au pays, ne fut-elle en réalité qu'une lutte entre l'ancien régime et le nouveau; républicains, bonapartistes, constitutionnels, doctrinaires, réunis par le danger commun, conclurent entre eux une alliance qui devait être aussi fatale à la Restauration qu'à la liberté. La génération née à la vie politique en 1830 n'aimait pas l'Empire; habituée aux avantages de la tribune et de la presse, instruite des conditions d'existence d'un gouvernement libre, elle pouvait étudier les institutions de la Révolution à la source même. Après la chute des Bourbons, on vit reparaître les débris de cette glorieuse époque épargnés par l'exil; les anciens partis de la Convention se trouvèrent encore en présence, ils défendirent leurs actes avec la même passion et la même éloquence. Cette défense ne devait pas tarder à être transformée en leçon, par cette jeunesse de Juillet qui allait former le nouveau parti républicain et y porter les erreurs et les préjugés de l'ancien; une autre école non moins jeune et non moins intelligente étudiait les rouages de la machine politique en Angleterre et aux États-Unis, afin d'y trouver les éléments d'une Constitution à la fois monarchique et démocratique applicable à la France. La jeunesse romantique se livrait, à côté de la jeunesse politique, à l'adoration du moyen âge et au culte de l'art pour l'art, vrai mysticisme littéraire non moins énervant que le mysticisme épicurien, associé à la ferveur religieuse des novateurs, sous le déguisement et sous le nom de désenchantement. Les désenchantés ont produit la race si féconde et si fatale des indifférents et des sceptiques. Les saint-simoniens proclamant la théorie du progrès de l'humanité par les hommes providentiels, fondaient l'Empire sur le sacerdoce, et le sacerdoce sur le génie; le saint-simonisme faisant dépendre la réforme sociale de la réforme industrielle, tendait à remplacer les hommes d'État par les hommes d'affaires, la politique par la bourse; les sectes pullulaient; la monarchie ne tarda pas à s'écrouler au milieu de cette mêlée confuse d'opinions, d'idées, de théories, de sentiments; des libéraux répétaient les refrains de Béranger et les odes bonapartistes de Victor Hugo; des républicains affectaient de considérer le catholicisme comme le principal ressort du mouvement démocratique en France et dans le monde; des royalistes constitutionnels se vantaient de leurs efforts pour transformer la monarchie de la seconde charte en despotisme de l'immobilité; la Révolution de Février, soulevant ce fond vaseux, ne put y jeter l'ancre; l'anarchie des esprits, plus encore que celle de la rue, s'opposait à la fondation d'un gouvernement libre.

Religion, philosophie, législation, littérature, voilà, s'il est permis de s'exprimer ainsi, les quatre outils qui servent à un peuple pour se façonner un gouvernement. La France se dit catholique; or, un État catholique peut avoir sa période de grandeur, mais qui aboutit toujours à une prompte décadence. La Constitution dans les États de catholicisme mitigé n'existe que de nom, ou bien il lui devient impossible de se développer dans un sens libéral. Ne pouvait-on du moins, à défaut d'une autre religion, opposer au catholicisme une philosophie? l'éclectisme, seule philosophie de l'époque, n'était point propre à ce rôle. La religion et la philosophie en France ne pouvaient donc servir d'auxiliaires à la liberté; il en est encore de même de la législation. Le Code civil maintient les inégalités les plus choquantes et les plus dangereuses; il y a inégalité sociale là où il y a inégalité judiciaire; ce qui constitue l'aristocratie, c'est le droit d'être jugé par ses pairs; la Révolution avait enlevé ce privilège à la noblesse;

le Code civil créa en France une aristocratie de trois cent mille fonctionnaires devant lesquels les citoyens sont aussi inégaux qu'ils l'étaient autrefois devant les nobles. Impossible de poursuivre un fonctionnaire sans l'autorisation de ses confrères du conseil d'État; le fonctionnaire se croit d'une caste supérieure à celle des autres citoyens et se dispense de tout effort pour mettre son caractère au niveau de sa situation; le citoyen, résigné à son infériorité, se fait humble devant cet ennemi qu'il ne peut atteindre. C'est là qu'il faut chercher le secret de la faiblesse de nos mœurs politiques, et dans la jurisprudence qui établit que la vie privée doit être murée, et qui interdit les preuves des faits allégués en matière de diffamation, triste privilége qui brise le ressort des âmes en couvrant d'une égale protection le vice et la vertu.

La littérature française a atteint son apogée sous la monarchie qui lui a imprimé son cachet; plus tard, on a vu la littérature attaquer la monarchie, mais sans sortir du sentiment monarchique : les hommes de la Révolution étaient les disciples du xviie siècle en littérature et les admirateurs les plus ardents de ses œuvres; ils en aimaient la forme seulement, mais il n'est pas facile de séparer la forme du fond, et de ne pas croire à la grandeur d'un état social qui produit de si belles choses en littérature. Le romantisme passa le chapeau sur la tête devant le xviie siècle, et s'inclina devant le moyen âge; c'était toujours le passé qu'il adorait sous une forme plus pittoresque; en relevant les monuments du catholicisme, il relevait le catholicisme lui-même; le romantisme chantait et partageait les joies et les tristesses aristocratiques. Son théâtre n'est point inspiré par une pensée libérale;

un seigneur espagnol dépouillé de ses titres et de ses propriétés par Charles-Quint souverain, se fait bandit et dépouille les autres à son tour; il rentre en grâce, et devient le serviteur dévoué de son persécuteur ; ce bandit c'est *Hernani;* le laquais *Ruy-Blas* devenu ministre peut fouler aux pieds la noblesse, lui rendre avec usure les mépris qu'il en a reçus, sans qu'il en résulte le moindre profit pour les idées libérales; *Triboulet* injuriant François Ier, ce n'est pas là un spectacle nouveau ; les plus grands tyrans ont entendu souvent monter jusqu'à eux l'éclat de la colère de leurs victimes ; *Antony* bruyant et vide n'est que le rhéteur de la bâtardise, et l'esclave déclamatoire de ses passions. Le vertige du césarisme dans la tête d'un poëte passé dieu de son vivant, c'est le drame de *Chatterton*.

Le roman n'était pas plus que le théâtre une école de liberté ; ses peintures, quoiqu'il attaquât parfois avec vigueur les mœurs de la société, ne visaient en général qu'à l'amusement d'un public qui remplaçait par les émotions factices du feuilleton les émotions vivifiantes de la vie publique. L'art était monarchique comme la littérature. La peinture, la sculpture reproduisaient les vieilles légendes, les anciennes traditions qui prêtent plus à ses pinceaux que les tableaux de la vie moderne; l'art vivait dans le passé dont il ne doit être ni l'ennemi ni l'esclave ; il copiait les deux derniers siècles dans l'ameublement, dans le costume des femmes, choses du corps qui ne sont point sans influence sur les habitudes de l'esprit. L'éducation pouvait-elle au moins faire des hommes libres? Pendant que le clergé enseignait à la jeunesse le miracle dans la religion, l'Université lui enseignait le miracle dans l'histoire ; les enfants, à côté de l'humanité sauvée par un Dieu, ne voyaient que des nations gouvernées par des envoyés de Dieu ; ils apprenaient la théorie de la Providence en religion et celle des hommes providentiels en politique ; une société bizarre, sans conscience d'elle-même, catholique et païenne, sceptique et religieuse, composée d'incrédules dévots et d'athées sans croyance, de démocrates sans liberté, de nobles sans aristocratie, de gens sans conviction, ou n'ayant que des convictions de mode et de parti pris, s'agitait sur un de ces terrains d'argile, sable mouvant, sur lequel il est aussi difficile de réparer que de construire ; les révolutions, dans une société pareille, peuvent être fréquentes, les gouvernements peuvent changer tous les vingt ans, le fond reste le même, le despotisme ne meurt pas, il se dissimule ; il sait qu'il reparaîtra, et il attend son heure.

Les paysans endimanchés, les jeunes filles de Saint-Cloud vêtues de blanc et grelottant dans la brume de la matinée du 2 décembre 1852, attendaient le lendemain l'Empereur à la grille du parc pour lui présenter des pétitions et des violettes. Le cortège, après une courte halte, reprit la route de Boulogne, qu'il traversa sous un immense arc de triomphe surmonté d'un aigle tenant un foudre dans ses serres ; M. de Persigny, ministre de l'intérieur, chevauchait à droite de l'Empereur, et à gauche, le ministre de la guerre Saint-Arnaud, qu'un décret venait de créer maréchal de France en même temps que les généraux de division Magnan et de Castellane ; ce décret était motivé par leurs « titres exceptionnels à la reconnaissance publique pour services rendus en décembre 1851 ».

Le cortége, traversant le bois de Boulogne au trot, franchit la porte Maillot et suit l'avenue de Neuilly, bordée d'un côté par la garde nationale, de l'autre par la troupe de ligne. L'Empereur, au pied de l'arc de triomphe, reçoit le salut des autorités ; il descend ensuite les Champs-Élysées, pour se rendre à la place Vendôme dont il fait le tour, en passant devant le front des troupes ; puis, il entre dans le jardin des Tuileries. M. Ségur d'Aguesseau s'était écrié dans la dernière réunion de la commission consultative : « La voix de Dieu vient de se faire entendre, la France a prononcé ; le grand acte du 2 décembre, cet admirable coup de vigueur contre l'anarchie, contre l'un des foyers les plus ardents de la démagogie européenne, est désormais ratifié, consacré, glorifié par le peuple français. » Après cet exorde, l'orateur déplorant « la situation abaissée faite depuis trois ans au chef de l'État », avait demandé, « pour faire cesser ce scandale, » que « le Président cessât d'être relégué dans un coin de la capitale et logeât dans l'antique palais des rois héréditaires, seule résidence digne de lui ». Le docteur Véron, serviteur non moins dévoué du Prince, n'était pas de cet avis : il conjurait au contraire Louis-Napoléon d'éviter cette demeure où l'on est exposé, disait-il, à prendre le vertige. Le palais des rois héréditaires n'avait servi jusqu'alors qu'aux réceptions et aux fêtes de la cour ; les princes et les princesses de la famille impériale y attendaient en ce moment l'Empereur à l'un des balcons de gauche du pavillon de l'Horloge. Le prince Jérôme, le prince Napoléon, le prince Lucien Murat, le duc de Hamilton, se tenaient debout au balcon de droite ; le burnous blanc d'Abd-el-Kader, auquel le Prince-Président, en passant à Amboise, avait rendu la liberté, se détachait au milieu du grand salon étincelant d'uniformes et d'habits dorés ; de riches tentures en velours cramoisi recouvraient les grands balcons du pavillon de l'Horloge sur les deux façades du jardin et de la place du Carrousel ; un coup de canon retentit, et le drapeau tricolore se déploie sur le faîte du palais, dans lequel le souverain fait son entrée ; Napoléon III se montre au balcon donnant sur la cour, où sont massés 10 000 hommes ; les tambours battent, les trompettes sonnent, les soldats présentent les armes ; le ministre de la guerre lit le plébiscite qui rétablit l'Empire.

La même cérémonie s'est accomplie quelques heures auparavant sur la place de l'Hôtel de ville, pavoisé de drapeaux et de faisceaux tricolores réunis autour d'un écusson aux armes de l'Empereur ; des tentures en velours rouge se balancent devant les croisées du premier étage ; des bannières surmontent le beffroi ; des guirlandes de feuilles, retenues par des aigles d'or, relient ces décors ; un énorme transparent, dominé par un aigle masquant l'horloge, complète la décoration ; le préfet de la Seine, entouré de ses sous-préfets, des membres du conseil municipal, des maires de Paris et du département, a lu la déclaration du Corps législatif, les discours de MM. Billault et Mesnard, la réponse de l'Empereur et le décret de promulgation du sénatus-consulte du 7 septembre, devant trois bataillons de la garde nationale, un bataillon de la ligne, et la cohorte des débris de la garde impériale. Le cortége des invités officiels, après avoir parcouru, sous la conduite de M. Berger, les superbes appartements de l'Hôtel de ville, a pris place à la table d'un banquet, terminé par un toast, dans lequel l'ex-maire des barricades a déclaré que le temps des surprises politiques est à tout jamais passé.

La fête de la proclamation de l'Empire ressemblait beaucoup à celle du retour du Prince-Président, aussi la curiosité commençait-elle à s'épuiser : mêmes bannières, mêmes uniformes, même personnel, mêmes décors; moins de foule dans les rues, mais plus d'animation dans les entretiens. Le dernier sénatus-consulte divisait la famille de l'Empereur en deux catégories : 1° la famille impériale proprement dite, composée de personnes éventuellement appelées à l'hérédité, et de leurs descendants des deux sexes; 2° les autres membres de la famille, formant la famille civile. Les noms si longtemps oubliés des frères et des sœurs de Napoléon sortaient de nouveau de toutes les bouches; la descendance de ces princes pouvant être appelée à gouverner la France, et formant déjà une famille placée au-dessus de toutes les familles françaises, il était naturel qu'on cherchât à se reconnaître au milieu des branches innombrables des Bonaparte. Joseph, frère aîné de Napoléon, n'ayant pas laissé d'enfant mâle, la faculté d'adoption se trouvait concentrée sur les deux fils du mariage autorisé de Lucien et de Jérôme; Charles et ses enfants au nombre de trois ; Pierre et Antoine Bonaparte, nés de Lucien, second frère de l'Empereur; Napoléon-Jérôme, né de Jérôme, dernier frère de l'Empereur. Les fils de Charles Bonaparte, prince de Canino : Joseph-Lucien, prince de Musignano; Lucien-Louis;

Napoléon-Jacques, complétaient la partie masculine de la famille Bonaparte ; la partie féminine était formée des princesses : Zénaïde-Charlotte, fille aînée de Joseph Bonaparte, femme du prince Canino ; Mathilde, fille de Jérôme Bonaparte, mariée à M. Demidoff. Les trois filles de Lucien Bonaparte : Lœtitia, mariée à M. Thomas Wyse, membre catholique du parlement anglais ; Alexandrine, femme du comte Vincent Canino ; Constance, religieuse du Sacré-Cœur à Rome ; Jeanne, marquise Onorati ; auxquelles il faut ajouter les cinq filles du prince Canino, en tout vingt et une personnes, dont le sort était réglé par un sénatus-consulte, et qui ne pouvaient se marier sans le consentement de l'Empereur. On comptait dans la famille civile : la princesse Bacciocchi, fille d'Élisa Bonaparte et du prince Bacciocchi, mariée au comte Camerata ; Lucien Murat, fils de Caroline Bonaparte et de Murat, et son fils Achille Murat ; Lœtitia Murat, comtesse Pepoli ; Louise-Caroline Murat, comtesse Rasponi. Un million par an devait être réparti par l'Empereur entre les membres de la famille qui ne recevraient pas une dotation de l'État.

Ces noms ne rappelaient rien à la génération présente. La restauration des Bonaparte n'avait point, comme celle des Bourbons, le prestige que donnent les malheurs supportés avec une fermeté et une constance que rien ne lasse ; Bourbons et Condé avaient couru les mêmes dangers pour la monarchie, offert la même résistance à ce qu'ils appelaient l'usurpation ; mais ces Murat, ces Canino, qui assistent tous à l'honneur, se sont-ils également trouvés au péril ? Le prince Jérôme Bonaparte, son fils le prince Napoléon, sa fille la princesse Mathilde, reçoivent une dotation ; qu'ont-ils fait pour la mériter ? Jérôme Bonaparte, tour à tour général, roi, gouverneur des Invalides, maréchal de France, sénateur, prince impérial, avait rempli bien des postes ; Pigauld-Lebrun projetait sur lui son ombre railleuse, même sous le dais princier ; qui lui eût dit, lorsqu'il sollicitait l'honneur de s'asseoir sur les bancs du Luxembourg entre M. Viennet et M. de Boissy, qu'il prendrait place dans quelques années sur les marches du trône ? Le prince Napoléon, son fils, ennemi du coup d'État et héritier du trône, grand-croix de la Légion d'honneur, général de division, croyait protester contre ces distinctions en se montrant en simple habit noir dans toutes les solennités ; cet habit noir trahissait son embarras plutôt que son dédain des grandeurs monarchiques ; la princesse Mathilde sa sœur, mariée à un des plus riches particuliers de la Russie et de l'Europe, semblait une de ces étrangères qui viennent à Paris jouir de la vie de luxe et d'élégance dont elle pouvait affronter les dépenses, grâce à sa dotation de princesse et à sa pension de femme séparée de son mari.

Le journal officiel fournissait encore d'autres sujets de conversation à cette société qui, désormais, allait borner son activité et ses occupations à voir défiler devant elle des événements et des hommes ; la maison de l'Empereur venait d'être formée, et le *Moniteur* du jour publiait les noms des titulaires de ses principales charges. L'Empereur avait un grand aumônier, M. Menjaud, évêque de Nancy ; un grand maréchal du palais, le maréchal Vaillant ; un grand écuyer, le maréchal Saint-Arnaud ; un grand veneur, le maréchal Magnan ;

un grand chambellan, le duc de Bassano; un grand maître des cérémonies, le duc de Cambacérès, grandes charges, gros traitements; M. Saint-Arnaud touchait 100 000 francs comme grand écuyer, lesquels, joints à ses traitements de 130 000 francs comme ministre, de 40 000 francs comme maréchal, de 30 000 francs comme sénateur, formaient un total de 300 000 francs inscrits en son nom au budget; le maréchal Magnan n'émargeait que pour 200 000 francs.

Le premier préfet du palais, le colonel de Béville; le premier écuyer, le colonel Fleury; le premier veneur, le colonel Edgar Ney, non moins richement dotés que les grands titulaires, touchaient, le premier, 12 000 francs comme colonel du génie, 15 000 francs comme aide de camp, 60 000 francs comme préfet du palais, soit 75 000 francs; le second, 95 000 francs : M. Menjaud recevait 100 000 francs comme premier aumônier et 25 000 francs comme évêque; le premier chambellan ne pouvait être couché sur la feuille d'émargement pour une somme moindre que le premier écuyer; 12 000 francs avaient paru suffisants pour les simples chambellans, titre cher au premier Empire que le second n'avait pas manqué de ressusciter; que de noms de la veille et du jour, du présent et du passé, prêtant tous plus ou moins au propos et à l'anecdote! Le général Vaillant, élève de l'École polytechnique, officier d'artillerie sous l'Empire et d'état-major sous la Restauration, bon soldat, vieux soldat, était de plus en plus un homme heureux; il commandait les opérations du siège de Rome sous le général Oudinot; ce dernier, au moment du coup d'État, s'étant mis du côté de l'Assemblée, fut destitué par un décret de 1851. M. Vaillant fait maréchal par le Président de la République, comte par le pape, grand maréchal du palais par l'Empereur, devait bientôt ajouter à ses émoluments et titres divers celui de membre de l'Institut. Le nom du comte Bacciocchi, premier chambellan, inconnu en France jusqu'à l'élection du 20 décembre, commençait à s'entourer d'une certaine auréole. Les lecteurs se souviennent sans doute du rôle joué par MM. Fleury et de Béville avant et pendant le coup d'État. Quant au duc de Bassano, grand chambellan, et au duc de Cambacérès, grand maître des cérémonies, ils continuaient dans la haute domesticité les services que leurs parents avaient rendus à la famille Bonaparte dans d'autres fonctions.

Le gouvernement nouveau, comme don de joyeux avénement, fit remise de l'emprisonnement et de l'amende aux condamnés pour délits et contraventions de presse et de librairie; les avertissements donnés aux journaux furent considérés comme nuls et non avenus; point d'amnistie; les exilés pouvaient rentrer « en reconnaissant la volonté nationale », c'est-à-dire en demandant leur grâce. La clémence absente et la monotonie des mêmes décorations, des mêmes bannières, des mêmes arcs, des mêmes transparents, rendirent la journée triste pour les uns, fatigante pour les autres, longue pour tous; Paris avait hâte de sortir de la mise en scène, et d'entrer dans la réalité. Un banquet de soixante couverts et une simple réception firent les frais de la soirée chez le souverain. A minuit un nouvel hôte s'endormait aux Tuileries.

Voilà comment s'était fait l'Empire.

L'EMPIRE

TAXILE DELORD.

L'EMPIRE

CHAPITRE PREMIER.

1853.

Sommaire. — Méfiance de l'Europe en présence de l'Empire. — Le droit ancien et le droit nouveau. — Situation des puissances. — L'Angleterre. — La Belgique. — Les petits États de l'Allemagne. — La Bavière et la Saxe. — L'Autriche. — La Prusse. — Elles veulent agir de concert avec la Russie. — Le czar Nicolas. — La question des Lieux Saints. — Comment on envisage cette question en France et en Russie. — Importance du sentiment religieux dans ce dernier pays. — Préoccupations secrètes du czar au sujet de l'Orient. — Causes de son mécontentement. — Il reconnaît enfin l'Empire français. — Protestation du comte de Chambord. — Mademoiselle Eugénie de Montijo. — Le *Moniteur* annonce son mariage avec l'Empereur. — Surprise causée par cette union. — L'Empereur publie un manifeste pour annoncer son mariage à la nation. — Effet produit par ce manifeste. — Les journaux officieux et la famille Montijo. — Mariage de l'Empereur. — L'Impératrice Eugénie et la nouvelle Cour. — Influence de la Cour sur la société. — L'étiquette. — La noblesse du second Empire. — Les ordres de chevalerie. — La réception du 1ᵉʳ janvier 1853. — Le luxe.
Session législative. — Discours de l'Empereur à l'ouverture de la session. — Le Couronnement de l'édifice. — M. Bouhier de l'Écluse proteste contre le serment. — Bal offert par le Corps législatif à l'Empereur et à l'Impératrice. — Une rupture est sur le point d'éclater à cette occasion entre le Corps législatif et le Sénat. — M. Billault parvient à l'empêcher. — Révision de la loi des prudhommes, — de la loi de 1850 sur la caisse des retraites pour la vieillesse, et du décret du 8 août 1848 sur la formation des listes du jury. — Discussion du budget en une séance. — Les biens de la famille d'Orléans. — M. de Montalembert et M. Granier de Cassagnac. — Révision des articles 86 et 87 du Code pénal relatifs aux attentat politiques. — Fin de la session.

Louis-Napoléon Bonaparte traduit devant la cour des pairs pour l'attentat de Boulogne, avait dit à ses juges : « Je représente devant vous un principe, une cause, une défaite. Le principe, c'est la souveraineté du peuple ; la cause, celle de l'Empire ; la défaite, Waterloo ; — le principe vous l'avez reconnu ; — la cause vous l'avez servie ; — la défaite, vous voulez la venger. » L'Europe, malgré cette déclaration, ne croyait pas l'empereur des Français très-empressé de prendre sa revanche de Waterloo ; l'Europe avait si souvent reconnu le principe de la souveraineté du peuple depuis la fin du dernier siècle, qu'elle ne pouvait plus le repousser ; elle ne voyait cependant point sans une certaine méfiance la résurrection d'un gouvernement qui l'avait autrefois réunie tout entière contre lui ; elle sentait tout ce que la suppression de la liberté en France créait pour elle de périls ; de quels sentiments allait vivre désormais cette nation ardente et mobile ? Par quoi remplacerait-elle la liberté perdue ? La nécessité de maintenir à l'armée la prépondérance qu'elle venait de conquérir était-elle compatible avec la déclaration de Bordeaux : « l'Empire c'est la paix » ? Voilà les questions qui préoccupaient les puissances ; quant à ce qu'on appelait le droit nouveau, elles ne protestaient point ouvertement contre l'application qui venait d'en être faite en France : propriété et royauté sont synonymes ; qui a la couronne a le pays, le dépôt de la royauté une fois confié par la nation à une famille, impossible de le lui redemander, tel était l'ancien droit ; le roi, maître du royaume à titre de propriété, pouvait en user et en abuser. Les efforts tentés jusqu'à la Révolution pour régler ce droit n'avaient réussi que dans certains pays. La Révolution déclara que la souveraineté résidait dans la nation, qu'elle ne pouvait s'en dessaisir que par un mandat temporaire, et qu'elle restait toujours maîtresse de la retirer au mandataire, et de le punir.

Bonaparte proposa plus tard à la nation de limiter sa souveraineté à son profit; elle y consentit; elle consentit encore, en 1830, à déléguer cette souveraineté à trois cents députés chargés de mettre le sceptre aux mains de Louis-Philippe. La doctrine de la souveraineté absolue et permanente du peuple triompha de nouveau en 1848; l'Europe, dans ces circonstances diverses, s'était abstenue de toute discussion de fait et de droit; rien ne s'opposait à ce qu'il en fût de même aujourd'hui; l'Angleterre, qui la première en Europe était parvenue à limiter le mandat royal, ne pouvait pas être prise d'une passion bien vive pour le droit ancien; l'Espagne, la Belgique, le Portugal étaient gouvernés selon le droit nouveau; l'Europe comprenait qu'on ne pouvait plus invoquer le vieux droit; elle se demandait seulement si Napoléon III comprendrait le droit nouveau comme Napoléon Ier, qui croyait, parce qu'il était l'élu d'un peuple, qu'il pouvait disposer de tous les peuples.

Les regards se portèrent d'abord sur l'implacable ennemie du premier Empire, sur cette Angleterre qui ne l'avait jamais reconnu; le gouvernement anglais, d'abord méfiant, s'était rassuré; les hommes politiques se partageaient en deux camps: les uns, comme lord Palmerston, avaient approuvé hautement le coup d'État; les autres, comme lord Russell, avaient essayé de l'excuser; d'autres, comme sir James Graham, sentaient le coup que venait de recevoir la liberté et traduisaient leurs impressions en langage assez acerbe.

On parlait d'une coalition; la proposition, selon toutes les apparences, n'en devait pas venir de l'Angleterre; certes, le remplacement sur le trône de France des Orléans par les Bonaparte, devait attrister la reine Victoria; des liaisons étroites d'amitié unissaient la famille royale d'Angleterre à celle de France, mais le gouvernement anglais n'a pas l'habitude de perdre son temps à pleurer les causes perdues; lord Palmerston avait vu avec plaisir la chute de la République; il s'était vu forcé, par suite de l'éclatante approbation donnée par lui au coup d'État, d'abandonner le ministère; l'opinion publique, fort alarmée d'abord, avait fini par se calmer et déjà l'on préparait à Paris la salle du trône pour y recevoir en grand apparat les lettres de créance de lord Cowley; cependant à la maison de Bourbon revient l'honneur d'avoir, la première, reconnu l'Empire : le baron Antonini, ministre du roi de Naples, fut le premier des représentants des puissances étrangères qui reçut ses lettres de créance; M. Firmin Rogier, ministre de Belgique, reçut les siennes presque en même temps. Il paraît certain aujourd'hui que peu de jours après le 2 décembre, un décret d'annexion de la Belgique à la France avait été signé par le Prince Louis-Napoléon; cent mille hommes devaient entrer dans ce pays et l'occuper, pendant que le peuple sanctionnerait l'annexion par un plébiscite au moyen du suffrage universel; les représentants les plus puissants des intérêts conservateurs ralliés au nouveau régime, se liguèrent pour empêcher l'exécution de ce projet; M. Fould porta leurs plaintes au Prince-Président et parvint à s'en faire écouter; le décret d'annexion fut déchiré, mais Léopold Ier était averti d'avoir à ménager son puissant voisin.

La Belgique, fort inquiète pour ses institutions, craignait qu'elles ne subissent le contre-coup des modifications subies par les institutions françaises. L'Empereur, par une lettre autographe, avait, disait-on, manifesté à Léopold Ier l'intention qu'il en fût ainsi. La presse belge causait des insomnies au gouvernement français, qui dénonçait surtout le *Bulletin français* et la *Nation;* il fit condamner les rédacteurs de ces journaux, et il voulut les faire expulser. Les traités commerciaux de 1845 expiraient, il fallait les renouveler ; le cabinet de Bruxelles s'opposait à ce renouvellement; le ministre français parla de représailles, et le ministre belge lui répondit, sur un ton d'indifférence feinte, que la France avait besoin des houilles belges et que la Belgique pouvait fort bien se contenter du *statu quo*.

Le baron Fagel, ministre de Hollande, était avisé de l'envoi prochain de ses lettres de créance; un courrier parti de Turin apportait celles du marquis de Villamarina; le roi de Wurtemberg avait fait parvenir ses félicitations empressées au duc de Guiche, notre ministre à Stutgard ; le ministre d'État de Nassau avait témoigné à M. de Tallenay sa satisfaction du changement qui venait de s'opérer en France, et le grand duc de Hesse-Darmstadt annonçait hautement l'intention de rétablir sa légation récemment supprimée à Paris ; la Prusse, la Saxe et la Bavière, sans être hostiles, montraient un peu moins d'empressement à se rallier à l'Empire. Quant à l'Autriche et à la Russie, le droit des peuples à disposer d'eux-mêmes menaçait directement leur existence ; de là leur hésitation à le sanctionner. M. de Beust et M. de Pfordten dirigeaient les affaires de la Bavière et de la Saxe. M. de Pfordten, ancien *privat-docent* à Wurzburg, professeur de droit romain à Leipsig, siégeait à côté de Robert Blum dans les clubs de 1848, lorsque le roi de Saxe vint l'y chercher pour faire de lui un ministre de l'instruction publique. En 1849, il quitta le service de la Saxe pour devenir ministre des affaires étrangères dans son pays ; le pouvoir en Saxe resta entre les mains de M. de Beust, l'homme du parti qui voulait effacer toutes les conquêtes de 1848, et englober les libéraux dans la ruine des démagogues. M. de Beust, champion ardent du fédéralisme contre l'Autriche et contre la Prusse, sentait bien pourtant qu'il ne pouvait prendre une décision sans elles ni contre elles dans la question de la reconnaissance de l'Empire, et il n'aurait pas été fâché de savoir ce que ces deux puissances comptaient faire. M. de Pfordten se trouvait dans la même situation ; non moins fédéraliste que M. de Beust, il se flattait de relever la dynastie des Wittelsbach en Bavière, comme le prince Schwartzenberg avait relevé celle des Habsbourg en Autriche ; MM. de Beust et de Pfordten parlaient du groupe des petits États comme s'ils formaient une puissance véritablement unie ; la promptitude avec laquelle la Bavière obéit à l'Autriche lorsqu'il s'agit d'exécuter la Hesse révoltée prouva bientôt le contraire ; aux conférences de Dresde en 1851, et l'année suivante pendant la coalition de Darmstadt, on peut se croire encore en face d'une troisième Allemagne. Courte illusion ! Le roi de Bavière s'entendait mieux à grouper autour de lui des poëtes, des peintres, des historiens, des philosophes que des peuples. Pendant que dans son palais, entouré d'une espèce d'académie, il présidait à des discussions littéraires, son ministre poussait à la réaction, et faussait de plus en plus le régime constitutionnel ; M. de Beust imitait en Saxe la conduite de M. de Pfordten. Ses deux gouvernements, sous de pareils ministres, ne devaient pas vouloir au fond autre chose que la Russie, l'Autriche, la Prusse ; mais ces trois puissances que voulaient-elles?

Le prince Schwartzenberg, homme d'esprit, grand semeur de mots et de phrases, trop disposé, comme tous les hommes d'esprit, à prendre ses mots et ses phrases pour des réalités, était premier ministre en Autriche. Cet homme d'État, fier d'avoir obligé le roi de Prusse à dissoudre le parlement d'Erfurt, après l'avoir lui-même convoqué, appuyé par le czar que le gouvernement autrichien consultait dans ce temps-là sur toutes les questions importantes, se proposait de rétablir l'ancienne diète, et d'y faire entrer les peuples hongrois, slave, italien, roumain ; la Bavière, la Saxe et le Wurtemberg n'ayant pas d'autre volonté que celle du czar, consentaient à ce changement qui mettait presque la Prusse à leur niveau. La France s'y opposa ; le prince Schwartzenberg dut se contenter de l'ancienne diète. L'Autriche ne pouvait donc être en de très-bonnes dispositions pour le gouvernement français ; pendant que le véritable Napoléon, façonné par Metternich à l'usage des puissances signataires du traité de 1815, dormait dans le caveau de l'église des Capucins à Vienne, elle voyait tout à coup sur le trône de France un autre Napoléon qu'elle avait trouvé derrière plus d'une conjuration tramée contre sa domination en Italie : il y avait là de quoi donner à réfléchir à l'Autriche. Elle n'aimait pas l'Empire, mais il était évident qu'elle suivrait l'impulsion de la Russie.

Plus de dix ans s'étaient écoulés depuis le temps où

les poëtes se défiaient de chaque côté du Rhin, et où Alfred de Musset répondait à Bœcker : « Nous l'avons eu votre Rhin allemand. » Alors retentissait la première explosion de l'unité allemande ; ses apôtres, à l'avénement de Frédéric-Guillaume IV au trône de Prusse, crurent trouver l'homme capable de la réaliser ; les états généraux de Berlin leur prouvèrent que le messie de l'unité n'était pas même un prince libéral ; les unitaires reprirent courage en 1848 ; les députés de Francfort étaient tous partisans de l'unité allemande, mais tous ne l'entendaient pas de la même façon. Il y avait plusieurs Allemagnes en cours de préparation : La grande Allemagne : *Gross Deutsch*, comprenant l'Autriche et ses possessions : Lombardie, Gallicie, Hongrie, en tout 70 millions d'individus occupant le nord de l'Italie et la Toscane, maîtres de la Péninsule absorbant le Danemark par le Sleswig-Holstein, les provinces danubiennes par les Valaques de la Transylvanie, les Slaves turcs par ceux de la Croatie et du Bannat, régnant sur la Baltique et sur la mer du Nord, sur la Méditerranée et sur la mer Noire.

A côté de cette grande Allemagne, rêve perpétuel des Othon, des Hohenstauffen et des Habsbourg, la petite Allemagne, *Klein-Deutsch*, aurait compris la Prusse, le Wurtemberg, la Bavière, la Saxe, le Hanòvre, et les autres États composant la Confédération germanique. Il fallait un roi à la nouvelle Allemagne ; le roi de Prusse, malgré sa promesse, refusa la couronne que lui offrait le parlement de Francfort ; il ne voulait pas la recevoir des mains de la révolution ; il savait aussi que l'Autriche, soutenue par la Russie, la lui aurait disputée les armes à la main.

Frédéric-Guillaume, malgré son refus, souhaitait passionnément l'agrandissement de son pays; le traité du 28 mai 1849 sembla lui donner un moment la suzeraineté sur les petits États ; les hommes modérés de l'ancien parlement de Francfort avaient formé le parti de Gotha. Le roi de Prusse et M. de Radowitz, son ministre, après avoir avec leur aide convoqué le parlement d'Erfurt, et soutenu les Holsteinois insurgés pour enlever le Sleswig au Danemark, et les libéraux hessois en lutte ouverte avec le ministre Hassenpflug, se flattaient de fonder l'unité allemande sans le secours de la révolution et sans guerre avec l'Autriche.

Le roi de Prusse, irrésolu, changeant, tiraillé sans cesse entre ses préjugés légitimistes et ses caprices libéraux, était dans une position difficile : la Prusse, produit d'une révolte religieuse, chef-d'œuvre d'un roi philosophe, compromise par les fautes des successeurs de Frédéric le Grand, sauvée, rajeunie par Stein, mise par cet habile médecin au régime des idées de la révolution, n'en était pas moins encore un ardent foyer d'absolutisme; le parti des hobereaux (*Junkerpartey*) y maintenait dans toute leur pureté les traditions de l'ancien régime germanique et le culte du droit divin. Le parti des hobereaux, enchanté du succès du coup d'État frappé en France contre la République, déplorait néanmoins l'établissement dans ce pays d'une monarchie par le suffrage universel. Le roi, au fond, était de ce parti ; un de ses représentants les plus sincères, M. Otto de Bismark-Schœnhausen, déclarait ouvertement que « le seul moyen d'en finir était de brûler les villes, ces foyers de révolutions ». M. de Bismark, fils d'un hobereau de

l'Altmark, ancien officier de cavalerie, n'entra point
d'abord dans l'armée comme tous les jeunes gens de son
rang, mais dans l'administration ; grand buveur de
bière, grand bretteur à l'Université, employé à Berlin,
puis à Aix-la-Chapelle, transformé par un héritage en
grand propriétaire rural, il se mit à faire valoir ses
terres de Saxe et de Poméranie ; M. de Bismark, élu par
les hobereaux de cette province aux États généraux
de 1347, ne reparut ni au parlement de Berlin ni à celui
de Francfort; nous le retrouvons à la chambre prussienne, et au parlement d'Erfurt, où il se signale par son
opposition à tout projet de pacte entre le roi et la révolution ; l'unité germanique n'avait pas de plus terrible
adversaire que M. de Bismark ; il répétait sans cesse :
« On fondra la couronne de Prusse, on n'en fera pas un
diadème impérial. » Contester le titre de puissance
allemande à cette Autriche qui avait été le Saint-Empire
germanique, et l'épée de l'Allemagne, lui semblait
une faute et un crime. M. de Bismark ne pouvait pas
se sentir bien humilié en voyant le roi de Prusse,
après avoir renvoyé M. de Radowitz, et pris pour
ministre M. de Manteuffel, solliciter à Olmutz le pardon
de l'Autriche, et l'obtenir en fermant le parlement
d'Erfurt. Au contraire, il approuva fort la conduite du
roi ; aussi, quand il fut question d'envoyer à la diète
restaurée un représentant de la Prusse, le parti des
hobereaux, grand partisan d'une alliance avec l'Autriche
pour exterminer la révolution, ne crut pouvoir mieux
agir dans ses intérêts qu'en faisant nommer à ce poste
M. de Bismark, le hobereau modèle, l'homme qui se vantait avec le plus de jactance d'appartenir au parti féodal,

« à cette opinion du moyen âge et des ténèbres, et d'en avoir sucé les principes avec le lait de sa mère ».

Au moment de la réunion du parlement d'Erfurt, le public avait été surpris de voir un des conseillers les plus intimes et les plus importants du Président de la République quitter Paris pour se rendre à Berlin. M. de Persigny était chargé d'une mission qui pouvait modifier complétement la situation de l'Europe : la France, en échange d'une rectification de frontière sur le Rhin, offrait à la Prusse son alliance contre l'Autriche ; la Prusse refusa, pour ne point paraître aux yeux du parti féodal s'allier avec la révolution. La question du Rhin n'allait-elle pas reparaître plus menaçante avec l'Empire lui-même? Frédéric-Guillaume pouvait certes le craindre, mais dominé par l'Autriche et par la Russie, il était résigné à marcher à la suite de ces puissances ; les hommes politiques regardaient du côté de Vienne et de Saint-Pétersbourg pour savoir ce qu'on ferait à Berlin ; la nation prussienne semblait s'intéresser fort peu à cette question de la reconnaissance de Napoléon III ; humiliée, froissée depuis Olmutz, détournant ses regards du roi, elle les reportait sur le prince de Prusse, qui vivait renfermé dans cette idée : réformer l'armée.

Le czar, gardien sévère des principes de légitimité et de droit divin, se voyait, pour la troisième fois depuis 1830, arraché par la France à son rôle majestueux de dompteur des révolutions ; affectant de les traiter publiquement avec arrogance, il savait très-bien les respecter quand cela devenait nécessaire. Ce double rôle avait fort diminué son prestige de représentant du droit divin ; il le sentait, et il éprouvait contre le second Empire une mauvaise humeur, encore accrue par ce qui se passait en Orient ; une discussion très-vive s'était élevée à Jérusalem entre les Grecs et les Latins : ceux-ci, pour arriver à la grotte en traversant l'église du Saint-Sépulcre, auraient-ils la clef de la porte de Bethléem, et l'une des clefs des deux portes de la Crèche ? Devait-on leur reconnaître le droit de placer dans le sanctuaire de la Nativité une croix d'argent aux armes de France, de prier une fois par an dans l'église de Gethsemané, de construire une armoire, et enfin d'allumer une lampe dans le tombeau de la Vierge ? Oui, disaient les Latins, en invoquant les capitulations de 1740 ; non, répondaient les Grecs, au nom de leurs priviléges. Peut-être auraient-ils cédé sur la croix d'argent, sur l'armoire, et même sur la lampe ; mais sur la clef, jamais ; quand le gouvernement français éleva ses premières réclamations en faveur des Latins, on n'y fit pas grande attention en France, quelque importance qu'eussent prise d'ailleurs les questions religieuses depuis l'élévation du prince Louis-Napoléon à la présidence de la République. L'opinion publique, malgré les lettres autographes du pape, exhortant les souverains catholiques à seconder les efforts de la France pour délivrer le Saint-Sépulcre, se préoccupait faiblement de ces querelles de moines. Deux ambassadeurs s'étaient succédé à Constantinople depuis le 2 décembre : le général Anpick et M. de Lavalette. Ce dernier, homme d'esprit et homme du monde, était entré dans la diplomatie en 1837. Nommé à cette époque secrétaire de légation à Stockholm, il passa, quatre ans plus tard, des glaces du pôle aux chaleurs du tropique, de Stockholm à Alexandrie, où il prit le poste de consul général. M. de Lavalette, en 1846, était ministre à Cassel ; le Président de la République en fit en 1851 un ambassadeur à Constantinople ; il convenait en effet à ce poste où il faut se jouer au milieu de ces complications orientales qu'il est bon souvent de ne prendre au sérieux qu'à demi. En 1853, cependant, devenu un obstacle à la solution de la question des Lieux-Saints, il quitta Constantinople, non sans avoir obtenu de la Porte une note favorable aux Latins. Deux hommes qui s'entendaient très-bien ensemble, et avec lesquels on pouvait très-bien s'entendre, Haali-Pacha et Fuad-Pacha, occupaient alors l'un le vizirat, l'autre le ministère des affaires étrangères ; malheureusement, une de ces disgrâces si fréquentes en Turquie, et dont il est difficile de bien connaître la cause, les fit rentrer dans la vie privée. La note favorable aux Latins empêchait l'ambassadeur russe de dormir ; il sollicita du nouveau ministère un firman en faveur des Grecs et l'obtint ; de là nouvelles réclamations de notre représentant à Constantinople.

En France, on est dévot sur place, les affaires lointaines de la religion intéressent médiocrement le public ; on aurait peu goûté l'idée de faire la guerre pour une armoire et pour une clé ; la race des pèlerins français à Jérusalem serait perdue sans quelques voyageurs riches qui s'y rendent chaque année en train de plaisir. Il n'en est pas de même en Russie : de nombreux fidèles appartenant à toutes les classes de la société font le saint pèlerinage. De tous les points de la Russie, ils affluent au lieu où Jésus fut crucifié, payant au prix des plus grandes fatigues, des plus dures privations, quelquefois même de la mort, le bonheur de prier un moment sur sa tombe ; les yeux sans cesse fixés sur Jérusalem, boyards, serfs, moujicks, soldats, prennent part de loin avec passion aux antiques querelles entre les prêtres grecs et les prêtres latins ; habitués à confondre le patriotisme avec la religion, ils ressentent chaque concession faite aux Latins comme une atteinte portée à leur dignité nationale. Le czar Nicolas attachait donc une grande importance aux moindres détails de cette affaire des Lieux-Saints ; il se sentait d'ailleurs, depuis l'avénement du prince Louis-Napoléon, en présence d'une résistance qui empruntait un caractère particulier à l'influence accordée aux intérêts religieux en France. Nicolas Ier roulait en outre dans sa tête certaines confidences qu'il voulait faire à sir Hamilton Seymour, ambassadeur d'Angleterre, au sujet du sultan ; il attendait une occasion favorable, bal ou soirée, pour engager l'entretien. Une glace, ou un verre de punch à la main, au bruit d'une valse, on peut sans se compromettre causer d'une foule de choses, du *malade* des rives du Bosphore, des moyens de le guérir, de son héritage, de Constantinople et d'Alexandrie, etc., mais il fallait revenir à Paris, là était l'obstacle aux rêves caressés ; le czar en prenait de l'humeur ; à quel autre sentiment attribuer la cause de son opposition à la reconnaissance de Napoléon III par les puissances ? Napoléon II, disait-il, a beau avoir été proclamé en France, aucune puissance ne l'a reconnu ; la théorie développée par M. Troplong dans son rapport et tendant à démontrer que l'Empire repose sur une sorte d'hérédité en arrière, permet au gouvernement actuel de tenir pour nul tout ce que les gouvernements intercalés ont fait, et de se soustraire à leurs engagements. M. Drouyn de Lhuys répondait qu'à ce compte, l'Empereur, au lieu du chiffre de Napoléon III, aurait dû prendre celui de Napoléon IV à cause de Joseph et de Louis son père ; pourquoi, d'ailleurs, ces scrupules d'arithmétique ? l'Empereur n'a-t-il pas solennellement déclaré au Sénat qu'il était solidaire de tous les gouvernements précédents ?

Il fallait faire la guerre ou se laisser convaincre ; le czar prit enfin ce dernier parti. Satisfait, en donnant à l'Empereur le titre de « bon ami » au lieu de celui de « cousin et frère », d'avoir marqué la distance qu'il convient de mettre entre les autocrates de droit divin et un simple autocrate de par le suffrage universel, il reconnut enfin Napoléon III moyennant quelques réserves sur le plébiscite du 20 décembre, et sur le sénatus-consulte qui l'avait suivi. Il était temps : la Prusse et l'Autriche, lasses d'attendre, allaient envoyer leurs lettres de créance ; les autres États du Nord et du Midi s'étaient déjà mis en règle avec l'Empire. Un seul souverain ne le reconnut pas ; souverain sans royaume, il est vrai, le comte de Chambord ; il publia contre le nouveau gouvernement établi en France une assez longue protestation qui se terminait par ces mots solennels : « Quels que soient sur vous (Français) et sur moi les desseins de Dieu, resté seul de l'antique race de vos rois, héritier de cette longue suite de monarques qui, durant tant de siècles, ont accru et fait respecter la puissance et la fortune de la France, je me dois, je dois à ma famille et à ma patrie de protester hautement contre des combinaisons mensongères et pleines de dangers. Je maintiens donc mon droit, qui est le plus sûr garant des vôtres, et prenant Dieu à témoin, je déclare à la France et au monde, que fidèle aux lois du royaume et aux traditions de mes aïeux, je conserverai religieusement jusqu'à mon dernier soupir le dernier dépôt de la monarchie héréditaire dont la Providence m'a confié la garde, et qui est l'unique port de salut, où, après tant d'orages, cette France, objet de tout notre amour, pourra retrouver enfin le repos et le bonheur. »

Le second Empire français reconnu par l'Europe, ses partisans se demandèrent si l'Empereur ne se devait pas à lui-même et à eux de consolider sa dynastie par un mariage. Napoléon III songeait à répondre à ce vœu.

L'attention des gens appartenant au monde officiel se portait depuis quelque temps à l'Opéra sur une loge d'avant-scène occupée par deux dames, l'une jeune et belle, l'autre d'un âge mûr, mais conservant encore quelques restes de beauté. Le bruit seul de la porte de cette loge, s'ouvrant après le lever du rideau, forçait presque le chanteur ou la chanteuse à s'interrompre au milieu de l'air commencé ; hommes et femmes, oubliant la scène, braquaient leur lorgnette sur les retardataires, et le nom d'une jeune Espagnole, mademoiselle Eugénie de Montijo, courait sur toutes les lèvres.

Les journaux qui donnaient alors la liste des personnes invitées aux fêtes du Président de la République, l'avaient souvent inscrit dans leurs colonnes, ainsi que celui de madame la comtesse de Montijo, sa mère. Mademoiselle Eugénie de Montijo, si admirée à l'Opéra, était encore plus charmante, disaient ces journaux, en costume du xviiie siècle, entraînant à sa suite les chasseresses de Compiègne et de Fontainebleau. De nombreux portraits ont familiarisé depuis longtemps le public avec les traits de mademoiselle de Montijo ; mais son visage entrevu pour la première fois à l'éclat des lustres, relevé par d'abondants cheveux blonds, par un teint d'une blancheur dorée, brillait de tant de jeunesse et de grâce qu'on oubliait la petitesse des yeux resserrés sous un front qui manquait un peu de flamme. Cette jeune Espagnole, devenue la reine des fêtes du Président de la République, attirait les regards de la société riche et élégante, plus curieuse et plus désœuvrée que jamais ; les courtisans, observateurs attentifs par intérêt de tout ce qui se passe dans le cœur et dans l'esprit du maître, cherchaient à deviner quelle place y tenait réellement mademoiselle de Montijo ; ils crurent d'abord qu'il ne s'agissait que d'un mariage morganatique entre elle et le Président de la République.

Mademoiselle de Montijo excitait la curiosité au point de se voir obligée de renoncer à se rendre aux représentations de l'Opéra ; la nouvelle officielle de son mariage redoubla l'empressement des curieux ; ils s'attroupaient en foule devant les magasins où sa présence était signalée ; son mariage prochain donnait lieu à toutes sortes de bruits ; celui de l'adoption du fils de Jérôme Bonaparte par son cousin fit baisser les fonds publics. Le silence du *Moniteur* rassura la Bourse ; le journal officiel se contenta en effet d'annoncer le mariage de l'Empereur par la note suivante :

« Un événement heureux, destiné à consolider le gouvernement de Sa Majesté Impériale et à assurer l'avenir de la dynastie, est sur le point de s'accomplir. L'Empereur épouse mademoiselle de Montijo, comtesse de Téba. Ce mariage doit être annoncé officiellement aux grands corps de l'État samedi prochain, 22. La célébration aura lieu le samedi suivant, 29. Mademoiselle de Montijo, d'une très-grande famille de l'Espagne, est sœur de la duchesse d'Albe. Elle est aussi distinguée par la supériorité de son esprit, que par les charmes d'une beauté accomplie. »

Ce mariage surprit le public, les amis et les familiers

de l'Empereur ; les uns soutenaient qu'un mariage national eût cimenté une fois de plus l'union de l'Empereur avec la France ; ils annonçaient en même temps le prochain mariage du prince Napoléon avec la petite-fille du prince de Wagram ; les autres pensaient qu'une alliance avec une des familles régnantes n'eût pas été sans présenter des avantages au fondateur d'une dynastie nouvelle. L'Empereur avait partagé, lui aussi, cette opinion.

La duchesse Stéphanie de Baden, sa cousine, avait trois filles mariées, l'une au prince Wasa, fils de Charles XIII, de Suède, et général autrichien, l'autre au prince de Hohenzollern, la dernière au duc d'Hamilton. M. Delacour, ministre de France à Vienne, chargé officieusement de négocier le mariage du prince Louis avec la fille de la princesse Wasa, se crut un moment sûr du succès ; le prince Wasa ne voulant rien faire cependant sans consulter le gouvernement autrichien, les choses traînaient en longueur. On apprit enfin que la princesse était fiancée au prince de Saxe ; grave échec pour notre diplomatie, qui essaya de nouer un mariage avec la princesse de Hohenzollern, mais le père de cette princesse, avant de conclure, attendait l'avis de la Prusse. L'Empereur s'arrêta devant ce double refus, et fit un mariage d'inclination. Un manifeste adressé à la France lui apprit les motifs de la détermination nuptiale prise par le chef de l'État. Les doléances des conservateurs ralliés à l'Empire succédèrent à celles des bonapartistes purs : les premiers constataient avec amertume le soin que prenait l'Empereur, dans son manifeste, de marquer la différence qui existait entre l'empire et la monarchie telle qu'on l'avait connue en France et ailleurs, son insistance à se vanter de son origine ; or, son origine, d'après eux, c'était la révolution. Le manifeste, par une contradiction qu'explique seul le besoin de faire partager à d'autres les mécomptes éprouvés, se parait de l'alliance de Napoléon Ier avec Marie-Louise, en montrant en même temps les inconvénients des unions royales : « Sous le dernier règne, disait l'Empereur, l'amour-propre du pays n'eut-il pas à souffrir lorsque l'héritier de la couronne sollicitait infructueusement pendant plusieurs années l'alliance d'une maison souveraine, et obtenait enfin une princesse accomplie sans doute, mais dans les rangs secondaires et dans une autre religion. » Ceux qui connaissaient les refus opposés par le prince Wasa et par le prince de Hohenzollern aux ouvertures matrimoniales de la diplomatie française sourirent à ces mots de *rangs secondaires*. Plus d'un cœur généreux put se sentir blessé par cette allusion au nom d'une mère, d'une veuve, d'une femme proscrite, glissé dans une espèce d'épithalame politique. La duchesse d'Orléans, en quittant la France, n'y avait laissé que des souvenirs de respect ; elle était déjà Française en y arrivant, par ses études ; les grands écrivains du XVIIe et du XVIIIe siècle trouvaient en elle une élève capable de les comprendre ; les écrivains modernes se sentaient à leur aise devant cet esprit intelligent, sérieux, honnête ; sa religion même la rendait populaire ; le pays avait vu dans le mariage de l'héritier du trône avec une princesse protestante, un gage donné par Louis-Philippe à la liberté de conscience ; en était-il de même du mariage de Napoléon III avec une Espagnole ?

Les gens de bon sens répondaient aux critiques soulevées par le mariage de Napoléon III, qu'un Empereur a, comme un simple citoyen, le droit d'épouser la femme qui lui plaît; les membres de la famille impériale n'étaient point de cet avis, s'il fallait s'en rapporter aux bruits répandus sur la résistance opposée par eux à l'union de l'Empereur avec mademoiselle de Montijo; il était question de scènes violentes dans lesquelles la princesse Mathilde serait allée jusqu'à se jeter aux pieds de son cousin pour le supplier, au nom des intérêts les plus chers de la famille, de ne point contracter cette alliance; ces répugnances, s'il est vrai qu'elles aient existé, s'effacèrent bientôt; la future Impératrice ne tarda pas à devenir, aux yeux de ses parents, une personne accomplie. Les sœurs de Napoléon Ier n'avaient pas voulu porter la queue de l'impératrice Joséphine au sacre de Notre-Dame, la princesse Mathilde se déclara prête à s'en charger pendant les fêtes nuptiales.

Les journaux officieux du gouvernement, en attendant ces fêtes, ne tarissaient pas de détails généalogiques; ils s'indignaient en même temps contre les journaux étrangers qui puisaient leurs informations, « on ne sait dans quelles antichambres ». Ils leur recommandaient d'ouvrir tout simplement *la guia de forestieros*, où ils trouveraient du moins des renseignements authentiques sur la famille de Montijo: mademoiselle Eugénie de Montijo, née à Grenade d'une mère également Andalouse, mais issue des Kirkpatrik de Closburn, Écossais exilés pour la cause des Stuart, sœur de la duchesse de Berwick et d'Albe, était fille de feu Montijo, duc de Penaranda, un des meilleurs officiers espagnols; dévoué à la cause française, il la servit comme colonel d'artillerie dans la Péninsule, et en 1814 sur les buttes Chaumont, où il tira le dernier coup de canon sur les alliés; membre influent du Sénat espagnol, s'occupant dans les loisirs que lui laissait la politique, d'entreprises patriotiques, d'améliorations rurales, d'associations utiles, le comte de Montijo était mort en 1839. Les journaux officieux ajoutaient qu'on gardait au musée d'artillerie de Madrid ses armes et son uniforme comme des reliques nationales. Les mêmes journaux faisaient remarquer que la comtesse de Montijo avait rempli la charge de camerera-mayor de la reine Isabelle pendant le ministère Narvaëz.

Les femmes, en Espagne, héritent des titres nobiliaires; mademoiselle de Montijo réunissait sur sa tête trois grandesses de première classe : Teba, Mora, Banos, sans compter les titres de Guzman, Fernandèz, Cordova, Leiva, et Lacuna. L'Empereur des Français, devenu grand d'Espagne, se trouvait donc obligé, par les statuts de cette noblesse exceptionnelle, de faire une déclaration au duc de Montpensier, chef de la grandesse espagnole.

A ces détails généalogiques succédaient d'autres détails techniques sur le trousseau de la mariée et sur les artistes de l'un et de l'autre sexe qui y avaient mis la main; une certaine robe en dentelles était surtout l'objet de l'admiration des journalistes de la cour; ils regrettaient amèrement que le temps eût manqué pour modifier la forme un peu classique des diamants de la couronne. Ces diamants, depuis la nuit du 23 au 24 février 1848, étaient déposés au ministère des finances; le ministre des finances les remit au ministre d'État avec une certaine pompe; cette remise annonçait l'approche du mariage.

La ville de Paris avait voté la somme de 600 000 francs

pour offrir un collier à l'Impératrice ; elle écrivit au préfet de consacrer cette somme à de bonnes œuvres.

Le 29 janvier au soir, le mariage civil de l'Empereur eut lieu aux Tuileries. Le grand maître des cérémonies était allé avec deux voitures de la cour chercher la fiancée impériale ; le grand chambellan, le grand écuyer, le premier écuyer, deux chambellans de service et les officiers d'ordonnance de service, l'attendaient au bas de l'escalier du pavillon de Flore, pour la conduire au salon de famille, où se trouvait l'Empereur entouré du prince Jérôme, des princes de sa famille désignés pour assister à la cérémonie, des cardinaux, des maréchaux, des amiraux, des ministres, des grands officiers de la maison civile et militaire, des ambassadeurs et des ministres plénipotentiaires français présents à Paris.

Le prince Napoléon et la princesse Mathilde vinrent au-devant de la future Impératrice jusqu'à l'entrée du premier salon ; le cortége s'étant mis en marche, le premier chambellan prit les devants pour annoncer à l'Empereur l'arrivée de sa fiancée. Napoléon III, en uniforme de général, portait le collier de la Légion d'honneur de Napoléon Ier, relique confiée par le prince Jérôme à son neveu, et le collier de la Toison d'or de Charles-Quint. Les diamants du collier commandé par la ville de Paris et acheté par lui, brillaient au cou de sa fiancée ; les diamants et les saphirs de la ceinture de l'impératrice Marie-Louise, serraient la fameuse robe en point d'Alençon, recouvrant une jupe de satin blanc.

Le grand maître des cérémonies ayant pris les ordres de l'Empereur, le cortége, à neuf heures, se dirigea vers la salle des maréchaux, où devaient s'accomplir les formalités du mariage civil.

Les deux fiancés, arrivés dans la salle des maréchaux, prennent place sur deux fauteuils au haut d'une estrade ; le registre de l'état civil de la famille impériale, retrouvé dans les archives de la secrétairie d'État, est ouvert sur une table à gauche ; le ministre d'État officier de l'état civil, assisté du président du conseil d'État désigné *ad hoc*, ayant reçu les affirmations de l'Empereur et de Son Excellence mademoiselle Eugénie de Montijo, comtesse de Teba, les déclare unis en mariage ; le président du conseil d'État, sur l'invitation du grand maître des cérémonies, présente la plume à l'Empereur et ensuite à l'Impératrice, qui signent sans quitter leur place ; la comtesse de Montijo, les princes et princesses, l'ambassadeur d'Espagne, reçoivent la plume des mains du président du conseil d'État et s'approchent de la table pour signer suivant leur rang ; les témoins désignés signent ensuite ; d'abord ceux invités à signer l'acte du mariage de l'Empereur, puis les autres témoins nommés pour signer l'acte du mariage civil ; les premiers étaient le prince Jérôme Bonaparte, le prince Napoléon-Joseph Bonaparte, la princesse Mathilde Bonaparte-Demidoff, composant la famille impériale ; le prince Lucien Bonaparte, le prince Pierre-Napoléon Bonaparte, la princesse Élisa Bacciocchi, comtesse Camerata, le prince Lucien Murat, membres de la famille de l'Empereur ; voici le nom des seconds : les cardinaux de Bonald, Dupont, Mathieu, Gousset, Donnet ; les maréchaux Reille, Harispe, Vaillant, Castellane, Saint-Arnaud, Magnan ; les amiraux Roussin, de Mackau ; les président, premier vice-président, vice-président, secrétaire et grand référendaire du Sénat, Troplong, Mesnard, Baraguey-d'Hilliers, Regnault de Saint-Jean-d'Angely, Lacrosse, d'Hautpoul; le grand maître des cérémonies, Cambacérès; le président et les vice-présidents du Corps législatif, Billault, Reveil, Schneider; le président et le vice-président du conseil d'État, Baroche et Rouher; les ministres : M. de Morny, etc.

Le cortége, les signatures terminées, se rend, au son de la marche des *Filets de Vulcain*, dans la salle de spectacle, où les artistes de l'Opéra exécutent une cantate (1), dont voici la première strophe :

> Pour notre Impératrice aux doux climats choisie,
> Chantez, avec des voix qui savent nous ravir,
> Les airs que redira l'écho d'Andalousie,
> Aux collines du Tage et du Guadalquivir.
>   Espagne bien-aimée
>   Où le ciel est vermeil,
>   C'est toi qui l'a formée
>   D'un rayon de soleil.

Les survivants de la génération qui vit passer les voitures du sacre de Napoléon Ier, du mariage de l'empereur avec Marie-Louise, et du baptême du roi de Rome, purent les reconnaître le lendemain 30 janvier 1853; l'Empereur et l'Impératrice, qui avaient entendu la messe et communié dans la chapelle de l'Élysée avant de se rendre à Notre-Dame, occupaient la première; le prince Jérôme et le prince Napoléon, chargés de porter les honneurs, étaient dans la seconde.

(1) Paroles de Méry, musique d'Auber.

Napoléon Ier, le matin de son mariage religieux, assistant à la toilette de Marie-Louise, avait dit, en fixant lui-même la couronne du sacre sur la tête de sa femme : « L'Impératrice portera cette couronne qui n'est pas belle, mais qui a un caractère particulier, et que je veux rattacher à ma dynastie. » Cette même couronne parait le front de la nouvelle Impératrice ; elle prit place à une heure en face de l'autel, et l'archevêque de Paris, s'adressant aux conjoints, selon le cérémonial arrêté, leur dit : « Vous vous présentez ici pour contracter mariage en face de la sainte Église ? » Ils répondirent : « Oui, monsieur. »

L'évêque de Nancy, premier aumônier, présenta, sur un grand plateau de vermeil, les pièces d'or et l'anneau à l'archevêque qui les bénit. M. Sibour, après les demandes et les réponses d'usage en pareil cas, remit à l'Empereur les pièces d'or et l'anneau ; l'Empereur présenta d'abord les pièces d'or à l'Impératrice, en disant : « Recevez le signe des conventions matrimoniales faites entre vous et moi. » Ensuite il plaça l'anneau à son doigt, en ajoutant : « Je vous donne cet anneau en signe du mariage que nous contractons. » L'archevêque, étendant la main sur les deux époux à genoux, prononça la formule sacramentelle ; les oraisons d'usage furent récitées ; les mariés remontèrent sur leur trône et la messe commença ; le prince Napoléon présenta les cierges de l'offrande à l'Empereur, et la princesse Mathilde à l'Impératrice ; l'évêque de Nancy et l'évêque de Versailles tenaient le poêle ; l'archevêque de Paris, accompagné du curé de Saint-Germain-l'Auxerrois, paroisse des Tuileries, soumit, pendant le *Te Deum*, à la signature de l'Empereur et de l'Impératrice le registre où est consigné l'acte du mariage religieux; les témoins étaient pour le marié : le prince Jérôme-Napoléon et le prince Napoléon; pour la mariée : le marquis de Valdegamas, ambassadeur d'Espagne, le duc d'Ossuna, le marquis de Bedimar, grands d'Espagne, le comte de Galve, et le général Alvarez Toledo.

L'Impératrice en se levant, à l'Évangile, fit avec son pouce, à l'espagnole, de nombreux signes de croix sur son front, ses lèvres et son cœur; les invités à la cérémonie purent admirer, lorsqu'elle se leva, les richesses qui la couvraient comme une madone; sa robe ruisselait de diamants; son cou, ses bras, sa tête, sa ceinture, en étaient chargés; au milieu de tous ces feux, on distinguait cependant celui du régent placé sur sa poitrine. Le duc de Brunswick, debout contre un pilier, luttait seul de diamants et d'éclat avec la mariée.

La cour, les ministres, les grands corps de l'État, les fonctionnaires, la magistrature, l'armée, remplissaient l'église; dehors fourmillait le personnel, désormais immuable de toutes les fêtes : les communes avec le maire et le curé en tête, les associations ouvrières comprenant tous les corps d'état depuis les charpentiers jusqu'aux allumeurs de réverbères, les jeunes filles en longues files blanches; de Notre-Dame aux Tuileries, c'était une procession sans fin; les chemins de fer avaient versé plus de deux cent mille individus dans Paris, foule curieuse et indifférente; quelques vivat se firent entendre lorsque les deux époux, de retour de la cérémonie, parurent au grand balcon des Tuileries.

Le repas de famille terminé, la muse fit entendre de nouveau ses chants :

> Célestes concerts,
> Douce harmonie,
> Glissez dans les airs :
> Chantez la grâce unie
> Au génie ;
> Chantez Eugénie
> Et les amours
> Durant toujours (1).

Cette cantate et les morceaux du concert qui la suivirent furent chantés en costume espagnol. La présentation des grands corps de l'État et des dames de la cour, après le concert, mit fin à cette longue soirée.

Ce mariage avait été accueilli en France et en Europe comme un gage de paix ; l'Empereur, pour prouver que la paix était bien en effet la base de sa politique, décréta le 8 mars qu'une Exposition universelle des produits agricoles et industriels à laquelle toutes les nations seraient admises s'ouvrirait le 1er mai 1855 à Paris ; une députation du haut commerce de la cité de Londres présenta une adresse à l'Empereur, signée de quatre mille négociants notables, exprimant l'espoir que la paix serait maintenue entre les deux grandes nations et par conséquent dans le monde ; l'Empereur, dans sa réponse, attesta sa ferme intention de répondre à ce vœu, M. Louis Bonaparte avait publié autrefois un travail sur le canal de Nicaragua ; la Compagnie anglaise pour la jonction des deux Océans, en sollicitant la protection de l'Empereur des Français, avait émis les mêmes vœux que les négociants

---

(1) Paroles de madame Mélanie Waldor.

anglais et reçu les mêmes assurances pacifiques ; le commerce et l'industrie, comptant sur la paix, reprenaient leur essor ; le décret déclarant d'utilité publique l'achèvement de la rue de Rivoli avait ouvert l'ère des grands travaux de la ville de Paris ; la Bourse rappelait les beaux temps de Law et du Mississipi ; l'ancienne société faisait place à une société nouvelle professant en matière de politique, d'art, de littérature, d'affaires et même de plaisirs, des opinions et des goûts diamétralement opposés aux siens. Cette société improvisée, par conséquent un peu mêlée, et très-exubérante, avait besoin d'être dirigée et contenue ; ce rôle de pouvoir modérateur revenait en France, comme dans tous les pays monarchiques, à la Royauté ; la nouvelle Impératrice allait donc étendre son sceptre sur la société sortie du dernier changement politique.

L'Impératrice était-elle à la hauteur de ce gouvernement difficile? Les disciples de Lavater pouvaient seuls encore répondre à cette question en étudiant le caractère de S. M. Eugénie, d'après les traits de son visage exposés à la vitrine de tous les marchands d'estampes ; M. de La Guéronnière avait déjà publié le résultat de ses observations, mais le public se méfiait un peu de ce physiognomoniste de cour en admiration tantôt devant Louis Napoléon, « figure douce et calme qui n'est que la marque d'une vie intérieure forte et puissante », tantôt devant le comte de Chambord, « l'une des plus belles têtes de l'Europe ; la beauté physique n'est sur ses traits que le reflet de la beauté morale », tantôt enfin devant le prince de Joinville, « qui a toute la beauté de sa race ». M. de La Guéronnière qui, dans une lettre imprimée, déclarait qu'il brisait ses crayons et s'indignait à la pensée qu'on pût croire son frère capable d'accepter une sous-préfecture du coup d'État, s'était d'ailleurs trop récemment converti pour qu'on crût à la fidélité scrupuleuse de son dessin et de ses observations.

M. de La Guéronnière n'avait pas été bien inspiré par son modèle; la finesse du crayon, le modelé, le jour étaient remplacés, dans l'étude sur l'Impératrice, par des divagations obscures et banales dans le genre de celles-ci : « A la femme, le monde ne demande que les attraits qui charment son regard et son esprit, et la famille que les vertus modestes qui assurent son repos et son bonheur ; à la reine, le peuple demande le patriotisme de cœur qui n'est autre chose que le dévouement sans limite, l'amour sans préférence, l'abnégation sans calcul, et l'héroïsme de tous les sentiments nobles et généreux. »

M. de La Guéronnière, nuageux dans tous les détails du portrait, le terminait par une maladresse : « Nous n'hésitons pas à le dire; l'Empereur Napoléon III n'aurait réussi à épouser une princesse des familles souveraines de l'Europe que par deux moyens également impossibles et déplorables : une grande guerre ou une humiliation. Attaquer l'Europe ou humilier l'Empire et la France, voilà la double alternative qui se présentait pour arriver à l'honneur d'une alliance dynastique. »

Mademoiselle de Montijo avait fait l'ornement et le charme des fêtes de Compiègne et de Fontainebleau, l'Impératrice connaissait donc d'avance sa cour. Reine ou Impératrice, métier difficile dans un pays comme la France et dans un temps comme celui où nous vivons!

Une Impératrice jeune, belle, élégante, dans un pays

où la mode règne en despote, est imitée, copiée aveuglément ; diriger les modes, c'est régler le luxe, c'est exercer par conséquent une grande influence sur la fortune et sur les mœurs de la société ; les reines sous les Valois et sous les Bourbons jusqu'à Louis XVI, laissèrent cette dangereuse influence aux maîtresses ; Marie-Antoinette la prit sans le vouloir peut-être ; elle devint comme la gravure de mode de la France, et de l'Europe ; tant de toiles, de pastels, de dessins, d'ivoires, d'émaux où elle est représentée dans des toilettes et des attitudes où respire la grâce affectée et voluptueuse du temps, en embellissant la femme nuisaient à la reine. Lorsque Joséphine monta sur le trône, la France sortait à peine de la République ; la mode n'avait pas eu le temps de s'organiser en gouvernement. Plusieurs femmes dont on cite encore les noms, partageaient avec Joséphine la royauté de la mode ; Marie-Louise ne fit que passer sur le trône pendant les années calamiteuses de l'Empire ; la duchesse de Berry, sous la Restauration, essaya de porter le sceptre de la mode ; la reine Marie-Amélie, et madame Adélaïde, sa belle-sœur, princesse qui avait vu la fin de la société la plus élégante et la plus polie du monde, ne pouvaient, par leur âge, prétendre à ce genre d'influence. La France n'aperçut qu'un moment les filles de Louis-Philippe dans le modeste éclat de leur gracieuse jeunesse. La duchesse d'Orléans, veuve, et d'ailleurs d'un esprit grave, ne se montrait guère sous un aspect mondain ; elle recevait néanmoins les poëtes, les historiens, les hommes de lettres illustres de ce temps-ci ; mais la tâche de mettre en communication la cour et la société paraissait plus spécialement dévolue aux fils du roi, princes jeunes, aimables et lettrés. L'impératrice Eugénie allait être chargée de cette tâche délicate : soutenir sans trouble comme sans hauteur les regards de tant d'individus qui vous examinent sans cesse ; prendre sans en avoir l'air sa part de responsabilité dans le gouvernement, et la plus dangereuse peut-être ; se montrer à la fois sérieuse et frivole, femme d'intérieur et femme du monde ; avoir de la religion plus que de la dévotion ; s'occuper de modes sans affectation, de littérature sans pédanterie, de politique sans embarras ; lire ce qu'il faut qu'une femme instruite ait lu, dire tout ce qu'une femme d'esprit peut dire, savoir parler aux femmes et aux hommes, aux jeunes gens et aux vieillards ; être, en un mot, toujours en scène, c'est le rôle d'une reine. Celle qui allait le remplir savait tout ce qu'on peut apprendre au couvent du Sacré-Cœur de Londres et de Paris. Les voyages avaient pu aussi contribuer à son éducation : madame de Montijo, sa mère, aimait la vie des eaux, des bains de mer, changeait souvent de résidence ; elle recherchait la foule autant que le monde, et les gens amusants plus que les hommes d'esprit. Madame de Montijo, passant quelquefois l'hiver à Paris, avait un salon qui s'ouvrait après l'Opéra, où l'on parlait de tout, mais où l'on ne causait sur rien ; l'Espagne n'est pas le pays de la conversation. Madame de Montijo recevait tout le monde et ne voyait personne. Mademoiselle de Montijo, sa fille, habituée à l'aimable liberté de la vie de voyage, n'avait point fait, au sein de la grande société, qui sait mettre l'intelligence et le talent au même rang que la fortune, l'apprentissage de sa nouvelle existence : régner et avoir

TAXILE DELORD.   I. — 32

pris naissance loin du trône, être reine improvisée au milieu de courtisans d'hier, difficile épreuve!

Louis XIV avait pu vivre soixante ans à Versailles sans s'ennuyer, au milieu d'une société qui, elle aussi, ne connaissait guère autre chose que Versailles ; mais Marie-Antoinette, élevée dans la simplicité familière de la cour d'Autriche, ne put jamais entièrement se ployer à l'étiquette de la nôtre ; ses tentatives pour la violer, au lieu de la faire paraître plus aimable aux yeux de la nation, la rendirent suspecte. Nous vivons dans un temps où les reines sont plus en vue que jamais, où elles ne mettent pas une robe sans que cinquante journaux n'en disent la forme et la couleur, où vingt articles racontent chaque jour leurs fêtes, leurs plaisirs, leurs parures, leurs coiffures. Cette publicité nuit aux reines, on ne les voit plus que par leurs côtés futiles.

La femme de Napoléon III, jeune et belle, aurait dû s'attendre à l'appui bienveillant et cordial des amis et des partisans de l'Empire, de ceux qui lui devaient tout ; le public ne tarda pas au contraire à s'apercevoir de leur hostilité, grâce au réveil de l'esprit courtisan. Cet esprit a produit en France une littérature particulière : couplets risqués, mots à double entente, quatrains, distiques, madrigaux croustillants. Cette littérature, qui atteignit son apogée à la fin du xviiiᵉ siècle, s'enrichit peu, mais elle se transmet de règne en règne ; les courtisans retournent les vieux couplets, quatrains, distiques, madrigaux, calembours, lorsqu'ils ne savent pas en inventer de nouveaux ; à ces médisances rimées de boudoir et d'alcôve, on sentit qu'il y avait une cour.

On s'en aperçut également au luxe qui envahissait toutes les classes de la société :

« Madame la maréchale, votre manteau est superbe ; voilà déjà plusieurs fois que je le vois. » Voilà de quelle aimable façon Napoléon Ier relevait les dames de sa cour du péché d'économie. Un des meilleurs lieutenants de l'Empereur reçoit une voiture à deux chevaux de sa part ; il se confond en remercîments devant ce nouvel acte de munificence impériale. Le lendemain, le carrossier lui remet la facture. Sa Majesté a voulu tout simplement donner une leçon assez chère à un général qui s'est permis de se rendre aux Tuileries en fiacre. Napoléon III imposait moins durement la consigne du luxe ; il se contentait de donner aux dignitaires de sa Cour et aux hauts fonctionnaires de l'Empire l'exemple des fêtes et des amusements. Le mot d'ordre passait ensuite aux possesseurs des grandes fortunes territoriales et industrielles ; malheureusement les grandes fortunes ne sont pas seules susceptibles d'entraînement ; les petites fortunes imitent volontiers les grandes, et, dans toutes les classes de la société, c'est bientôt une émulation de dépenses qui la corrompt en attendant de la ruiner. Le luxe subit inspire de la méfiance ; quand d'énormes fortunes surgissent, on se demande d'où elles viennent. Deux mois après la proclamation de l'empire, le *Moniteur* était déjà obligé de démentir « comme une infâme calomnie les bruits répandus à la Bourse sur des opérations financières qu'auraient faites des fonctionnaires d'un ordre élevé ». Le *Moniteur* ne parlait que des fonctionnaires, mais ce n'était pas sur eux seulement que se portaient les soupçons.

La Cour existe ; il faut en régler le cérémonial et l'étiquette ; la grave question du costume s'offre la première : serait-on admis en frac noir aux réunions des Tuileries ou en habit habillé? Ce dernier l'emporte. L'étiquette a fait en deux mois de tels progrès que M. Sandfort, chargé d'affaires des États-Unis, avant de se présenter en habit noir dans un bal des Tuileries, croit nécessaire de faire pressentir M. Drouyn de Lhuys, ministre des affaires étrangères, sur ce point délicat. Les journaux étrangers, l'œil fixé sur les fêtes de la Cour, citent comme ayant donné l'exemple de porter la culotte, les maréchaux Magnan et Saint-Arnaud, le général de Lawœstine, commandant la garde nationale, et M. de Newerkerke. Un homme hardi essaye de la poudre ; l'histoire n'a pas conservé son nom ; on n'était point encore mûr pour cette restauration. M. de Maupas, ministre de la police, fait cependant accepter une importation anglaise, celle de poudrer les cochers; les journaux officieux le louent de cet acte d'initiative hardie. L'habit de fantaisie essaye d'entrer en lutte avec l'habit officiel ; on le traite d'abord en séditieux, et l'on finit par le tolérer. Après la question des habits surgit celle des ordres étrangers de chevalerie. Quelques-uns de ces ordres donnent le droit de porter l'épaulette et l'uniforme ; Parme, Naples, Modène, Malte peuplaient les bals officiels de colonels et de chevaliers apocryphes. Des décrets règlent le port des ordres étrangers ; le *Moniteur* en rappellera plus d'une fois les sévères prescriptions, en ajoutant qu'elles seront rigoureusement appliquées. Dans la société française replacée sur ses véritables fondements, les questions d'étiquette doivent reconquérir l'importance qu'elles ne perdent jamais sans danger pour l'ordre public; une commission dans laquelle figurent M. Troplong, président du Sénat, et M. Abattucci, garde des sceaux, règle les détails des préséances; le *Moniteur*, lors de l'apparition de l'*Almanach impérial*, publie un *errata* pour restituer à MM. Billault, Baroche et Troplong le titre d'*Excellence*, omis devant leur nom; le *Constitutionnel* qui, par contre, a donné du *Monseigneur* au grand chambellan et au grand maître des cérémonies, est obligé de revenir sur cet excès de zèle.

Les titres de noblesse, abolis par le gouvernement provisoire, avaient été rétablis par le Prince-Président après le coup d'État : « Nous sommes des ancêtres », ce mot des illustres soldats de l'Empire aurait pu être vrai si la société s'était reconstituée entièrement dans le sens aristocratique. Le nom de Soult ne jurait pas avec le titre de duc de Dalmatie, mais le duché paraissait incompatible avec le milieu social. La noblesse de l'Empire, pas plus que celle de l'ancien régime, n'a pu se transformer en aristocratie politique. Le gouvernement de la Restauration et celui de Louis-Philippe encore plus ont comblé de faveurs les survivants de la noblesse impériale, mais le noble disparaissait sous le fonctionnaire. On se trompait en croyant la France guérie de la manie des titres ; à peine l'Empire est-il rétabli, que les noms les plus bourgeois de la finance cherchent à se rehausser par la particule; même à ceux qui peuvent invoquer une autre illustration, on tient à donner une origine nobiliaire. Lorsque Mme Achille Murat revint de la Floride en France, la *Patrie* fit remarquer qu'elle descendait des

Plantagenets en qualité de petite-nièce de Washington. L'Empereur, à peine monté sur le trône, crée de nouveaux nobles ; à ces titres, il joint quelquefois des dons magnifiques. Il y a près de Versailles un château bâti par Mme de Montespan, et connu sous le nom de château de Bauregard ; ce château, acheté par l'Empereur, est donné par lui à une Anglaise, miss Howard, et la résidence de l'ancienne maîtresse de Louis XIV, restaurée, embellie, donne son nom à la nouvelle propriétaire devenue comtesse.

L'amour du ruban rouge, qui commençait à n'être plus sous Louis-Philippe qu'une faiblesse chez quelques individus, était redevenu sous l'Empire une maladie générale. Naguère les solliciteurs heureux de la décoration de la Légion d'honneur ne se montraient pas le jour où leur nomination paraissait au *Moniteur* ; ils sortaient pendant une semaine ou deux avec leur redingote boutonnée ; leurs amis faisaient semblant de ne pas apercevoir le bout de ruban. Lorsque M. Clément Thomas, commandant de la garde nationale parisienne, appliqua l'expression de « hochet de la vanité » à la croix de la Légion d'honneur, tous ceux qui s'en indignaient sur les bancs de la droite étaient au fond de son avis ; mais défendre les ordres de chevalerie, c'était défendre les institutions de la monarchie, et protester contre la République. Napoléon Ier, lors de la création de la Légion d'honneur, la défendit devant le conseil d'État par des raisons très-vulgaires ; il prétendit qu'on gouverne les hommes par leurs défauts, et surtout par leur vanité ; d'où il résulte que la vraie science du gouvernement, c'est la corruption. Si l'institution nouvelle n'avait eu d'autre soutien que la vanité des hommes, elle aurait bien vite perdu son prestige ; mais heureusement pour la Légion d'honneur, il restait encore alors dans les esprits un certain idéal de grandeur et d'héroïsme, dernier souffle du xviiie siècle et de la Révolution : les caractères, en s'abaissant, gardaient encore l'empreinte des nobles sentiments. La croix d'honneur, sur la poitrine d'un homme, était bien une croix d'honneur ; les savants, les gens de lettres, les artistes, beaucoup moins nombreux qu'aujourd'hui, laissaient à la croix d'honneur le principal caractère d'une récompense, la rareté ; l'argent exerçait une moins grande influence sur les écrivains, qui obéissaient à des idées de désintéressement devenues plus rares. Le poëte, qui, dans ce temps-là, mettait plusieurs années à composer une tragédie, cherchait à atteindre un autre but que l'auteur dramatique de nos jours, qui fait jouer trois ou quatre pièces par an ; la croix suspendue à sa boutonnière représentait bien l'honneur qu'il avait cherché ; on était sûr de trouver dans chaque légionnaire, sinon un grand homme, du moins un honnête homme. Aujourd'hui, les hommes de lettres se rassemblent pour juger la conduite d'un de leurs confrères accusé de certaines vilenies littéraires ; cet homme sort plus que sali de l'enquête : un mois après, il est chevalier de la Légion d'honneur, et il étale son ruban effronté dans tous les lieux publics. Le gouvernement s'est trompé, aucun gouvernement n'est à l'abri de semblables erreurs ; ce n'est pas l'erreur du gouvernement, c'est l'indifférence du public qui est grave. Sous l'Empire, un vengeur de l'opinion eût arraché le ruban à la boutonnière de cet homme. Personne, à cette époque, ne niait l'utilité de la police ; mais le gouvernement ne se croyait point obligé d'accorder à ses services les mêmes récompenses qu'à ceux de la science et des lettres. Il excluait les hommes d'argent des listes de promotion ; ils figurent maintenant dans presque toutes ; tel financier est en prison ; jugé, condamné en première instance, acquitté en appel, il a fini par s'en tirer ; mais, fort compromis aux yeux des gens honnêtes, il n'en reste pas moins chevalier de la Légion d'honneur. Napoléon Ier décorait les industriels, mais ceux qui, partis de bas, à force de persévérance, d'intelligence, de probité, avaient fait leur fortune en dotant leur pays d'une industrie nouvelle. Il récompensait alors l'effort. Aujourd'hui, c'est le succès seul qui est récompensé dans l'industrie, dans les arts et dans les lettres. Ce brave homme, qui étale si fièrement son ruban rouge, fait des romans détestables que le public lit avidement, et que les libraires lui payent chèrement. Qu'a de commun ce succès avec l'honneur ? Question que l'on peut également s'adresser à propos de ce vaudevilliste qui vient de recevoir la croix pour avoir écrit trente ou quarante moitiés, tiers ou quarts de vaudeville. Pourquoi a-t-on aussi décerné la chevalerie à ce directeur de spectacle ? Parce que la foule va voir une pièce qui l'amuse. Ce ne sont pas là des abus ; les choses ne sauraient se passer autrement dans la société moderne. Les ordres de chevalerie reposaient sur le principe du choix, de l'exclusion ; l'égalité des fonctions résulte de nos jours de l'égalité des récompenses : soldats, industriels, fabricants, écrivains, marchands, employés, tous ont droit à la croix d'honneur. La nuit, on entend rouler sur le pavé de lourdes charrettes desquelles les passants attardés s'éloignent à la hâte ;

elles appartiennent à une compagnie, dont l'organisation, l'administration et les services valent ceux des autres compagnies ; le *Moniteur* un jour nous apprendra que le directeur de cette compagnie a reçu la croix de la Légion d'honneur. La France, déjà si fertile en employés, a vu leur nombre doubler ou tripler depuis la création des chemins de fer ; les expositions générales ou locales créent sans cesse aux industriels des occasions de se distinguer ; d'ailleurs tout n'est-il pas occasion de ce genre, et ne décore-t-on pas le chef d'un orphéon aussi bien que l'inventeur d'une pâte pectorale ?

Le ruban rouge a beau être prodigué, personne ne s'en dégoûte, au contraire. La France, en revenant à la monarchie, en a repris les faiblesses ; les tiroirs des ministères, du cabinet particulier de l'Empereur, des grands officiers de la couronne sont encombrés de pétitions pour obtenir la croix de la Légion d'honneur. Le gouvernement ne s'en montre, du reste, point avare ; tous ceux qui de près ou de loin ont participé au coup d'État la reçoivent ; il décore jusqu'aux membres de la députation chargée de remettre à l'Empereur, au nom du Corps législatif, le résultat du scrutin du 20 novembre.

Le chef de l'État, avant de fixer sa résidence aux Tuileries, y donnait des bals dont la princesse Mathilde et la marquise Douglas, fille de la duchesse Stéphanie de Baden, faisaient les honneurs ; cinq mille invités : officiers français et étrangers, fonctionnaires, dames étrangères, Italiennes, Russes, Espagnoles, Portugaises, Américaines, quelques Françaises, se pressaient aux fêtes et aux réceptions de la cour. Les ministres se rendirent à la réception du 1ᵉʳ janvier 1853 dans des voitures escortées d'un piquet de cavalerie sabre en main. Les journaux officieux célébrèrent la magnificence des livrées des dignitaires et des fonctionnaires : les grandes et petites charges de l'ancienne cour impériale étaient rétablies, mais les restaurations ne sont jamais complètes ; les mousquetaires disparurent à la seconde rentrée des Bourbons ; le second Empire ne jugea pas possible de rétablir les pages ; il se contenta de chambellans. L'importance que ces charges allaient prendre dans l'État peut se mesurer à l'influence que le gouvernement attribuait au cérémonial sur les destinées de la société. Le *Moniteur* s'explique à ce sujet en rendant compte de la réception du 1er janvier : « L'empressement à se rendre à cette solennité a été si grand, que tous les corps étaient plus nombreux qu'on ne les a vus, il y a bien des années. Chacun a été frappé de voir la hiérarchie, l'ordre, le respect mis si rapidement à la place de la confusion, de l'oubli de toutes les règles et de tous les rangs. Ce changement est dû à l'influence de l'acte énergique qui a sauvé la France, et rétabli la société sur des bases solides parce qu'elles sont vraies. L'ordonnance de cette réception est due à M. le comte Bacciocchi, qui y a présidé, assisté de M. Feuillet de Conches. »

Malgré la haute surveillance du premier chambellan, de fréquents conflits d'étiquette s'élevaient entre les grands corps de l'État ; le clergé de Paris et le Corps législatif prétendaient également au droit de saluer l'Empereur après le Sénat ; le Corps législatif obtint gain de cause. Le conseil de l'ordre des avocats réclama, lui aussi, par l'organe de son bâtonnier en exercice, mais contre le *Moniteur*, qui l'avait inscrit sur la liste des corps présentés aux Tuileries : « L'ordre des avocats, disait M. Berryer, n'est ni un corps de fonctionnaires, ni une compagnie d'officiers ministériels. Le conseil de l'ordre ne s'est pas présenté le 1ᵉʳ janvier aux réceptions officielles, où il ne devait être appelé à aucun titre, et où aucun rang ne pouvait lui être assigné. » L'ordre des avocats, remanié pour entrer dans le cadre de la société rétablie sur ses véritables bases par le coup d'État, ne nommait plus son bâtonnier au suffrage universel ; les membres du conseil de l'ordre pouvaient seuls conférer cet honneur.

Une cour donne toujours l'essor aux besoins et aux sentiments que le luxe et la vanité font naître. Le luxe a sa part d'influence sur toutes les manifestations de l'esprit humain ; il peut contribuer au progrès des arts, mais il aide puissamment aussi à leur décadence. Quand les artistes travaillent uniquement pour les gens riches, ils cherchent à flatter leurs goûts et leurs instincts souvent vulgaires. Le règne de quelques souverains a coïncidé avec une grande époque de l'art ; ces souverains en ont profité, ils ont payé richement de grands travaux à de grands artistes ; peut-on dire qu'ils les aient suscités ? Les belles époques de l'art sont les époques pauvres où les plus illustres artistes sont pauvrement payés. Dans les temps où la richesse domine, le luxe impose son goût à l'art, et il est rare qu'il crée des artistes originaux ; les peintres des époques de luxe se contentent de restaurer l'art ancien. L'argent des enrichis de l'époque actuelle n'a servi qu'à élever les tableaux, les statues, les objets d'art anciens à des prix fabuleux ; il a fait la fortune des marchands de bric-à-brac, mais voilà tout. Heureusement, il n'y a pas grand mal à ce que les riches payent trop cher des tableaux qui ne valaient pas grand'chose hier, et qui ne vaudront pas cher demain. Le luxe devient un danger, quand il pénètre dans certaines classes de la société. Sous l'ancien régime, si les nobles et les financiers se ruinaient à l'envi, les bourgeois restaient économes, les employés, moins nombreux et mieux payés, supportaient plus aisément le fardeau des dépenses que leur imposait une place; il n'y avait pas dans ce temps-là un monde d'employés. La cour donne un bal aujourd'hui, demain c'est le ministre, après-demain le directeur général; la semaine prochaine le chef de bureau. Le luxe sévit d'un degré à l'autre de l'échelle des familles comme une épidémie. Ce fléau moral épuise la nation; dépenser plus que l'on ne gagne, voilà l'économie politique du luxe; tous les moyens sont bons pour gagner de l'argent, telle est sa morale. Cette morale, sans doute, avait recruté de nombreux adeptes parmi les gens qui, sous le régime précédent, avaient suivi le fameux mot d'ordre de M. Guizot : « Enrichissez-vous! » Mais le nouveau régime ne pouvait manquer d'en accroître le nombre.

Le Sénat, sur un exposé de motifs discuté au conseil d'État, et revêtu de la signature de MM. Baroche, Rouher et Delangle, avait terminé par son sénatus-consulte du 23 décembre 1852 les modifications rendues nécessaires à la Constitution du 14 janvier 1851 par le rétablissement de l'Empire ; son bureau remit cet acte à l'Empereur, au palais de Compiègne, après la messe du jour de Noël. Ces modifications n'avaient été ni longues ni difficiles à opérer; douze millions de liste civile pouvaient suffire à la rigueur au président d'une république ou à un roi comme Louis-Philippe; mais il n'eût pas semblé convenable au Sénat d'accorder moins à Napoléon III qu'à Napoléon Ier, lequel touchait vingt-cinq millions par an. Le Sénat vota cette somme, à laquelle le revenu des forêts de la couronne ajoutait trois millions par an, à charge, il est vrai, d'entretenir les palais et les manufactures. Les princes impériaux, moins bien traités, n'obtinrent qu'un million et demi, que l'Empereur répartissait à son gré. Le douaire de l'Impératrice devait être fixé par le Sénat au moment même du mariage de l'Empereur, sans qu'il pût donner lieu à un accroissement quelconque de la liste civile fixée pour la durée du règne. En vertu de la tradition monarchique, les biens appartenant à l'Empereur au moment de son avènement étaient de plein droit réunis au domaine de la couronne.

Le même sénatus-consulte autorise l'Empereur à modifier par décrets les dispositions du décret organique du 22 mai 1852, réglant les rapports des grands corps de l'État entre eux et avec le pouvoir exécutif; il déclare ensuite que, pour assurer plus d'impartialité au compte rendu des débats du Corps législatif, ce compte rendu devra être soumis à une commission formée du président de la Chambre et des présidents de bureau ; le premier ayant voix prépondérante en cas de partage. Le mandat des députés et la dignité de sénateur cessent d'être gratuits à dater de la promulgation de ce sénatus-consulte; une indemnité de 2500 francs par mois, pendant la durée de la session ordinaire et extraordinaire, est allouée à chaque député, et une dotation fixe de 30 000 francs à chaque sénateur.

Les traités de commerce faits en vertu de l'article 6 de la Constitution auront force de loi pour les modifications de tarifs qui y sont stipulées. Cette disposition alarmait fort les protectionnistes, qui se voyaient sans garantie contre les réductions de tarifs introduites dans les conventions diplomatiques; le gouvernement les calma par des promesses qui allèrent, s'il faut en croire leurs propres assertions, jusqu'à l'assurance d'un prolongement du système prohibitif pendant dix ans. Cependant, malgré ces promesses et ces engagements, sept voix au Sénat protestèrent contre l'article du sénatus-consulte relatif aux modifications de tarif. Un autre article portait : « Tous les travaux d'utilité publique, toutes les entreprises d'intérêt général sont ordonnées et autorisées par l'Empereur ; une loi ratifiera l'engagement ou le crédit si ces travaux exigent une allocation du Trésor. S'il s'agit de travaux exécutés pour le compte de l'État et ne pouvant devenir l'objet de concessions, les crédits pourront être ouverts suivant les mêmes formes que les crédits extraordinaires, et seront soumis au Corps législatif dans sa plus prochaine session.» Cet article introduisait de graves changements dans l'organisation de nos finances ; la forme de l'examen du budget en subit de bien plus graves. Le budget, présenté jusqu'alors au Corps législatif avec des subdivisions administratives par chapitre et par article, devait désormais être voté par ministère ; un décret de l'Empereur, rendu en conseil d'État, réglait la répartition par chapitre du crédit accordé pour chaque ministère. Des décrets spéciaux, rendus dans la même forme, pouvaient autoriser des virements d'un chapitre à un autre, disposition applicable au budget de 1853. Cette révolution financière, quelle que fût alors la prostration des esprits, excita des craintes et même des murmures; le rapporteur de la commission chargée d'examiner le projet de sénatus-consulte, M. Troplong, se chargea de les calmer : « Ne faut-il pas, dit-il, que le monarque ait toute possibilité de mesurer les mouvements sur les nécessités imprévues d'une vaste administration pour passer du domaine des prévisions au domaine des faits? Agir autrement, ce serait diminuer la prérogative de la couronne. » M. Troplong, pour répondre à ces petits esprits, qui trouvaient excessif le droit du gouvernement, relativement au chiffre du budget d'un ministère voté, de le dépenser et de le répartir à son gré entre les divers chapitres, ajoutait : « La bonne gestion des affaires ne dépend pas d'un budget émietté en parcelles infinies. Le temps est venu de résister à des préjugés impuissants! L'expérience a démontré le néant de ces abus de précautions malveillantes. La France ne veut pas que l'on garotte par des liens d'une suspicion mesquine un pouvoir posé par elle sur la puissante assise d'une confiance sans précédent ». L'autorisation rendue applicable au budget de 1853, d'opérer des virements d'un chapitre à un autre par décrets spéciaux, enlevait même la ressource d'une observation fondée sur le principe général de la non-rétroactivité. Le sénatus-consulte diminuait considérablement, on le voit, l'action du Corps législatif; mais M. Troplong pouvait répondre à ceux qui seraient tentés de s'en plaindre; par cette phrase de son rapport : « Ce ne serait pas la peine d'ériger des monarchies, si c'était pour lier les mains du Prince dans d'indignes liens ! »

Le Sénat n'avait pas eu grand'chose à faire pour approprier le Corps législatif aux nécessités du gouvernement impérial; cette Assemblée, réduite à voter les lois et l'impôt, communiquant avec le public au moyen du compte rendu officiel, rédigé par les soins de son président sans qu'il fût permis aux journaux d'en insérer un autre, se voyait en outre dépouillée de toute initiative par l'interdiction d'introduire aucun amendement dans une loi, si ce n'est du consentement du conseil d'État; le Corps législatif ne trouvait plus dans la discussion de l'Adresse l'occasion de traiter les questions de politique générale, tout au plus pouvait-il les aborder indirectement au moment de la discussion du budget.

La séance de l'inauguration des grands corps de l'État de l'Empire devait fixer l'étiquette, le cérémonial, les règles de rang et de préséance adoptés par la cour. La princesse Mathilde se tint à la droite de l'Impératrice; la comtesse de Montijo à sa gauche; l'Empereur, debout devant le trône, entre le prince Jérôme et le prince Napoléon, lut un discours destiné à célébrer la prospérité nationale, les progrès de notre colonisation, les succès de nos armes en Afrique, l'entreprise de grands travaux et l'Empire reconnu par l'Europe; l'Empereur ajouta : « La France a maintenant des institutions qui peuvent se défendre d'elles-mêmes et dont la stabilité ne dépend pas de la vie d'un homme. » Dans ce discours se trouve la phrase si souvent rappelée : « A ceux qui regretteraient qu'une part plus large n'ait pas été faite à la liberté, je répondrais : « La liberté n'a

» jamais aidé à fonder d'édifice politique durable; elle
» le couronne quand le temps l'a consolidé. » L'Empereur, pour convaincre l'Europe de la possibilité d'un Empire pacifique, annonça qu'il réduisait de vingt mille hommes l'effectif de l'armée, déjà réduit de trente mille hommes.

Dans le compte rendu de la première séance du Corps législatif, on lit : « Incident relatif à une lettre de M. Bouhier de l'Écluse, concernant le serment. » M. Bouhier de l'Écluse figurait parmi les rares légitimistes non ralliés qui, désobéissant au mot d'ordre du comte de Chambord, s'étaient présentés aux élections; M. Bouhier de l'Écluse, s'avisant qu'ayant prêté un premier serment comme député, personne n'avait le droit de lui en demander un second, crut pouvoir développer cette théorie dans une lettre que M. Billault refusa de lire, même à huis-clos. Le président du Corps législatif, non content de ce refus, avait déclaré que faute par M. Bouhier de prêter serment dans les termes prescrits par la loi, il serait réputé démissionnaire, conformément à l'article 49 du décret du 31 décembre 1852.

M. Bouhier, persistant dans la croyance que cet article n'était applicable qu'aux députés nouvellement élus, fut purement et simplement déclaré démissionnaire. Les députés, en entrant le lendemain en séance, s'étonnèrent de voir un des surveillants du Corps législatif et un gendarme mobile, placés derrière la porte d'entrée dans la salle de la Rotonde; ces agents étaient là pour empoigner M. Bouhier dans le cas où il essayerait, comme il en avait manifesté l'intention, de pénétrer dans la chambre. La garnison fut renvoyée au bout d'une demi-heure ; le nouveau Manuel ne s'était point présenté.

Le Corps législatif pensant, sans doute, comme le Sénat, qu'il entrait dans sa mission d'alimenter le luxe et de se faire honneur du traitement de ses membres, décida qu'à son tour il offrirait un grand bal à l'Impératrice. Les députés, depuis quelque temps, se plaignaient dans la salle des Conférences des ministres qui oubliaient fréquemment de les inviter à leurs fêtes ; le bruit courut qu'un semblable oubli était à craindre de la part du Sénat ; les têtes parlementaires s'échauffaient ; les députés les plus ardents menaçaient d'user de représailles. M. Billault prit des informations officieuses ; les députés sont couchés sur la liste sénatoriale, le calme renaît dans les esprits. Les préparatifs du bal recommencent ; tout à coup la commission renonce à les poursuivre, tant les dépenses sont effrayantes. Les commissaires parlent tout simplement de convertir tout le palais Bourbon, y compris la salle des séances, en salle de bal ; décors, toiles, statues, tous les ornements du bal sortiront des mains des meilleurs artistes ; ils formeront ensuite une loterie dont les billets ne pourront être pris que par les députés. Le gagnant fera hommage de son lot au musée de son département. Projet grandiose, mais qui nécessite un budget énorme ; la commission hésite à l'ordonnancer ; une séance chorégraphique a lieu dans l'ancienne galerie qui joint la présidence à la chambre ; la commission demande de nouveaux pouvoirs. La danse comptait des adversaires au sein du Corps législatif ; l'un d'eux profita de l'occasion pour demander si un banquet monstre ne serait pas mieux en harmonie qu'un bal avec

la dignité du Corps législatif. Le banquet souriait évidemment à plus d'un député; le président intervint : « ur
» bal a été offert et accepté. Il ne saurait être question
» d'autre chose. » Ces mots de M. de Morny mirent fin
à la discussion.

L'habit noir comptait encore d'obstinés partisans. La veille du bal, une note des journaux officieux exhortait donc les invités à s'y présenter en habit habillé. Quatre mille habits habillés, c'est-à-dire brodés, passementés, dorés, répondirent à cet appel. L'Empereur et l'Impératrice, du haut de leurs fauteuils, placés sur une échelle de gradins, virent défiler devant eux tout ce que la capitale compte d'habits à la française et d'uniformes de chevaliers. Certains ordres de chevalerie se donnent, les autres s'achètent; ceux-ci existent encore un peu, ceux-là n'existent plus, mais tous confèrent à leurs membres le droit de porter un habit rouge, bleu ou jaune, mais toujours doré. Cette chevalerie remplissait surtout la salle des Conférences, transformée en buffet. L'Empereur et l'Impératrice se retirèrent à minuit; le buffet était vide et le bal fini à quatre heures du matin.

Le Corps législatif se composant de 211 membres, il leur en coûta, pour donner ce bal, 460 francs par tête, dont il faut déduire cependant la souscription que M. de Montalembert refusa de payer et dont il envoya le montant à une association de jeunes apprentis fondée à Besançon. Le maire de cette ville pensant qu'il est plus utile de faire danser les Parisiens, que de venir en aide aux pauvres de Besançon, crut devoir, au nom des jeunes apprentis, refuser le don de M. de Montalembert.

Le Corps législatif, après quelques jours employés à

faire disparaître les traces de la fête et à remettre le palais Bourbon dans son ancien état, reprit le cours de ses travaux. Il eut d'abord à résoudre la question suivante : « Les vice-amiraux et les contre-amiraux continueront-ils à passer de l'activité dans la réserve, les premiers à soixante-huit ans, et les seconds à soixante-cinq, tandis que les généraux de division et de brigade y passent à soixante-cinq et à soixante-deux ? On se rappelle les plaintes exprimées lors de la suppression de la deuxième section de l'état-major général sur terre et sur mer, et de la mise à la retraite d'une foule de vieux officiers généraux ? L'Empire rétablit cette section, mais en ce qui concerne la marine il posa le principe sans fixer la limite d'âge pour le passage d'une section dans l'autre. Un nouveau projet de loi assimilait les officiers généraux de mer à ceux de terre. Sur 216 votants, la loi rencontra 31 opposants. Jusque-là, tous les projets de loi avaient été votés à la presque unanimité.

La législation de 1848 sur les prudhommes accordait une certaine prépondérance aux ouvriers ; le gouvernement la remania, ainsi que la loi de 1850 sur la caisse de retraite pour la vieillesse et le décret du 7 août 1848, sur la formation de la liste du jury ; il était urgent en effet de remplacer cette organisation trop démocratique, par une autre qui laisserait l'influence au pouvoir central. La session devait être close le 10 mai ; le 13, il n'était pas question de discuter le budget présenté au Corps législatif un mois après son ouverture ; la session prorogée de quinze jours, continua par la discussion de la loi sur les pensions civiles. Cette loi, étendant le droit à la pension à 80 753 fonctionnaires nouveaux, centralisait au trésor les recettes et les dépenses relatives aux pensions, supprimait en conséquence les caisses spéciales de retraite, diminuait le taux de la pension et rendait plus difficiles les conditions de service et d'âge. La discussion dura six jours; l'article 1ᵉʳ, consacrant le principe de la loi nouvelle, ne fut voté que par 132 voix contre 100. Enfin, la chambre en vint au budget.

Le budget des dépenses, en vertu du sénatus-consulte du 25 décembre 1852, doit être présenté au Corps législatif avec ses subdivisions administratives par chapitres et par articles, et par ministère; la répartition par chapitre du crédit accordé pour chaque ministère est réglée directement par l'Empereur, par décret en Conseil d'État; des décrets spéciaux rendus dans la même forme peuvent autoriser des virements d'un chapitre à un autre; ces règles nouvelles soulevaient des questions d'une haute importance : à quoi sert le droit d'amendement, si son adoption ne peut pas entraîner le rejet des dépenses applicables à l'ensemble d'un département ministériel? à quoi sert même la discussion des chapitres, si outre le droit de virement et de répartition des crédits, l'Empereur a la faculté de modifier les dispositions du budget de concert avec le conseil d'État? M. Schneider, rapporteur du budget, passant ces questions sous silence, s'empressa de déclarer que le sénatus-consulte du 25 décembre 1852 n'avait ni modifié ni circonscrit le champ des études de la chambre, et que la commission pouvait porter ses regards sur toutes les parties du budget. M. Schneider était dans la joie et l'admiration que lui inspiraient la richesse et la prospérité du pays, une seule crainte lui restait : « L'esprit d'entreprise touche à la spéculation, disait-il, la spéculation touche au jeu ; n'est-il pas à craindre que la hausse rapide de toutes les valeurs, l'abondance des capitaux, les facilités de crédit, l'exemple des fortunes subites n'excitent outre mesure les imaginations et n'occasionnent des entraînements et des excès regrettables? » A quoi bon s'élever contre les effets d'un mal dont on accepte les causes? Le moraliste financier condamnait la spéculation ; mais comment, dans chaque famille, satisfaire à des dépenses sans cesse accrues, sans la spéculation, sans la possibilité de faire une fortune rapide? M. Schneider, critique et moraliste également inconséquent, blâmait l'excès de la centralisation et la fréquence de l'intervention de l'État, sa substitution à l'initiative privée, le grand nombre des fonctionnaires, après avoir applaudi à la fondation d'un des gouvernements les plus centralisés du monde, puisqu'il repose sur la volonté d'un seul homme.

Une seule séance suffit à la discussion générale du budget. M. de Flavigny y prit part et son discours fut taxé de discours d'opposition : aux nombreuses tâches imposées au gouvernement se joignait celle de raviver l'esprit littéraire et de ramener le siècle de Louis XIV. Le docteur Véron proposa donc, pour venir en aide au pouvoir dans cette noble mission, de créer un comité de publication et de voter un crédit spécial consacré à l'impression des œuvres de mérite produites par des littérateurs pauvres et inconnus.

Le débat sur le budget des recettes n'aurait pas été plus animé que celui du budget des dépenses, si M. de Montalembert n'eût refusé de voter le budget des recettes de 1854, qui sanctionnait le sénatus-consulte du

25 décembre 1852 et les décrets du 22 janvier de la même année, contre la famille d'Orléans.

M. Guizot, qui se servait, lorsqu'il était ministre, de certains hommes pour certaines besognes et qui les récompensait largement, se serait fort récrié pourtant si l'un de ces auxiliaires lui avait demandé de patronner sa candidature auprès d'un collége électoral ; M. de Persigny, beaucoup moins scrupuleux, avait fait de M. Granier de Cassagnac un membre du Corps législatif. L'ancien employé du bureau de l'esprit public sous Louis-Philippe voulut répondre à M. de Montalembert. Le rédacteur ultra-orléaniste du *Globe* et de l'*Époque*, se levant pour justifier la spoliation des princes d'Orléans, et récitant son article du *Constitutionnel*, quel spectacle!

La réforme de la législation applicable au crédit foncier, la révision des articles 86 et 87 du Code pénal relatifs aux attentats politiques, ainsi que la conversion des dettes des départements et des communes restaient encore à voter ; le gouvernement provisoire, dans un de ses élans de générosité qui furent des actes de bonne politique, avait supprimé la peine de mort en matière politique ; l'article 86 du Code pénal condamnait cependant à la peine des parricides les auteurs d'attentats commis contre la vie ou la personne du chef de l'État, et à la peine de mort les auteurs d'attentats contre la vie ou la personne des membres de la famille régnante. L'attentat dont le but est soit de changer, soit de détruire l'ordre de successibilité au trône, — soit d'exciter les citoyens à s'armer les uns contre les autres, était puni de mort par l'article 87, modifié par le décret de 1848 abolissant la peine de mort. Il s'agissait de lever tous les doutes des juges sur l'application de l'article 87, et de frapper de mort tous les attentats politiques, en les replaçant sous le coup de l'article 86. La commission chargée d'examiner le projet ne voulait pas aller aussi loin : elle se bornait à demander la peine des parricides, c'est-à-dire la mort avec voile noir et poing coupé, pour les gens convaincus d'attentat contre la vie ou la personne de l'Empereur ; la mort pour les accusés coupables d'attentat contre la vie des membres de la famille impériale; la déportation dans une enceinte fortifiée devait remplacer la mort pour le cas d'attentat contre la personne des membres de la famille impériale et pour les crimes prévus par l'article 87 du Code pénal. Un seul député, M. Caffarelli, se leva pour regretter qu'on n'eût pas adopté le projet du gouvernement.

M. Achille Jubinal, rapporteur du projet de loi sur la propriété littéraire, fit entendre, au moment où le Corps législatif allait se séparer, une bouillante protestation contre les retards qu'éprouvait la discussion de ce projet de loi, dont il demandait le vote immédiat. Vingt-quatre heures doivent s'écouler entre le dépôt et la discussion d'un projet de loi; vingt-deux heures s'étaient passées, il y avait du temps encore pour la séance de nuit, que demandait l'orateur ; ses collègues trop fatigués repoussèrent sa demande; M. Jubinal les accusa « de commettre une barbarie législative ».

Les députés étaient bien en droit de se reposer; M. Billault pouvait féliciter le Corps législatif du laborieux usage qu'il avait fait de son temps ; il dépendait à l'avenir du conseil d'État et de son empressement à emettre aux députés les pièces probantes qui *doivent* servir de base à leur travail, que ce temps fût encore mieux employé.

Les relations du Corps législatif avec la presse, et par conséquent avec le public, étaient à peu près nulles. Le fait suivant en fournit la preuve : M. Billault, dans les premiers jours de mai, s'était rendu chez l'Empereur, pour l'informer que la Chambre serait loin d'avoir terminé les travaux à l'époque fixée pour sa clôture. L'Empereur lui répondit qu'il était décidé à ne pas emprisonner la session dans le délai qu'impose la Constitution et qu'un décret spécial y pourvoirait. Il y avait là une déclaration implicite d'une prorogation de la session; le public ne connut la réponse de l'Empereur que trois jours après. Le compte rendu analytique jetait très-peu de lumière sur les séances du Corps législatif; la Constitution défendait absolument de parler de ce qui se passait au sein des commissions. Le mystère planant sur le Palais-Bourbon faisait comprendre la nécessité du rapport public, par le *Moniteur*, après chaque session. Le président du Corps législatif énumérait, dans ce rapport au chef de l'État, qui les avait à lui-même proposées, le nombre et le but des lois votées dans la session.

CHAPITRE II.

1854.

SOMMAIRE. — Ouverture de la session législative. — Discours de l'Empereur. — Effet de ce discours. — L'emprunt de 250 millions. — La mort civile. — Nouvelle loi sur l'instruction publique. — Le livret des ouvriers. — Discussion du budget. — Demande en autorisation de poursuites contre M. de Montalembert. — La question d'Orient. — Mission du prince Mentschikoff. — Aali-Pacha et Fuad-Pacha. — Lord Redcliff. — Ultimatum de la Russie. — Comment le czar est poussé à la guerre. — Les flottes anglaise et française franchissent le Bosphore. — La Russie compte sur le concours de l'Autriche. — Mission du comte Orloff à Vienne. — Il vient demander la neutralité de l'Autriche. — La Prusse. — Caractère de son roi. — Mission de M. de Budberg à Berlin. — Les petits États allemands. — Bataille de Sinope. — Colère du peuple anglais. — Hésitation de lord Aberdeen. — Il envoie un petit corps de troupes anglaises à Malte. — Traité du 18 avril entre la France et l'Angleterre. — Nicolas Ier autocrate et pape. — Il tombe dans le piège qui lui est tendu. — État de l'opinion au moment de la guerre. — La nation et l'armée. — La Russie repousse les quatre garanties. — Prise de Bomarsund. — Création de la garde impériale. — Lord Raglan et le général Saint-Arnaud. — Les Français débarquent à Gallipoli. — Le général Saint-Arnaud voudrait faire parvenir à Paris un bulletin de victoire le 15 août. — Il décide l'expédition de la Dobrutscha. — Plus de cinq mille hommes y meurent du choléra. — Bombardement d'Odessa. — Conseil de guerre sur le *Caradoc*. — L'embouchure de l'Alma est choisie comme lieu de débarquement. — Bataille de l'Alma. — Un Tartare apporte à Silistrie la nouvelle de la prise de Sébastopol. — Désappointement de l'opinion publique en apprenant la fausseté de cette nouvelle. — Marche des alliés sur Sébastopol. — Formation de l'armée de siège. — Bataille d'Inkermann. — Invasion du choléra. — Le champ de bataille des hôpitaux. — État des négociations. — Traité entre l'Autriche, la France et l'Angleterre.

La session du Corps législatif, impatiemment attendue à cause des craintes provoquées par les affaires d'Orient, s'ouvrit le 2 mars 1854.

Le discours de l'Empereur roulait sur l'insuffisance des récoltes et sur la guerre. Dix millions d'hectolitres environ, représentant la valeur de près de deux cents millions de francs, manquaient à la quantité de froment nécessaire à la consommation du pays. Le gouvernement, au lieu d'acheter lui-même ces dix millions d'hectolitres sur tous les marchés du globe, avait mieux aimé s'adresser directement au commerce, seul capable de mener à bonne fin une si grande opération. Ce déficit ne permettait pas de se soustraire à l'inconvénient du prix élevé du blé, car si ce prix eût été inférieur en France à celui des pays voisins, il est évident que les marchés étrangers se seraient approvisionnés aux dépens des siens. La charité, ajoutait le discours impérial, ou le travail, peut seul adoucir les misères causées par la cherté de la principale nourriture du pauvre. L'ouverture de crédits spéciaux, le concours des communes et des compagnies amèneront une masse de travaux évaluée à plus de quatre cents millions, sans compter deux cents millions affectés aux établissements de bienfaisance par le ministre de l'intérieur.

La *caisse de la boulangerie*, destinée à faciliter dans les années de mauvaise récolte les moyens de donner le pain à meilleur marché que la mercuriale, sauf à le faire payer plus cher dans les années fertiles, avait été créée à Paris; l'Empereur recommandait fort l'emploi, dans les grands centres de population, d'une institution de crédit qui, grâce à la supériorité généralement constatée du nombre des bonnes récoltes sur les mauvaises, au lieu de gagner d'autant plus que le pain est plus cher, est intéressé comme tout le monde à ce qu'il devienne à bon marché; malgré cet éloge de la caisse de la boulangerie, il était permis de douter du succès d'un système qui compte principalement sur les deux choses dont le peuple manque le plus, la science économique et la résignation. Le système des bons de pain, déjà pratiqué en 1846 et en 1847, paraissait préférable à cette compensation entre le années maigres et les années grasses. Se résigner à payer le pain plus cher une année, parce qu'on l'a payé meilleur marché les années précédentes, grâce à la caisse de boulangerie, il y avait à faire là un effort de mémoire et de raisonnement dont les masses ne sont pas toujours capables. La conséquence de la création de la caisse de la boulangerie semblait donc devoir être, dans un temps prochain, l'inscription au passif de la ville de Paris de vingt-quatre millions de subventions accordés au nouvel établissement.

L'assurance donnée par l'Empereur, que sept millions d'hectolitres de froment avaient été déjà livrés à la consommation, et que des quantités non moins considérables étaient en route ou dans les entrepôts, rassurat le public plus que la caisse de la boulangerie.

« La disette à peine finie, la guerre commence. » A ces mots de l'Empereur, il se fit dans la salle un grand silence d'attention. L'orateur se hâta d'ajouter, après avoir montré l'Angleterre resserrant chaque jour davantage les liens d'une alliance intime avec son ancienne rivale, l'Autriche prête à en faire autant, et le reste de l'Allemagne renonçant à de vieilles méfiances contre la France :

« Voici la question telle qu'elle s'engage. L'Europe, préoccupée de luttes intestines depuis quarante ans, rassurée d'ailleurs par la modération de l'empereur Alexandre en 1815, comme par celle de son successeur jusqu'à ce jour, semblait méconnaître le danger dont la menaçait la puissance colossale qui, par ses envahissements successifs, embrasse le nord et le midi, qui possède presque exclusivement deux mers intérieures, d'où il est facile à ses armées et à ses flottes de s'élancer sur notre civilisation. Il a suffi d'une prétention mal fondée à Constantinople pour réveiller l'Europe endormie.

» Nous avons vu en effet en Orient, au milieu d'une paix profonde, un souverain exiger tout d'un coup de son voisin plus faible, des avantages nouveaux, et, parce qu'il ne les obtenait pas, envahir deux de ses provinces. Seul, ce fait devait mettre les armes aux mains de ceux que l'iniquité révolte ; mais nous avions aussi d'autres raisons d'appuyer la Turquie. La France a autant et peut-être plus d'intérêt que l'Angleterre à ce que l'influence de la Russie ne s'étende pas indéfiniment sur Constantinople, car régner sur Constantinople, c'est régner sur la Méditerranée, et, personne de vous, Messieurs, ne dira, je le pense, que l'Angleterre seule a des intérêts dans cette mer qui baigne trois cents lieues de nos côtes ; d'ailleurs, cette politique ne date pas d'hier ; depuis des siècles, tout gouvernement national en France l'a soutenue, et je ne la déserterai pas. »

L'Empereur, au milieu des applaudissements, dit encore que la France allait à Constantinople avec l'Angleterre et avec l'Allemagne : avec l'une, pour défendre la cause du sultan, les droits des chrétiens, la liberté des mers, et sa juste influence dans la Méditerranée ; avec l'autre, pour l'aider à conserver le rang dont on voulait la faire descendre, et pour assurer ses frontières contre la prépondérance d'un voisin trop puissant. Ce n'était plus la France, mais l'Europe en quelque sorte, qui faisait la guerre à la Russie. La guerre, ainsi présentée, paraissait sans danger au Corps législatif et au pays ; le discours contenait d'ailleurs plus d'un passage propre à les rassurer, entre autres celui-ci :

« L'Europe sait maintenant, à n'en pas douter, que si la France tire l'épée, c'est qu'elle y aura été contrainte. Elle sait que la France n'a aucune idée d'agrandissement : elle veut uniquement résister à des empiétements dangereux ; aussi, j'aime à le proclamer hautement, le temps des conquêtes est passé sans retour. Ce n'est pas en reculant les limites de son territoire qu'une nation peut désormais être honorée et puissante, c'est en se mettant à la tête des idées généreuses, en faisant prévaloir partout l'empire du droit et de la justice. »

Jamais assemblée française ne fut plus conservatrice que le Corps législatif du second Empire. Les légitimistes, qui formaient le fond de la majorité, se rappelaient avec douleur que leurs pères, en 1814, avaient salué comme un sauveur le père de celui qu'une armée française allait peut-être renverser de son trône ; le drapeau russe ne flottait-il pas à côté du drapeau blanc dans cette journée de Navarin, toujours citée comme une des plus belles pages de l'histoire des derniers Bourbons? La Restauration avait espéré un moment faire oublier les tristesses de son origine en rendant, grâce au concours de la Russie, les rives du Rhin à la France ; le czar Nicolas, resté fidèle aux souvenirs de 1814, ressentant la révolution de Juillet presque comme une insulte personnelle, avait procuré aux vaincus la satisfaction d'humilier leur vainqueur. Abaisser en retour un monarque associé longtemps à leurs souvenirs et à leurs espérances, c'était une dure nécessité pour les légitimistes ; une autre pensée préoccupait les conservateurs : l'Europe, par suite des événements imprévus que peut amener une grande guerre, n'était-elle pas exposée à voir la révolution réoccuper la scène? M. de Montalembert exprima ces alarmes à la tribune ; mais le Corps législatif ne s'était pas associé seulement à la politique de l'Empire, il émanait de lui ; tous ceux qui en faisaient partie, orléanistes, légitimistes, cléricaux, avaient jeté leur bouclier dans la mêlée, pour se mettre aux pieds de César. Le temps des conquêtes était passé, rien de plus vrai ; mais l'action à l'extérieur n'en était pas moins la loi d'un gouvernement obligé de comprimer l'esprit libéral à l'intérieur.

Les placements en rentes sur l'État avaient pris depuis

quelques années un développement immense ; M. Bineau, dans le rapport précédant le projet de loi sur l'emprunt, les évaluait à 664 millions, dont plus de la moitié dans les départements ; près d'un cinquième de ces placements était représenté par un coupon qui ne dépassait pas 20 francs. La consolidation des bons du Trésor avait considérablement accru le nombre des rentiers ; il eût été absurde de livrer l'emprunt à tel capitaliste ou à telle institution de crédit, et de lui faire encaisser sur la négociation de l'emprunt un bénéfice qui pouvait fort bien profiter au public. Le projet d'emprunt de 250 millions fut voté le lendemain de l'ouverture du Corps législatif ; la Chambre voulut que son président, M. Billault, fût le rapporteur de la commission ; elle se rendit tout entière aux Tuileries pour présenter à l'Empereur la loi qu'elle venait d'adopter. Le gouvernement eut donc recours à la *souscription publique*, dont le succès dépassa l'attente générale ; la souscription, ouverte du 14 au 25 mars, s'éleva bien au-dessus de 468 millions, répartis entre 99 224 souscripteurs ; la Chambre apprit cette victoire financière en même temps que la déclaration de guerre des puissances alliées à la Russie. La voix de M. Baroche, chargé d'annoncer ces deux événements, fut couverte par les plus vives acclamations ; le Corps législatif vota, dix jours après, un projet de loi qui élevait de 80 000 à 140 000 hommes le contingent de la classe de 1853.

Le projet de loi sur la mort civile était un des plus importants que le Corps législatif eut à discuter dans cette session. L'homme frappé de mort civile n'existe plus aux yeux de la loi ; ses héritiers se partagent ses biens sous ses yeux; s'il acquiert d'autres biens après sa condamnation, l'État s'en empare ; sa femme peut rester auprès de lui, mais le mariage est rompu, elle n'est plus que sa concubine ; telle est la loi d'après le code Napoléon. Plus d'une voix s'était élevée au sein des assemblées contre cette législation païenne. Une loi nouvelle remplaça en 1850, pour le condamné à la déportation, la mort civile par la perte des droits civils et l'interdiction légale ; le condamné aux travaux forcés à perpétuité partagea cet adoucissement jusqu'au moment de la suppression des bagnes en 1853. Le condamné à mort encourant seul la mort civile, le débat perdait beaucoup de son intérêt ; la mort civile fut abolie, du moins nominalement, car, sauf la dissolution du mariage, la privation des droits civils et l'interdiction légale entraînent à peu près les mêmes conséquences.

L'exécution de la peine des travaux forcés soulevait également depuis longtemps de vives controverses : Le condamné subira-t-il sa peine dans les bagnes du territoire, ou bien l'enverra-t-on désormais dans des établissements pénitentiaires d'outre-mer? Le gouvernement s'était prononcé en faveur de ce dernier système, et un projet de loi rédigé dans ce sens fut soumis aux délibérations du Corps législatif; le bagne trouva encore des défenseurs ; ils soutenaient que la transportation des condamnés amoindrit la peine des travaux forcés, et la supprime en quelque sorte ; ils ajoutaient que les condamnés des maisons centrales, plus dangereux peut-être que les galériens, restent en France, et que les autres condamnés, loin de contribuer à la prospérité des anciennes colonies ou au développement des nouvelles,

les ruineraient; la Chambre ne partagea point ces craintes; elle vota le projet à la presque unanimité.

La loi de 1850 sur l'instruction publique créait des embarras nombreux et sans cesse renaissants au gouvernement; il résolut de la modifier; les quatre-vingt-six rectorats, créés par cette loi, furent réduits à seize; l'établissement au chef-lieu départemental d'un conseil d'instruction publique, présidé par un préfet, investi des attributions confiées au recteur, par la loi du 15 mars 1850 et par le décret du 9 mars 1852, remettait la direction de l'instruction primaire publique ou libre, aux mains du préfet. Les catholiques voyaient dans cette partie du projet de loi la suppression pure et simple de la liberté de l'enseignement. Les autres dispositions de la loi ayant pour but d'organiser l'enseignement supérieur, et de créer un budget spécial subventionné par l'État pour les établissements chargés de la collation des grades, n'éveillaient pas de bien grandes susceptibilités; les recettes de ce budget devaient être alimentées par les droits d'examen et de diplôme; des caisses semblables existaient déjà pour les invalides et pour la Légion d'honneur. Cet argument fut employé par le gouvernement comme réponse à ceux qui considéraient la création d'un nouveau budget annexe, comme une dérogation aux règles financières et une violation de l'unité budgétaire.

La législation du livret datait de 1791; le gouvernement, pour l'adapter, dit-il, aux nécessités sociales, économiques et industrielles de notre époque, présenta un projet qui augmentait le nombre des professions assujetties au livret et qui frappait d'une peine l'ouvrier rebelle à cette formalité et le patron négligent à la faire remplir ; l'arrêté consulaire du 9 brumaire an XII restreignait la nécessité du livret aux *compagnons* et *garçons;* ces désignations surannées permettaient du moins de soustraire à l'obligation du livret un très-grand nombre d'ouvriers. La loi nouvelle l'imposait aux ouvriers de tous les états et des deux sexes ; hommes et femmes devaient à l'avenir être munis d'un livret délivré à Paris par le préfet de police, à Lyon par le préfet, dans les autres villes par le maire ; les chefs d'établissements ne pouvaient employer désormais aucun ouvrier sans livret. Le livret doit-il rester dans les mains du patron où dans celles de l'ouvrier? Le gouvernement se prononça pour le patron; la commission également ; le conseil d'État, frappé des arguments produits en faveur de l'autre système, y revint ; la commission, éclairée en même temps de nouvelles lumières, en fit autant; l'ouvrier garda donc son livret, en droit, comme il le gardait presque toujours en fait.

Le budget fut présenté pour la première fois dans cette session selon la forme indiquée par l'article 12 du sénatus-consulte du 15 décembre 1852. L'ancienne division comprenant la dette publique, les dotations et dépenses du Corps législatif, les services généraux des ministères, des frais de régie et de perception, des remboursements, restitutions, non-valeurs, primes et escomptes, était remplacée par la division par ministère. Le rapporteur, M. Paul de Richemont, rédigea promptement son rapport; la discussion générale et la discussion par articles prirent deux jours à la chambre, le temps de constater l'équilibre établi entre les recettes et les dépenses par les efforts réunis de la commission du Corps législatif et du conseil d'État. Les dépenses de la guerre menaçaient de compromettre singulièrement cet équilibre, comme le fit observer M. Guyard-Delalain. Ce député demanda d'abord au rapporteur s'il ne craignait pas que les recettes évaluées au point de vue du maintien de la paix, ne diminuassent sensiblement pendant la guerre ? Ensuite il fit remarquer que pendant cette année encore on avait suspendu l'action de l'amortissement, et que l'on devait à cette mesure une augmentation anormale de 87 millions dans l'ensemble des ressources. M. Guyard-Delalain s'informa également si le gouvernement comptait toucher chaque année les 10 millions, produit d'une vente d'immeubles qui était venue grossir le budget des recettes ? Des réponses peu concluantes furent faites à toutes ces questions.

L'administration de l'Algérie, les autorisations de sociétés anonymes, l'organisation des budgets départementaux, l'état des routes, suscitèrent des critiques et des observations; M. Belmontet prit la parole à propos de l'augmentation de la subvention des théâtres. M. Belmontet, sans attaquer cette augmentation, en déplorait l'emploi au Théâtre-Français. L'orateur, rappelant le goût décidé de Napoléon Ier pour la tragédie, l'estime qu'il faisait des auteurs tragiques, sa déclaration que si Corneille avait vécu de son temps, il l'aurait fait prince, protestait contre l'abandon de cet art illustre; il adjurait le gouvernement de relever l'autel de Melpomène, et de faire passer la direction des Beaux-Arts des attributions du ministère d'État dans celles du ministère de l'instruction publique, de telle sorte que le Théâtre-

Français servît désormais à compléter l'éducation de la jeunesse.

Un incident vint un moment troubler le calme de cette session. M. Billault, président du Corps législatif, reçut de M. Rouland, procureur général près la Cour impériale de Paris, une lettre dans laquelle ce magistrat demandait à la chambre l'autorisation de poursuivre un de ses membres, M. de Montalembert. Grand étonnement à cette demande ; de quel crime accusait-on le député du Doubs? Las de son inaction, désespérant de l'influence de sa parole, s'était-il jeté dans quelque conspiration ténébreuse? Le gouvernement avait-il mis la main sur une société secrète dite de la *fusion?* L'émotion se calma, lorsqu'on sut que M. de Montalembert était prévenu de diffamation et de calomnie à l'endroit de M. Dupin aîné. L'ancien président de nos assemblées législatives aimait à prendre des airs rustiques, à endosser la blouse, à chausser les sabots, et à adresser des harangues de politique rurale aux paysans morvandiots ; ces discours causaient toujours un certain agacement aux hommes nerveux, qui savaient où tendait cette fausse rusticité. M. Dupin, profitant du comice agricole de Corbigny, avait donné cours à sa verve pseudo-agricole de façon à remuer plus encore que de coutume la bile de M. de Montalembert, qui, prenant la plume, répondit d'inspiration à l'ancien ami de Louis-Philippe. M. de Montalembert, chemin faisant, rencontrant les institutions et les hommes du nouvel Empire, se permit de leur dire leur fait. M. Dupin répliqua; tout se serait vraisemblablement borné à un échange de lettres particulières entre ces deux personnages, si la lettre de M. de Mon-

talembert n'était tombée par hasard entre les mains
d'un journal catholique de Liége, très-empressé à la
communiquer à ses lecteurs; l'*Indépendance belge*, trouvant ce morceau de haut goût, en avait également régalé ses abonnés. Les spéculateurs en scandales ne
manquaient pas dans ces temps où les marchandises littéraires prohibées avaient un bon débit; la lettre de
M. de Montalembert circula donc en brochure. Curiosité vaut estampille; la brochure avait fait son chemin,
il était un peu tard pour l'arrêter; mais à défaut des
colporteurs, on pouvait toujours s'en prendre à l'auteur.
Le titre de député le mettait à l'abri des coups du parquet. M. Rouland ne doutait pas d'obtenir l'autorisation
de poursuivre ; il se trouva cependant cette fois que les
membres de la commission ne furent pas de l'avis du
gouvernement. Le rapporteur, M. Perret, avocat et maire
du VIIIe arrondissement de Paris, conclut au rejet de la
demande officielle ; il lui semblait que M. le procureur
général n'entourait pas cette demande de preuves suffisantes. M. de Montalembert ne niait pas l'authenticité de
sa lettre, mais il déclarait sur l'honneur n'en avoir ni
directement ni indirectement autorisé la publication.
Les opinions étaient partagées dans la chambre; les
uns pensaient qu'un membre du Corps législatif devait être cru sur parole par ses collègues, les autres
soutenaient que le principe de l'égalité devant la loi était
fait pour les députés comme pour tout le monde, et
qu'il n'y avait là qu'une question politique, celle de
savoir si poursuivre un de ses membres c'était porter
atteinte à l'indépendance de la chambre. La discussion
dura deux jours, soutenue par MM. Baroche et Rouher,

ayant pour auxiliaires M. Remacle, futur préfet, et
M. Langlais, futur conseiller d'État, et M. Nogens Saint-
Laurent; MM. Perret, rapporteur, de Flavigny, A. Le-
mercier, Chasseloup-Laubat, d'Andelarre, défendirent
les conclusions de la commission ; M. Belmontet leur
prêta le concours de sa poétique éloquence. Les souvenirs
du passé, les lettres de M. de Montalembert en faveur
du Prince Louis-Napoléon, parlaient plus haut que
l'éloquence même de M. Belmontet. L'accusé prit la parole ; il faut lui rendre cette justice, qu'il ne négligea rien
pour détruire le bon effet de ce qu'on avait dit pour le
défendre; il attaqua le gouvernement, et prononça le
mot de despotisme. Sa mise en accusation fut prononcée
par 154 voix contre 51. Le public s'attendait donc à la
lecture prochaine d'un procès intéressant, à moins
cependant que le président de l'audience ne jugeât utile
d'interdire la publicité des débats; mais le gouvernement, usant de clémence ou craignant de faire un martyr,
ne poussa pas à bout son avantage contre M. de Montalembert. La chambre des mises en accusation mit fin
à cet incident par une ordonnance de non-lieu.

Revenons aux affaires d'Orient, et, après avoir re-
monté à leur origine, voyons dans quelle situation elles
se trouvent maintenant : M. Stratford-Canning, ambassadeur d'Angleterre en Turquie, expliquait ainsi à lord
Palmerston, au mois de mai 1850, les causes de la querelle engagée entre les Grecs et les Latins à l'occasion
des Lieux-Saints : « Il s'agit du droit de possession de
» certaines parties de l'église du Saint-Sépulcre à Jéru-
» salem ; on accuse les Grecs d'avoir usurpé des pro-
» priétés appartenant aux catholiques et d'avoir à dessein

» laissé tomber en ruines les chapelles et les tombeaux
» de Godefroy de Bouillon et de Guy de Lusignan. La
» légation française se croit autorisée, par l'article 33 des
» capitulations de 1740, à revendiquer les droits de
» l'Église latine. »

L'Espagne, le Piémont, Naples, la Belgique, au premier vent de cette affaire, s'étaient mis à la suite de la France. L'Autriche invoquait ses propres traités; l'Angleterre, qui n'aime pas le bruit en Orient, restait neutre et mécontente.

La Porte ayant répudié toute intention de porter atteinte aux capitulations et de manquer à ses promesses envers la France, M. Drouyn de Luys, ministre des affaires étrangères, se déclara prêt à s'entendre avec la Russie. Cette dernière, malgré les conseils de l'Angleterre, n'y paraissait nullement disposée. M. de Nesselrode disait à l'ambassadeur anglais à Saint-Pétersbourg : « Où est le terme moyen? Je n'en vois pas » ; et il ajoutait : « Méchante affaire! » Le ministre russe en convenait ; les concessions obtenues par la France n'étaient que de légères satisfactions données à la piété de quelques touristes catholiques. La Russie voulait davantage ; ses prétentions auraient transformé complétement les rapports existants entre elle et la Sublime-Porte ; elle les appuyait sur deux articles du traité de Kainardji. Le premier disait : « La Porte promet de protéger la
» religion chrétienne et les églises, et il sera libre aux
» ministres de Russie de faire des représentations en
» faveur de la nouvelle église dont il est parlé dans l'ar-
» ticle 15. » Le second article ajoutait : « Il est permis à la cour de Russie, outre la chapelle bâtie dans la maison

du ministre, de construire dans un quartier de Galata, dans la rue nommée Bey-Oglou, une église publique du rite grec, qui sera toujours sous la protection du ministre russe et à l'abri de toute gêne et avarie. »

Au moment où la nouvelle parvenait à Saint-Pétersbourg, que la Porte autorisait les Latins à construire une armoire dans la grotte de Bethléem, Omer-Pacha dirigeait une expédition contre les chrétiens du Montenegro. L'Autriche, inquiétée par cette lutte sur ses frontières, crut devoir envoyer à Constantinople le comte de Linange, pour sommer la Sublime-Porte de retirer ses troupes de la montagne Noire. La Porte obéit. Pourquoi la Russie ne suivrait-elle pas cet exemple? Transformer la chapelle de la rue Bey-Oglou en église des Lieux-Saints, et le droit de veiller sur une paroisse en protectorat général sur tous les Grecs de l'Empire : tel était le but de la mission qu'allait remplir à Saint-Pétersbourg Son Altesse sérénissime le prince Mentschikoff, grand amiral de la flotte, gouverneur de la province de Finlande, général d'armée, homme d'esprit, d'ailleurs fécond en saillies piquantes, en aperçus humoristiques, anti-Allemand, profondément Slave. Le czar hésita quelque temps entre lui et le comte Orloff; il finit par choisir le prince Mentschikoff, parce qu'il était plus soldat que diplomate.

L'ambassadeur d'Angleterre à Saint-Pétersbourg, M. Hamilton Seymour, ayant demandé à M. de Nesselrode si la mission du prince Mentschikoff se bornait aux Lieux-Saints, et s'il n'avait pas d'autre réclamation à présenter à la Porte, le chancelier répondit qu'il n'en connaissait pas d'autres, si ce n'est peut-être quelques réclamations privées. Cette réponse avait paru satisfaisante. Le cabinet anglais, tout en partageant la vive satisfaction de M. Hamilton Seymour, jugea cependant que le congé de son ambassadeur à Constantinople avait assez duré, et lord Radcliff reçut l'ordre de retourner à son poste.

Les fêtes de l'hiver étaient finies à Paris, et pendant que chacun se demandait ce qui allait désormais occuper l'attention publique, le prince Mentschikoff voguait vers le Bosphore. Constantinople l'attendait dans une sorte d'anxiété. L'ambassadeur russe s'était fait précéder par une brillante troupe d'officiers d'état-major; Constantinople apprit en même temps la nouvelle de l'arrivée de Mentschikoff au palais de l'ambassade russe, celle de l'avant-garde de Dannenberg en Moldavie, et la concentration de la flotte russe à Sébastopol.

Les Turcs n'écrivent pas de mémoires, pas de nouvelles à la main, pas de journaux. Ils ne vivent point dans les salons ; rien n'est donc plus difficile que de connaître la famille et la vie d'un homme d'État turc. Autrefois un sultan trouvait sur son passage un jeune portefaix qui lui plaisait, il l'appelait, le faisait monter à cheval derrière lui, et le conduisait au sérail ; le portefaix se changeait en domestique, le domestique en pacha, le pacha en vizir. Aujourd'hui ces fortunes rapides sont devenues plus rares et moins dangereuses ; le favori disgracié ne reçoit plus le fatal cordon, on l'exile, et il n'est plus question de lui. Le sol de la Turquie, on le voit, n'est point favorable à la culture des arbres généalogiques ; nul mieux qu'un Turc ne peut se dire fils de ses œuvres ; la poésie, chez cette nation bizarre, loin d'être un titre d'exclusion pour l'homme d'État, lui ouvre, au contraire, les portes de la carrière politique. Les deux hommes placés à la tête des affaires de la Turquie, au moment de l'arrivée du prince Mentschikoff, Aali-pacha, grand vizir, et Fuad-pacha, ministre des affaires étrangères, étaient les deux plus grands poëtes de leur pays. Le jeune Aali, pendant que son père ouvrait aux passants la barrière du Capoudjibachi, une des portes de la ville de Constantinople, composait des vers que le grand vizir Rechid-pacha trouvait charmants et qui le faisaient admettre au bureau de traduction, sorte d'école d'administration et de diplomatie. Aali-pacha, secrétaire d'ambassade à Vienne, à Londres, à Paris, ambassadeur en Angleterre, ministre des affaires étrangères en Turquie, était devenu grand vizir en 1852 ; sa tête, d'une physionomie charmante, relevée par des yeux pleins de charme et d'éclat, s'élevait sur un corps rapetissé par l'embonpoint; parlant et écrivant le français avec une facilité et une justesse étonnantes, très-civilisé et très-Turc en même temps, discutant librement sur toutes les matières religieuses et ne prenant pas une résolution comme grand vizir sans consulter un astrologue, Aali-pacha avait trouvé un ami et un collaborateur dévoué dans Fuad, poëte à la fois et médecin. Fuad faisait des vers comme son père Izzet-Mollah, et sa tante Leïla-Kathoun ; son talent poétique l'avait fait entrer comme Aali au bureau de traduction, mais après avoir passé par l'École de médecine de Galata-Seraï, et par l'emploi de chirurgien de marine. Fuad, fin, enjoué, spirituel, avait reçu, dit-on, de Louis-Philippe, à l'époque des mariages espagnols, une mission de confiance auprès de la reine Isabelle ; auteur d'une brochure publiée en français, sur la question des Lieux-Saints, il s'était montré déjà hostile à la Russie, à l'époque de sa mission dans les Principautés. Fuad-pacha, en sa qualité de médecin, ne croyait nullement à la maladie de son pays, il lui trouvait une constitution robuste ; la gale seulement, disait-il quelquefois, et pas de soufre pour la guérir. Ce ministre, convaincu de la santé de la Turquie, la croyant éternelle, parce qu'elle est nécessaire, était aux yeux de la Russie un homme à écarter des conseils de la Porte. Aussi ne fut-on pas surpris d'apprendre qu'en sortant de son audience de réception chez le grand vizir, le prince Mentschikoff avait passé fièrement, sans y entrer, devant l'appartement du ministre des affaires étrangères, dont les abords étaient déjà encombrés de curieux. L'envoyé de Russie, par cette impolitesse volontaire, signifiait à Fuad-pacha et au divan qu'il voulait un autre intermédiaire entre la Sublime-Porte et lui. Fuad-pacha donna sa démission ; le prince Mentschikoff le prit sur un ton si haut avec le grand vizir, qu'Aali ne dissimula pas au chargé d'affaires d'Angleterre l'extrême satisfaction avec laquelle il verrait la flotte britannique se rapprocher des Dardanelles. Le colonel Rose invita donc l'amiral Dundas à opérer ce mouvement ; l'amiral ne crut pas devoir bouger. Heureusement l'escadre française d'évolutions s'était rendue dans les eaux de Salamine, et lord Radcliffe était attendu à Constantinople.

L'ambassadeur d'Angleterre, cousin du grand ministre Canning, dont il porta le nom joint à celui de Stratford, était entré presque adolescent dans la diplomatie. Les aristocrates anglais sont hommes à l'âge où les nobles du continent ont encore un abbé pour guide et pour précepteur. Le jeune Stratford, âgé de vingt ans à peine, négocia le traité de Bucharest, qui permit au czar Alexandre Ier de retirer du Sud les troupes commandées par Tchitchagoff et de les lancer contre la grande armée. Son caractère, d'une fermeté voisine de la roideur, ne nuisait pas à son influence : le divan se sentait à la fois dominé et rassuré par lui; le czar Nicolas, qui avait refusé de le recevoir comme ambassadeur à Saint-Pétersbourg, allait l'avoir pour adversaire à Constantinople. Le 20 février 1853, lord Stratford Radcliffe avait reçu l'ordre de retourner à son poste, en passant par Paris et Vienne. L'ambassadeur d'Angleterre était autorisé, en cas d'un pressant danger, à envoyer un message à Malte pour requérir l'amiral de se tenir prêt ; il devait cependant attendre les instructions du gouvernement pour lui enjoindre d'approcher des Dardanelles.

Lord Radcliffe, dans sa première entrevue avec les ministres turcs, leur arracha par lambeaux, pour ainsi dire, quelques confidences sur les ouvertures du prince Mentschikoff. De ces ouvertures un peu confuses, il semblait résulter que le czar proposait de s'unir au sultan par un traité secret, et de mettre à la disposition de ce dernier, dans le cas où il serait attaqué, une flotte et une armée; le czar demandait qu'une sorte de protection universelle des Grecs lui fût dévolue dans l'empire turc.

Le prince Mentschikoff, voyant le grand vizir décidé à quitter le pouvoir plutôt que d'accepter ces propositions, se montra un peu plus accommodant : au lieu d'une alliance défensive, il se rabattit bientôt sur l'adjonction d'une convention au traité de Kanardji ; cette convention donnerait aux patriarches grecs dorénavant nommés à vie les garanties dont ils ont besoin pour remplir leurs fonctions; la Russie se contenterait d'un protectorat, purement religieux, sur les sujets grecs. C'était une grande concession, selon l'envoyé russe; il fallait l'accepter dans les vingt-quatre heures, sinon il partait pour Odessa. Le grand vizir ayant repoussé nettement ce projet de convention, le prince Mentschikoff daigne consentir par amour de la paix à se contenter d'une garantie obligatoire sous forme de *sened* ; mais qu'on se hâte de lui répondre, car cette fois le vaisseau qui doit l'emporter est prêt à lever l'ancre. Le prince Mentschikoff, prévoyant un nouveau refus, et laissant là les ministres, parvient à obtenir une audience du sultan; le grand vizir Aali, blessé dans sa dignité par la démarche du prince Mentschikoff, se crut obligé à la retraite. Le nouveau vizir passait pour plus favorable aux prétentions de la Russie. Cependant les ministres, réunis en conseil extraordinaire aux principaux fonctionnaires de l'Empire, repoussèrent la proposition de régler l'affaire du protectorat par une simple note. Le vote du conseil était unanime. Le lendemain, les habitants de Constantinople virent s'éloigner le navire du prince Mentschikoff. Quelques jours plus tard, la Porte recevait un ultimatum de la Russie, et les troupes russes entraient dans les Principautés.

A Paris, à Vienne, à Berlin, à Londres, partout on s'imaginait que le règlement de la question des Lieux-Saints était l'unique mission du prince Mentschikoff; quand on le vit montrer de si hautaines exigences, on se dit que le fougueux diplomate avait certainement dépassé ses instructions. Plus d'illusion maintenant : le gouvernement anglais était très-mécontent et très-désappointé ; le gouvernement français éprouvait moins de désappointement, parce qu'il avait montré moins de confiance; le chef du cabinet à Berlin, se contenta de déclarer que la conduite du gouvernement russe était formellement désapprouvée par l'opinion publique ; le gouvernement autrichien se mit en mesure de prévenir une rupture et de concilier le différend. Il n'y avait pas là de quoi faire reculer Nicolas ; il ne demandait pas autre chose, disait-il, que ce que l'Autriche avait obtenu par la mission du prince de Linange.

Le czar, dans ses conversations intimes avec sir Hamilton Seymour, avait souvent exprimé la conviction que l'Angleterre, vouée désormais aux principes de l'école de Manchester, était tout à fait incapable de tenter la moindre aventure politique ; il répondait à ceux qui lui parlaient de la possibilité d'une alliance entre l'Angleterre et la France : « Les vaincus de Waterloo ne feront jamais campagne avec leurs vainqueurs. » M. de Kisseleff, son ambassadeur à Paris, homme d'esprit, mais observateur trop superficiel pour s'apercevoir du changement que trente ans de paix avaient apporté aux relations entre la France et l'Angleterre, l'entretenait dans cette illusion ; le gouvernement créé par le coup d'État du 2 décembre cherchait de tous côtés une alliance en Europe, surtout avec un gouvernement libre, moins encore pour sa sûreté que pour sa considération ; il devait donc désirer l'alliance avec l'Angleterre. M. de Kisseleff ne le comprit pas, et par sa persistance à nier la possibilité d'une alliance entre le gouvernement impérial français et l'Angleterre, il confirma son maître dans ses idées et devint la cause de sa perte.

Mentschikoff quitta Constantinople le 21 mai 1853 ; la Porte reçut un mois plus tard l'ultimatum de M. de Nesselrode, et les Russes franchirent le Pruth. Deux mois avant le 22 mai, l'escadre française avait fait voile pour Salamine. La flotte anglaise ne se rapprocha de Constantinople que plus tard ; elle se trouvait dans la baie de Besika vers la fin de juin 1853 ; les deux amiraux reçurent l'ordre désormais de combiner leurs mouvements ; l'Angleterre, cependant, loin de perdre l'espoir de maintenir la paix, tenait à peu près ce langage à l'Autriche : « Le czar s'est mis dans une position fâcheuse ; nous avons intérêt à l'en tirer, vous surtout, car s'il continue à surexciter les populations chrétiennes soumises à la Turquie, elles se soulèveront ; prenez garde dans ce cas à vos provinces danubiennes : l'étincelle partie de là pourrait bien s'étendre à la Hongrie et à l'Italie ; il faut empêcher la conflagration ; l'Autriche et la Russie ont toutes deux des empereurs pour chefs ; ces empereurs sont unis par les liens d'une étroite amitié ; que l'empereur d'Autriche intervienne donc et propose la médiation, le traité de 1841 place les droits du sultan sous la garantie des cinq puissances : réunissons-nous donc à Vienne, et conférons sur les moyens de ramener la paix. »

La France avait fourni le modèle d'une note, l'Autriche se l'était approprié. Cette note, signée par la Prusse, avait été envoyée à la Russie qui l'acceptait. Voilà donc la conférence terminée quelques jours après s'être réunie et la paix conclue ; on s'en flattait, mais la Turquie, trouvant qu'on lui imposait de trop grandes concessions à la Russie, repoussa la note, malgré la déclaration formelle des puissances que ces concessions ne mettaient pas son autorité en péril. L'Angleterre et l'Autriche surtout témoignèrent une grande colère; la France semblait plus calme. Malgré le refus de la Porte, la conférence de Vienne s'obstinait à maintenir la note de l'Autriche: elle la faisait sienne en quelque sorte en la transmettant officiellement à Saint-Pétersbourg et à Constantinople. La Russie se garda bien de ne pas l'accepter; la Turquie soutint son refus, à moins de modifications importantes dans la note; ces modifications avaient été formulées dans un conseil tenu à Constantinople. Les puissances réunies pour protéger la Turquie allaient peut-être donner le spectacle inattendu de leur intervention armée dans ce pays pour le forcer à se rendre aux exigences contre lesquelles il s'agissait de le protéger, lorsque fort heureusement la Russie justifia la résistance de la Porte par ses imprudents commentaires sur la note de Vienne, d'où elle prétendait tirer le droit d'un protectorat immédiat sur les sujets du sultan et d'une immixtion permanente dans les affaires intérieures de la Turquie.

M. de Nesselrode et M. de Buol étaient revenus d'Olmütz, où ils avaient suivi leurs maîtres, avec un nouveau projet d'arrangement. Les quatres puissances maintenaient la note de Vienne en adressant à la Porte une déclaration signée par elles, en faveur de l'intégrité de l'empire ottoman. Ce projet laissait debout les prétentions de la Russie; la Turquie déclara la guerre, et les deux flottes anglaise et française franchirent les Dardanelles dans les premiers jours d'octobre; elles étaient mouillées sous les murs de Constantinople, tandis que sur le bas Danube, Omer-Pacha organisait l'armée.

M. de Castelbajac, ambassadeur du gouvernement français, quitta Saint-Pétersbourg dans les derniers jours de janvier, et le 4 février, M. de Kisseleff prit ses passeports. Napoléon III, avant cette rupture, avait écrit à Nicolas Ier pour lui proposer de négocier directement avec la Turquie une convention sanctionnée ensuite par les puissances. Nicolas avait refusé. Il ne restait donc plus qu'à se battre. L'article 5 du traité du 10 avril entre l'Angleterre et la France invitait les autres puissances à coopérer à la guerre : qu'allaient-elles répondre?

Le jeune empereur d'Autriche possédait toutes les qualités d'un sous-lieutenant; Nicolas Ier remplissait auprès de lui le rôle de tuteur et presque de père. Une statuette de son pupille ornait le cabinet du czar, qui l'emportait avec lui dans ses voyages. Aux manœuvres d'Olmütz, on avait vu Nicolas prendre des mains du général Schlick le commandement de son régiment de lanciers autrichiens, dont il portait l'uniforme, et défiler devant François-Joseph, entouré de onze archiducs et de douze princes souverains. Nicolas, après le défilé, où figuraient quarante régiments, dont chaque premier bataillon déployait le drapeau de Marie-Thérèse, orné de l'image de la Sainte-Vierge, avait pressé François-Joseph dans ses bras, en pleurant, pendant que les généraux et les officiers agitaient leurs épées, et que les soldats poussaient des hurrahs. Le czar, depuis la guerre de Hongrie, mettait grand soin à entretenir la fraternité d'armes entre l'Autriche et la Russie ; il traitait les généraux autrichiens mieux que les siens, et toutes les fois qu'il arrivait à Vienne, il faisait en simple camarade des visites aux plus importants d'entre eux, les comblant de croix et de présents. Les officiers autrichiens, sensibles à ces avances, en étaient venus à considérer pour ainsi dire le czar comme leur empereur. Tirer l'épée contre lui leur semblait un manque de loyauté; François-Joseph ne devait-il pas à Nicolas la conservation de sa couronne et la vengeance tirée des chefs de l'insurrection hongroise? Les potences d'Arrad ne s'étaient-elles pas dressées sous la protection des baïonnettes russes? Le jeune empereur d'Autriche oublierait-il ces services, pour s'allier à l'Angleterre qui servait d'asile à Kossuth, à l'Angleterre dont la capitale venait d'assister à l'humiliant spectacle du général autrichien Haynau fuyant devant les fouets des ouvriers anglais? S'unirait-il avec la France, c'est-à-dire avec l'inconnu? Les conseillers de François-Joseph s'étaient leurrés de l'espoir qu'on désavouerait Mentschikoff, que la Russie ne franchirait pas le Danube, et que l'on se maintiendrait dans un *statu quo* qui permettrait de préparer les éléments d'un arrangement. M. de Buol, pressé par l'Angleterre et la France, d'entrer dans une action commune, jugeait inutile de donner un caractère européen à un débat qui, d'après lui, pouvait parfaitement se vider entre les Turcs et les Russes. François-Joseph écrivit à ce sujet une lettre à son puissant ami : l'ordre donné aux généraux russes de franchir le Danube et la publication d'un manifeste religieux aussi dangereux pour l'Autriche qu'un manifeste politique, telle fut la réponse de Nicolas.

Le 29 janvier 1854, le comte Orloff arrive à Vienne, chargé d'une mission de son maître; est-ce la paix ou la guerre qu'apporte le confident de l'empereur Nicolas? Personne n'en sait rien : la saison des bals est ouverte; on dansait à la cour le jour même de l'arrivée du comte Orloff; impossible de parler d'affaires. M. de Buol et l'empereur ne pourront le recevoir que le lundi : le diplomate russe se prétend indisposé et ne veut voir personne le dimanche. Lord Wesmoreland, ambassadeur d'Angleterre, ne lui demande cependant que de murmurer un mot, un seul mot consolant à son oreille; il s'empressera de le transmettre à lord Clarendon, qui le glissera dans un paragraphe du discours que la reine est à la veille de prononcer à l'ouverture du parlement; le comte Orloff reste impénétrable. On apprend enfin qu'il est venu demander à l'Autriche une déclaration de neutralité non-seulement entre la Russie et la Turquie, mais encore entre la Russie et les puissances maritimes. Si du moins la Russie prenait l'engagement de respecter l'intégrité de l'empire ottoman et d'abandonner les provinces danubiennes; mais à cette demande de l'empereur François-Joseph, l'envoyé russe a répondu par le silence. Il ne restait plus à l'Autriche qu'à concentrer un corps d'armée sur le Danube. Le comte Orloff put en voir défiler l'avant-garde du haut de son balcon. Il partit en disant à M. de Buol : « Puisque vous nous rendez la guerre impossible, autant vaut nous la déclarer » (1). Le comte Orloff, après le résultat de sa mission, crut prudent de se donner une légère maladie et de s'arrêter en route; il

---

(1) Kinglake, *Invasion de la Crimée*.

redoutait la première explosion de la colère de Nicolas. Le czar lut pourtant sa dépêche avec assez de calme, mais les aides de camp de service entendirent comme le bruit d'un objet projeté avec violence contre le mur du cabinet impérial. C'était Nicolas qui venait de briser la statuette de François-Joseph.

L'Autriche, sans se rapprocher de la France et de l'Angleterre, s'éloignait de la Russie. Que va faire la Prusse? Il est indispensable, pour le savoir, de jeter un coup d'œil sur l'histoire de ce pays depuis la mort du père du roi actuel.

« A toi, mon cher Fritz, passe le gouvernement de
» l'État, tout le poids de la responsabilité ; ne néglige pas,
» autant qu'il sera en ton pouvoir, la paix entre les puis-
» sances de l'Europe, mais avant tout tâche de mainte-
» nir la bonne intelligence entre la Prusse, la Russie et
» l'Autriche. Leur union est comme la pierre fonda-
» mentale de l'alliance européenne. » Le roi de Prusse se souvenait toujours de cette recommandation suprême d'un père qui aurait eu cependant d'assez bonnes raisons de se montrer beaucoup moins dévoué à la Russie. La Prusse aujourd'hui s'est refaite à sa guise ; mais ne devait-elle pas son ancienne carte aux géographes du congrès de Vienne, approuvés par la Russie? La guerre qui se préparait pouvait fournir à la Prusse une bonne occasion de prendre une revanche et de se faire une part dans les changements futurs. Frédéric-Guillaume, artiste et poëte, plein des plus doux sentiments de l'art, de la famille, de la religion, n'avait pas d'autre ambition, ne formait d'autre vœu que de vivre en paix avec tout le monde. Autour de lui d'ailleurs, chambellans, aides de camp,

généraux, ministres eux-mêmes, tout était russe ; si M. de Manteuffel inclinait vers l'alliance occidentale, c'était bien légèrement ; les généraux de Gerlach, Wrangel, Groeben formaient la société intime de l'envoyé militaire russe Benkendorf ; le vieux maréchal Johna allait répétant partout qu'il était entré deux fois à Paris et qu'il espérait bien y entrer une troisième. Le parti féodal ne demandait qu'à river la Prusse à l'alliance russe.

Les Anglais, qui sont cruels dans leurs vengeances et dans leurs caricatures, représentaient le roi de Prusse, le genou ployé, la démarche chancelante, l'œil à demi fermé, l'air hébété, une bouteille de vin de champagne de la maison Cliquot à la main. Ce pauvre roi Cliquot avait des chagrins qu'un dessinateur du *Punch* ne saurait comprendre ; quelle douleur pour un fils si respectueux, pour un si fervent chrétien, de se sentir de jour en jour plus infidèle aux recommandations d'un père mourant et plus menacé de devenir l'ennemi de son beau-frère, juste au moment où le czar tire le glaive en faveur de ces malheureux chrétiens dont les souffrances lui arrachent des larmes ! La voix paternelle retentit sans cesse à l'oreille de Frédéric-Guillaume ; l'écho des gémissements de sa sœur chérie, assise sur le trône russe, trouble son sommeil ; si le czar défend à ses officiers de porter les décorations prussiennes, il est dans le désespoir ; s'il apprend au contraire que Nicolas, entouré de ses fils, a bien voulu assister aux funérailles du ministre de Prusse et que la czarine s'est montrée, à cette cérémonie, à la tête du régiment qui porte son nom, il renaît à la joie et à l'espérance. Nicolas, avec des hommes comme l'empereur d'Autriche et le roi de Prusse, dut se croire plus d'une fois à la veille de rattacher les fils rompus de l'alliance du Nord, surtout lorsque la Prusse refusa de porter devant la diète la déclaration de neutralité qui aurait engagé la confédération dans des questions embarrassantes ; le czar dut un moment se croire sur le point de triompher, mais la logique de la situation se trouvait plus forte que les sentiments particuliers des souverains. Nicolas ne parut pas le comprendre. M. de Budberg, chargé par lui d'une mission à Berlin, analogue à celle du comte Orloff à Vienne, prit des allures à la Mentschikoff qui forcèrent le roi à ne plus le recevoir. En vain le bon Fritz, par une lettre autographe à son beau-frère, essaye-t-il d'adoucir cette mesure, le czar ne reçoit plus l'ambassadeur de Prusse dans l'intimité de la famille, il ne communique avec lui qu'avec les formes de l'étiquette la plus glaciale ; les courtisans, à Postdam, se répètent mélancoliquement les fatidiques paroles par lesquelles le czar a répondu à la défection de la Prusse : « Puisse-t-elle ne pas se repentir un jour de m'avoir abandonné ; Frédéric-Guillaume se perd et il perd la Prusse avec lui. »

Ces avertissements retentissent au cœur du roi. Signera-t-il le protocole du 9 avril. Une vraie bataille se livre autour de lui : la reine, tous les grands et menus dignitaires de la couronne, toutes les notabilités de cour et d'antichambre, d'un côté ; de l'autre, M. de Manteuffel, le général de Bonin, ministre de la guerre, et M. Bunsen, ambassadeur à Londres. M. de Manteuffel, voyant le roi pencher du côté de la cour, donne sa démission ; c'est le moyen qu'il emploie ordinairement pour effrayer Frédéric-Guillaume et le ramener à son avis. Jusqu'ici ce moyen a toujours réussi ; mais cette fois le roi lui répond : « Passe encore si nous étions en carnaval, mais nous sommes en carême. »

Il y avait un parlement à Berlin et des chambres de commerce dans les principales villes prussiennes; parlement et chambres de commerce étaient d'accord en faveur de l'alliance occidentale. Le ministre soumet au parlement un projet d'emprunt; le parlement répond qu'il ne le votera que s'il est destiné à faire face aux dépenses que peut nécessiter la guerre contre la Russie. Les chambres de commerce se plaignent que le commerce anglais ne se serve plus des navires prussiens, et qu'à Hambourg on ne les assure qu'à des primes plus fortes que ceux des autres nations. Pendant que l'opinion publique se prononce avec tant de force contre la Russie, l'Autriche presse la Prusse de fixer ses relations avec elle et avec la Confédération germanique; le baron Hess est envoyé de Vienne à Berlin pour discuter une convention militaire en vertu de laquelle un corps d'armée prussien garantira l'Autriche du côté de la Gallicie. Le roi résiste sur le cas de guerre, sur le chiffre des soldats, sur tout; si bien que le baron Hess, impatienté, lui dit un jour : « Sire, faites-moi tout de suite discuter avec Paskewitch. » Enfin, la convention militaire est signée : la Prusse, dans le cas d'une occupation indéfinie des Principautés par la Russie et d'une tentative quelconque de cette puissance pour franchir les Balkans, concentrera cent mille hommes dans les provinces orientales, et deux cent mille hommes si cela devient nécessaire.

L'Autriche et la Prusse signèrent, le 20 avril 1854,

une convention par laquelle elles se garantissaient leurs possessions, allemandes ou non allemandes.

Les petits États ameutés à Bamberg par M. de Beust et par M. de Pfordten avaient imaginé de livrer bataille aux deux grandes puissances allemandes sur le terrain de cette convention. Les confédérés ne refusaient pas d'adhérer au traité, mais ils voulaient donner leur vote en séance diétale, attendu que la diète avait droit d'examiner les obligations imposées à la Confédération ; ils demandaient aussi qu'on veillât non-seulement à la liberté des eaux menant à la mer Noire, mais encore à la protection des sujets chrétiens de la Turquie et à la durée inviolable du royaume de Grèce, « dont la dynastie allemande avait de légitimes droits à la sympathie de l'Allemagne ». Le roi de Prusse et l'empereur d'Autriche, réunis à Teschen, répondirent aux confédérés qu'ils comptaient sur leur adhésion pure et simple au traité, sinon qu'ils se passeraient d'eux. M. de Beust et de Pfordten se le tinrent pour dit. Les représentants des petits États quittèrent Bamberg ; tous les États secondaires adhérèrent à la convention ; le Wurtemberg un peu tardivement à cause de ses relations de famille avec la Russie. Le Mecklembourg seul résista et se maintint dans l'isolement. Les puissances occidentales ne pouvaient donc compter ni sur l'Autriche, ni sur la Prusse, ni sur l'Allemagne. Le Piémont, l'Espagne, le Portugal étaient avec elles ; la Belgique, la Suède, le Danemark, Naples, restaient neutres ; Naples avec le regret de ne pouvoir faire plus.

Quatre quakers, la joue rose, le menton rasé, la cravate blanche, le gilet noir, l'habit noir, un large chapeau à la main, débarqués le matin même de Londres, jugèrent le moment favorable pour se présenter chez le czar et lui prêcher la paix : des quakers ! minces personnages pour un autocrate de toutes les Russies. Nicolas reçut cependant ceux-ci de la façon la plus cordiale : « Vous voulez la paix, frères ; je la veux aussi, je la demande, je l'implore ; mais faut-il livrer ces pauvres chrétiens sans défense aux persécutions des infidèles ? Les puissances m'abandonnent et se mettent contre moi ; votre reine aussi, et c'est là ce qui me navre ; une dame si vertueuse et si chrétienne! A propos, avez-vous vu ma femme ? C'est une personne bien pieuse aussi. » On vit le moment où S. M. Nicolas Ier allait charger un de ses aides de camp de prévenir mistress Romanof que son mari désirait la présenter à quatre quakers. Ces braves gens se retirèrent dans l'enchantement ; mais le czar en fut pour ses frais de politesse. Le public se moquait des amis de la paix, plus encore à Londres qu'à Paris. Les quakers, à leur retour en Angleterre, avaient beau colporter de meeting en meeting le fameux : « Avez-vous vu ma femme ? » l'auditoire riait et ne respirait que la guerre. Le gouvernement se montrait moins guerrier que la nation. L'escadre anglaise mouillait, il est vrai, à côté de la flotte française dans la baie de Besika, mais uniquement pour protéger la Turquie contre un danger immédiat ; les croiseurs de la flotte russe sortie triomphalement de Sébastopol capturaient des navires turcs et abordaient les vaisseaux neutres pour leur demander des nouvelles des escadres alliées. Au mois de novembre, au moment où les escadres alliées jetaient l'ancre dans le Bosphore, sept navires russes à voiles et un vaisseau à vapeur croisaient devant Sinope et évoluaient autour de l'escadre turque. Cette escadre, poussée par un vent du nord-est, se dirige sur Sinope ; on sonne le branle-bas de combat à bord des navires turcs, mais après quelques manœuvres, l'ennemi porte au large et se met sous le vent. Le lendemain, les mêmes forces reparaissent ; le commandant turc fait part aux amiraux français et anglais, chargés de veiller sur l'intégrité de l'empire ottoman, des appréhensions que lui causent les manœuvres russes ; il ne reçoit aucune réponse : le 29 novembre, une dernière dépêche arrive à lord Radcliffe. Les flottes alliées avaient le temps d'accourir ; elles ne lèvent l'ancre que le 30 novembre. Ce jour-là précisément, l'amiral Nachimoff, avec six vaisseaux de ligne, attaquait la flotte turque à l'ancre. Les Turcs se battirent avec intrépidité, mais sans espoir ; quelques commandants ayant enfin amené leur pavillon, l'amiral russe feignit de ne pas les voir pour les écraser. Hormis un bateau à vapeur, tous les navires turcs furent détruits et quatre mille matelots périrent.

Que pouvaient Cobden, Bright, tous les membres de l'école de Manchester et tous les quakers réunis, contre un pareil événement ? Personne, ni dans le parlement ni dans les meetings, n'écoutait plus leurs discours pacifiques ; Sinope avait été ressenti comme une défaite nationale par l'Angleterre. Le peuple le plus sage du monde finit par faire des folies à force de s'entendre dire qu'il est incapable d'en faire ; l'Angleterre en était là ; quant aux ministres, ils croyaient la guerre impossible en la rendant inévitable. Lord Aberdeen, l'ami du czar, était premier ministre ; il avait pour collègue M. Gladstone ;

lord Clarendon dirigeait le ministère des affaires étrangères. Lord Palmerston, relégué à l'intérieur, exerçait par la menace seule de sa démission une grande influence sur la politique de son pays ; il détestait profondément la République, et la manière dont Louis-Napoléon l'avait jetée à bas ne pouvait point lui déplaire ; il poussait donc à une alliance intime avec l'Empire français.

Pour les Français eux-mêmes, les mille nuances de leur caractère et de leurs opinions, les mille accidents imprévus qui naissent du jeu des partis, les résultats imprévus du choc de tant d'opinions diverses ne sont pas toujours faciles à expliquer ; l'unanimité trompe parfois en France, où les partis ne craignent pas d'imposer la plus énorme contradiction à leur principe, pourvu que cette contradiction blesse leurs adversaires. Comment les étrangers se rendraient-ils raison de nos contre-sens et de nos contrastes? L'Empire renaissant les frappa de stupeur; ils n'avaient pas assez suivi l'histoire de notre théâtre, de notre peinture, de notre poésie, de notre tribune, pour comprendre que la politique, l'art, la littérature avaient consacré trente ans à réhabiliter l'Empire; ils ne se rendaient pas compte de la part que sa résurrection devait aux circonstances; ils crurent que l'Empire renaissait avec ses prétentions et ses rancunes. Cette crainte générale en Europe ne fut nulle part plus vive qu'en Angleterre; plus elle avait fait contre le premier Empire, plus elle se croyait exposée aux vengeances du second.

Lord Aberdeen, toujours hésitant, même après Sinope, pensait que les instructions données aux amiraux anglais suffisaient pour empêcher le renouvellement d'un pareil désastre. Le gouvernement français voulait qu'on prît du moins des précautions pour le prévenir ; il demandait que tout navire russe en croisière dans la mer Noire fût contraint de rentrer dans Sébastopol, et que toute attaque contre le pavillon ottoman fût repoussée par la force. Lord Palmerston ayant parlé de démission si l'on n'adoptait pas ce plan, lord Aberdeen s'y soumit.

Le colonel Ardant et sir John Burgoyne reçurent des deux gouvernements de France et d'Angleterre une mission dont le but était de chercher un plan de défense de l'empire ottoman ; un petit corps anglais fut envoyé à Malte. Cela paraissait suffisant à lord Aberdeen et à ses collègues, sauf le duc de Newcastle, qui conseillait un envoi de troupes moins insignifiant ; mais la guerre était déjà commencée, et lord Aberdeen continuait à la croire impossible ; il s'imaginait que l'annonce de l'alliance anglo-française suffirait pour l'empêcher. Mais Nicolas doutait toujours de la réalité de leur entente ; elle était pourtant décidée d'avance par l'opinion publique dans les deux pays ; quelques vieux tories avaient beau prétendre qu'une alliance séparée avec la France était inutile, qu'aucune divergence de vues entre l'Angleterre et les puissances allemandes ne la justifiait ; le public anglais n'en entendit pas moins avec plaisir la Reine attester devant le parlement qu'elle continuait à agir dans une coopération cordiale avec l'Empereur des Français. La guerre était populaire, non-seulement dans le pays, mais encore dans l'armée. A l'avénement de l'Empire, il y eut comme un choc électrique dans toutes les armées européennes ; les moustaches se retroussèrent, les plumets semblèrent plus hauts, et les sabres plus traînants sur le pavé. L'armée anglaise avait, comme toutes les autres armées de l'Europe, ressenti cette commotion belliqueuse ; il y avait dans l'idée de marcher à côté des Français après les avoir vus longtemps en face, et de remplacer par l'émulation de l'héroïsme, l'ardeur des haines passées, de quoi agir sur l'imagination et remuer le cœur des soldats anglais.

Le 10 avril 1854, la vieille Angleterre apprit avec joie qu'un traité venait d'être signé entre la reine Victoria et l'empereur Napoléon III.

Le czar ne s'était pas beaucoup effrayé de l'envoi de quelques régiments à Malte ; quant aux puissances allemandes, pouvait-il croire à leur réelle hostilité en voyant les ambassadeurs d'Autriche et de Prusse assister au *Te Deum* chanté à Saint-Pétersbourg pour célébrer la victoire de Sinope ?

Nicolas I*er*, autocrate et pape de toutes les Russies, croyait à sa papauté ; les blessures faites au pape faisaient souffrir le souverain, et le souverain saignait des blessures du pape ; il avait l'esprit religieux et mystique de son père La Russie, avertie qu'il faisait la guerre pour une question religieuse, avait senti son fanatisme s'enflammer ; il n'était plus permis au czar de reculer ; personne, d'ailleurs, dans son entourage, ne lui conseillait de céder. M. de Nesselrode, trop habile pour ne pas voir où pouvait mener la guerre, mais désireux de mourir dans son fauteuil de grand chancelier, gardait ses observations pour lui et pour ses amis intimes.

L'intelligence de Nicolas manquait d'étendue et de finesse ; mais il se faisait une grande idée de la majesté souveraine en général, et en particulier du rôle qu'il était appelé à jouer ; il se considérait comme le bras de la monarchie légitime ; tous les monarques de son temps avaient été obligés de s'incliner devant la révolution, seul il était resté debout ; il avait marché sur le corps d'une conspiration pour arriver au trône, et plus tard son armée avait comprimé l'insurrection polonaise et l'insurrection hongroise ; la présence d'une armée russe sur la frontière du duché de Posen n'avait pas peu contribué à rassurer le roi de Prusse en 1848 ; l'Europe conservatrice pouvait à chaque instant avoir besoin de lui ; irait-elle jusqu'à le sacrifier à l'ennemi commun ? La fière et prévoyante Angleterre préférerait-elle longtemps à son alliance celle d'un parvenu qu'il n'avait pas cru devoir honorer du titre de frère ? Nicolas Ier se refusa longtemps à le croire ; quand les événements le détrompèrent, il se précipita dans la guerre en aveugle et en furieux. Ses premières mesures militaires ne réussirent pas : faire la guerre à des centaines de lieues du centre de l'empire, s'obliger à défendre une ligne d'occupation qui, de Bucharest, en suivant la rive nord du Danube, s'étendait jusqu'au Banat, en s'engageant d'avance à ne point franchir le fleuve, tel fut son premier plan. Les désastreux résultats en sont connus. Paskewitch se chargea d'en exécuter un autre ; il mit le siége devant les murs de Silistrie, où les armes russes devaient subir un premier et mémorable échec.

Quelle amertume dans le cœur du czar, lorsqu'il reçut la lettre autographe de son « bon ami », lui proposant un armistice qui laisserait la voie ouverte aux négociations. Napoléon III, satisfait d'avoir mis l'Angleterre à sa suite et de poser en arbitre de l'Europe, cédait-il à la tentation de jouir de son triomphe et d'offrir la paix à l'ennemi, sachant bien qu'il ne l'accepterait pas? Dans ce cas, il ne se trompa point dans son calcul; le czar répondit non-seulement par un refus, mais encore par des allusions blessantes aux désastres de 1812 : « La Russie ne lutte pas pour les biens de ce monde, mais pour la foi; l'Angleterre et la France se sont rangées du côté des ennemis du christianisme contre la Russie ; mais la Russie ne déviera pas de sa mission divine, et si les ennemis viennent à attaquer ses frontières, nous irons à leur rencontre avec la fermeté que nos ancêtres nous ont léguée. Ne sommes-nous pas la nation russe, de la valeur de laquelle les événements mémorables de 1812 ont rendu témoignage? Que le Tout-Puissant nous aide à le prouver par nos actes. »

Quel effet ce fier langage produisit-il sur la France? Elle assistait aux préliminaires d'une grande guerre, avec la curiosité insouciante qui, pendant bien des années encore, devait être le seul de ses sentiments. La France, comme désintéressée d'elle-même, semblait résignée à se laisser conduire où voudrait la mener son gouvernement; la guerre n'excitait d'intérêt qu'au point de vue des affaires; la Bourse commentait seule les dépêches, et suivait avec anxiété les phases diverses des négociations; les intérêts étaient attentifs, les esprits indifférents, les cœurs froids. La France ne pouvait que lentement se relever de l'opération qu'elle venait de subir le 2 décembre; il lui en restait une langueur morale, difficile à guérir; la vue du drapeau anglais, flottant à côté du nôtre, rassurait d'ailleurs les intérêts; la victoire entre la France et l'Angleterre d'un côté et la Russie de l'autre, ne semblait pas douteuse ; le public n'avait des craintes que pour les suites de la victoire; les classes industrielles et commerciales s'attendaient à des succès, sans être prêtes à supporter des revers.

Les amis de la liberté se méfiaient de la guerre par principe et par crainte de voir les dernières traces des idées libérales s'effacer sous la main de la victoire. Les conservateurs, de toutes les nuances, déploraient la lutte engagée contre l'athlète de l'ordre européen ; la défaite de Nicolas leur apparaissait dans le lointain comme le triomphe de la révolution ; c'est ce qui la faisait accepter par beaucoup de révolutionnaires. Une lettre publiée par Barbès à cette époque, explique bien les sentiments de la démocratie populaire à cet égard. La France, aux yeux de Barbès, ne pouvait être abaissée dans une guerre contre la Russie sans que la démocratie en souffrît ; l'affaiblissement de l'esprit militaire ou plutôt de l'esprit guerrier créait une perte sans compensation dans le présent et un grand danger dans l'avenir ; l'armée c'était le peuple, que deviendrait ce peuple s'il n'était même plus bon à mâcher la cartouche ? Voilà ce que pensaient Barbès et ses amis : convaincus des périls que la guerre faisait courir à la liberté, ils s'y résignaient en la voyant nécessaire; eux-mêmes, s'ils avaient été au pouvoir, n'auraient pas laissé la Russie mettre tranquillement la main sur Constantinople. La révolution espérait, d'ailleurs, que l'intervention des puissances allemandes dans la lutte rendrait bientôt l'intérêt de la partie plus grand, et lui permettrait d'en tirer profit. Telles étaient les dispositions générales de la nation. Quant à l'armée, outre que son intérêt permanent la porte à souhaiter la guerre, elle la désirait d'autant plus ardemment qu'elle voulait être autre chose que l'armée du 2 décembre.

Les alliées débarquèrent au Pirée, le 25 mai 1854. Les choses allaient déjà mal pour la Russie. Son armée se retirait des Principautés ; la Prusse avait beaucoup de peine à empêcher les États secondaires de conclure un traité d'alliance avec les puissances occidentales ; l'Autriche s'apprêtait à soumettre à la Russie le programme des garanties moyennant lesquelles les bonnes relations entre la Turquie et la Russie pourraient être rétablies. Voici ce programme :

« 1° Le protectorat exercé jusqu'à présent par la Cour impériale de Russie sur les principautés de Moldavie et de Valachie et de Serbie cessera à l'avenir ; les priviléges accordés par le sultan à ces provinces dépendantes de leur empire seront placés sous la garantie des puissances, en vertu d'un arrangement à conclure avec la Sublime Porte, et dont les dispositions régleront en même temps toutes les questions de détail ;

» 2° La navigation du Danube à ses embouchures sera délivrée de toute entrave, et soumise à l'application des principes consacrés par les actes du congrès ;

» 3° Le traité du 13 juillet 1841 sera révisé de concert par les hautes parties contractantes dans un intérêt d'équilibre européen ;

» 4° La Russie cessera de revendiquer le droit d'exercer un protectorat officiel sur les sujets de la Sublime Porte à quelque rite qu'ils appartiennent ; la France, l'Autriche, la Grande-Bretagne, la Prusse et la Russie, se prêteront leur mutuel concours pour obtenir de l'initiative du gouvernement ottoman la consécration et l'observation des priviléges religieux des diverses communautés chrétiennes et mettre à profit, dans l'intérêt commun de leurs co-religionnaires, les généreuses intentions manifestées par Sa Majesté le Sultan, sans qu'il en résulte aucune atteinte pour sa dignité et l'indépendance de sa couronne. »

Les trois puissances se réservaient de mettre au rétablissement de la paix les conditions particulières qu'elles jugeraient utiles et qui devraient résulter de la marche des événements ou de la position et des intérêts spéciaux de chacune des puissances. L'Autriche, dans une note très-fortement motivée, soumit, le 8 août 1854, ces conditions à la Russie. La Prusse et la diète les approuvèrent, mais en s'appropriant seulement celles qui les intéressaient directement. L'Autriche n'avait pas fait du refus des quatre garanties un *casus belli;* cependant devant le refus de la Russie, la France et l'Angleterre ne pouvaient hésiter à tirer l'épée.

La flotte française s'était réunie à la flotte anglaise dans la Baltique depuis le mois de mai 1854. Le jour même où la note de Vienne partait pour Saint-Pétersbourg, les deux flottes attaquaient Bomarsund du côté de la tour occidentale. Le combat dura depuis quatre heures du matin jusqu'à quatre heures du soir ; les alliés virent flotter un pavillon blanc à une des embrasures de la tour. Le commandant demandait un armistice de deux heures, qu'on lui accorda; il recommença le feu avant l'expiration de ce délai. Les batteries françaises renversaient les meurtrières, pendant que les chasseurs de Vincennes, dispersés en tirailleurs, abattaient les canonniers ; la résistance cessa vers la nuit, la tour se rendit à trois heures du matin ; un officier et trente hommes y furent faits prisonniers. Le lundi, on ne répond pas aux provocations de la forteresse, on se prépare pour le lendemain ; le 15 août au matin, les Anglais attaquent la tour du nord ; en six heures, trois de leurs gros canons suffisent pour entamer le granit et pour pratiquer une brèche de trente pieds. La tour du nord ne tarde pas à se rendre; quatre vaisseaux anglais et deux français dirigent leur feu sur la grande forteresse ; un pavillon blanc est hissé sur le rempart du côté de la mer; deux officiers de la flotte sont détachés auprès du gouverneur, qui leur dit : « Je me rends à la marine » ; cet officier n'avait que quelques morts et soixante-dix blessés, mais la fumée remplissant les casemates mal construites, les bombes éclatant au milieu de la forteresse, sans compter la carabine des tirailleurs français, rendaient une plus longue résistance inutile. Les Français comptaient quarante morts ou blessés ; les Anglais quatre morts et douze blessés ; le capitaine Terch, défenseur de la tour occidentale, et le capitaine Jaquelin, commandant la garnison de Portoë, l'un Suédois, l'autre Français d'origine, avaient seuls montré un vrai désir de se défendre ; le régiment finnois rendit ses armes après les avoir brisées ; les Russes et les Cosaques dansaient le soir même au son de la musique militaire qui célébrait leur défaite.

Les habitants de Stockholm illuminèrent et organisèrent des trains de plaisir pour visiter le lieu du combat ; mais il n'était pas question d'alliance entre la Suède et les alliés. Le canon des Invalides se fit entendre à Paris, et le général Baraguey-d'Hilliers fut nommé maréchal de France, pour la prise de ce Trocadéro de la Baltique.

L'Empereur, le 25 mai 1854, avait rétabli la garde impériale, quoique la commission d'officiers généraux formée pour discuter cette mesure se fût prononcée contre son adoption. Les inconvénients d'une troupe pareille avaient déjà frappé plus d'un bon esprit du temps même des grandes guerres du premier Empire. L'élan de la garde était irrésistible, mais l'Empereur craignait de la prodiguer ; les hommes de fer qui formaient la garde lui coûtaient cher à fabriquer et naturellement il cherchait à les épargner; les officiers qui les commandent sont obligés de compter avec des vétérans exigeants et grognards qui excitent la jalousie des autres corps et amènent des dissensions dans l'armée. Napoléon Ier créa la garde, lorsque les souvenirs de la maison du roi n'étaient pas éteints; l'existence d'un corps privilégié se comprenait encore; la Restauration eut une garde précisément pour rappeler les corps privilégiés; cependant, au moment du danger, à quoi cette garde avait-elle servi à Napoléon et à Charles X ?

La commission oubliait que les traditions de la garde impériale avaient puissamment contribué à la popularité du premier Empire; le soldat qui ne fait que passer quelques années au régiment oublie, quand il est devenu père de famille, ce temps de service; le vétéran n'a pas d'autres souvenirs que ceux du drapeau. Les soldats de la garde impériale formèrent dans les villes et dans les campagnes une légion de rapsodes qui chanta, pendant quinze ans, la gloire de l'Empire et les exploits de l'Empereur; les poëtes et les peintres poétisèrent ces vieux soldats; les vétérans de la garde, propagandistes, d'autant plus dangereux qu'ils étaient involontaires, formant sous la Restauration une société secrète au grand air, pour ainsi dire, organisèrent la conspiration de la tonnelle et du cabaret, plus redoutable que toutes les autres conspirations. La garde fut donc rétablie au nom des traditions de l'Empire; elle devait faire ses premières armes en Crimée à côté de la garde anglaise.

L'armée anglaise reparaissait pour la première fois sur le continent, depuis les grandes guerres de l'Empire. Lord Raglan, qui la commandait, avait présenté M. Louis-

Napoléon Bonaparte à Wellington ; qui lui eût dit qu'il commanderait un jour les forces anglaises unies à celles de la France, gouvernée par son protégé devenu Empereur des Français, dans une expédition contre un des plus anciens alliés de son pays? Lord Raglan, né en 1788, s'appelait Fitzroy Somerset, lorsqu'il entra dans l'armée en 1804. Sir Arthur Wellesley, le futur duc de Wellington, attacha le futur lord Raglan à son état-major et le prit pour aide de camp jusqu'à la fin de la guerre. Le capitaine Somerset avait reçu la forte et brillante éducation de l'aristocratie anglaise; il put remplir avec distinction, pendant la première Restauration, les fonctions de secrétaire d'ambassade à Paris. Le retour de l'île d'Elbe le rendit à sa première profession; il était à côté de Wellington à Waterloo; un coup de feu lui enleva le bras droit. Somerset parvenu, à force d'énergie et d'application, à écrire couramment de la main gauche, put reprendre son poste à l'ambassade, à Paris; il l'occupa jusqu'en 1819. Rappelé en Angleterre pour y remplir les fonctions de secrétaire du grand maître de l'artillerie (*master general of ordnance*), il suivit Wellington dans son ambassade en Russie, lors du sacre de Nicolas Ier, et il resta, jusqu'à la mort du duc en 1852, sous ses ordres comme secrétaire militaire du commandant en chef aux *horse guards*. Lord Raglan devint ensuite grand maître de l'artillerie, général en titre qui est le grade le plus élevé de l'armée après celui de feld-maréchal, conseiller privé et pair d'Angleterre. L'ami de Wellington, le mutilé de la Haie Sainte, remontait à cheval pour soutenir à la fois l'honneur des armes de son pays et la renommée du grand homme de guerre dont il fut l'ami et dont il se trouvait le successeur. Il avait soixante-six ans, l'air encore jeune et vigoureux, la taille haute, le port droit, la physionomie noble et distinguée. Si le soldat anglais portant les armes à ce vieillard encore vert et bien en selle, pouvait dire avec orgueil : C'est Waterloo qui passe, il était difficile, dans la vie privée, de reconnaître en lui le plus illustre soldat de l'Angleterre ; lord Raglan n'avait rien de militaire que sa vie et sa renommée.

Lord Raglan et le maréchal Saint-Arnaud, ces deux hommes si dissemblables de corps et d'esprit, s'étaient rencontrés pour la première fois dans une réunion convoquée aux Tuileries, pour chercher les moyens d'éviter les collisions entre les deux armées. Cette réunion, présidée par l'Empereur, se composait, outre les deux généraux en chef, du prince Jérôme, du duc de Cambridge, du maréchal Vaillant et de lord de Ross. Des précautions étaient bonnes à prendre en pareille circonstance, mais à part quelques dissentiments personnels, quelques paroles un peu vives échangées entre des hommes de race différente, les armées alliées vécurent en bonne intelligence ; il en fut de même de leurs chefs. Lorsque M. Saint-Arnaud eut l'idée singulière de se faire nommer général en chef de l'armée turque, lord Radcliff et lord Raglan s'y opposèrent avec un calme et un bon sens qui suffirent pour que M. de Saint-Arnaud cédât sans avoir l'air de céder.

L'Angleterre ne voulait d'abord envoyer sur le théâtre de la guerre que 10 000 hommes et la France 20 000, chiffre tout à fait disproportionné avec le but qu'elles se proposaient d'atteindre ; les deux puissances doublèrent leur effectif ; les troupes partirent après le rapport du général anglais Burgoyne et du colonel français Ardant, envoyés pour choisir le point de débarquement le plus favorable à l'expédition ; ils désignèrent Gallipoli.

Des minarets se découpant sur le bleu du ciel, des maisons aux terrasses blanches ou aux toits rayés, des jardins verdoyants, de loin le plus riant tableau, de près, des taudis, des masures, des monceaux d'immondices, des flaques de sang devant les bouchers, des charognes que dévorent les vautours, un bourbier, un cloaque : voilà Gallipoli, le lieu de réunion des armées alliées. Les Français, en débarquant, prennent la pioche, la pelle et le balai : nettoyer, terrasser, remuer des terres pour creuser un fossé de défense, tout cela ne se fait pas sans fièvres ; un malade sur dix hommes, tel est le résultat de ces travaux. L'armée cependant, en s'embarquant pour Varna au bruit du canon de Silistrie, se trouvait en assez bon état ; Varna est un cloaque comme Gallipoli, mais plus vaste ; l'armée russe occupait en 1828 les plateaux sur lesquels l'armée française campe aujourd'hui ; on y arrive par de belles routes entre des jardins, des vignes et des vergers magnifiques ; une eau délicieuse coule et s'échappe de tous côtés. L'expédition était partie sans plan bien arrêté ; porterait-elle la guerre en Asie ou en Crimée ? Les généraux discutaient là-dessus ; une solution devenait urgente ; les troupes se lassaient de l'inaction et du choléra ; le plan de l'expédition de Crimée fut dressé, à la hâte, aux Tuileries ; l'Angleterre et l'Autriche l'adoptèrent avec empressement, l'une alléchée par perspective de détruire une puissance maritime, l'autre par crainte de voir la guerre s'approcher de ses frontières, et la troubler dans la tranquille possession des principautés.

Le choléra, résultat des fruits verts mangés par les soldats, des émanations d'un lac desséché par le soleil, de l'infection de Varna, enlevait dix ou quinze malades par jour, puis vingt, trente, cinquante, et enfin des centaines ; l'armée s'impatientait; le maréchal Saint-Arnaud répondit à un rapport du général Canrobert sur l'état d'excitation des troupes : « Il doit y avoir encore des Russes dans la Dobrutscha ; donnez-leur la chasse, et remportez un avantage quelconque dont nous puissions faire une victoire à présenter à l'Empereur pour le 15 août; Espinasse serait peut-être le général le plus propre à ce coup de main. » Le général Espinasse, le même qui avait, comme colonel, pris une part si active au coup d'État, partit donc pour recueillir dans la Dobrutscha sa moisson de lauriers, à la tête de 10 000 hommes, portant quatre jours de vivres dans les sacs, quinze jours de vivres d'ordinaire, et suivi d'un nombre suffisant d'Arabes pour transporter le complément de vivres de toute espèce nécessaires à la nourriture du soldat pendant dix jours.

La Dobrutscha, désert marécageux, inondé par les crues du Danube, est un pays mortel aux étrangers; la première année de séjour, une armée y compte les malades dans les proportions de 6 à 10 0/0, et la seconde dans une proportion de 60 à 90. Les Russes en avaient fait l'expérience en 1827 et en 1828. Ils venaient de la renouveler dans leur récente campagne du bas Danube ; on évaluait leurs pertes à 70 000 hommes ; l'armée turque n'avait habité ce pays que l'hiver, un tiers de son effectif cependant était atteint de fièvre et de scorbut.

Les deux divisions françaises croyaient aller au-devant de l'ennemi. Un beau pays bien boisé facilitait leur marche; les soldats ne se plaignent que des retards qu'éprouvait la marche à cause des encombrements occasionnés dans ces sentiers étroits par les lourdes voitures des Bulgares. Au premier bivouac de Kapsaski, sur le bord d'un ravin, où coule une belle fontaine, sauf quelques traînards et deux malades restés à l'ambulance, tout le monde répond à l'appel. La nuit, la température baisse; des hommes ont des crampes et des refroidissements, le choléra s'annonce; on évacue les premiers malades sur Varna. Les plateaux que l'armée vient de quitter versent leurs eaux au milieu d'une vallée où se cache le charmant village de Tekké; malheureusement le terrain n'est pas propice à un campement régulier; il faut chercher un bivouac plus loin et se contenter, en attendant, d'une simple halte. Le pays change subitement; avant d'arriver à Tchatal-Tchesme, le soldat chemine au milieu d'herbes à demi desséchées; un horizon à perte de vue, pas d'arbre, une eau saumâtre dans de rares puits, des herbes pourries sur place qui infectent l'air, quelques choux et quelques concombres autour des masures, d'où sortent des spectres en haillons; un troupeau de moutons et quelquefois de chevaux sauvages dans le lointain; les deux divisions sont en plein steppe. L'hiver, l'inondation couvre en partie ces plaines, que l'été transforme en marécages pestilentiels, dont les émanations font fuir les hommes et les troupeaux. Au milieu de ces boues s'élevaient autrefois des villes florissantes,

Mangalia, Tomi où vécut Ovide ; les soldats saluent les ruines de la muraille de Trajan, et s'endorment, exténués de fatigue, sur quelque tumulus, où dort peut-être un Dace, tué par quelque légionnaire romain.

De Varna à Tchabtar, rien que des puits d'une eau détestable ; à Tchabtar, des eaux, des arbres, des jardins, des créatures animées, des poules et des coqs qui chantent. Après Tchabtar, la vraie Dobrutscha, c'est-à-dire le marais ; la route est tracée au fond des marécages ; pas un habitant, pas une hutte debout ; tout a fui, tout a été brûlé, pillé par les Cosaques et les Bachi-Bouzouks; aucune eau n'est potable, si ce n'est celle des petites sources produites par des filtrations. Le soldat marche, mange, dort, sur un sol humide au milieu des hautes herbes dont la puanteur infecte l'air. A Orgkoukoï, il en est réduit à boire l'eau d'un marais plein d'herbes qui rouissent et dont les bords sont couverts de cadavres dévorés par des vautours. A Khustendji, les chevaux sauvages hennissent à l'entrée des villages brûlés ; en quittant Airdoulou, une chaleur torride, d'énormes nuages présagent un orage terrible, qui verse sur les soldats la pluie après laquelle ils soupirent depuis si longtemps. Cette pluie, qu'ils croient bienfaisante, c'est la mort. Plus d'un qui s'endort ce soir-là dans sa capote roidie ne se relèvera pas le lendemain (1).

L'armée, moins un bataillon laissé à la garde du camp, se dirige par une marche de nuit sur Karqualak, toujours le long de marais, sur d'étroits espaces où le soldat défile

---

(1) *Souvenirs historiques, militaires et médicaux de l'armée d'Orient*, par M. F. Quesnoy, médecin-major au 4ᵐᵉ régiment de voltigeurs de la garde.

lentement, s'irrite et s'impatiente : au lieu des Russes que l'armée croit rencontrer à chaque instant, c'est le choléra qui s'avance.

Le 30 juillet, époque où l'air de la Dobrustcha commence à n'épargner personne, l'expédition est obligée de reprendre le chemin de Kustendji. Les Bachi-Bouzouks ouvrent la marche, portant un malade en croupe; les zouaves détachés rentrent dans la division, tous les régiments sont infectés. L'ambulance est dressée, mais les remèdes manquent ainsi que les moyens de transport pour les malades ; les soldats sacrifient leur tente-abri, et avec des bâtons ils font des brancards. Il s'agit maintenant de marcher sans s'arrêter même pour creuser des fosses, mais les chariots sont souvent forcés de stationner ; pour une place vide, vingt malades se présentent. Brancards et chariots atteignent enfin le camp. Les médecins espéraient pouvoir à Kustendji traiter les cholériques laissés par les zouaves et par le reste de la division, mais les Bachi-Bouzouks occupent les maisons. Il y a heureusement dans le port de Kustendji un vapeur à l'ancre; on y met les hommes fatigués qui pourraient servir d'aliment à l'épidémie. En marche, chaque bivouac est un hôpital ; les soldats qui ne sont pas malades se font médecins, ils ont appris sur les traits les uns des autres à reconnaître les symptômes de la maladie. Quand ils croient que l'un d'eux est sur le point d'être saisi par le fléau, ils l'entraînent, et ils le forcent à courir pour amener une réaction; si le malade a besoin d'être frictionné, ils s'y escriment. L'armée retourne à Varna; les vapeurs viendront prendre l'ambulance et les zouaves ; elle part, mais quelle nuit ! à chaque instant, de nouveaux malades se présentent aux voitures; le soldat se couche pour toujours dans les hautes herbes, où il croit trouver un moment de repos en attendant l'arrière-garde; le fléau poursuit avec acharnement ses victimes; plus de moyens de transport; les chevaux de main, les chevaux des généraux et des officiers, les bêtes de somme portent des malades; les infirmiers d'ambulance morts, les auxiliaires volontaires morts, chaque régiment envoie une escouade de bonne volonté qui soigne les malades, une étape de plus est devenue impossible; on est obligé d'attendre les navires sur un point voisin du littoral où la veille les Bachi-Bouzouks ont établi leur camp et où ils ont comblé les puits de leurs morts; le choléra redouble. Les malheureux déposés sur la plage, en attendant l'embarquement, se lèvent pour éteindre le feu qui les brûle, dans la mer dont ils entendent le bruit; quelques-uns s'y précipitent; le personnel médical de la division est réduit à trois médecins. Jusqu'au 6, les journées sont terribles; tous les régiments sont atteints; les officiers épargnés jusque-là succombent; tel qui creuse la fosse d'un camarade y tombe une heure après (1); enfin, voici les navires portant du vin, du cognac, du tabac : on fait du vin chaud et du punch, on embarque les malades qui, trempés par la pluie tombant par torrents, meurent sur les chalands avant d'aborder.

Le corps expéditionnaire, fort de 10 500 hommes, parti le 21 juillet, ne comptait plus, le 10 août, époque de son retour, que 4500 hommes. Le reste était mort sur la

---

(1) *Souvenirs historiques, militaires et médicaux de l'armée d'Orient*, par M. F. Quesnoy, médecin-major au 4ᵐᵉ régiment des voltigeurs de la garde.

route ou encombrait les hôpitaux. L'armée n'avait aperçu que quelques Cosaques fuyant à l'horizon.

L'escadre alliée n'était pas restée inactive. Le *Fury* avait été accueilli à coups de canon par les forts d'Odessa, où il venait sous pavillon parlementaire chercher le consul et les résidents anglais; une escadre revint bientôt demander réparation de cette violation du droit des gens. Le commandant de l'escadre bombarda les fortifications d'Odessa, brûla les navires renfermés dans le port militaire et respecta les propriétés privées; l'escadre retourna vers Sébastopol sans rencontrer un seul navire russe; lord Lyons, à la tête d'une division à vapeur, avait pour mission de détruire les établissements russes sur les côtes de la Crimée et du Caucase; l'ennemi se chargea lui-même de ce soin; Anapa, Redous, Kalé, Usurghet, Soukoun-Kalé n'étaient plus que des décombres fumants, quand lord Lyons se présenta devant ces forteresses. Il était évident que la Russie se tiendrait sur la défensive; l'attaque immédiate de Sébastopol fut résolue dans un conseil tenu le 21 juillet.

Le chiffre des forces de la Russie en Crimée, d'après les renseignements fournis par le *Foreign-Office*, s'élevait à 45 000 hommes, y compris les 17 000 marins de la flotte. Ces renseignements étaient-ils bien authentiques? on pouvait en douter, mais on n'en avait pas de plus positifs. Quelques officiers parlaient comme d'une rumeur vague de 70 000 hommes, les autres allaient jusqu'à 170 000 hommes, au fond personne ne savait rien. Cependant une dépêche secrète ordonnait aux généraux en chef de débarquer en Crimée et de mettre le siège devant Sébastopol; d'abord, cette idée ne fut pas plus goûtée de lord Raglan que du prince de Cambridge, du prince Napoléon, et des amiraux des deux flottes; le maréchal Saint-Arnaud, après avoir hésité un moment, s'y rallia ; lord Raglan, entraîné par une partie de son état-major, finit par s'y résigner et par écrire à lord Clarendon qu'il obéirait. Le maréchal Saint-Arnaud crut devoir, par une proclamation, faire connaître à l'armée française, et par conséquent aux Russes, la résolution qui venait d'être prise.

Il n'y avait plus qu'à songer aux préparatifs du débarquement; la construction de bateaux plats demandait un délai de dix jours, on le mit à profit pour reconnaître la côte. Pendant qu'une partie de la flotte croise devant Sébastopol, le général Canrobert, le colonel Trochu, le général sir Georges Brown, le colonel d'artillerie Loke et quelques autres officiers de chaque nation, s'embarquent sur le *Fury*, commandé par sir Edmond Lyons, ancien ministre d'Angleterre en Grèce où il avait lutté contre les diplomates de la Russie avant d'affronter ses soldats. La vallée de la Katcha, après un examen attentif des lieux, parut offrir un bon point de débarquement, surtout en s'appuyant d'un faux mouvement sur Odessa et sur la Bessarabie.

Pendant que les deux chefs de l'expédition voguent, l'un sur la *Ville de Paris* et l'autre sur le *Caradoc*, incertains de la destinée qui les attend sur cette plage inconnue vers laquelle le vent les pousse, le maréchal Saint-Arnaud fait demander à lord Raglan de venir le rejoindre ; la mer Noire est toujours couverte de brouillards sombres et agitée par un vent perpétuel; comment lord Raglan, avec un seul bras, aurait-il pu grimper, par une mer si mauvaise, l'échelle d'un vaisseau à trois ponts? Le colonel Steele, secrétaire militaire de lord Raglan, le général Rose et l'amiral Dundas se rendirent seuls à la conférence.

Le maréchal Saint-Arnaud, fort malade, présidait la séance dans son lit, autour duquel le colonel Trochu, les amiraux Hamelin, Brual et Bouet-Villaumez, avaient pris place; un des assistants lut une note rédigée par des généraux et un grand nombre d'officiers du génie et d'artillerie de l'armée française, pour démontrer la nécessité de revenir sur le choix déjà fait d'un point de débarquement (1); il paraît que l'Empereur, dans la lettre adressée plus tard au maréchal Saint-Arnaud, où il est question de « timides avis », a voulu faire allusion à cette note. Le projet primitif fut cependant maintenu dans une seconde réunion sur le *Caradoc*, à laquelle assistait cette fois lord Raglan; les flottes remettent le cap sur la côte nord de Sébastopol. Le dimanche suivant, deux navires alliés, le *Primauguet* et le *Caradoc*, passaient assez près de cette ville pour entendre ses cloches et voir briller les coupoles dorées de ses églises. Les généraux Canrobert, Martimprey, Thierry, Bizot, le contre-amiral Bouet-Villaumez, les colonels Trochu et Lebœuf, les généraux Raglan, Brown, Burgoyne les suivaient, avec le contre-amiral Lyons, sur un autre navire, et exploraient une dernière fois le littoral.

Rien n'est changé sur toute la côte; la situation du port de Sébastopol et des vaisseaux russes est la même, mais des camps et des postes nouveaux protègent les

(1) Kinglake, *Invasion de la Crimée*.

principales positions de la Chersonèse et des rivières la Katcha et l'Alma. Les armées alliées doivent débarquer à l'embouchure de cette dernière, sur une longue bande de terrain, située à l'endroit dit le *Vieux Fort*, non loin d'un village assez considérable, entouré de beaux pâturages et possédant un lazaret bien clos, assez vaste pour servir de réduit aux troupes débarquées. L'occupation d'Eupatoria résolue, le colonel Trochu et le colonel Steele, suivis d'un interprète et de quelques soldats, s'avancèrent vers le village, où ils ne trouvèrent d'autre résistance que celle du gardien du lazaret. Ce fonctionnaire modèle, fidèle à sa consigne, ne consent à ouvrir la lettre de sommation des généraux alliés, qu'après l'avoir désinfectée; il ajoute que les débarqués ne seront admis en libre pratique, qu'après s'être soumis aux précautions d'usage. Dans la nuit du 13, une forte bourrasque du nord-est retarde la marche de plusieurs bâtiments de convoi attelés aux vapeurs; l'amiral Hamelin jette à midi l'ancre à l'ouverture de la baie d'Eupatoria et envoie des vapeurs pour remorquer et pour rallier les bâtiments retardataires; il comptait partir le soir, et se trouver le lendemain à l'endroit du débarquement.

Les Anglais se sont plaints qu'une bouée mal placée les ait mis dans la nécessité de chercher un autre point pour débarquer; leur armée ne s'en trouva pas moins sur le rivage, sans autre retard que celui qu'exigeait le transbordement d'un millier de chevaux, seule cavalerie des troupes alliées; les Turcs prirent terre les derniers. Nos soldats, sans bois et sans eau, bivouaquaient sur un terrain aride. Les Tartares apportèrent au bivouac quelques provisions qu'on leur paya généreusement. Le maréchal

Saint-Arnaud comptait, après avoir traversé l'Alma, la Katcha et le Balbeck, se porter rapidement sur la rive gauche de cette rivière, y établir un camp retranché à son embouchure, et commencer le siége du fort Constantin, qui domine le port et la ville de Sébastopol; sa proclamation à l'armée lui promettait une campagne courte, mais difficile ; il rappelait aux soldats qu'ils étaient « l'espoir de la France, en attendant d'en être l'orgueil ».

Le général Mentschikoff, posté à quelques lieues des alliés, ne fit rien pour s'opposer à leur débarquement.

Le drapeau français flottait pour la seconde fois depuis le commencement du siècle sur le sol russe ; la fortune lui réservait-elle une revanche des désastres de 1812 ? Une bataille prochaine allait en décider. Le prince Mentschikoff avait écrit à son maître que, reconnaissant l'impossibilité d'attaquer l'ennemi sur une plage commandée par le feu d'une grande flotte, il concentrait la majeure partie de ses troupes dans une position avantageuse, où il se préparait à recevoir les assaillants; il ajoutait qu'enflammées de zèle et de dévouement au trône, les troupes placées sous ses ordres attendaient l'ennemi avec l'impatience de soldats prêts à vaincre ou à mourir.

L'armée du czar occupait l'extrémité de la falaise à pic qui suit la rive gauche de l'Alma, à quelque distance de la mer; son camp retranché dominant la hauteur, avec une batterie de trente canons, formait le centre de la ligne, le gros de l'armée à l'aile droite, l'aile gauche voisine de la mer, les deux ailes appuyées par soixante-dix pièces de canon : la cavalerie à l'aile droite et à la réserve, dix bataillons s'échelonnaient de rampe en rampe du sommet de la colline à la mer. Il s'agissait d'enlever cette position.

La rupture diplomatique entre la Russie et les puissances continentales à peine connue, l'Empereur des Français avait reçu la lettre suivante :

« Sire, au moment où la guerre va éclater, je viens prier Votre Majesté de me permettre de faire partie de l'expédition qui se prépare.
» Je ne demande ni commandement important ni titre qui me distingue : le poste qui me semblera le plus honorable sera celui qui me rapprochera le plus de l'ennemi. L'uniforme que je suis si fier de porter m'impose des devoirs que je serai heureux de remplir, et je veux gagner le haut grade que votre affection et ma position m'ont donné.
» Quand la nation prend les armes, Votre Majesté trouvera, j'espère, que ma place est au milieu des soldats, et je la prie de me permettre d'aller me ranger parmi eux pour soutenir le droit et l'honneur de la France.
» Recevez, Sire, l'expression de tous les sentiments de respectueux attachement de votre tout dévoué cousin.
» NAPOLÉON.
» Palais-Royal, 25 février 1854. »

Le prince Napoléon commandait la troisième division de l'armée de Crimée. « Vous êtes, depuis les croisés, les premiers Français entrés à Constantinople »; les troupes auxquelles le prince Napoléon adressait ces paroles, formaient le centre de l'attaque ; le maréchal Saint-Arnaud s'était placé au milieu d'elles ; l'aile droite du général Bosquet, appuyée à la mer avec quatre mille Turcs et la première division commandée par le général Canrobert, faisaient face au gros de l'ennemi ; la réserve, formée de trois divisions française, anglaise et turque, se tenait en arrière de la troisième division.

Le général Bosquet s'était convaincu le matin, à la suite d'une reconnaissance, que l'Alma était guéable à la barre et qu'après l'avoir traversée on pouvait, en tournant la hauteur, parvenir jusqu'au sommet de la falaise. Le terrain en face d'Altamamak permettait aussi de livrer passage à des fantassins, tandis que l'artillerie défilerait par la route du village, si elle n'était pas rompue ou gardée. Le général Bosquet marche donc sur Altamamak, passe la rivière, et monte sur le plateau là où la route s'élève entre la falaise et la colline du télégraphe. Le général Bouat se porte vers la droite avec sa brigade et le contingent turc pour traverser la rivière à la barre et amener ensuite ses troupes sur la hauteur. Les deux corps du général Bosquet se mettent en même temps en mouvement à travers Altamamak et les vignobles; les colonnes avancent, couvertes par les tirailleurs ; déjà les hommes de Bouat ont passé sur la rive gauche; l'artillerie a reçu l'ordre de se joindre à la division d'Autemarre. Les matelots anglais, du haut des vergues de leurs vaisseaux, distinguent des points noirs au sommet de la dune, des chèvres peut-être? non, des zouaves qui, par des sentiers perdus, ont gravi jusqu'au plateau. Un bataillon du régiment de Minsk, posté derrière la falaise avec quatre canons, les braque sur les zouaves, déjà formés en bataillon sur la dune, et attendant l'artillerie, dont un affût brisé a retardé la marche. Impossible de les déloger ; le mouvement tournant du général Bosquet est accompli.

Au moment où la tête de la colonne paraît sur les hauteurs, on donne le signal de l'attaque. « Le canon de Votre Majesté a parlé », écrit le maréchal Saint-Arnaud.

Russes, Anglais, Français, tout le monde fit son devoir de soldat ; aucun des commandants en chef des armées alliées ne fit preuve d'un grand génie militaire ; le mouvement du général Bosquet est la seule combinaison stratégique de la journée. Les Russes se battirent bien, les Anglais aussi ; Saint-Arnaud n'en écrivit pas moins dans son rapport : « Les zouaves sont les premiers soldats du monde ; le général Canrobert a mérité les honneurs de la journée. » Ce général reçut une légère blessure ; les journaux dévoués au gouvernement publièrent qu'il avait été miraculeusement préservé par une médaille, don pieux accepté des mains de l'Impératrice.

Le général Thomas, débarqué à Péra pour y être soigné d'une blessure grave, avait parlé d'une seconde bataille livrée le 21 septembre, c'est-à-dire le lendemain de la victoire de l'Alma. Un bateau pavoisé et illuminé descendant le Bosphore, le samedi suivant, salue de vingt et un coups la frégate à l'ancre devant le palais, celle-ci lui répond ; plus de doute, Sébastopol est pris ; le grand maître de l'artillerie l'affirme ; les kavas répandent la nouvelle ; les maisons s'illuminent ; la foule passe la nuit à attendre le supplément du journal officiel ; tout Constantinople est en l'air et célèbre la grande nouvelle.

Le 30 septembre, l'Empereur, passant une revue au camp de Boulogne, disait dans sa proclamation d'adieu aux troupes :

« Sans doute, le séjour du camp sera rigoureux pendant l'hiver ; mais je compte sur les efforts de chacun pour le rendre profitable à tous. La patrie d'ailleurs réclame de chacun de nous un concours actif ; les uns protégent la Grèce contre l'influence funeste de la Russie ; les autres maintiennent à Rome l'indépendance du saint-père ; les autres affermissent et étendent notre domination en Afrique ; d'autres enfin plantent peut-être aujourd'hui même nos aigles sur les murs de Sébastopol.

Le *Constitutionnel*, en reproduisant cette allocution, ajoutait qu'un courrier arrivé de Paris au moment où l'Empereur prononçait les paroles relatives à Sébastopol, portait une dépêche que l'Empereur avait immédiatement donnée à lire à l'Impératrice, et que cette dépêche annonçait la prise de cette ville.

A Paris, on disait qu'un Tartare avait porté à Silistrie les nouvelles suivantes : Sébastopol est investi et dominé ; six vaisseaux ont été brûlés ; le général Mentschikoff menace de le faire sauter ; six heures lui ont été données comme dernier délai pour faire ses réflexions ; il est question aussi d'une révolte de la garnison. Le *Moniteur* publiait ces dépêches en faisant ses réserves.

Le comte Buol communiquait, presque au même moment, au ministre de France à Vienne une dépêche de l'agence impériale de Bucharest annonçant l'arrivée du Tartare : 18 000 Russes anéantis, 22 000 prisonniers, le fort Constantin détruit, les autres forts pris avec 2000 canons ; tels étaient les trophées de la victoire célébrée à Constantinople par deux jours consécutifs d'illumination. L'illusion fut complète à l'étranger et à plus forte raison en France. Quand la vérité fut connue, chacun parut consterné comme après une défaite ; le public oublia l'Alma ; il semblait même que personne ne voulût accepter comme une compensation la série des mouvements heureux et des succès progressifs qui avaient conduit les alliés presque en vue de Sébastopol.

Les alliés, après deux jours donnés aux soins des

blessés, à l'approvisionnement du camp et à l'entente sur les opérations ultérieures, l'armée s'avancèrent le 23 jusqu'à la Katcha sans rencontrer aucun ennemi, et le lendemain jusqu'au Belbeck; quelques détachements occupaient seuls les retranchements élevés aux bouches de la rivière. Mentschikoff, décidément, évitait une seconde bataille. 50 000 hommes se trouvaient en présence des ouvrages de Sébastopol et de l'armée russe, bientôt augmentée des renforts attendus d'Odessa par Perekop ; en persistant dans l'opération commencée contre les forts du nord, on pouvait compromettre les communications par terre avec Eupatoria, et s'exposer à une attaque sur ses derrières. Ces considérations, plus encore que les vaisseaux coulés à l'entrée de Sébastopol, déterminèrent la marche de flanc des alliés sur Balaklava; maîtres de ce port et de celui de Kamiesch, leurs derrières devenaient libres et la base de leurs opérations était mieux assurée. Des militaires expérimentés pensent que, protégés par le succès de la marche de flanc, une brusque et vigoureuse attaque eût permis aux alliés de s'emparer du côté le plus faiblement occupé de la ville. Le maréchal Saint-Arnaud, moins affaibli par la maladie, eût été peut-être capable de ce coup de main, mais atteint le 24 par le choléra, il avait expiré le 29 à bord du *Berthollet ;* le général Canrobert, qui lui avait succédé, n'était pas homme à le tenter. Les alliés se décidèrent, après bien des tâtonnements, à faire le siège régulier d'une forteresse qu'on ne pouvait cerner et dont la forte garnison, appuyée par une armée de secours, échappait à tout danger sérieux de démoralisation. Le côté nord de Sébastopol seul était à l'abri d'un coup de main ; un mur crénelé de deux lieues, renforcé de distance en distance par des tours casematées, formait ce qu'on appelle les fortifications du côté sud ; l'enceinte, commençant près la baie du Carénage, entourait la Karabelnaïa et la pointe du port militaire, et longeait ensuite le côté occidental de la ville jusqu'au fort de la Quarantaine ; les Russes essayèrent de renforcer cette faible enceinte par un fossé et par des bastions en terre.

L'armée française se divisa en deux corps : corps de siége, commandé par le général Forey ; corps d'observation par le général Bosquet ; l'un campé dans la première et s'appuyant à gauche sur la baie de Stratelika, à droite sur le ravin, prolongeant le port militaire ; l'autre sur la route de Balaklava. L'armée anglaise campa entre le ravin du port militaire et la Tchernaïa. Les troupes couvraient le plateau qui s'étend de Saint-Georges jusqu'à la Tchernaïa, près d'Inkermann. Sur les hauteurs de Kamara, des corps anglais et turcs interceptaient toute communication et tout secours ; le corps de Bosquet était à portée de les soutenir. Quelques redoutes construites par les Turcs et par les soldats de marine, sur le côté ouest de Kamara et sur les collines à l'est de Balaklava étant armées, et un matériel de siége suffisant étant arrivé au camp le 9 octobre, les sapeurs commencèrent à ouvrir les tranchées ; le 17, les batteries de la première parallèle et les batteries de la flotte bombardèrent la place ; les batteries de terre firent plus de mal que celles de mer à l'ennemi, mais le résultat général fut insignifiant. On comprit qu'il ne fallait plus compter sur le concours de la flotte.

Mentschikoff, après la bataille de l'Alma, s'était retiré avec trente mille hommes sur Batchi-Seraï ; des renforts

considérables lui étaient arrivés de l'armée du Danube.
Le 25 octobre, les Russes commandés par Liprandi
passent la Tchernaïa, enlèvent les redoutes de Kamara
et de Balaklava, occupées par les Turcs et les tournent
contre les alliés. — Les Anglais, emportés par une folie
d'héroïsme qui prouve que le vertige de la bravoure peut
s'emparer des têtes les plus froides, exécutent cette
fameuse charge de Balaklava, qui fit dire le lendemain
à un général russe : « C'est très-beau, mais c'est très-
bête. » Les Russes s'étaient avancés sur la rive gauche
de la Tchernaïa, à une demi-heure de la ligne de
retraite des Anglais; les alliés pour les chasser s'expo-
saient à compromettre leur position devant Sébastopol;
Mentschikoff parlait de les jeter à la mer. Son plan consistait à se porter par Karabelnaïa et Inkermann sur l'aile
droite des alliés, à soutenir cette attaque par une sortie
de la garnison contre le flanc gauche de l'armée de
siége et à consommer la défaite des alliés en rompant la
ligne de retraite.

Le 5 novembre 1854, pendant la nuit, les Russes
amènent sur des points favorables une forte artillerie de
position, concentrent leurs troupes renforcées du corps
de Dannenberg arrivé la veille, et, à la faveur d'un
brouillard épais, se ruent sur les avant-postes anglais;
les Français du corps d'observation accourent au bruit
de la fusillade. « Serrez les rangs! » Ce commandement répété est le seul que les Français, en montant la
colline, entendent sortir de la bouche des officiers de
la garde anglaise, inébranlable depuis six heures du
matin sous le feu des Russes; les Français, arrivés à huit
heures du matin, se jettent à la baïonnette sur les carrés

russes ; ceux-ci essayent de tourner les Français, qui les ramènent trois fois par des retours offensifs ; un véritable duel s'engage entre l'artillerie russe qui a pris position pendant la nuit et l'artillerie française; les canons russes se taisent au bout de trois heures, et l'armée russe se replie ; les Français la poursuivent dans le ravin ; sa fuite se change en déroute sur le pont d'Inkermann ; jamais, sur un espace aussi rétréci, on ne vit tant de cadavres; les chevaux, tremblants et les narines dilatées, refusaient d'avancer sur cette terre imprégnée de sang ; la baïonnette avait fait son office; rarement, d'après les militaires, on vit aussi beau choc à l'arme blanche.

Le succès de cette terrible bataille, à quoi avait-il tenu ? A l'hésitation des Russes à marcher en avant après avoir occupé le plateau d'Inkermann et à l'inintelligence de quelques officiers qui, interprétant mal les instructions de Dannenberg, s'étaient jetés dans des défilés où ils se trouvaient emprisonnés ; la victoire fut si chèrement achetée que les alliés n'auraient pu en payer une seconde au même prix. Les Russes recevaient chaque jour des renforts; les renforts français s'embarquaient à peine à Toulon; heureusement, le général en chef Gortschakoff, successeur de Mentschikoff, soit manque d'énergie, soit confiance dans les négociations ouvertes, à Vienne, soit crainte de faire succéder à la guerre locale une conflagration universelle, soit confiance dans le fameux général Hiver, permit aux alliés de prendre le repos dont ils avaient tant besoin. Quelques généraux parlaient de risquer un assaut le lendemain du combat d'Inkermann. Lord Raglan s'y opposa. Les généraux en chef, avant de commencer de nouvelles opérations, résolurent d'attendre l'arrivée des renforts : les Russes, malgré leur défaite, se montraient pleins de confiance. Le général Hiver était arrivé.

Le choléra, depuis le débarquement, n'avait point quitté l'armée ; devenu moins violent cependant, il ne s'attaquait plus qu'aux hommes affaiblis par de longues affections intestinales. L'hiver lui redonna des forces : mauvais vêtements, chaussures usées, sol défoncé par les pluies incessantes, grâce à ces diverses causes, les malades ne tardèrent pas à devenir plus nombreux. Un ouragan, pire qu'une bataille, éclata le 14 novembre ; pas d'autre abri que les tentes de campagne petites et usées ; pas d'autre protection qu'une demi-couverture en lambeaux. L'intendance attendait tous les jours de grandes tentes, des vêtements d'hiver, des sabots, des chaussons de laine ; ils n'arrivèrent presque qu'à la fin de l'hiver. Les hommes de tranchée ont de la peine à remuer un sol détrempé ; la terre s'attache à leurs pieds et à leurs outils; ils dépensent le double de force ; les fièvres, les diarrhées augmentent ; chaque nouveau régiment qui arrive sur le plateau de Chersonèse paye son tribut d'acclimatement au choléra. Pour quinze à vingt blessés, il y a des centaines de soldats atteints d'affections internes, diarrhées, dyssenteries, fièvres intermittentes, affections de poitrine. Bientôt des hommes se présentent à la visite du médecin avec des douleurs vagues dans les membres, de la pâleur à la peau, du gonflement aux gencives, c'est le scorbut. D'autres, les pieds plongés tout le jour dans la neige fondue, voient leur sang perdre sa richesse et sa vitalité ; leur peau devient blanche et se ride ; ils ne se sentent plus marcher, la chaleur amène à leurs pieds des douleurs insupportables ; s'ils chaussent leurs souliers durcis par l'humidité, la gangrène naît sur chaque point comprimé ; les maladies augmentent avec les travaux et les fatigues de l'armée, et toute maladie prend un caractère grave : l'ambulance où l'on coupe les membres, où le sang coule, où l'on crie, n'est rien à côté de celle où, dans un milieu infect et sans air, les malades sont entassés, où la suppuration des gangrenés se mêle à la fétidité des haleines. Les malades sont évacués chaque jour sur Constantinople ; chaque jour, ils sont remplacés par d'autres malades. Il y a des convois de 6000 malades ; le 21 janvier, malgré les évacuations fréquentes, l'encombrement des malades produit son effet accoutumé, le typhus ; les infirmiers, les médecins sont frappés ; l'épidémie se répand dans les camps ; elle ne quittera plus l'armée qu'à son retour en France (1).

Les Russes accumulaient de formidables ouvrages ; les Français, de leur côté, avaient mis en batterie 350 pièces approvisionnées : les unes à 550, les autres à 900 coups ; ils avaient un développement de 40 kilomètres de tranchée. L'état sanitaire s'était amélioré en mai ; on échangeait des coups de canon ; on enlevait de temps en temps une place d'armes et l'on se remettait à tuer des hommes en détail par la mitraille.

Les belligérants se battaient aussi dans la mer Blanche et dans l'océan Pacifique ; la première était bloquée ; une escadrille anglaise brûlait la capitale de la Laponie

---

(1) *Souvenirs historiques, militaires et médicaux de l'armée d'Orient*, par M. F. Quesnoy, médecin-major au 4ᵉ régiment des voltigeurs de la garde.

russe; les amiraux Price et Febvrier-Despointes avaient été moins heureux dans le Kamchatka devant Petropolawski.

L'hiver n'avait pas été perdu pour les négociations; la Prusse, après le combat d'Inkermann, s'était engagée, par un acte additionnel au traité du 20 avril, à défendre l'Autriche dans le cas où elle serait attaquée par la Russie. L'Autriche rassurée fit un pas en signant, le 2 décembre, un traité avec la France et l'Angleterre. L'Autriche s'engageait à défendre les Principautés danubiennes contre les Russes, à n'accueillir aucune proposition ni ouverture tendant à la cessation des hostilités sans s'entendre avec les alliés, à délibérer sur les moyens d'avoir la paix, si elle n'était pas faite le 1er janvier 1855. Le traité devait être soumis à la Prusse.

La Russie, quelques jours après la signature du traité, proposa d'entamer une négociation, dont le point de départ serait l'acceptation des quatre garanties, mais en même temps le prince Gortschakoff donnait à ces garanties une interprétation qui les rendait complétement illusoires; il demandait, au lieu de la suppression pure et simple du protectorat des provinces danubiennes, la garantie collective pour le maintien des priviléges dont elles jouissaient; pas un mot de la destruction de la puissance russe dans l'Euxin; à quoi pouvaient servir de pareilles propositions? Probablement, dans la pensée de la Russie, à donner le change aux puissances germaniques.

CHAPITRE III.

1855.

Sommaire. — M. de Cavour, malgré l'opposition des autres membres du cabinet sarde, fait adopter au roi son projet de se joindre aux alliés en Crimée. — Mort du czar Nicolas. — Les conférences de Vienne. — Faute commise par M. Drouyn de Lhuys, plénipotentiaire français. — Il est remplacé par M. Walewski au ministère des affaires étrangères. — Mort de Dupont (de l'Eure). — Session de 1855. — Lois sur le remplacement dans l'armée, sur l'organisation municipale. — Discussion du budget. — L'impôt sur les chiens. — Napoléon III à Londres. — Siége de Sébastopol. — L'opinion publique s'impatiente de ses longueurs. — Le général Pélissier remplace le général Canrobert dans le commandement de l'armée. — La reine d'Angleterre à Paris. — Insuccès du premier assaut donné à Sébastopol. — Combat de la Tchernaïa. — Prise de Sébastopol. — Les troupes revenues de Crimée défilent sur le boulevard. — Le gouvernement français se détache de l'Angleterre et incline vers la Russie. — Mission du général Canrobert en Suède. — Proclamation belliqueuse d'Alexandre II à son armée. — Discours de Napoléon III à la clôture de l'exposition de l'industrie. — Il est considéré comme une sommation à la Russie. — Le roi de Sardaigne à Paris. — M. de Cavour. — La Russie accepte les quatre garanties. — Le gouvernement britannique est peu favorable à la paix. — Ultimatum des journaux anglais. — Terreur panique à la Bourse. — La brochure Duveyrier. — L'Autriche adresse des propositions à la Russie. — M. de Seebach, ministre de Saxe à Paris, se rend à Saint-Pétersbourg pour les appuyer. — Contre-propositions de la Russie. — Isolement de cette puissance. — Le czar se décide brusquement à faire la paix.

La guerre de Crimée, comme toute guerre qui pouvait amener de grands changements en Europe, était populaire en Italie. Au commencement des hostilités, un des parents de M. de Cavour lui demandait : pourquoi le Piémont n'enverrait-il pas dix mille hommes en Crimée? Un sourire mystérieux passa sur les lèvres du ministre de Victor-Emmanuel, mais il garda le silence. Quelques mois plus tard, la même question lui fut adressée par la même personne : « Eh bien ! partons-nous pour la

Crimée ? » Cavour, cette fois, répondit : « Qui sait ? » Quels obstacles pouvait rencontrer un projet qui permettait à l'armée piémontaise de prendre sa revanche de Novare ? L'hostilité de tout le cabinet : Ratazzi, Dabornida, La Marmora, tous les collègues de M. de Cavour étaient contre lui. Une opposition très-vive se manifestait également au sein du parlement. Les membres de la droite disaient : « Le Piémont est appauvri, son sang fume encore à quelques lieues de Turin, et vous voulez le lancer dans une guerre lointaine ; quelle force donneront deux ou trois régiments de plus à la France et à l'Angleterre ? » La gauche n'était pas moins hostile à une expédition qui, faisant du Piémont l'alliée de l'Autriche, le complice de l'oppression du peuple, jetait l'Italie désarmée, ruinée, aux pieds de l'étranger. M. de Cavour aurait pu répondre : « La France et l'Angleterre ont besoin de ménager l'Autriche, et le Piémont a le plus grand intérêt, au jour de la victoire, à se trouver à côté de l'Autriche pour la contre-balancer. » Malheureusement, les bonnes raisons ne peuvent pas toujours se dire ; le roi de Piémont comprenait celles de M. de Cavour. Aussi, malgré l'opposition, l'expédition placée sous le commandement du général La Marmora était-elle partie pour la Crimée, plutôt à la satisfaction de l'Angleterre, qui n'était pas fâchée de recruter vingt mille hommes, qu'à celle de la France.

L'idée de faire abdiquer Nicolas et de l'envoyer cultiver des salades à Salone souriait assez aux spéculateurs, qui trouvaient les liquidations de la Bourse trop orageuses. Le bruit de l'abdication du czar se répétait souvent, mais personne ne songeait à sa mort, lorsque le 3 mars, à six heures du soir, un chambellan vient prévenir l'Impératrice que M. Billault, ministre de l'intérieur, demande instamment à être admis auprès d'elle ; impossible de le recevoir en ce moment, Sa Majesté s'habille pour le dîner. M. Billault insiste, il apporte, dit-il, une grande nouvelle : l'empereur de Russie est mort.

La maladie du czar était due à un refroidissement ; il passait des revues, visitait les casernes, surveillait les armements, jouait son rôle d'homme de fer, mais sa forte constitution était sourdement minée. Les despotes de notre temps ont une maladie que ceux d'autrefois ne connaissaient pas, la conscience ; des voix s'élevaient du fond de ses prisons, de ses citadelles, de ses mines d'Oural et de la Sibérie, qui montaient jusqu'à lui, et dont l'écho troublait sa vie ; les forces d'un despote ont beau s'user à soutenir le fardeau de l'empire, il lui est interdit de se reposer ; s'il ne marche pas, tout s'arrête. Nicolas le savait ; il luttait avec une grande énergie contre la fatigue et contre le chagrin ; des fenêtres de Peterhoff, il avait suivi les évolutions de l'escadre anglaise ; il avait été vaincu par la Turquie, il sentait trembler les pieds d'argile du colosse russe. L'Europe voyait son impuissance ; le czar, à chaque courrier, se sentait frappé ; ses joues pâlissaient, un jaune de cire s'étendait sur son visage ; il voulut cependant passer une revue par un froid extraordinaire, même en Russie. Mandt, son médecin, lui dit qu'il y avait péril à sortir ; il retint son cheval par la bride, en ajoutant : « Sire, c'est plus que la mort, c'est un suicide. » Nicolas passa outre.

Le czar rentra bientôt et se coucha, frissonnant et fiévreux. La czarine, qui, malade elle-même dans son appartement, ne pouvait voir son mari couché dans sa chambre du rez-de-chaussée, ne fut pas longtemps sans connaître le danger ; elle en avertit ses parents de Berlin ; Nicolas, lui-même, n'ignorait pas qu'une atrophie des poumons était possible. Quand elle commença, il fit venir son médecin Mandt, et il lui demanda : « Quand serai-je paralysé ? » Celui-ci ne répondant pas, il se tourna du côté de son autre médecin Carrell : « Quand étoufferai-je ? » lui dit-il. Le médecin lui répondit qu'il avait le temps de recevoir les sacrements. L'impératrice s'était rendue auprès de lui ; il l'avait chargée de rappeler au roi de Prusse, son frère, les paroles de leur père mourant ; il s'entretint plusieurs fois seul avec le czarewich ; il prit congé, après avoir communié, de sa femme et de ses enfants ; il bénit séparément ces derniers, ainsi que ses petits-enfants ; sa voix était forte et calme : un instant après, elle s'éteignit pour toujours.

Nicolas Ier avait le même idéal que Pierre le Grand, autant d'intelligence que Catherine, plus de fermeté qu'Alexandre ; mais il était venu dans un temps où l'Europe et la Russie elle-même croyaient moins au despotisme ; séparé du trône par deux de ses frères, il s'était résigné à mener l'inutile et fastueuse vie d'un grandduc, lorsque tout à coup il fut appelé à régner par le testament d'Alexandre et par le refus de Constantin ; à peine eut-il ceint la couronne, qu'il s'isola dans cette croyance qu'il représentait Dieu sur la terre ; il se trempa de cruauté et d'inflexibilité dans la répression de la grande conspiration militaire qui ouvrit son règne ; soupçonneux, froid, implacable, il inspirait une telle terreur à ses sujets, qu'après sa mort, un général prenant part à une conversation politique dans un salon où était son portrait, alla le retourner. Jamais il ne pardonna : le prince Sanguszko est condamné à servir au Caucase ; sa sentence passe sous les yeux du czar, qui y ajoute ces mots : *A pied*. C'était un vrai tyran, brutal le plus souvent, aimable par boutades, d'un luxe effréné dans sa cour, d'une grande simplicité pour lui, dormant sur un lit de camp, portant des uniformes usés, ne buvant pas de vin, ne fumant pas, n'aimant que la discipline, les manœuvres, les revues ; il craignait l'opinion de l'Europe et la raillerie des Français ; en vouant son existence et celle de ses sujets à un but de domination universelle, il ne comprit certainement ni son pays, ni son siècle. Arts, littérature, science, industrie, commerce, tout dut céder aux idées de guerre et de conquête ; il les imposa à son peuple, qui n'était au fond ni guerrier, ni ambitieux ; il épuisait les ressources de ses sujets pour entretenir une armée fort au-dessus des besoins de la défense ou de la police de son empire ; de gigantesques fortifications, des arsenaux, des casernes, absorbaient tout l'argent de la Russie. Bravant les obstacles de la nature et des circonstances, il improvisa une marine, destinée à périr dans le port même d'où elle devait sortir pour conquérir le monde. Dépendant pour la culture de son sol d'emprunts annuels à l'étranger, il ruina son pays pour nuire par toutes sortes de tarifs, de quarantaines, de droits vexatoires à la prospérité de la Turquie. A quoi lui avaient servi les flots d'or versés dans les petites cours de l'Allemagne ? Il n'en tira pas un soldat ; la Russie, dès la première campagne, était épuisée d'hommes ; sa flotte s'engloutit à Sébastopol ou fut se cacher à Cronstadt ; la Russie supportait ces revers avec une froideur silencieuse, mais Nicolas Ier sentait bien qu'elle ne lui pardonnerait pas; impuissant devant l'Europe, humilié devant son peuple, il mourait puni. Il serait mort vaincu, si les alliés n'avaient pas perdu une armée et une campagne à s'imaginer que les rois leur viendraient directement en aide contre le protecteur des rois. Les armées de tous les souverains d'Allemagne prirent le deuil à la mort de Nicolas; l'armée prussienne pour un mois, ainsi que l'armée autrichienne, à laquelle François-Joseph adressa l'ordre du jour suivant :

« Pour laisser dans mon armée un monument durable de la glorieuse mémoire de feu S. M. Nicolas Ier, en souvenir de l'appui qu'il a prêté à moi et à mon Empire avec un noble et amical empressement dans un temps de rudes épreuves, j'ordonne que le régiment des cuirassiers n° 5 qui porte le nom de l'auguste défunt, le conserve à perpétuité et que, pendant les quatre semaines de deuil, ses étendards soient voilés d'un crêpe. »

Les fonds publics montèrent à toutes les bourses de l'Europe, excepté à Berlin; deux préfets français, plus pacifiques que chevaleresques, illuminèrent. Ces fonctionnaires, un peu trop empressés à célébrer la paix, n'avaient tort que dans la forme : la mort de Nicolas c'était bien la paix. Les alarmistes avaient beau dire que la czarine était femme à monter à cheval comme Catherine, et ajouter que le parti de la guerre venait de triompher dans une émeute, à la suite de laquelle le grand-duc Constantin avait été proclamé empereur, le véritable obstacle à la paix, l'obstacle personnel n'existait plus. Sans s'attendre à la cessation des opérations de guerre, il était permis de ne pas attacher une grande importance à ces paroles du manifeste du nouveau czar :

« Fasse la Providence que, guidé et protégé par elle, nous puissions affermir la Russie dans le plus haut degré de puissance et de gloire ; que par nous s'accomplissent les vues et les désirs de nos illustres prédécesseurs ; Pierre, Catherine, Alexandre le bien-aimé et notre frère d'impérissable mémoire. »

Alexandre II savait combien ces vues et ces désirs étaient dangereux, et combien son père avait pris mal son temps pour les accomplir.

Le nouveau czar ne pouvait se montrer moins conciliant que son père ; les conférences de Vienne s'ouvrirent donc ; la Prusse n'y fut point admise ; MM. de Buol et de Prokesh y représentaient l'Autriche ; M. de Bourqueney, la France ; lord John Russell et le comte de Westmoreland, l'Angleterre ; le prince Gortschakoff et M. de Titof, la Russie. La Russie cherchait à ménager l'Allemagne ; elle n'éleva point de difficultés sur les deux premières garanties ; restait la domination de la mer Noire ; la Russie ne voulait pas reculer de deux siècles sur la route de Constantinople, mais elle était disposée à renoncer au protectorat des Grecs ; ayant satisfait tout le monde sur ce point, elle se trouvait en face seulement des deux puissances les plus directement intéressées dans la question de la mer Noire : la France et l'Angleterre. Elle demanda que la quatrième garantie fût discutée avant la troisième.

M. Drouyn de Lhuys, ministre des affaires étrangères, après une entrevue à Londres avec lord Palmerston, s'était rendu à Vienne, où se trouvait déjà lord John Russell. La France proposait d'assurer la quatrième garantie soit par la neutralisation de la mer Noire, soit par la limitation des forces navales que la Russie pourrait entretenir dans cette mer ; l'Autriche, sans faire de sa non-acceptation un cas de guerre, appuyait la limitation en donnant aux alliés le droit d'avoir dans la mer Noire autant de forces que la Russie. Cette puissance repoussait la délimitation comme blessante pour la dignité de son souverain; elle aurait voulu que la Porte accordât indistinctement à toutes les nations le passage à travers les détroits pour se rendre de la mer Noire dans la Méditerranée, et de la Méditerranée dans la mer Noire; c'était neutraliser le Bosphore au lieu de l'Euxin (1). Lord Russell et M. Drouyn de Lhuys, entraînés par l'espoir de conclure une alliance avec l'Autriche, poussèrent cette puissance à donner à sa proposition la forme d'un ultimatum, ce qui équivalait presque à l'acceptation; mais ni le cabinet de Londres, ni celui de Paris n'approuvèrent la conduite de leur plénipotentiaire. Lord John Russell et M. Drouyn de Lhuys donnèrent leur démission; M. Walewski remplaça M. Drouyn de Lhuys au ministère des affaires étrangères.

L'Autriche mit alors en avant un nouveau système de limitation, toujours sans en faire un cas de guerre. La France et l'Angleterre refusant d'en entendre parler, le prince Gortschakoff, pour laisser croire que la Russie souhaitait la paix, s'empressa de déclarer que la proposition lui paraissait de nature à être acceptée. La conférence se sépare; il faut renoncer à l'espoir de voir l'Autriche tirer l'épée; la paix non-seulement n'est pas rétablie vers le milieu de décembre, mais encore l'Autriche prétend qu'ayant différé d'opinion avec ses alliés sur la troisième garantie, elle est libre de ses engagements.

(1) Kinglake, *Invasion de la Crimée.*

La diète germanique, où dominait l'influence russe, se montrait peu disposée à mettre les troupes en état de préparation de guerre; il est évident que les Russes avaient raison de dire aux alliés : Avant de limiter nos forces, prenez au moins Sébastopol.

Il fallait le prendre.

La France, au milieu de l'émotion causée par la mort de Nicolas, apprit le même jour la fin de celui qu'on appelait le vertueux Dupont (de l'Eure). Ce grand citoyen représentait, en effet, une chose rare en ce monde, la probité politique. Député, ministre, président du gouvernement provisoire, il terminait à quatre-vingts ans une carrière d'honneur et de dévouement à la liberté. Les gens qui se croient habiles demandent parfois quels services la vertu politique peut rendre aux partis : celui de leur fournir des hommes capables de se faire entendre d'eux, et de les dominer dans les moments où ils sont le plus disposés à ne s'en rapporter qu'aux décisions de la force. Des hommes comme Lafayette et comme Dupont (de l'Eure) rendent les révolutions possibles en leur prêtant leur nom, et les contiennent par leur adhésion : on le vit en 1830 et en 1848. Dupont (de l'Eure) pouvait dire : « Maire, accusateur public, juge de paix, député, j'ai rempli toutes les fonctions créées par la révolution; magistrat, j'ai résisté à Fouché, le puissant ministre de la police de l'Empire; envoyé par mes collègues de la chambre des représentants au camp des alliés, j'ai réclamé pour mon pays, devant les souverains, le droit d'être libre; j'ai rédigé quelques jours après, avec Lanjuinais, la protestation contre la clôture de cette chambre; partout j'ai fait mon devoir de citoyen. »

La voix de tels hommes est la voix du peuple ; le jour où Dupont (de l'Eure), au nom du gouvernement provisoire, remit le pouvoir entre les mains de la première Assemblée élue par le suffrage universel, il parla comme il convenait au président de ce glorieux gouvernement provisoire de la République, qui ne crut qu'à la force morale et qui plus que tout autre obtint le libre assentiment de la France et l'admiration des peuples; tous sont venus à l'Hôtel de ville et s'en sont retirés avec des conseils de sagesse et de générosité. Dupont (de l'Eure) mourut loin de Paris; on lit sur sa tombe à Neubourg : « Ici repose Jacques-Charles Dupont (de l'Eure), né à Neubourg le 25 février 1767, mort à Neubourg le 3 mars 1855. » Il n'avait pas voulu d'autre épitaphe.

Napoléon III allait partir pour Londres ; il voulut prendre congé du Corps législatif, et le remercier du concours qu'il lui avait prêté pour toutes les lois présentées dans cette importante session.

La première concernait le recrutement. La loi du 31 mars 1832 sur l'armée consacrait le régime de remplacement militaire, et ne contenait aucune disposition sur la constitution de l'armée et de la réserve; le gouvernement s'appuya sur ces deux motifs pour remplacer cette loi par une loi nouvelle créant une dotation de l'armée, et organisant le rengagement, le remplacement et les pensions militaires sur de nouvelles bases ; rien n'était changé aux dispositions de la loi de 1832 concernant les appels, les conditions et la durée du service, la formation des contingents.

Les compagnies de remplacement versaient dans

l'armée 28 pour 100 de l'effectif, c'est-à-dire une masse d'éléments bien inférieurs à ceux provenant des appels ; il était urgent de les éliminer de l'armée, mais par quel système remplacerait-on l'ancien ? Fallait-il proclamer le service obligatoire à tous les citoyens ? ou bien compter soit sur le rengagement comme moyen principal, soit sur le remplacement et le rengagement combinés ? Le premier de ces systèmes paraissait alors au gouvernement incompatible avec les mœurs et les idées de la France ; le second offrait d'assez grandes difficultés en pratique ; le rengagement n'est pas chose aisée dans les sociétés modernes, où la vie civile offre plus d'avantages et plus d'agrément que la vie militaire ; il fallait donc les compenser par de nouveaux encouragements donnés aux rengagements. Le gouvernement, pour stimuler les soldats, voulait faire du service militaire une carrière à la fin de laquelle l'homme de guerre pût trouver une pension de retraite suffisante pour ses besoins. Le projet de loi portait donc que tout militaire contractant un premier rengagement, après sept ans de service, toucherait : 1° 1000 francs payables à diverses échéances, 2° une haute paye de 10 centimes par jour, qui s'élèvera à 20 centimes sans autre prime au second rengagement. Les engagements pour moins de sept ans donnaient droit pour quatorze ans de service. 1° à 100 francs par année, 2° à la haute paye de 10 centimes ; le minimum et le maximum de la pension après vingt ans de service, fixés par la loi du 11 avril 1831, seraient augmentés pour les sous-officiers et soldats des corps se recrutant par la voie des appels.

A quelles conditions l'exonération du service personnel pourra-t-elle être obtenue par les jeunes gens compris dans le contingent annuel? Par un mode de prestation dont le gouvernement fixera chaque année le taux. Si le nombre des engagements et des rengagements après libération, comparé à celui des exonérations, est insuffisant, il pourvoira au complément de l'effectif par des remplacements effectués par voie administrative, et il augmentera, selon les circonstances, les avantages déjà énumérés; une caisse de la dotation de l'armée recevra, sous la surveillance et la garantie de l'État, le montant des prestations payées pour exonération du rengagement et du remplacement administratif.

Ce nouveau système perpétuait tous les inconvénients de l'ancien, il en avait même de nouveaux : le plus grave était d'obliger l'État à exercer l'industrie peu populaire des compagnies de remplacement militaire; l'État redevenait raccoleur; il perpétuait ce recrutement de mauvais soldats, toujours punis, qui envahissaient de plus en plus l'armée; la prime exposait, en effet, le soldat à de nombreuses tentations : le soldat, se donnant, grâce à la prime, tout le luxe que sa position comporte, le tabac, l'eau-de-vie à hautes doses, toujours entre deux chiques et deux alcools, murmurant des paroles inintelligibles dans une langue de perroquet, faisant son service, répétant machinalement tous les mouvements de l'exercice, se transformait peu à peu en automate. Le métier de soldat a besoin d'illusion et même d'un certain idéal, qui se compose du respect du drapeau et du respect de ses chefs. La nouvelle loi menaçait de donner à la France une armée permanente, dans le plus mauvais sens du mot, c'est-à-dire une armée ne se renouvelant plus, ne se retrempant plus dans la nation, se séparant chaque jour davantage d'elle, composée de soldats rentiers, asservis à leurs aises, sachant le fort et le faible de la gloire, remplaçant le bâton de maréchal de France dans leur giberne par une fiole d'eau-de-vie, goguenards, se moquant de leurs chefs, insensibles aux beaux sentiments, les narguant même, disciplinés par habitude ou se faisant une discipline à côté de la discipline ordinaire insensiblement modifiée par eux, une armée de miliciens en un mot. Le gouvernement s'exposait à ce danger sans nécessité évidente, il changeait la constitution de l'armée pendant la guerre même. M. de Montalembert et d'autres orateurs se contentèrent de signaler les vices financiers du projet de loi, qui n'en fut pas moins adopté par 204 voix contre 46.

Une loi d'urgence destinée à parer aux nécessités du moment avait organisé provisoirement en 1852 l'administration municipale; la Constitution, dans son article 57, déclarait qu'une loi spéciale pourvoirait en temps et lieu à cette organisation; le Corps législatif fut donc saisi d'un projet de loi divisé en quatre parties. La première partie règle la composition et le mode de nomination du corps municipal: ce corps est formé du maire, de un ou de plusieurs adjoints et conseillers, dont les fonctions sont gratuites; les maires et les adjoints, dans les chefs-lieux de département, d'arrondissement et de canton, dans les communes de 3000 habitants et au-dessus, sont nommés par l'Empereur; dans les autres communes par le préfet, les maires et les adjoints peuvent être pris en dehors du conseil municipal, ils doivent être âgés de vingt-cinq ans et inscrits dans la commune au rôle d'une des quatre contributions directes ; leur mandat dure cinq ans ; un arrêté préfectoral peut les suspendre; un décret impérial est nécessaire pour les révoquer. La deuxième partie de la loi règle la tenue des assemblées municipales : quatre sessions de dix jours sont obligatoires, le préfet et le sous-préfet peuvent autoriser d'autres sessions, chaque session est présidée par le maire, qui a voix prépondérante en cas de partage; l'adjoint qui le remplace a le même privilége ; les adjoints pris en dehors du conseil n'y siégent qu'avec voix consultative ; les séances ne sont pas publiques. La troisième partie décrit les formalités nécessaires pour la convocation des assemblées électorales, dénombre leurs opérations, et indique les voies de recours ouvertes contre le résultat du scrutin : ces contestations sont jugées par le conseil de préfecture et par le conseil d'État. La quatrième partie décide que dans les chefs-lieux de départements dont la population dépasse 40 000 âmes, les fonctions de préfet de police, telles qu'elles ont été réglées par l'arrêté du 12 messidor an VIII, sont remplies par le préfet, à l'exception de certaines attributions laissées aux maires sous la surveillance du préfet. Chaque année, les conseils municipaux de ces communes sont appelés à voter, sur la proposition du préfet, les allocations nécessaires aux attributions dont les maires sont déchargés ; ces dépenses étaient obligatoires, et en cas de refus, inscrites d'office au budget par le préfet, le conseil d'État entendu ; la loi du 21 mars 1831, les dispositions spéciales du décret du 3 juillet 1848, et de la loi du 7 juillet 1852 étaient abrogées.

Les membres des conseils municipaux étaient élus par

le suffrage universel ; plusieurs membres de la commission s'opposèrent à cette disposition de la loi; il ne leur suffisait pas que par le droit de nommer, de révoquer, de suspendre les maires et les adjoints, de les prendre partout où il le trouverait bon, la liberté municipale, comme toutes les autres libertés, fût placée sous la main du pouvoir ; les opposants voulaient encore priver les électeurs du droit de choisir les conseillers, sans songer à l'anomalie qui résulterait de la position d'un citoyen déclaré capable de nommer un député, et incapable de choisir un conseiller municipal. Le conseil d'État tint bon pour le suffrage universel; il fut maintenu.

Le gouvernement, tenant compte des plaintes soulevées par la présentation tardive du budget, avait soumis le budget de 1856 au Corps législatif dès le 22 février ; deux membres par bureau formèrent la commission, qui nomma M. Paul de Richemont son rapporteur. Les premières lignes de son rapport étaient parfumées d'encens en l'honneur du gouvernement et « de notre vaillante » armée ». Le rapporteur, entrant ensuite dans la question, déclarait que l'ensemble des découverts après la liquidation de 1854, était de 839 347 623 francs; le rapporteur s'empressait d'ajouter : « Le gouvernement comprend comme vous la nécessité de réduire la dette flottante, et surtout d'en prévenir l'accroissement ; nous en avons acquis la certitude de la bouche même de M. le président du conseil d'État. » Le budget de 1856 mentionnait une nouvelle augmentation de 140 000 francs à la subvention de l'Opéra, ce qui la portait à 800 000 francs. Le gouvernement avait eu sans doute à cœur de répondre à l'observation suivante, déposée dans le rapport du budget précédent : « C'est ici le lieu de vous dire que votre commission ne croit pas devoir dissimuler le regret qu'elle éprouve de ne pas retrouver, dans certains de nos grands théâtres, cet ensemble complet que l'art lui-même exige, et que notre juste orgueil national réclame à bon droit. »

Le gouvernement ottoman avait besoin d'argent, mais il n'était guère probable qu'il en trouvât sans la garantie de ses alliés ; le ministère anglais, pour avoir promis celle du gouvernement britannique, fut sur le point d'être renversé ; le gouvernement français, plus généreux, accorda la sienne sans se faire prier. La commission néanmoins tint à honneur de modifier l'article unique du projet de loi en y inscrivant le chiffre de l'emprunt qu'on avait oublié de mentionner. Une modification plus importante, obtenue par la commission du budget, avait trait aux crédits supplémentaires accordés en l'absence du Corps législatif pour des services prévus au budget, et aux crédits supplémentaires pour dépenses urgentes et imprévues qui n'auraient pas été couverts par des virements de chapitres. Le lecteur se rappelle les débats soulevés dans la session précédente par cette question. La commission du budget obtint que les décrets autorisant les crédits supplémentaires seraient soumis à la sanction législative, les premiers, dans les premiers mois de la session, suivant l'ouverture des crédits extraordinaires, les seconds, dans les deux premiers mois de la session, suivant la clôture de chacun des exercices sur lesquels les suppléments auraient été accordés. Ces suppléments ne pouvaient être employés avant leur régularisation législative aux virements de chapitres effectués en exécution de l'article 12 du sénatus-consulte du 25 décembre 1852.

M. de Remilly, maire et député de Versailles, s'était fait, sous le dernier règne, une certaine célébrité par sa persistance à demander l'établissement d'un impôt ou plutôt une taxe municipale sur les chiens. M. de Remilly, en 1847, après bien des efforts infructueux, croyait toucher au but de ses efforts; la majorité de la Chambre, après une discussion fort longue et fort approfondie, semblait s'être rangée à sa proposition; on put croire que la race canine allait enfin être taxée; une voix la sauva de l'impôt. L'année suivante, la monarchie tombait et la révolution de Février ouvrait le champ à d'autres préoccupations; deux ans après, cependant, l'infatigable M. de Remilly revint à sa pensée favorite, et, cette fois encore, il crut que le but de sa vie était atteint; sa proposition échoua lors de la troisième lecture. Quatre ans s'étaient écoulés depuis cet échec, une révolution nouvelle avait eu lieu; M. de Remilly, découragé, ne songeait plus aux chiens, lorsque le gouvernement, frappé du développement de la race canine, résolut de s'opposer à sa trop grande multiplication; un impôt de 5 francs en moyenne atteindrait ce but, en ajoutant 6 ou 7 millions au budget des communes; il proposa donc d'établir, à partir du 1er janvier 1856, dans toutes les communes de France et à leur profit, une taxe sur les chiens ne pouvant excéder 10 francs. Punirait-on les infractions à la loi nouvelle, simplement par règlement administratif ou en édictant la peine dans la loi? La fixation des peines est l'attribut de la puissance législative; les adversaires de la loi lui reprochaient d'en faire le privilége d'un maire; le conseil d'État protestait contre ce reproche : « Le maire, disaient les commissaires du gouvernement, détermine seulement les cas d'infraction, la loi fixe le maximum de la peine. » L'article 5, malgré ces explications, courut grand risque d'être rejeté ; il eut 94 voix contre lui et 105 pour ; 9 voix de plus, et l'idée de M. de Remilly échouait encore une fois ; la lutte avait été vive sur le terrain de la prérogative. L'impôt fut voté, et les chiens ont continué à multiplier. L'homme, pour une question d'argent, n'a pas voulu rompre l'alliance avec ce gardien fidèle, qui s'est le premier rallié à lui ; les pauvres ont payé l'impôt avec autant d'empressement que les riches.

L'Angleterre avait accordé l'hospitalité à Louis-Napoléon ; l'Empereur reçut d'elle un bon accueil. L'Angleterre, habituée à reconnaître notre supériorité dans tout ce qui concerne la mode, admira beaucoup l'élégance des toilettes de l'Impératrice. La reine Victoria, assistée du prince Albert, voulut attacher au genou gauche de Napoléon III la Jarretière, que lui présentait le roi d'armes ; elle lui passa de sa main le collier au cou en lui donnant l'accolade ; le lord maire remit, à Guildhall, à Napoléon III le diplôme de bourgeois de la cité. Les journaux officieux du gouvernement français ne laissèrent ignorer aucun des nombreux détails de ces fêtes au public ; ils lui désignèrent la place qu'occupaient dans la salle du festin les portraits du prince Jérôme et de la reine Hortense, et ils lui apprirent de combien de pieds on avait exhaussé la taille des géants Gog et Magog.

La France ne savait plus rien de ses affaires que ce que l'Empereur voulait bien lui en apprendre ; l'ouverture de l'Exposition universelle de l'industrie et des arts semblait une occasion toute naturelle de fournir au pays quelques renseignements sur la paix ou la guerre ;

le discours d'inauguration resta muet sur ce point.

Dans une époque si fière des progrès de l'art militaire, il était humiliant pour la France de s'éterniser au siége d'une place comme du temps de Louis XIV. L'opinion publique s'étonnait des lenteurs du siége de Sébastopol ; les uns trouvaient que ce n'était point là le point vulnérable de la Russie ; les autres craignaient qu'on ne fût forcé de lui faire la véritable guerre : s'avancer du Danube et du Pruth par la Bessarabie, repousser les Russes jusqu'au Dnieper et tendre la main aux Polonais, tel était le plan des partisans du principe des nationalités ; ils auraient voulu que l'armée alliée débarquât près de Revel et de Riga pour s'emparer de Vilna et soulever la Pologne. C'était la guerre révolutionnaire ; le parti conservateur frémissait rien qu'à cette idée : prendre Sébastopol, faire provision de lauriers, se rembarquer et venir prêter au maintien de la compression le secours de la gloire conquise, tel était l'idéal du parti conservateur ; le général Canrobert, un moment son idole, commençait à baisser dans son estime ; il lui reprochait de permettre par ses lenteurs à la question révolutionnaire de se poser.

Rien n'indiquait la fin du siége, et cependant les officiers supérieurs du génie et de l'artillerie avaient déclaré au général Canrobert que leur tâche était finie. D'après le général Niel, envoyé pour s'entendre avec le général Bizot, le système suivi jusqu'à ce jour ne valait rien ; on sacrifiait en détail tout ce qu'on évitait de prendre en masse ; il fallait, pour prendre Sébastopol, attaquer la tour Malakoff.

L'opinion publique, impatiente et lasse, se demandait

si l'on ne pouvait pas trouver dans l'armée un homme capable d'en finir; le bombardement, recommencé le 9 avril, n'avait pas produit de meilleurs résultats qu'au mois d'octobre précédent : les assiégés relevaient les ouvrages détruits; ils recevaient des renforts en hommes et en munitions, tandis que les assiégeants furent obligés, au bout de quinze jours, de diminuer leur feu.

Le général Pélissier était gouverneur de l'Algérie. On lui demandait souvent son opinion sur le siége de Sébastopol; il ne manquait jamais de répondre : Il n'y a qu'un b... capable de le prendre. — Et quel est ce b...? — Un nommé Pélissier. Le gouvernement français, après le dernier échec du général Canrobert, prit le général Pélissier au mot. Le *Moniteur*, contrairement à l'usage, parut le jour de l'Ascension pour annoncer la nomination du nouveau commandant en chef de l'armée de Crimée. Le général Canrobert se retirait pour raison de santé.

Le général Pélissier ne tarda pas à prouver qu'il savait faire parler le télégraphe : « Après de sanglants et glo-
» rieux combats, nous avons enlevé aux Russes une
» grande place d'armes et de là nous les avons rejetés
» dans l'intérieur de la forteresse. » C'était son premier bulletin : « Les lignes de la Tchernaïa sont occupées;
» l'ennemi a été contraint de se replier à la hâte sur les
» montagnes; nous avons pris les ouvrages et nous nous
» y sommes solidement établis. Les Russes ont perdu
» six mille hommes en morts et en blessés. En consé-
» quence, le 26 mai, il n'y a eu aucune démonstration.
» Le 27, notre succès a été complet aussi bien devant
» la place que devant la Tchernaïa. Kertch et Iénikalé

» ont été abandonnés par l'ennemi. Nous avons fait
» sauter les magasins, les batteries et les vapeurs qui
» s'y trouvaient; nos flottes occupent la mer d'Azoff. »

Paris allait illuminer comme pour la prise de Sébastopol ; le lendemain de la réception de ces brillantes nouvelles, il vit bien qu'il y avait beaucoup à en rabattre : la grande place d'armes n'était plus qu'une contre-approche commencée la veille ; la perte des Russes était de 2500 hommes, et la nôtre de 3500 ; le feu croisé des Russes empêchait les Français de s'établir sur les ouvrages abandonnés ; beaucoup de sang versé, voilà le résultat des combats des 22 et 23 mai. Il faut reconnaître cependant que la possession de la rive gauche de la Tchernaïa et de la mer d'Azoff, qui réduisait les Russes à la seule route de Perekop pour renforcer et ravitailler leur armée, assurait un grand avantage aux alliés.

La reine Victoria, suivie du prince Albert, avait, pendant ce temps-là, rendu sa visite à Napoléon III.

Depuis l'époque où la fille de Henri VI, grelottant dans le Louvre, tenait sa fille au lit faute d'un fagot, et où la femme de Jacques II promenait les petits chiens de madame de Maintenon à Versailles, on n'avait pas vu de reine d'Angleterre en France. Victoria y était connue et respectée. La France, pays romanesque, savait l'histoire des amours et du mariage de la royale jeune fille avec son cousin ; la reine Victoria, jolie et gracieuse autrefois, portait sur son visage la trace des fatigues d'une maternité féconde. Les Parisiens remarquèrent qu'elle arrivait à Paris le jour de la Sainte-Hélène. Jamais l'empressement du public pour voir un souverain n'avait été plus grand ; des curieux payèrent un balcon de l'hôtel des Capucines 2000 francs, et un cabinet de restaurant 600 francs; les boutiques et les maisons des restaurateurs, marchands, fournisseurs, enguirlandées, ornées de devises, de drapeaux, regorgeaient de spectateurs. Le général Lawœstine, au nom du neuvième bataillon de la garde nationale, de service à la gare, offrit un magnifique bouquet à la reine; le cortége mit longtemps à se former et à défiler sur les boulevards; il était neuf heures lorsque Victoria put serrer la main de l'Impératrice et de la princesse Mathilde, qui l'attendaient au bas de l'escalier du palais de Saint-Cloud. Le matin de ce jour-là, le *Moniteur* avait publié un article de haut mysticisme politique, qui se terminait ainsi : « Il ne reste plus à l'esprit qu'à s'in- » cliner devant la Sagesse suprême, dont la grandeur » seule est immuable, et qui soumet nos passions les plus » opiniâtres à l'harmonie de ses desseins providentiels. »

Le mari de la reine d'Angleterre passait, comme tous les princes allemands, pour être un peu trop dans les intérêts de la Russie, reproche bien mal fondé; le prince Albert, esprit libéral et sensé, comprenait la nécessité de l'alliance de l'Angleterre avec la France; ses observations et ses instances même n'avaient pas été inutiles pour décider la reine à passer le détroit. Victoria, pendant son séjour à Paris, resta toujours un peu triste, comme il convient à une mère de famille et à la reine d'un pays où la guerre désole le cœur des mères; elle voulut, au grand dîner qui eut lieu à Saint-Cloud en son honneur, que le général Canrobert fût à sa gauche, à cause de sa réputation d'humanité pour le soldat. La reine, recevant une députation des élèves de l'École polytechnique, qui avaient eu des parents tués en Crimée, versa d'abondantes larmes ; le prince Albert et la reine ne mirent les pieds dans aucun petit théâtre ; l'opinion leur sut gré d'avoir pris la France au sérieux.

Le siége de Sébastopol continuait, et les efforts principaux des assiégeants s'étaient portés du côté de la Karabelnaïa ; les Russes avaient établi, sur les hauteurs de la grande baie, de nombreuses redoutes appelées *ouvrages blancs*, et, au sud, un ouvrage plus fort sur le Mamelon Vert, éloigné de 7 à 800 pas de Malakoff. Les Français, après un bombardement de deux jours, se jettent sur les ouvrages blancs, pendant que les Anglais attaquent les embuscades du grand Redan. La première colonne française arrive en six minutes des tranchées au haut de l'ouvrage russe, mais, entraînés par leur ardeur, les assaillants poursuivent les fuyards russes jusqu'au pied de Malakoff ; les Russes reviennent à la charge ; les Français sont obligés d'abandonner leur conquête. Une seconde colonne d'assaut est lancée, et pendant que le général Lavarande se fait tuer en enlevant les ouvrages blancs, la seconde colonne occupe définitivement cette position avancée, clef de toutes les opérations contre Sébastopol.

Dans un conseil de guerre tenu pour discuter les opérations du siége, plusieurs officiers du génie conseillaient de partir du point occupé pour attaquer Sébastopol au moyen des approches ; le général Pélissier préféra l'assaut ; il choisit pour le livrer le 18 juin, anniversaire de Waterloo.

Le 17 juin, les canons des alliés tonnent à la fois ; l'armée sarde et l'armée turque, avec le corps réuni sur les monts Fedioukines, se préparent à opérer un mouvement pour s'emparer des hauteurs de Mackensie. Le 18, à la pointe du jour, leurs divisions, à un signal donné, se portent en avant; par une inexplicable fatalité, l'attaque droite précède les autres. La droite est écrasée par la mitraille des batteries et des navires embossés dans le fond de la baie de Carénage; les deux autres divisions commencent leur attaque. Une courtine relie Malakoff au grand Redan; le général d'Autemarre la franchit et prend à revers la tour et les batteries; mais écrasé par les feux du fort et du Redan, contre lequel les alliés se sont lancés sans succès, il est obligé de battre en retraite; le général Brunet a échoué de son côté; l'impossibilité de revenir à la charge avec de nouvelles troupes étant bien démontrée, on sonne la retraite après deux heures de lutte; la perte des Français s'élève à 2000 hommes.

Le feu de l'ennemi faisait éprouver aux Français des pertes regrettables, mais bien inférieures à celles que leur causaient les maladies. Le choléra diminue heureusement en juillet, et les travaux d'approche, en face de Malakoff, sont poussés activement. Le général Gortschakoff opère le 16 août, à quatre heures du matin, un mouvement offensif sur la Tchernaïa; il essaye, avec des forces considérables, d'enlever les positions qu'occupent l'armée sarde et deux divisions françaises sur cette rivière. Les Russes, à la faveur du brouillard, traversent le pont de Traktir et le canal; mais du haut du plateau les troupes françaises et piémontaises fondent sur eux à la baïonnette; leurs têtes de colonnes, en s'ébranlant, cèdent peu à peu le terrain conquis par leur attaque imprévue.

Chaque combat amène de grandes accumulations de

blessés, toujours marquées par la recrudescence des maladies produites par l'état sanitaire de l'hiver. La gangrène traumatique et la pourriture d'hôpital surgissent à l'état épidémique dans les ambulances de Constantinople; le choléra décroît, mais lentement. On continue à évacuer les malades sur Constantinople; les ambulances du Clocheton, de Karabelnaïa, de Carénage, viennent d'être pourvues abondamment d'objets de pansement et du matériel nécessaire aux transports des blessés ; les ambulances divisionnaires sont prêtes ; tout indique l'assaut prochain. Le général Pélissier seul en connaît l'heure et le jour.

Enfin, le 8 septembre, à midi, les trois colonnes d'assaut sont formées. Le général Mac-Mahon se jettera sur Malakoff; le général La Motte-Rouge sur la courtine reliant Malakoff au petit Redan ; le général Dulac attaquera ce dernier ouvrage. Les premiers obstacles sont bientôt escaladés ; mais à la courtine et au petit Redan, l'arrivée de nombreuses réserves et le feu des secondes lignes russes forcent les assaillants à se retirer; Malakoff cependant est resté entre leurs mains. Cette formidable position les rend maîtres de Sébastopol.

Si le danger des épidémies diminue en Crimée, il devient plus grand dans les hôpitaux sédentaires; la pourriture d'hôpital y fait d'affreux ravages ; les moindres délais y entraînent la mort du blessé ; la plus légère blessure compromet la vie ; les vésicatoires eux-mêmes se couvrent d'une couenne pulpeuse. L'automne amène un peu de fraîcheur, le choléra s'apaise, mais bientôt la pluie recommence avec le cortége des maux de l'hiver, le scorbut, les congélations, etc. Le froid n'est plus humide, mais sec et intense ; en un moment, la gangrène momifie les parties frappées. 11 000 malades en décembre, 13 000 en janvier, préparent par les émanations qu'ils dégagent le retour du typhus (1). Pendant ce temps-là, l'archevêque de Paris chante à Notre-Dame un *Te Deum*, et la troupe de l'Opéra une cantate pour célébrer la prise de Sébastopol ; le général Pélissier est nommé maréchal de France ; les restaurants et les cafés pavoisent et illuminent leur façade ; des fêtes se préparent pour les rois et les princes qu'on attend à Paris : le duc et la duchesse de Brabant ouvrent la marche ; le roi de Sardaigne, Victor-Emmanuel, les suivra bientôt.

l'Empereur adressa, le 2 décembre 1855, sur la place de la Bastille, cette allocution aux troupes revenant de Crimée : « Je viens au-devant de vous comme autrefois le Sénat romain allait, aux portes de Rome, au-devant de ses légions victorieuses. Je viens vous dire que vous avez bien mérité de la patrie. » L'émotion et les applaudissements du peuple sur le passage des vainqueurs de Sébastopol devaient plus les toucher que ces réminiscences romaines qui n'étaient plus de notre temps. Le général Canrobert s'avançait, seul, à quelque distance des troupes : « Allez, lui avait dit l'Empereur, vous mettre à la tête de cette armée que vous avez conservée à la France. » Cette explication, donnée par le *Moniteur* d'un honneur si extraordinaire, ne réussit pas à faire cesser l'étonnement du public.

Les troupes se mettent en marche après le discours de l'Empereur et suivent les boulevards : généraux, offi-

(1) *Souvenirs historiques, militaires et médicaux de l'armée d'Orient*, par M. F. Quesnoy, médecin-major au 4ᵉ régiment de voltigeurs de la garde.

ciers et soldats mutilés, drapeaux en lambeaux de la garde et de la ligne se succèdent devant la foule émue; les applaudissements semblent plus vifs à la vue des drapeaux de la ligne. L'Empereur assistait au défilé au pied de la colonne Vendôme; l'Impératrice du haut du balcon du ministère de la justice; les troupes poussaient des acclamations en passant; l'École polytechnique gardait le silence; un banquet dans leur caserne et des représentations gratuites dans les théâtres attendaient les soldats.

Le duc de Cambridge, le prince Jérôme, le prince Napoléon, lord Cowley, les amiraux sir Edmond Lyons et Dundas, le major général Airy, le maréchal Vaillant, les généraux Canrobert, Bosquet, Niel, Martimprey, les amiraux Hamelin, Jurien de la Gravière, Reynaud, se réunissaient en conseil quelques jours après cette fête militaire, « non point » selon le *Moniteur*, « pour arrêter le plan de la prochaine campagne, ni pour délibérer sur les considérations politiques qui pourraient faire préférer tel plan à tel autre, mais pour éclairer les gouvernements alliés sur les diverses combinaisons militaires de nature à être adoptées pour prévoir toutes les éventualités et en régler les exigences. » Au fond, c'était bien un conseil de guerre. L'Angleterre voulait une nouvelle campagne; le *Times*, au commencement de 1856, « espérait que l'année nouvelle serait plus fertile en succès, que les armées alliées auraient des généraux plus entreprenants, et que l'armée anglaise, trop bien nourrie et trop confortablement installée en Crimée, cesserait d'offrir à l'ennemi l'appât du siége d'un camp plus riche que toutes les villes russes. » Le *Times* exprimait en outre la conviction que la Russie n'accepterait pas les propositions des puissances. Bien des gens à Paris partageaient cette opinion; le bruit même se répandit à la Bourse qu'une émeute venait d'éclater à Saint-Pétersbourg, que la la troupe avait refusé de tirer, et que le parti de la guerre était vainqueur. Le *Siècle* et les *Débats* soutinrent l'un contre l'autre une polémique dans laquelle le premier de ces journaux exposa les raisons qui le portaient à douter de la paix; le *Moniteur* sembla donner gain de cause au *Siècle* en reproduisant son article, ce qui produisit une assez forte sensation. La paix pourtant, à cette époque, était faite dans l'esprit du chef du gouvernement français. Le duc de Cambridge, chargé de remettre la médaille de la reine d'Angleterre aux troupes françaises, passait des revues, et haranguait les soldats français à côté de l'Empereur; lord Cowley, le grand collier au cou et le manteau de l'ordre sur les épaules, procédait, sous un dais aux armes d'Angleterre, à l'investiture des généraux de l'armée française comme chevaliers du Bain, et donnait des banquets où s'échangeaient les toasts les plus chaleureux; les journaux officieux chantaient des dithyrambes en l'honneur de l'alliance avec l'Angleterre. Mais toutes ces démonstrations n'empêchaient pas le public de s'apercevoir que l'alliance chancelait, et que la France se tournait du côté de la Russie.

L'année 1855 venait de s'achever au milieu des espérances de paix : l'Autriche a soumis, disait-on, des propositions aux puissances sous forme d'ultimatum; le 8 octobre, François-Joseph avait adressé à Napoléon III une lettre autographe pour le complimenter sur la prise de Sébastopol; l'envoi tardif de cette lettre s'expliquait par l'éloignement de l'empereur d'Autriche et par le congé de M. de Buol ; François-Joseph avait voulu d'ailleurs attendre et étudier les rapports officiels pour ne pas s'en tenir aux banalités habituelles. Le gouvernement français acceptait ces explications ; quelle était sa pensée réelle sur la situation ? On la cherchait dans les journaux officieux, mais le *Constitutionnel* disait blanc, la *Patrie* disait noir. La présence de M. de Prokesch à Paris donnait lieu à des interprétations opposées ; les uns le croyaient chargé d'une mission pacifique, les autres soutenaient qu'il n'avait pas de mission ; le général Canrobert, au milieu de cette incertitude, reçut l'ordre de se rendre en Suède. Cette mission aurait dû rassurer l'opinion publique ; elle savait à quoi s'en tenir sur la valeur politique de ce général. S'il eût été question de quelque négociation épineuse, on ne la lui aurait vraisemblablement pas confiée.

Le refus du roi Oscar d'occuper les îles d'Aland, après la prise de Bomarsund, avait inspiré aux puissances alliées quelque méfiance sur les intentions de la Suède. Oscar Ier restait, assurait-on, très-dévoué aux traditions de Charles-Jean ; il avait fait quelques difficultés pour reconnaître Napoléon III, mais il paraît que son refus d'occuper les Alands ne venait que de l'impossibilité où il se trouvait de les garder. Oscar Ier, partisan au fond, ainsi que ses fils, de l'alliance occidentale, laissait croire le contraire, par crainte de la Russie et par amour du mystère. M. de la Pagerie, fonctionnaire de la cour de Napoléon, attaché par des liens de parenté à la famille royale de Suède, avait été chargé déjà de faire au roi des ouvertures dans le sens d'une alliance intime avec la

France. Oscar I⁰ʳ y mettait pour condition la garantie de son territoire et un secours matériel. Cette proposition fut accueillie avec une certaine réserve, mais non repoussée ; un Suédois, que l'Empereur avait connu dans son exil, le comte Bark, partit pour la Suède. Bientôt l'Empereur reçut du roi Oscar et de son fils des lettres autographes, un mémoire détaillé des forces de la Suède et de la Norvége et un projet d'alliance intime. Oscar I⁰ʳ demandait, outre des subsides, un corps de 100 000 alliés, auxquels se joindraient 60 000 Suédois, la réunion de la Finlande à la Suède et sa participation aux conférences de la paix. Le voyage de l'Empereur à Londres, la résolution d'ajourner les opérations maritimes autres que celles sur la mer Noire, retardèrent la réponse à ces propositions. La prise de Sébastopol permettait de porter la guerre sur la Baltique. Le roi de Suède rouvrit les négociations, mais un premier insuccès lui commandait de prendre des précautions. Le directeur des musées avait fait demander le portrait du roi pour la collection des Tuileries. Le baron Bonde, homme de confiance du roi, apporta le portrait ; il fut accueilli d'abord avec méfiance et presque comme un espion. M. Tascher de la Pagerie lui servit fort heureusement de garantie. Le baron Bonde était chargé par son maître d'offrir à l'Empereur l'ordre des Séraphins ; cette offre fut bien accueillie, et bientôt un amiral suédois porteur de ces insignes les remit à Napoléon III, qui, en échange, conféra l'ordre de la Légion d'honneur à son cousin de Suède. Il fallait choisir un officier pour porter le grand cordon à Oscar I⁰ʳ; le général Canrobert allait remplir cette mission de bon augure.

Tous les ministres des petits États de l'Europe, M. Van

de Pfordten, ministre de Bavière ; M. de Beust, ministre de Saxe ; le général Willisten, aide de camp du roi de Prusse ; Vilain XIV, ministre des affaires étrangères de Belgique, arrivaient à Paris. Que venaient-ils y faire? Il était permis de poser cette question, surtout à propos des promoteurs de la conférence de Bamberg, si hostile à l'Occident. Les journaux prussiens soutenaient que ces hommes d'État venaient tout simplement à Paris pour voir l'exposition, et que la politique des États moyens de l'Allemagne restait toujours allemande, c'est-à-dire neutre comme celle de la Prusse ; ces journaux alarmaient les partisans de la paix, qui, sans nier les charmes de l'exposition, pensaient que M. de Beust et M. de Pfordten n'avaient pas fait le voyage de Paris uniquement pour admirer des machines. La Bavière et la Saxe agissaient cependant franchement dans le sens de la paix. Il était même question de démarches de la Russie, tendant à l'ouverture de nouvelles conférences ; ce bruit prématuré laissait croire que le czar ne demandait pas mieux que de trouver un moyen de se tirer honorablement d'affaire, quoique le parti féodal à Vienne, comme à Berlin, prétendît qu'il ne ferait aucune concession ; l'ordre du jour suivant du prince Gortschakoff à l'armée placée sous ses ordres en Crimée, sembla leur donner un moment raison :

« Sa Majesté Impériale, notre maître, m'a chargé de remercier en son nom, et au nom de la Russie, les vaillants guerriers qui ont défendu le côté sud de Sébastopol avec tant d'abnégation, de courage et de persévérance ; elle est persuadée que l'armée, ayant acquis la liberté de ses opérations en campagne, continuera par tous les efforts possibles de défendre le sol de la sainte Russie contre l'invasion de l'ennemi. Mais, de même qu'il a plu à la sollicitude du père de la grande famille d'ordonner, dans sa haute prévoyance, la construction du pont, afin d'épargner, au dernier moment, le sang russe autant qu'il sera possible, l'Empereur m'a investi aussi de pleins pouvoirs pour continuer ou cesser la défense de nos positions en Crimée, selon les circonstances.

» Vaillants guerriers! vous savez quel est notre devoir. Nous n'abandonnerons point volontairement ce pays, où saint Wladimir reçut l'eau de la grâce après s'être converti au christianisme que nous défendons, mais il y a des conditions qui rendent quelquefois impraticables les plus fermes résolutions et inutiles les plus grands sacrifices. L'Empereur a daigné me laisser seul juge du moment où nous devons changer notre ligne de défense, si telle est la volonté de Dieu. C'est à nous de prouver que nous savons justifier la confiance illimitée du czar, venu dans notre voisinage pour y pourvoir à la défense de la patrie et aux besoins de son armée ; ayez confiance en moi comme vous l'avez fait jusqu'à présent à toutes les heures d'épreuve que la Providence nous a envoyées. »

Alexandre II s'apprêtait à se rendre en Crimée, et, pendant que Gortschakoff lançait cette proclamation, des pourparlers avaient lieu entre Berlin et Saint-Pétersbourg ; la France et l'Angleterre ne trouvaient aucun inconvénient à favoriser cette nouvelle tentative du roi de Prusse pour jouer ce rôle d'intermédiaire et même de médiateur, dans lequel il s'était toujours flatté de réussir.

Le czar parcourait la Crimée, pleurait sur les ruines de Sébastopol, mais les propositions de paix n'arrivaient pas ; l'opinion publique s'inquiétait : conférence de généraux et de diplomates russes à Varsovie, congrès à Dresde, des bruits nouveaux circulaient à chaque instant. La clôture de l'exposition pouvait fournir à l'Empereur l'occasion de calmer les appréhensions du pays ; son discours, attendu avec impatience, contenait ce passage :

« L'exposition qui va finir offre au monde un grand spectacle ; c'est pendant une guerre sérieuse que, de tous les points de l'univers, sont accourus à Paris, pour y exposer leurs travaux, les hommes les plus distingués de la science, des arts et de l'industrie.

LE CZAR EST EXHORTÉ PAR SES AMIS A FAIRE LA PAIX.

» Ce concours, dans des circonstances semblables, est dû, j'aime à le croire, à cette conviction générale, que la guerre entreprise ne menaçait que ceux qui l'avaient provoquée, qu'elle était poursuivie dans l'intérêt de tous, et que l'Europe, loin d'y voir un danger pour l'avenir, y trouvait plutôt un gage d'indépendance et de sécurité.

» Néanmoins, à la vue de tant de merveilles étalées à nos yeux, la première impression est un désir de paix; la paix seule, en effet, peut développer ces remarquables produits de l'intelligence humaine : vous devez tous souhaiter comme moi que cette paix soit prompte et durable.

» Mais pour être durable, elle doit résoudre nettement la question qui a fait entreprendre la guerre. Pour être prompte, il faut que l'Europe se prononce; car, sans la pression de l'opinion générale, les luttes entre grandes puissances menacent de se prolonger; tandis qu'au contraire, si l'Europe se décide à déclarer qui a tort ou raison, ce sera un grand pas vers la solution.

» A l'époque de civilisation où nous sommes, les succès des armées, quelque brillants qu'ils soient, ne sont que passagers; c'est en définitive l'opinion publique qui remporte toujours la dernière victoire.

» Vous tous donc qui pensez que les progrès de l'agriculture, de l'industrie, du commerce d'une nation, contribuent au bien-être de toutes les autres et que, plus les rapports réciproques se multiplient, plus les préjugés nationaux tendent à s'effacer, dites à vos concitoyens, en retournant dans votre patrie, que la France n'a de haine contre aucun peuple, qu'elle a de la sympathie pour tous ceux qui veulent comme elle le triomphe du droit et de la justice.

» Dites-leur que, s'ils désirent la paix, il faut qu'ouvertement ils fassent au moins des vœux pour ou contre nous : car, au milieu d'un grave conflit européen, l'indifférence est un mauvais calcul et le silence une erreur. »

Le Corps diplomatique assistait à la solennité; il entendit cet appel à l'opinion publique, qualifié par quelques-uns de sommation aux gouvernements; appel ou sommation, le discours impérial, commenté par une circulaire de M. Walewski aux agents français à l'étranger, eut son effet; les neutres comprirent qu'il n'était plus temps de rester neutres au moins moralement; le bureau du czar fut bientôt encombré de dépêches, d'autographes de souverains allemands l'engageant à faire la paix; l'effet de ces exhortations ne tarda pas à se faire sentir; l'acceptation par la Russie des quatre points de garantie parut bientôt certaine ; mais depuis huit mois les conditions de la paix avaient changé.

L'arrivée du roi de Sardaigne à Paris, le 23 novembre, fit un instant diversion aux préoccupations politiques; une brillante réception officielle attendait Victor-Emmanuel ; la garde impériale faisait le service d'honneur à la gare de Lyon, où le prince Napoléon attendait le voyageur à la porte du salon d'attente ; le roi et le prince se donnèrent une cordiale poignée de main et prirent place seuls dans une voiture de gala, qui suivit la rue de Rivoli, escortée par les cent-gardes et les guides ; le marquis de Villamarina, ministre de Sardaigne à Paris, le comte de Cavour, le chevalier d'Azeglio, membres du cabinet de Turin, montèrent dans une autre voiture ; un temps froid et pluvieux n'empêcha pas les curieux de faire la haie sur le passage du cortége. La foule était grande, surtout sur la place du Carrousel; Victor-Emmanuel fit son entrée aux Tuileries à deux heures. L'Empereur l'attendait au bas du grand escalier.

Le séjour du roi de Sardaigne ne fut pas uniquement rempli par la présentation des grands corps de l'État, par des dîners, des chasses, des visites aux palais impériaux, au tombeau de Napoléon et à l'hôtel des Invalides, par le bal que M. Haussmann, préfet de la Seine, lui offrit comme une brillante inauguration des fêtes qu'il devait donner plus tard à presque tous les souverains de l'Europe. Victor-Emmanuel était accompagné de M. de Cavour, président du conseil, et de M. Maxime d'Azeglio ; ce dernier, gendre de Manzoni, poëte, peintre, soldat, blessé grièvement à Vicence, attirait peut-être plus l'attention du public que M. de Cavour. Ce petit homme trapu, à l'œil caché derrière des lunettes, à l'air bourgeois, avait cependant été militaire lui aussi, et même page. Il laissa l'aiguillette de page à l'âge de quinze ans et l'épaulette de lieutenant du génie à vingt-sept ans, après avoir expié, par un séjour de trois mois au fort de Bar, quelques mots de blâme contre un de ses supérieurs. M. de Cavour, élevé par les deux sœurs de sa mère mariées à des Français, était presque un Français lui-même ; chargé de l'administration des terres de son père, il passait l'été à la campagne, l'hiver à Turin, ville d'un séjour bien monotone sous les rois Charles-Félix et Charles-Albert ; le gouvernement s'y montrait si soupçonneux, qu'une des tantes de M. de Cavour dut considérer comme une grande marque de faveur et de confiance la permission de recevoir le *Journal des Débats* ; lui-même nous donne une idée de l'atmosphère morale de la capitale du Piémont, dans ce passage d'une lettre écrite en 1843 à un de ses amis :

« Vous avez raison de parler de l'enfer, car depuis que je vous ai quitté je vis dans un enfer intellectuel, c'est-à-dire dans un pays où l'intelligence et la science sont réputées choses infernales par qui a la bonté de nous gouverner. Oui, mon cher, voilà bientôt deux mois que je respire une atmosphère pleine d'ignorance et de préjugés, que j'habite une ville où il faut se cacher pour échanger quelques idées qui sortent de la sphère politique et morale où le gouvernement voudrait tenir les esprits enfermés. »

La mère de M. de Cavour se plaignait de son horreur pour l'étude pendant son enfance ; jeune homme, il devint un travailleur : économiste, financier, agriculteur, fondateur de sociétés agricoles, rédacteur de la *Bibliothèque de Genève*, de l'*Anthologie* de Florence, plus tard fondateur du journal le *Resorgimento*, qui exerça une si grande influence sur les destinées de l'Italie, M. de Cavour déploya son activité dans toutes les directions. Le roi Charles-Albert, après la bataille de Novare, ayant maintenu le statut malgré l'armée qui lui imputait sa défaite, M. de Cavour fut nommé député par le parti conservateur. Une des premières lois proposées au parlement par M. d'Azeglio, président du conseil des ministres, fut la loi Siccardi, prononçant la suppression des tribunaux ecclésiastiques. M. de Cavour, au nom de la séparation entre le pouvoir temporel et le pouvoir spirituel, défendit cette loi fortement combattue par la droite; M. d'Azeglio offrit le ministère du commerce et de l'agriculture au député traité de renégat par ses anciens amis; le roi Victor-Emmanuel, qui craignait M. de Cavour, dit à ses ministres, en prenant la plume à la fin du conseil pour signer la nomination de leur nouveau collègue : « Rappelez-vous qu'il vous prendra vos portefeuilles à tous. » M. de Cavour avait, en effet, non-seulement l'intelligence, mais encore la prodigieuse activité d'un ministre universel, dormant à peine la nuit, travaillant le jour, écrivant ses rapports, défendant ses actes à la chambre, la tête pleine des travaux du moment et des projets de l'avenir, toujours en mouvement, toujours en action : telle était la vie de celui que sa mère appelait « un bon luron, fort tapageur, toujours en train de s'amuser ».

M. de Cavour avait fait enfermer dans un cadre l'uniforme de son neveu, mort frappé à Goïto d'une balle autrichienne. Ceux qui ont été témoins de l'attendrissement avec lequel il regardait ce cadre fixé au mur de son cabinet, et qui ont pu entendre les paroles touchantes qu'il lui adressait parfois, peuvent se faire une idée de son dévouement au Piémont et à l'Italie; M. de Cavour pourtant n'était point populaire à l'époque de son voyage à Paris; il venait de traverser une des crises les plus douloureuses peut-être de sa vie. L'armée sarde, en débarquant en Crimée, s'était trouvée en face du grand ennemi, le choléra. Que de braves soldats étaient morts sous ses coups! Les familles du Piémont portaient presque toutes le deuil, et maudissaient presque le nom de l'auteur de cette fatale expédition qui ne pouvait, disait-on, rien rapporter à la patrie en échange de son sang. Ces plaintes retentissaient profondément au cœur de M. de Cavour; le Piémont, après la victoire de Traktir, un peu consolé par la gloire, lui rendit justice; M. de Cavour espérait bien que l'expédition de Crimée aurait pour le Piémont d'autres résultats que ceux d'une vaine gloire, et il était venu les demander à Paris. Victor-Emmanuel et son ministre avaient-ils réussi dans leur voyage, quels résultats M. de Cavour attendait-il de ses conférences avec Napoléon III? Il ne le savait pas encore bien lui-même, mais en partant il songeait à cette demande que lui avait adressée Napoléon III : « Que pourrait-on faire pour l'Italie? »

Les chambres prussiennes s'ouvrirent quelques jours après le départ du roi de Sardaigne pour Londres. Le roi prononça en leur présence un discours, dont voici la partie politique :

« La continuation des complications politiques nous impose la nécessité de maintenir encore cette année, quoique à un degré moindre, les préparatifs de guerre; la lutte qui a éclaté entre plusieurs puissances européennes et que j'ai déplorée, n'est pas encore terminée, à mon grand regret. Notre patrie, en attendant, jouit encore de la paix ; j'espère sauvegarder l'honneur et la puissance de la Prusse sans recourir à la guerre. Je sais qu'il n'est pas un peuple plus prompt que le peuple prussien à courir aux armes et à supporter des sacrifices pour défendre son honneur et ses intérêts. Cette certitude rassurante m'impose le devoir d'éviter des engagements dont on ne pourrait prévoir ni la portée politique, ni la portée militaire.

» La position prise par l'Autriche, la Confédération germanique et la Prusse, garantit une attitude indépendante, conciliante de tous côtés, et propre à préparer une paix équitable et durable, grâce à une appréciation bienveillante et impartiale des situations. »

Ce dernier paragraphe faisait craindre que l'Autriche ne cherchât à se rapprocher de la Prusse et de l'Allemagne ; cette crainte ne dura pas. Les bruits d'ouvertures pacifiques de la Russie, de congrès à Vienne, Dresde ou Bruxelles, circulèrent de nouveau, confirmés par les journaux anglais. Le cabinet anglais, disait *The Press*, négocie depuis le 19 novembre sur des bases approuvées à Paris ; les petites puissances allemandes, ajoutait le *Morning Chronicle*, confèrent depuis quinze jours avec les ministres russes sur la question d'Orient ; le *Times* allait jusqu'à parler d'un ultimatum de l'Autriche à la Russie ; ce qu'il y avait de certain, c'est que la Russie acceptait les quatre garanties comme bases des négociations, et consentait à se faire représenter dans des conférences pour y discuter les conditions de la paix.

Les journaux russes continuaient cependant à montrer les dispositions les plus belliqueuses ; il n'était question dans leurs colonnes que de réunions de diplomates et de généraux russes à Saint-Pétersbourg, pour examiner les ressources de la Russie et discuter les futures opérations militaires ; le journal du gouvernement *l'Abeille* répétait chaque jour : « La guerre, maintenant, va devenir sérieuse ; Sébastopol est détruit, on en rebâtira un plus considérable. » Vaines forfanteries ; la Russie avait perdu 250 000 hommes dans la campagne ; elle manquait aussi d'argent ; les banques avaient cessé de payer en espèces, et le public refusait le papier du gouvernement ; le mécontentement de la nation se trahissait à Saint-Pétersbourg par l'affectation que l'on mettait, dans les cercles et dans les lieux publics, à s'éloigner des militaires et à les traiter avec froideur, non sans doute à cause de leur défaite, mais parce qu'on les accusait de pousser le gouvernement à continuer la guerre. Les ressources de la France et de l'Angleterre n'étaient pas encore sérieusement entamées ; l'Angleterre, peu satisfaite des coups frappés par elle, voulait en frapper d'autres plus terribles ; les journaux anglais du moins manifestaient clairement ce désir, partagé par lord Palmerston, qui aurait voulu consulter la nation sur la continuation de la guerre ; la Reine se refusait à dissoudre le parlement ; lord Palmerston offrit sa démission. Cependant, par l'intermédiaire de l'Autriche, des pourparlers étaient engagés sur les conditions de la paix, et l'Angleterre y prenait part sans empressement, mais sans mauvaise volonté. Les journaux officieux du gouvernement français insinuaient que les nécessités seules du régime parlementaire obligeaient lord Palmerston à se montrer exigeant, mais qu'en réalité le gouvernement anglais penchait du côté de la paix, et qu'il ne fallait pas s'en rapporter au langage de la presse anglaise ; le *Morning Post* assurait que l'Angleterre ne se déclarerait point satisfaite, à moins que la Russie n'acceptât les conditions suivantes : exclusion de tous bâtiments de guerre de la mer Noire ; démantèlement des places fortes russes situées sur les côtes de cette mer; renonciation de la Russie au protectorat des principautés, ainsi qu'à tous les anciens droits d'intervention dans les États du sultan ; cession de la partie de la Bessarabie située sur les bouches du Danube : ultimatum effrayant pour la Bourse ; la conclusion du traité avec la Suède vint heureusement la rassurer. Le gouvernement crut devoir retarder d'un jour la publication de ce document, pour ne pas donner matière à des spéculations sur les fonds ; mais les principales clauses du traité étaient connues, et comme aucune d'elles n'avait trait à une alliance offensive et défensive entre la France et la Suède contre la Russie, les fonds publics, après une hausse rapide, baissèrent non moins rapidement. Ce fut une des journées les plus désastreuses de la guerre pour ceux qui, hommes d'État ou hommes de cour, exploitaient les nouvelles politiques à la Bourse.

Tout le monde au fond voulait la paix, même l'Angleterre; le parti de la guerre, dans ce pays, ne s'appuyait que sur une question d'amour-propre national ; la moisson de lauriers récoltée en Crimée pouvait paraître un peu mince, à la nation anglaise, mais, à moins d'un grand et subit changement dans son caractère et dans son humeur, il n'était pas probable qu'elle se décidât à dépenser de nouveaux millions pour y ajouter quelques branches de plus ; quant à la Russie, la prise de Kars vint fort à propos lui donner la quantité de gloire sans laquelle elle aurait été obligée de se faire écraser.

La France, depuis la suppression de la liberté de la presse, n'avait d'autres renseignements sur ses affaires que ceux qu'elle trouvait dans les journaux officieux, et dans les brochures qui passaient pour inspirées par le gouvernement. Le bruit se répandit qu'une de ces brochures intitulée : *De la nécessité d'un congrès européen pour pacifier l'Europe*, avait passé sous les yeux de l'Empereur avant de paraître ; son retentissement fut immense : les traités de 1815 remis sur le tapis, l'Europe remaniée ; les fins politiques voyaient tout cela dans cette brochure ; les uns l'attribuaient à l'Empereur, les autres au prince Napoléon. M. Charles Duveyrier aurait seul pu dire quel en était le véritable auteur. Charles Duveyrier, ancien poëte de Dieu, disciple bien-aimé du père Enfantin, auteur dramatique, journaliste, industriel, avait touché à toute chose, et dans toute chose il avait apporté un grand désintéressement ; esprit original, rempli d'idées, il en faisait naître chez les autres ; son intelligence s'intéressait à tout comme celle de Voltaire, dont malheureusement elle n'avait pas la clarté ; Duveyrier, qu'il s'agit de reconstituer la France ou l'Europe, apportait son plan toujours ingénieux, sinon toujours praticable ; sa brochure eut raison sur un point ; le congrès se tint à Paris ; il ne fit pas tout ce que Duveyrier voulait, mais il fit quelque chose.

Le texte de l'ultimatum porté à Saint-Pétersbourg par le comte Valentin Esterhazy était connu ; le voici :

« Principautés Danubiennes. — Protectorat russe. — La Russie n'exercera aucun droit particulier ou exclusif de protection ou d'ingérence dans les affaires intérieures des principautés danubiennes.

» Les principautés conserveront leurs priviléges et immunités sous la suzeraineté de la Porte, et le sultan, de concert avec les puissances contractantes, accordera en outre à ces principautés ou y confirmera une organisation intérieure conforme aux vœux et aux besoins des populations.

» D'accord avec la puissance suzeraine, les principautés adopteront un système défensif permanent, réclamé par leur situation géographique ; aucune entrave ne saurait être apportée aux mesures extraordinaires de défense qu'elles seraient appelées à prendre pour repousser toute agression étrangère.

» En échange des places fortes et territoires occupés par les armées alliées, la Russie consent à une rectification de sa frontière avec la Turquie européenne. Cette frontière, ainsi rectifiée d'une manière conforme aux intérêts généraux, partirait des environs de Choty, suivrait la ligne de montagnes qui s'étend dans la direction sud-est, et aboutirait au lac Salsyk. Le tracé serait définitivement réglé par le traité de paix, et le territoire concédé retournerait aux principautés, et à la suzeraineté de la Porte.

» DANUBE. — La liberté du Danube et de ses embouchures sera efficacement assurée par des institutions européennes, dans lesquelles les puissances contractantes seront également représentées, sauf les positions particulières des riverains, qui seront réglées sur les principes établis par l'acte du congrès de Vienne en matière de navigation fluviale.

» Chacune des puissances contractantes aura le droit de faire stationner un ou deux bâtiments de guerre légers aux embouchures du fleuve, destinés à assurer l'exécution des règlements relatifs à la liberté du Danube.

» MER NOIRE. — La mer Noire sera neutralisée. Ouvertes à la marine marchande de toutes les nations, ses eaux resteront interdites aux marines militaires. Par conséquent, il n'y sera ni créé ni conservé d'arsenaux maritimes militaires. La protection des intérêts commerciaux et maritimes de toutes les nations sera assurée, dans les ports respectifs de la mer Noire, par l'établissement d'institutions conformes au droit international et aux usages consacrés dans la matière.

» Les deux puissances riveraines s'engageront mutuellement à n'y entretenir que le nombre de bâtiments légers, d'une force déterminée, nécessaire au service de leurs côtes. La convention qui sera passée entre elles, à cet effet, sera, après avoir été préalablement agréée par les puissances signataires du traité général, annexée audit traité, et aura même force que si elle en faisait partie intégrante. Cette convention séparée ne pourra ni être annulée, ni modifiée sans l'assentiment des puissances signataires du traité général.

» La clôture des détroits admettra l'exception applicable aux stationnaires mentionnés dans l'article précédent.

» POPULATIONS CHRÉTIENNES SUJETTES DE LA PORTE. — Les immunités des sujets rajahs de la Porte seront consacrées, sans atteinte à l'indépendance et à la dignité de la couronne du sultan. Des délibérations ayant lieu entre l'Autriche, la France, la Grande-Bretagne et la Sublime-Porte, afin d'assurer aux sujets chrétiens leurs droits religieux et politiques, la Russie sera invitée, à la paix, à s'y associer.

» Les puissances belligérantes se réservent le droit qui leur appartient de produire, dans un intérêt européen, des conditions particulières en sus des quatre garanties.

Cet ultimatum contenait les quatre points de garantie stipulés aux conférences de Vienne, interprétés plus rigoureusement. La Russie jusqu'ici s'était prononcée contre toute limitation de ses forces dans la mer Noire ; que dirait-elle lorsqu'à la suppression complète de sa marine dans l'Euxin, il lui faudrait joindre la perte des bouches du Danube ?

M. de Seebach, ministre de Saxe à Paris, gendre de M. de Nesselrode, protecteur des sujets russes en l'absence du représentant diplomatique de leur nation, s'était chargé d'amener le czar à faire la paix aux conditions précédentes.

Le comte Esterhazy remit son ultimatum le 27 décembre ; les habitants de Saint-Pétersbourg attendaient avec la plus profonde anxiété la réponse du czar ; Alexandre II restait impénétrable ; l'Allemagne et la Prusse doutaient du sérieux de l'ultimatum ; la presse anglaise, de plus en plus belliqueuse, ne tarissait pas de détails sur les armements ordonnés par l'amirauté ; personne, à Londres et à Bruxelles, ne croyait à l'acceptation de la Russie ; le *Constitutionnel*, organe officieux du gouvernement, déclarait que la Russie ne se jugeait pas assez vaincue et qu'il fallait lui donner une leçon plus complète.

La Russie se décida enfin à répondre à l'ultimatum ; un courrier, parti le 9 janvier de Saint-Pétersbourg, porta sa réponse à Vienne ; peut-être espérait-elle pouvoir encore biaiser, et faire accepter des contre-propositions qu'elle adressait par le même courrier à l'Autriche ? Cette puissance, en refusant de les discuter, consentait néanmoins à en prendre connaissance. Les négociations vont-elles recommencer, ou bien la guerre continuera-t-elle ?...

L'Autriche rappelle son ambassadeur! Plus de doute, elle est avec les puissances occidentales : c'est la guerre! mais de la rupture des relations à la guerre, il y a bien des étapes; l'Autriche les aura peut-être franchies au printemps; elle consent maintenant à discuter les contre-propositions; celles-ci ne différaient pas essentiellement de l'ultimatum : la Russie adoptait la base des deuxième et quatrième points de garantie; au lieu d'une rectification de sa frontière par une cession de territoire, elle acceptait les frontières naturelles du Danube; quant à la neutralisation de la mer Noire, elle l'admettait en principe, avec quelques modifications de rédaction qui n'altéraient pas, d'après elle, les conséquences légales de la troisième garantie; elle offrait de rendre Kars à la Turquie, ainsi que le territoire conquis par elle en Asie dans la dernière campagne, en échange des territoires et des places fortes occupés par les alliés; elle repoussait purement et simplement le quatrième point, relatif au droit que se réservaient les puissances belligérantes, de produire des conditions particulières en dehors des quatre garanties.

Le moment était grave pour la Prusse : la guerre, c'était l'entrée des Autrichiens en Bohême, le passage du Rhin par la France, le blocus de Dantzig par l'Angleterre; Fritz, quel que fût son désir d'obéir aux dernières recommandations de son père, donna brusquement à son neveu le conseil de céder; ni la Saxe et la Bavière, ni le ministre de Prusse à Paris ne furent prévenus de ce changement, qui portait le coup de grâce à la Russie; il ne lui restait d'autre allié que le roi des Deux-Siciles.

M. de Seebach, reçu par le czar avec la confiance d'un ami dont on a éprouvé les bons conseils, ignorait cependant s'ils seraient suivis, lorsqu'un matin, il apprit de M. de Nesselrode et de M. de Fonton, qu'ils avaient été reçus au palais d'hiver, avec plus d'affabilité que de coutume, par le czar, qui leur avait parlé de la responsabilité qu'il encourrait en repoussant les propositions de l'Autriche, surtout au moment où la prise de Kars et le succès de ses armes en Asie lui permettaient des concessions. Le lendemain, l'ordre était donné de ralentir les travaux de défense sur la Newa; Saint-Pétersbourg apprit subitement, le 16 janvier au soir, que le czar acceptait la paix : ni grand-duc, ni prince, ni ministre, pas même M. de Nesselrode ne fut mis dans la confidence de cette résolution : le czar ne prit conseil que de lui-même; le grand-duc Nicolas, chargé de prévenir le grand-duc Constantin, se rendit chez son oncle. Deux jours après, les relations entre le prince Gortschakoff, ambassadeur de Russie en Autriche, et les ambassadeurs des puissances occidentales, avaient repris à Vienne.

CHAPITRE IV.

1856.

SOMMAIRE. — Le congrès se réunit à Paris, le 21 février 1856, sous la présidence de M. Walewski. — Il siége à l'hôtel du ministère des affaires étrangères. — Premières séances. — Difficultés d'étiquette. — Concert donné par M. Walewski. — Le *Constitutionnel* déclare qu'il n'y aura pas de protogation d'armistice. — Ouverture de la session législative. — Note du *Moniteur* relative aux affaires industrielles. — Les procès-verbaux du congrès ne rendent pas la physionomie des séances. — Séance du 8 avril. — M. Walewski appelle l'attention du congrès sur la situation de l'Italie. — Naissance du Prince Impérial. — Réponses de l'Empereur aux félicitations du Sénat et du Corps législatif. — Mécontentement secret de cette assemblée. — Causes de ce mécontentement. — Napoléon III reçoit les plénipotentiaires aux Tuileries. — L'Empire est à son apogée.

L'idée émise par Charles Duveyrier dans sa brochure avait fait son chemin; le congrès se réunit à Paris, sous la présidence de M. Walewski, le 21 février 1856; les curieux stationnaient, bien avant l'ouverture de la première séance, sur le pont de la Concorde et sur le quai d'Orsay ; un piquet de soldats et une escouade de sergents de ville maintenaient la circulation dans la foule ; les deux plénipotentiaires sardes parurent les premiers au bas de l'escalier qui conduit à l'entrée d'honneur, comme s'ils eussent été impatients de prendre une place à laquelle leur pays n'aurait pas dû s'attendre ; les deux ministres turcs vinrent après eux, ensuite les deux ministres anglais, suivis des deux ministres de l'Autriche ; les Russes arrivèrent les derniers ; le comte Orloff, malgré ses soixante-quinze ans, gravit avec une légèreté de jeune homme les marches de l'escalier. Les plénipotentiaires étaient en négligé du matin, ce qui désappointa visiblement la foule accourue pour voir les costumes.

Les plénipotentiaires se trouvèrent réunis à une heure et demie dans le salon des Ambassadeurs, situé au rez-de-chaussée. Cette salle fort belle sert, dans les temps ordinaires, de salle d'attente aux ambassadeurs ; elle prend son jour par trois grandes fenêtres percées jusqu'au plafond du côté de la Seine ; elle communique avec le salon de la rotonde qui conduit au jardin, et qui doit servir de fumoir aux membres du congrès ; le salon des attachés est à droite, et la salle de concert à gauche. Une grande table, recouverte d'un tapis vert, et entourée de douze fauteuils dorés, en satin cramoisi, occupe le milieu de la salle : papier, plumes, crayons, enveloppes, cire à cacheter, tous les objets nécessaires à la correspondance sont placés devant chaque diplomate ; l'encrier dans lequel sera trempée la plume destinée à signer la paix est placé sur un petit bureau destiné aux plénipotentiaires qui voudront écrire en particulier ; cet encrier, vrai monument en or massif, fait partie du mobilier du ministère des affaires étrangères, depuis le premier Empire ; il était destiné sans doute à figurer dans quelque cérémonie dont le souvenir s'est perdu ; désormais il aura une histoire. La table placée contre une des fenêtres est occupée par M. Benedetti, rédacteur des protocoles et secrétaire du congrès ; les plénipotentiaires prennent place, non plus selon l'ordre fixé par les règlements du congrès de Vienne, ni selon l'ordre de présentation des plénipotentiaires aux Tuileries, mais selon l'ordre alphabétique : Autriche, France, Grande-Bretagne, Russie, Sardaigne.

Une presse autographique fonctionnera au deuxième étage, sous la surveillance d'un attaché du ministère : un chef imprimeur et un ouvrier recevront, des mains d'un attaché, le protocole écrit sur papier autographique; ils le décalqueront aussitôt sans le lire, et ils en tireront, sans temps d'arrêt, le nombre d'exemplaires fixé. L'imprimeur et l'ouvrier, après le tirage et l'effacement du décalque en présence de l'attaché du ministère, rentreront chez eux; quelques journaux prétendirent à tort qu'ils seraient tenus en chartre privée et au secret.

L'Étiquette, cette déesse pointilleuse et gênante, ne pouvait manquer de saisir l'occasion d'un congrès pour donner des preuves de son mauvais caractère. Un poëte épique aurait pu l'apercevoir traversant les airs, son flambeau ou plutôt sa torche à la main, et descendant chez le grave et silencieux lord Cowley, au moment où il vient de recevoir l'invitation de M. Walewski au dîner d'inauguration du congrès. Lord Cowley, inspiré par la susceptible déesse, se demande : Que suis-je ? le représentant direct de la reine d'Angleterre; comme tel, le premier rang, la première place me sont dus, même en présence de mon chef immédiat, le ministre des affaires étrangères; passer derrière lord Clarendon, c'est passer également derrière M. de Buol, qui est aussi ministre des affaires étrangères. Plutôt que d'accepter cette humiliation, lord Cowley décide qu'il n'ira pas au dîner.— L'Étiquette se rend ensuite chez le plénipotentiaire turc.

elle souffle à Mehemmed-Djemil les mêmes scrupules.
— L'Étiquette, satisfaite de ces premiers avantages, ne s'oppose pas à ce que lord Cowley et Mehemmed-Djemil assistent à la soirée de M. Walewski; le bruit du double refus de l'ambassadeur d'Angleterre et de l'ambassadeur de Turquie se répand, et la chronique, toujours à l'affût des nouvelles, prétend qu'un grave conflit s'est élevé entre les membres du congrès. La *Patrie* dément ce bruit et apaise l'émotion publique.

Ce récit aurait pu fournir le sujet du premier chant d'un de ces petits poëmes héroï-comiques à la mode sous le premier Empire. Le poëme sur le Congrès se serait composé d'un certain nombre d'autres chants non moins intéressants. L'auteur, après une description du dîner dans le goût de Berchoux, aurait ouvert à deux battants les portes des salons du ministère des affaires étrangères pour faire, au milieu des roulades de Mario, de mesdames Frezzolini et Borghi-Mamo, le dénombrement de toutes les illustrations présentes au concert donné par M. Walewski en l'honneur des plénipotentiaires. La haute stature du comte Orloff, son front ombragé d'épais cheveux bouclés, son cordon bleu de Saint-André, la croix en brillants resplendissant sur sa poitrine, le médaillon en émail renfermant les portraits du czar et de la czarine, les ordres innombrables sous lesquels fléchissait sa boutonnière, sans mériter un chant spécial, pouvaient fournir matière à un épisode. Les médaillons du comte Orloff produisirent un très-grand effet; plus d'un secrétaire d'ambassade français sembla regretter que la diplomatie occidentale ne connût pas la récompense du portrait. La partie la plus amusante du poëme eût été le chant intitulé : *Le salon des ambassadeurs ;* le poëte aurait décrit l'émotion des dames jetant, en passant, un regard timide sur ce lieu redoutable, s'arrêtant un moment sur le seuil, s'enhardissant à faire un pas, puis à le franchir ; les dames, une fois dans le sanctuaire, reprennent peu à peu leur hardiesse, elles osent mettre la main sur ces plumes, sur ces crayons presque augustes, et tracer le mot *Paix* sur ce papier majestueux. Malheureusement, les femmes ne savent jamais s'arrêter à temps : les plus hardies s'emparent des plumes, des crayons, du papier, de la cire à cacheter, des couteaux de bois, des sabliers et mettent ces reliques dans leur poche. Le lendemain, Paris était inondé de plumes du Congrès, la plupart neuves et n'ayant, par conséquent, aucun droit à figurer comme objet précieux dans une vitrine.

Le *Moniteur* annonça la première réunion du congrès en ces termes :

« La première réunion du congrès a eu lieu aujourd'hui, à l'hôtel du ministère des affaires étrangères, à une heure.

» La séance a duré jusqu'à quatre heures et demie.

» Il a été arrêté qu'il serait conclu entre les armées belligérantes un armistice qui cessera de plein droit le 31 mars prochain. Cet armistice sera sans effet sur les blocus établis ou à établir. »

Le *Moniteur* ne mentionnait pas, à cause du secret que s'étaient juré les plénipotentiaires entre eux, la décision par laquelle le congrès avait attribué la valeur des préliminaires de paix à l'acte de Vienne du 1er février. L'armistice devait durer jusqu'au 1er avril ; le comte Orloff fit remarquer en riant cette date.

Le congrès devait se réunir trois fois par semaine :

lundi, mercredi, vendredi ; le mercredi arrive, pas de séance ; la *Patrie*, pour calmer les inquiétudes du public, s'empresse d'annoncer qu'il n'y a pas de jour fixé à l'avance pour la tenue des séances du congrès, que tout dépend du plus ou moins de travail exigé par la rédaction du procès-verbal, et que le temps écoulé depuis la première séance a été employé par les plénipotentiaires à rédiger l'armistice dans le cabinet du ministre. Les amis de la paix se félicitèrent de la prompte conclusion de l'armistice, promptitude qui prouvait chez les plénipotentiaires la ferme volonté de mener les choses rapidement et de mettre fin à tous les *casus belli;* malheureusement le *Constitutionnel* annonça brusquement que les alliés avaient déclaré aux plénipotentiaires russes qu'aucune prorogation d'armistice n'aurait lieu. D'où venait cette note? un membre avait-il trahi les secrets du congrès et manqué à la foi jurée? Un avertissement officiel donné en ce moment au *Constitutionnel* aurait fait trop de bruit ; le gouvernement crut devoir se borner à des remontrances à huis clos.

La séance dans laquelle devait se discuter la question la plus importante des négociations, c'est-à-dire le cinquième point, eut lieu le 1ᵉʳ mars ; les plénipotentiaires russes montrèrent tant de modération que M. Walewski ne put s'empêcher de les féliciter ; les journaux belges publièrent que l'Empereur annoncerait la signature des préliminaires de paix à l'ouverture de la session du Sénat et du Corps législatif ; les journaux français gardaient le silence, mais la France était habituée à ne plus être instruite que par l'étranger de l'état de ses propres affaires.

L'Empereur ouvrit le 3 mars la session législative dans la salle des Maréchaux ; tous les plénipotentiaires assistaient à la cérémonie ; des espérances de paix, pas de paix, tel était en résumé ce discours ; la Bourse s'en alarma : des fausses nouvelles circulèrent ; il fallut que le *Pays* et la *Patrie* confirmassent par une note les espérances données par l'Empereur ; le *Constitutionnel*, qui avait traité fort légèrement la note insérée dans les deux journaux *ministériels* du soir, fut obligé de la publier le lendemain en tête de ses colonnes ; un avertissement aurait pu le frapper, mais quoi ! avertir un journal quand le congrès siégeait encore ? Le ministère de l'intérieur aima mieux se montrer magnanime une seconde fois.

Les commérages se succèdent ; la Bourse les escompte en attendant d'escompter la paix ; l'ardeur des hommes d'affaires est si grande que le *Moniteur* est obligé de les tenir en bride par la note suivante :

« La prévision de la paix fait naître de nombreux projets d'entreprises. Des compagnies nouvelles sont en voie de formation, et adressent chaque jour des demandes d'autorisation à l'administration. Il est du devoir du gouvernement de résister à des entraînements exagérés qui pourraient compromettre les affaires déjà engagées et porter atteinte au crédit. L'Empereur a décidé que, quelle que puisse être l'issue des négociations pendantes, le gouvernement se maintiendra dans la réserve qu'il s'est imposée, et qu'aucune entreprise donnant lieu à une émission de valeurs nouvelles ne sera autorisée pendant le cours de cette année. »

La Prusse se résignait-elle à rester en dehors du congrès ? ou bien l'Autriche et la Russie, dont elle avait si docilement suivi l'impulsion, l'oubliaient-elles ? M. Waleswki, en fixant la marche générale de la négociation, fit remarquer qu'au moment de la discussion du paragraphe relatif au renouvellement de la convention des détroits, il y aurait lieu de s'enquérir des puissances destinées à y concourir. Le comte Orloff et le comte de Buol ajoutèrent alors que la Prusse devait être appelée à prendre part à cette discussion; lord Clarendon y consentit, sous la réserve qu'elle ne serait invitée à la négociation qu'après la fixation des principales clauses du traité général. M. Walewski, au moment où le congrès, le 10 mars, allait arrêter les bases de la convention relative aux principautés, émit l'avis qu'au point où les négociations étaient arrivées, il convenait d'inviter la Prusse à se faire représenter; en conséquence, il proposa d'envoyer à Berlin cette résolution : « Le congrès, considérant qu'il est d'un intérêt européen que la Prusse, signataire de la convention de Londres du 13 juillet 1841, participe aux nouveaux arrangements à prendre, décide qu'un extrait du protocole de ce jour sera adressé à Berlin par les soins de M. le comte Walewski, organe du congrès, pour inviter le gouvernement prussien à envoyer des plénipotentiaires à Paris. » Le cabinet de Berlin, cette invitation à peine reçue, se hâta de faire partir pour Paris M. de Manteuffel et M. de Hatzfeld. Les plénipotentiaires prussiens arrivèrent dans cette ville le 17; lorsqu'ils se présentèrent à la porte de la salle des séances, le chef du cabinet de M. Walewski les pria d'attendre quelques instants. Ce retard inattendu était causé par les plénipotentiaires anglais, qui discutaient encore sur la nature et la portée de la participation de la Prusse aux travaux du Congrès, et qui ne voulaient pas qu'elle opinât sur une question autre que celle de la convention des détroits;

lord Clarendon s'échauffait et parlait de se retirer. M. Walewski se fit l'avocat de la Prusse; M. de Manteuffel et de Hatzfeld, grâce à ses efforts, purent enfin entrer.

Le congrès, du 18 au 22 mars, ne tint pas de séance : il siégea tous les jours du 24 au 30 ; les plénipotentiaires voulaient signer la paix avant la fin de l'armistice ; la paix semblait donc assurée ; l'*Assemblée nationale* prétendit même que déjà lord Clarendon faisait ses visites pour quitter Paris ; les dîners et les bals se succédaient : bal au ministère des finances, bal au ministère de l'intérieur. Une grande revue est annoncée pour le 1er avril; le congrès, d'après le *Constitutionnel,* tient depuis le lundi de Pâques une séance de cinq à six heures consécutives chaque jour, au lieu de trois séances par semaine.

La fée malicieuse qui préside à la destinée des congrès, et qui les comble de tous les dons, sagesse, modération, prudence, glisse toujours dans le protocole, ou dans les clauses du traité, la phrase, l'article, quelquefois le mot, qui doit en causer la rupture. La fée assistait invisible à la séance du congrès du 8 avril dans laquelle M. Walewski prit la parole pour faire remarquer à ses collègues que, « bien que réunis pour régler spécialement la question d'Orient, ils pourraient se reprocher de n'avoir pas profité de la circonstance pour élucider certaines questions, poser certains principes, exprimer des intentions dans le but d'assurer la paix du monde ».

Les procès-verbaux du congrès sont loin de rendre exactement la physionomie de ses séances ; les plénipotentiaires avaient décidé d'un commun accord qu'on en

effacerait toute parole vive, toute expression irritante
échappée à l'entraînement de l'improvisation. M. Benedetti a consciencieusement rempli sa mission. Cependant
il n'est pas impossible de retrouver dans ces analyses
effacées la physionomie et le ton des orateurs. L'habitude de ne rien laisser deviner de ses impressions sur
son visage est un talent du diplomate : l'ambassadeur
ottoman ne laissa-t-il échapper aucun signe contraire à
l'impassibilité de l'ambassadeur et du Turc à l'appel
adressé par le président du congrès aux trois puissances
garantes pour mettre un terme à l'état fâcheux dans lequel se trouvait la Grèce ? M. de Buol a-t-il gardé tout
son sang-froid pendant que M. de Cavour, la taille
serré dans un étroit habit noir, le cou emprisonné
dans une cravate militaire, le regarde avec des yeux
petillants de plaisir et de malice à travers le verre bleu
de ses lunettes, au moment où M. Walewski appelle
l'attention des puissances sur la situation du royaume
de Naples, des États de l'Église, et sur les dangers
de l'occupation de l'Italie par l'armée autrichienne ?
a-t-il pu rester impassible lorsqu'aux regards malicieux
de M. de Cavour se sont joints ceux du comte Orloff
qui semble dire à son collègue : « Tous les comptes ne
sont pas réglés, nous allons voir ce que vous aura coûté
votre ingratitude ? » Lord Clarendon a bien certainement
pris un air plus sérieux, en entendant M. Walewski
ajouter ces mots au passage de son discours sur la presse
belge : « Nous regretterions d'être placés dans l'obligation de faire comprendre nous-mêmes à la Belgique la
nécessité rigoureuse de modifier une législation qui ne
permet pas à son gouvernement de remplir le premier

des devoirs internationaux, celui de ne pas tolérer chez soi des menaces ayant pour but avoué de porter atteinte à la tranquillité des États voisins. »

M. Walewski, après avoir exposé le programme des exigences de la politique du gouvernement français, termina par cette proposition :

« Maintenant, messieurs, je propose au congrès de terminer son œuvre par une déclaration qui constituerait un progrès notable dans le droit international, et qui serait accueillie par le monde entier avec un sentiment de vive reconnaissance. Le congrès de Westphalie a consacré la liberté de conscience, le congrès de Vienne l'abolition de la traite des noirs, et la liberté de la navigation des fleuves ; il serait digne du congrès de Paris de mettre fin à de trop longues dissidences en posant les bases d'un droit maritime uniforme, en temps de guerre. Les quatre principes suivants atteindraient complétement ce but : 1° abolition de la course ; 2° le pavillon neutre couvre la marchandise ennemie, excepté la contrebande de guerre ; 3° la marchandise neutre, excepté la contrebande de guerre, n'est pas saisissable même sous pavillon ennemi ; 4° les blocus ne sont obligatoires qu'autant qu'ils sont effectifs. »

Les membres du congrès, quand ils interrompaient la séance, avaient l'habitude de passer dans le salon dit de la Rotonde, où un *lunch* était en permanence ; les diplomates descendaient ensuite dans le jardin et continuaient la discussion en fumant un cigare ; le comte Orloff aimait à déployer sa bonne humeur pendant ces heures de récréation ; lord Clarendon était, après lui, le plus gai des plénipotentiaires ; aucun cependant des collègues de M. de Cavour ne se montra plus joyeux que lui, pendant l'interruption de la séance du 8 avril.

Lord Clarendon, en remontant dans son fauteuil, répondit à M. Walewski :

« Le traité du 30 mars ouvre une ère nouvelle ; ainsi que le disait l'Empereur au congrès, en le recevant après la signature du traité, cette ère est celle de la paix, mais pour être conséquents on ne doit rien négliger pour rendre cette paix solide et durable ; représentant les puissances de l'Europe, le congrès manquerait à son devoir, si, en se séparant, il consacrait par son silence des situations qui nuisent à l'équilibre politique, et qui sont loin de mettre la paix à l'abri de tout danger dans un des pays les plus intéressants de l'Europe. Nous venons de pourvoir à l'évacuation des différents territoires occupés par les armées étrangères pendant la guerre, nous venons de prendre l'engagement solennel d'effectuer cette évacuation dans le plus bref délai ; comment ne nous occuperions-nous pas des occupations qui ont eu lieu avant la guerre, et nous abstiendrions-nous de rechercher les moyens d'y mettre fin ? Il est inutile de rechercher les causes qui ont amené des armées étrangères sur plusieurs points de l'Italie ; mais en admettant qu'elles soient légitimes, elles n'en ont pas moins produit un état anormal qui ne peut être justifié que par une nécessité extrême, et cesser quand cette nécessité n'existe plus ; mais si l'on se contente de s'appuyer sur la force armée au lieu de remédier aux justes causes de mécontentement, il est certain que cette nécessité, peu honorable pour les gouvernements et nuisible pour les peuples, se maintiendra. L'administration des États romains, par exemple, pourrait faire naître des dangers qu'il est du devoir du congrès de prévenir, s'il ne veut pas servir les intérêts de la révolution. Il s'agit de combiner la retraite des troupes avec le maintien de la tranquillité publique. Une administration qui, en faisant renaître la confiance, rendrait inutile le secours étranger, pourrait seule résoudre ce problème. Cet appui étranger ne réussissant jamais à maintenir un gouvernement auquel l'opinion publique est hostile, il en résulte un rôle que la France et l'Autriche ne sauraient accepter pour leurs armées. Le bien-être des États pontificaux, et l'intérêt de la souveraineté légitime du pape exigent la sécularisation de l'administration, et l'adoption d'un système en harmonie avec l'esprit du siècle ; si cette réforme présente quelques difficultés en ce moment à Rome, rien n'empêche de l'appliquer tout de suite dans les Légations. Depuis huit ans, Bologne est en état de siége, le brigandage règne dans les campagnes, un régime administratif laïque et séparé, l'organisation d'une force nationale ramèneraient rapidement la confiance dans le pays, et rendraient un plus long séjour des Autrichiens inutile.

» Quant au gouvernement napolitain, j'imiterai l'exemple de M. Walewski, et je passerai sous silence les actes qui ont eu un si fâcheux retentissement ; il est vrai, en principe, qu'aucun gouvernement n'a le droit d'intervenir dans les affaires intérieures des autres États ; mais il croit qu'il est des moments où il est permis de faire exception à cette règle, et il lui semble que le gouvernement napolitain a imposé ce droit et ce devoir à l'Europe ; puisque tous les gouvernements représentés au congrès entendent maintenir le principe monarchique contre la révolution, on doit élever la voix contre un système qui maintient l'agitation au sein des masses; nous ne voulons pas que la paix soit troublée, mais il n'y a pas de paix sans justice ; faisons donc parvenir au roi de Naples le vœu du congrès pour l'amélioration de son système de gouvernement, vœu qui ne saurait rester stérile, et demandons-lui une amnistie en faveur des personnes qui ont été condamnées, ou qui sont détenues sans jugement pour délits politiques.

» Quant aux observations présentées par M. Walewski sur les excès de la presse belge, et les dangers qui en résultent pour les pays limitrophes, nous en reconnaissons l'importance ; mais représentants d'un pays qui compte la presse parmi ses institutions fondamentales, je ne saurais m'associer à des mesures de coercition contre la presse d'un autre État; en déplorant la violence à laquelle se livrent certains organes de la presse belge, je n'hésite pas à déclarer que les auteurs de ces exécrables doctrines auxquelles M. Walewski faisait allusion, et ceux qui prêchent l'assassinat comme moyen d'atteindre un but politique, sont indignes de la protection qui garantit à la presse sa liberté et son indépendance.

» En terminant, je rappellerai que l'Angleterre a, comme la France au commencement de la guerre, cherché tous les moyens d'en atténuer les effets, et que dans ce but, pendant la guerre qui vient de cesser, elle a renoncé au profit des neutres à des principes qu'elle avait invariablement maintenus jusqu'ici. J'ajouterai même que l'Angleterre est disposée à y renoncer définitivement pourvu que la course soit également à tout jamais abolie. La course n'est autre chose qu'une piraterie autorisée et légale, le corsaire représente un des plus grands fléaux de la guerre, la civilisation et l'humanité exigent qu'on en finisse avec ces moyens qui ne sont plus de notre temps; si le congrès tout entier se rallie à la proposition de M. le comte Walewski, il est bien entendu qu'elle n'engage qu'à l'égard des puissances qui y auront accédé, et qu'elle ne pourra être invoquée par les autres. »

M. le comte Orloff. — Les pouvoirs dont j'ai été munis ayant pour unique objet le rétablissement de la paix, je ne me crois pas autorisé à prendre part à une discussion que mes instructions n'ont pas pu prévoir.

M. le comte de Buol. — Je me félicite de voir les gouvernements de France et d'Angleterre disposés à mettre fin aussi promptement que possible à l'occupation de la Grèce. L'Autriche forme les vœux les plus sincères pour la prospérité de ce royaume, et, comme la France, elle désire que sous la protection du droit public, tous les pays jouissent d'une complète prospérité et de toute leur indépendance politique. Je ne doute pas qu'une législation combinée de façon à prévenir ou à réprimer les excès de la presse ne soit une des conditions nécessaires pour obtenir ce résultat. La répression des excès dont M. le comte Walewski a parlé est certainement un besoin européen, et j'espère que, dans tous les États continentaux où la presse offre les mêmes dangers qu'en Belgique, les gouvernements sauront trouver dans leur législation les moyens de la contenir dans de justes limites, et qu'ils parviendront ainsi à mettre la paix à l'abri de nouvelles complications internationales.

Quant aux principes de droit maritime dont M. le premier plénipotentiaire de la France propose l'adoption, j'en apprécie l'esprit et la portée, mais n'étant pas autorisé par mes instructions à donner mon avis sur une matière aussi importante, je me borne à annoncer au congrès que je consulterai à ce sujet mon souverain. Mais là doit se borner ma tâche ; il me serait impossible en effet de m'entretenir de la situation intérieure d'États indépendants qui ne sont pas représentés au congrès. Nous avons reçu pour mission de nous occuper des affaires du Levant, et non d'adresser à des souverains indépendants des vœux relatifs à l'organisation intérieure de leur pays. Pour les mêmes motifs, je m'abstiendrai d'entrer dans l'ordre d'idées abordé par M. le premier plénipotentiaire de la Grande-Bretagne, et de donner des explications sur la durée de l'occupation des États romains par les troupes d'Autriche, tout en m'associant cependant aux paroles prononcées à ce sujet par M. le premier plénipotentiaire de la France.

M. le comte Walewski. — Je ferai remarquer qu'il ne s'agit ici ni d'arrêter des résolutions définitives, ni de prendre des engagements, encore moins de s'immiscer directement dans les affaires intérieures des gouvernements représentés ou non représentés au Congrès, mais uniquement de consolider, de compléter l'œuvre de la paix en se préoccupant d'avance des nouvelles complications qui pourraient surgir soit de la prolongation indéfinie et non justifiée de certaines occupations étrangères, soit d'un système de rigueurs inopportun et impolitique, soit d'une licence perturbatrice contraire aux intérêts internationaux.

M. le baron de Hubner. — Les plénipotentiaires de l'Autriche ne sont autorisés ni à donner une assurance ni à exprimer des vœux. La réduction de l'armée autrichienne dans les Légations dit assez que le cabinet impérial a l'intention de rappeler ses troupes dès qu'une semblable mesure sera jugée opportune.

Le premier plénipotentiaire prussien parlait rarement, et une curiosité d'autant plus vive s'attachait à ses paroles, que tous les plénipotentiaires savaient bien que la Prusse n'avait été admise au congrès qu'à la demande directe de la France. Une occasion s'offrait de lui en témoigner sa gratitude, la saisirait-elle ?

M. le baron de Manteuffel. — Je connais assez les intentions du roi mon auguste maître, pour ne pas hésiter à exprimer mon opinion, quoique je n'aie point d'instructions sur les questions dont le congrès a été saisi. Les principes maritimes que le congrès est invité à s'approprier ont toujours été professés par la Prusse, qui s'est constamment efforcée de les faire prévaloir ; je me considère donc comme autorisé à prendre part à la signature de tout acte ayant pour objet de les faire admettre définitivement dans le droit public européen. Je ne méconnais nullement la haute importance des autres questions qui ont été débattues, mais je remarque qu'on a passé sous silence une affaire d'un intérêt majeur pour ma cour, et pour l'Europe : je veux parler de la situation actuelle de la principauté de Neuchâtel, le seul point en Europe où contrairement aux traités, et à tout ce qui a été admis par les grandes puissances, domine un pouvoir révolutionnaire qui méconnaît les droits du souverain. Je demande que cette question soit comprise parmi celles qui seront examinées. Le roi mon souverain appuie de tous ses vœux la prospérité du royaume de Grèce ; il désire ardemment la fin des causes qui ont amené l'occupation étrangère ; quant au royaume des Deux-Siciles, les démarches dont on parle pourraient offrir divers inconvénients ; il est bon de se demander si des avis de la nature de ceux qui nous sont proposés ne susciteraient pas dans le pays un esprit d'opposition et des mouvements révolutionnaires. Je ne crois pas devoir entrer dans l'examen de la situation actuelle des États pontificaux, je me borne à exprimer le désir qu'il soit possible de placer ce gouvernement dans des conditions qui rendraient désormais superflue l'occupation étrangère. J'ajouterai, en terminant, que le gouvernement prussien reconnaît parfaitement la funeste influence qu'exerce la presse subversive et les dangers qu'elle sème en prêchant le régicide et la révolte, et la Prusse participera volontiers à l'examen des mesures qu'on jugerait convenables pour mettre un terme à ces menées.

Le plénipotentiaire piémontais écouta probablement ce discours en s'agitant, selon son habitude, sur sa chaise, et en retournant dans ses doigts une plume dont il écrasait de temps en temps le bec sur le tapis de la table. Le président lui donne la parole :

M. le comte de Cavour. — Je n'entends nullement contester le droit qu'a tout plénipotentiaire de ne pas prendre part à la discussion d'une question qui n'est pas prévue par ses instructions ; il importe cependant que l'opinion émise par certaines puissances sur l'occupation de Rome soit constatée au protocole. L'occupation des États-Romains par l'Autriche prend tous les jours un caractère plus permanent ; elle dure depuis sept ans sans qu'on puisse prévoir sa cessation ; les causes qui y ont donné lieu subsistent toujours, l'état du pays ne s'est nullement amélioré ; il suffit, pour s'en convaincre, de remarquer que l'Autriche se croit dans la nécessité de maintenir dans toute sa vigueur l'état de siége à Bologne, où il date de l'occupation même. La présence des troupes autrichiennes dans les Légations et dans le duché de Parme détruit l'équilibre politique en Italie, et constitue pour la Sardaigne un véritable danger ; notre devoir est de signaler à l'Europe un état de choses aussi anormal que celui qui résulte de l'occupation indéfinie d'une grande partie de l'Italie par l'Autriche. Sur Naples, je partage entièrement l'avis de M. le comte Walewski et de M. le comte Clarendon, il importe au plus haut degré de suggérer des tempéraments, qui, en apaisant les passions, rendraient moins difficile la marche régulière des choses dans les autres États de la Péninsule.

M. le baron de Hubner. — M. le premier plénipotentiaire de la Sardaigne a parlé seulement de l'occupation autrichienne, et gardé le silence sur celle de la France ; les deux occupations cependant ont eu lieu à la même époque, et dans le même but ; on ne saurait admettre l'argument tiré de la permanence de l'état de siége à Bologne ; si un état exceptionnel est encore nécessaire dans cette ville, tandis qu'il a cessé depuis longtemps à Rome et à Ancône, cela semble tout au plus prouver que les dispositions des populations de Rome et d'Ancône sont plus satisfaisantes que celles de la ville de Bologne. Les États-Romains ne sont pas les seuls occupés en Italie. Les communes de Roquebrune et de Menton sont depuis huit ans occupées par la Sardaigne, et la seule différence qu'il y ait entre les deux occupations, c'est que les Autrichiens et les Français ont été appelés par le souverain du pays, tandis que les troupes sardes ont pénétré sur le territoire du prince de Monaco contrairement à ses vœux, et qu'elles s'y maintiennent malgré ses réclamations.

M. le comte de Cavour. — Je désire voir cesser l'occupation française aussi bien que l'occupation autrichienne, mais je ne puis m'empêcher de considérer l'une comme bien autrement dangereuse que l'autre pour les États indépendants de l'Italie ; un faible corps d'armée à une grande distance de la France n'est menaçant pour personne, tandis qu'il est fort inquiétant de voir l'Autriche, appuyée sur Ferrare et sur Plaisance dont elle étend les fortifications contrairement à l'esprit, sinon à la lettre des traités de Vienne, s'étendre le long de l'Adriatique jusqu'à Ancône. Quant à Monaco, la Sardaigne est prête à retirer les cinquante hommes qui occupent Menton, si le prince est en état de rentrer dans ce pays sans s'exposer aux plus graves dangers. Je ne crois pas au reste qu'on puisse accuser la Sardaigne d'avoir contribué au renversement de l'ancien gouvernement afin d'occuper les États, puisque le prince n'a pu conserver son autorité que dans la seule ville de Monaco que la Sardaigne occupait en 1848 en vertu des traités.

M. le baron de Brunnow. — Je crois devoir signaler au congrès une circonstance particulière, c'est que l'occupation de la Grèce par les troupes alliées a eu lieu pendant la guerre, et que les relations se trouvant heureusement rétablies entre les trois cours protectrices, le moment est venu de se concerter sur les moyens de revenir à une situation conforme à l'intérêt commun. Les plénipotentiaires de la Russie ont accueilli avec satisfaction, et ils transmettront avec empressement à leur gouvernement les dispositions manifestées par messieurs les plénipotentiaires de la France et de la Grande-Bretagne, et la Russie s'associera volontiers à toutes les mesures propres à réaliser l'objet qu'on s'est proposé en fondant le royaume hellénique ; nous prendrons les ordres de notre cour sur la proposition soumise au congrès relativement au droit maritime.

M. le comte Walewski. — Je me félicite d'avoir engagé les plénipotentiaires à échanger leurs idées; on aurait pu peut-être se prononcer d'une manière plus utile et plus complète sur quelques-uns des sujets qui ont attiré l'attention du congrès, mais tel qu'il a eu lieu, l'échange peut avoir encore son utilité; il en ressort en effet : 1° que personne ne conteste la nécessité d'améliorer la situation de la Grèce, et que les trois cours protectrices reconnaissent l'importance de s'entendre entre elles à cet égard; 2° que les plénipotentiaires de l'Autriche se sont associés au vœu exprimé par les plénipotentiaires de la France de voir les États pontificaux évacués par les troupes françaises et autrichiennes aussitôt que faire se pourra sans inconvénient pour la tranquillité du pays, et pour la consolidation de l'autorité du saint-siége; 3° que les plénipotentiaires, et même ceux qui ont cru devoir réserver le principe de la liberté de la presse, n'ont pas hésité à flétrir hautement les excès auxquels les journaux belges se livrent impunément, et reconnaissent la nécessité de remédier aux inconvénients qui résultent de la licence effrénée dont il est fait si grand abus en Belgique; 4° qu'enfin l'accueil fait par tous les plénipotentiaires à l'idée de clore leurs travaux par une déclaration de principes en matière de droit maritime fait espérer qu'à la prochaine session ils auront reçu de leur gouvernement respectif l'autorisation d'adhérer à un acte qui, en couronnant l'œuvre du congrès de Paris, réaliserait un progrès digne de notre époque.

L'attitude future des puissances commence à se dessiner dans cette séance : l'Angleterre ne sait pas trop si elle doit être contente ou mécontente de la paix ; son embarras se trahit par des propositions platoniques dans le genre de celle de recourir à l'action médiatrice d'un État ami avant d'en appeler à la force en cas de dissentiment entre la Porte et une ou plusieurs puissances signataires, et d'étendre cet arbitrage à toutes les querelles entre des puissances quelconques ; l'Angleterre s'alarmait des menaces contre la presse belge qui s'adressaient au fond au gouvernement belge lui-même; l'Autriche, furieuse contre la presse piémontaise, n'était pas fâchée de tomber sur la presse belge, mais la tristesse se mêlait à sa satisfaction en songeant à la gravité des questions soulevées par la France ; la Prusse approuvait les menaces contre la presse, et redemandait Neuchâtel ; mais pour l'obtenir de l'Europe, il aurait fallu avoir fait quelque chose pour elle. Le Piémont seul était satisfait.

L'entrée de cet État au congrès n'était pas du goût de l'Autriche ; ses efforts pour l'en exclure furent tels que le Piémont craignit un moment de n'y être point admis ; l'insistance de l'Angleterre, de la France et surtout de la Russie triompha des résistances de l'Autriche. M. de Cavour cependant n'avait pas mis grand empressement à se rendre à cette réunion : « A quoi bon aller là-haut ? », écrivait-il à un ami, « pour être traité comme un enfant ! » Il craignait d'en être réduit au rôle de comparse par les puissances qui croiraient avoir beaucoup fait pour le Piémont en lui ouvrant les portes du congrès. La paix avait surpris le ministre de Victor-Emmanuel, et ce n'était pas la dernière fois que cela devait lui arriver ; qu'attendait-il de la continuation de la lutte ? l'inconnu, l'imprévu. M. de Cavour, en étudiant les séances, en assistant aux discussions auxquelles il prenait la part modeste qui lui convenait en présence des grandes puissances, ne fut pas longtemps sans s'apercevoir que toutes ses espérances n'étaient pas perdues. La France s'était rapprochée de la Russie, et l'Angleterre de l'Autriche ; le Piémont attendait avec impatience que le nom de l'Italie fût prononcé. Le congrès touchait à sa fin, les stipulations essentielles étaient réglées, lorsque Walewski, président du congrès et chargé, à ce titre, d'introduire les sujets de délibération, appela tout d'un coup, comme on le vient de le voir, l'attention des plénipotentiaires sur la situation de ce pays.

M. de Cavour, content de voir la question italienne se poser devant le congrès, ne comptait pas beaucoup sur cette assemblée pour la résoudre. Cette lettre, écrite par lui à M. Rattazzi, quatre jours après la séance, dont le résumé est contenu dans les pages précédentes, montre à quel genre de moyens il était décidé à recourir afin de rendre l'indépendance à son pays.

« Cher collègue, j'envoie un courrier à Chambéry afin de pouvoir vous écrire sans réticences ; j'aborde maintenant le second sujet de ma lettre, et le plus important. Convaincu que l'impuissance de la diplomatie et du congrès aura de funestes effets en Italie, et placera le Piémont dans des conditions difficiles et dangereuses, j'ai pensé qu'il convenait d'examiner s'il ne serait pas possible d'arriver à une solution complète par les moyens héroïques..... les armes. Dans ce but, j'eus hier matin la conversation suivante avec lord Clarendon : « Milord, ce qui s'est passé au congrès prouve deux choses : 1° Que l'Autriche est décidée à persister dans son système d'oppression et de violence envers l'Italie ; 2° que les efforts de l'Italie sont impuissants à modifier son système. Il en résulte pour le Piémont des conséquences excessivement fâcheuses. En présence de l'irritation des partis d'un côté, et de l'arrogance de l'Autriche de l'autre, il n'y a que deux partis à prendre : ou se réconcilier avec l'Autriche et le Pape, ou se préparer à déclarer la guerre à l'Autriche dans un avenir peu éloigné. Si le premier parti était préférable, je devrais, à mon retour à Turin, conseiller au roi d'appeler au pouvoir des amis de l'Autriche et du Pape. Si au contraire la seconde hypothèse est la meilleure, mes amis et moi nous ne craindrons pas de nous préparer à une guerre terrible, à une guerre à mort, *the war to the knife*, la guerre jusqu'avec les couteaux. Ici je m'arrêtai. Lord Clarendon, sans montrer ni étonnement, ni désapprobation, dit alors : « Je crois que vous avez raison, votre position devient bien difficile, je conçois qu'un éclat devienne inévitable, seulement le moment d'en parler tout haut n'est pas encore venu. » Je répliquai : « Je vous ai donné des preuves de ma modération et de ma prudence, je crois qu'en politique il faut être excessivement réservé en paroles, et excessivement décidé quant aux actions. Il y a des positions où il y a moins de dangers dans un parti audacieux que dans un excès de prudence. Avec La Marmora, je suis persuadé que nous sommes en état de commencer la guerre, et pour peu qu'elle dure, vous serez bien forcés de nous aider. » Lord Clarendon répliqua avec une grande vivacité : « Oh ! certainement, si vous êtes dans l'embarras, vous pouvez compter sur nous, et vous verrez avec quelle énergie nous viendrons à votre aide. »

« Après quoi, je ne poussai pas plus loin et me bornai à quelques expressions d'amitié et de sympathie pour l'Angleterre et pour lord Clarendon. Vous pouvez juger vous-même de l'importance des paroles prononcées par un ministre qui a la réputation d'être prudent et réservé. L'Angleterre que la paix afflige verrait, j'en ai la certitude, naître avec plaisir l'opportunité d'une nouvelle guerre, et d'une guerre aussi populaire que l'affranchissement de l'Italie. Pourquoi donc ne pas profiter de la disposition, et tenter un effort pour accomplir les destinées de la maison de Savoie et de notre pays ? Cependant, comme il s'agit d'une question de vie ou de mort, il nous faut procéder avec une grande circonspection ; c'est pour cela même que je crois qu'il est convenable que je me rende à Londres pour m'y entretenir avec lord Palmerston et les autres chefs du gouvernement. Si ceux-ci partagent la manière de voir de Clarendon, il faut se préparer secrètement, faire l'emprunt de trente millions, et, au retour de La Marmora, adresser à l'Autriche un ultimatum qu'elle ne pourra accepter, et commencer la guerre.

» L'Empereur ne saurait s'opposer à cette guerre, en secret il la désire. Il nous aidera certainement s'il voit l'Angleterre disposée à entrer en lice. Je tiendrai d'ailleurs, avant mon départ, à l'Empereur un discours analogue à celui que j'ai adressé à lord Clarendon. Les dernières conversations que j'ai eues avec lui et avec ses ministres étaient de nature à préparer la voie à une déclaration de guerre. L'unique obstacle à prévoir, c'est le Pape. Qu'en faire dans le cas d'une guerre italienne ?

» J'espère qu'après avoir lu cette lettre vous ne me croirez pas atteint d'une fièvre cérébrale ou tombé dans un état d'exaltation morale. Au contraire, ma santé intellectuelle est excellente ; jamais je ne me suis senti aussi calme, je me suis fait une réputation de modération. Clarendon me l'a souvent dit, le prince Napoléon m'accuse de mollesse, et même Walewski me félicite de ma contenance. Mais en vérité, je suis persuadé qu'on pourra, avec grande chance de succès, essayer de l'audace. Comme vous pouvez en être convaincu, je n'assumerai aucun engagement ni prochain ni éloigné ; je recueillerai les faits, et, à mon retour, le roi et mes collègues décideront de ce qu'il y aura à faire.

» Aujourd'hui encore, il n'y a pas de conférence. Le procès-verbal de la séance orageuse de mardi n'a pas été préparé. Lord Clarendon est très-disposé à ouvrir la lutte avec Buol, mais peut-être celui-ci cherchera-t-il à l'éviter, en ne faisant pas d'observation sur le protocole. Cependant Clarendon a envoyé Cowley auprès de Hubner pour lui dire que toute l'Angleterre serait indignée des paroles prononcées par le ministre autrichien quand elle en aurait connaissance. Aujourd'hui, dîner monstre chez l'Empereur ; il me sera difficile de lui parler. Je lui demanderai de m'accorder une audience particulière. »

Lord Clarendon, dans une séance de la chambre des lords, a protesté plus tard contre les assertions de cette lettre ; mais il est évident que cette protestation ne lui était arrachée que par la nécessité de parer à une publicité intempestive ; il y a loin de la personne elle-même parlant, agitant, gesticulant, au papier ; M. de Cavour avait donc pu se faire illusion sur le sens que lord Clarendon intérieurement attachait à ses paroles, et en dépasser la portée ; mais il ne se trompait pas en écrivant, dès le mois de mars, à un de ses amis : « Dans trois ans, nous aurons la guerre, la bonne. »

La paix étant décidée, M. Feuillet de Conches, chef du protocole, suivi de deux secrétaires, se rendit chez le directeur du Jardin des plantes, et se fit conduire devant la cage du grand aigle (*Aquila major*). Un garçon du Jardin, muni de ses instructions, s'introduit dans la cage, jette un chaperon sur la tête de l'oiseau, s'en empare et arrache à sa queue une magnifique plume, celle qui doit signer le traité. M. Feuillet de Conches ne tarda pas à verser, avec le cérémonial convenable, l'encre officielle dans l'encrier d'or.

Les rédacteurs en chef des journaux de Paris, convoqués le 25 avril, à midi, au ministère de l'intérieur, au moment même où l'Imprimerie impériale mettait sous presse les proclamations destinées à faire connaître la grande nouvelle de la paix à la population parisienne, apprirent de la bouche du chef de division de la presse que la consigne du silence était levée et qu'ils pouvaient parler. Les passants attardés qui, pendant la nuit, longèrent le quai, virent briller les vitres du bureau du protocole, où dix employés travaillaient sans relâche à faire des copies du traité. A cinq heures du matin, toutes les copies étaient finies.

Les plénipotentiaires, en grand costume, entrèrent

à midi dans la salle de leurs délibérations, assistés de leurs secrétaires, et collationnèrent les instruments du traité présentés à leur signature par M. Feuillet de Conches; le personnel tout entier du cabinet était sur pied, prêt à se rendre aux ordres du ministre; les plénipotentiaires communiquaient de la salle du congrès dans le salon des attachés; toutes les portes furent fermées à une heure un quart; il ne resta plus dans le salon des attachés que M. de Billing, chef du cabinet, M. d'Heliand, secrétaire archiviste de la direction politique, et M. Gourdon, chef de section à la division de la presse au ministère de l'intérieur, chargé des rapports avec le ministre des affaires étrangères; la porte du grand salon s'entr'ouvrit au bout d'un quart d'heure; M. Walewski dit quelques mots à voix basse à son chef de cabinet; celui-ci s'élança sur le chemin des Tuileries pour annoncer à l'Empereur que la première signature venait d'être apposée au traité.

Trois cent quatre-vingt-douze signatures, ni plus ni moins, devaient figurer au bas du traité; la plume d'aigle taillée par M. Feuillet de Conches n'eût pas suffi à cette besogne; chaque plénipotentiaire s'en servit une fois, et eut recours ensuite à une simple plume d'oie; sept exemplaires du traité de l'acte additionnel et de ses deux annexes formaient un total de vingt-huit pièces à signer; en une heure tout fut terminé, et le congrès se rendit en corps aux Tuileries.

M. Walewski, en autorisant M. Gourdon à porter la nouvelle de la conclusion de la paix au ministre de l'intérieur, crut devoir ajouter quelques mots flatteurs pour la presse, dont « il avait été fort content pendant toute la durée du congrès ». Le préfet de police, averti à son tour de l'heureuse issue des négociations, fait couvrir Paris d'affiches, le canon des Invalides tonne, le *Moniteur* lance un supplément; la collection de drapeaux formée par les établissements publics, depuis l'Empire, se déploie aux fenêtres et au-dessus des enseignes, en attendant les illuminations du soir; le télégraphe s'agite, les courriers partent : la paix est signée, et cependant la bourse ne monte pas !

Les garçons de bureau, qui croyaient, en entrant les premiers dans la salle du congrès, mettre la main sur quelque objet ayant appartenu à cette assemblée, aubaine innocente qui leur appartenait de droit, furent bien trompés dans leur attente : les plénipotentiaires, les secrétaires et les attachés s'étaient partagé ces dépouilles diplomatiques avant de se séparer.

Les membres du congrès, le corps diplomatique, l'archevêque de Paris, les ministres, les présidents des grands corps de l'État prirent place, le lendemain, à un banquet donné par M. Walewski; le président du congrès était élevé à la dignité de grand'croix de la Légion d'honneur; M. de Bourqueney entrait au Sénat : les fêtes finirent par la revue du 1er avril; cette fête, dirent les journaux du gouvernement, prouvait à l'étranger que la France, outre ses 300 000 soldats encore en ligne, avait une armée à l'intérieur. L'étranger connaissait les ressources de la France, mais il connaissait aussi ses pertes.

Un événement important pour la famille impériale s'était accompli pendant les négociations.

Le 15 mars, M. de Morny, qui avait remplacé M. Billault comme président du Corps législatif, apprit à ses collè-

NAISSANCE DU PRINCE IMPÉRIAL. 657

gues que l'Impératrice entrait dans les douleurs de l'enfantement ; l'assemblée se déclara en permanence. Des bruits alarmants circulèrent bientôt dans la salle des conférences : l'accouchement, disaient les nouvellistes, est laborieux ; l'enfant se présente par la tête sans pouvoir sortir et court risque d'être étouffé ; les alarmistes ajoutaient : « Il est question de chloroformer la patiente, et le médecin de la reine d'Angleterre, arrivé dans la nuit aux Tuileries, se tient prêt ; mais la crainte d'accidents nerveux plus graves empêche de recourir à ce moyen. »

L'Impératrice, au moment des grandes douleurs, serrait dans sa main un reliquaire que lui avait prêté l'Empereur et dont il ne se sépare jamais. Les douleurs, commencées à quatre heures du matin, s'apaisèrent ensuite de façon à lui permettre de communier une seconde fois. Les princes et les princesses de la famille impériale et de la famille de l'Empereur avaient été prévenus dès six heures du matin. Le prince Napoléon et le prince Lucien Murat étaient désignés pour assister à l'accouchement. Les douleurs reprirent vers les trois heures ; elles duraient encore à six heures.

Les plénipotentiaires du congrès dînaient justement ce jour-là chez M. Baroche, retenu aux Tuileries comme président d'un des grands corps de l'État ; les députés, rentrés au palais législatif après avoir pris leur repas, se préparaient à y passer la nuit, mais une dépêche, en date de dix heures du soir, prévint M. de Morny que « l'état de S. M. l'Impératrice ne laissait pas prévoir un accouchement prochain ». M. de Morny, le lendemain, à huit heures du matin, prit place au fauteuil : « Ce matin, à trois heures, Sa Majesté l'Impératrice est accouchée d'un prince impérial; en cette circonstance, je suis sûr que vous participerez tous à la joie de la France entière. » Les cris usités en pareil cas lui répondirent. Un député fit la proposition à ses collègues de se rendre en masse aux Tuileries, un autre de remercier le ciel par des prières publiques ; M. de Morny leur fit remarquer que tout le monde pouvait se rendre au château, mais que la réception officielle était fixée par le programme, et que l'archevêque de Paris avait pourvu aux prières par son mandement.

Les personnes invitées à l'endoiement du Prince impérial s'aperçurent que le fer avait laissé sur la figure de l'enfant quelques traces de meurtrissure. La cérémonie eut lieu dans la chapelle des Tuileries, en présence des grands dignitaires de la maison impériale, des cardinaux, du curé de Saint-Germain-l'Auxerrois, du premier aumônier et de ses chapelains; l'abbé Desplaces, prédicateur de la station quadragésimale à la cour, prononça une allocution ; le nouveau-né fut apporté avec le cérémonial prescrit, et les grands dignitaires signèrent l'acte d'ondoiement de Jean-Joseph-Napoléon, fils de France ; le pape, son parrain, s'appelait Jean, et la reine de Suède, sa marraine, Joséphine.

L'expression d'Enfant de France excita dans le public une certaine impression d'étonnement et de surprise. L'Empereur crut devoir s'en expliquer dans sa réponse aux félicitations du Sénat :

« Vous avez salué comme un événement heureux la venue au monde d'un Enfant de France. C'est avec intention que je me sers de ce mot. En effet, l'empereur Napoléon mon oncle, qui avait appliqué au nouveau système créé par la Révolution tout ce que l'ancien régime avait de grand et d'élevé, avait repris cette ancienne dénomination des Enfants de France. C'est qu'en effet, messieurs, lorsqu'il naît un héritier destiné à perpétuer un système national, cet enfant n'est pas seulement le rejeton d'une famille, mais il est véritablement encore le fils du pays, et ce nom lui indique ses devoirs. Si cela était vrai sous l'ancienne monarchie qui représentait plus exclusivement les classes privilégiées, à plus forte raison aujourd'hui que le souverain est l'élu de la nation, le premier citoyen du pays, et le représentant des intérêts de tous. »

L'Empereur reçut le 18 mars les félicitations des grands corps de l'État. Voici sa réponse à M. de Morny :

J'ai été bien touché de la manifestation de vos sentiments à la naissance du fils que la Providence a bien voulu m'accorder. Vous avez salué en lui l'espoir dont on aime à se bercer de la perpétuité d'un système qu'on regarde comme la plus sûre garantie des intérêts généraux du pays, mais les acclamations unanimes qui entourent son berceau ne m'empêchent pas de réfléchir sur la destinée de ceux qui sont nés dans le même lieu, et dans des circonstances analogues. Si j'espère que son sort sera plus heureux, c'est que, confiant d'abord dans la Providence, je ne puis douter de sa protection en la voyant relever par un concours de circonstances extraordinaires tout ce qu'il lui avait plu d'abattre il y a quarante ans, comme si elle avait voulu vieillir par le martyre et par le malheur une nouvelle dynastie sortie des rangs du peuple. Ensuite l'histoire a des enseignements que je n'oublierai pas. Elle me dit d'une part qu'il ne faut pas abuser des faveurs de la fortune, de l'autre, qu'une dynastie n'a de chance de stabilité que si elle reste fidèle à son origine, en s'occupant uniquement des intérêts populaires pour lesquels elle a été créée. Cet enfant que consacrent à son berceau la paix qui se prépare, la bénédiction du Saint-Père apportée par l'électricité une heure après sa naissance, enfin les acclamations de ce peuple français que *l'Empereur a tant aimé*, cet enfant, dis-je, sera digne des destinées qui l'attendent. »

Le langage assez habile de l'Empereur était affaibli par les arguments employés pour le corroborer : les Bourbons remontés sur le trône après des souffrances et un exil qui valaient l'exil et les souffrances des Bonaparte, la France vaincue à Waterloo, l'Europe couverte des cadavres de ses enfants, le duc de Berry assassiné, Charles X exilé, la duchesse d'Angoulême reprenant le chemin de l'exil, Louis-Philippe sept fois en butte aux coups des assassins, la guerre civile de Juin, la Providence n'avait fait assister le monde à ces événements que pour la consécration de la dynastie des Bonaparte !

Les discours furent suivis du défilé des corps constitués devant le nouveau-né, couché dans un berceau tendu de bleu ; le ruban de la Légion d'honneur pendait sur l'un des rebords. Madame l'amirale Bruat, gouvernante des Enfants de France, madame de Brancion et madame Bizot, sous-gouvernantes, se tenaient debout derrière le berceau.

La naissance de l'héritier de la couronne fut suivie des munificences traditionnelles : billets pour retirer les effets du mont-de-piété, distributions de secours, spectacles gratuits, doublement des appointements du mois à toutes les personnes attachées à la maison impériale. Une tradition monarchique exige que les enfants nés le même jour que le prince aient le souverain et la souveraine pour parrain et marraine ; elle fut soigneusement observée. Les généraux Canrobert et Bosquet apprirent à table, de la bouche même de Napoléon III, leur élévation à la dignité de maréchal ; des croix d'honneur furent largement distribuées, mais quelque considérable qu'ait été le nombre des élus, il est certainement resté bien au-dessous de celui des solliciteurs, car le nombre des demandes dépassa quatre-vingt mille.

La signature de la paix suivit de près la naissance du Prince impérial. Un message dont M. Fould, ministre d'État, donna lecture, annonça le 31 mars ce grand événement au Corps législatif : « Messieurs, je viens vous annoncer par ordre de l'Empereur que hier à une heure, les plénipotentiaires de la France, de l'Autriche, de la

Grande-Bretagne, de la Prusse, de la Sardaigne, de la Russie et de la Turquie, ont apposé leur signature au traité qui met fin à la guerre actuelle, et qui, en réglant la question d'Orient, asseoit le repos du monde sur des bases solides et durables. L'échange des ratifications aura lieu à Paris dans quatre semaines, ou plus tôt si faire se peut. L'Empereur, en portant cette nouvelle à votre connaissance, me charge de vous remercier du patriotique concours que vous lui avez constamment donné, et qui, avec l'admirable dévouement des armées et des flottes alliées, a si puissamment contribué à l'heureuse issue de la guerre. »

Le Corps législatif assista, pendant le reste de la session, au duel entre les deux vieilles ennemies : la liberté industrielle et la protection, à propos d'un certain nombre de décrets sur les mesures douanières prises dans l'intervalle des sessions selon le droit du gouvernement. Les libres échangistes, excités par certains dégrèvements de tarifs destinés à faciliter l'arrivage des denrées alimentaires, avaient depuis quelque temps le verbe haut; les protectionnistes, pour les mêmes motifs, n'étaient pas moins échauffés. Le Corps législatif en finit vite avec les tarifs pour passer à la question de principe. Les partisans de la liberté absolue des échanges ne déployèrent pas entièrement leur drapeau, ils se bornèrent à soutenir que l'administration pouvait, sans compromettre l'intérêt manufacturier, se lancer plus hardiment, au nom de l'intérêt agricole, dans la voie des dégrèvements de tarifs; les partisans de la protection, effrayés par la concurrence étrangère, supplièrent le gouvernement de ne rien faire pour la favoriser : ils demandèrent purement et simplement le *statu quo*. Le rapport de la commission conclut à sanctionner les décrets, mais à respecter le système protecteur comme l'arche sainte de la prospérité publique. Le gouvernement tint la balance et fit du juste milieu : réformer et maintenir le système protecteur, voilà son thème. « Fermement protectrice, prudemment progressive, telle a été la politique de la France depuis la paix ; nous ne nous en écarterons pas. » Ces paroles de M. Fould, adressées en 1851 aux partisans de la proposition faite par M. Sainte-Beuve à l'Assemblée législative, servirent encore, dans la bouche des commissaires du gouvernement, de réponse aux libres échangistes de 1867 ; la majorité vota la loi avec les remaniements de tarifs qu'elle comportait. Les protectionnistes et les libres échangistes eurent l'occasion de lutter encore une fois lors de la discussion du projet de loi sur les sucres coloniaux, reprise de l'antique et solennel débat entre la betterave et la canne, entre les partisans du sucre gaulois et du sucre d'outre-mer, entre les ennemis de la législation maritime et des surtaxes de navigation et leurs partisans. Le tarif de faveur accordé pendant quatre ans à la canne comme dédommagement de l'abolition de l'esclavage devait-il être prorogé de cinq ans, sauf à en diminuer le taux annuel de façon à établir par degrés l'égalité de traitement entre les deux rivales ? Le gouvernement résolut la question par un projet de loi attaqué par tout le monde, et voté par tout le monde, comme toutes les mesures de transaction.

Le droit d'interpellation n'existait plus. Quelques députés essayèrent de le faire renaître, à propos d'une question de la plus haute importance pour l'avenir du suffrage universel. La loi du 21 août 1849 affranchissant les électeurs des entraves apportées à la distribution des écrits par les lois de 1830 et de 1834 sur l'affichage et sur le colportage, avait été remplacée par l'article 10 de la loi du 16 juillet 1850, ainsi conçu : «Pendant les vingt jours qui précéderont les élections, les circulaires et professions de foi signées des candidats pourront, après dépôt au parquet du procureur de la République, être affichées et distribuées sans autorisation de l'autorité municipale. » Or, à l'époque des élections municipales, des citoyens avaient été poursuivis, en vertu des articles de la loi sur le colportage, pour distribution et colportage de bulletins portant le nom des candidats, sans avoir obtenu l'autorisation du préfet. Cette condamnation, annulée en appel, était revenue devant la Cour de cassation, qui, toutes chambres réunies, avait décidé que l'article 16 de la loi du 27 juillet 1849 sur la presse portant interdiction de distribuer des *livres, écrits, brochures,* sans autorisation du préfet, devait s'étendre aux bulletins électoraux. L'admission de M. de la Bédoyère comme député de la cinquième circonscription de la Seine-Inférieure parut à M. de Montalembert une occasion excellente de revenir sur cette question ; mais comment y parvenir sans interpeller le gouvernement? M. de Morny voulut bien consentir à prendre les interpellations de M. de Montalembert pour de simples observations. M. de Montalembert put parler, mais à la condition que le gouvernement ne serait pas tenu de lui répondre, et que le président userait de son droit d'interrompre l'orateur s'il sortait du cercle que lui tracent les convenances. M. de Montalembert démontra sans peine que la jurisprudence de la Cour de cassation, appliquée aux élections du Corps législatif, porterait un coup fatal au libre exercice du suffrage universel soumis en quelque sorte à la censure préalable, et ramènerait la France aux institutions du premier Empire, au temps où le Sénat nommait le Corps législatif, et où les préfets désignaient les conseillers municipaux. M. Baroche répondit que le Corps législatif n'avait pas le droit de réviser les arrêts judiciaires, et que l'arrêt conforme au texte de la loi de 1849 ne portait nulle atteinte à la liberté électorale ; personne plus que le gouvernement, ajouta M. Baroche, ne tient à cette liberté ; la loi de 1850 qui, pendant les vingt jours précédant l'élection, autorise le candidat à distribuer par tous les moyens les circulaires et professions de foi portant son nom, n'en est-elle pas la preuve?

M. Baroche, en invoquant la loi de 1850, imitait en quelque sorte M. Chasseloup-Laubat, son rapporteur, à se lever de son banc pour l'expliquer.

M. Chasseloup-Laubat déclara que, dans la pensée du législateur de 1850, les bulletins pouvaient être distribués sans autorisation du préfet ; il constata que la Cour de cassation, saisie d'une question relative à une élection municipale, n'avait point tranché la question des élections politiques. M. Baroche, pour clore le débat, réserva le droit absolu du gouvernement dans les élections municipales et autres, dans les limites qu'il venait d'indiquer. Le Corps législatif n'avait point de vote à émettre, mais les déclarations de M. Baroche ne le rassuraient qu'à demi. Une circulaire adressée au ministre de l'intérieur aux préfets, pour les engager à user, dans la distribution, d'une tolérance qui ne devait cesser que devant le danger d'un trouble public, fut la seule satisfaction donnée au Corps législatif et à l'opinion.

L'année précédente, lors de la discussion du budget des recettes pour 1856, une série de mesures libérales avait transformé le tarif pour le transport des lettres, mais les dispositions relatives à la taxe des imprimés éparses dans des lois, des ordonnances et des décisions ministérielles, inapplicables au temps présent et souvent contradictoires, avaient besoin d'être mises en harmonie avec les besoins de l'époque. Le gouvernement, en présentant cette année un projet de loi modifiant les taxes postales sur le transport des imprimés, des échantillons et des papiers d'affaires, n'avait pas tenu grand compte de ces besoins; le projet de loi diminuait bien le tarif des imprimés de certaines catégories en convertissant en tarif au poids l'ancienne taxe de dimension, mais il fallait, pour profiter de la diminution fiscale, diminuer en même temps le poids des livres par un papier plus léger et par conséquent moins durable : l'existence de deux minimums de taxe, l'un pour les écrits non politiques, l'autre pour les écrits politiques, et celui-ci plus fort que l'autre, créait en réalité un supplément de taxe postale pour la presse. M. de Montalembert prit la parole contre le projet : « A l'absence de tout frein a succédé, dit-il, l'excès de frein, et la France, qui ne peut jamais sommeiller complétement, s'est précipitée de la politique dans la spéculation, au grand détriment de la morale publique. La véritable source de tout mal, c'est l'anéantissement de l'esprit politique en France. » Des orateurs de la majorité critiquèrent la taxe différentielle qui frappait les journaux de départements : le projet n'en passa pas moins à l'unanimité, moins une voix, celle de M. de Montalembert, dont le discours ne parut que tronqué et incomplet dans le compte rendu officiel; l'orateur, à l'occasion de la lecture du procès-verbal de la séance, se plaignit de ces mutilations ; M. Reveil, vice-président, après avoir défendu l'impartialité du compte rendu officiel, approuvé par les présidents des sept bureaux de la chambre, ajouta que ce compte rendu ne devait être qu'un résumé des discours; mais pourquoi un résumé ? N'était-il pas plus convenable de publier *in extenso* les discours, comme cela s'était fait jusqu'ici, et quel danger cela offrirait-il à la chose publique ? Ces observations de M. de Montalembert restèrent sans réponse.

M. de Montalembert ne prit pas la parole dans la discussion du projet de loi relatif aux pensions des grands fonctionnaires de l'Empire déjà si richement dotés. Le chef de l'État réclamait le droit d'accorder par décret à leurs veuves et à leurs enfants des pensions du maximum de 20 000 francs; le Corps législatif, qui paye, tenait à ne pas se dessaisir du droit de voter ces pensions. Cela s'était toujours fait, et l'on ne voyait pas pourquoi cela cesserait de se faire : « Plus le prince est grand et généreux, dit M. Legrand en finissant son rapport, plus la sagesse commande de le garder contre les obsessions des solliciteurs de pensions, toujours si ingénieux à rehausser leurs services et à dissimuler leurs ressources. » Le conseil d'État repoussa tous les amendements; la Chambre se soumit. L'Empereur resta maître de pensionner qui bon lui semblait, à la condition que les pensionnés seraient notoirement sans fortune et ne cumuleraient pas la pension impériale avec d'autres pensions et traitements payés sur le trésor ; le fonds des pensions devait former chaque année un article spécial de la loi des finances, et le total général de ces pensions ne pouvait excéder 500 000 francs.

La discussion du budget n'offrit rien de bien remarquable ; le rapporteur, M. Alfred Leroux, constata que le découvert s'élevait à 900 millions environ ; il établit, dans son rapport, la différence qui existe entre les crédits supplémentaires et les crédits extraordinaires ; le gouvernement, interrogé par lui sur ce qui restait de disponible des emprunts dernièrement contractés, répondit que toutes les dépenses connues de la guerre et de la marine étaient payées, et que 300 millions provenant des derniers emprunts restaient libres. Le gouvernement, avec cette somme et les accroissements probables du revenu, espérait subvenir aux dépenses de la guerre, au transport de l'armée et à sa réintégration sur le territoire français.

Les compositeurs et les auteurs dramatiques les plus célèbres purent adresser une lettre de remercîment à M. Véron, qui avait enlevé une subvention de 100 000 francs pour le Théâtre-Lyrique à la pointe de son éloquence.

Le vieil esprit parlementaire donnait de temps en temps signe de vie. Les lecteurs du résumé analytique des débats parlementaires apprirent un jour que le Corps législatif avait repoussé un projet de loi ! Heureusement, il ne s'agissait point d'un projet politique. Le gouvernement voulait imposer une taxe municipale sur les chevaux et les voitures circulant dans Paris. M. O'Quin traita cette taxe d'impôt somptuaire et la combattit comme contraire à l'égalité, puisque la capitale seule y était soumise. M. Baroche répondit que des charges lourdes grevaient la ville de Paris, que les omnibus et les fiacres pourraient se plaindre à leur tour de la violation des principes de 89, puisqu'ils payaient une redevance dont le coupé et la calèche étaient exempts; pouvait-on, d'ailleurs, assimiler à un impôt somptuaire une taxe qui ne produirait pas plus de 6 à 700 000 francs par an ? 179 voix contre 55 votèrent cet impôt, qui ne fut pas promulgué.

La session devait être close au 21 juin ; un décret la prorogea jusqu'au 1er juillet ; la chambre avait à s'occuper d'une loi de finances départementale. Le département de la Seine demandait l'autorisation d'emprunter 50 millions et de s'imposer extraordinairement pendant trente ans 10 centimes additionnels, pour l'extinction d'une partie de sa dette, et pour le service de la caisse de la boulangerie : le régime de la *compensation* et celui des *bons de pain* se trouvaient de nouveau en présence; les partisans et les adversaires de ces deux régimes reproduisirent les arguments qui s'étaient fait jour dans la session de 1854, où le Corps législatif à une grande majorité vota pour la compensation, plutôt par nécessité de payer une dépense faite que par préférence pour ce système.

La commandite, dans les premières années de l'Empire, bravait les censeurs moroses qui lui reprochaient ses mensonges, son audace, sa dépravation ; le gouvernement cependant crut devoir prendre des mesures contre ses excès ; la presse fut accusée de s'associer à la commandite et de transporter la réclame de la page d'annonces à la page du premier-Paris. Un député proposa d'interdire la publication des prospectus de la commandite ; le Corps législatif repoussa cette motion, par respect de la liberté.

La loi défendit aux sociétés en commandite de diviser leur capital en actions ou coupons d'actions de moins de 100 francs lorsque ce capital n'excédait pas 200 000 fr., et de moins de 500 fr. lorsqu'il était supérieur. La société en commandite n'était légalement constituée qu'après la souscription de la totalité du capital social et le versement par chaque actionnaire du quart au moins des actions par lui souscrites ; les membres du conseil de surveillance devenaient responsables dans certains cas comme les gérants. L'avenir montra bientôt l'insuffisance de ces garanties ; les plus grandes affaires de spéculation se sont faites depuis cette loi. M. de Montalembert l'avait dit : « La cause de tout le mal, c'est l'anéantissement de l'esprit politique. »

Le Corps législatif enterra les projets de loi sur les marques de fabrique et sur le retrait des prohibitions inscrites au tarif des douanes. Le gouvernement avait présenté ce dernier projet le lendemain des inondations qui causèrent de si notables préjudices aux usines et aux fabriques. La grande question du tarif et des prohibitions fut soumise aux conseils généraux, aux chambres de commerce et à une haute commission spéciale présidée par M. Baroche. Le *Moniteur* inséra une note destinée à répondre aux alarmes exagérées répandues dans le pays; cette note terminait ainsi : « Éclairé par le rapport du ministre sur la véritable situation de l'industrie, l'Empereur a décidé que le projet de loi soumis au Corps législatif serait modifié en ce sens que la levée des prohibitions n'aurait lieu qu'à partir du 1er juillet 1861. L'industrie française, prévenue des intentions bien arrêtées du gouvernement, aura tout le temps nécessaire pour se préparer à un nouveau régime commercial. »

Le Corps législatif touchait à la fin de son existence légale; la session de 1856 était l'avant-dernière de cette législature; ses membres se vantaient d'avoir expédié rapidement les affaires du pays; c'est là sans doute un mérite, mais tout le mérite d'une assemblée délibérante n'est pas la rapidité dans l'expédition des affaires qui lui sont soumises. Le parlement est la grande école où les citoyens apprennent à s'occuper des affaires publiques avec plaisir et avec profit pour leur instruction; il est un des plus féconds producteurs d'idées du pays; il fournit des sujets aux livres et aux journaux; quand la source tarit, les courants expirent. La méditation solitaire, les grands efforts de la pensée humaine ont sans doute leurs résultats sous tous les régimes, mais le mouvement ordinaire des idées ne s'accomplit qu'au moyen de la discussion parlementaire. Le Corps législatif privé des droits qui faisaient la force et l'utilité générale des anciens parlements, dépourvu de toute initiative, ne pouvant produire sa pensée soit par la discussion d'une adresse, soit par l'interpellation, se voyait encore entravé dans l'humble sphère qui lui était laissée par le défaut de publicité de ses séances. La loi n'interdisait pas au public l'entrée de ses tribunes, un compte rendu de ses séances était rédigé et publié tous les jours pendant la session, mais il n'y avait là que l'apparence de la publicité ; la publicité véritable, dans les sociétés modernes, ne s'obtient que par la presse ; quelques curieux dans les tribunes, un froid résumé où le rédacteur du procès-verbal prend la parole à la place de l'orateur et parle successivement au nom de tous, tout cela n'est ni un public ni une publicité ; l'orateur, pour publier son discours *in extenso*, avait besoin de l'autorisation formelle de la chambre. Une chose non moins essentielle que la publicité manquait au Corps législatif : une contradiction sérieuse. Des conseillers d'État, hommes de talent souvent, souvent très-inexpérimentés et ayant à se créer une autorité personnelle, faisant leur stage en défendant les projets du gouvernement, et parfois sans beaucoup de peine s'il faut en croire un membre du Corps législatif, n'étaient pas des adversaires bien propres à exciter l'émulation des députés : « Rien n'est plus affligeant, rien n'affaiblit plus la dignité, l'autorité du gouvernement, que le triste spectacle d'un conseiller d'État défendant par les plus pauvres arguments, d'une voix hésitante et intimidée, le projet de loi qu'il est chargé de soutenir. Je ne veux nommer personne, mais j'ai assisté plus d'une fois en séance publique à un pareil spectacle. Que du moins le titre et les fonctions de conseiller d'État ne deviennent pas monnaie courante de faveur ou de récompense pour services rendus (1) ! »

(1) *Quatre ans de règne, où en sommes-nous ?* par le docteur L. Véron.

« Il ne manque au Corps législatif que du jour et de la lumière, ajouta le même député, qui pourtant n'était pas un orateur, la publicité de ses séances n'est que crépusculaire. Les analyses et les procès-verbaux du *Moniteur*, sans mouvement, sans vie, ne mettent en relief aucune des impressions que ressent le Corps législatif, nivellent tous les orateurs, font de la Chambre un corps sans âme, privé du sens moral, insensible au mal et au bien, à la vérité comme à l'erreur. » C'était peut-être aller un peu loin, et il est probable qu'un journal ne s'en serait pas tiré sans avertissement, s'il eût continué sur ce ton : « M. Denis-Lagarde, qui prend le titre officiel de secrétaire-rédacteur, chef du service des procès-verbaux, est dans le *Moniteur* le rédacteur ordinaire et unique de la chambre ; je le tiens certainement pour un homme d'esprit et de talent, mais il remplit une difficile et triste tâche, celle de disséquer les discours, de les dépouiller de leurs muscles, de leurs nerfs, de leur sang artériel et vivifiant. On a, pour ainsi dire, fait de M. Denis-Lagarde un costumier chargé de mettre un uniforme à la langue française (1). »

Le Corps législatif, composé de conservateurs convaincus que la sécurité du règne tient à l'infériorité politique des corps délibérants, et à la cessation de cette guerre de portefeuilles qui était l'unique raison d'être, disaient-ils, du régime parlementaire, avait en définitive le régime qu'il méritait ; mais telle est la logique des choses, que déjà cette assemblée se sentait atteinte d'un certain malaise ; elle manquait d'air et de lumière, elle aurait voulu appeler l'attention du public sur ses tra-

(1) *Quatre ans de règne, où en sommes-nous ?* par le docteur L. Véron.

vaux, et prouver qu'elle savait quelquefois faire entendre des paroles d'indépendance ; il y avait quelques orateurs sur ses bancs, s'il fallait en croire les vagues rumeurs qui se répandaient quelquefois, et partout les orateurs veulent être entendus.

Le gouvernement permettait de temps en temps au Corps législatif d'émettre des vœux, et de temps en temps il les exauçait pour ne pas décourager l'activité parlementaire ; malgré cette soupape de sûreté, un certain mécontentement régnait dans la salle des conférences ; des plaintes s'élevaient principalement sur les heures fixes des audiences ministérielles qui obligeaient souvent les députés à quitter les commissions et les séances publiques, pour se rendre soit dans les bureaux, soit chez les ministres. Ceci semblerait indiquer que sous le régime représentatif se perpétuaient certains abus du régime parlementaire. Les députés ayant appartenu aux anciennes assemblées regrettaient le temps où, à la place d'un conseiller d'État sec et poli, ils voyaient sur le banc ministériel un ministre souriant et toujours prêt à leur répondre : l'accumulation des projets de lois fournissait un autre sujet de plainte. Le premier mois de chaque session n'était que du temps perdu, à cause des retards produits par la présentation de ces projets ; les commissions, surchargées de rapports à la fin de la session, étaient obligées de les rédiger au galop, pour éviter des sessions supplémentaires, gênantes et fatigantes pour la chambre. Le Corps législatif, qui aurait pu le croire ? comptait non-seulement des solliciteurs, mais encore des ambitieux « habiles à se faire nommer présidents de bureaux et membres des commissions » (1), comme si l'on était encore au temps où les gouvernements avaient besoin de faire des conquêtes individuelles. L'auteur de la citation précédente ajoute qu'il « n'assurerait pas que le conseil d'État ou le Sénat n'excitât pas au sein du Corps législatif quelques convoitises ».

Le Corps législatif n'était plus qu'une espèce de conseil général, mais tous ses membres ne se résignaient pas à cette diminution; plusieurs d'entre eux en gémissaient dans ces conversations intimes qui se continuent chaque jour à l'écart dans la salle des conférences; là s'épanchaient entre elles « quelques âmes découragées, quelques cœurs abattus se souvenant du passé, inquiets de l'avenir, inquiets d'une politique cloîtrée, dans un cercle étroit et intime, inquiets d'une politique qui ne peut guère donner accès aux opinions désintéressées venant du dehors, qui ne peut élargir ni fortifier la haute sphère du pouvoir par l'élévation d'hommes nouveaux » (2). La résignation apparente du Corps législatif cachait, on le voit, un sourd mécontentement. Les membres de cette assemblée murmuraient d'en être réduits à fonctionner à huis-clos, sous cloche, dans un lieu qui était la retraite la plus sûre pour se faire oublier, à voir les influences les plus utiles et les plus légitimes annulées, l'émulation anéantie! Quelques-uns se permettaient même d'attaquer cet uniforme imposé aux corps constitués qui les transforme, disaient-ils, en légion où toute individualité se perd; inconséquence familière aux hommes et qui est une des

---

(1) *Quatre ans de règne, où en sommes-nous ?* par le docteur L. Véron.
(2) *Idem.*

forces mystérieuses du progrès ! les députés ne s'apercevaient pas que leur rendre ce qu'ils demandaient, c'était rétablir ce qu'ils avaient voulu détruire.

L'Empire, victorieux cependant, était à l'apogée de sa puissance ; Napoléon III, le jour où les plénipotentiaires du congrès vinrent en grand uniforme lui présenter le traité signé par eux, parut comme l'arbitre de l'Europe. Le gouvernement impérial saurait-il maintenir sa prépondérance actuelle ? Cette prépondérance reposait-elle sur des bases solides ? Cette double question laissait subsister bien des doutes dans les esprits ; l'alliance intime entre la France et l'Angleterre qui, au début de la guerre, avait fait la sécurité du parti conservateur n'existait plus que de nom, et la cause de cette rupture était comme une menace permanente suspendue sur tous les intérêts. L'Angleterre, ardente à continuer la guerre contre la Russie, voulait qu'on l'attaquât par la Pologne ; l'Empereur y consentait, mais en échange des sacrifices qu'exigeait une telle entreprise, il avait demandé que l'Angleterre s'associât à une revendication des frontières du Rhin faite au nom de la France ; le gouvernement anglais répondit d'une façon peu encourageante à ces ouvertures ; Napoléon III fit la paix avec la Russie.

Cette revendication des frontières du Rhin, pensée d'une politique et nécessité d'un règne, présageait une nouvelle guerre ; les procès-verbaux des séances du congrès permettaient déjà de désigner le terrain sur lequel le gouvernement français s'apprêtait à engager la prochaine lutte ; l'opinion publique sentait confusément que la paix n'était qu'un intermède, mais pourvu que l'intermède durât quelques années, elle n'en demandait pas davantage. La guerre d'Italie n'eut lieu qu'en 1859 ; un an à peine après le départ des plénipotentiaires, la plume d'aigle dont ils s'étaient servis pour signer le traité, et qui, placée sous verre, dans un cadre d'or, ornait le cabinet de l'Impératrice, était tout ce qui restait du congrès de 1856.

FIN DU PREMIER VOLUME.

TABLE DES MATIÈRES
CONTENUES DANS LE TOME PREMIER.

INTRODUCTION.

COMMENT L'EMPIRE S'EST FAIT.

CHAPITRE PREMIER. — La famille Bonaparte et la monarchie de Juillet (1814 — 1848). 1

Les membres de la famille Bonaparte ont-ils jamais cru au rétablissement de l'Empire? — La famille Bonaparte. — Madame Mère. — Joseph Bonaparte. — Lucien Bonaparte. — Louis Bonaparte. — Jérôme Bonaparte. — Napoléon-Jérôme Bonaparte. — Le prince Eugène. — Le roi de Rome. — Les sœurs de l'Empereur. — Caroline Bonaparte et ses fils. — Élisa Bonaparte. — Pauline Bonaparte. — Hortense de Beauharnais. — Louis-Napoléon Bonaparte. — Sa foi dans sa destinée. — M. Fialin, secrétaire de Louis-Napoléon Bonaparte. — Conspiration de Strasbourg. — Elle échoue. — M. Louis Bonaparte est transporté sur l'*Andromède* aux États-Unis. — M. Louis Bonaparte s'est-il engagé à rester dix ans en Amérique? — Retour en Europe de M. Louis Bonaparte. — Il est obligé de quitter la Suisse. — Il se rend en Angleterre. — Menées du parti bonapartiste en France. — M. de Crouy-Chanel et ses acolytes. — M. Mocquart. — Fondation d'une presse bonapartiste. — Le *Capitole*. — Le *Journal du Commerce*. — La *Propagande bonapartiste*. — Le *Club des Culottes de peau*. — Le *Club des Cotillons*. — La conspiration de Boulogne. — Barbès et M. Louis Bonaparte. — Les deux tentatives ont le même but. — La bourgeoisie les envisage d'une façon différente. — L'impérialisme renié par lui-même. — M. Louis Bonaparte dans la forteresse de Ham. — Ses rapports avec les divers partis. — Évasion de M. Louis Bonaparte. — Le bonapartisme et la monarchie de Juillet.

CHAPITRE II. — Le bonapartisme et la révolution de Février. 52

M. Louis Bonaparte, réfugié en Angleterre, reçoit l'avis de se tenir prêt à rentrer en France. — La révolution de Février éclate. — Arrivée de M. Louis

Bonaparte à Paris. — Sa lettre au gouvernement provisoire. — Il est invité à quitter immédiatement le territoire français. — M. Louis Bonaparte repart pour l'Angleterre. — Il tombe dans le découragement. — Les premiers bonapartistes en 1848. — La propagande bonapartiste. — M. de Persigny républicain. — M. Louis Bonaparte candidat malgré lui. — La soupente du bottier Devaux. — M. Louis Bonaparte entre dans la lice. — La presse bonapartiste. — Élection de M. Louis Bonaparte. — Les rassemblements bonapartistes. — Effet de l'élection de M. Louis Bonaparte. — Opinion de Proudhon. — Les ouvriers à la Villette signent une pétition pour demander que Louis Bonaparte soit proclamé Consul. — Attroupements bonapartistes sur les boulevards et autour de l'Assemblée. — Discussion sur la validité de l'élection de M. Louis Bonaparte. — M. Jules Favre se prononce pour la validité, et M. Buchez contre. — M. de Lamartine fait de vains efforts pour obtenir la prorogation de la loi de bannissement. — M. Ledru-Rollin. — Il appuie M. de Lamartine. — La validité de l'élection de M. Louis Bonaparte est prononcée aux deux tiers des voix. — Les rassemblements formés autour du Palais-Bourbon se retirent aux cris de : Vive Napoléon ! — Le représentant du bonapartisme a forcé les portes de l'Assemblée. — Lettres de M. Louis Bonaparte au président de l'Assemblée. — Il donne sa démission de représentant. — Il ne veut retourner en France que lorsque le calme aura reparu. — Fallait-il maintenir la loi de bannissement contre les Bonaparte ?

CHAPITRE III. — LE BONAPARTISME PENDANT LES JOURNÉES DE JUIN (1848).. 94

Les ateliers nationaux. — M. de Falloux, nommé rapporteur du projet de lo sur la dissolution des ateliers nationaux, conclut à la dissolution immédiate. — Proposition du représentant Corbon repoussée. — Les journées de Juin. — Ce qu'il y a derrière les barricades. — L'idée française. — La dictature. — Caractère particulier de la guerre civile. — Effet qu'elle produit sur les imaginations. — Direction incertaine des opérations militaires. — Causes de cette incertitude. — L'Assemblée cherche une épée. — Réunion particulière présidée par M. Martin (de Strasbourg). — Il propose de nommer M. François Arago chef du pouvoir exécutif. — M. Achille de Vaulabelle prononce le nom du général Cavaignac. — Ce nom est accepté. — La réunion envoie une députation auprès du général Cavaignac. — Le général Cavaignac est nommé chef du pouvoir exécutif. — Défaite complète de l'insurrection. — Rôle des divers partis dans les journées de Juin. — Comment l'Assemblée aurait pu sauver la République. — L'amendement Grévy. — Les candidats à la présidence de la République. — MM. Thiers, Bugeaud, Changarnier. — Le général Cavaignac. — M. Louis Bonaparte. — L'impérialisme. — Hésitation des catholiques. — L'*alea jacta est* des partis conservateurs. — L'élection du 10 décembre. — Le général Cavaignac quitte le pouvoir.

CHAPITRE IV. — LE BONAPARTISME ET L'ASSEMBLÉE CONSTITUANTE. (1848 — 1849). 129

Formation du ministère. — M. Odilon Barrot. — M. Léon de Malleville. — M. Léon Faucher. — M. de Tracy. — M. Hippolyte Passy. — M. Drouyn de Lhuys. — M. de Falloux. — La vice-présidence de la République. — M. Boulay (de la Meurthe) ; le général Baraguey d'Hilliers. —

TABLE DES MATIÈRES.   679

M. Vivien. — Les dossiers des procès de Strasbourg et de Boulogne. — — La proposition Rateau. — Les accusés du 15 mai. — Le 29 janvier. — Des méfiances s'élèvent entre les deux pouvoirs. — L'Assemblée nationale pouvait reprendre son ascendant. — Elle se voue au suicide. — A Rome ! à Rome ! — Premières discussions sur les affaires de Rome. — Le général Oudinot. — La République romaine. — L'armée française attaque Rome. — Indignation des représentants républicains. — Séance de nuit à l'Assemblée. — Lettre du président de la République au général Oudinot. — Conséquences de l'expédition romaine utiles au bonapartisme. — Fin de l'Assemblée constituante. — M. Armand Marrast. — La propagande de la peur. — Les petits livres de la rue de Poitiers. — Résultats de cette propagande. — Dissidences entre les bonapartistes. — Ouverture de l'Assemblée législative. — La réquisition directe et le général Forey. — M. Ledru-Rollin demande la mise en accusation du président de la République. — Le châtiment de M. Odilon Barrot. — L'appel aux armes. — Le général Changarnier triomphe sans combattre. — Paris en état de siège. — Vieyra, suivi d'une bande de gardes nationaux, ravage deux imprimeries. — La Chambre des mises en accusation déclare qu'il n'y a pas lieu à suivre. — M. Dufaure et la Dictature. — Les bonapartistes républicains se séparent de M. Louis Bonaparte. — M. Ledru-Rollin au Conservatoire des arts et métiers. — La République succombe moralement le 13 juin 1849.

CHAPITRE V. — L'EXPÉDITION DE ROME A L'INTÉRIEUR (1849 — 1850) 168

Le discours de Ham. — Le message du 31 octobre. — La pensée du 10 décembre. — Changement de ministère. — M. de Rayneval. — D'Hautpoul, Ferdinand Barrot, De Parieu, Rouher, Fould et Bineau. — Les deux fauteuils. — Le maréchal Jérôme Bonaparte. — La loi sur l'enseignement. — M. Thiers et M. de Montalembert parrains de la loi ; alliance impossible de la religion et de la philosophie. — Le radeau de la Méduse. — La loi sur l'enseignement et l'épiscopat. — Réorganisation des Écoles militaires. — M. Leverrier appuye la suppression de la gratuité. — M. Carlier fait abattre les arbres de la liberté. — MM. Carnot, de Flotte et Vidal nommés représentants à Paris. — Terreur du Gouvernement à la suite des élections du 10 mars. — Élection de M. Eugène Sue. — La grève des clients. — L'expédition de Rome à l'intérieur. — Moralisation de la presse. — L'assemblée se proroge. — Wiesbaden et Claremont — Voyages et discours du Président de la République. — Revue de Satory. — L'Empire au bâton. — Message du 12 novembre. — Nouveaux conflits. — Préface du coup d'État. — Voyage de M. Fleury à la recherche d'un ministre de la guerre. — L'Empire est fait. — Le général Changarnier est destitué. — Le ministère de transition. — M. de Montalembert témoin de M. Louis Bonaparte. — Rejet de la dotation. — Reprise de l'expédition de Rome à l'intérieur. — Surpension du cours de M. Michelet. — Le discours de Dijon. — Réponse du général Changarnier. — Représentants du Peuple, délibérez en paix !

CHAPITRE VI. — LA SENTINELLE INVISIBLE (1851) 226

M. Napoléon Bonaparte et la garde nationale. — Situation des partis au moment de la révision de la constitution. — M. de Tocqueville est nommé rapporteur de la commission. — Discussion sur la révision. — Résultat de cette discussion. — Tous les partis s'injurient. — Le bonapartisme profite de cette lutte. — La bourgeoisie commence à ne pas se croire suffisamment protégée par le parti conservateur. — Le parti radical fait tout ce qu'il faut pour l'effrayer davantage. — Candidature de Nadaud à la présidence de la République. — La conspiration bonapartiste redouble d'efforts pour exciter l'armée. — Les toasts du banquet de l'École militaire. — Terreur croissante de la bourgeoisie. — Le projet de coup d'État préparé est ajourné et bientôt repris. — Grande réunion militaire chez Magnan. — Le ministère de dévouement. — Saint-Arnaud ministre de la guerre. — Saint-Arnaud dans les journées de Février. — Fortoul ministre de la marine. — M. Louis Bonaparte demande l'abolition de la loi du 31 mai. — Discours aux officiers. — Discours aux exposants. — La proposition des questeurs. — Le bonapartisme et la révolution. — Erreur persistante des démocrates. — La sentinelle invisible. — Rejet de la proposition des questeurs.

CHAPITRE VII. — LE COUP D'ÉTAT (1ᵉʳ au 5 décembre 1851). 282

LA NUIT DU 1ᵉʳ AU 2 DÉCEMBRE. — Occupation de l'imprimerie nationale. — Les arrestations. — Morny s'installe au ministère de l'intérieur. — Maupas triomphe « sur toute la ligne ». — Reproche qu'on lui adresse. — JOURNÉE DU 2 DÉCEMBRE. — Les représentants cherchent à se réunir. — M. Dupin abandonne ses collègues. — Réunion des représentants à la mairie du Xᵉ arrondissement. — Formation de la haute Cour de justice. — La haute Cour ne veut pas juger M. Louis Bonaparte sans l'entendre. — La réunion du Xᵉ arrondissement prononce la déchéance du Président de la République. — Elle refuse de faire appel à la population. — Où en est la discipline de l'armée. — La réunion est sommée de se disperser. — Les représentants sont conduits à la caserne du quai d'Orsay. — La nuit au quai d'Orsay. — Les représentants en voitures cellulaires. — Cause de leur impuissance. — JOURNÉE DU 3 DÉCEMBRE. — Tentatives de résistance. — Les représentants de la Montagne au faubourg Saint-Antoine. — Le peuple refuse de se joindre à eux. — Mort héroïque du représentant Baudin. — Réunion des représentants de la gauche chez M. Marie. — Situation de Paris. — JOURNÉE DU 4 DÉCEMBRE. — Distribution d'argent aux troupes. — Les barricades dans la matinée du 4 décembre. — Tentative sur la mairie du IIᵉ arrondissement. — La barricade du faubourg Poissonnière. — Les troupes prennent position sur les boulevards. — La situation stratégique. — La fusillade du boulevard. — État moral de l'armée. — Les premières victimes. — Le coup d'État. — Les vingt millions enlevés à la Banque de France. — La fusillade sur la rive gauche. — La délation. — Mort héroïque de Denis Dussoubs. — Les arrestations du Divan. — La bourgeoisie se déclare sauvée. — Pourquoi les détails du coup d'État ne peuvent encore être bien connus. — Le chiffre des morts. — La campagne de Paris.

CHAPITRE VIII. — LA DICTATURE (1851—1852) 388

M. Émile de Girardin et M. Napoléon Bonaparte. — Ils veulent prolonger la résistance. — Ils sont obligés de renoncer à cette idée. — *Te Deum* à Notre-Dame. — Le prince Napoléon et son fauteuil. — Les prisonniers de Ham conduits hors de France. — Quatre-vingts représentants sont bannis ou expulsés momentanément du territoire français. —

Le premier convoi de transportés part du fort de Bicêtre pour le Havre. — La Constitution de 1852 et la Constitution de l'an VIII. — La Constitution de 1852, c'est l'Empire. — Décrets de confiscation des biens de la famille d'Orléans. — M. de Morny donne sa démission et quitte le ministère. — MM. Fould, Rouher et Magne imitent son exemple. — M. de Persigny ministre de l'intérieur. — Lettre des princes d'Orléans. — Le gouvernement cherche quelqu'un pour défendre les décrets du 22 janvier. — Il trouve M. Granier de Cassagnac. — Indifférence de la majorité de la société française sur ces décrets. — Causes de cette indifférence. — Fin de la dictature.

CHAPITRE IX. — Les corps constitués (1852). 411

Le Sénat. — L'ancien et le nouveau Sénat. — Les consuls nomment le Sénat. — Le premier consul augmente les attributions du Sénat. — Les Sénatoreries. — Le Sénat sous l'Empire. — Le nouveau Sénat. — Son rôle dans l'État. — Les dignitaires du Sénat. — Composition du Sénat. — Sa première session. — Le Conseil d'État. — Les *missi dominici*. — M. Baroche vice-président du Conseil d'État. — Les présidents de section. — M. de Parieu. — M. Rouher. — Le Corps législatif. — Les ministres en sont exclus. — Faiblesse du pouvoir législatif. — La responsabilité ministérielle. — Une question qui se pose. — Les élections de 1852. — L'action et l'abstention. — La mission des députés. — Les candidatures officielles. — Les élections de Paris et de Lyon. — Le général Cavaignac et M. Carnot nommés à Paris. — M. Henon élu à Lyon. — Composition du Corps législatif. — Discours du Prince-Président aux grands corps de l'État. — Les députés républicains refusent le serment. — Ils sont déclarés démissionnaires. — M. Billault président du Corps législatif. — Discussion sur la réhabilitation des condamnés. — Le Corps législatif est rappelé au respect de la Constitution. — Clôture de la première session du Corps législatif.

CHAPITRE X. — Ave cæsar! (1852 — 1853). 436

La France s'attend à la proclamation de l'Empire. — Voyage du Prince-Président. — L'Empire, c'est la paix. — Rentrée triomphale du Prince-Président à Paris. — M. Berger, préfet de la Seine, demande le rétablissement de l'Empire au nom de la ville de Paris. — Marche du cortège sur les boulevards. — Les arcs-de-triomphe. — *Ave Cæsar!* — L'élection du 20 décembre. — Le Sénat est chargé de modifier la Constitution. — Rapport de M. Troplong. — Le droit de succession au trône. — La famille impériale. — Les grands corps de l'État à Saint-Cloud. — Discours du président du Corps législatif et du premier vice-président du Sénat. — Réponses de l'Empereur. — Le maire de Sèvres a déjà proclamé l'Empire. — Causes de la résurrection de l'Empire. — La bourgeoisie et l'Empire. — La Restauration amène une alliance entre les libéraux et les bonapartistes. — Les partis et les sectes sous Louis-Philippe. — Pourquoi la République est tombée. — La France manque des outils nécessaires pour se façonner un gouvernement libre. — Le catholicisme. — L'éclectisme. — Le Code civil crée une fausse égalité. — La littérature, le théâtre, les arts en France sont monarchiques. — Proclamation de l'Empire. — Entrée de l'Empereur aux Tuileries. — L'Empire proclamé à l'Hôtel de ville. — La famille impériale et la famille de l'Empereur. — Le prince Jérôme. — Le prince Napoléon. — La princesse Mathilde. — Les dignitaires de la Cour. — La fête se termine sans amnistie.

L'EMPIRE.

CHAPITRE PREMIER (1853) 467

Méfiance de l'Europe en présence de l'Empire. — Le droit ancien et le droit nouveau. — Situation des puissances. — L'Angleterre. — La Belgique. — Les petits États de l'Allemagne. — La Bavière et la Saxe. — L'Autriche. — La Prusse. — Elles veulent agir de concert avec la Russie. — Le czar Nicolas. — La question des Lieux-Saints. — Comment on envisage cette question en France et en Russie. — Importance du sentiment religieux dans ce dernier pays. — Préoccupations secrètes du czar au sujet de l'Orient. — Causes de son mécontentement. — Il reconnaît enfin l'Empire français. — Protestation du comte de Chambord. — Mademoiselle Eugénie de Montijo. — Le *Moniteur* annonce son mariage avec l'Empereur. — Surprise causée par cette union. — L'Empereur publie un manifeste pour annoncer son mariage à la nation. — Effet produit par ce manifeste. — Les journaux officieux et la famille Montijo. — Mariage de l'Empereur. — L'Impératrice Eugénie et la nouvelle Cour. — Influence de la Cour sur la société. — L'étiquette. — La noblesse du second Empire. — Les ordres de chevalerie. — La réception du 1er janvier 1853. — Le luxe.

Session législative. — Discours de l'Empereur à l'ouverture de la session. — Le Couronnement de l'édifice. — M. Bouhier de l'Écluse proteste contre le serment. — Bal offert par le Corps législatif à l'Empereur et à l'Impératrice. — Une rupture est sur le point d'éclater à cette occasion entre le Corps législatif et le Sénat. — M. Billault parvient à l'empêcher. — Révision de la loi des prudhommes, — de la loi de 1850 sur la caisse des retraites pour la vieillesse, et du décret du 8 août 1848 sur la formation des listes du jury. — Discussion du budget en une séance. — Les biens de la famille d'Orléans. — M. de Montalembert et M. Granier de Cassagnac. — Révision des articles 86 et 87 du Code pénal relatifs aux attentats politiques. — Fin de la session.

CHAPITRE II (1854) 522

Ouverture de la session législative. — Discours de l'Empereur. — Effet de ce discours. — L'emprunt de 250 millions. — La mort civile. — Nouvelle loi sur l'instruction publique. — Le livret des ouvriers. — Discussion du budget. — Demande en autorisation de poursuites contre M. de Montalembert. — La question d'Orient. — Mission du prince Mentschikoff. — Aali-Pacha et Fuad-Pacha. — Lord Radcliff. — Ultimatum de la Russie. — Comment le czar est poussé à la guerre. — Les flottes anglaise et française franchissent le Bosphore. — La Russie compte sur le concours de l'Autriche. — Mission du comte Orloff à Vienne. — Il vient demander la neutralité de l'Autriche. — La Prusse. — Caractère de son roi. — Mission de M. de Budberg à Berlin. — Les petits États allemands. — Bataille de Sinope. — Colère du peuple anglais. — Hésitation de lord Aberdeen. — Il envoie un petit corps de troupes anglaises à Malte. — Traité du 18 avril entre la France et l'Angleterre. — Nicolas Ier autocrate et pape. — Il tombe dans le piége qui lui est tendu. — État de l'opinion au moment de la guerre. — La nation et l'armée. — La Russie repousse les quatre garanties. — Prise de Bomarsund. — Création de la garde impériale. — Lord Raglan et le général Saint-Arnaud. — Les Français débarquent à Gallipoli. — Le général Saint-Arnaud voudrait faire parvenir à Paris un bulletin de victoire le 15 août. — Il décide l'expédition de la Dobrutscha. — Plus de cinq mille hommes y meurent du choléra. — Bombardement d'Odessa. — Conseil de guerre sur le *Caradoc*. — L'embouchure de l'Alma est choisie comme lieu de débarquement. — Bataille de l'Alma. — Un Tartare apporte à Silistrie la nouvelle de la prise de Sébastopol. — Désappointement de l'opinion publique en apprenant la fausseté de cette nouvelle. — Marche des alliés sur Sébastopol. — Formation de l'armée de siége. — Bataille d'Inkermann. — Invasion du choléra. — Le champ de bataille des hôpitaux. — État des négociations. — Traité entre l'Autriche, la France et l'Angleterre.

CHAPITRE III (1855) 589

M. de Cavour, malgré l'opposition des autres membres du cabinet sarde, fait adopter au roi son projet de se joindre aux alliés de Crimée. — Mort du czar Nicolas. — Les conférences de Vienne. — Faute commise par M. Drouyn de Lhuys, plénipotentiaire français. — Il est remplacé par M. Walewski au ministère des affaires étrangères. — Mort de Dupont (de l'Eure). — Session de 1855. — Lois sur le remplacement dans l'armée, sur l'organisation municipale. — Discussion du budget. — L'impôt sur les chiens. — Napoléon III à Londres. — Siége de Sébastopol. — L'opinion publique s'impatiente de ses longueurs. — Le général Pélissier remplace le général Canrobert dans le commandement de l'armée. — La reine d'Angleterre à Paris. — Insuccès du premier assaut donné à Sébastopol. — Combat de la Tchernaïa. — Prise de Sébastopol. — Les troupes revenues de Crimée défilent sur le boulevard. — Le gouvernement français se détache de l'Angleterre et incline vers la Russie. — Mission du général Canrobert en Suède. — Proclamation belliqueuse d'Alexandre II à son armée. — Discours de Napoléon III à la clôture de l'exposition de l'industrie. — Il est considéré comme une sommation à la Russie. — Le roi de Sardaigne à Paris. — M. de Cavour. — La Russie accepte les quatre garanties. — Le gouvernement britannique est peu favorable à la paix. — Ultimatum des journaux anglais. — Terreur panique à la Bourse. — La brochure Duveyrier. — L'Autriche adresse des propositions à la Russie. — M. de Seebach, ministre de Saxe à Paris, se rend à Saint-Pétersbourg pour les appuyer. — Contre-propositions de la Russie. — Isolement de cette puissance. — Le czar se décide brusquement à faire la paix.

CHAPITRE IV (1856) 634

Le congrès se réunit à Paris, le 24 février 1856, sous la présidence de M. Walewski. — Il siége à l'hôtel du ministère des affaires étrangères. —

Premières séances. — Difficultés d'étiquette. — Concert donné par M. Walewski. — Le *Constitutionnel* déclare qu'il n'y aura pas de prorogation d'armistice. — Ouverture de la session législative. — Note du *Moniteur* relative aux affaires industrielles. — Les procès-verbaux du congrès ne rendent pas la physionomie des séances. — Séance du 8 avril. — M. Walewski appelle l'attention du congrès sur la situation de l'Italie. — Naissance du Prince Impérial. — Réponses de l'Empereur aux félicitations du Sénat et du Corps législatif. — Mécontentement secret de cette assemblée. — Causes de ce mécontentement. — Napoléon III reçoit les plénipotentiaires aux Tuileries. — L'Empire est à son apogée.

FIN DE LA TABLE DES MATIÈRES DU PREMIER VOLUME.

Paris. — Imprimerie de E. Martinet, rue Mignon, 2.

BIBLIOTHÈQUE DE PHILOSOPHIE CONTEMPORAINE.

Volumes in-18 à 2 fr. 50.

H. Taine.
Le Positivisme anglais, Stuart Mill. 1 vol.
L'Idéalisme anglais, étude sur Carlyle. 1 vol.
Philosophie de l'art. 1 vol.
Philosophie de l'art en Italie. 1 vol.
De l'Idéal dans l'art. 1 vol.
Philosophie de l'art dans les Pays-Bas. 1 vol.
Philosophie de l'art en Grèce. 1 vol.

Paul Janet.
Le Matérialisme contemporain. 1 vol.
La Crise philosophique. 1 vol.
Le Cerveau et la Pensée. 1 vol.

Odysse Barot.
Lettres sur la philosophie de l'histoire. 1 vol.

Alaux.
La Philosophie de M. Cousin. 1 vol.

Ad. Franck.
Philosophie du droit pénal. 1 vol.
Philosophie du droit ecclésiastique. 1 vol.
Philosophie mystique au XVIIIe siècle. 1 vol.

E. Saisset.
L'Ame et la vie. 1 vol.
Critique et histoire de la philosophie. 1 vol.

Charles Lévêque.
Le Spiritualisme dans l'art. 1 vol.
La Science de l'invisible. 1 vol.

Auguste Laugel.
Les Problèmes de la nature. 1 vol.
Les Problèmes de la vie. 1 vol.
Les Problèmes de l'âme. 1 vol.
La Voix, l'Oreille et la Musique. 1 vol.
L'optique et les arts. 1 vol.

Challemel-Lacour.
La Philosophie individualiste. 1 vol.

Charles de Rémusat.
Philosophie religieuse. 1 vol.

Albert Lemoine.
Le Vitalisme et l'Animisme de Stahl. 1 vol.
De la Physionomie et de la parole. 1 vol.

Milsand.
L'Esthétique anglaise, John Ruskin. 1 vol.

A. Véra.
Essai de philosophie hégélienne. 1 vol.

Beaussire.
Antécédents de l'hégélianisme dans la philosophie française. 1 vol.

Bost.
Le Protestantisme libéral. 1 vol.

Francisque Bouillier.
Du Plaisir et de la Douleur. 1 vol.

Ed. Auber.
Philosophie de la médecine. 1 vol.

Leblais.
Matérialisme et spiritualisme. 1 vol.

Ad. Garnier.
De la morale dans l'antiquité. 1 vol.

Schoebel.
Philosophie de la raison pure. 1 vol.

Beauquier.
Philosophie de la musique. 1 vol.

Tissandier.
Des Sciences occultes et du spiritisme. 1 vol.

J. Moleschott.
La Circulation de la vie. 2 vol.

L. Büchner.
Science et Nature. 2 vol.

Ath. Coquerel fils.
Des prem. transform. du christianisme. 1 vol.
La Conscience et la Foi. 1 vol.
Histoire du Credo. 1 vol.

Jules Levallois.
Déisme et Christianisme. 1 vol.

Camille Selden.
La Musique en Allemagne. 1 vol.

Fontanès.
Le Christianisme moderne, Lessing. 1 vol.

Saigey.
La Physique moderne. 1 vol.

Mariano.
La Philosophie contemporaine en Italie. 1 vol.

E. Faivre.
De la variabilité des espèces. 1 vol.

Letourneau.
Physiologie des passions. 1 vol.

J. Stuart Mill.
Auguste Comte et le Positivisme. 1 vol.

Ernest Bersot.
Libre philosophie. 1 vol.

Albert Réville.
Histoire du dogme de la divinité de Jésus-Christ. 1 vol.

W. de Fonvielle.
L'Astronomie moderne. 1 vol.

C. Coignet.
La morale indépendante. 1 vol.

E. Boutmy.
Philosophie de l'architecture en Grèce. 1 vol.

E. Vacherot.
La science et la conscience. 1 vol.

Volumes in-8 à 5 fr., 7 fr. 50 et 10 fr.

Jules Barni. . . . La morale dans la démocratie. 1 vol. 5 fr.
Agassiz. . . . . De l'espèce et de la classification en zoologie, traduit de l'anglais. 1 vol. 5 fr.
Stuart Mill. . . . . La philosophie de Hamilton, trad. de l'anglais par M. E. Cazelles. 1 vol. in-8. 10 fr.

Paris. — Imprimerie de E. MARTINET, rue Mignon, 2.

www.ingramcontent.com/pod-product-compliance
Lightning Source LLC
Chambersburg PA
CBHW052333230426
43664CB00041B/1288